唐文治

论语大义

四书大义

张旭辉　刘朝霞　整理

上海人民出版社

目　录

前　言
唐文治与经学在近代的回潮

邓秉元

　　自 1905 年清廷废科举以来,传统经学经历了复杂的变化。先是在"中体西用"口号之下,通过癸卯学制改革,保留经学作为精神信仰的地位,"设立中国旧学专门,为保存古学古书之地",理由是"中国之经书,就是中国之宗教"(张之洞、荣庆、张百熙《学务纲要》)。岂料为时不久,1912 年民国肇立,经学便在新的学制改革中废除,传统经书也因此被划入新的知识体系,分别成为文史哲等学科的历史文献。主导其事、提倡"信仰自由"的教育总长蔡元培,所心仪的乃是"以美育代宗教",其实便是"以美育代经学",否定经学具有精神信仰的超越意义,或类似国民政府以后那种政治教科书的地位。

　　经学本来便不是一种独断的信仰形态。从学术角度来说,否定经学的宗教与意识形态地位,其实并无不妥。汉代"表彰六经",主张"诸子出于王官",从知识体系立场还原了经学相对诸子的本源地位。尽管号称"独尊儒术",却首先是说政治应该建立在仁义而非霸术之上,并因此成为各阶层的共识。远非 20 世纪一些史家所说的,仅仅是为专制君主服务。西汉之伟大,正是因为社会普遍对真理抱有诚意,作为知识体系根基的六艺之学,遂得以重新滋养百家学术。不仅经学,百家诸子与道教、文学皆能自由发展,各个领域英才辈出。那以后,唐之与宋,精神形态虽然不同,且各有流弊,但文化理想尚极为高远。经过金元的统治,政教文化日趋粗鄙,礼法纲纪荡然无存。明清以后,政治力量遂得以把某种经学观念(譬如理学)凌驾于其他学术,不仅学术自身失去活力,民族的生机也逐渐窒息。

不过,把经学的学科属性也加以否定,的确是对中国传统文化的致命一击。中国文化所依托的那种天人宇宙的视野既不复存在,宗教也在科学主义观念下难以生根,在功利盛行的现实世界背后,缺少超越性精神作为本源,民族的生命自然无法畅达。这是 20 世纪华夏文明的真正危机所在,在随后的新文化运动中,经学又被扣上"粪学"(钱玄同语)的帽子。那种由天朝上国的迷梦中轰然坠地的失落心态,竞相拿经学作为出气筒。尽管在一些新兴的学术形态里面(譬如新儒学),经学义理的圆融得到捍卫,但各种流派笔下的中国历史却依然是漆黑一团。经学虽然像先秦学术一样,回到了自由的民间,但却发现"鸠占鹊巢",早已失去了故园。

也正是在此时,我们看到一群文化遗民。这些遗民可能不像罗振玉、王国维等人一样,为逊清恪守臣节,但却在近乎失语的时代环境之中,在学术上守先待后,顽强地为华夏文化招魂。在这些人物之

中,出生于同治四年(1865)、卒于1954年,生涯横跨晚清以来将近一世纪之久的唐文治先生,无疑算是个中的一位典型。如何清理这些"旧学"典型的精神及学术遗产,并研求其历史意义,便成为后来者义不容辞的责任。

一、"以史学为中心"的学术

探讨这一问题,至少应该从清代说起。早在康熙即位之初,三藩尚在,台海未平,满洲王大臣势力趁康熙年幼之机,重新占据上风。直到康熙中叶,清廷所要解决的主要问题都是如何在政治上确立君权对部族权力的优势地位,并削平各种割据势力。因此,在很长一段时间,康熙对汉族士大夫都是采取怀柔政策,对熊赐履、张伯行这种勇于挑战满洲贵族的士大夫不遗余力加以拔擢,对举荐施琅、帮助平定台湾的李光地更是视为能臣,对南北内外不同学术也能表示优容。康熙前、中期之所以会延续晚明思想自由的格局,都是与这一现状分不开的。在这一背景下,尽管朱学与王学的争论仍然激烈,但各种新的学术形态也纷纷崛起。尤其重要的是,中土学术开始与利玛窦以来耶稣会士所带来的西洋学术合流,诸子之学全面复苏,在以宋明理学为代表的"第二期经学"已经走向完结的时候,为中国文化带来了一阳来复之机。黄宗羲在《明夷待访录自序》中所提及的"夷之初旦,明而未融",说的便是这个意思。这一机运后来销杀于一元化体制之下朱子学的独尊与中西礼仪之争,固是事实,但却是理解清代学术各种转折的前提。

1919年,王国维曾经在为沈曾植贺寿的文章中写到:

> 我朝三百年间,学术三变:国初一变也,乾嘉一变也,道咸以降一变也。顺康之世,天造草昧,学者多胜国遗老,离丧乱之后,志在经世,故多为致用之学。求之经史,得其本原,一扫明代苟且破碎之习,而实学以兴。雍乾以后,纪纲既张,天下大定,士大夫得肆意稽古,不复视为经世之具,而经史小学专门之业兴焉。道咸以降,涂辙稍变,言经者,及今文;考史者,兼辽金元;治地理者,逮四裔,务为前人所不为。虽承乾嘉专门之学,然亦逆睹世变,有国初诸老经世之志。故国初之学大,乾嘉之学精,道咸以降之学新。(《沈乙庵先生七十寿序》)

王氏这一论断引起许多学者的注意,但也还非定论。譬如把胜国遗老之学定为经世致用,而把乾嘉汉学中的经学称作"专门之业",便似乎有将经学与致用对立起来之嫌。经世致用的学术难道不正是活着的经学么?因此,这一观点似乎还是乾嘉以后儒者的主流看法,那就是把经学、理学与致用之学分别开来,经学特指关于经书本身和汉代经学(实际是经学史)的研究,其实便是以吴、皖两派为核心的乾嘉考据之学。而理学尽管在四库馆臣重新梳理经学传统的时候,仍然被称作"经宋学",但借用梁启超的话说:"乾嘉以来,汉学门户之见极深,'宋学'二字,几为大雅所不道。"(《中国近三百年学术史》第四节）所谓义理、考据与词章，也往往是词章家的高自标置（姚鼐《述庵文钞序》）。对于汉学家而言，"一为文人，便无足观"。

乾嘉时代经世之学的衰歇，无疑是雍乾两朝的高压政治使然，这在晚清以来已成为史学界的共识。譬如，自言"乾纲独断，乃本朝家法"的乾隆皇帝，竟然肆无忌惮地宣称："使为宰相者，居然以天下为己任，而目无其君，此尤大不可也。"（《书程颐论经筵劄子后》）在这种意识形态背景下，不仅经学失去了与现实的具体联系，即便被官方悬为功令的朱子学也只不过是科举制度的敲门砖，甚至失去了作为修己之学的意义。当清代汉学家批评晚明心性之学流于无用的时候，却忘记致用已经成为统治者的特权。官方所表彰的足以致用的理学家，如李光地之流，不仅毫无孟子所谓出处大义可言，甚至一心帮助帝王炮制所谓"御制性理大全"等书，助其以夷酋而侧身历代圣王之列。

这一现实在知识界的某种反动，便是在道光初年吴派学者江藩所撰写的《国朝宋学渊源记》之中，不仅把当朝的所谓理学名臣如李光地、汤斌、陆陇其等人全部摒之于外，甚至对时人所称颂的宋学人士罗有高也"痛诋之几无完肤"（伍崇曜《宋学渊源记跋》）。被汉代学者定位为"修己治人""常道"之学的经学，假若既不足以经世致用，又未能导人进德，在义理上也缺乏真正的进展，又何以自称为经学？ 所谓乾嘉汉学，虽然被清代学者艳称为"国朝经学复振"，但最大的贡献其实也不过是关于经典文本、小学及汉代经学史的研究，尚不足以称为有体有用之经学。这样，王国维所谓"国初之学大"，似乎更应理解为孟子所谓"先立乎其大"的大体之学,这才是原初意义的经学。

汉学家之外,典型的例子就是李光地(1642—1718)。李光地卒于康熙五十七年(1718),年七十七岁。在当时已号称"理学名臣"。详读李光地的著作,很难不承认,不仅其对西学的研究在当时已属难得,其对《四书》《五经》乃至道教、声律、文学都迭有新见。他的《周易折中》与《周易通论》代表了清初理学易的最高成就,其诗学、尚书学、礼学、春秋学等都颇为清代学者所重,他对宋明理学义理、源流也有精审的把握。在并时学者热衷撰写学术笔记的风气中,他的《榕村语录》遍论群经、子史、释道、文学的学术源流,算是质量上乘的作品。假如重新撰写这些领域的学术史,确实无法避开他的成就。其学问之广博与精神之卑靡恰成正比。1900 年前后章太炎撰写《清儒》,披头便说"清世理学,竭而无余华",假如说在义理上没有产生与程朱陆王比肩的哲人,并不算错;但把魏象枢、魏裔介、李光地、陆士仪、陆陇其诸人在学术上一概否定,未尝不是一种偏见。此时的章太炎,对理学尚缺乏真正的认知。

在康熙所表彰过的一众理学名臣之中,李光地与熊赐履(1635—1709)无疑最为重要。但越是到统治的后期,康熙越无法忍受熊赐履思想中那种源自晚明的,无论朱学还是王学都共同具有的某种真正精神,即以道自任的精神。相反,李光地则早就宣称道统与治统合一,把康熙奉为"五百年必有王者兴",使"道与治统复合"的圣王,尽管屡遭排挤,但还是最终"卒于官"。

从这个意义上说,清朝中叶的汉宋学术分野并非清廷的两手政策所致,也并不表征文化政策自身的分裂;相反,无论研究汉宋学术源流还是名物训诂,在乾嘉时代的意识形态架构中都自觉地拉着第二把小提琴。汉宋学者观念上的势同水火,乃是学科属性使然,掩盖不住双方作为"以史学为中心"的学术,在精神乃至研究路数上的趋同。在后来接续乾嘉汉学的学者中,章太炎站在激烈"排满"立场上,极力表彰汉家家的某种不合作精神,以为气节犹存的证明,虽不无惠栋等一二特例,但未免有些夸大(《訄书·学隐》)。身居高位的"汉学护法"如阮元(1764—1849)辈,以及奔走权门的汉学人物姑且不提,譬如,那位撰写《孟子正义》,处处以理学为敌的汉学领袖焦循(1763—1820),所批评的便不是在朝理学之虚伪,反而津津于痛斥明代学者"以不屈于君父为能,以屏弃文艺为学,真邪说诬民,孟子所距者也"(《孟子正义·离娄上》),便是一个显例。

1920年代,梁启超在《清代学术概论》中曾经以乾嘉学者研讨学问的方式为例,提出所谓"学者社会"一说,揭示出清代学术的某些现代特征。李光地也同样可以算作一元化政治体制之下现代知识人的一种典型。

二、"道咸以降之学新"

当然,诚如王国维所言,道咸以降学术确实起了变化。只不过这一新变不仅仅是"逆睹世变",最直接的原因还是因为嘉道以后,由"十全老人"乾隆皇帝(1711—1799)所刻意营造的文治武功的盛世体制已经难以为继。不仅有白莲教、捻军等民间暴动的冲击,特别是随着"太平天国"的崛起,东南的半壁江山竟然易主,所造成的社会心理动荡显而易见。在由此释放出的空间夹缝之中,文化又现出了某种生机。从历史上看,这一情形有点儿像"土木堡之变"以后的明朝。正统十四年(1449),在宦官主导下明英宗的错误决策乃至被俘,造成君主权威的实际削弱,其实是明中叶出现思想解放的直接原因。在这一时期,罗钦顺、崔铣、王廷相、汪俊等一大批理学家,尽管并没有形成更新颖的学术见解,但和此前不同的一点,便是使理学从不容置疑的官方教条重新恢复了思想活力。

因此,道咸以降的学术新变,王国维所说今文经学、辽金元史、西北地理之学固然不错;但也要综合梁启超所说的三种趋向,即常州经学、宋学复兴、讲求西学,才更为全面。其中,所谓西学乃是指耶稣会所传入并在晚明清初受到黄宗羲、方以智、王锡阐、梅文鼎等重视的西方学术,鸦片战争之后与迅速涌入的新的声光化电等格致之学(自然科学)合流。常州经学被晚清学界理解为与古文经学对立的西汉今文经学,宋学是指唐鉴、曾国藩所代表的朱子学,前者在道咸以来主张议政,后者因为平定洪杨之变而受到朝野的尊崇。在被清代人理解为"同光中兴"的时代,三者的奇妙结合,正是张之洞等所谓"中体西用"的典范。因此,如何理解道咸之学的"新",便应该注意道咸

以来所谓"中体"的变化,以及洋务派与经学的关联。

"道咸之学新"首先表现在经、子之学的回潮,对经典的研究不再止于外在观照,而是融入了内外两方面的实践。这种实践一方面表现为心性之学本身的复苏,一方面则表现为经世致用,个体性命与家国天下恢复了关联。也正是在这一背景之下,乾嘉时代水火不容的汉宋之学出现某种和解迹象,这就是所谓"汉宋调和"。这种调和表面上与四库馆臣所传达的汉宋学术如车之两轮、鸟之双翼的官方理念并无不同,但却有着根本区别。

在以往,最受学界关注的是常州今文经学,不仅因为晚清维新变法中康有为(1858—1927)等以今文经学为改制的理论根源,也因为今文经学早期的学者如龚自珍(1792—1841)、魏源(1794—1857)等已经致力于社会批判,而认同理学的包世臣(1775—1855)其实也不遑多让,这方面已经有过很多研究。

在学术上体现汉宋调和的代表人物有黄式三(1789—1862)、丁晏(1794—1875)、朱次琦(1807—1881)、陈澧(1810—1882)和曾国藩(1811—1872)等。五者当中,丁晏虽然立足汉学,但其所著《周易述传》,专宗程颐《易传》,"抒其己见,立言以诚,而望后来之取法,则程子之志也"(《周易述传自序》),在汉学家中不遑多见。黄式三学问精博,提倡读书当先"治心",反对"门户之见",主张汉宋兼采(《论语后案序》)。朱次琦以理学为主,以"自治其身心"相倡率,而特重修身大节,代表了性理之学的复苏。

特别值得一提的是,曾国藩、罗泽南(1807—1856)等以理学家身份,在八旗与绿营兵衰朽不堪的时候,用理学的精神凝结徒众,最终平定洪杨之变,成为理学足以致用的典型。曾国藩的湘军及继起的淮军几乎成为当时唯一堪能一战的力量,尽管尚不足以攘外,但却足以安内,并因此成为所谓"同光中兴"的支柱力量。

诸人之中学术成就最大的除了黄式三以外,无疑是长期身处岭南的陈澧。陈澧"凡天文、地理、声律、算术、小学,无不研究",本来是一个标准的汉学家。但看他从数学及光学角度研究《墨子》,以及极力探究诸子百家之"可取"处(《东塾读书记·诸子书》),其诸子研究确实已不同于正宗的汉学家如王念孙、俞樾等专注文献之学的"从旁窥伺"(章太炎语),可以视作诸子学术的复活。他平章汉宋的理由之一,便是汉儒也有其义理之学,宋儒的考证渊源于汉儒。后世研究者因此把陈澧视作和稀泥式的"调人",如章太炎便贬斥其为"傅会","此犹揃毫于千马,必有其分刌色理同者"(《訄书·清儒》),却不知陈氏已经意识到每个时代的学术皆有其各自的体用之学,并非乾嘉时代,把汉儒归为考据,宋儒归为义理那样的两截学术。

陈澧因此明确提出了他的经学观:

> 所谓经学者,贵乎自始至末读之、思之、整理之、贯串之、发明之,不得已而后辩难之,万不得已而后排击之,惟求有益于身,有益于世,有功于古人,有裨于后人,此之谓经学也。有益、有用者,不可不知;其不甚有益有用者,姑置之;其不可知者阙之,此

之谓经学也。(《与王峻之书》)

"所谓经学者,非谓解先儒所不解也。先儒所解,我知其说;先儒诸家所解不同,我知其是非;先儒诸家各有是、各有非,我择一家为主,而辅以诸家,此之谓经学。"(《示沈生》)

这种经学观不同于乾嘉时代已经产生的,那种与 20 世纪学者相似的专家倾向。在这种倾向之下,学术的志业也就是在古人的论说之外推求新义,因为好奇骛新,学者务以争胜为目标,甚至不惜伪造证据、抄袭前人。发生在汉学领袖戴震身上的《水经注》抄袭案无论真假,其实都是这一时代学术风气的一部分,这同样是前引梁启超所谓"学者社会"的一个表征。在这个意义上,乾嘉学者其实是不折不扣的现代人。

由此我们便可以理解,单从"汉宋调和"的角度理解陈澧等人,依然属于皮相之见。道咸以后所出现的这股新思潮与其说是汉宋两种学术的"会通"或杂糅,不如说是"返本",即回到经学的那个有体有用的本源之处。这个本源便是孔子,而汉宋两家所倾向的义理与考据只不过是孔门四科之二。朱次琦、陈澧、曾国藩无一例外地主张恢复孔门四科的规模,也正是出于这一理由。曾国藩直接把乾嘉以来姚鼐、戴震义理、词章、考据加上政事(或经济)以与四科相配(《圣哲画像记》)。朱次琦则把读书之法分为五类,经学、史学、掌故、性理、词章,假如把史学与掌故合为一科,与孔门的政事之学相配,其实也便是孔门四科。并强调"通经将以致用,不可以执一也,不可以嗜琐也"

（简朝亮撰《年谱》）。至于陈澧，不仅对历代有关四科的讨论详加考辨，而且还认为宋儒胡瑗的经义斋、治事斋深得"四科之遗意"（《东塾读书记·论语》）。还应指出，三者同时以晚明诸老为楷模，朱次琦、陈澧最尊顾炎武，而曾国藩则推崇王船山。

三、最后的洋务派

道咸以来经学的回潮，其实是所谓"同光中兴"真正的"中体"。这个"中体"不仅倡导"师夷长技"，发起洋务运动，也曾打败同光年间的一系列叛乱及外侮，收复了新疆。这个"中体"本身并不缺乏诚意，也具有开放的热诚。曾国藩的人格魅力在晚清一时无两，之后的领袖人物郭嵩焘、李鸿章、曾纪泽都不乏开放的胸襟与干才。在满清政权已经衰朽不堪的情形之下，尽管对洋务派极为忌惮，却也不得不予以倚重。李鸿章虽因身居高位，调合于跋扈的女主、昏聩的勋贵与激烈的舆情之间，因而频遭物议，但有识之士却许之为"救时良相"（孙宝瑄语）。满汉的天平在不断向汉族势力倾斜，这个过程维持了清朝最后时代的政局。陈寅恪后来自言"平生为不古不今之学，思想囿于咸丰、同治之世，议论近乎湘乡、南皮之间"（《冯友兰中国哲学史下册审查报告》），便是对这个"中体"的礼敬。

只不过这个"中体"仍然有所欠缺。由于雍正以后一百多年缺少对现实事物的关注，晚清学者在经子学术上的努力，也不过是恢复到

晚明诸老,而精神上的自由尚远远不如。回想晚明时代,耶稣会士初入中华,西方在物质文明上虽然稍擅胜场,但中土学术依然可以与之平等对话,有识之士,且欲"会通以求超胜"(徐光启语),驾而上之。但随着近代西方在哲学宗教、科学技术、政治经济制度等方面的巨大变化,单凭晚明诸老的学术规模,假如不予以反省扩充,对其深广之处已经难以完全笼罩。何况受制于现实的权力架构,就连顾炎武等有关盐政等技术性的方略尚无法推行(参孙宝瑄《忘山庐日记·光绪二十七年》),遑论晚明学术最精彩的东西。譬如黄宗羲的《明夷待访录》,便主要在宋恕、孙中山、梁启超等在野人士中间传播。在大约两百年间,经学丧失了自我更新的机会,并因此在"三千年未有之变局"(李鸿章语)来临之际近乎失语。

甲午战争的失败,迅速打破了这一平衡。广东、江浙、湖北等地的士大夫开始吹起变法或革命的号角,矛头直指清代政体的核心。尽管百日维新在形式上失败,但却使满汉矛盾迅速加剧,并为最高权力而火并。斗争的结果,是由袁世凯这个湘、淮军的旁系攫取了政权,但"中体"本身却也在清代灭亡的过程中成了陪葬的对象。1905年科举考试废除,经学虽然以"存古"的名义被保留,顾炎武、黄宗羲、王夫之三大儒也在1907年从祀孔庙,却只能说是坠入黑夜前的最后一抹余晖。

也正是在1907年,新设农工商部左侍郎、署理尚书,年仅四十三岁的唐文治扶柩回乡葬母,从此再没有回到政界,开始了近半个世纪

的讲学生涯。先是主持上海高等实业学校(上海交通大学前身),后来创办无锡中学与无锡国专。并在几十年后,与友人曹元弼一样,成为硕果仅存的"旧学"代表人物之一。

唐文治字蔚芝,江苏太仓人。年少聪颖,八岁就有"愿为伊尹"之志。由于科举制度仍在运行,虽然家境不丰,唐文治早年仍然在替人坐馆的父亲指导下,开始了经书及科举制艺的学习,并于十六岁进学。从其求学及入仕经历而言,实与洋务运动结下了不解之缘。

光绪七年(1881)唐文治十七岁,参加时任江苏学政黄体芳的科试,并得到一等十五名的佳绩。黄体芳(1832—1899)是浙江瑞安人,与张佩纶、张之洞等合称"翰林四谏",是晚清"清流"人士中的代表人物。瑞安地处浙东,宋代以来便是学术发达之所。除了黄氏家族"一门五进士",科甲煊赫之外,其所师事的孙衣言(1815—1894),也是瑞安的望族。孙衣言本人以永嘉事功之学相倡率,校刻《永嘉丛书》,其实是自觉地谋求学术与事功的结合,这与陈澧、曾国藩等人的学风是相契的。受其影响,其子孙诒让著有《墨子间诂》、《周礼正义》,其实也是从二者的事功之学着眼,与传统汉学家貌同而实异。孙氏同时还撰写《周礼政要》,主张"今人所指为西政之最新者,吾二千年前之旧政已发其端"(《周礼政要叙》),代表了晚清经学融摄西学的努力。孙衣言之弟孙锵鸣还是李鸿章的房师,其女婿宋恕,学生陈黻宸、黄绍箕(黄体芳子),以及陈、宋的好友陈虬,都是清末民初倾向变法的有名人物。

光绪十年，黄体芳在江阴设立南菁书院，院长便是黄式三之子，撰写《礼书通故》的黄以周。次年，唐文治顺利进入南菁书院，得以受到黄以周的亲自指导。黄氏虽然以礼学知名，但同样长于理学，推尊顾炎武，首次指导便借给他宋儒陈淳《北溪字义》，并告以"训诂、义理合一之旨"（唐文治《自订年谱》），为唐氏后来主张为学不分汉宋打下基础。其后，王先谦编《皇清经解续编》，唐文治也曾参与校书工作。

光绪十八年（1892），唐文治进士及第，授户部主事。由于颇受座师翁同龢赏识，为其曾孙授读。在随后数年间，大概公务所需，广泛阅读各国条约事务书、曾国藩、胡林翼全集、正续《经世文编》，并评点《万国公法》、曾纪泽、黎庶昌文集等书，"于经世之学，亦粗得门径"。其中胡林翼也是湘军首领之一，曾纪泽是曾国藩之子，黎庶昌则是"曾门四弟子"之一，说唐文治的经世之学乃是曾国藩系统的嫡传，应不为过。"余恨未及（曾）文正之门，常服膺而私淑焉。"（《自订年谱》）唐文治后来治学中特重文章之学，除了其本师王紫翔的教导之外，也与曾国藩、吴汝纶等桐城派的影响有关。光绪二十四年（1898）唐文治兼总理事务衙门章京，正式参与外交事宜。而庆亲王与李鸿章便是此时的总署大臣。光绪二十七年（1901），辛丑条约的签订，唐文治也曾参与其中。其后还曾随从出使日本、英国。光绪二十九年（1903）升商部右丞，此时的唐文治，已经是满汉大臣眼中的能员。几年之后，尽管已经是署理尚书，唐文治却因母丧乘乱抽身，并由此转

入上海高等实业学校，实非常人所及。

从进入民国开始，唐文治先后编写《论语大义》《孟子大义》《大学大义》《中庸大义》《十三经提纲》《茹经堂文集》《性理学大义》《政治学大义》《讲演录》《国文经纬贯通大义》《尚书大义》《阳明学术发微》《诗经大义》《礼记大义》等书，并同时开启了讲学生涯。"道之不绝在人"，当经学已无法在学科体制之内保存的时候，还是可以通过在野讲学来加以传承。无独有偶，清末对孔子予以激烈否定的章太炎，则在民国初年开始了自我批判，撰写《检论》，重新以经学自任。

在二十世纪的读经运动中，各省军阀是一股重要力量。假如从此辈与湘淮军的渊源，以及由此与道咸以来经学新变的关系来看，应该是一个可以切入的视角，不宜以保守落后简单地加以否定。生值乱世，此辈之中固然不乏颠顶无耻之徒，但如蔡锷之倡义起兵，段祺瑞之茹素明耻，吴佩孚之宁死不屈，相比后世某些无所不为的行径，却不可以不说有经学的遗教存焉。更何况反对读经据说是为了抵制专制，但经学灭后，却并未阻止专制的加深。以专制的手段否定经学，与用专制的手段提倡经学，其相去并不甚远。经学的仁义礼智信、天理良知本来作为传统各阶层心理诉求的共同基础，不仅责己，也可以责人，并以此维系政教的基础。当这个基础被摧毁之后，不同群体间的公共认同消失，加上外来各种学说的催动，判断真理的尺度只能是惟力是视的丛林法则。谓予不信，有历史在。

四、"哀鸾孤桐上,清音彻九天"

唐文治的学术渊源本来便是道咸以来不拘门户、经世致用的经学传统,所以在学术上仍然大体继承发挥此派的见解。其最重要的著作无疑是民国二年(1913)便已完成,但在六十岁时(1924)才完成定本的《论语大义》。而撰写本书所参考的作品,除了朱《注》以外,主要便是清儒汪份(1655—1721)的《四书大全》、陆陇其(1630—1692)《松阳讲义》、李光地《读论语札记》、黄式三《论语后案》、刘宝楠(1791—1855)《论语正义》。除此之外,其学术也受黄道周、顾炎武、陆士仪、方苞、曾国藩、黄以周等人的很大影响,而其中陈澧《东塾读书记》的影响最大。《东塾读书记》试图以一部书的规模总括全部经学、诸子以及经学史的努力,在唐文治所编纂的《十三经读本》里得到明确体现。只不过,在陈澧的时代,经学作为知识体系表面上依然如日中天,所以只需要在作品中自抒心得;但在唐文治的时代,经学俨然已遭灭顶之灾,所以需要把最好的版本、注释以及读书的门径告诉后人。这就像那个有名的故事,人类将要灭亡,一个物理学家选择告诉未来智慧生命的一句话是"世界是元子论的"。有了这个观念,物理学还会被重新发现。

也正是因此,唐氏择选版本虽然务求其善,但却仅"择其注之简当者,屏其解之破碎而繁芜者。抉其微言,标其大义,撰为提纲,附于诸经简末"(《十三经读本序》)。诸经的注释不分门户，三礼宗郑玄，《四书》《诗》《易》宗朱子，辅以清儒著作，其余亦择善而从。出于对文章声韵的重视，唐氏甚至专门灌制经典诵读的唱片，以遗后人。其救世婆心，于兹可见。在民国以后经学被从学术上否定，新锐学者纷纷主张以经学史替代经学的声浪中，唐文治《十三经读本》之不拘门户在某种程度上成为一种象征，"兄弟阋于墙，外御其侮"，所谓"覆巢之下，焉有完卵"，传统华夏文明遭遇的是一次整体性危机。若干年后，在如火如荼的反传统运动中，就连新一代大儒熊十力也未免对经学传统发生困惑，自孟子以下的儒者多斥为"奴儒"，但却依然守住了孔子学术那一点灵明。两者有着异曲同工之处。

不过，唐文治所做的尚不止于此。如果说《十三经读本》形式上仍是为了"存古"，那么他为诸经所作的提纲和大义，便是他在存古之余所发挥的经世之学。这一经世之学既有多年从政及主持实业教育的心得，也有面对世风时势的痛彻反思。

与陈澧、曾国藩等一样，唐文治仍然延续了道咸以来经学的四科规模而略加变化。德行科方面便是性理学，并撰有《性理学大义》。假如细分之，则包括义理学与伦理学，二者皆根于性理，但区别何在？"伦理散见于伦常日用之际，义理体察于身心性命之微。"(《诗经义理学序》)其实也便是西洋学术中哲学与伦理学之别。言语科便是文学，所以有《国文经纬贯通大义》。不仅如此，对十三经的文字，唐文治也提倡不要放弃从文学方面去解读，"若从文法入手便易了解"

（《十三经读本凡例》）。这主要是桐城派留下的遗产。文学科便是学术源流，唐氏有时也会从俗叫作“经学”。政事科则所包甚广，有政治学、政鉴、社会学、教育学、军事学、农事学等等，其实也就是今天的社会科学。所有学科都要以性理学为基础。从整体经学来看，经典各有所偏；但从各部经典来看，每部经典都可以区分为不同的学科门类。譬如在《诗经大义》中，便把《诗经》分为八个门类，分别是伦理学、性情学、政治学、社会学、农事学、军事学、义理学、修辞学，等等。四十年代，马一浮在复性书院讲学，首先揭出六艺可以统摄包括中西学术在内一切学术这一大旨，在唐文治这里，其微意无疑已在其中。

　　当然，这种做法似乎蕴含着唐氏经学观念中的某些不足，那就是仍然把经典本身当作直接应用的对象，在这种应用背后其实有着把经典当成信仰对象的嫌疑。在 1920 年代关于读经的讨论中，唐氏主张对不符合现代需要的经典予以删削（参虞万里《尊孔读经与治心救国》），其实便是这种观念的反映。一般来说，除了修身及义理之学以外，经典乃是经学视野在历史境遇中的呈现，所谓“礼以时为大”，因革损益固然正常，但这种历史性的损益可以通过经学的不断疏解来完成。好的注疏与经典本身的张力其实就是经典自身的历史张力，在这个意义上，经典是不可删削的。删削唯一可以存在的理由是为了教化初学，因为初学无法领会经学的深义，而不得不然。只不过这一点倒不必苛求，在新的境遇中不断发明经学的大义，本来便是一代代学者的薪火之责。

应该指出，无论在形态上是否融摄新学，真正深邃的经学都会同时体现在两个方面，一种是为世道人心把脉，一种是在学术上对经典本身的贯通。清代以来，在钱穆先生所谓"部族政权"的统治之下，士气萎靡，民心浮躁，虽有天朝上国的虚名，而精神颓靡不振，政教诚意尽失。随着列强的侵入，由往日心态上的高高在上迅速跌入困顿之中，于是社会达尔文主义甚嚣尘上，急功切利、试图一朝崛起的心态弥漫朝野。晚清以来之所以越来越走向激进，而热衷于画饼充饥，其根本原因便在于此。在更深层次来看，这并非简单的"救亡压倒启蒙"（李泽厚语）的问题，而是一种因为长期德性失范而造成的集体无意识的危机。近代以来有关"国民性"问题的讨论事实上渊源与此。在唐文治的著作中，所看到的因此是一个类似战国、充满杀机的世界。"今日之世，一大战国之世也。……横政之所出也，横民之所止也。截截乎，学说之诐淫也！幡幡乎，士林之盲从也！憪乎怛乎，闾阎之痛苦而无所控诉也！世界之劫运，若巨舟泛汪洋而无所止届也！若是者何也？人心之害为之也。""且夫天生人而与以至善之心，孰不有良知盈然蔼然，超出于物类之外。"经学所要捍卫的是人心的"秉彝之良"，这是上天所赋，人人共有，而使人类超出物化的东西。在人类不同文明之中，这种"秉彝之良"表达可能不同，但却是人之所以为人的底线。但为什么会不顾天理良心而有废经之举？这是唐文治所大不解之处（《十三经读本序》）。自民国二年开始唐文治便着手编写十三经的大义，无疑便是受民国元年废经事件的刺激。

　　反观 20 世纪的中国历史,孰是孰非似已不难置辩。对于这个时代的具体应对之策,便是唐文治在各种《大义》中所不厌其烦提出的救治人心的方案。保持廉耻之心,养心无欲,洗心寡过,诚以行之,"人无信不立","欲速则不达",虽似卑之无甚高论,但谁又能说 20 世纪社会政治人心风俗种种问题,不是因为德性的失范所致? 尽管出生于帝制时代,甚至官居高位,但在他的文字里,捍卫共和政体,维护民权与人权,重视民智开启,这样的呼吁随处可见,表明唐文治这样的儒者所持守的并非是那种一家一姓的愚忠,这与他所心仪的孟子民贵君轻的精神是一致的。"哀鸾孤桐上,清音彻九天。"这句熊十力喜欢引用的鸠摩罗什的诗句,用来比况唐文治,似乎也差堪仿佛。

　　如前所述,唐文治最重要的作品,同时也是使其真正可以跻身古来作者之林而无愧的,便是他的《论语大义》。这部书的真正特色在于认为"《论语》每篇章次皆有意义,如贯索然。"(《季氏篇大义》)这一观点在学术史上本来并不稀奇,许多学者都曾提出,并试图予以解决。但直到《论语大义》一书,尤其《学而》《为政》《八佾》《述而》诸篇,其论述之精当,析理之严明,令人不无观止之叹。全书虽偶有可议,但大体已得,实为《论语》注本之中不可多得的佳作。其余著作虽然在整体上与《论语大义》尚有距离,但论学精义也是所在多有。而且唐氏之学横跨十三经的各个领域,皆能中其款窍,以博大许之,并不为过。

　　也正是因此,相对于康有为、廖平等同辈学人,因为以螣蛇吞象的方法吸纳西学,而引起的对经学的不适感,唐文治的经学可谓极为纯正。在唐氏所承接的道咸学术(其实也就是晚明学术)基础上,对古今中西不同学术重新加以融会变化,便是稍晚一辈的马一浮、熊十力等所接续的,那个方兴未已的新经学。这一"第三期经学"自晚明黄宗羲、王夫之、顾炎武等开山以来(参拙撰《新经学发刊词》),虽然经过乾嘉时代的挫折,最后终于回到其应有的轨道上来。道咸以来近代经学的回潮,其意义在此。作为守先待后的一代大儒,唐文治先生功不可没。

戊戌年三月初八,涣斋识于沪上

学而篇第一

子曰:"学而时习之,不亦说乎?

"学"字或训效,或训觉,皆未能征之于实。陆氏曰:"此所谓学,《大学》八条目是也。"陈氏曰:"'学'字从孝,即下章所谓孝弟,以及本篇中诸学字皆是也。"黄氏曰:"圣门之教,必读书然后为学也。"后说为长。时习者,反复不厌,日新而月异也。之,代名词,如"默而识之""敏以求之"之例,即指学而言。说者,思绎既久,意渐解释,所谓"优而柔之,餍而饫之""涣然冰释,怡然理顺"也。

有朋自远方来,不亦乐乎?

朋,同志也。自远方来,同声相应、同气相求也。孟子曰:"得天下英才而教育之,三乐也。"

人不知而不愠,不亦君子乎?"

人者,非皆同志也。知与不知,听之而已。不愠者,非特不含怒,盖绝无丝毫之芥蒂也。不愠,与说、乐相对。说生意内,发为元;乐散于外，为亨；不愠则生意，又收敛于内，为利贞也。《易传》曰"遯世无闷""不见是而无闷"，君子以成德为行，为己之学，固当如是也。玩三"不亦"字，圣人循循善诱之意深矣。

有子曰："其为人也孝弟，而好犯上者，鲜矣；不好犯上而好作乱者，未之有也。

此言和气之可以消戾气也。人之犯上作乱，出于所好。好犯上作乱有二等：一由于性情之桀傲，一由于气习之浮嚣。能孝弟，则居家庭乡党，自无此二弊。此节当与《孝经》"五孝"章、《孟子》首章参读。

君子务本，本立而道生。孝弟也者，其为仁之本与！"

务，专力也。木著于地谓之本，离地即槁，人子之依于父母，亦犹是也。本立道生，根本固则枝叶自然畅茂也。孝弟，为仁之本。亲亲而后能仁民，仁民而后能爱物也。《后汉书》延笃《仁孝论》曰："仁人之于孝，犹四体之有心腹，枝叶之有根本也。"其说极精。此节当与《大学》首章末节参读。春秋之世，兼爱之说渐萌，人伦浸废，故有子、曾子特正本以救之。

子曰："巧言令色，鲜矣仁！"

《礼记·表记》篇曰："君子言足信也,色足惮也。"此为天则。言何为而巧？色何为而令？欲以谄媚于人耳。谄媚于人,则卑鄙龌龊,日益作伪,羞恶之良丧,而本心亡矣。圣人曰"鲜矣仁",盖既鲜,必至于绝无也。

曾子曰："吾日三省吾身。为人谋而不忠乎？与朋友交而不信乎？传不习乎？"

此圣门身学之权舆也。陆氏曰："天地间最贵者,此身耳,为造化立心,为生民立命,则此身也。然最危者亦此身,为愚不肖,甚至沦于禽兽者,亦此身也。"故必当省。省之先,有涵养之功；省之后,有克治之功,又非徒省而已也。忠信所以进德也,传习所以修业也。不曰当忠、当信、当习,而曰不忠、不信、不习,其意尤严切矣。

子曰："道千乘之国,敬事而信,节用而爱人,使民以时。"

《大学》引《诗》曰"缉熙敬止",又曰"与国人交,止于信"。敬与信,相因而致也。《易传》曰："节以制度,不伤财、不害民。"惟节用而后能爱人,亦相因而不相妨也。《易传》曰："说以使民,民忘其劳。"中国最重农政,要在不违农时,故《豳风》之诗,必"我稼既同",而后"上执公功"也。此五者,盖治道入手之大纲,犹未及乎礼、乐、刑、政也。或谓敬字乃古圣心法,不知此敬字较浅,与"修己以敬"贯彻始终者不同。

子曰："弟子入则孝，出则弟，谨而信，泛爱众，而亲仁。行有余力，则以学文。"

此章盖古者小学之要义，即以立大学之初基也。入孝出弟，所以居家庭者得乎天性矣。谨也、信也，推之于制行也。爱众、亲仁，所以处乡党、州闾者，合乎礼意矣。余力学文，推之于游艺也。"四教"章为大成之学，故先文后行。此章为小成之学，故先行后文。或训学文为识字，义殊偏狭，当从朱《注》为是。

子夏曰："贤贤易色；事父母，能竭其力；事君，能致其身；与朋友交，言而有信。虽曰未学，吾必谓之学矣。"

贤贤易色，好德如好色也。何以能易色？何以能竭力？何以能致身？何以能有信？四者皆出于诚意也。而欲诚其意者，先在于致知格物，故知其必出于学。子夏，文学家也，其重笃行若此，盖一则以当时多菲薄、悃愊、浮华之士，一则多谓生质既美，无待于学。故特曰"吾必谓之学"，见学与行之相需而不相离也。

子曰："君子不重，则不威；学则不固。

此君子，乃未成德之君子。重、威，定命之学也。《左氏传》曰：

"有威而可畏,谓之威。"又曰:"有动作礼义威仪之则,以定命也。"《诗》曰:"天保定尔,亦孔之固。"定者,定命也。惟定命而后能固。凡动作轻浮者,其学皆不足恃也。惟重与威,亦不可出于虚假耳。或训固为固陋,以"学则不固"别为一节者,谬。

主忠信。

重、威,居敬之学也,见乎外者也。忠、信,存诚之学也,本乎内者也,故曰主。以上五章皆言信,人生以信为最重也。

无友不如己者。

或曰"君子嘉善而矜不能",若皆友胜己者,则不如己者何以成其德乎?不知惟成德之君子可以矜不能,若未成德之君子而友不如己者,则此心将流于骄肆,而失其所学矣。或谓不如己乃不类己者,言道不同不相为谋也,此别一义。

过,则勿惮改。"

惮者,因循畏难之意。过出于无心,故改之即可以无过。惮生于有心,故惮改将成为大恶。曰勿者,本吾心以斩绝之而永决之也。以上四者,为学者入德之大要。

曾子曰:"慎终,追远,民德归厚矣。"

此以丧礼、祭礼教民也。慎终者,所谓三日不怠,三月不懈,期悲哀,三年忧是也。追远者,所谓反古复始,不忘其所由生也。曾子每读《丧礼》,泣下霑襟。丧礼易启人之哀心,祭礼易启人之敬心。故六礼之中,丧、祭为尤重。提倡之责,固在君相,亦在师儒也。不云"民德厚"而云"归厚者",一则归复其生初之至性,一则归复周初仁厚之风也。皇《疏》引熊理曰:"欣新忘旧,近情之常累。信近负远,义士之所弃。"其说亦足针砭末俗。

子禽问于子贡曰:"夫子至于是邦也,必闻其政,求之与? 抑与之与?"

本经有"道不行"之叹,《史记》称孔子明王道,干七十余君莫能用。此章乃言必闻其政。盖闻者,闻掌故之得失、风俗之美恶焉耳,非委托以政也。或闻之于诸侯,或闻之于国老、卿、大夫,亦非专指邦君言也。时人疑夫子亦出于求,故陈亢虽以求、与并问,而其语意亦偏重于求。

子贡曰:"夫子温、良、恭、俭、让以得之。夫子之求之也,其诸异乎人之求之与?"

朱《注》:"温,和厚也;良,易直也;恭,庄敬也;俭,节制也;让,谦逊也。五者,夫子之盛德光辉接于人者也。"然此特就浅者言之耳,若细别之,则天地之气备焉。李氏曰:"温者和蔼,春气也。良者明达,夏气也。恭者严肃，秋气也。俭者收敛，冬气也。让则若无若虚，如土气之流行于四时也。"圣人浑然天德，未易为俗人言也。"其诸"，诸字即指五德而言。本经如"人其舍诸"，诸字指贤才言。"尧舜其犹病诸"，诸字指博施济众安百姓言。凡经传中诸字例，皆以虚作实。"异乎人之求之"者，犹孟子言伊尹以尧舜之道要汤之意，辟时人之见也。

子曰："父在，观其志；父没，观其行；三年无改于父之道，可谓孝矣。"

观其志，观子之志也。观其行，观子之行也。汪氏曰："三年无改，为其合于道也。"何以言三年也？盖至于三年而无改，则可概以终身也，是以可谓之孝。若非道而犹不改，则是成父之过矣。先儒谓改父之道，所行虽善，亦不得为孝，恐失经旨。

有子曰："礼之用，和为贵。先王之道，斯为美，小大由之。

世衰道微，邪说暴行并作，直以礼为束缚人之具。故有子明揭之曰："礼之用，和为贵。"盖礼，根于秩序，有秩序，自然能和。此《尚书》"天叙""天秩"，所以继以"和衷"，而"正德、利用、厚生惟和"，皆原于是。"率性之谓道"，先王制礼，无非因人性所固有，率而行之，是以小事大事，无不由之，而非有所勉强也。

有所不行，知和而和，不以礼节之，亦不可行也。"

敬者,礼之体;和者,敬之用,故《礼记·乐记》篇曰:"夫敬以和,何事不行?"惟以礼为束缚,而不以敬为主,故曰流于放荡。知和而和,则性情纵恣,而越乎天则之范围矣。春秋时原壤,战国时蒙庄,后世清谈之流,皆是也。曰亦不可行者,言以礼为束缚者固非,若一意以放旷出之,则亦不可行也,其防弊之意至深远矣。

有子曰:"信近于义,言可复也。恭近于礼,远耻辱也。因不失其亲,亦可宗也。"

朱《注》:"此言人之言行、交际,皆当谨之于始,而虑其所终。不然,则因仍苟且之间,将有不胜其自失之悔者矣。"语极警切。陆氏曰:"两'近'字,一'不失'字,必先有穷理之功。不然,则以非义者为义,非礼者为礼,不当亲者为可亲矣。"曰可复,曰远耻辱,曰可宗,皆有一再审慎而后践履之意。故此章当与"三省"章参读,乃战战兢兢之义,非泛论也。或以因作昏姻解,宗作宗族解,迂曲难通。

子曰:"君子食无求饱,居无求安,敏于事而慎于言,就有道而正焉,可谓好学也已。"

此章有二义:一系侧说,盖人若不求安饱,而不能敏事慎言,则无以措之于实行;若敏事慎言,而不能就正有道,则所学尤恐不得其正。一系平说,盖不求安饱,所以立好学之志;敏事慎言,所以践好学之实；就正有道，所以明好学之径途。然人所以不能好学者，皆安饱之念误之也。故学者必先立志。若志不立，则品行卑污，虽鞭策之而不起矣。先儒谓此章当与"日知所亡"章参看。"日知"章励为学之进步，故其所好者必须臾不离。此章立为学之根基，故其所好者必丝毫不杂也。

子贡曰："贫而无谄，富而无骄，何如？"子曰："可也。未若贫而乐，富而好礼者也。"

此章言学问之无穷也。乐，乐道也。无谄、无骄，犹未忘乎贫富也。乐与好礼，则超乎贫富之外。素位而行，非因贫而后乐道，因富而后好礼也，乃进于乐天知命之学矣。子路终身诵"不忮不求"之诗，夫子戒以"何足以臧"，亦此意也。

子贡曰："《诗》云：'如切如磋，如琢如磨。'其斯之谓与？"

许氏《说文》序曰："分理相别异。"切，分也，至于磋，则析之极其精矣。琢，理也，至于磨，则治之极其密矣。黄氏曰："《大学》'如切如磋者，道学也。如琢如磨者，自修也。'《尔雅》文同，盖古训也。"切磋者必判其文理之细，道学似之。琢磨者必去其瑕玷之微，自修似之。

子曰："赐也，始可与言《诗》已矣。告诸往而知来者。"

往者，其所已言者；来者，其所未言者。盖即闻一知二之意。黄

氏曰:"此章首节论贫富,次节言学问行诣当愈进而愈深,三节言说
《诗》之家法。"见论学触类旁通之妙,各有意义。俗解泥贫富言,恐失
其蕴矣。

子曰:"不患人之不己知,患不知人也。"

此章与首章末节及《尧曰》篇末章末节均相应,意尤重在末句。
盖知人为穷理之学。若为政而不知人,则无以辨善恶邪正之分,而好
恶流于乖僻,是政治中之患。若为学而不知人,则无以辨诐淫邪遁之
失,而趋向入于歧途,是学术中之患。故知人之学,为圣门先务之急。
或曰"知人者当爱而知其恶,憎而知其善",说亦深细。

学而篇大义

《论语》开宗明义曰学。学字,古文从爻、从子,即古孝字。学者
何? 孝弟而已矣。仁者,人心之德,所以为人之本也。为仁之本,自
孝弟始。失仁之端,自巧言令色始。自古圣贤豪杰,孰不从家庭爱敬
中来? 天下穿窬盗贼,孰不从逢迎谄媚中来? 养正之功,端在于是。
此贯串之义,读《论语》者入门法也。曰"不亦说乎""不亦乐乎",明为
学当求说与乐也。《易·乾卦》之初爻曰"潜",潜者,圣人之至德。
《学而》首章曰"人不知而不愠",其末章曰"不患人之不己知",《尧曰》
之末章曰"不知命无以为君子",皆潜德也。学问浅露,动辄表暴于

人，浸至驰逐于名利之场，隳其品行，皆求知之一念为之，此圣人所深痛，而学者之大戒，是《论语》二十篇彻始彻终之要旨也。曾子"三省章"以下，大抵皆为初学而言。曾子非于三省之外，别无所事，曰"忠信"，曰"传习"，教学者以简易之目也。汤之盘铭曰"苟日新，日日新，又日新"，能行三省之法，吾德庶几其日新乎？凡人每日沐时，至少凡三，有能行三省之法，去其面之垢，即以去其心之垢者乎？"道千乘之国"，政治学之初基也。"弟子入则孝"章，古时小学之教也。贤贤易色，事亲竭力，事君致身，交友有信，性情品行之本原也。"不重则不威"章，皆教初学以笃实之旨。盖不实则浮，浮则嚣，嚣则诞，学问终身无成矣。故学者以重为尤要，能敬其庶几重乎？圣门立教，首重人伦，而孝弟，人伦之本也。"慎终追远"，孝之本也。甚哉！有子、曾子之言似夫子也。盖天下固有不治父母之丧者矣，有春露秋霜、岁时伏腊，不祀其先人者矣，民德之薄如此，孰使之然？亦可痛矣哉！"温、良、恭、俭、让"，圣人处世之道，即学者学圣人之阶梯也。"三年无改于父之道"，尤为教孝之义。曷为限以三年？曰三年，概以终身可也。如有非道者，改之可也。《易传》曰"履和而至"，又曰"履以和行，谦以制礼"。"礼之用，和为贵"，初学应世之方也。"小大由之"，贯始终一也。"信近于义"，言始可复；"恭近于礼"，始远耻辱；"因不失其亲"，始可宗。初学苟非辨之于早，有终身失足者矣。《论语》二十篇，时时教人以好学，而惟"食无求饱"数言，尤为浅近而笃实。"贫而无谄，富而无骄"，学者之行，宜由浅以及深。学《诗》之义，亦宜由浅以入深。

"告诸往而知来者",治经之法也,所谓"举一隅以三隅反"者也。"不患人之不己知",与"不知不愠"义相应。凡读《论语》之法,有苦思力索而始得之者,有浅近而易晓者,至于平易近人,亲切有味,则《学而》一篇,尤宜三复也。而文治则更有进者:圣人教人最要之宗旨,读书与立品,宜合为一。故先儒谓读《论语》每读一篇,人品宜高一格。若书自书,我自我,终其身与书隔阂,犹之不读书矣。今学者玩时习之教,其亦知反诸于身,而体诸于心乎!

为政篇第二

子曰:"为政以德,譬如北辰,居其所而众星共之。"

此政治统一之说也。德,如《皋陶谟》之九德,《洪范》之三德是也。居其所,犹《书》所谓"安汝止",非清静无为之谓。众星共之,言旋绕而归向之也。取象于星者何？庶民惟星,《释名》:"散,星也。"惟有德以翕聚之,而后散者归于一。不然,月之从星,则以风雨,是为乱象。《大学》曰:"君子先慎乎德。有德此有人,有人此有土。"盖政治之统一,不徒统一乎土地,要在统一乎人心。德者,统一人心之具也。

子曰:"《诗》三百,一言以蔽之,曰'思无邪'。"

此夫子删《诗》后之定论也。蔽,括也。夫子删《诗》,以思为主。凡思之近于邪者,皆删之;其存者,皆无邪者也。无邪之义,浅言之则发乎情,止乎礼义,虽郑、卫之诗,亦无非惩恶而劝善。若深言之,则与《礼》之"毋不敬"相合。盖《诗》以雅、颂为重。如《文王》《大明》《昊天有成命》《敬之》诸篇,凡周公所作者,皆以敬天命为主。鲁为周公之国,故《鲁颂·駉》篇有"思无邪"一言,乃敬天命之旨也。

子曰:"道之以政,齐之以刑,民免而无耻;

　　此霸术也。道,引道之。齐,画一之。政、刑二字,辨之当精。春秋时尚无申、韩之刻核,大抵如管子之作《内政》,子产之铸《刑书》,故民能免于刑罚。无耻者,因在上者专以功效为学,是以在下者亦急功近名,而羞恶之良泯。故善治民者,必先治民之心理。

道之以德,齐之以礼,有耻且格。"

　　此王道也。德、礼二字,析之当精。德,如《书》所谓"正德","内省不疚""不愧屋漏"是也。礼,如五礼、六礼等皆是,而从宜之道寓焉。有耻且格者,感孚于心理也。或解格为变革者,殊浅。《孟子》曰:"善政不如善教之得民。"得民者,得民心也。《礼记·缁衣》篇曰:"夫民教之以德,齐之以礼,则民有格心。教之以政,齐之以刑,则民有遯心。"亦指心理而言。故欲治民之心理者,必先治己之心理。

子曰:"吾十有五而志于学,

　　学,即《大学》格致诚正、修齐治平之道,知行并进者也。凡学圣之方,必先立志。圣人所以愤忘食、乐忘忧者,悉基于是。

三十而立,

立，谓立于礼也。品节明，而德性定。至此而富贵不能淫，贫贱不能移，威武不能屈矣。此指力行而言，而知在其中。

四十而不惑，

不惑者，于事物之理，皆无所疑，所谓"知者不惑"是也。至此而诐淫邪遁，皆无所匿其情矣。此指致知而言，而行在其中。或疑不惑当在立之先，不知立乃可与立，不惑乃可与权也。

五十而知天命，

天命，天道之流行而赋于物者，乃事物所以当然之理。至此则由知人以知天矣。亦指致知而言，而行在其中。子曰："五十以学《易》。"《易》尽人以合天，是以"穷理尽性，以至于命"，而知天地之化育。

六十而耳顺，

声入心通，无所违逆。至此而闻一善言，见一善行，若决江河，沛然莫之能御。盖知之精而行之熟矣。

七十而从心所欲，不逾矩。

随其心之所欲，自不过于法度。至此而由仁义行，非行仁义。不勉而中，不思而得，为安行之极则矣。李氏曰："欲，指心所省察而言。乃圣人之谦辞，非因心以造矩也。"义亦切实。此章圣人自言得力之大纲,非谓一知、一行,进学必有年限也。讲章或偏重天命,或偏重心字、矩字者,俱非。

孟懿子问孝。子曰:"无违。"

朱《注》:"无违,谓不背于理。"黄氏曰:"《左传·昭公七年》:'孟僖子属何忌于夫子,使事之而学礼。'是懿子之孝,惟礼尽之。"无违者,即告以无违于礼也。

樊迟御,子告之曰:"孟孙问孝于我,我对曰'无违'。"

朱《注》:"夫子以懿子未达而不能问,恐其失指,而以从亲之令为孝,故语樊迟以发之。"黄氏曰:"懿子未必失指,重述于樊迟之御者,方值问孝之后也。"

樊迟曰:"何谓也?"子曰:"生,事之以礼;死,葬之以礼,祭之以礼。"

朱《注》:"是时三家僭礼,故夫子以是告之。"黄氏曰:"生事葬祭,乃申言礼之大纲,非必为三家而发。"俱可别备一义。

孟武伯问孝。子曰:"父母唯其疾之忧。"

朱《注》谓:"人子当守身慎疾,而以父母之心为心。"义极精确。或曰,子忧父母之疾,《孝经》所谓"病则致其忧"是也。上章言丧则致其哀,祭则致其严;下二章言居则致其敬,养则致其乐,义相连属。或曰,此疾概言身心之疾,犹言弊病。如孟子所言"惰其四支"等五者,固疾也;曾子所言"居处不庄"等五者,亦疾也。身心之疾,非药石可疗,故夫子于问孝时示之。二说皆足补朱《注》所未备。

子游问孝。子曰:"今之孝者,是谓能养。至于犬马,皆能有养;不敬,何以别乎?"

犬马皆能有养者,言犬以守御,马以代劳,虽下至于犬马,皆能养人也。《礼记·坊记》篇:"小人皆能养其亲,君子不敬,何以辨?"与此章语意相发明。小人能养,不过效犬马之劳而已,不能敬其亲,嘻嗃无度,将何以别于禽兽乎?仁人之事亲如事天,故以敬为大也。旧说养其亲而敬不至,则与养犬马何异,引喻失义,恐圣人不应作是言也。或谓禽兽亦能相养,但无礼耳,亦未安。

子夏问孝。子曰:"色难。有事,弟子服其劳;有酒食,先生馔,曾是以为孝乎?"

此与上章义相近,言服劳、奉养之未足为孝也。色难,古注谓承望父母颜色乃为难也。人子之养亲当视于无形,先意承志,此说足以引动孝子之诚意。而朱《注》引《礼记》:"孝子之有深爱者,必有和气;有和气者,必有愉色;有愉色者,必有婉容。故事亲之际,惟色为难。"

盖欲人子于事亲之时，瞿然省察，勿涉于粗浮，勿流于饰伪。其义尤精。教孝之道，不厌求详，二说当并存之。

子曰："吾与回言终日，不违如愚。退而省其私，亦足以发。回也不愚。"

此章当与"于吾言无所不说"义参看。如愚不愚，乃深喜之辞，否则如颜子之至明至健，岂特不愚而已哉？不违如愚，兼深潜、纯粹而言，才华不外发而敛之于内心也。私，谓燕居独处之时，亦足以发，兼心解力行而言。盖不独圣人所已言者足以发，即未言者亦足以发也。不独圣人指示所已行者足以发，即未经指示者亦足以发也。所以深喜其不愚也。若以"私"作慎独解，则堕于空虚，此心齐、坐忘之说所由起也。或读"吾与回言"句，"终日不违如愚"句，极合。

子曰："视其所以，

此章乃知人之学。陆氏曰："圣人待人必忠厚，而观人必精详。"以，用也。知人者，当先视其善恶之分途也。

观其所由，

陆氏曰："恶者可无庸观矣。"其善者，果出于为己乎？抑为人乎？当观其意之所从来也。

察其所安。

察，考也。安，所居也。陆氏曰："为人者可无庸察矣。"其为己者，果出于自然乎？抑勉强乎？惟出于自然，乃能久于其道也。

人焉廋哉？人焉廋哉？"

朱《注》："焉，何也。廋，匿也。重言以申明之。"此非矜其精明而夸其效，乃言人莫能匿其情也，由是则进于先觉矣。然知人之要，必先自视、自观、自察，而后可以知人。且惟能自观察，而后可为圣人所观察也。

子曰："温故而知新，可以为师矣。"

温，水之热者。引申之，凡物将寒而重热之曰温。温故，谓考前代之典章。知新，谓识今时之制度。温故而不知新者，迂拘之士；知新[而]不温故者，浅俗之徒。"可以为"三字，当重读，言必通达古今，兼该体用，而后可以为师也。《礼记·乐记》篇曰："能为师，然后能为长；能为长，然后能为君。"是故择师不可不慎也。或谓知新从温故中出，乃专为厌故喜新者戒，非正义。

子曰："君子不器。"

子曰："君子不可小知，而可大受也。"小知者，器是也。大受者，不器是也。此器字,与器使之器略同,与瑚琏之器实异。《礼记·学记》篇曰:"大道不器。"君子大道被于躬,是以体无不具,用无不周,而不为一材、一艺所囿也。

子贡问君子。子曰:"先行其言,而后从之。"

《礼记·表记》篇曰:"天下有道,则行有枝叶;天下无道,则辞有枝叶。"政治学问,皆以力行为先。君子"先行其言"者,所以倡率乎天下。"而后从之"者,所以表明其径途。

子曰:"君子周而不比,小人比而不周。"

此心术之判也。周,普遍,其心公。比,偏党,其心私。《易传》"知周乎万物",此周字之义。《洪范》"人无有比德",此比字之义。或疑《易》比卦为吉象,何以属诸小人? 不知解字有浑言、析言之别。若下从上,阴从阳,则比为吉;若比之匪人,则比为凶。此比字专指朋比而言,盖其为私也大矣。

子曰:"学而不思则罔,思而不学则殆。"

学而不思,训诂词章之弊也;思而不学,明心见性之害也。罔者纷杂而昧,殆者昏默而危。大抵天资鲁钝者,闻见先于知觉;天资高明者,知觉先于闻见。故是二家者,常接迹于天下。圣人有以正之。

涵养与穷理之功,交相为用,则所学所思,自无过不及之患矣。

子曰:"攻乎异端,斯害也已。"

朱《注》:"攻,专治也。异端,如杨墨是也。其率天下至于无父无君,专治而欲精之,为害甚矣。"说极精至。孟子所谓"生于其心,害于其政;发于其政,害于其事"。凡诐、淫、邪、遁,皆异端也。或训攻为击,已为止,谓攻击异端而害斯止。或谓异端不可攻,攻之斯有害。或训攻为错,谓小道可观,与异端切磋,以消害于无形。穿凿喜新,皆不足信。

子曰:"由,诲女知之乎? 知之为知之,不知为不知,是知也。"

诲女知之者,诲以致知之学也。《礼记·学记》篇曰:"知类通达。"又曰:"先其易者,后其节目。"知之,易者之类也。不知,难者之类也。先其易而后其难,则不知者皆进于知,是致知之学也。子路天资高明,有"何必读书然后为学"之说,故夫子告之如此。或乃拈"不知为不知"句,以为夫子欲子路扫除闻见,深悖经旨。或又过泥朱《注》,谓子路强不知以为知,不免有自欺之蔽,所见亦非。

子张学干禄。

或谓子张于学之时,有干禄之意。或以"学干禄"三字连读,言子张学干禄之道。后说为长。《礼记·学记》篇曰:"凡学官先事。"盖古者仕官,自有其事,非若后世之所谓干禄也。《诗·大雅》"干禄岂弟""干禄百福",皆言天禄,与此干禄略异。或曰"学"当作"问"。

子曰:"多闻阙疑,慎言其余,则寡尤;多见阙殆,慎行其余,则寡悔。言寡尤,行寡悔,禄在其中矣。"

朱《注》:"多闻见者学之博,阙疑殆者择之精,慎言行者守之约。"其意已尽。然必能多闻见,而后能阙疑殆;能阙疑殆,而后慎言行,日益精密,功夫由浅而入深也。寡尤寡悔,特其效耳。《孝经》言卿大夫之孝曰"口无择言,身无择行",择者,厌也。若口皆可厌之言,身皆可厌之行,安有得禄之理乎?虽然,儒者之学,正谊明道。慎言行,原非为得禄之地。孟子曰:"经德不回,非以干禄也。"故"禄在其中"句当读得轻。

哀公问曰:"何为则民服?"孔子对曰:"举直错诸枉,则民服;举枉错诸直,则民不服。"

错,舍置也。诸,众也。直者、枉者,性情品行万有不齐,如何而举,如何而错,如何举之而用得其当,如何错之而事得其平,实有至精之理。此谢氏所以有"大居敬,而贵穷理"之说也。举直错枉,则君子无掣肘之虞;举枉错直,则善人无立足之地。斯民皆直道而行,其心岂可欺哉？或谓哀公无用人之权，故不问所以举错之道，此说非是。哀公实无知人之明，岂有并一二人不能举错哉？特当行之以渐耳。不然，夫子何为告以此言乎？

季康子问："使民敬忠以劝，如之何？"子曰："临之以庄，则敬；孝慈，则忠；举善而教不能，则劝。"

以，犹与也。临之以庄，"齐明盛服，非礼不动"也。孝慈，《礼记·文王世子》篇养老幼于东序，所谓"老吾老以及人之老，幼吾幼以及人之幼"也。善者不屑为逢迎，不能者更易于废弃，举之教之，公之至也。为政之道，治人必先治己。庄，所以自为敬也；孝慈，所以自为忠也；举教，所以自劝于善也。初非求民之敬忠与劝，而表正景端，效自随之。《礼记·表记》篇："仁者，天下之表也；义者，天下之制也；报者，天下之利也。"庄者，义也；孝慈，仁也；举善教不能，仁义兼尽也。如是则民尊之、亲之，报岂有不至哉？

或谓孔子曰："子奚不为政？"

《史记》定公元年，季氏强僭，"孔子不仕，退修《诗》《书》《礼》《乐》，弟子弥众"。

子曰："《书》云：'孝乎惟孝，友于兄弟，施于有政。'是亦为政，奚其为为政？"

孝乎惟孝，美大孝之辞，犹《礼记·燕居》篇"礼乎礼"句例。友，善也。施，行也。政，所施行也。春秋时，父子兄弟之祸亟矣，欲治其国者，先齐其家。故夫子痛切言之，欲以救人伦之变，而明推恩之义。"是亦为政"者，言是乃为政之本也。旧说谓夫子设辞以对或人，恐未是。

子曰："人而无信，不知其可也。大车无輗，小车无軏，其何以行之哉？"

朱《注》："大车，谓平地任载之车。輗，辕端横木，缚轭以驾牛者。小车，谓田车、兵车、乘车。軏，辕端上曲，钩衡以驾马者。"字义人言为信。人而无信，不成为言，即不可为人矣。以车为喻者，车以輗軏为枢机，人以言为枢机，人无信，则天下皆知其欺诈。枢机既失，发号施令，其谁信之？此盖为当时执政者而发。

子张问："十世可知也？"

孔氏曰："文质礼变也。"案：《论语》通例，门弟子所问，必皆有其辞，而记载之文略。孔氏所谓文质礼变者，因下文推而知之。"也"字，一本作"乎"。

子曰："殷因于夏礼，所损益可知也；周因于殷礼，所损益可知也。其或继周者，虽百世可知也。"

《易传》曰:"损益盈虚,与时偕行。天叙天秩,千古不变者也。"故曰因。文章制度,随时变更者也,故曰损益。马氏曰:"所因,谓三纲五常。所损益,谓文质三统。"朱《注》:"三纲,谓君为臣纲、父为子纲、夫为妻纲。五常,谓仁、义、礼、智、信。文质,谓夏尚忠、商尚质、周尚文。三统,谓夏正建寅为人统,商正建丑为地统,周正建子为天统是也。"人治之大,礼为常经。秉礼者,其国存;损益得宜者,其国治;废礼者,其国亡。故曰"虽百世可知也"。

子曰:"非其鬼而祭之,谄也。

知者当敬鬼神而远之,故祭祀自有常典。若非其祖考而祭之,则是于所薄者厚,将使人人为索隐行怪之事,墨氏明鬼之说是也,其实始于谄也。

见义不为,无勇也。"

知者当务民之义,然后凡事行而宜之。若明知其义而不为,则是于不可已者而已,将使人人为洁身乱伦之行,杨氏为我之学是也,其实始于无勇也。是二者,皆攻乎异端,越乎礼教,为学术政治之害。

为政篇大义

《春秋左氏传》载郑子产曰:"吾闻学而后入政,未闻以政学者也。"故有学问而后有政治。若不学而从政，譬"犹未能操刀而使割"，其自伤以伤民也多矣。是故《学而》之后，次以《为政》。为政之以德尚已，所务者至寡，而能服众，何其神也！"思无邪"一言，温柔敦厚之本原也。世之治民者，将束民于法律乎？抑先教化其性情也？道德齐礼，道政齐刑，本末轻重，不可倒置，明矣。圣人之志学，修齐、治平之学，非无用之学也。耳顺从心，天德、王道、圣功相辅而行也。自古有家庭之教化，而后有社会之教化；有社会之教化，而后有国家之教化。晚近以来，家庭善良之教废弛殆尽，而徒欲以教育之法，行于学校之中，此虽圣人亦不能革其心而易其骨。孟懿子、武伯、子游、子夏问孝诸章，皆家庭中之教化也。入以事其父兄，而后出以事其长上也。"吾与回言终日，不违如愚"，为治不在多言，顾力行何如耳。颜子所以为王佐才也。"视其所以"，观人之法也。"温故知新"，新民之师范也。"君子不器"，不可小知而可大受也。"先行其言而后从之"，天下患无实行之人，而尤患多议论之士。《礼记》曰："天下有道，则行有枝叶；天下无道，则辞有枝叶。"空言多而实事少，国其可危也。"周而不比"，戒政党也。为政党者，先政而后党，犹不免朋党之祸。若知有党而不知有政，其为私也大矣。吁！可惧哉！可惧哉！"罔"与"殆"，学术之偏也。异端蜂起，生于其心，害于其政，此有国者之大忧也。"知之为知之，不知为不知"，知类之学也。穷理而后能明决，学与政一以贯之者也。《易》曰："鸣鹤在阴，其子和之。我有好爵，我与尔靡之。"（靡，与縻同，系恋也。）夫子赞之曰："君子居其室，出其言善，则千里之外应之，况其迩者乎！"夫儒者之言行，与好爵何与？而夫子以为枢机之发，荣辱之主，盖即"言寡尤，行寡悔，禄在其中"之义也。哀公、季康子之问，皆政治之大纲。曰"举枉错诸直，则民不服"，民心难得而易失，民情至愚而难欺也，尤可畏也。"孝友而施于有政"，亦因家庭之政，推而为国家之政也。国于天地，必有与立，民信而已。圯上老人之训张良，司马穰苴之斩庄贾，皆以大信所在。人而无信，不知其可。若诈伪之言，欺罔之行，满于天下，国其不国矣。"殷因于夏礼，所损益可知也。周因于殷礼，所损益可知也"，礼教为政治之本，"虽百世可知也"。为政之道，尽于是矣。乃又特记孔子之言曰"非其鬼而祭之，谄也。见义不为，无勇也"，盖福田利益之说，不可信也。迷信而民愚，愚民之术，不可为也。斯民也，三代之所以直道而行也，民气不可抑遏也，民志不可摧伤也。己而不义，是无勇也。道民于无勇，尤不可为也。墨氏之教主明鬼，其实谄而已；杨氏之教主为我，其实无勇而已。春秋之世，杨氏、墨氏之学说，已潜滋而暗长，夫子烛于几先，特辟异端之害，以清政治之原，《为政》篇所以以此终也。

八佾篇第三

孔子谓季氏，"八佾舞于庭，是可忍也，孰不可忍也"？

佾，舞之行列也。天子用八，六十四人；诸侯用六，三十六人；大夫用四，十六人；士二，四人。黄氏曰："忍，从刃从心，取决绝之义。决断以合义，是为坚忍。决断以犯义，是为残忍，《国语·楚语》所谓'强忍犯义'者也。"夫子言此，盖诛其心也。马氏以季氏为季桓子。案：《汉书·刘向传》："季氏八佾舞于庭，卒逐昭公。"是季氏当为平子。

三家者以《雍》彻。子曰："'相维辟公，天子穆穆'，奚取于三家之堂？"

《雍》，《周颂》篇名。彻，祭毕而收其俎。或曰彻别有诗，不足据。辟为诸侯，公为二王后也。堂，谓庙堂。公庙设于私家，由三桓始。上言庭，此言堂。舞乃堂下之乐，歌者在堂上也。上章直斥之，此章婉讽之，皆《春秋》之旨。

子曰："人而不仁,如礼何? 人而不仁,如乐何?"

礼乐起于爱敬,爱敬出于本心。人而不仁,则本心亡矣。游氏谓:"虽欲用礼乐,而礼乐不为之用。"或曰不仁,即所谓忍也,忍则害礼乐矣。如何,难辞,亦伤之之辞。三代而后,所以礼废乐坏者,皆不仁之人为之也。

林放问礼之本。

《礼记·礼器》篇:"忠信,礼之本也;义理,礼之文也。无本不立,无文不行。"是礼中有本也。或训本为初,非。

子曰:"大哉问!

黄氏曰:"问礼固大,欲探其本尤大。"

礼,与其奢也,宁俭;丧,与其易也,宁戚。"

礼,综冠、昏、丧、祭、乡、相见而言。周末文胜,日事奢华,害民伤财,不知纪极。夫子言俭为礼之本,盖欲变文以反质也。丧,为礼中最重者,故又特别言之。易有二义。包氏谓:"易,和易也。"盖异端齐死生,治丧皆简率,后人丧中祭奠如吉礼,即和易之弊。朱《注》:"易,治也",言"节文习熟,而无哀痛惨怛之实"。二说可并存。黄氏曰:"俭则有不敢越分之心,戚则有不忍背死之心,是礼之本也。"

子曰:"夷狄之有君,不如诸夏之亡也。"

　　夷狄有以区域言者,有以礼义教化言者,此章乃指区域而言。"不如诸夏之亡",旧说谓如"周召共和"之类,言无君而礼不废。韩子《原道》引经本之。程子谓"夷狄且有君长,不如诸夏之僭乱,反无上下之分。"愚案:春秋时,礼义废而上下乱,夫子慨叹之意甚深,当从程子说为正。

季氏旅于泰山。子谓冉有曰:"女弗能救与?"对曰:"不能。"子曰:"呜呼!曾谓泰山不如林放乎?"

　　《尔雅》:"旅,陈也。"言陈祈禳之事也。古有三望之祭,谓泰山、河、海,惟天子、诸侯得以行之。季氏惧祸求福之心胜,是以肆行僭窃而不顾。对曰不能者,言不能破其迷信也。夫子之意,谓神聪明正直,不歆非祀。曾谓泰山之神,不如林放之知礼,正以见祈禳无益。犹欲救季氏之失,使知修德而循礼也。

子曰:"君子无所争,必也射乎!揖让而升,下而饮,其争也君子。"

　　春秋时,天下动以智力相争,夫子欲以礼让化争,故此章重在"揖让"二字。《礼记·乐记》篇曰:"揖让而治天下者,礼乐之谓也。"又《射义》篇曰:"射者,进退周旋必中礼,内志正,外体直,然后持弓矢审固；持弓矢审固，然后可以言中。此可以观德行矣。"有礼义范其德行，则恭敬退让之意，油然自生。人心风俗，岂有复出于争者哉！不争而天下平矣。郑君读"揖让而升下"句、"而饮"句，盖因升堂、下堂，皆有揖让，而饮则在堂上也，似较近读为长。

子夏问曰："'巧笑倩兮，美目盼兮，素以为绚兮'，何谓也？"

此逸《诗》也。倩，笑貌。盼，动目貌。《说文》："素，白致缯也。"引申为凡物白饰之称。文成章曰绚。"素以为绚"，言巧笑美盼之人，又善习仪容以为之饰，喻意深远。故子夏问之。

子曰："绘事后素。"

《考工记》："画绘之事，杂五色。"下文云："凡画绘之事，后素功。"是先布众色后加素功也。惠氏曰："五色之黑、黄、苍、赤，必以素为之介，犹五德之仁、义、智、信，必以礼为闲。"是此"后"字，与下文礼后"后"字，其义正同。朱《注》解"作后于素"，恐非。

曰："礼后乎？"子曰："起予者商也！始可与言《诗》已矣。"

太素者，礼之本也。道德仁义，非礼不成。礼之于人，成始而成终者也。子夏闻夫子之言，而悟礼后之旨，知天下不独忠信之人可以学礼，如巧笑美盼之人，尤当学礼以归于质朴。此言于学术品行，深有裨益。故夫子曰"起予"，曰"可与言《诗》"，盖因子夏所言，正合"素以为绚"之义也。或谓子夏因绘事而悟礼,则与言《诗》不相涉矣。

子曰:"夏礼,吾能言之,杞不足徵也;殷礼,吾能言之,宋不足徵也。文献不足故也。足,则吾能徵之矣。"

言者,言其大略,或单辞琐义也。《礼记·礼运》篇,孔子曰:"吾欲观夏道,是故之杞,而不足徵也,吾得《夏时》焉。吾欲观殷道,是故之宋,而不足徵也,吾得《坤乾》焉。"《夏时》《坤乾》,皆大略也。徵,证也。文,典籍也。献,彦之借字,谓贤者也。夫子学二代礼乐,欲斟酌损益删定之,以为后世法,而文献不足,虽能言之,究无徵验,故不得以其说著之于篇,深可惜矣。旧注训徵为成,谓杞、宋无贤君,故不足以成礼,与本经语意未合。

子曰:"禘自既灌而往者,吾不欲观之矣。"

禘有二:一为祭天之禘;一为祭庙之禘。此章指鲁禘,盖谓庙禘也。灌者,方祭之始,王以酒献尸,尸灌于地以求神也。初献以往,诚意已散,则其倦怠失礼可知矣。或谓鲁祭乱昭穆,故夫子不欲观,与本经语意未合。

或问禘之说。子曰:"不知也。知其说者之于天下也,其如示诸斯乎!"指其掌。

禘之说,兼天禘、庙禘而言。不知者,谦辞,亦以禘说精深,非或人所能知也。李氏曰:"万物本乎天,人本乎祖。知其理而仁孝足以体之,则物与民胞,皆我度内,子孙臣庶,呼吸相通,而治天下不难矣。"故《中庸》又引子之言曰:"明乎郊社之礼,禘尝之义,治国其如示诸掌乎?"此论道之极致,非可易为或人言也。愚谓指其掌者,盖见以孝治天下,则亲亲仁民,仁民爱物。推而行之,如身之使臂,臂之使指,犹孟子言"治天下可运诸掌上",乃实指其理,非空言其效也。

祭如在,祭神如神在。

祭,祭先祖。祭神,祭五祀之属。下言"吾不与祭,如不祭",则此二句是当为夫子之事。夫子未尝得位,则祭神非天地山川之神。如在者,事死如事生,事亡如事存,如在其上,如在其左右也。又《礼记·玉藻》篇"凡祭,容貌言色如见所祭者",《祭义》篇"齐三日,乃见其所为齐者",皆所谓如在,诚之至也。

子曰:"吾不与祭,如不祭。"

"祭如在"者,祖考之精气,寄托之于子孙。子孙之精气,即祖考之精气,故致齐三日,其精诚足以上通于祖考也。"祭神如神在"者,既为祭主,则其精神亦足以通微合莫而无间也。若不与祭,而使他人代之,则精神隔阂,其诚无由而达,故如不祭也。或谓鲁祭失礼,夫子有讥时之意,殊未合。

王孙贾问曰:"'与其媚于奥,宁媚于灶',何谓也?"

室西南隅神为奥。灶,据《月令》为夏所祭也。贾为卫之权臣,故以奥喻君,以灶喻己。李氏曰:"室中有奥,盖神道祖考之位,生人主者之居,是一家之最尊者。疑中溜之祭,当设于此。五祀之中,中溜为贵。然灶者,饮食所从出,妇人孺子咸奔趋焉。故时俗为此语,而贾述之。"别备一义。或谓贾自周出,仕卫,奥比周,灶比卫,恐未必然。

子曰:"不然。获罪于天,无所祷也。"

天以喻君,其尊无上也。解者谓此乃气数之天,福善祸淫者是也,说亦确切。朱《注》所以训天为理者,盖以天理即心理。若获罪于良心,则悔吝丛集,无地自容,尚何祈祷之有乎?是训为义理之天,其意尤深。

子曰:"周监于二代,郁郁乎文哉! 吾从周。"

郁郁,纷丽也。夫子从周,非独尊王也。盖"礼仪三百,威仪三千",至成周而大备。周公制礼,损益因时,最为夫子所心折。此章即《述而》篇梦见周公、述而不作之旨。

子入大庙,每事问。或曰:"孰谓鄹人之子知礼乎? 入大庙,

每事问。"子闻之,曰:"是礼也。"

阎氏曰:"鄹人之子,少贱时始仕之称。孔子年二十为委吏,二十一为乘田吏。"委吏,若《周礼》之委人,共祭祀之薪蒸木材。乘田,若《周礼》之牛人、羊人,共祭祀之牲牷。应在群有司之列,说亦可据。夫子言"是礼"者,《易传》曰:"谦以制礼。"盖礼文、礼质,不厌求详。"每事问"者,乃道问学之事。以虚受人,是礼之本意也。

子曰:"射不主皮,为力不同科,古之道也。"

"射不主皮",《仪礼·乡射礼》文。《礼记·乐记》篇曰:"武王克商,散军郊射,而贯革之射息。"主皮,即所谓贯革,周初其风已息矣。黄氏曰:"礼有三射:初射,能中的者又射,不中的者黜之不复射,是专以中的为重也。再射,不贯不释,亦兼重中的。然再射之胜与不胜者,皆预于三射。其三射时,苟容体比礼,其节比乐,即不中的无罚。故曰'不主皮'也。"言"古之道"者,盖古之道即古之礼,夫子以古礼告当世之人,欲其尚德而不尚力,非徒慨叹之而已也。

子贡欲去告朔之饩羊。

告朔者,每月朔日,以本月之政治告于庙,非特敬天道,亦所以慎民事也。其牲天子用牛,诸侯用羊。黄氏曰:"腥曰饩,生曰牵。盖杀而腥荐,故爱之,生养则何以爱之?"其说是。

子曰："赐也！尔爱其羊，我爱其礼。"

爱，犹惜也。我爱礼者，言羊存而礼可念，羊去而礼遂亡。读此知古礼之仅存者，士君子皆当爱而护之。《易·剥卦》曰："硕果不食。"转剥为复，正赖此一线之仅存者也。

子曰："事君尽礼，人以为谄也。"

尽礼，若拜下违众之类是也。尽礼与谄，相似而实相反：尽礼者必不谄，谄者必不能尽礼。当时人士，事君骄泰，而于执政之有权力者，谄媚无所不至。见有事君尽礼者，则目之为谄。夫子以为嫌疑莫决，是非不明，礼意之失久矣。盖感叹甚深，而其辞则甚和平也。

定公问："君使臣，臣事君，如之何？"孔子对曰："君使臣以礼，臣事君以忠。"

礼者，节制，不敢恶慢，不敢骄溢也。忠者，实心，忠于一国，即忠于一人也。二者有明良交泰之思，有上下交责之意。后世废礼而讳言忠，秩序日乱，国事日惰矣。圣人之言，万世之法戒也。

子曰："《关雎》，乐而不淫，哀而不伤。"

"乐而不淫"二句，或指宫人言，或指文王后妃言，义均缪辖难通。

刘氏曰:"《诗》有《关雎》,《乐》亦有《关雎》。此章特据乐言之也。古之乐章,皆三篇为一。《传》曰:《文王》之三、《鹿鸣》之三。《仪礼·乡饮酒礼》合乐《周南·关雎》《葛覃》《卷耳》,亦同此例。夫子言《关雎》之乱,亦兼《葛覃》《卷耳》言之也。乐而不淫,《关雎》《葛覃》也。哀而不伤,《卷耳》也。"《关雎》,乐如匹也。《葛覃》,乐得妇职也。《卷耳》,哀远人也。而"维以不永伤",尤为"哀而不伤"之显证。哀乐者,性情之极致,王道之权舆也。《八佾》篇皆言礼乐,而《关雎》诸诗,列于乡乐,夫子屡得闻之,故有此言也。又《三家诗》说,周衰,康王晏起,毕公作《关雎》诗以讽,与本经义尤不合。

哀公问社于宰我。宰我对曰:"夏后氏以松,殷人以柏,周人以栗,曰,使民战栗。"

问社,问社主也。夏后者,夏为传子之始,后,主也,犹言君主也。氏者,大禹有功所赐之氏也。殷、周皆国名,故不称氏。称人者,以行仁义,人所归往也。战栗,恐惧也。方氏曰:"哀公欲去三桓、张公室,问社于宰我,'战栗'之对,劝其断也。"

子闻之,曰:"成事不说,遂事不谏,既往不咎。"

方氏曰:"哀公与宰我俱作隐语,故'成事不说'三句,亦不显言之也。宰我对立社之旨,本有依据,是以夫子置社主不论,但指其事以责之。"愚案:此章与"鲁人为长府",夫子赞闵子之言正相应。哀公庸暗，且大权旁落，岂能振作？徒见忌于三家耳。后世积弱之主，轻于举事，盍细味圣言哉！

子曰："管仲之器小哉！"

器，兼德器、礼器而言。春秋之世，王霸转移之一大关键也。管仲得君如彼其专，行国政如彼其久，乃因学识卑、局量浅，卒至变王为霸，率天下而入于功利之途，故夫子称其器小。盖其德器小，故不能"道民以德"；礼器小，故不能"齐民以礼"，深可惜也。

或曰："管仲俭乎？"曰："管氏有三归，官事不摄，焉得俭？"

三归，台名，必穷高极侈者，故《国策·周策》《说苑·善说》篇引此事，皆谓其伤于民。官事无摄，见于桓公之命，孟子称之，而夫子以之斥管仲者，盖天子、诸侯，当有专官；若卿、大夫具官，则侈矣。

"然则管仲知礼乎？"曰："邦君树塞门，管氏亦树塞门；邦君为两君之好，有反坫，管氏亦有反坫。管氏而知礼，孰不知礼？"

树，立也。塞门，屏门，卿、大夫见君至屏而当肃敬者是也。好，谓好会。反坫，反爵之坫。献酬饮毕，则反爵于坫上，亦诸侯之礼也。李氏曰："凡《论语》记或人所问，夫子多不尽其辞，盖以其人之识，未足深论。然就所谓'示诸斯'者而思之，则'禘之说'可知；就所谓'不知礼'者而推之，则'器小'之指亦可悟。此所以为圣人之言也。"

子语鲁大师乐,曰:"乐其可知也:始作,翕如也;从之,纯如也,皦如也,绎如也,以成。"

此所谓金声玉振,始终条理之事也,指乐之节奏言,亦即指听乐者言。黄氏曰:"《玉篇》翕,合也,字从羽,谓鸟初飞而羽合举也。皦者,玉石之白甚明也。纯者,不杂之丝。绎者,不绝之丝。皆设喻之辞,故四言'如'也。"李氏曰:"此章言歌奏之声,始也相应而不相背,是翕如。久之则两声如一声,是纯如。细辨之条理分明,是皦如。合听之,一气相生,是绎如。合而分,分而合,万事皆然,声音其一端尔。"

仪封人请见,曰:"君子之至于斯也,吾未尝不得见也。"从者见之。出曰:"二三子何患于丧乎? 天下之无道也久矣,天将以夫子为木铎。"

朱《注》:"丧,谓失位去国。"愚谓患人心道德之沦丧也。"天下无道"二句,言剥极而将复也。阎氏曰:"铎,大铃也,有金铎、木铎。金铎舌以金,木铎舌以木。金铎振武事,若司马振铎是也。木铎振文事,若《礼》所言'徇以木铎'是也。"又《左传》引《夏书》"遒人以木铎徇于路",盖用以采诗,献之大师,皆所以上宣政教、下通民情也。封人知夫子甚深,其非常人可知,惜乎问答之辞不详耳。

子谓《韶》,"尽美矣,又尽善也"。谓《武》,"尽美矣,未尽

（美）[善]也"。

《礼记·乐记》篇曰："王者功成作乐，其功大者，其乐备。"郑《注》："乐以文德为备。"引此经以证。《正义》曰："又尽善也，谓文德具也。未尽善者，文德犹少，未致太平也。"据此，知雍容揖让之风，与发扬蹈厉之概，固不侔矣。《左氏·襄公二十九年传》季札观乐，"见舞《象箾》《南籥》者，曰：'美哉！犹有憾。'见舞《大武》者，曰：'美哉！周之盛也，其若此乎！'见舞《韶箾》者，曰：'德至矣哉！大矣！如天之无不帱也，如地之无不载也。虽甚盛德，其蔑以加于此矣。'"此正《武》不及《韶》之证。

子曰："居上不宽，为礼不敬，临丧不哀，吾何以观之哉？"

《易传》曰："宽以居之。"本经"宽则得众"，是居上以宽为本也。《孝经》曰："礼者，敬而已矣。"《曲礼》首言"毋不敬"，是为礼以敬为本也。《礼记·檀弓》篇曰："丧礼，与其哀不足而礼有余也，不若礼不足而哀有余也。"是临丧以哀为本也。《礼记·乐记》篇曰："因感起而物动，然后心术形焉。"曰居，曰为，曰临，皆所感之时与地也，乃心术若斯，何以观其品行哉？此与首四章相应，益见礼之根于人心。

八佾篇大义

礼乐与人心，相为维系者也。人心作礼乐，礼乐感人心。人心正而礼乐兴，人心变而礼乐坏，至礼乐坏而世道不可复问矣。悲夫！吾夫子欲以木铎之声，宏宣当世，而天下之聪皆塞而不闻，于是孔子特因季氏之舞八佾，诛其本心之明，曰："是可忍也，孰不可忍也？"盖礼乐者，不忍之心之精微也。忍字从刃从心，如常以刃加于心，天下万事孰不可忍乎？三家以《雍》彻而孔子婉讽之，继之曰："人而不仁如礼何？人而不仁如乐何？"盖为仁之道，起于君臣、父子、兄弟相爱之间，若并天性之爱情而澌灭之，其尚能用礼乐乎哉？大哉林放之问也，与奢宁俭，与易宁戚，礼之本，本心之所发也。夷狄、诸夏，以礼义教化而分，不当以区域论。乃即以区域言之，夷狄且有礼义教化，不如诸夏反无上下之分。痛哉其言之也！"曾谓泰山不如林放"，不仁者可与言哉？"揖让而升，下而饮"，谓之无争可也。世有以好争为能自强者，谬也。好争不让，适足以乱国而已矣。"绘事后素"，可以喻礼，素者，礼也。《易》曰"白贲无咎"，礼之文也。世之质美而未学者，皆当范之以礼也。优优大哉，礼仪三百，威仪三千，周公所手定也。夏礼不足徵，殷礼不足徵，志在于从周也。周之盛也，礼乐之兴自鲁始；周之衰也，礼乐之废亦自鲁始，夫子深有感焉。不欲观禘之既灌、不知禘之说、不与祭、如不祭，皆伤鲁也。媚奥不如媚灶，鄙夫之辞，然人必存一"获罪于天，无所祷"之心，而后可以行礼，以其本心犹未泯也。"郁郁乎文"，比隆唐虞之世，世有兴礼乐者，吾其为东周乎？每事问之是礼，至《关雎》数章，皆发明礼乐之本，而"哀公问社"一章，尤有深意。管仲霸者之佐耳，不能正其君，以纳民于轨物，遑论兴礼乐乎？语鲁大师乐律,所谓始条理,终条理者是也,秩序紊而世益乱。仪封人曰"天将以夫子为木铎",其弗信矣乎?茫茫九州,栖栖车马,谁与知孔子者!乐则《韶》舞,其徒托空言矣乎?而记者于末章,复志"居上不宽,为礼不敬,临丧不哀",三致意焉,何哉?《孝经》曰:"礼者,敬而已矣。"《礼记·曲礼》首言"毋不敬",郑君注曰:"礼主于敬。"盖仁者,礼乐之本原也;敬者,礼之所以行也。不仁而不可行礼乐也,不敬而不可行礼也。不宽、不敬、不哀,皆末流之怠慢,礼之所由废也。间尝登泰岱,游邹峄,溯周公之盛治,观孔子之遗风,慨然有感于鼛鼓辟雍。西京已渺,鸾旗泮水,东鲁寖衰,迨至女乐之归,三日不朝,龟山作操,斧柯莫假,而木铎之宏音,且终不得闻矣。述《八佾》一篇,盖伤之也。

里仁篇第四

子曰:"里仁为美。择不处仁,焉得知?"

里仁有出于本然之美,有出于师儒讲学提倡之功。美者,质朴敦厚之风是也。择不处仁,有因天资昏昧者,有因习俗浮薄者。孟子曰:"仁,天之尊爵也,人之安宅也。"不处仁,则其人贱且危矣。焉得知,亦有二义:迷谬而不知所择,是因不知而不仁也;不处仁而失其是非之本心,是因不仁而不知也。此篇概言心学,常兼处境而言,而首章尤为人心风俗之本。

子曰:"不仁者,不可以久处约,不可以长处乐。仁者安仁,知者利仁。"

此亦以心与境对言也。不仁者失其本心,故一处夫约,其心则不胜其屈,而况久处乎? 一处夫乐,其心即不胜其侈,而况长处乎? 仁者安仁,安而行之也,居之如广居也。知者利仁,利而行之也,利用即以安身也。学者能葆其本心,斯能胜物而不为物所胜,所谓内重而外轻也。

子曰:"唯仁者能好人,能恶人。"

以下四章,皆言诚意之学。好恶者,人道之大原也,然唯仁者能好恶,何也? 以其无私心而当于理也。无私则好恶一出于大公,当理则所好所恶,处之悉得其平,盖义与智兼该焉。故《易传》曰:"体仁足以长人。"

子曰:"苟志于仁矣,无恶也。"

志者,心之所之,学问已在其中,故自然无恶。苟其志至诚不息,则所行皆善,不仅无恶而已。字义,仁者相人偶也。盖存诸心者,不至有己而无人,则发诸行者,自不至有为恶之事。故心体无恶,而后事为无恶。

子曰:"富与贵,是人之所欲也,不以其道得之,不处也。贫与贱,是人之所恶也,不以其道得之,不去也。

此亦以心与境对言也。"不以其道得之",谓不当得而得之也。下句"得之",亦指富贵而言,谓人当贫贱之时,苟不以其道而得富贵,则不当去贫贱而就富贵也。盖人之处境,以道为衡,则能近仁矣。

君子去仁,恶乎成名?

人不以处境累其心,则渐能守仁,此节功夫盖较进矣。仁者,名之归也,去仁则不免有所忮求,在彼而恶,在此而射,岂能有誉于天下乎?《诗》云"庶几夙夜,以永终誉",谓勉焉夙夜以求仁也。

君子无终食之间违仁,造次必于是,颠沛必于是。"

无终食之间违仁者,念念在于仁。至于造次、颠沛而不离焉,则渐造于安仁之域,功夫为更进矣。颜子之三月不违仁,其庶几乎? 能循是以终身,则其心与仁为一矣。此章朱《注》以上二节作取舍之分明,下一节作存养之功密。真氏又以末节"终食不违仁"作存养细密功夫,"造次、颠沛必于是"作存养至细密功夫。然若无初始根基,岂能造于细密? 故必以审富贵、安贫贱为本。盖惟取舍之分,精明坚确,是以造次颠沛,贞固不摇,此用功之序也。

子曰:"我未见好仁者,恶不仁者。好仁者,无以尚之;恶不仁者,其为仁矣,不使不仁者加乎其身。

好仁、恶不仁,或谓出于一人,或谓属于两事,义可兼采。"无以尚之",如好好色也。"不使不仁者加乎其身",如恶恶臭也。皆诚意之功,必自慊而无自欺也。黄氏曰:"《论语》叹'未见'者数章,皆因所见而望所未见,说者以此抹杀一世,非圣人语意。"

有能一日用其力于仁矣乎？我未见力不足者。

此夫子循循诱人之意也。力者，我之良能也，用我之良能，以复其本心，岂有不足之理乎？朱《注》"志之所至，气必至焉"，可见求仁必先立志。

盖有之矣，我未之见也。"

黄氏曰："既云'未见'，又云'盖有之矣'，仁之器重道远，频复、频失之有厉，欲立、欲达之未周，造次、颠沛之难持，瞬存、息养之不密，未敢谓才力之易逮也。"又云："'我未之见'者，人必用力，始见力之不足，而人固不用力也，所以叹'未见'也。"

子曰："人之过也，各于其党。观过，斯知仁矣。"

《礼记·表记》篇曰："与仁同功，其仁未可知也。与仁同过，然后其仁可知也。"先儒谓同功，如五霸假之之类；同过，如周公使管叔、孔子为昭公讳之类。必由迹以考心，而其仁尤著。此章观过知仁，不独勉君子之为仁，亦以望小人之改过也。盖凡人之过，皆出于党，有党则有己而无人，是己党则袒之、护之，非己党则排之、忌之，故观人之过，斯可泯人己之见，而知所以为仁。

子曰："朝闻道，夕死可矣。"

此非圣人勉人闻道之早,乃言求道者之心理然也。求道者汲汲皇皇,惟恐不及,其心以为朝得闻道,虽夕死可矣。道无穷,而求闻之者亦无穷,此朝夕乃随时之朝夕也,曾子所谓"死而后已"是也。否则闻道之后,有进德修业之功,有切磋琢磨之益,岂夕死而已可哉?黄氏曰:"此言以身殉道也。朝闻当行之道,夕以死赴之,乃成仁取义之谓。"恐未合。

子曰:"士志于道,而耻恶衣恶食者,未足与议也。"

既志于道矣,而犹耻恶衣恶食者,岂伪志乎?非也。其志未尝不诚,而卒不能进于道者,皆耻恶衣恶食之心误之也。衣不过被体,食不过养身,恶而耻焉,则美者将夸耀于人,其心体之卑鄙甚矣。子思子言"君子之道,闇然日章",而引《诗》曰"衣锦尚絅",此盖为己之第一关也。

子曰:"君子之于天下也,无适也,无莫也,义之与比。"

适,专主也。莫,不肯也。适于此必莫于彼,莫于此必适于彼,二者相因而致也。然无适无莫,而不能衷之于义,则将猖狂自恣,借口于无可无不可,而为无忌惮之小人矣。《易》言时、义,义必因时,其功有四,首在辨义,继之以徙义,又继之以集义,终之以精义。"义之与比",盖造于精义之学,由义行而非行义矣。此诚意之功,本于格致者也。

子曰：“君子怀德，小人怀土。君子怀刑，小人怀惠。”

怀德，谓先慎乎德，《大学》所谓欲“明其明德”也。怀土，谓土田，常怀私产，欲有土以有财也。或解为安土重迁者，非。怀刑，谓畏刑罚，不敢毁伤是也。或解为守法律，义可相通。怀惠，谓贪爵禄，常觊人之分己以财也。以下四章，皆戒人心之失。陆氏曰：“怀德之君子，胜于怀刑之君子。怀惠之小人，又不如怀土之小人。盖自其事为言之，则君子、小人之分途，指示尚易，惟其所怀者不可知，故圣人抉其心而言，谓如是则为君子，如是则为小人也。此怀字与“喻义”“喻利”喻字有别。怀有在喻前者，因所怀而所喻益深也；有在喻后者，因所喻而所怀愈笃也。”其说极精，可见君子小人，只判于心术而已。

子曰：“放于利而行，多怨。”

放，纵也，逐也，谓纵其心以逐于利也。多怨，为其专利也。利者，人之所欲。一人之心，千万人之心也。一人专利，则天下之怨集于一己，故利极即为害，而杀机随之。此心理之必然者也。

子曰：“能以礼让为国乎，何有？不能以礼让为国，如礼何？”

《大学》曰：“一家让，一国兴让。一人贪戾，一国作乱。”郑注：“戾之言利也。"天下皆好利,则礼让之风息,而国不可以为国。故夫子叹之曰"如礼何",言礼教将绝于天下。此春秋之所以变为战国也。

子曰:"不患无位,患所以立。不患莫己知,求为可知也。"

位者,人所立也,引申字,实会意字。无所以立,焉能立乎其位?《易传》曰:"德薄而位尊,鲜不及矣。"言必及于祸也。凡人无可知之实,而奔走营扰,求之于人,则失其羞恶之良心,最为人心风俗之害。曰"患所以立",曰"求为可知",盖因心理而切求之于学问事实也。

子曰:"参乎! 吾道一以贯之。"曾子曰:"唯。"

贯,通也,彻也。此"一贯"指力行而言,由己以通之于人,所谓"己欲立而立人,己欲达而达人"也。圣人造于至精至熟,贤者则不免较浅耳。先儒或训一为天,为理,为心性。戴氏曰:"经文言'一以贯之',非言'以一贯之',一字不当别作他训。"其说是。

子出,门人问曰:"何谓也?"曾子曰:"夫子之道,忠恕而已矣。"

忠恕者,推己以及人,人己一贯也。陆氏曰:"就《大学》'絜矩'以释一贯,犹未明了。就'所恶于上'一节以释一贯,乃知忠恕之极,上下、前后、左右,无不一贯也。"说极精确。《中庸》引夫子之言曰"忠恕违道不远"，道即一贯之道，施诸己而不愿，亦勿施于人，即所以为一贯也。执柯伐柯，以人治人，惟其道之一贯也。朱子谓："天地生万物，而其所生之物，皆物物有一天地之心。圣人应万事，而其所处之事，亦事事有一圣人之心。"据此，知一贯乃统体一太极，忠恕乃物物一太极也。释氏有"月落万川"之说，谓月体本一，而川中之月则万，此盖凭虚境象，与吾儒之实理，迥不相侔矣。

子曰："君子喻于义，小人喻于利。"

喻，独知者也，故君子必慎其独也。喻，深知者也，由浅入深，喻之层累曲折不同。故君子、小人之程度，亦各有不齐：一则上达而进于圣贤，一则下达而沦于禽兽。程子曰："惟其深喻，是以笃好。"愚谓惟有所好，故有所喻。喻之精，乃益好之笃。孟子曰："欲知舜与蹠之分，无他，利与善之间也。"然则君子、小人心术之分，义、利之间而已。此其间不过毫发之差，辨之可不早辨哉？

子曰："见贤思齐焉，见不贤而内自省也。"

思与省，皆原于心理，而其端萌于所见。见者，知觉之微也。知觉不明，则有以贤为不贤，以不贤为贤者矣。贤字兼古今人言。今人或出于修饰，而古人则史册昭然，辨之较易，故必先读书，而后阅世，则所见愈精。然思又非徒思，省又非徒省也，必考之于践履，此则因心理而验诸力行也。

子曰："事父母几谏。见志不从，又敬不违，劳而不怨。"

几，微也，或在于事中，或在于事外，或设为譬喻，或寓以笑言，皆心理之感孚也。见志不从，志者无形，以人子之心理，察父母之心理也。敬主于心，不违而潜消父母之过，则更善矣。劳字有二解：一谓人子之身，即父母之身，俟父母既悦，虽再谏三谏而不辞劳瘁；一谓劳，忧也，《诗》"实劳我心""劳心忉忉"，言忧思也。案：孟子"父母爱之，喜而不忘；父母恶之，劳而不怨"，以劳与喜对言，则训忧为是。然惟忧之至，故出于再谏三谏，则义亦相通也。不怨，亦所以感父母之心也。

子曰："父母在，不远游。游必有方。"

此亦人子之心理然也。远游恐伤父母之心，则不远游可安父母之心也。既近游矣，而所游又必有方，《礼记·曲礼》篇曰"所游必有常"，《玉藻》篇曰"亲老，出不易方"，是也。如此，则父母之心更慰矣。虽然，父母之年易尽，游一日则少一日，故人子能不游，谓之有福。

子曰："三年无改于父之道，可谓孝矣。"

解见《学而》篇。《礼记·坊记》篇曰："君子弛其亲之过而敬其美。"引此经为证，弛其亲之过，改其非道也；敬其美，不改其道也。

子曰："父母之年，不可不知也。一则以喜，一则以惧。"

朱《注》："知，犹记忆也。"愚谓此记忆之心，出于良知者也。喜与惧，亦皆从良知中来也。以其时而言，当父母中年，则喜多而惧少；当父母暮年，则惧多而喜少；以其境而言，则一念而喜，又一念而惧。然而喜之念终不敌惧之念，故亟思有以尽其孝。此孝子之心理也。

子曰："古者言之不出，耻躬之不逮也。"

黄氏曰："谈论著述，皆言也。"愚谓"不出"，不轻出也，《易》所谓"艮其辅"是也。盖大言不惭，最为可耻，能知所耻，不独葆其羞恶之良，而其躬行亦日以精进矣。此亦因心理而验诸躬行也。

子曰："以约失之者，鲜矣。"

朱《注》引谢氏、尹氏二说，以心与事对言。愚谓此即守约之学也。惟心不侈然自放，而后于事无失。此收敛所以为治心之要。

子曰："君子欲讷于言，而敏于行。"

言烦则矫之以讷，有余不敢尽也。行缓则励之以敏，有所不足，不敢不勉也。曰"欲"者，何也？《中庸》曰："君子胡不慥慥尔。"盖君子心理之中，常欲勉兹勿懈也。

子曰："德不孤，必有邻。"

《易传》曰："同声相应，同气相求。"言心理之相感也。"东海、西海有圣人出焉，此心同，此理同也；南海、北海有圣人出焉，此心同，此理同也。"即未至于圣人，但使有德行之表见，同志之士，自各以其类应，故曰必有邻。邻，犹亲也。君子欲化人心，必先修德。

子游曰："事君数，斯辱矣。朋友数，斯疏矣。"

朱《注》引胡氏说，作行谏纳善解。愚谓行谏纳善，虽辱与疏，义可弗顾。窃意"事君数"，当为求进之数；"朋友数"，当为求亲之数，如《礼记·曲礼》篇所谓"尽人之忠，竭人之欢"，斯辱斯疏，乃心理之必然者也。然至于辱与疏，而犹不去不止，则其心术之卑鄙，更不可问矣。以上两章，与首章相应，有德邻而后有仁里，辱与疏皆自取，是非昏昧，焉得为知？

里仁篇大义

先儒谓《里仁》后半篇为曾子弟子所记，文治窃谓不独后半篇为然，要皆出于曾子弟子之手。细玩全篇，鞭策身心，至严至密，无过于是。前半篇为求仁之要，后半篇为学道之基。开篇曰："里仁为美，择不处仁，焉得知？"其论境耶？其言心耶？其验之于力行耶？盖全篇之例，起于此矣。下言惟仁者而后可处约、乐，惟仁者而后能好恶，重言仁者，令人向往不置矣。下言志仁、不违仁、好仁、恶不仁、观过知仁，皆为仁之实功，而必以志仁为首务。仁即道也，孟子曰："仁也者，人也。合而言之，道也。"盖仁者，为人之道也。就其具于心者而言，谓之仁；就其著于事物之当然者而言，谓之道，故下又特标"闻道"。闻道必先志道，志道必比义、怀德、怀刑，去利心、争心、名位心，故自"士志于道"以下，皆详言闻道之功，而必以志道为首务。道一而已矣。一则纯乎天理而为仁，存于中为忠，推于人为恕。若稍有耻恶衣食心、适莫心、怀土怀惠心、放利心、不能以礼让心、患无位莫己知心，是二也。二则杂，杂则存于中者不能忠，施于人者不能恕，故又特标"吾道一以贯之"为纲领。而下以喻义、喻利为分途，此学者求仁之大界也。陆子静先生曰："喻义、喻利，视其所志。志乎义则喻义矣，志乎利则喻利矣。"学者可不先辨之哉！"见贤"以下，皆道之见于伦常言行者。见贤、事父母、事君、交友、言行之间，无一不合道，而后谓之闻道，而后谓之仁。于此可见，曰仁、曰道，有弥纶万物之功；求仁求道，皆切近真实之诣。（以上采方氏宗诚说。）故曰"鞭策身心""至严至密"，无过于是。后世求心理学者，读此篇足矣。而文治谓皆曾子弟子所传，则更有说。盖惟"仁者能好人，能恶人"，即《大学》所谓放流迸逐，惟仁人为能爱人、能恶人也。朝闻夕死，即曾子所谓"而今而后吾知免夫"之义也。怀德、怀土，即《大学》所谓"君子先慎乎德，有德此有人，有人此有土，有土此有财"是也。此一证也。"礼让为国"，一国兴让之旨。忠恕之道，即絜矩之道。所恶于上，毋以使下；所恶于前，毋以先后，由己而推之于人，所谓人己一贯者也。此皆曾子所传之说也。是二证也。《大戴礼记》中《曾子》十篇，最为粹美，而《曾子疾病》一篇，尤为精要，其言曰："君子苟毋以利害义，则辱何由至哉？"此即传喻义、喻利之说也。至此篇"事父母"数章，当为曾子终身所服膺者。《疾病》篇曰："人生百年之中，有疾病焉，有老幼焉，君子思其不可复者而先施焉。亲戚既殁，（亲戚，谓父母也。）虽欲孝，谁为孝乎？故孝有不及。"此之谓与！盖往而不反者，年也；逝而不可追者，亲也。此即传"一则以喜，一则以惧"之说也。是三证也。唐柳宗元谓："《论语》二十篇，仲尼弟子尝杂记其言，而卒成其书者，曾氏之徒也。"其言信矣。

公冶长篇第五

此篇专系论人，故注中于姓氏、爵位加详，又别标章指，特例也。

子谓公冶长，"可妻也。虽在缧绁之中，非其罪也"。以其子妻之。

公冶姓，字子长，孔子弟子。黄氏曰："圣门不尚跅弛之士，必谨身寡过，不干国纪。然无妄之灾，上圣不能避。刑戮之可免者，以理断之；其不免者，所遭之不幸也。"愚案：此篇论人，或以德行，或以才学，或以心术，皆以一二语为定评，非可轻心测之也。读此章"虽在缧绁"二句，则长平日之谨守礼法可知矣。

子谓南容，"邦有道，不废；邦无道，免于刑戮"。以其兄之子妻之。

南容，居南宫，字子容，名绦，孔子弟子。或据《左传》孟僖子属说与何忌于夫子，疑说与南容为一人。朱《注》："以其谨于言行，故能见用于治朝,免祸于乱世。"又引程子辟避嫌之说,极是。相攸之道,视其才德与年龄之相耦,长、容俱圣门高弟,岂有轩轾之分,何得疑圣人为避嫌乎? 又案:此章赞长、容,盖指德行而言。

子谓子贱,"君子哉若人! 鲁无君子者,斯焉取斯"?

子贱,姓宓,名不齐,孔子弟子。上"斯"指其人,下"斯"指其德。黄氏曰:"鲁至昭、定以后,治化日替,有夫子之教,诸君子聚于一门。子贱所取,正圣门诸贤敬业乐群之益。"言鲁者,不私诸己也。又案:此章赞子贱,亦指德行而言。

子贡问曰:"赐也何如?"子曰:"女,器也。"曰:"何器也?"曰:"瑚琏也。"

朱《注》:"子贡见孔子以君子许子贱,故以己为问。"说恐未然。子贡虽方人,而自励甚切,"何如"之问,正考德问业之意。读"女器也"句,足见圣门之学,务求体用兼备,必成德达材,而后可谓之成器。然器有大小贵贱之分,读"何器也"之问,正见子贡兢兢然不自满假。读"瑚琏也"句,可见其贵重而华美,犹言三代以上人物也。朱《注》谓"子贡未至于不器",后儒遂疑子贡未成为君子,说尤未然。此章"器"字,与"君子不器"器字较不同。夫子尝言"赐也达",正不器之证。要知瑚琏之答,全系赞美之辞,并无不满之意。又案:此章答子贡,盖兼才德而言。

或曰:"雍也仁而不佞。"

雍,姓冉,字仲弓,孔子弟子。夫子言"仁者,其言也讱",又言"木讷近仁",是不佞实仁之一端。而或者以之病仲弓,谬矣。

子曰:"焉用佞? 御人以口给,屡憎于人。不知其仁,焉用佞?"

御,当也。给,捷也。憎,恶也。"御人以口给",截截善谝言也。"屡憎于人",在彼而恶,在此而歝也。夫子言"巧言鲜矣仁",盖巧言以取悦于人,则是非泯而失其本心之德。是惟佞,乃所以为不仁,故曰"不知其仁",直言其不仁也。此与"孟武伯"章之"不知其仁"意义不同。又案:此章论仲弓,盖指心术而言。

子使漆雕开仕,对曰:"吾斯之未能信。"子说。

漆雕姓,名启,字子开,孔子弟子。程子曰:"漆雕开已见大意。"后儒因之。或解斯字为性,或指为道,遂谓开造诣精深,在诸贤之上。窃恐未然。案:《论语》无此字,凡言斯者,大抵指实事而言,如"其斯之谓与",指乐道好礼言;如"斯而已乎",指修己以敬言;本篇"斯焉取斯",指人与德言。此章斯字,承上仕字,当指治人之学而言。惟其于经世学问，不敢自信，而精进不已，自然体用兼全，夫子所以说之。倘以斯字为指点本体，失之远矣。又案：此章说开，盖指学术而言。

子曰："道不行，乘桴浮于海，从我者，其由与？"子路闻之喜。子曰："由也好勇过我，无所取材。"

编竹木大者曰筏，小者曰桴。浮海之叹，伤道之终不行也。材与裁通，"无所取材"，犹言"不知所以裁之"。此记者类记夫子之言，以为子路之定评，非因其闻从我之喜而抑之也。黄氏曰："浮，过也。"据《汉书·地理志》及《说文》，"乘桴浮海"，即欲居九夷之事。《汉书》颜《注》引此经而申之曰："言欲乘桴筏而适东夷，以其国有仁贤之化，可以行道也。"盖本古说。子路之喜，喜夫子之许其同行道也。"好勇过我"，谓勇于济世也。"无所取材"，谓无人取用其材也。其义亦精。又案：此章论子路，盖指其才而言。

孟武伯问："子路仁乎？"子曰："不知也。"

不知者，非不许其仁也，言仁道至难，而学无止境，不知其后之能造于仁否也。

又问。子曰："由也，千乘之国，可使治其赋也，不知其仁也。"

赋与役不同,赋者,出夫为兵也。《先进》篇"有勇知方"节,正可与此节相印证。

"求也何如?"子曰:"求也,千室之邑,百乘之家,可使为之宰也,不知其仁也。"

邑有国邑、县邑之分,千室之邑,盖县邑之大者。《先进》篇"可使足民"节,正可与此节相印证。

"赤也何如?"子曰:"赤也,束带立于朝,可使与宾客言也,不知其仁也。"

赤,姓公西,字子华,孔子弟子。《先进》篇"宗庙会同"节,正可与此节相印证。夫子尝言"我欲仁,斯仁至矣",又言"吾未见力不足者",盖仁道有浅深。在武伯观之,三子已纯乎天理,而自夫子观之,则不过日月至焉而已,故曰"不知其仁"。然三子之进境,皆无限量也。又案:此章论三子,盖兼才具、心体而言。

子谓子贡曰:"女与回也孰愈?"

子贡明达,自待极高。"孰愈"之问,夫子将以进之,非因其用力之有差也。

对曰:"赐也何敢望回? 回也闻一以知十,赐也闻一以

知二。”

先儒谓颜子扫除闻见，故能闻一知十；子贡滞于见闻，故不过闻一知二，谬矣。颜子从博文入，子贡从多学而识入，皆本于师法，其学一也，特其天资有高下，学力有浅深耳。朱《注》：“颜子明睿所照，即始而见终；子贡推测而知，因此而识彼。”推测者，穷理也。推测之熟，即可以进于明睿，其后得闻一贯及性道之学，盖几于颜子矣。

子曰：“弗如也，吾与女弗如也。”

夫子既叹子贡之弗如，复云吾与女俱弗如者，盖欲以慰子贡，即以勉之也。凡人学无进境，在不自知其弗如人耳。陆氏曰：“学者最可患者，一矜字；最当守者，一逊字。”既不自矜，尤当猛力精进，故《说命》曰：“逊志，务时敏。”逊与敏，缺一不可。又案：此章论二子，盖以学问言。

宰予昼寝。子曰：“朽木不可雕也，粪土之墙不可圬也；于予与何诛？”

昼寝，谓当昼而寐。朽，腐也。雕，刻画也。粪土，扫弃之土，杂散粗浮，涂之不成也。圣门之学，进德修业，朝乾夕惕，瞬有存，息有养，宰我怠惰，故夫子责之。梁武帝读昼寝为画寝，非。

子曰：“始吾于人也，听其言而信其行；今吾于人也，听其言

而观其行。于予与改是。"

圣人视以、观由、察安,岂不观其行哉?曰"于予与改是",设为疑辞,非始宽而今刻也。宰我在言语之科,善为说辞,而实行不逮,故以此专责之。夫昼寝不过小有不谨,而责之严切如此,后世人士好为大言,不顾行检,则宰我之罪人矣。又案:此章责宰我,盖兼学问、言行而言。

子曰:"吾未见刚者。"或对曰:"申枨。"子曰:"枨也欲,焉得刚?"

申枨,《史记》作申棠,字周,孔子弟子。刚者,阳刚之性,天德也。欲者,阴柔之情,人欲也。谢氏曰:"能胜物之谓刚,故常伸于万物之上;为物掩之谓欲,故常屈于万物之下,是刚与欲,相似而适相反也。"圣人观人,由表达里,直能抉其心术之微。然所以不许申枨者,正冀其以理胜欲,而进于刚也。又案:此章论申枨,盖指心德而言。

子贡曰:"我不欲人之加诸我也,吾亦欲无加诸人。"子曰:"赐也,非尔所及也。"

程子曰:"我不欲人之加诸我,吾亦欲无加诸人,仁也。施诸己而不愿,亦勿施于人,恕也。恕则子贡或能勉之,仁则非所及矣。"朱子谓自然者为仁,勉强者为恕,其说最精。愚案:《论语》通例,弟子问答，无自称"我"与"吾"者，此章"我不欲"二语，必系古时格言，子贡因以为问，而夫子谓"非尔所及"者，盖推己及人，为学者不易及之事，即为不可不及之事，正欲子贡之能近取譬，切实以进于仁耳。先儒谓终身行之，终身不以为及者，圣功也。又案：此章答子贡，盖指性分而言。

子贡曰："夫子之文章，可得而闻也；夫子之言性与天道，不可得而闻也。"

可不可，犹言能不能也，曰"可得""不可得"，有心得而后可闻也；曰"言"，非不言也，特罕言耳。性、道有谓在文章中者。李氏曰："夫子告子贡四时行，百物生，又告以一贯，盖春秋冬夏，庶物露生，无非至教，则天载之神在是矣。《诗》《书》六艺，一以贯之，则性命之精在是矣。精粗、本末合一之妙，非深于道者不能契也。"有谓在文章外者，细玩朱《注》语意，分作两事。陆氏亦谓："夫子有教人文章之时，有教人性、天道之时，非于文章内得性、天道也。"然此二说，要不可偏废。更有进者，子思子言"天命之性"，孟子道"性善"，岂非圣门之家法乎？盖性与天道，有言其精微者，有言其梗概者。昔朱子辑《近思录》，首卷即列《太极图说》，先儒谓后生晚进，于义理之本原，虽未容骤语，苟茫然不识其梗概，则亦何所底止？然则圣门虽教不躐等，而于义理之本原，未尝不道其大概，要在学者之自悟耳。又案：此章论圣门教法。

子路有闻,未之能行,唯恐有闻。

　　曰恐,见其力行之勇,发于心理之诚,此正乾乾不息之学。盖前所闻者未及行,唯恐复有所闻,而不及并行,则既行之后,又汲汲以求闻可知矣。是以能不息也。又案:此章赞子路,盖兼行与心而言。

子贡问曰:"孔文子何以谓之文也?"子曰:"敏而好学,不耻下问,是以谓之文也。"

　　孔文子名圉,卫大夫。黄氏曰:"敏者,资之捷。好者,心之笃。好学者,官司之图籍、古今之典章,皆能讨论搜辑之也。"下问者,不挟贵求实是也。名卿大夫,于秘府官司之掌,或未能详悉厘定,而投闲置散之士,转能明因革之由,论得失之故,此文子所以集众益也。谥法,勤学好问亦得称文,非经天纬地之文也。又案:此章论孔文子,盖指学问而言。

子谓子产,"有君子之道四焉:其行己也恭,其事上也敬,其养民也惠,其使民也义"。

　　朱《注》:"子产,郑大夫公孙侨。恭,谦逊也。敬,谨恪也。惠,爱利也。使民义,如都鄙有章、上下有服、田有封洫、庐井有伍之类。"愚案:恭、敬、惠、义,得其一,已足为君子之道,况有其四乎? 可见内外体用之兼全矣。又案:此章赞子产,盖兼德行、事功而言。

子曰:"晏平仲善与人交,久而敬之。"

晏姓,平谥,名婴,齐大夫。交友之道,不可以过亲,亲则狎;不可以过疏,疏则绝,善持于亲疏之间者,敬而已矣。然交久则敬易衰,惟其交之久而敬益久,可见其心之始终不渝也。皇本作"久而人敬之",《疏》云"此善交之验"。又案:此章论交友,盖指心理而言。

子曰:"臧文仲居蔡,山节藻棁,何如其知也?"

臧姓,文谥,名辰,鲁大夫。蔡,大龟,出蔡地,因以为名。天子龟广尺有二寸,诸侯尺,文仲居之,僭也。节,柱头斗栱。藻,水草。棁,梁上短柱。古者卜人定龟,是臧龟本有定制。文仲因迷信而僭窃,因僭窃而谄渎,不知甚矣。又案:此章论臧文仲,盖指心术而言。

子张问曰:"令尹子文三仕为令尹,无喜色;三已之,无愠色。旧令尹之政,必以告新令尹,何如?"子曰:"忠矣。"曰:"仁矣乎?"曰:"未知,焉得仁?"

令尹,官名,楚上卿执政者也。子文,姓鬭,名縠於菟。三仕三已,无确考,盖言其屡进屡退,非必果为三也。郑君读知为智,正与上章臧文仲非知,下章宁武子知、愚相应。盖知以成仁,子文知有国而不知有身,可谓忠矣。然其举子玉为令尹,刚而无礼,以致城濮之战,楚师败绩,再世不竞,未得为知,焉得为仁也?

"崔子弑齐君,陈文子有马十乘,弃而违之。至于他邦,则曰:'犹吾大夫崔子也。'违之。之一邦,则又曰:'犹吾大夫崔子也。'违之。何如?"子曰:"清矣。"曰:"仁矣乎?"曰:"未知,焉得仁?"

崔子,名杼,齐大夫。齐君,庄公,名光。陈文子,名须无,亦齐大夫。文子违乱求治,不污其身,可谓清矣。然所如不合,无先几之明,既不如宁武子之能愚,又不如蘧伯玉之可卷,未得为知,焉得为仁也?又案:此章论子文、文子,盖兼事迹、心术而言。

季文子三思而后行。子闻之曰:"再,斯可矣。"

季文子,名行父,文谥,鲁大夫。凡人始念皆正,成败得失之见,皆出于后起之私,此《周易》六十四卦初九一爻所以多吉也。文子在当时,亦称贤大夫,考《左氏·文公十八年传》逐莒太子仆事可见。三思后行,实出于审慎,惟后人学之,则不免流于犹豫矣。或曰:"周公仰而思之,夜以继日,何也?"曰:"以学问而言,虽十思不为多;以事未至而言,亦不妨再三审度,所谓凡事豫则立也。"此章盖指临事而言。黄氏曰:"三思,谓思之尽善也。""斯可矣",与得见善人者句例同。言求三思者不易得，得再思者斯可矣。又案：此章论季文子，盖专指心理而言。

子曰："宁武子，邦有道则知，邦无道则愚；其知可及也，其愚不可及也。"

宁武子，名俞，武谥，卫大夫。陆氏曰："知、愚二字，乃世俗之论。知谓其能自养重，愚谓其不避艰险。此处文法，与'先进于礼乐，野人也，后进于礼乐，君子也'同例，非真野人、真君子也。此知、愚亦非真知、真愚，皆世俗之见耳。夫子且不与深辨，谓世所共赞者，武子之知也，而不知其可及也；世所共笑者，武子之愚也，而不知其正不可及也。自古天下，皆赖有此等愚人担任，若皆取巧，则不成世界矣。然论武子之心，安知有知？亦安知有愚哉？惟只有忠而已矣。"又案：此章论宁武子，盖专指心术而言。

子在陈，曰："归与！归与！吾党之小子狂简，斐然成章，不知所以裁之。"

此夫子道不行而思归之叹也。简，略也，或疑即狷字。盖狷者有所不为，故近于略。斐，文采错杂也。成章，文章通达也。裁，割正也。狂者过乎中，简者不及乎中，宜裁之使进于中庸。文采斐然，宜裁之使衷于义理。夫子传道之心盖如此，后儒以陷于异端疑之，过矣。又案:此章思吾党小子,盖指学术而言。

子曰:"伯夷、叔齐,不念旧恶,怨是用希。"

朱《注》:"伯夷、叔齐,孤竹君之二子。孟子称其'不立于恶人之朝,不与恶人言',其介如此,宜若无所容矣。然其所恶之人,能改即止,故人亦不甚怨之也。"愚案:柳下惠不以三公易其介,和而能介,所以为和者之德;夷、齐不念旧恶,清而能和,所以为清者之量。或解作不念旧时相恶之人,又谓即指武王而言,又谓"怨是用希",是夷、齐之困以寡怨,俱非。又案:此章论夷、齐,盖指心理而言。

子曰:"孰谓微生高直? 或乞醯焉,乞诸其邻而与之。"

微生姓,高名,鲁人。醯,醋也。黄氏曰:"醯本可有可无之物,而必曲遂乞者之意,是为不直。"朱子言"掠美"未必然,言"曲意徇物"是也。愚谓高用意委曲,苟非掠美,夫子亦何至斥其不直哉? 此虽小节,而可以观人之隐微也。又案:此章论微生高,盖指心术而言。

子曰:"巧言、令色、足恭,左丘明耻之,丘亦耻之。匿怨而友其人,左丘明耻之,丘亦耻之。"

足恭,便辟貌。《礼记·表记》篇:"君子不失足于人,不失色于人,不失口于人。"足与言、色并举。足恭,即指趋跄奔走,甚而屈膝一流是也。左姓，丘明名，鲁之君子，作《春秋传》者。匿怨而友，言中心蓄怨，而诈作亲近，此非特谄谀而已，或有借此报怨之意。盖巧言三者，为穿窬之事；匿怨友人，为害人之事。夫子重言"左丘明耻之，丘亦耻之"者，不独称许同志，欲以激人心羞恶之良也。又案：此章论左丘明，盖指心术而言。

颜渊、季路侍。子曰："盍各言尔志？"

《论语》记侍坐之例，有序齿者，"子路曾皙"章是也；有尚德者，此章是也。志字所包甚广，有指事功言，有指性功言。此志字，言性功也。

子路曰："愿车马，衣轻裘，与朋友共。敝之而无憾。"

"愿车马"读，"衣轻裘"读，"与朋友共"句。此虽近于豪侠，然非豪侠之士可比也，盖万物一体之怀所由始也，故先儒谓之求仁。

颜渊曰："愿无伐善，无施劳。"

此虽近于谦谨，然非谦谨之士可比也，盖万物一体之怀所由推也，故先儒谓之不违仁。

子路曰："愿闻子之志。"子曰："老者安之，朋友信之，少者怀之。"

此立人、达人、天理流行之象,虽近于兼爱,然非兼爱之学可比也。盖万物一体之怀所由充,其分固各殊也,故先儒谓之安仁。李氏曰:"圣贤之分,只在安、勉。"子路无憾,颜渊无伐、无施,皆是自觉。憾与伐、施之不善,而愿除去之。夫子安之、信之、怀之,是顺乎心之自然,与以物所应得。体味三"无"字、三"之"字,则圣贤分量自见。无憾比之无伐、施又较粗,则子路、颜子所造之浅深亦见。真氏曰:"学者先自学子路始,必如子路之忘私,方可进步,不然则物我之私横于胸中,如蟊贼、如戈戟然,又安能如颜子,况于圣人乎?"合观二说,此章之义尽矣。又案:此章论志,盖指性分而言。

子曰:"已矣乎! 吾未见能见其过而内自讼者也。"

克伐不行,闻过则喜,圣门能改过者多矣。此云未见者,盖更欲于未见之中,求其得见也。见其过者,本心之是非,致知之事。内自讼者,本心之兢惕,诚意之事。由致知而懔于独知之地,其功较难,故未易见。用功之道如何? 曰:审几而已。《周易·讼卦·象传》曰:"君子以作事谋始。"始者,始几也。周子《通书》曰"几微故幽",惟能战胜于天人之界,以理制欲,则其能克治而进德也必矣。又案:此章盖指心体而言。

子曰:"十室之邑,必有忠信如丘者焉,不如丘之好学也。"

朱《注》："言美质易得，至道难闻，学之至，则可以为圣人，不学，则不免为乡人而已。"语意极挚。愚案：《释文》引卫瓘说，焉读于虔反，属下句，与"焉知来者之不如今也"句例同。焉，犹安也，言有忠信如丘者，焉有不如丘之好学也。此见圣人不自矜而望人好学之切，义更周匝。又案：此章兼学、行而言。

公冶长篇大义

列传之体，昉自龙门，（昉，始也。龙门，在今陕西高陵县界，司马迁所生之地。）其传赞则恒以数言论断其人之生平，或善或否，或贤或不肖，后世如见其人，文学家宗之，以为千古之绝调。至班固氏，遂撰《古今人表》，（人表分九等，犹今所称人格也。）品题群伦，分判高下，论者以为创作，而不知其例皆本于《论语》。《公冶长》一篇，皆传赞之体例，而即《古今人表》之权舆也。（权舆，始也。）读公冶长、南容之赞语，处末流之世，谨慎当何如矣。文治尝谓《论语》中文法，以《公冶长》篇"子谓子贱"、《先进》篇"孝哉闵子骞"两章为特奇。"孝哉闵子骞"，父母之赞闵子在是言，昆弟之赞闵子在是言，人之赞闵子亦在是言，而孔子之赞闵子即在是言。"子谓子贱"，子贱之为君子在于斯，鲁之多君子在于斯，子贱取鲁之君子在于斯，而孔子赞子贱之为君子，与其善取君子，即在于斯。各于两言之中，括无穷之意义，文法之妙，无过是已。赐之为"瑚琏也"，雍之"仁而不佞"也，开之未敢自信也，由之"无所取材"也,由、求、赤之"不知其仁"也,赐之"何敢望回"也,宰予之言不副行也,申枨之"未得为刚"也,皆门弟子之赞语也。凡人有血气心知之性,其大患在有己而无人,私心胜而公理灭,故圣门论克己之学,曰仁、曰恕。仁从二人,恕者如心之谓,一人之心,千万人之心也。"我不欲人之加诸我,吾亦欲无加诸人",盖一言而终身行之不能尽矣。"性与天道不可得闻",赞圣人尽性立命之学也。"未之能行,唯恐有闻",赞子路兼人之勇也。自此以下,则为列国卿大夫与古今贤哲之论赞,若孔文子,若子产,若晏平仲,若臧文仲,皆不过赞以数言,而其人之生平已毕见。孔子不轻以仁许人,子文、文子之未得为仁,犹由、求、赤之不知其仁也。三思后行,其美文子乎? 则谓其审慎也;其贬文子乎? 则谓其迟疑也。虽然,《易》言"由豫大有得",《中庸》言"道前定则不穷",古圣贤作事谋始,盖慎之又慎矣。"邦有道则知,邦无道则愚",武子洵千古忠臣哉! 天下惟至愚之人能济艰难险阻之功,而成忠孝非常之诣,然而上下古今,如武子之愚者,何其少也! 惜哉吾党之小子不知所裁也,其志嘐嘐然,曰"古之人古之人",是必折衷于圣人,而后可传于后世也。夷、齐之不念旧恶,其仁乃真仁。微生之乞诸其邻,其直乃伪直。同心者,左丘明也。尚气节,不匿怨,君子之所养,其可知矣。人而无志,不可立于天地之间。天地之德,在万物各得其所,车马轻裘,敝之无憾,祛尔我之见,公之至也。无伐善,无施劳,劳而不伐,有功而不德,厚之至也。而孔子之志,则老安、友信、少怀,盖欲使万物各得其所,天地之德也。反复此章,岂特知圣贤分量之不同,盖修身进德之次第,备于此矣。顾炎武氏谓此篇多论古今人物,而终之曰"已矣乎! 吾未见能见其过而内自讼者也",又曰"十室之邑,必有忠信如丘者焉,不如丘之好学也",是则论人物者,所以为内自讼之地。而非好学之深,则不能见己之过,虽欲改不善以迁于善,而其道无从也。记此二章于末,其用意当亦有在,善哉言乎! 盖古之君子,其律己也必严,其论人也必恕。律己而不严,则其品行之卑下可知也;论人而不恕,则其心术之刻薄可知也。世之好议论人者,其亦内自讼而无自怠,其好学之志哉?

雍也篇第六

子曰："雍也可使南面。"

人皆知仲弓为德行之选，而不知德行实为政事之本。南面者，听治之位，盖指卿大夫而言。可使者，犹言可使为宰、可使从政之例。仲弓虽有君德，惟先儒解此节为人君之位，于"可使"二字恐有未合。

仲弓问子桑伯子。子曰："可也。简。"

此记者连类记之，以证可使南面之实。先儒谓，仲弓因夫子许己，故有此问，恐未然。伯子，或疑即庄周所称子桑户。可也，句。简，略也。陆氏曰："周末文胜，天下病在烦苛，得简如伯子者，亦可补救，如汉初承秦之敝，文、景以黄老治之，天下亦得休息。然曰'可也'，则非全许之辞矣。"

仲弓曰："居敬而行简，以临其民，不亦可乎？居简而行简，无乃大简乎？"

敬者,治心之原。简者,治事之法。居者,以之为体。行者,以之为用。体用兼备,以临其民,《易》之所谓"敦临"也。仲弓之言,盖本于师训,所谓"出门如见大宾,使民如承大祭",此其所以为可也。若体用皆简,则近于黄老清静之学,无事而适以多事,此大简之弊,所以流为苟简,而终不可行也。

子曰:"雍之言然。"

"可也简"一语,夫子本有未尽之意,而仲弓疏释"简"字,根本于敬,至为精密,故夫子喜而然之。陆氏曰:"读此知万世帝王治天下之大纲,皆在雍一言中。与'修己以敬'一章,盖相表里,非沾沾为一'简'字辨也。"

哀公问:"弟子孰为好学?"孔子对曰:"有颜回者好学,不迁怒,不贰过。不幸短命死矣。今也则亡,未闻好学者也。"

好学有在不迁、不贰外者,博闻穷理是也;有在不迁、不贰中者,涵养克治是也。或以好学为本,不迁、不贰为效验,恐未是。不迁怒者,或以人言,或以事言,或以一人一事之始终言,程子所谓"在物不在己,能于怒时遽忘其怒,而观理之是非也"。不贰过者,有不善未尝不知,知之未尝复行,《易》所谓"不远复"也。其用功之大要,不外审一心之几而已。七十子之徒,不乏英奇之士,而夫子独荐颜渊为好学,且所注重者,在不迁、不贰两端,则圣学之本可知矣。颜子之卒,先儒无定说,《史记》云:"少孔子三十岁,年二十九发尽白,蚤卒。"《家语》云:"三十一早死。"邢《疏》及《史记索隐》引《家语》作三十二,似以《索隐》、邢《疏》所引为是。

子华使于齐,冉子为其母请粟。子曰:"与之釜。"请益。曰:"与之庾。"冉子与之粟五秉。

朱《注》:"使,为孔子使。釜,六斗四升。庾,十六斗。秉,十六斛。"陆氏曰:"如冉子之与,岂不足以矫天下之吝? 然过乎中矣。夫子虽告以与釜、与庾,若欲委曲遂其与之之念者,然无非示以不当与也。"

子曰:"赤之适齐也,乘肥马,衣轻裘。吾闻之也,君子周急不继富。"

肥马、轻裘,言其富也。周急不继富,裁之以义也。

原思为之宰,与之粟九百,辞。

孔子为鲁司寇,以思为宰。九百,粟九百斗。陆氏曰:"如原思之辞,岂不足以矫天下之贪? 然过乎中矣。"

子曰:"毋! 以与尔邻里乡党乎!"

五家为邻,五邻为里,万二千五百家为乡,五百家为党。与邻里乡党,裁之以义也。取、与皆当不苟。夫子告冉有,戒其与之过;其告原思,戒其廉之过,皆教之进于中庸也。朱子又论之曰:"学者未得中道,不幸而过,宁与无吝,宁廉无贪。"此言更足救万世之人心矣。

子谓仲弓曰:"犁牛之子骍且角,虽欲勿用,山川其舍诸?"

此章盖指用人而言,或语仲弓,或论仲弓,不可考。犁,耕牛。骍,赤色。角,角周且正,中牺牲之选。山川,山川之神。言人虽不用,神必不舍也。或解犁作杂文,未是。王肃《家语》有仲弓父贱行恶之说,斥父称子,岂圣人之意?《家语》为伪造之书,尤不足据。

子曰:"回也,其心三月不违仁,其余则日月至焉而已矣。"

陆氏曰:"此章皆勉励及门之为仁,非称颜子,贬诸子也。仁与心本合一,惟圣人浑然无间。自大贤以下,不免有私欲之隔,心与仁遂分为二,则以学力之浅深,为离合之久暂。颜子之三月不违,非谓其心于三月之外,便流于欲也,而不能不稍一间焉,则颜子不可不勉也。其余日月至焉,非谓其于日至月至之外,尽汨于欲也,而不能不夹杂焉,则其余更不可不勉也。要知凡人之心,无非私欲汩乱之时。若孔门弟子,日至月至者,虽未到无丝毫私欲之地,然亦必皆寡欲矣。"李氏曰:"仁,人之安宅也。不违仁,则安居于此。日月至,则自外而来,或日一至,或月一至焉而已。张子内外宾主之说,亦非谓颜子以仁为主，其余以仁为宾，乃是以宅喻仁，心常依于此则为主，偶至于此则为宾尔。"二说均极精。

季康子问："仲由可使从政也与?"子曰："由也果，于从政乎何有?"曰："赐也可使从政也与?"曰："赐也达，于从政乎何有?"曰："求也可使从政也与?"曰："求也艺，于从政乎何有?"

果，谓有决断，如片言折狱、无宿诺是也。达，谓悉地方之风俗，知古今之沿革是也。艺，谓习练治术，有所专精，赅六艺而言，非艺成而下之谓也。

季氏使闵子骞为费宰。闵子骞曰："善为我辞焉! 如有复我者，则吾必在汶上矣。"

汶，水名，在齐南、鲁北境上。言若再来召我，则当去之齐，意婉辞严，间间之气象也。说者谓闵子高尚，远胜上章三子，殊未然。据《史记·孔子世家》，季桓子遗命康子，欲用孔子，三子之仕于鲁，为之兆也。闵子淡于仕道，故不与三子同耳。后人以此疑三子，并疑仲弓，谬矣。

伯牛有疾。子问之，自牖执其手，曰："亡之，命矣夫! 斯人也,而有斯疾也! 斯人也,而有斯疾也!"

有疾,或以为厉,或以为癫,厉即癫也。问之,问疾。牛有恶疾,不欲见人,故夫子从牖执其手。亡,丧也,疾甚故曰丧之,或作蔑之。蔑,微也,言天命暗不可测也。读五字为一句,别备一义。此命字与短命同,言气数之命也。义理之命,积善有庆;气数之命,渺茫难知。重言"斯人而有斯疾",叹天命之不可测也。

子曰:"贤哉回也! 一箪食,一瓢饮,在陋巷,人不堪其忧,回也不改其乐。贤哉回也!"

人不堪忧,言他人见之代为忧也。不改其乐,有浅言之者,谓颜子不以贫窭动其心,所乐者天爵,乃至富至贵之境。如是则颜子犹未忘乎贫富之见,其说非也。有深言之者,谓颜子并非乐道,若以道为可乐而乐之,则与道为二矣。如是则将如庄子之称颜子初忘礼乐,继忘仁义,终以坐忘,其说太高,亦非也。朱子引程子言:"周茂叔每令寻孔、颜乐处,所乐何事。"此语引而不发,学者但当从事于博文约礼之诲,以至于欲罢不能而竭其才,庶乎得之。然则颜子之乐,乐道而已。孔子乐以忘忧,亦是乐道。惟孔子乐天知命,出于自然,故曰"乐在其中";颜子仰钻高坚,笃于好学,故曰"不改其乐",此则未达一间处也。

冉求曰:"非不说子之道,力不足也。"子曰:"力不足者,中道而废。今女画。”

朱《注》：“力不足者，欲进而不能。画者，能进而不欲。谓之画者，如画地以自限。”黄氏曰：“废，古通置。置于半途，暂息之，俟有力而肩之也。”愚案：《中庸》曰：“君子遵道而行，半涂而废，吾弗能已矣。”盖力不足者，尚有奋起之时，而自画者，则无入道之望。自来为学之士，不进即退，夫子戒冉有自画而非力竭，犹“止，吾止也”之意。

子谓子夏曰：“女为君子儒，无为小人儒。”

君子之儒，通达古今，实事求是之谓。小人而亦称儒者，李氏谓：“此小人，犹言硁硁然小人哉，褊狭之称也。”赵氏谓：“硁硁之小人，不失为士之次，此言儒一也。子夏未免过于拘谨，圣人因而进之以远大。”二说极明。旧说以为己、为人与义利之间分君子小人，似未合。

子游为武城宰。子曰：“女得人焉尔乎？”曰：“有澹台灭明者，行不由径，非公事，未尝至于偃之室也。”

径，斜路，《楚词》所谓“捷径窘步”者是也。公事，或解作公正之事，或谓如饮射读法之类，义可相兼。陆氏曰：“取人一事，在一邑则关系一邑之风尚，在天下则关系天下之风尚。”子游方任政事，而不尚权术；素好文学，而不贵浮华，独取宁方无圆、宁朴无华之士，其识量加人一等矣。春秋之天下不遂变为战国者，赖圣贤此等正大之见维持之。故此章实系世道人心中流之砥柱,不仅为一邑言也。

子曰:"孟之反不伐,奔而殿,将入门,策其马,曰:'非敢后也,马不进也。'"

奔,师败而奔。殿,在后拒敌。事在哀公十一年,齐鲁战于清之役。黄氏曰:"矜心未易去也,惟责己以职分所当为而已。不以己所能者病人,不以人所不能者愧人,则私心消而矜心去矣。"愚案:孟之反之不伐,虽未必如颜子之无伐,然当举世争功之会,而谦让若此,必其天资学问有过人者矣。

子曰:"不有祝鮀之佞,而有宋朝之美,难乎免于今之世矣。"

佞,巧言。美,令色。巧言令色遍天下,非此不能免,世道人心,可痛甚矣。或曰,此言佞之更胜于色也,不有祝鮀之佞,则虽有宋朝之美,亦所难免,恶利口之覆邦家,而处士横议之日炽也。

子曰:"谁能出不由户? 何莫由斯道也?"

半门曰户,以一扉启闭者,言人不能出不由户,何以不由圣贤之道耶? 黄氏曰:"道者,平而不陂,正而不歧,通而不塞,安而不危,是当行之路也。舍此,则所由者陂耳、歧耳、塞耳、危耳,故怪而叹之。"

子曰："质胜文则野，文胜质则史。文质彬彬，然后君子。"

此君子，朱《注》以成德言。黄氏曰："此为修辞者发也。质胜文则野，如后儒语录之类。文胜质则史，如汉魏碑记不载事实，滥用陈言者是也。《仪礼·聘礼》记曰：'辞多则史。'《注》：'史谓策祝。'彼《注》以史指策祝者，古时文辞不繁，而史官策祝之辞，已尚文饰也。"彬彬，据《说文》引作份，文质备也。愚案：《书·金縢》册祝之辞，确系文胜。君子进德，亦尚修辞，黄氏之说，似可与朱《注》并存。

子曰："人之生也直，罔之生也幸而免。"

以生理言之，人受地质，直方乃生；以生气言之，人受天气，直养乃生，故曰："斯民也，三代之所以直道而行也。"直道者，人所以生之心也。罔者，曲折欺诳，令人堕其术中，盖其心已死矣。心死形存，尸居余气，不久必有大祸，亦终无幸免之理也。

子曰："知之者，不如好之者；好之者，不如乐之者。"

知之、好之、乐之，或指义理，或指性天。愚谓当依朱《注》，盖谓道也。黄氏曰："乐原于好，好原于知。以用功之节次言，真知自好，真好自乐；以究竟言，两不如以品言。"愚案：乐之反为苦。天下多不知道者，最苦惟在于不知耳，既能知之，当力求精进而不自已。

子曰："中人以上，可以语上也；中人以下，不可以语上也。"

　　语上、语下，自教者而言。以上、以下，指学者之质而言。上知、下愚不数觏。两举中人，见其可上可下，惟在于自奋耳。黄氏曰："中人以上，是中人而能上进者。中人以下，是中人而下流者。以之训而，详见王氏《经传释词》。"愚案：此说就学力言，尤足警起学者。

樊迟问知。子曰："务民之义，敬鬼神而远之，可谓知矣。"问仁。曰："仁者先难而后获，可谓仁矣。"

　　此章之义，有浅言之者，谓知者不惑于祸福，仁者不计较功利也。有深言之者，谓知以所知言，故不惑而达于天人之理；仁以所存言，故无所为而为，而合乎天地之心也。二说皆是，而未协于中。窃谓"务民之义"者，行而宜之，穷理之学也。"敬鬼神而远之"，所谓"未能事人，焉能事鬼"也。"先难"者，克己之学，夫子以克伐怨欲不行为难，《易传》"《损》，先难而后易"，谓惩忿窒欲之难也。"后获"者，复礼之效，视听言动悉合乎礼，喜怒哀乐皆得其中也。《论语》通例，凡问知、问仁之类，问辞皆略。此盖因迟之所问而答之，非必砭迟之失也。

子曰："知者乐水，仁者乐山。知者动，仁者静。知者乐，仁者寿。"

　　李氏曰："山水外物，其理有与心相契之处，是以乐之也。动静者性体,能尽其性,则其动也不穷,而其静也不迁矣。乐、寿者,命也,而有可以道致者,故知仁之德,君子所为穷理尽性以至于命者也。"愚谓乐水、乐山以体言,动、静以用言,乐、寿以效言。知与仁各具一体,亦相需为用,天资学问,兼而有之,而其功归于定性。以《易》义言之,所谓"知周乎万物""乐天知命故不忧""安土敦乎仁故能爱"是也。以《诗》义言之,所谓"天保定尔,亦孔之固""如川之方至""如南山之寿"是也。

子曰:"齐一变,至于鲁。鲁一变,至于道。"

《史记》载太公、伯禽报政之言,盖不足信。太公大贤,周公圣人,其立国规模,固自不同,其后风气亦各自移易,故其变而至道有难易耳。此夫子欲借手于齐鲁,以行其道,盖实有设施之方,非徒论变法之次第也。黄氏曰:"齐之衰季,以道为不足守而背驰者也。鲁之秉礼,知道之宜守而有偏而不举者也。治齐者,当使知道在天下,千古不变。治鲁者,但当举其偏以补其弊而已。"

子曰:"觚不觚,觚哉!觚哉!"

觚,酒器有棱者。不觚者,破以为圆而不为棱也。皇《疏》引褚氏曰:"作觚而不用觚法,觚终不成,犹为政而不用政法,岂成哉?"程子曰:"觚而失其形制,则非觚也,举一器而天下之物莫不皆然。故君而失其君之道,则为不君;臣而失其臣之道,则为虚位。"二说均见其大,然要之喜圆而恶方,则人心从可知矣。

子曰我问曰:"仁者虽告之曰'井有仁焉',其从之也?"子曰:
"何为其然也? 君子可逝也,不可陷也;可欺也,不可罔也。"

朱《注》:"'有仁'之'仁',当作'人'。逝,谓使之往救。陷,谓陷
之于井。欺,谓诳之以理之所有。罔,谓昧之以理之所无。"或疑宰我
为言语之科,何以不能辨从井救人之说? 不知此正穷理之学也。盖
春秋之世,兼爱之说方兴,虽摩顶放踵亦为之,而激烈之徒,又动言牺
牲其身,以行匹夫之谅,故宰我充类以问之,而夫子告以可、不可两
端,是即穷理之学,而人生当守之界限也。盖知其可,则有以尽我之
心;知其不可,则不能穷我之术。若徇情兼爱,则流于愚矣。故曰"好
仁不好学,其蔽也愚"。皇本"井有仁焉"作"井有仁者焉"。或引《晋
语》"善人在患不救不祥"以证之,于义亦通。

子曰:"君子博学于文,约之以礼,亦可以弗畔矣夫。"

博文,致知之事。约礼,兼知行而言。由多识而一贯,亦不外此,
盖圣门教法然也。弗畔,弗畔于道也,亦可以句。夫子循循善诱之
意,溢于言外。然此章与"颜渊"章较不同:"颜渊"章约礼,乃视听言
动,悉合乎礼,以臻于复礼之境;此章则不过于六艺之中,约之以礼,
荀子所谓"始乎诵经,终乎读礼"。功夫有浅深之不同,然惟弗畔于

道,而后欲罢不能也。

子见南子,子路不说。夫子矢之曰:"予所否者,天厌之! 天厌之!"

南子,卫灵公之夫人。古者有见小君之礼,孔子至卫,南子请见,孔子不得已而见之。子路心以为非,故不说。矢,直陈其辞也。旧注训矢为誓,非是。子路不说,理之正也,夫子何至设誓而指天以明之乎? 盖夫子有委曲难言之隐,因子路之不说而直陈之耳。否,读如《易》否泰之否。厌,弃绝也。夫子为子路陈说天命,言予非欲借南子以行道,若所为有否塞吾道者,则天弃绝之也。《易·睽卦》初爻曰"见恶人,以辟咎也。"夫子之见南子、阳货,盖此义也。

子曰:"中庸之为德也,其至矣乎! 民鲜久矣。"

中者,无过不及之名。庸,平常也。世衰道微,人之性情,皆有所偏:或失之柔弱,或过于激烈,道不明而国不治,故夫子叹之。然曰"民鲜久矣",则正欲反于中庸之教,陶淑民德而归之大道也。

子贡曰:"如有博施于民,而能济众,何如? 可谓仁乎?"子曰:"何事于仁,必也圣乎! 尧舜其犹病诸!"

博施济众,爱之道,仁之用也。自其用而充之,则虽天地之大,人犹有所憾，故曰："何事于仁，必也圣乎！"何事，犹言何止。病，心有所不足。此与言修己以安百姓例同。见尧舜之心，歉然常有所不足，非人之病尧舜也。

夫仁者，己欲立而立人，己欲达而达人。

立，自立。达，通达。仁者欲己之自立，亦欲人之自立；欲己之通达，亦欲人之通达。朱《注》谓"状仁之体，莫切于此"，盖仁者以万物为一体，不过去人己之间隔而已。

能近取譬，可谓仁之方也已。"

近，谓切近。譬，谓以己譬人，而去人己之间隔也。为仁之方，犹言为仁之道，《大学》所谓"絜矩"，《孟子》所谓"强恕"，皆是道也。此章先儒以为辟兼爱之说，未是。兼爱者爱无差等，非博施济众之谓。夫子之意，盖谓仁之用充周而不可穷，学者求仁之体，必先行恕。他日告子贡终身行之，即此义也。

雍也篇大义

空山鼓琴，《先进》之文也。云水苍茫，《微子》之文也。桃源缭远，圣哲离忧，（离，罹也，言遭忧患之境也。）《雍也》之文也。承《公冶长》一篇，故又历记诸弟子之事。有弟子三千人，鸿才硕德不能见用于世，徒抱"博施济众"之愿以终，何哉？"不有祝鮀之佞，而有宋朝之美，难乎免于今之世矣。"此吾党所为往复神伤而不自已也。周公曰："平易近民，民必归之。""雍也可使南面"，以其能"居敬而行简"，未有不居敬行简而能临民者。《易传》曰："易简，而天下之理得矣。"颜子独非南面才乎？不幸短命死矣。子华、原思之辨取、与也，仲弓之当见用也，回之三月不违仁也，由、赐、求之果、达、艺也，闵子骞之不为费宰也，伯牛之不幸而有疾也，皆不世出之才也。"回也不改其乐"，何乐也？乐道也。乡邻有斗者，闭户可也。呜呼！道也，道也，亦足悲也！冉求闻夫子之教，终当"说子之道"也。子夏以文学之选而为君子儒也，子游以文学之选而崇尚气节之士也。孟之反之不伐，与颜子无伐善相近，其亦尝奉教于圣门乎？昔在我周文王，文明宣化，乐育群才，凤凰鸣于朝阳，菁莪盈于中沚；迨其衰也，后先疏附奔走御侮之彦，遂集于孔氏之门，然而奇才异能，率摈不用，盖祝鮀、宋朝盈天下，而贤者且求免于今之世，岂不悲哉？呜呼！道之不行也，世网之周密也，人心之险巇也。然而救世之心，愈不容已也。"何莫由斯道也？"孔子所以三叹言之。"文质彬彬"，"得见君子斯可矣"。"人之生也直"，直道而行也。"罔而免"，终身不知道也。知之、好之、乐之，道有浅深也。语上、语下，道有高下也。知之与仁，虽行事性质不同，而其归于道则一也。呜呼！道也，道也，天运有剥复也，世道有循环也。斧柯之假，当在齐鲁之间，而圣人救世之心，愈不容已也。齐一变可至于鲁，鲁一变可至于道也。"觚哉觚哉"，破以为圆，失其方正之道也。

"君子可逝也，不可陷也；可欺也，不可罔也"，难罔以非其道也。大声疾呼，以告吾党从井救人之事不可为也，亦惟有博文约礼，终身弗畔于道而已矣。西狩获麟，孔子曰"吾道穷矣"。子见南子，子路不说，曰"吾道穷矣"，夫子矢之曰"天厌之，天厌之"，不肯终枉其道，至是而圣人之心乃愈伤矣。呜呼！道之不行也，吾知之矣！道之不明也，吾知之矣！"中庸之为德也"，"民鲜久矣"，然而圣人救世之心愈不容已也。故《雍也》一篇，特以博施济众终。盖博施济众，圣人之行其道也；立人达人，贤者之行其道。仁者相人偶也，（见《说文》，言二人相偶，推己以及人也。）"能近取譬"，即强恕而行也；为仁之方，即为仁之道也。仁非迂远而难行，道非空虚而无际也。然而南面之权不得，则博施济众、立人达人之道，终不可得而行也。君子不能行其道，而小人乃得行其道也。孔子不得行博施济众之道，而人乃借博施济众之说以行其道也。呜呼！道也道也，既难免于今之世，乃独慕乎古之人。读《雍也》一篇，而徒伤心于道也道也，何传道之竟鲜其人？何莫由斯道也！

述而篇第七

子曰:"述而不作,信而好古,窃比于我老彭。"

李氏曰:"述而不作,则优柔涵泳于古作者之林,而不作聪明以乱旧,自然与古相契,信之深而好之笃矣。及其深信而笃好也,则孜孜于述之不暇,又何疑于作? 二句盖亦反复相因也。述与信最难,万一非所述而述,非所信而信,则其弊有不胜言者。故夫子赞《易》道以黜《八索》,述职方而除九邱,讨论坟典,断自唐虞;删古诗三千而为三百,四代礼乐,具折其中,识其正伪,所以能善述也。阙其疑殆,所以能存信也。"愚案:《礼记·乐记》篇"作者之谓圣,述者之谓明",与此较异。彼盖专指作礼乐而言。夫子所谓述,质诸鬼神而无疑,百世以俟圣人而不惑,自后贤观之,皆作也。老彭,或以为商贤大夫,或以为老聃、彭祖,无确考。

子曰:"默而识之,学而不厌,诲人不倦,何有于我哉?"

默识,不言而存诸心。或读作知识之识,解为默觉、默悟者,谬。

何有于我，言何者有于我也。夫子告子贡，我学不厌而教不倦；告公西华，"为之不厌，诲人不倦，可谓云尔已矣"；而此章云"何有于我"者，非相背也。盖默识、不厌、不倦三者，圣人本以之自期，特是其功无尽，其心亦无穷。内省之余，欿然不足，盖望道未见之诚也。或训"何有"为不难，与上下章语意未合。

子曰："德之不修，学之不讲，闻义不能徙，不善不能改，是吾忧也。"

此与上章意相贯，上章言内省之功，此章言日新之要。德日修而自觉其不修，学日讲而自病其不讲，推之徙义、改不善亦然。盖精密至极，圣学之所以日新也。忧即自古圣人忧勤惕厉之心，忧以终身，故德业之新，终身无已时。《易传》曰："君子进德修业。"朋友讲习，见善则迁，有过则改，盖乾惕之意，皆从忧中来也。

子之燕居，申申如也，夭夭如也。

《礼记·仲尼燕居》孔《疏》："退朝而处曰'燕居'。"刘氏曰："先言申申，后言夭夭，犹《乡党》先言踧踖，后言与与也。申申，整饬之貌，言其敬。夭夭，安舒之貌，言其和。申申如者，所谓望之俨然。夭夭如者，所谓即之也温。"愚案：申申、夭夭，即肃肃、雝雝之转音，则敬与和自是确诂。黄氏训居为坐，谓申申乃坐容之直，夭夭乃坐容之稍俯,别一义。

子曰:"甚矣吾衰也! 久矣吾不复梦见周公。"

黄氏曰:"孔子此言,盖因天运人事之日非,而身已值衰年,此行道之心,亦不著于梦焉。以一身之衰,天下之衰由之,周公其衰矣。"愚案:志与气相为表里,圣人之志未尝衰,特世衰而气不免与之俱衰耳。"甚矣"一叹,益见思周公之深也。

子曰:"志于道,

道者,自内言之,率性之谓,纯粹中正者是也;自外言之,修齐治平之学,达于万物者是也。凡言道必兼内外,始为完备。志为学者入门之要,譬诸两途:志乎名利,则入乎名利矣;志乎道,则入乎道矣。是第一关也。

据于德,

据者,行据之也。《周官·师氏》"以三德教国子",《注》:"德行,内外之称,在心为德,施之为行。"又《大司乐注》:"德,能躬行者。"是德字亦当兼内外而言。后儒专言心,以至堕于空虚,殊未合。

依于仁,

依者,不违之谓。或谓仁者心之德,仁与德何分? 不知德乃普称，仁乃善之长，依仁则私欲尽去，而天理常存矣。此三句，有循序渐进者，有同时交修者，与"志学"章稍异。

游于艺。"

游，周览博习之谓。李氏曰："凡名物器数为艺。六艺皆载道者，而有本与末之别。如同一礼乐，庄敬和乐不可斯须去身者，本也；玉帛笾豆鼓舞铿锵者，末也。虽曰'德成而上，艺成而下'，然又曰'藏焉修焉，息焉游焉'，《集注》所谓'博其义理之趣，而应务有余，心无所放……而动息有养'者，亦兼知、行言之，而为志道、据德、依仁之助也。"黄氏曰："士固有滞于艺而不闻道者，要未有不通于艺而遽高语道德者，此实学之所以出也。后人以冥悟为仁，以虚无为道，以清净为德，遂滋流弊。君子博学无方，六艺之学，皆宜遍历以知之，故曰游于艺。"

子曰："自行束修以上，吾未尝无诲焉。"

束修，束身修行也。束修以上，言束身修行以上之士，犹言中人以上也。诲者，教之尤切而细。郑君《注》谓年十五以上，能行束带修饰之礼。朱《注》谓十脡为束，古者相见，执贽为礼。二说于"自行"二字及"诲"字似均未洽。

子曰："不愤不启，不悱不发，举一隅不以三隅反，则不

复也。"

《孟子》"有复于王",《礼记·曲礼》篇"愿有复也",复皆训告。此章三"不"字就学者言,三"不"字就教者言,必学者有自动之诚,而后教者可施以训迪。《学记》篇所谓"知其心然后能救其失"也,近世所谓"自动力",亦即此意。惟今人所谓自动,或不裁以绳墨。古时教人之法,则因其自动,而即导其新机,使之中于规矩耳。

子食于有丧者之侧,未尝饱也。

《诗》曰:"凡民有丧,匍匐救之。"匍匐者,扶服也。扶持以救之,恻隐之心也。《礼记·闲居》篇曰:"无服之丧,内恕孔悲。"因恕而悲,亦恻隐之心也,如是而食岂能饱乎?

子于是日哭,则不歌。

哭,吊哭,由哀而乐,性情失正。黄氏曰:"哭则不歌,非歌则不哭。"朱《注》言"余哀未忘",是。

子谓颜渊曰:"用之则行,舍之则藏,唯我与尔有是夫!"

则、即字古通,用即行,舍即藏。《易传》所谓"乐则行之,忧则违之",本经所谓"有道则见,无道则隐"是也。有是,是字当重读,谓行藏之具,指学问道德言,又兼因时之义而言。颜子有禹、稷才,又能乐天知命,故夫子许其"有是",盖具圣功王道之全矣。

子路曰:"子行三军,则谁与?"

黄氏曰:"此与上章类记之,未必为一时之言。"

子曰:"暴虎冯河,死而无悔者,吾不与也。必也临事而惧,好谋而成者也。"

李氏曰:"临事而惧,操心危也;好谋而成,虑事至也。成者,言其所谋动出万全,而诚意周于事后也。古人有无事而终日钦钦,如对大敌者,心常惧也。临阵则志气安闲,如不战者,谋既成也。盖圣贤之学,惟有敬、义二者。以行三军言之,敬则天命是畏,国之存亡,民之死生,不可不谨;义则人谋既尽,成败利钝,不以动心,此事之最大者,而可以血气才能当之乎?"愚案:《周书》曰"敬胜怠者吉,义胜欲者从",古圣贤敬义之功,至行军为尤密。

子曰:"富而可求也,虽执鞭之士,吾亦为之。如不可求,从吾所好。"

夫子设言如此,可不可决之于道义,非决之于命也。若以命言,则世之任命而求富者多矣。李氏曰:"执鞭是古者仆御之事,以下士为之,亦非今所谓人役者。此章与下'饭疏食'章当合看。从我所好,即所谓乐在其中者。"愚案:如李说,则所好为道义,明矣。

子之所慎：齐，战，疾。

　　朱《注》："齐之为言齐也，将祭而齐其思虑之不齐，以交于神明也。战则众之死生、国之存亡系焉。疾又吾身之所以死生存亡者。皆不可以不谨也。"黄氏曰："齐不慎，不诚；战不慎，不忠；疾不慎，不孝。"

子在齐闻《韶》，三月不知肉味，曰："不图为乐之至于斯也。"

　　《史记》"三月"上有"学之"二字。黄氏曰："三月者，古人习乐之常期。《文王世子》云'春诵夏弦'，诵以乐语，弦以乐音，必经时而毕。"盖齐人习《韶》之久，夫子与闻之，遂学之耳。为乐是泛言，斯字乃指《韶》言，盖曰为乐者多矣，不意至于斯之尽美又尽善也。《尚书》言"箫韶九成，兽舞凤仪"，季札论《韶》"天帱地载"，夫子习其声容，通其象数，而得其神理，有非常人所能企及者矣。

冉有曰："夫子为卫君乎？"子贡曰："诺。吾将问之。"

　　或疑卫辄拒父之举，本非正理，何以圣门弟子尚有"夫子为卫君"之疑？不知蒯聩得罪于父，石曼姑帅师围戚，或以卫民所为，《公羊传》所谓"以王父命拒父命"，是或一理，故有此问。

入，曰："伯夷、叔齐，何人也？"曰："古之贤人也。"曰："怨

乎?"曰:"求仁而得仁,又何怨?"出,曰:"夫子不为也。"

　　蒯聩得罪于父,固不当立,晋赵鞅帅师纳蒯聩,则卫辄自无拒父之理,为辄计者,惟有逃之而已。故子贡以夷、齐为问。夫子答以古之贤人,则其不为卫君已可知矣。而子贡又有"怨乎"之问,何也? 盖所以穷古圣贤之心理也。怨者,固非怨父,亦非怨国人,亦非怨武王,盖叔齐不得立,伯夷或有遗憾;伯夷不得立,叔齐或有遗憾,而吁嗟天命之衰,或不免怨我生之不辰尔。然而中子之立,国祚绵延;不食周粟,正气塞乎天地,忠孝两全,尚何遗憾? 夫子曰"求仁得仁,又何怨",至是而知卫辄之心,决不能以自安,其罪案定矣。故出曰"夫子不为也",语意紧承,而圣贤心心相印,自在言外。

子曰:"饭疏食饮水,曲肱而枕之,乐亦在其中矣。不义而富且贵,于我如浮云。"

　　疏食,菜食。曲肱而枕,曲臂以为枕也。黄氏曰:"乐在其中,与颜子不改其乐有别:彼云其乐,是颜子乐道之乐;此言乐在其中,谓贫贱之中亦有可乐。浮,犹过也。如浮云,谓云倏过,不足凭于己也。"愚案:此乃圣人天德淡定,乐道乐贫,随在皆是。伊尹耕于有莘之野,而乐尧舜之道,非义非道,弗顾弗视,意亦如此。

子曰:"加我数年,五十以学《易》,可以无大过矣。"

加，一本作假，古通用。五十学《易》，以知命之年为知命之学。夫子晚年好《易》，韦编三绝，作《十翼》以赞之，不能不宽以岁月也。李氏曰："《易》有吉凶悔吝之循环，而要以无咎为归。盖不祈吉而谨于悔吝之介，以求免于凶焉者，《易》之教也。然则《易》六十四卦，三百八十四爻，亦可一言以蔽之曰'善补过'。圣人所以能无过者，以其心常恐有过，兢兢业业，以成于性，故能动不逾矩焉尔。且不敢言无过，而曰无大过，圣人之存心固如此。夫子其得《易》之《乾》者乎？颜子其得《易》之《复》者乎？"或曰：五十者，天地之数，大衍所从生，圣人用五用十以学《易》，谓错综变化以求之也。此说与上文义不贯，失之凿矣。

子所雅言，《诗》《书》、执礼，皆雅言也。

雅，常也。《诗》以养性情，而归本于端风化；《书》以道政事，而归本于敬天命；礼言执者，所以范围视听言动，而归本于尊德、性道、问学，此圣门之家法。由博反约，实基于此。或曰：雅，正也，读先王典法，必正言其音，然后义全。此说不合。盖诵《诗》、读《书》，犹可云正读其音；若执礼，则道在力行，何所谓正读乎？

叶公问孔子于子路，子路不对。

问孔子者，问孔子之为人也。叶公好名，或有延揽圣人之意，子路不对，不屑告之也。

子曰："女奚不曰，其为人也，发愤忘食，乐以忘忧，不知老之将至云尔。"

此圣人善自韬晦之辞，而即此可见至诚无息之意。惟至诚然后能愤，惟至诚然后能乐。进学之道必始于发愤，惟发愤而后得乐，《易传》所谓"乐天知命，故不忧也"。不知老之将至，无息之功也。案：孔圣年谱，如叶时年六十二，故云"老之将至"。

子曰："我非生而知之者，好古，敏以求之者也。"

知之者，知道也。求之者，求道也。笃好出于心，敏求则由知而进于行，敏者如不及也。先儒谓此系圣人之谦辞，愚谓天下无生而知之者，虽圣人亦必为穷理之学也。人人皆有良知，虽因困而知之，亦与生知无异，则天下亦无不生知之人，惟"好古敏求"四字，当守以终身耳。

子不语：怪、力、乱、神。

或疑怪、异、勇、力四事，《左氏传》备载之，而此经言不语者何？案：语字有二义，答述曰语，论难亦曰语。此不语，谓不与人辨诘也。《左传》所载，盖所以垂警戒，义当分别观之。

子曰:"三人行,必有我师焉。择其善者而从之,其不善者而改之。"

此夫子之设辞,三人同行,其一我也,其二人者,或此善而彼恶,或始善而终恶,或始恶而终善,或二人皆善,或二人皆恶。择之之道,在乎穷理精尔。此取人为善之学,待观感既深,不善者亦化为善,则与人为善,亦于于是矣。

子曰:"天生德于予,桓魋其如予何?"

《史记·世家》:孔子适宋,与弟子习礼大树下。宋司马桓魋欲杀孔子,拔其树,孔子去。弟子曰:"可速矣!"孔子告以此语,所以慰诸弟子也。朱子谓:"圣人之临患难,有为不自必之辞,孔子之于公伯寮,孟子之于臧仓是也。其为自必之辞,则孔子之于桓魋、匡人是也。"愚谓圣贤所可自必者,义理之天也,故于惕厉之中,自有闲暇之意。

子曰:"二三子以我为隐乎?吾无隐乎尔。吾无行而不与二三子者,是丘也。"

学圣人者,不第在言语之间,要在动作、礼义、威仪之则。盖圣人动、静、语、默,无非敬畏天命之诚,即无在非格致诚正之学,故曰"无行而不与二三子",是在学者善体之耳。是故圣人犹天也,本经曰:

"天何言哉？四时行焉,百物生焉。"《礼记·闲居》篇曰:"天有四时,春秋冬夏,风雨霜露,无非教也。地载神气,神气风霆,风霆流形,庶物露生,无非教也。"故或者因此谓圣人不尚言诠而高冥悟,则谬矣。

子以四教:文、行、忠、信。

李氏曰:"四者之序,当云忠、信、文、行。然忠信者,所以成始,亦以成终。以忠信为本,而从事于博文约礼之功,所谓成始也。修辞立其诚,无非忠信之心,贯彻于一,所谓成终也。故夫子言'主忠信,徙义',又言'义以为质,信以成之'。"愚案:此盖泥于程子忠信为本之说,实则四教不可偏重。《易传》"知至至之""知终终之",所以知至而知终者,博文之事也;所以至之而终之者,行与忠信之事也。然非博文以致其穷理之功,则有行非所当行,而以非忠为忠、非信为信者矣。故四教以文为首。

子曰:"圣人,吾不得而见之矣,得见君子者,斯可矣。"

朱《注》:"圣人,神明不测之号。君子,才德出众之名。"黄氏引《韩诗外传》曰:"言行多当,未安愉也。知虑多当,未周密也。是笃厚君子,未及圣人也。"愚案:春秋时,寡过之君子,如伯玉之俦,尚或有之;若大而化之如孔子者,固绝无其人也。

子曰:"善人,吾不得而见之矣,得见有恒者,斯可矣。

张子曰:"有恒者,不贰其心。善人者,志于仁而无恶。"愚案:孟子曰:"鸡鸣而起,孳孳为善者,舜之徒也。"孳孳,即惟日不足之意,惟有恒乃能为善人也。

亡而为有,虚而为盈,约而为泰,难乎有恒矣!"

李氏曰:"有恒者,笃实之人,不笃实则虚夸,必不能有常心而久于事。《易》曰:'浚恒之凶,始求深也。'求深非不善也,始而求深,在贤者尚有进锐退速之过,况其下者乎? 夫子有川上之叹,而亟称于水曰'水哉水哉!'为其德至实,不舍昼夜,盈科后进也。故学者始而求小得,得一善则拳拳服膺,如水虽未出;中而涓涓不息也;终则其中未大,有若无,实若虚,如水之既平而终不盈也。惟其如是,是以能'常德行而习教事',久于其道,而忽不知其入于圣贤之域矣。此夫子之思有恒意也。"愚案:李氏以《恒》《坎》两卦释此经,与孟子有本之意亦相合,其义极精。

子钓而不纲,弋不射宿。

朱《注》:"纲,以大绳属网,绝流而渔者也。弋,以生丝系矢而射也。"或谓纲者,作大网横遮于广水,而罗列多钩,著之以取鱼。弋,以细绳系丸而弹。别备一义。黄氏曰:"宿,止也,言日中巢栖之鸟,非必夜止也。鸟飞集无常所,日中栖巢者,必伏卵育雏之类,夫子不射之,《礼》所谓'不卵、不杀胎、不夭夭、不覆巢'者是也。"愚案:圣人于祭祀、宾客,躬自钓弋,所以致敬,礼所当然也。不纲、不射宿者,体天地生物之心,不尽其有余,遂其生,即遂其性,此至诚之所以尽物性也。

子曰:"盖有不知而作之者,我无是也。多闻,择其善者而从之;多见而识之,知之次也。"

不知而作,穿凿而妄作篇籍也。多闻择善而从,博考制度文章,折衷于至当也。多见而识,多识前言往行以畜其德也。知之次,谓次于生知者也。或解不知而作为生知之圣。案之"我无是也"句,语意不类。或谓德性之良知,非由于闻见,专求于闻见之末,故曰"知之次"。此非圣人劝学之旨,尤不可信。盖圣人明教人以多闻多见,未尝教人扫除闻见也。

互乡难与言,童子见,门人惑。

郑君《注》:"难与言者,言语自专,不达时宜。"盖风气蔽塞者也。

子曰:"与其进也,不与其退也,唯何甚! 人洁己以进,与其洁也,不保其往也。"

与,许也。与其进而来见,非与其昔日之退行也。唯何甚,不为已甚也。洁,修治也。往,前日也。不保其往,不咎既往也。或解往为后日者,非。孟子曰:"往者不追,来者不拒。苟以是心至,斯受之而已矣。"朱《注》谓"'人洁'至'往也'十四字,当在'与其进也'之前",恐有以意改经之失。盖上三句明所以见童子之意,下三句广言与人之道耳,不必疑也。

子曰:"仁远乎哉? 我欲仁,斯仁至矣。"

或疑曾子言"仁以为己任,不亦重乎? 死而后已,不亦远乎",《礼记·表记》篇言"仁之为道远",与此相背。不知曾子与《表记》之说,乃指后获之功夫而言;而此则言本心之德也。仁,人心也。放其心,则仁日远矣。我欲仁,求放心也。仁至,操则存也。盖本心之仁,反之即是,非欲者一物,至者又一物也。特提撕警觉之后,当加涵养之功,庶可保而弗失。先儒以《易·复卦》冬至日喻仁至,而以夏至日喻积累之功,其说极精。盖仁道之精进,无已时也。

陈司败问昭公知礼乎,孔子曰:"知礼。"

司败,即司寇。《左氏传》所谓"自拘于司败"是也。刘氏曰:"《左氏·昭五年传》:'公如晋,自郊劳至于赠贿,无失礼。晋侯谓女叔齐曰:"鲁侯不亦善于礼乎?"对曰:"鲁侯焉知礼?"公曰:"何为?"对曰:"是仪也,不可谓礼。"'《公羊·昭二十五年传》,公孙于齐,次于阳州,齐侯唁公于野井。昭公曰'丧人不佞,失守鲁国之社稷'云云,孔子曰：'其礼与其辞足观矣。'是鲁昭本习于容仪，当时以为知礼，故司败有此问。"孔子亦指仪容而言，非诡辞以对也。

孔子退，揖巫马期而进之，曰："吾闻君子不党，君子亦党乎？君取于吴，为同姓，谓之吴孟子。君而知礼，孰不知礼？"

相助匿非曰党。谓之吴孟子者，讳之，使若宋女子姓者然，如鲁惠公妃孟子、仲子，皆子姓也。黄氏读"君取于吴"句，"为同姓谓之吴孟子"句，亦通。《礼记·坊记》篇曰："《鲁春秋》犹去夫人之姓曰吴，其死曰孟子卒。"案：《春秋》哀公十二年经书孟子卒，不书姓，是去夫人之姓也。

巫马期以告。子曰："丘也幸，苟有过，人必知之。"

圣人讳君之恶，而司败揭之，故直以为己过，此圣人度量之宏也。黄氏曰："昭公非不知礼者，不能守礼者也。爱君者自不深言，非必故讳之也。然司败之论，公议也，故不与辨。近儒专言讳恶，信如是，司败之问，期之告，皆不答可也。"别备一义。

子与人歌而善，必使反之，而后和之。

歌，乐歌，《韶》舞等乐是也。子与人歌，教门弟子乐歌也。古者春诵夏弦，弦歌为必修之业，故记其教法如此。必使反之，使弟子复歌也。而后和之，夫子和弟子同歌，复教正之也。此见圣人诲人不倦之诚，而取人为善、与人为善之意，皆在其中矣。

子曰："文，莫吾犹人也。躬行君子，则吾未之有得。"

　　李氏曰："博文、约礼，相须并进，文之所得愈深，则行之所成愈笃。世盖有缓于反己自修之实，而徒以闻见之多、修饰之工为事者，故夫子言此，以救偏重之病。"或谓"文莫"乃"忞慔"之省字，谓黾勉也。黾勉吾犹人，言勉强自修，与"听讼吾犹人也"句例同，说亦可取。

子曰："若圣与仁，则吾岂敢？抑为之不厌，诲人不倦，则可谓云尔已矣。"公西华曰："正唯弟子不能学也。"

　　此夫子谦辞。为不厌，诲不倦，浅言之即有恒之学，《易传》所谓"恒杂而不厌"是也；深言之即无息之学，《中庸》所谓"纯亦不已"是也。惟为不厌，而后造于圣；教不倦，而后进于仁。子贡曰："学不厌，智也；教不倦，仁也。仁且智，夫子既圣矣。"不能学，即指不厌、不倦而言。

子疾病，子路请祷。子曰："有诸？"子路对曰："有之诔曰：'祷尔于上下神祇。'"子曰："丘之祷久矣。"

　　有诸，问于古有徵否也。"有之诔曰"，当作一句读，以古之诔辞作证也。"诔"，《说文》引作"讄"，段氏《注》曰："讄，施于生者以求福。

诔,施于死者以作谥。"则此经当作"谲"为是。圣人未尝有过,素行合于神明,自无求祷之意。丘之祷久者,谓敬畏天命,尚不愧于屋漏,内省不疚之功也。盖圣人之祷,在神明而不在形迹,在心性而不在祸福,在居恒而不在临时,《书》所谓"祈天永命"者是也。

子曰:"奢则不孙,俭则固。与其不孙也,宁固。"

不孙,不顺也。固,陋也,与执一不通之固异。此章为周末文胜而言:文胜则奢,奢则骄溢而不顺,故圣人欲以俭救之。《八佾》篇"与其奢也,宁俭",指礼本而言,此章"与其不孙也,宁固",指心理而言。欲救人心者,先救其偏。

子曰:"君子坦荡荡,小人长戚戚。"

《书》曰:"王道荡荡。"坦荡荡者,孟子所谓"居广居、立正位、行大道"是也。戚戚,乃蹙蹙之省文,言居心迫促而无所容,《诗》所谓"我瞻四方,蹙蹙靡所骋"也。屈子《离骚》曰:"彼尧舜之耿介兮,既遵道而得路。何桀纣之猖披兮,夫惟捷径以窘步。"盖遵道而后能得路,所以坦荡荡也。若捷径,未有不窘步,所以长戚戚也。此以境喻心也。

子温而厉,威而不猛,恭而安。

李氏曰:"温者,春生之气。威者,秋肃之气。恭者,内温外肃,阴阳合德之气也。温而厉，则阳中有阴；威而不猛，则阴中有阳。合二句，只一'恭'字尽之，又推出一'安'字，则见其一出于诚，而无勉强，性之德固若是也。三句就一时想像亦可，然亦有迭见者，盖喜怒哀乐，圣与人同，当其喜则温之气形，当其怒则威之气形，及乎喜怒未发，则恭之意常在也。深体而默识之，则知圣人与天地相似。"愚案：圣人全体太极，一阴一阳之道，成性存存。《述而》篇记夫子之威仪容貌，以"申申""夭夭"始，以此章终，盖涵养之功至矣。

述而篇大义

古之经师，最重学派；古之人师，最重师表。有学派而后师表尊，有师表而后学派盛。读《述而》一篇，可以知圣门之学派，可以知圣人之师表。学派惟何？曰"述而不作，信而好古"，曰"志道，据德，依仁，游艺"，曰"用之则行，舍之则藏"，曰"《诗》《书》、执礼"，"文、行、忠、信"，曰"多闻择其善者而从之，多见而识之"，曰"躬行君子"。以上数端，圣人之学派，表里精粗，出处、体用、本末，具于是矣。而记者又以圣人之威仪动作，杂记其间，以明师表。如"默而识之"，修德，讲学，承"述而"章，皆言学也，而记者即记之曰"申申如，夭夭如"，是威仪中之师表也。不复梦周公，示人以政治学之要。"自行束修""不愤不启"，皆所以激励学者，而记者即记之曰"子食于有丧者之侧，未尝饱"，是性情中之师表也。"富而可求"，承"舍之则藏"言，戒学者之心，勿为境迁，而记者即记之曰"子之所慎：齐、战、疾"，亦性情中之师表也。"在齐闻《韶》"，"学而不厌"，"求仁得仁"，"信而好古"，富贵浮云终不可求，"五十学易"所以知天命，"发愤忘食"，"好古敏求"，皆以辅雅言之教，而记者即记之曰"子不语怪、力、乱、神"，是实事求是之师表，教学者务民之义也。"择善而从"，能自得师，"天生德于予"，斯文在兹，"无行不与"，言语动作皆师表也。有恒之诒，承忠信而言，而记者即记之曰"子钓而不纲，弋不射宿"，是慈惠有余之师表，教学者爱物之仁也。"互乡童子""鲁昭公"两章，皆不绝人以已甚，所以然者，仁在方寸之间，各有其本心之明也，而记者即记之曰"子与人歌而善，必使反之，而后和之"，是亦性情中之师表，教学者与人为善之诚也。圣门之学，要在知行合一。后世尚空言而不务躬行，学派纷歧，遂永无入道之日。"为之不厌，诲人不倦"，皆躬行之实事也。创鬼神宗教之说，开人迷信之门，非日用伦常之正，故曰"丘之祷久矣"。"与其不孙，宁固"，居心坦然荡荡，皆所以躬行也，而记者即记之曰"子温而厉，威而不猛，恭而安"，是威仪兼性情中之师表也。综圣人之学派凡七章，而记者记圣人之师表，亦分为七章。若于各章之后，均为一结，错综参互，文法特奇。先儒谓《史记》文线索难寻，文治谓《论语》文线索更为难寻，若求而得之，则怡然理顺矣。《礼记》曰："师严然后道尊。"周子曰："师道立则善人多。"师道之不明于天下久矣，后之为人师者，其学派果可以信从乎？其师表果足为矜式乎？其可不慎乎！其可不兢兢乎！

泰伯篇第八

子曰:"泰伯,其可谓至德也已矣。三以天下让,民无得而称焉。"

  此章有三层:一释三让之义。或曰:采药赴吴,一让也;太王没,季历赴之不来,二让也;免丧之后,断发文身,三让也。或曰:一让王季,二让文王,三让武王。实皆臆说。李氏谓:"三让者,必泰伯曾辞避之,而太王未之许,卒乃托名遁去,以遂其志,故曰三让。"其说最可信。一让国、让天下之辨。泰伯之让,让岐阳耳,而夫子云天下者,盖以当日言则让国,以后日言则让天下。夫子言"稷躬稼而有天下",孟子言"文王一怒而安天下之民",语意相似。李氏谓:"周室将兴,其兆已见。泰伯又贤,势可奄大。'以天下让'云者,事后追论之辞。"其说亦可信。一让商、让周之辨。周自太王至武王,百余年而始有天下,岂得谓之让商?朱《注》本《史记》之说,谓太王有翦商之志,而泰伯不从,因逃去之。揆诸事理,殊未必然。太王时,殷道犹盛,太王贤者,安得遂萌不臣之心?使有是心,而泰伯逃去之,则是成父之过,尚得为至德乎？顾氏谓："将称泰伯之让，而先以莽、操之志加诸太王，决非夫子立言之意。"然则《鲁颂》言"实始翦商"非与？案：《尔雅》翦，箭勤也，翦商即其勤王家之义。则因"翦商"之文，而疑为让商，固不可也。至泰伯之窜身荆蛮，特以国与弟耳，周之天下，武王始有之，则谓以天下让周，似亦未安。要之泰伯之让，其心至隐，夷、齐让于事之已形，而泰伯则让于迹之未著，既不得谓之让商，又不得谓之让周，是以民无得而称。惟其无称，乃为至德，此圣人显微阐幽之义也。

子曰："恭而无礼则劳，慎而无礼则葸，勇而无礼则乱，直而无礼则绞。

劳者适所以取辱，葸者适所以偾事，此二者文胜之过，阴柔之弊。反而激焉，则为乱、为绞。《阳货》篇曰："好勇不好学，其蔽也乱；好直不好学，其蔽也绞。"此二者嚣凌之习，阳刚之弊，上行下效，秩序紊而世道日衰矣。

君子笃于亲，则民兴于仁；故旧不遗，则民不偷。"

朱《注》引吴氏曰："君子以下，当自为一章，乃曾子之言也。"愚谓此说无确据。盖夫子因世衰道微，而思周公之明训耳。周公曰："君子不施其亲"，即笃于亲也。又曰："故旧无大过，则不弃也。"即不遗故旧也。周初人心风俗之所以厚，赖有君子提倡于上尔。

曾子有疾,召门弟子曰:"启予足! 启予手!《诗》云:'战战兢兢,如临深渊,如履薄冰。'而今而后,吾知免夫! 小子!"

《礼记·哀公问》篇曰:"仁人之事亲如事天,事天如事亲。"张子《西铭》曰:"体其受而归全者,参乎?"不毁伤其身,即不毁伤其亲,而体其所受乎天道之全也。此即曾子之大孝也。启足、启手,朱《注》谓"使弟子开其衾而视之"。黄氏曰:"手足不毁伤,何待开衾?'启'为'晵'之借字,晵者,省察之谓。"亦通。黄氏又谓:"《礼》载孔圣将病,曳杖消摇。又载曾子易簀事,曰:'吾得正而毙焉,斯已矣。'……合此经观之,知贤者之学圣如此。"愚谓此说未免太拘。兢兢业业,始自尧舜,"战兢"十二字,乃圣贤平日相传之心法,不必至死时而始见其不懈也。

曾子有疾,孟敬子问之。

朱《注》:"问之者,问其疾也。"

曾子言曰:"鸟之将死,其鸣也哀;人之将死,其言也善。

常人将死,感动良心;君子将死,志气清明,故其言善。

君子所贵乎道者三:动容貌,斯远暴慢矣;正颜色,斯近信矣;出辞气,斯远鄙倍矣。笾豆之事,则有司存。"

郑君《注》:"此道谓礼也。"《礼记·表记》篇:"君子貌足畏也,色足愮也,言足信也。"《冠义》篇:"礼义之始,在于正容体,齐颜色,顺辞令。"本经子夏曰:"望之俨然,即之也温,听其言也厉。"皆指此三者而言。以《玉藻》九容言之,动容貌,"足容重,手容恭,目容端,头容直,立容德"是也;正颜色,"色容庄"是也;出辞气,"口容止,气容肃,声容静"是也。所贵乎道,言平日涵养之功。曰"动"、曰"正"、曰"出",言临时持守之力。"远暴慢""近信""远鄙倍",郑君指他人言,朱子指本身言,窃谓主本心言较为切实。末世士大夫,于考核器数,炫博矜奇,而修身立品之大原,转置不讲,故曾子揭言之,以为此乃府史胥徒之职,君子所不必究心也。

曾子曰:"以能问于不能,以多问于寡;有若无,实若虚;犯而不校,昔者吾友尝从事于斯矣。"

此所谓大也。人之生莫不有德,有德即有量。人莫不具天地之量,只以私欲锢蔽,遂至动与物忤,而己之所知所能,亦遂日以狭窄。颜子之从事于斯,所谓有容德乃大也。进乎此,则如舜之与人为善,而与天地同其大矣。陆氏曰:"颜子已至充实光辉之域,而欿然不自足,方可谓'若无若虚'。今人未至充实境界,正当就正有道,虽博稽广询,不得谓之'若无若虚'。颜子立于无过之地,而人自犯之,方可谓'犯而不校'。今人未能无过,我以非理加人,人亦以非理答我,此乃出尔反尔,非犯也,即使默然无言,亦不得谓之'不校'。故欲如颜子之‘若无若虚’，当先如子夏之‘切问近思’；欲如颜子之‘不校’，当先如孟子之‘三自反’。”

曾子曰："可以托六尺之孤，可以寄百里之命，临大节而不可夺也。君子人与？君子人也。"

此章指情之诚挚，与才之能提挈纲领者而言。可以托孤，可以寄命，两"可以"字，情为之主，才为之辅。临大节而不可夺，此"不可"字，发于至情，而才无与焉。孟子论性善，情居才之先，天下惟生有至情者，乃能善用其才。昔周公辅成王，摄国政，恐惧流言，读《鸱鸮》《东山》之诗，而其情恻然如见。汉诸葛武侯辅后主，至于鞠躬尽瘁，死而后已，读《出师表》，而其情亦恻然如见。皆合此章分量。陆氏谓："可托、可寄、不可夺，原有浅深，故事业各有不同。"其说亦是。

曾子曰："士不可以不弘毅，任重而道远。

《白虎通·爵》篇曰："士者，事也，任事之称也。"可见为士者，皆当自任天下之事。弘毅，以性质言；任重道远，以志趣言。不曰"士当弘毅"，而曰"士不可以不弘毅"，又有以学问化性质之义。

仁以为己任，不亦重乎？死而后已，不亦远乎？"

仁以为己任，是学问之实在处。死而后已，是学问之究竟处，所谓尽性以立命也。《礼记·表记》篇曰："仁之为器重，其为道远，举者莫能胜也，行者莫能致也。"曾子所以得道统之传者，惟在仁以为己任；而千古有志之士，所以能立德、立功、立言者，亦惟在仁以为己任。李氏曰："前文连记曾子数章，以尽于此。合而观之，以'能问于不能'一章是弘，'可以托六尺之孤'一章是毅，但其根本，则在'战战兢兢'以存心，而用力于容貌、颜色、辞气之际而已。盖心弥小则德弥弘，行弥谨则守弥固。《易》之《大过》，任天下之重者也，而以'藉用白茅'为基。《大壮》，极君子之刚者也，而以'非礼弗履'自胜。故朱子之告陈同父曰：'临深履薄，敛然于规矩准绳之中，而其自任以天下之重者，虽贲、育不能夺也。'可谓得曾子之传者矣。"

子曰："兴于诗，

人皆求有以兴，而不知所以兴之道，未通经也。《礼记·经解》篇曰："温柔敦厚，《诗》教也。"此盖以养性为主，故不曰"诗可以兴"，而曰"兴于诗"。

立于礼，

人皆求有以立，而不知所以立之道，未通经也。《记》又曰："恭俭庄敬，礼教也。"此盖以定命为主，故不曰"礼可以立"，而曰"立于礼"。

成于乐。"

人皆求有以成，而不知所以成之道，未通经也。《记》又曰："广博易良,乐教也。"此盖以磨砻德器为主,故不曰"乐可以成",而曰"成于乐"。可见夫子非评论诗、礼、乐也。李氏曰:"'志于道,据于德,依于仁,游于艺',首一字是用功处;'兴于诗,立于礼,成于乐',首一字是得效处。文虽同而意异。然二章之理,有可相通者。感发兴起,是志道中事;卓立不惑,是据德中事;纯粹完成,是依仁中事。至于诗、礼、乐,皆艺也,其精者与道、德、仁同归,故可以兴、以立、以成;其粗者为篇章、文辞、器数、声容之属,亦莫非至精之所寓,故彼言道、德、仁,又言艺,而此混而一之。"

子曰:"民可使由之,不可使知之。"

可,能也。不可,不能也。此犹"中人以上,可以语上;中人以下,不可以语上"之例。春秋时民智浅,但能使由之,不能使知之。夫子所深惜,非有所秘也。程子曰:"圣人设教,非不欲家喻而户晓也,然不能使之知,但能使之由之尔。若曰圣人不能使民知,则是后世朝三暮四之术也,岂圣人之心乎?"李氏曰:"服教而明其意者,惟士为能,百姓则日用而不知。然性者人所固有,故王道之行,使之由于斯道之中,可以移风易俗,而德归厚。若愚者不安于愚,而曰予智,则王泽之竭,衰世之事也。民字重读,其义自见。"愚案:二说俱精。惟所谓由之、知之者何? 使由之、使知之者何? 所以可使由、不可使知之者何? 盖由之、知之者,道也;使由之、使知之者,上也;所以不可使知之者,非特道也,即事理之始终本末。苟知其偏而不知其全,则徒滋议论,而政治为之掣肘矣。《书·盘庚》篇曰："不匿厥指。"《诗·节南山》篇曰："俾民不迷。"圣人岂不欲使民知哉？其不能使知之者，理也，势也。后人有深诋夫子之言以为愚民之策者，谬之又谬矣。

子曰："好勇疾贫，乱也。人而不仁，疾之已甚，乱也。"

疾，恶也。朱《注》："好勇而不安分，则必作乱。恶不仁之人，而使之无所容，则必致乱。"或解乱字以为皆自乱其心，亦通。黄氏曰："欲治世者，先平其心。"

子曰："如有周公之才之美，使骄且吝，其余不足观也已。"

黄氏曰："古有以德称才者，如《左传》高阳氏才子齐圣广渊、明允笃诚，高辛氏才子忠肃共懿、宣慈惠和是也。有才、德分言者，如《左传》郤舒'怙其隽才，而不以茂德，兹益罪也'是也。"愚案：司马氏曰："德胜才谓之君子，才胜德谓之小人。"惟才胜德，故不免于骄且吝。骄者刚恶，吝者柔恶，然骄者未有不吝，惟吝乃益形其骄，二者相因而致也。其余不足观，正谓其才无足取。

子曰："三年学，不至于谷，不易得也。"

朱《注》："谷，禄也。至，疑当作志。"愚案：《周礼》三年大比，而兴贤能，用为乡遂之吏，可以得禄。不至于谷者，不安于小成，而由司徒升国学也，志在远大，故不易得。或读縠为穀，谓学之久必至于穀。或训縠为善，谓反言以勉学者。说皆迂曲。

子曰："笃信好学，守死善道。

笃信而不好学，恐或流于异说，或堕于空虚；好学而不笃信，恐不得师承，不明宗旨；守死而不能善道，是谓徒死。故善道者贵有守死不渝之节，而后吾道可传诸永久。此圣门八字箴，上句乃尽心知性之功，下句乃事天立命之事。李氏曰："笃信好学，以所知言；守死善道，以所行言。下文皆守死善道之事，而自笃信好学中来者。盖所谓守死者，言安贫贱之节，不苟合于当世而已。若撄暴乱之锋，以为守死，则'危邦不入，乱邦不居'云云者，皆不可通矣。"

危邦不入，乱邦不居。天下有道则见，无道则隐。

国本动摇，谓之危邦。政刑不修，谓之乱邦。不入不居，所以免祸。有道无道，指天下大局而言。君子之出处视之，此乐天知命之谊，惟笃信好学、守死善道者能之，品诣之最高者也。李氏曰："危邦不入，乱邦不居，是有邦之可择也。若夫天下无道，则惟有隐遁不出而已，故又言'天下有道'二句。"

邦有道，贫且贱焉，耻也；邦无道，富且贵焉，耻也。"

此为笃信好学者戒勉之辞，立品之初基也。李氏曰："天下无道，可以隐则隐矣。万一姓名既著，乡国既知，举世混浊，莫之适也，父母之邦，不可去也，则惟固守贫贱以终其身而已。故又言‘邦有道’六句。反覆申说，究归于安守贫贱而止，故曰：‘守死善道’也。此三节重叠复说，所谓邦字、天下字，皆有意指，不然，末节成赘语矣。”

子曰：“不在其位，不谋其政。”

有性分中之位，有职分中之位。曾子曰：“君子思不出其位。”性分中之位也。此章位字，职分中之位也。惟性分之位定，而后职分之位明，人人各尽其职，无越分侵官之弊，则天下自治。若人人有出位之思，议论纷纭，动多牵掣，则秩序混淆，而政事日乱。夫子垂戒之意深矣。

子曰：“师挚之始，《关雎》之乱，洋洋乎盈耳哉。”

朱《注》：“孔子自卫反鲁，适师挚在官之初。”说恐未合。案：始者，乐之始；乱者，乐之终。凡乐之大节，有歌有笙，有开有合。始于升歌，终于合乐，故升歌谓之始，合乐谓之乱，《仪礼》燕及大射，皆太师升歌。挚为太师，故云“师挚之始”。合乐，《周南·关雎》《葛覃》《卷耳》，《召南·鹊巢》《采蘩》《采蘋》，凡六篇。言“《关雎》之乱”者，举上以该下也。升歌言人，合乐言《诗》，互相备也。

子曰：“狂而不直，侗而不愿，悾悾而不信，吾不知之矣。”

朱《注》：“侗，无知貌。愿，谨厚也。悾悾，无能貌。”愚案：狂、侗、悾悾，气质之性也；不直、不愿、不信，习也。气质有偏，而能矫之以学，犹可救也。若为恶习所染，浮伪巧滑，则终身不能入德，虽圣人无如之何矣，可畏哉！

子曰：“学如不及，犹恐失之。”

李氏曰：“及者，及前路也。失者，失当前也。与‘日知其所亡，月无忘其所能’相似。如字，犹恐字，形容其瞻前顾后之心。”愚谓此章圣人勉学者，重在一“犹”字，言学者如不及，孳孳以求，犹恐其失之；若自以为已及，则更无所得矣。恐者，惕之于心也。失之者，失其学业也。

子曰：“巍巍乎！舜禹之有天下也，而不与焉。”

不与者，天怀淡定之致。巢、许之轻天下，实则重天下。若舜、禹，非特无重天下之心，亦无轻天下之心，所性分定故也。黄氏谓：“孟子答陈相，上言以不得人为忧，下言非无所用心，中引此经及下章为证，而此经下章‘舜有臣五人而天下治’，复骈章类叙，则‘不与’者，得人善任，不身亲其事也。与读为豫。”说亦贯通。

子曰：“大哉尧之为君也！巍巍乎！唯天为大，唯尧则之。

荡荡乎！民无能名焉。

此节赞尧之德。巍巍乎句，亦指尧言，非指天言。《说文》曰："天，颠也，至高无上，从一大。"故曰"唯天为大"。民无能名者，其仁如天，其知如神，莫得而名言之也。黄氏曰："尧则天者，无为而成。"正言其得人善任也。

巍巍乎其有成功也，焕乎其有文章！"

此节赞尧之功。文章本于成功，故用一"也"作转。《尧典》自"亲九族"，以至"黎民于变时雍"，皆成功也。自"历象日月星辰""敬授人时"，以至"允厘百工，庶绩咸熙"，皆文章也。而其功皆本于明德，此民之所以无能名也。黄氏曰："尧无为，然一时之功皆其功，文章皆其文章，见尧之善任人而不待自为之也。"

舜有臣五人而天下治。

五人，禹、稷、契、皋陶、伯益。舜之所以能得人者，惟在专任、久任。若以皋陶为农官，以后稷敷五教，则不得其治矣。后世之法舜者，其亦知此道乎？

武王曰："予有乱臣十人。"

朱《注》："乱，治也。十人，谓周公旦、召公奭、太公望、毕公、荣公、太颠、闳夭、散宜生、南宫适，其一人谓文母。刘侍读以为子无臣母之义,盖邑姜也。九人治外,邑姜治内。"或引古本无"臣"字,谓十人中有文母,揆诸武王语气,似有未合。

孔子曰:"才难,不其然乎? 唐虞之际,于斯为盛。有妇人焉,九人而已。

黄氏曰:"古注谓周才盛于唐虞,两代五人,周一代十人,是周盛也。申朱子注者云:'唐虞盛于周,而夏商不能及,难也。十人取足于妇人,难也。'周十人而以五人为盛者,盖不计多寡,顾其人物地位何如也①。"愚谓此不必拘,孔子之意,盖谓唐虞之际与周初人才皆为极盛,然周不过九人而已,总以见人才之难得也。

三分天下有其二,以服事殷。周之德,其可谓至德也已矣。"

朱《注》:"文王率商之叛国以事纣,盖天下归文王者六州:荆、梁、雍、豫、徐、扬也,惟青、兖、冀尚属纣耳。"愚案:《左氏·襄三十一年传》:《周书》数文王之德曰:"大国畏其力,小国怀其德。……纣囚文王七年,天下皆从之囚,纣于是惧而归之,可谓爱之。文王伐崇,再驾而降为臣,蛮夷帅服,可谓畏之。"《礼记·表记》篇:"有君民之大德,有事君之小心。"《诗》曰:"惟此文王,小心翼翼。"此其所以为至德也。李氏曰:"此章必夫子因论才难之事,而感慨于文王之德。记者序列之意,乃欲以文王至德,参于尧、舜、禹三圣之间也。"或谓宜断"三分"

———————————

① 据《论语后案》,"不计多寡,顾其人物地位何如也"乃蔡介夫语。

以下，别以"孔子曰"起之而自为一章，未是。

子曰："禹，吾无间然矣。菲饮食而致孝乎鬼神，恶衣服而致美乎黻冕，卑宫室而尽力乎沟洫。禹，吾无间然矣。"

　　菲饮食三者，克俭也。致孝鬼神三者，克勤也。或疑尧、舜、禹皆无间，夫子独称禹者何？曰：禹于古帝王中，为至艰至苦之人，所以独推禹也。然则禹之丰功伟绩，何以不言，而独举衣、食、居三者何？曰：此其穷理之极精极密，无间之至也。李氏曰："致孝鬼神与菲饮食相对，言牺牲粢盛之丰洁也。致美黻冕与恶衣服相对，尽力沟洫亦与卑宫室相对。当洪水未平，下巢上窟，民不得平土而居之。禹决九川，距四海，使大水有所归。然经理犹未详密也，乃复浚畎浍距川，则小水皆有所入，然后四隩既宅，民得安居。是则卑宫室而尽力乎沟洫者，居无求安，而奠万姓之居是急也。"愚案：致孝鬼神，致美黻冕，孝敬之礼尽矣。夷考古者沟洫之制，方里为井，井间有沟，沟广深四尺；十里为成，成间有洫，洫广深八尺。一纵一横，因地制宜，无事备旱潦，有事阻戎车。沟之水归于洫，洫之水归于浍，浍之水归于川，然后地可耕稼，中国可得而食。然则禹非特奠民居，亦所以兴民食，其功岂不大哉？更有进者，禹之功德，造于至精至密，然后可谓之无间。后世帝王，德行不修，无一善之足述，尚不可谓之有间，而况无间乎？读此章急宜猛省也。

泰伯篇大义

　　人心衰，世风薄，圣人则以忠厚笃实之道教人，并以笃实之学教人。三代之时，人心无私而无所诈伪，无欺而无所计较，浑浑穆穆，何其盛也！吾读《泰伯》一篇而深有味焉。子曰："泰伯，其可谓至德也已矣！三以天下让。"朱子云："三让，谓固逊也。"德厚之至也。"君子笃于亲，则民兴于仁。故旧不遗，则民不偷。"君子之德风也，小人之德草也，上下之交相厚也。曾子之学，于圣门中最为笃实，"启予足！启予手！"与《大戴记》中《疾病》篇语绝相类。"动容貌"三者，行谊笃实之至也。"以能问于不能"，交友忠厚之义也。"可以托六尺之孤"，事君忠厚之义也；"任重而道远"，为学之笃实者，皆当守此以为宗旨也。诗、礼、乐三者，渐民于厚也。"可使由之"，导民于厚也。不"疾人已甚"，使人亦返于厚也。不骄不吝，己德益归于厚也。"三年学，不至于穀"，笃信好学，为学之笃实如此，无以复加矣。"守死善道"者何也？即曾子启手足之言也。"任重道远""死而后已"也，尤圣门笃实之真传也。孟子曰"大匠不为拙工改废绳墨"，欲人之笃信好学也。又曰"天下有道，以道殉身；天下无道，以身殉道"，欲人之"守死善道"也，亦圣门笃实之真传也。不在其位而谋其政，天下多出位之事，天下皆虚侨之徒也。"有《关雎》之意，而后可以行《周官》之政"，忠厚之至也。"洋洋盈耳"，民俗归于厚矣。士气浮而嚣，士志诞而无实，圣人日以为大忧，故曰："狂而不直，侗而不愿，悾悾而不信，吾不知之矣。"又曰"学如不及，犹恐失之"，教学者之力求笃实也。夫子叙书至舜、禹相让之际，盖未尝不太息也。曰："嗟乎！为天下得人者谓之仁。"如舜、禹之有天下而不与，尧之则天，其德可谓至厚矣。积德愈厚，则人才愈多，继起者其周文王乎！盖民无能名，应乎名无得而称也。周之德其可谓至德，应乎泰伯可谓至德也，明周家之忠厚开基也。记者至此，可以终篇矣。乃又曰"禹，吾无间然"者，自古制行之笃实，无过于禹。天下惟大拙之人，乃能为大巧之事。禹之所以能治水者，以其治事无不笃实也。吾尝谓治中国者，必不在空言之士，宜广求力行之人。自古力行家能勤能苦，其必以夏王为法乎？其端于菲饮食、致孝乎鬼神三者见之。《传》曰："美哉禹功，明德远矣。"明德即至德也。故《泰伯》篇以"禹，吾无间然"终，犹《八佾》篇言礼乐以木铎、《韶》舞终，而复发礼主于敬之义，教学者以宗旨之所在也。此皆孔思之精微也。呜呼！人心衰，世风薄，令人益神游于中天之世。耕田凿井之风，既渺不可追矣，惟望后来者上而君相，下而儒生，皆无忘忠厚笃实之至意，其犹可挽回世运哉！其犹可挽回世运哉！

子罕篇第九

子罕言利与命与仁。

　　罕，少也。自言曰言。《子罕》篇详言教人之法。《诗》《书》、礼为夫子所雅言，利、命、仁为夫子所罕言，三者皆《易》之精蕴也。"利者义之和"，如所谓"以美利利天下，不言所利""利居贞"是也。命者，穷理尽性之学，如所谓"穷理尽性，以至于命""顺性命之理"等是也。仁者，长人之本，如所谓"仁以行之""何以守位曰仁""立人之道曰仁与义"等是也。《易》义精微，故其言不可得而闻。本经中诸弟子问仁，夫子答语较多，其余自言者，皆仁之大概，不及本体功夫。至利与命，并语亦罕焉。黄氏谓："罕当借为轩，有显豁之义。"说似迂曲。《史记》："夫子罕言利，常防其源也。"司马迁习古文《论语》，而其言如是，则罕字自当训少为是。

达巷党人曰："大哉孔子！博学而无所成名。"

　　党人，或云项橐是也。夫子赞尧曰"大哉"，子思子赞圣人之道，亦曰"大哉",则"大哉"之赞,党人可谓谈言微中矣。惟不云"无能名",而云"无所成名",盖惜其学之博,而不能成一艺之名也。

子闻之,谓门弟子曰:"吾何执? 执御乎? 执射乎? 吾执御矣。"

射、御皆六艺中事,《周礼》保氏所教。言执御者,盖圣学虽在于成德,然惟艺成而下,乃能德成而上。博学则守之以约,此夫子所以特训门弟子也。李氏曰:"此章答语,非故为谦辞,盖泛滥而不精于一,诚为学者大病,在圣人虽不然,然党人既有是言,则直受之而已。六艺莫粗于射、御,而御较射又粗。学无精粗,而必由粗者始。人之为学,往往驰心高妙,而有不屑卑近之过,此子游所以薄洒扫应对为末节,而见讥于子夏也。"

子曰:"麻冕,礼也;今也纯,俭。吾从众。"

麻冕,先儒谓绩麻三十升布以为之,染黑色,故又名缁布冠。纯,用丝为之。刘氏曰:"三十升者,郑注:'《丧服》云,八十缕为升。'一升八十缕,三十升是二千四百缕,郑依汉制。推古布幅广二尺二寸,以二尺二寸布广之度,容二千四百缕,是细密难成,转不如用丝之省约矣。"愚案:"吾从众"者,圣人之变礼以从俗也。举麻冕一端,而凡类于麻冕者可知也。

拜下，礼也；今拜乎上，泰也。虽违众，吾从下。

黄氏曰："拜下之礼，见于《觐礼》《燕礼》《大射仪》《公食大夫礼》《聘礼》诸篇为详。凡臣与君行礼，皆堂下再拜稽首，君待以客礼。下拜则辞之，然后升成拜。以觐礼言之，觐之时入门右，再拜稽首；享之时中庭奠币，再拜稽首。凡经曰'中庭'，曰'门右'，皆拜下也。"诸篇礼节，大致皆同。愚案："吾从下"者，圣人之变俗以从礼也。举"拜下"一端，而凡类于拜下者可知也。大抵圣人处礼俗之宜，不论古今新旧，要必察其是非。今而是也，不妨从众；今而非也，自宜违众。惟穷理至精，力行不惑，然后能转移风气，而不为风气所转移，初非有成见存乎其间也。后人论新旧而不论是非，遂致风俗日下，可叹也已。

子绝四：毋意，毋必，毋固，毋我。

绝四有二说：一说孔子自无此四者，毋即无字；一说禁绝学者毋得有此四者，盖圣人所无，学者亦当禁绝。两说可并存。"意"或作"亿"，为测度之义，不如朱《注》解作私意为善。李氏曰："我乃私意之根，虽不动念而不化者，《易》之《艮》，所谓身也。有我则不能廓然大公，故不能物来顺应，而有意、有必、有固。若物来顺应，则物未来而私心妄念之不生，何意之有？应物而不累于物，何必之有？顺理以应之，而不滞于物，何固之有？如是则复还于太虚而无迹，何我之有？盖毋意则所发者皆天地之心，'元'之德也。毋必则为不计效，施不望报，'亨'之德也。毋固则因物付物，'利'之德也。毋我则不言所利，'贞'之德也。三者皆归于毋我，而行乎毋我，犹'贞'之始终万物也。不获其身而不私于己，故能不见其人而不系于物，圣人之与天地相似者如此。"

子畏于匡，

畏者，有戒心之谓。匡，郑、卫间邑。匡人曾围夫子，故夫子有戒心也。

曰："文王既没，文不在兹乎？

道必寓于文，故四教以文为首。黄氏曰："先王所以治天下者曰道，所以载道者文。夫子云'述而不作'，述斯文，即述斯道也。自先儒①分文与道为二，朱《注》因以不言道为谦辞，然经意是自任，非自谦之词也。"

天之将丧斯文也，后死者不得与于斯文也；天之未丧斯文也，匡人其如予何？"

马氏曰："文王既没，故孔子自谓后死者。"黄氏曰："后死者，谓后己而死者。"愚案：圣人所敬畏者，天命而已。天命不绝，则道亦不绝，世亦不绝。匡人既不能违天，恶能灭道而绝世？

---

① 　先儒，黄氏《论语后案》本作"程门"。

大宰问于子贡曰："夫子圣者与？何其多能也？"

孔氏曰："大宰，官名，或吴或宋，未可知也。"愚案：春秋时他国亦有大宰，不仅吴、宋两国有之。夫子圣者与，犹疑夫子之未圣也。何其多能，以多能为圣也。古训圣字仅属通明之称，故大宰以多能为圣耳。

子贡曰："固天纵之将圣，又多能也。"

将，大也，或谓"固天纵之"句，未是。固天纵之将圣，破其疑夫子之未圣也。又多能也，破其以多能为圣也。圣门以大而化之为圣，仅此二语，而子贡之善赞圣人可见矣。

子闻之，曰："大宰知我乎？吾少也贱，故多能鄙事。君子多乎哉？不多也。"

或读"故多能鄙事"句，或以"鄙事"属下句为读，均可。李氏曰："子贡智足知圣，故夫子舍其言，而与大宰相答。详绎语意，盖避圣之号，而又示人以学圣之方也。然前答党人，则欲专于执御之卑；此答大宰，又言不贵鄙事，意似相反，而实相贯。党人誉夫子以博学，就艺言之，故夫子因所谓无成名者而审所执，盖克勤小物，亦学也。专精于一而不务博者，学之要也。大宰因多能而誉夫子以圣，则不知有德艺之分，故夫子不让多能之名，而为之明君子之学。大德不官，大道不器，务本而不急末者，尤学之要也。"

牢曰:"子云,'吾不试,故艺。'"

不试,不小试其才也。记者恐夫子鄙事之谦辞,后世又以多能为轻,故类记此节,见圣门之尚艺,亦与"党人"章相应。

子曰:"吾有知乎哉? 无知也。有鄙夫问于我,空空如也。我叩其两端而竭焉。"

无知,谦辞也。时人有因夫子应问不穷,而矜其无所不知者,故夫子谦言之耳。空空,犹悾悾,悫也。叩,问也。两端,末也。凡事物之始,皆起微末,故末有始意。盖鄙夫来问,必有所疑,惟有两端斯有疑,故先叩发其两端,谓先还问其所疑,而后即其所疑之两端,而穷尽其义以告之也。此两端,即《中庸》舜"执其两端用其中于民"之两端。处则以此为学,用则以此为治,皆圣人通变神化之妙也。

子曰:"凤鸟不至,河不出图,吾已矣夫!"

《诗》曰:"凤皇鸣矣,于彼高冈。"此周初时之瑞也。《易传》曰:"河出图。"此伏羲时之瑞也。春秋时,圣王不作,世运晦塞,故夫子伤之,而有终止之叹。然吉凶与民同患,此心实无已时也。汉董子引此经而申之曰:"自悲可致此物,而身卑贱不得致也。"恐未合经义。盖圣人为一世慨,非为一身慨也。

子见齐衰者、冕衣裳者，与瞽者，见之，虽少，必作；过之，必趋。

此圣人之哀有丧，尊有爵，矜废疾也。记此见《曲礼》之意。黄氏曰："观'师冕见'一章与此章，圣人之一言一动，皆诚心之所流行，日用间无非仁义也。"

颜渊喟然叹曰："仰之弥高，钻之弥坚。瞻之在前，忽焉在后。

仰弥高，言道难及。钻弥坚，言道难入。在前、在后，言难以依据。或读下八字为句，以"瞻之"读，亦可。盖道不过中庸而已。颜子初学时，觉中庸之道难能，致知力行，总觉未能适合，故有此叹，非恍惚之象也。李氏曰："'仰之弥高'四句，乃颜子造圣根基，如周公之不合仰思，夫子之发愤忘食，皆此意也。"

夫子循循然善诱人，博我以文，约我以礼。

循循，有次序貌。诱，通作牗，言引导也。颜子初苦道难几及，而夫子则谓学必有积累，并无顿悟之法。惟有从事于文、礼二者，以由浅而入深。博文，格致之学也。约礼，克复之功也。至是而颜子之学，殆将由博反约，而进于一贯矣。

欲罢不能，既竭吾才，如有所立卓尔。虽欲从之，末由也已。"

　　此颜子从事于博文约礼，不能罢而竭尽其才也，至是乃大进矣。惟孟子言"中道而立，能者从之"，而颜子则言"欲从末由"者，盖孟子以道为绳墨彀率，有形迹之可求，犹其粗焉者也；颜子则力守中庸之道，拳拳服膺，大而未能化，故曰："欲从末由。"此盖极至精至细之学，非谓圣道终不可几及也。李氏曰："'如有所立卓尔'，知之明也。'欲从末由'，行之未熟也。盖夫子之自言曰'七十而从心所欲不逾矩'，形骸有几微之未化，则不能从心所欲而与之相应，至于心即体、体即心，然后能从心所欲而不逾矩，所谓'不言而喻'者是也。颜子见道之真，心欲从之，而似有未能从心者，盖去道益亲，而望道如未见也。此章当与"吾十有五"章合看，则孔颜之学可窥。周子所谓发圣人之蕴，教万世无穷者也。"

子疾病，子路使门人为臣。

　　疾甚曰病。黄氏曰："使门人为臣，欲使门人治丧制服，依君臣礼也。礼，师弟之服，心丧三年；君臣之服，斩衰三年。此所以使为臣，始得伸其情。"愚案：孔子尝为大夫，春秋时大夫去位，或有用家臣以治丧者，子路盖从流俗之见以尊圣人耳。

病间，曰："久矣哉！由之行诈也，无臣而为有臣，吾谁欺？欺天乎！

夫子去大夫之位，当以士礼葬。无臣而为有臣者，言人皆知吾无臣，则人不可欺，近于欺天矣。子路不过从俗耳，乃夫子责之曰"诈"，又自责曰"欺天"，盖圣人之所谓诈、欺，非世俗之所谓诈、欺也，其敬天命者至矣。

且予与其死于臣之手也，无宁死于二三子之手乎！且予纵不得大葬，予死于道路乎？"

无宁，宁也。有臣死于臣手，礼也。夫子愿死于弟子之手者，以弟子之情，更亲于臣也。刘氏曰："此为孔子未反鲁事，当是鲁以币召孔子，孔子将反鲁，适于道路中得疾也。纵不得大葬，言予纵不得位，以大夫礼葬，亦必反鲁，不至死于道路。所以然者，知斯文之在兹，必将以制作教万世，又以见子路之豫凶事为非礼也。"愚案：即此一端，圣人之不违礼以从俗，与夫重师弟之情，概可见矣。

子贡曰："有美玉于斯，韫匵而藏诸？求善贾而沽诸？"子曰："沽之哉！沽之哉！我待贾者也。"

待贾，待明王而出也。此章以待字破求字，盖圣人之不愿舍藏固矣，然亦非有求于人也，待贾焉耳。《礼记·聘义》篇曰："昔者君子比德于玉焉。"《儒行》篇曰："儒有席上之珍以待聘。"盖儒者，人所需也。既为人所需，则当待人之求，故曰待贾。《易传》曰："君子藏器于身，待时而动，何不利之有？"

子欲居九夷。

东方之夷有九种，曰畎夷、于夷、方夷、黄夷、白夷、赤夷、玄夷、风夷、阳夷。欲居之者，以道不行，欲居海岛之国也。

或曰："陋，如之何?"子曰："君子居之，何陋之有?"

陋，谓其地僻陋，不知礼义。君子所居则化，若虞帝以孝友格耕稼陶渔之民，泰伯以仁让治断发文身之俗，讲道德，开风气，则僻陋变为文明矣。刘氏曰："'居九夷'，与'乘桴浮海'，皆谓朝鲜。朝鲜为九夷之一，箕子受封后，能推道训俗，教民礼义田蚕，衣冠礼乐，与中州同。'君子居之'，指箕子言，非孔子自称。"其说极新。

子曰："吾自卫反鲁，然后乐正，雅、颂各得其所。"

朱《注》："鲁哀公十一年冬，孔子自卫反鲁，是时诗、乐残缺失次，乃归而正之。"李氏曰："乐正所该者广，凡律吕、声音、器数皆是。然诗为乐章，乃乐之本，故又以雅、颂得所言之。得所亦有二义：篇什失次，厘而定之；工歌僭差，辨而明之也。如《文王》《大明》《绵》，天子所以享元侯者，则叔孙不拜，三家《雍》彻，而夫子讥之，则当日所用，僭差可知矣。"愚案：李说是。得所者，言用之乡党，用之朝廷邦国，用之燕射诸礼，皆得其宜，而不凌杂，故曰各得其所。

子曰："出则事公卿，入则事父兄，丧事不敢不勉，不为酒困，何有于我哉？"

出事公卿，贵贵之义。入事父兄，亲亲之义。勉丧事，重哀也。不为酒困，节乐也。或以何有作不难解。案：夫子尝言"所求乎子以事父，未能也"，盖圣不自圣，故常有欿然不足之意，岂必遽自期许哉？

子在川上曰："逝者如斯，夫不舍昼夜。"

逝，往也，言往而进也。或曰：流行也。不舍，不止也。或读"夫"字绝句，或以九字作一句，"逝者"略读，均可。日往月来，月往日来；寒往暑来，暑往寒来，此天体之不息也。憧憧往来，朋从尔思，同归殊途，一致百虑，此心体之不息也。四时行，百物生，人身之呼吸，与天地之阖辟相应，此道体之不息也。程子曰："纯亦不已，天德也，其要只在谨独。"盖圣人以至诚配天，日就月将，缉熙光明，一动一静，互为其根，而静者常为之主。至于体用一原，显微无间，而后心体与天地相似。若人欲间之，则有息矣。至由浅入深功夫，必先有本，故孟子曰："盈科而后进，放乎四海，有本者如是。"无本则涸，涸为息之大者，此初学之大患也。《易·坎》之《象传》曰："君子以常德行。"观水者取之，学道者取之。

子曰："吾未见好德如好色者也。"

《史记》以此为指卫灵公而言。愚案：好德如好色，即《大学》诚意"如好好色"之意，谓慎独之功，固未易见。

子曰："譬如为山，未成一篑，止，吾止也。譬如平地，虽覆一篑，进，吾往也。"

朱《注》："言山成而但少一篑，其止者吾自止耳。平地而方覆一篑，其进者吾自往耳。"盖学问之道，在积小以高大，故荀子曰："积土成山，风雨兴焉。积水成渊，蛟龙生焉。"然积时而进，惟在于我，若必借他人之策励，必无所成。故《易传》言"自强"，《大学》言"自明"，而《孟子》则言"自暴自弃"。"君子终日乾乾"，所以贵因时而惕也。

子曰："语之而不惰者，其回也与！"

此不惰为极深细之功：以克己言，非礼勿视听言动，无丝毫之或惰也；以复礼言，三月不违，无顷刻之或惰也；以博约言，欲罢不能，既竭吾才，无一知一行之或惰也。故为其余门弟子所不能及。何氏曰："颜子解，故语之而不惰；余人不解，故有惰语之时。是以'惰'字属教者言。"大误。

子谓颜渊，曰："惜乎！吾见其进也，未见其止也。"

此颜子既死而夫子惜之也。学贵乎不止，走者之速也，而过二里止;步者之迟也,而百里不止,必也步者前,而走者后矣。况以颜子之猛进而久不止,岂不几于圣哉? 此二章,皆言心体之无息也。

子曰:"苗而不秀者有矣夫! 秀而不实者有矣夫!"

苗而不秀,质美而不学也;秀而不实,半途而中止也。苗之不秀不实,地有肥硗,雨露之养,人事之不齐也。而学之不成,则皆由于人事,可不惧哉? 或曰亦惜颜子而发,殊不伦。此盖为浮而不实者戒尔。浮而不实,则妄念胜而学遂废,故《易·无妄卦》曰:"不耕获,不菑畬,凶。"

子曰:"后生可畏,焉知来者之不如今也? 四十、五十而无闻焉,斯亦不足畏也已。"

此勉后生之惕于将来也。来者,后日也。焉知来者之不如今,言来者不如今日之可畏也。无闻,不能闻道也。或曰无令闻,亦通。陆氏曰:"继往开来之业,后生无不可任;参赞位育之事,后生无不可为,是以可畏。若悠忽因循,知行不能精进,气质不能变化,至于老而无闻,则一庸俗人而已。纵使翻然悔悟,其年已非向时之年,其力已非向时之力,而况习气日深,天性日汩,其能有成者鲜矣。"夫子所以为后生痛下针砭也。

子曰:"法语之言,能无从乎? 改之为贵。巽与之言,能无说乎? 绎之为贵。说而不绎,从而不改,吾末如之何也已矣。"

朱《注》:"法言人所敬惮,故必从,然不改,则面从而已。巽言无所乖忤,故必说,然不绎,则又不足以知其微意之所在。由是言之,则从与说未始非本心之发见,无如电光石火,稍纵即逝,不绎不改,则终其身无成矣。是故学者贵有猛进之心,尤贵有强毅之力也。"陆氏曰:"从与说权在言者,改与绎权不在言者,故曰'吾末如何'以激厉之。"或读"也"字绝句,"已矣"句,言止也。

子曰:"主忠信,毋友不如己者,过则勿惮改。"

较"君子不重"章少二句,盖言者非一时,记者非一人也。黄氏曰:"主、友,俱以交际言。"愚案:《礼记·儒行》篇:"忠信之美,优游之法。"郑君《注》:"美忠信,法和柔者。"盖君子之学,合外内之道也。

子曰:"三军可夺帅也,匹夫不可夺志也。"

三军虽众,而其志不一,故其帅可得而夺。匹夫虽微,而其志独立,故不可得而夺。夫子曰:"志士不忘在沟壑。"盖此志大矣。终身立德、立功在于是。人苟志为圣贤,谁能沮之? 所谓不为威屈,不为利诱也。

子曰："衣敝缊袍,与衣狐貉者立,而不耻者,其由也与?

敝,坏也。缊,絮也,盖丝之乱者。貉似狸。耻非必形诸外也,但使有内疚之意,则卑鄙之心已伏矣。道德至重,衣服至轻,固无所为耻也。然贫富相形,终不免有流俗之见。子路特立独行,故能不耻。

'不忮不求,何用不臧?'"

忮,忌也。忌从己,古文象蛇形。以无形之蛇伏于心,害人之毒至矣,然而终必自害也。求,干求也,丧气节之本也。先儒谓逢人即有求,所以百事非也。《韩诗外传》曰:"利为害本,福为祸先。惟不求利者为无害,不求福者为无祸。"引此诗文,盖害与祸皆所谓否臧凶也,明乎利害祸福之原,则忮求之心泯矣。

子路终身诵之。子曰:"是道也,何足以臧?"

终身诵之,犹三复白圭也。是道,不忮不求之道也。何足以臧?言虽善矣,而未足为至善也。盖圣学无止境,乐天知命,其功当更进矣。此章体例,与《子路》篇"南人"章引"不恒其德"相类,盖记者类志之。或以"不忮不求"二句为夫子美子路者,非也。

子曰:"岁寒,然后知松柏之后雕也。"

李氏曰:"此章比喻者广,惟守先待后之君子最相似也。《诗》曰:"风雨如晦,鸡鸣不已。既见君子,云胡不喜。"又曰:"蒹葭苍苍,白露为霜。所谓伊人,在水一方。"皆言贤人君子处淫昏悍戾之邦,而喈喈者不辍其音,苍苍者不改其色,故愿见而思从之也。不曰'不雕'而'后雕'云者,盖松柏未尝不雕,但其雕也后,旧叶未谢,而新枝已继,《诗》所谓"无不尔或承者"是也。道之将废,虽圣贤不能回天而易命,但能守道而不与时俗同流,则其绪有传,而其风有继。'然后知'三字,盖言遇变乱,乃知道之足重,勉人之为松柏云尔。"愚案:李说极精。《鲁颂》曰:"徂来之松,新甫之柏。"美鲁道之兴而不绝也。《商颂》曰:"陟彼景山,松柏丸丸。"美商道之兴而不绝也。其皆言松柏何也?《礼记·礼器》篇曰:"其在人也,如松柏之有心也,故冠四时而不改柯易叶。"盖松柏之心,固贞下而起元者也。后之传道者,其勉之哉!

子曰:"知者不惑,仁者不忧,勇者不惧。"

　　知、仁、勇,言其德。不惑、不忧、不惧,言其效。《宪问》篇曰:"君子道者三,我无能焉。"盖以之自责。而此章则以教学者,功有精粗,道无二致也。《中庸》曰:"知、仁、勇三者,天下之达德也。及其成功一也。"

子曰:"可与共学,未可与适道;可与适道,未可与立;可与立,未可与权。"

可与共学，知力求正学者也，则惑于异端者去矣。可与适道，知力行正道者也，则迷于歧途者黜矣。可与立，知笃志固执者也，则转移于风气者退矣。可与立未可与权者，盖立者，事有一是一非，而能固守其一是；权则审度于两是不并存之时，而取其至重者也。程子曰："汉儒以反经合道为权，故有权变、权术之论，皆非也。"案：《易传》言"巽以行权"，惟守经而后能行权，非辨义至精，乌足语此！故圣门不轻言权，盖非汤武之至圣，不能用之也。

"唐棣之华，偏其反而。岂不尔思？室是远而。"

《尔雅》："唐棣，栘。"郭《注》："今白栘，似白杨，生江南山谷中。"偏，华摇动貌。凡华皆先合后开，唐棣则先开后合，故曰反。此以华之偏反有情，兴起一人之有思也。后儒以偏反为反经之证，谓若非与上章相合，则引此二语为无谓，不知《大学》言"宜其家人"，亦先引《桃夭》二句以起兴，岂别有取义乎？穿凿之说，不足信。

子曰："未之思也，夫何远之有？"

盖夫子删此诗而复论之也。《竹竿》之诗曰："岂不尔思，远莫致之。"词意与此诗相类。而夫子存之者，盖女子思归而不可得，其词诚；朋友怀人而不相访，其词伪。圣人尚诚而去伪也。诚者天道，思诚者人道，不思又焉能诚？周子曰："思者，圣功之本。"故思为圣学入门之要。或读"夫"字绝句，亦可。

子罕篇大义

物之不齐，物之情也；人之不齐，人之性也、质也。言教育而欲齐生徒，不问程度之高下，概以语之，或失之过浅，或失之过深，岂不妄哉？《述而》《子罕》两篇，同言师范，同言教育，然《述而》篇重在明学派，自修之意多；《子罕》篇重在施教术，督责之意多；《述而》篇大抵为中人以上言；《子罕》篇大抵为中人以下言，读首章而即知之。孔子未尝不言利与命，至答门弟子问仁尤多，而云"罕言"者，盖末学之士，语以利则志昏，命则迷信，仁则广大则不知所归宿也。"执御""执射"，务实之至也。"从众""从下"，"毋意""毋必"，圣人之师范也。不曰"道不在兹"，而曰"文不在兹"，文实而道虚也，文所以载道也，教初学之士先以文也。"少贱多能""两端必竭"，所以教中材以下者至矣。呜呼！圣人之道德，不获施于天下，而徒以杏坛设教终，此圣人所深惜也。"凤鸟不至，河不出图"，所为三叹也。"子见齐衰"章，师范也。"仰高钻坚"，见道之无穷尽，无方体。然"博文约礼"，则归于实矣，求道者不可迷于所响也。"无宁死于二三子之手"，见师弟之情至亲也。"美玉待贾"，师范当自尊也。"欲居九夷"，教育无间于种族。"雅颂得所，国乐既正"，教育之入人者深也。"出入""哀乐"，教育在家庭社会之间。日往则月来，寒往则暑来，天地之所以常存，人心之所以不死者，道在不息而已矣。"吾未见好德如好色"以下，所以督责末学者尤至。"惰也""不惰也"，"进也""止也"，皆吾自为之也。论颜渊，所以策学者也。"苗而不秀,秀而不实","四十、五十而无闻",老冉冉其将至,没世而名不称,可惧也哉! 此大禹惜寸阴,吾辈所以当惜分阴也。然而君子之施教也,用何术乎? 必也先定其语乎!"法语之言,能无从乎?""巽与之言,能无说乎?""说而不绎,从而不改",虽圣人亦无如之何。人生天地间,同是耳目,同是心思,何为无志而至于此极乎!"匹夫不可夺志",军国民之教育也。"何足以臧",学者进德,不宜自画。"岁寒松柏","不惑、不忧、不惧",皆以坚学者求道之心。"可与共学,未可与适道",则又明论学者程度之高下,欲令施教术者定其浅深之法。君子之道,不可诬也。《学记》曰:"道而弗牵,强而弗抑,开而弗达。"(道,示以道涂。牵,牵引也。强,勉强之。抑,抑其志意也。开,开其端。达,竟其绪也。皆所以养成学者自治之道。)此三者,皆所以教学者之思。盖天下之学者,其大患恒在于不思。能教育者,要在善导学者之思。孔子曰:"未之思也,夫何远之有?"不思,虽圣人无如之何也。能思而后能由浅以入深,由近以及远也。故读《子罕》篇又有倒读之法:能思而后能听法语,而后不至于无闻,不至于秀而不实,不至于功亏一篑;能思而后能得博文约礼之教,而后能多才多艺,而后能保斯文之在兹。万能之事,贯以一思,是故文治谓:《论语·子罕》一篇,所以明师范教育之原理;《礼记·学记》一篇,所以示师范教育之入门。

乡党篇第十

孔子于乡党，恂恂如也，似不能言者。

孔子生于陬邑，迁于阙党，而设教焉。此文"乡党"，即指此二地也。郑君《注》："恂恂，恭顺貌。"盖兼容貌、辞气而言。朱《注》："似不能言者，谦卑逊顺，不以贤知先人也。"

其在宗庙朝廷，便便言，唯谨尔。

在宗庙朝廷，谓助祭于公与见君时也。便便，《史记·世家》作"辩辩"。《书·尧典》"平章百姓"，伏《传》作"辩章"，《史记》作"便章"。便、辩，古字通用。便便，谓辩论之也。谨者，慎言其余也。朱《注》："此一节，记孔子在乡党、宗庙朝廷言貌之不同。"

朝，与下大夫言，侃侃如也；与上大夫言，訚訚如也。

朱《注》："侃侃，刚直。訚訚，和悦而诤。"愚案：朝，朝鲁君也，时鲁国政逮于下大夫，故言必侃侃。上大夫如三桓子孙，失政权，故言可间间，非严于下大夫而和于上大夫也。或曰：侃侃，通作衎衎，和乐意。间间，通作誾誾，中正貌。

君在，踧踖如也，与与如也。

《礼记·玉藻》篇："朝，辨色始入，君日出而视之。"此"君在"，谓君视朝。踧踖，敬畏貌。与与，徐徐意，言恭而安也。古圣威仪，皆以敬与和对言，《诗》所谓"肃肃雍雍"也。朱《注》："此一节，记孔子在朝廷事上接下之不同。"

君召使摈，色勃如也，足躩如也。

郑君《注》："君召使摈者，有宾客使迎之也。"《说文》：傧，导也。摈、傧一字。召使摈者，以孔子知礼。刘氏曰："孔子摄行相事，即摄行摈相之事，若夹谷之会，孔子相是也。"亦备一义。勃如，颜色之变。躩如，容止之变。圣人本无所不敬，但因君命，则敬心愈至耳。

揖所与立，左右手，衣前后，襜如也。

揖所与立，揖同为摈者也。摈分左右，以次传君命而出，传宾命而入。孔子传命时，揖左摈则左其手，揖右摈则右其手，顺所向也。江氏曰："摈者雁行立于东方西面北上，是以南北为左右，东西为前后，叙位次极明。襜，衣动貌。"

趋进，翼如也。

趋进,据《聘礼》,从中庭进至东阶也。步张足曰趋,两手略高拱,如鸟舒翼。

宾退,必复命曰:"宾不顾矣。"

复命,复命于君也。回首曰顾。《聘礼》:"君拜送于门内。"宾不顾,所以不顾者,不敢当君之盛礼,且示有终也。朱《注》:"此一节记孔子为君摈相之容。"

入公门,鞠躬如也,如不容。

刘氏曰:"此及下节,言孔子为聘宾事也。公门者,诸侯之外门。中门,即库门、雉门也。"公者,君也。《曲礼》:"大夫士出入公门。"彼谓己国,此谓所聘之国也。《释文》:"躬作穷。"《广雅·释训》:"匑匑,谨敬也。"踧踖、鞠躬,皆用双声字以形容之。愚案:鞠,曲也。鞠躬,犹折枝之义。如不容者,谨畏之形,若无所容也。

立不中门,行不履阈。

刘氏曰:"《曲礼》云:'为人子者,立不中门。'可知中门为尊者之迹,人臣人子皆当避之。《曲礼》又云:'大夫士出入君门,由闑右。'孔《疏》谓右在东,此为臣入君门法也。阈,门限,门启或去其阈,以通车行,庙门则常设而不去,行者多践履其上,夫子则以不履为敬。"愚案:古者庙门之阈,未必过卑,此不履,盖恐蹑之而失容,言行必以度也。

过位,色勃如也,足躩如也,其言似不足者。

　　过位,过君在朝时所立之处也。圣人色容庄,足容重,口容止,无往不然,虽当君不在之时,尤必加谨,不敢略有所肆也。

摄齐升堂,鞠躬如也,屏气似不息者。

　　刘氏曰:"摄,敛也,整也。举足登阶,齐易发阳,以收敛整饬为难。""衣之下齐整齐曰摄齐,犹上节言衣前后襜如者,皆自然合礼,不假手为更动也。""诸侯堂高七尺,见《礼器》。""升堂,谓拾级聚足,连步以上也。"《说文》:"屏,蔽也。"《广雅·释诂》:"屏,藏也。"屏气似不息,谓气容肃也。或引郑《注》"屏气自静,以俟君言",是别一义。

出,降一等,逞颜色,怡怡如也。没阶,趋进,翼如也。复其位,踧踖如也。

　　刘氏曰:"等者,阶之级。《曲礼》'拾级'《注》:'级,等也。'天子堂九尺,阶九等;诸侯堂七尺,阶七等。降一等者,指堂廉而言。上文言屏息,息即气也。颜色,是气之见于外者,《聘礼》记下阶,'发气怡焉'。《注》:'发气,舍息也。'舍与舒音同,舒与逞义同。没阶者,谓降西阶尽等,下至地也。趋进者,趋前之谓。《史记·世家》及《聘礼注》引并有'进'字,非误也。复其位,复聘宾之位也。"朱《注》:"此一节记孔子在朝之容。"

执圭,鞠躬如也,如不胜。上如揖,下如授,勃如战色,足蹜蹜如有循。

刘氏曰:"执圭者,行聘时宾执圭以致君命也。《曲礼》云:'执天子之器则上衡,国君则平衡。'衡者,衡于心也。此执圭亦当平衡也。"如不胜者,敬之至也。《曲礼》云:"凡执主器,执轻如不克。"《注》云:"重慎也,即敬义。"上如揖,如今与人相拱手,有高平下之别。此如揖,不过平衡也。《聘礼》记"下如送",送当谓送物与人,与此言"授"同。"勃如战色",战战兢兢,惧有失坠,贻辱君命也。《玉藻》:"执龟玉,举前曳踵,蹜蹜如也。"《注》云:"著徐趋之事。"又"圈豚行不举足,齐如流",《注》云:"圈,转也。豚之言若有循。不举足曳踵,则衣之齐如水之流矣。"孔子执圭则然。《说文》:"循,顺行也。"两足不能分步,则趾踵相接,顺递而行,故曰"如有循"。

享礼,有容色。

郑君《注》:"享,献也。"《聘礼》:"既聘而享,用圭璧,有庭实。"案:《聘礼》记云:"及享,发气焉盈容。"《注》:"发气,舍气也。"江氏曰:"聘执圭,享执璧,严与和微异。享礼有容色,正对勃如战色,谓身容、手容、足容如初,惟发气盈容,不若初之变色耳。"

私觌,愉愉如也。

郑君《注》:"觌,见也。既享乃以私礼见。愉愉,颜色和。"刘氏曰:"《郊特牲》云:'朝觐大夫之私觌,非礼也。大夫执圭而使,所以申信也;不敢私觌,所以致敬也。而庭实私觌,何为乎诸侯之庭?为人臣者无外交,不敢贰君也。'案:此周时儒者议礼之言,盖其君亲来,其臣不敢见于主国之君。以君命聘,则有私见,未为失礼也。"愚案:此章首专言敬,次则敬与和并言,末专言和,圣人之尽礼尽情如此。朱《注》:"此一节记孔子为君聘于邻国之礼。"

君子不以绀緅饰。

刘氏曰:"君子,谓孔子。变言之者,见凡君子宜然也。绀,深青兼赤色。段氏曰:'即今之天青,又名红青也。'緅,微黑色。二者皆以为祭服。饰,缘边也。不以为饰,所以别于祭服耳。"

红紫不以为亵服。

朱《注》:"红紫,间色不正,且近于妇人女子之服也。亵服,私居服也。言此,则不以为朝祭之服可知。"愚案:段氏谓红如桃红、粉红之类,则其非正色可知。夫子恶紫夺朱,玄冠紫緌,自鲁桓公始,则古时贱紫,由来久矣。后世衣裳多用间色,诡更奇邪,端人耻之。此经当以朱《注》为正。或解红紫为玄纁色,类祭服者,误。

当暑,袗絺绤,必表而出之。

刘氏曰:"袗,一本作纱。段氏《说文注》:'以袗为正,言单也。'

《礼·玉藻》：'振绤绤，不入公门。'《注》：'振，读为袗，单也。'单，谓衣无里。对袷褶之有里者言之也。"愚案：《诗·葛覃》"为绤为绤。"《毛传》："精曰绤，粗曰绤。"又《诗》："君子偕老，蒙彼绉绤。"《毛传》："蒙，覆也。"盖加绤绤于裹衣之上，即所谓表而出之也。

缁衣，羔裘；素衣，麑裘；黄衣，狐裘。

朱《注》："缁，黑色。羔裘，黑羊皮。麑，鹿子，色白。狐，色黄。"愚案：《礼记·玉藻》篇曰："羔裘，缁衣以裼之；狐裘，黄衣以裼之。"盖古人着裘，皆以毛向外，加衣于裘上，其色相称，所谓裼衣也。

亵裘长，短右袂。

江氏曰："亵裘，即狐貉裘。礼服之狐裘，欲其文，与亵服之狐裘异。亵裘长，则礼服之裘宜短，以其行礼时有升降上下，长则不便于行礼也。"愚案：右，又也，《说文》："又，手也，象形。"单言手不言右手者，明又为两手之统词，则此经"右袂"，统言"左袂"可知。《礼记·深衣》篇："袂之长短，反诎之及肘是也。"旧解谓仅短右袂，则是衣不中度矣。

必有寝衣，长一身有半。

刘氏曰："寝衣，郑《注》云今小卧被也。古人衣不连裳，夫子制此寝衣，较平时所服之衣稍长。寝时著之以卧，盖取其兼可覆体。"李氏曰："一身有半，旧说恐非，盖比一身仅半耳。"引"三分天下有其二"

"有"字为证,别备一义。

狐貉之厚以居。

狐貉,裘之贵者。厚,温厚。居,家居。在家以接见宾客与亵裘不同。刘氏曰:"居,坐也。《阳货》篇'居,吾语女',即坐也。古人席地而坐,大夫席再重。至冬时气寒,故夫子于所居处,用狐貉之厚为之藉也。"

去丧,无所不佩。

去,除也。刘氏曰:"《说文》:'佩,大带佩也。'段氏《注》:大带佩者,谓佩必系于大带也。从人者,人所利用;从凡者,无所不佩;从巾者,其一端也。"愚案:《礼记·乐记》篇:"君子在车,则闻鸾和之声。"行则鸣佩玉,是以非辟之心无自入也。圣人无所不佩,盖以谨步趋,考德行,非谓文饰也。

非帷裳,必杀之。

帷裳,谓朝祭之服。裳用正幅,如帷。帷,围也。朝祭之裳,襞积无数,以人要中宽狭不一,各就所宜为之也。非帷裳,谓其余之衣。杀之者,削其幅使有下缝,所以别于朝祭之服也。

羔裘玄冠不以吊。

朱《注》:"丧主素,吉主玄,吊必变服,所以哀死。"愚案:《士冠礼》

记:"委貌,周道也。"郑君《注》:"或谓委貌为玄冠。"委,犹安也,所以安正容貌也。君子临丧则有哀色,以吉服临凶事,不独非礼之宜,且于本心有不安矣。

吉月,必朝服而朝。

朱《注》:"吉月,月朔也。孔子在鲁致仕时如此。"愚案:《礼记·玉藻》篇曰:"诸侯皮弁以听朔于太庙,朝服以日视朝于内朝。"听朔者,每月之礼,视朝者,每日之礼。诸侯每月听朝,所以颁布国政,孔子时为国老,朝服而朝,听政事而备询问也。朱《注》:"此一节记孔子衣服之制。"

齐,必有明衣,布。

刘氏曰:"《御览》引郑《注》云:'明衣,亲身衣,所以自洁清也。亲身衣,即汗襦襦袴之属,因其洁清,故称明衣。衣者,上下服之通称。'"愚案:《中庸》两言"齐明盛服",齐服必取明盛,而里衣尤当洁清,必每日易之也。

齐必变食,居必迁坐。

变食,改常馔,谓不饮酒,不茹荤也。刘氏曰:"不茹荤者,《礼·玉藻注》:'荤者,姜及辛菜也。'又《荀子》杨倞《注》:'荤,盖葱韭之属也。'解者误以荤为肉食,而凡齐皆禁用之,与礼意悖矣。"愚案:荤字从草,所以知为葱韭之属者,以其气发扬,神明易散,于齐非宜也。迁坐,易常处。刘氏曰:"古者自天子至于士,常居皆在燕寝,至齐必迁居正寝。"愚案:古人齐必有室,迁坐者,取其静而安尔。朱《注》:"此一节记孔子谨齐之事。"

食不厌精,脍不厌细。

食,饭也。精,凿也。脍,切肉为丝。厌,足也。孔子食必有节,不因精细而求餍足,与下文"不多食"相应,卫生之道也。

食饐而餲,鱼馁而肉败,不食。色恶,不食。臭恶,不食。失饪,不食。不时,不食。

朱《注》:"饐,饭伤热湿也。餲,味变也。鱼烂曰馁,肉腐曰败,色恶、臭恶,未败而色臭变也。饪,烹调生熟之节也。不时,五谷不成,果实未熟之类。此数者皆足以伤人,故不食。"或曰:"不时,非朝、夕、日中时。"别备一义。

割不正,不食。不得其酱,不食。

割不正,谓解割牲体,不中膝理,配置樽俎,狼藉不纯正也。马氏曰:"鱼脍非芥酱不食。"愚案:《礼记·曲礼》篇:"凡进食之礼,左殽右胾,脍炙处外,醯酱处内。"盖古人设馔,皆有定则,不得则不食者,恶其不备也。

肉虽多，不使胜食气。惟酒无量，不及乱。

人含天气地质以生，食者，得天气而秉地质以成者也。凡人养生，以食气为主，肉以佐之。若食肉多，则食气为肉所胜，或致伤人矣。酒无量，犹《礼》言"无算爵"，谓不居多寡，无一定之量。凌氏曰："'肉虽多'二句，为食礼言之也；'惟酒无量'二句，为燕礼言之也。"愚案:《礼记·曲礼》篇："食飨不为概。"郑君《注》："概，量也。"此无量，即不为概之义，盖指燕宾客而言，非谓一人之饮量也。乱者移性，亦足伤生。

沽酒，市脯，不食。

沽，粗恶，谓恶酒也。《周礼·酒正注》"作酒有功沽之巧。"《疏》曰："功沽，谓善恶。"是沽酒为恶酒之证。《说文》："市，买卖所之也。"脯，干肉。刘氏曰："市脯不食，亦恐不精洁，且恐日久味变也。"

不撤姜食。

《说文》："薑，御湿之菜也。"作"薑"①者，省文。《本草经》："干姜，主逐风湿，生者尤良，久服去臭气，通神明。"不撤者，盖用以和羹而已。

不多食。

---

① 整理者按:薑，薑，今皆简化为姜，其实字义不同。

《易·颐卦·象传》曰:"节饮食。"先儒云"患从口入",盖多食易致疾也,不多食为卫生之要法也。

祭于公,不宿肉。祭肉不出三日,出三日,不食之矣。

朱《注》:"助祭于公,所得胙肉。归即颁赐,不俟经宿者,不留神惠也。家之祭肉,则不过三日,皆以分赐。盖过三日,则肉必败,而人不食之,是亵鬼神之余也。"愚案:食物经久味变,食之伤生,举祭肉为例,其他可知。

食不语,寝不言。

答述而辨难曰语,发端而自言曰言。君子最宝气,肺为气主,而声出焉。寝、食则气窒而不通,语言尤易伤气。老年之人有患哽咽之疾者,皆由不知宝气有以致之。此二者,亦卫生之要旨也。

虽疏食菜羹,瓜祭,必齐如也。

朱《注》:"古人饮食,每种各出少许,以祭先代始为饮食之人,不忘本也。齐,严敬貌。"愚案:疏食、菜羹、瓜,三者虽薄物,而圣人祭之必敬,心诚壹也。《礼记·玉藻》篇曰:"瓜祭上环。"是瓜亦用以祭也。先儒谓"瓜"当作"必",改经字,恐非。朱《注》:"此一节记孔子饮食之节。"

席不正，不坐。

席，借也，谓借之于地也。身偏则形偏，必致有妨于生理；身正则心正，所以自养其神明。圣人必正席而后坐者，《礼》所谓"庄敬日强"也，而卫生寓其中矣。

乡人饮酒，杖者出，斯出矣。

朱《注》："杖者，老人也。六十杖于乡，未出不敢先，既出不敢后。"愚案：乡饮酒义，以敬老为主，"徐行后长"，圣人之以身作则也。

乡人傩，朝服而立于阼阶。

傩，古读作难。《礼记·郊特牲》篇："乡人禓，孔子朝服立于阼，存室神也。"禓读如阳，与难音相近。禓所以逐强鬼，傩所以毆疫，其义一也。存室神者，恐惊祖考五祀之神也。朱《注》："此一节记孔子居乡之事。"

问人于他邦，再拜而送之。

问人，致问于朋友也。古人之使，非必仆人，如蘧伯玉使人之类是。再拜而送，致其礼，即所以表其情也。刘氏训问为遗，谓问人必有物以将意,其说太拘。

康子馈药,拜而受之,曰:"丘未达,不敢尝。"

古者致物于人,尊之则曰献,通行曰馈。拜受,敬也。礼,大夫赐皆拜受于家,常例也。未达,未晓也。尝,饮也。言未晓其药性,故不敢饮。《易·无妄卦·传》曰:"无妄之药,不可试也。"《礼记·曲礼》篇:"医不三世,不服其药。"盖皆慎疾之意。朱《注》:"此一节记孔子与人交之诚意。"

厩焚。子退朝,曰:"伤人乎?"不问马。

《释名》:"厩,勼也。勼,聚也。牛马之所聚也。"焚,失火。《左氏传》:"人火曰火,天火曰灾。"二者皆谓之焚。不问马,记者之辞,盖圣人贵人贱畜,流露于自然,非有意而为之也。

君赐食,必正席先尝之。君赐腥,必熟而荐之。君赐生,必畜之。

朱《注》:"正席先尝,如对君也。言先尝,则余当以颁赐矣。腥,生肉。熟而荐之祖考,荣君赐也。畜之者,仁君之惠,无故不敢杀也。"愚案:君赐,兼本国异国而言。荐,进也。凡熟物曰荐,若荐新之类,非祭礼也。或读生为牲,作兽畜之称,不若从生为正。

侍食于君，君祭，先饭。

朱《注》："《周礼》：'王日一举，膳夫授祭。品尝食，王乃食。'故侍食者，君祭，则己不祭而先饭。若为君尝食然，不敢当客，礼也。"愚案：《礼记·玉藻》篇曰："若赐之食而君客之，则命之祭，然后祭，先饭辨尝羞，饮而侍①。"则此经当为不命祭之时也。

疾，君视之。东首，加朝服，拖绅。

朱《注》："东首，以受生气也。病卧不能着衣束带，又不可以亵服见君，故加朝服于身，又引大带于上也。"愚案：疾不能兴，犹不敢忘恭也。本经明言君视，或解作使人视者，非。

君命召，不俟驾行矣。

《礼记·玉藻》篇曰："凡君召以三节，二节以走，一节以趋，在官不俟屦，在外不俟车。"盖君命来召，必有要政也。孟子曰："孔子当仕有官职，而以其官召之也。"朱《注》："此一节记孔子事君之礼。"

入大庙，每事问。

义见《八佾》篇。

---

① 侍，《礼记》作"俟"。

朋友死，无所归，曰："于我殡。"

《礼记·檀弓》篇："宾客至，无所馆。夫子曰：'生于我乎馆，死于我乎殡。'"圣人交谊不因生死而变，其情之厚如此。一说：殡之为言宾也，死者在棺，将迁而葬，以宾礼待之，故曰殡。别备一义。

朋友之馈，虽车马，非祭肉，不拜。

朱《注》："朋友有通财之义，故虽车马之重不拜。祭肉则拜者，敬其祖考，同于己亲也。"愚案：《礼记·坊记》篇曰："父母在，馈献不及车马。"则车马之重可知。此经系一"虽"字，盖至重之物皆该焉。朱《注》："此一节记孔子交朋友之义。"

寝不尸，居不容。

朱《注》："尸，谓偃卧似死人也。"愚案：凡仰仆皆谓之偃。《礼记·曲礼》篇："寝毋伏。"亦不尸之义。刘氏谓人卧法，眠当欹而小屈，谓足小屈也。夫子曲肱而枕，则侧卧可知，今养生家说亦如此，语极精确。居，燕居。容，谓礼容。言燕居之时，不为礼容也。"容"或作"客"，谓行客礼。

见齐衰者，虽狎必变。见冕者与瞽者，虽亵必以貌。

洪氏曰:"虽少必作,过之必趋,谓不相识者也;虽狎必变,虽亵必以貌,谓素所亲比者也。"愚谓:圣人之心,无往不存,虽狎虽亵,皆震动恪恭之时也。

凶服者式之,式负版者。

刘氏曰:"式,又作轼。《说文》:'轼,车前也。'《释名》:'轼,式也。'所伏以式所敬者也。古人车皆立乘,若有所礼以为敬,则微俯其首,以手伏轼,《礼记》所谓'抚式'是也。郑君《注》:'版,谓邦国图籍者。'朱《注》:'式此二者,哀有丧,重民数也。'"愚案:民以君为天,君亦以民为天。《周礼》司民之职,献民数于王,王拜受之,古之重民如此。圣人式负版者,老安少怀、民吾同胞之意至矣。

有盛馔,必变色而作。

盖敬主人之亲馈也。刘氏曰:"《曲礼》云:'侍食于长者,主人亲馈,则拜而食;主人不亲馈,则不拜而食。'《坊记》云:'故食礼,主人亲馈,则客祭;主人不亲馈,则客不祭。'故君子苟无礼,虽美不食焉。据此,则亲馈乃为礼盛,不只在食品之多备矣。"

迅雷、风烈,必变。

郑君《注》:"敬天之怒。"愚案:《礼记·玉藻》篇曰:"若有疾风、迅雷、甚雨,则必变,虽夜必兴,衣服冠而坐。"盖圣人戒慎恐惧之学,无乎不在,而于此又加敬焉者。《易》所谓"茂对时"是也。朱《注》:"此一节记孔子容貌之变。"

升车,必正立,执绥。

朱《注》:"绥,挽以上车之索也。"愚案:绥者,安也,《礼记·曲礼篇》:"凡仆人之礼,必授人绥。"此谓升车时正立,受绥执之,著其敬也。

车中,不内顾,不疾言,不亲指。

朱《注》:"内顾,回视也,《礼》曰:'顾不过毂。'"愚案:此即尊其瞻视也。疾,高急也。在车上言易高,故不疾言,为惊于人也。《礼记·曲礼》篇曰:"车上不广欬,不妄指。"郑君彼注云:"为惑众。盖人在车上,若无事虚以手指麾于四方,是惑众也。"刘氏欲改"亲指"为"妄指",非是。亲者,近也,言近以该远也。以上皆在威仪三千之中,旧礼寝废,圣人盖本身以作则耳。朱《注》:"此一节记孔子升车之容。"

色斯举矣,翔而后集。

朱《注》:"言鸟见人之颜色不善,则飞去,回翔审视,而后下止。人之见几而作,审择所处,亦当如此。"或以"色斯"二字连读,指鸟言,谓色斯惊动貌,不若从朱《注》为正。

曰:"山梁雌雉,时哉时哉!"子路共之,三嗅而作。

凡两端低而中隆起者谓之梁。山梁，山之高处，非桥梁也。或谓通作粱，义更迂曲。时哉，言雉举集得其时。嗅，《石经》作"戛"，谓雉鸣也。"子路共之"二句，其说不一。或曰：子路共具之，孔子不食，三嗅其气而起。或曰：拱执之，雉惊鸣而起。愚案：夫子既赞雌雉之时，子路断无执而供之之理，此二说非也。或曰：子路供雉之饮食，雉不食子路所供，终作而不集，言其性之灵警也。此说近之。然犹不若李氏说为善。李氏曰："'色斯举矣'，易退也；'翔而后集'，难进也。夫子偶见山梁雌雉之如此，而叹其得缓速之时也。当其集也，子路拱而望之，遂三鸣而起，又所谓'色斯举'者也。孟子以仕止久速言孔子之时，记者记此篇终，其此意也与。"此说盖本西山真氏而引申之，最合经意。

乡党篇大义

嘻吁！世皆机也，机杀多而生少也。物就生以避杀，而人常就杀以避生者；物能见有形之网，而人不能见无形之网也。子曰："凤鸟不至。"有子曰："凤凰之于飞鸟。"接舆歌曰："凤兮凤兮！"孔子，凤也，何为乎言雉哉？我知之矣。《卫风》之诗曰："雄雉于飞，泄泄其羽。"（泄泄，舒缓貌。）《王风》之诗曰："有兔爰爰，雉离于罗。"（爰爰，缓意。离，罹也。罗，网也。）雉，易入网罗者也。而山梁之雌雉，能不陷于杀机，何也？审于机而善自藏也。孔子赞之曰："时哉时哉！"此非孔子自赞，记者更无庸赞一辞也,而不得谓非赞辞也。《乡党》篇记孔子之居乡居朝、为摈出使、衣服饮食,以逮辞受取与、居常处变、造次颠沛,无一不合于中道,而不入春秋时之网罗者,圣人之善韬晦也。故不言凤而言雉,不独言雉而言雌雉,且不独言雌雉,而先引起之曰"色斯举矣,翔而后集",喻圣人之审于机也。老子曰:"知其雄,守其雌,为天下豀。"忍而默之,露斯为灭矣。噫吁! 德辉莫下,(《楚辞》:"凤凰翔于千仞兮,览德辉而下之。")吾安适矣。羽毛既丰,行自惜矣。凤兮凤兮,不可谏而犹可追矣。雉兮雉兮,吾见其举而不见其集矣。

先进篇第十一

子曰:"先进于礼乐,野人也;后进于礼乐,君子也。

此时人之言也。周初礼乐,周公所定,文质得中,备哉灿烂,今乃谓之"野人";周末文胜,渐近饰伪,今乃谓之"君子"。流俗之论,暗无知识,自昔已然,于今为烈,岂可为其所惑哉?

如用之,则吾从先进。"

朱《注》:"用之,谓用礼乐。"窃谓当时礼乐尚未尽废,此"如用之",与《中庸》"今用之"不同,当如"用之则行"之例,言用我以正礼乐也。从先进,复周公之旧也。《诗》曰:"虽无老成人,尚有典刑。"自古以来,世道日新月异,而人道不至于绝灭者,正赖有先进之士转移风气,而不为风气所转移尔。

子曰:"从我于陈、蔡者,皆不及门也。"

郑君《注》:"言弟子从我而戹于陈蔡者,皆不及仕进之门。"朱《注》以为皆不在门。愚案:此篇大意,言圣门人才众多,惜其不用,当依郑说为是。

德行：颜渊、闵子骞、冉伯牛、仲弓。言语：宰我、子贡。政事：冉有、季路。文学：子游、子夏。

此节有数义：一当知四科必圣人所许可而论定者，故记者特记之；二当知曾子、有子诸人不与其列者，盖未从陈、蔡之役，十哲之称，未为论定；三当知四科皆为特长，如颜渊、仲弓、子贡，未尝不优于政事，惟其专长在此不在彼耳；四当知圣门所重，在立德、立功、立言，而学道必以德行为本。或曰：游、夏开文学两大宗，为南北派，南方学者多聪颖文藻之徒，北方学者多笃守力行之士。说亦近理。

子曰："回也非助我者也，于吾言无所不说。"

朱《注》："助我，若子夏之起予。"愚谓子夏之因论《诗》而悟礼，与子贡之因论贫富而悟《诗》，皆不过闻一知二。而颜子则闻一知十，触类旁通，无所不解，是以无所不说，《礼记·学记》篇所谓"相说以解"是也。然本经不言"解"而言"说"者，盖解在剖析义理，而说则学者与教者之心理契合于无形之中，是以不违如愚，转无问难以相启发，故夫子深喜之也。

子曰："孝哉闵子骞！人不间于其父母昆弟之言。"

"孝哉"一语，人言也，圣门无字弟子者，夫子盖即引人言以赞闵子也。不间，无间于其言也。同父者称昆弟，疏者称兄弟。孝誉始于家庭，推而至于国人称愿然曰"幸哉有子如此"，闵子之孝，可谓至矣。

南容三复白圭，孔子以其兄之子妻之。

三复，回环稚诵，言屡读之也。《易·颐卦·大象传》曰："君子以慎言语。"孔《疏》："先儒云祸从口出。"言祸患皆自口而出也，是以夫子告子张曰："慎言其余。"告司马牛曰："其言也讱。"盖言语之时，必斩绝其余，乃不至召尤而取辱。南容三复白圭，所以免于刑戮，夫子以兄子妻之，因其慎言而知其谨行也。

季康子问："弟子孰为好学？"孔子对曰："有颜回者好学，不幸短命死矣，今也则亡。"

或曰：哀公、康子之问同，而对有详略者，盖对君宜详尽，若康子则冀其能问而后告之也。

颜渊死，颜路请子之车以为之椁。

朱《注》："椁，外棺也。请为椁，欲卖车以买椁也。"刘氏曰："古者丧事有赗，赗者盖以乘马束帛，是赗丧之礼本有车马，故夫子于旧馆人之丧，说骖以赠。今颜子死，夫子亦必有赗，而颜路复请子之车以为椁，哀痛迫切，不遑计及于礼之当否也。"

子曰："才不才，亦各言其子也。鲤也死，有棺而无椁。吾不徒行以为之椁。以吾从大夫之后，不可徒行也。"

此节当与"厚葬"章参看。贫而无椁，县棺而窆，礼也。伯鱼之死，因贫不能具椁，则颜子之死，亦当循礼。不可徒行，亦守礼之义。

颜渊死。子曰："噫！天丧予！天丧予！"

《公羊·哀公十四年传》："颜渊死，子曰：'噫！天丧予！'子路死，子曰：'噫！天祝予！'西狩获麟，孔子曰：'吾道穷矣！'"盖天生圣人，必生贤才以辅佐之。颜子王佐之才，而早夭以死，夫子痛助己之无人，而致吾道之终穷，故曰"丧予"。朱《注》："悼道无传。"义似稍隘。

颜渊死，子哭之恸。从者曰："子恸矣！"

黄氏曰："郑君《注》：'恸，变动容貌。'见《释文》。"

曰："有恸乎？

朱《注》："哀伤之至，不自知也。"

非夫人之为恸而谁为？"

夫，彼也。下文同。

颜渊死，门人欲厚葬之。子曰：“不可。”

门人欲厚葬，朋友之谊也。然家贫而受厚谊，非礼所宜，故夫子止之。

门人厚葬之。

朱《注》：“盖颜路听之。”

子曰：“回也，视予犹父也，予不得视犹子也。非我也，夫二三子也。”

颜子安贫乐道，动必以礼。贫而厚葬，于死者之心必有不安，故夫子深痛之曰“非我也，夫二三子也”，正与“使门人为臣”章责子路意相似。盖圣人于礼，虽丝毫不敢有所失也。

季路问事鬼神。子曰：“未能事人，焉能事鬼？”“敢问死。”曰：“未知生，焉知死？”

夫子非不告子路也，言能事人而后能事鬼，能知生而后能知死也。事人，事父母也，其礼详见于《礼记·曲礼》《内则》篇。事鬼，祭祖考也，其礼详见于《礼记·祭义》篇。然所谓“齐之日，思其所乐，思其所嗜”者，要必先于逮存之日，视于无形，听于无声，而后能尽其道。《中庸》言“君子之道，行远自迩，登高自卑”，由顺父母推而至于继志述事，事死如事生，事亡如事存，是必能事人而后能事鬼也。生有生之理，良知也；有生之气，良能也。人秉天气地质以生，即受天地之中以生。知能尽则理气亡，故立命之学，必本于存心养性。《易传》曰："昼夜者，死生之象也。"又曰："精气为物，游魂为变。""原始反终，故知死生之说。"其理精微而不可穷。然以分宫卦象言之，五世灭而为游魂，为归魂，为善则长，不善则促，是必能知生而后能知死也。道在人伦日用之间，若杂以释氏之学，则流于迷信矣。

闵子侍侧，訚訚如也；子路，行行如也；冉有、子贡，侃侃如也。子乐。

訚訚、侃侃，义见前。朱《注》："行行，刚强貌。"或曰：訚訚，中正也。侃侃，和乐也。要之訚訚是含蓄之意，行行是发露刚果之意，侃侃则微露圭角之意。三者记四贤之气象，而其有疑必问，有怀必吐，亦可见矣。

"若由也，不得其死然。"

言子路过刚，处乱世，恐不得以寿终。若"然"者，疑辞，微言以戒之也。一本"子乐"作"子曰"。或曰即上章知死之义，殊失之凿。

鲁人为长府。

朱《注》："长府,藏名。藏货财曰府。为,盖改作之。"刘氏曰："鲁人,指鲁昭公。长府,储甲兵货藏之地。昭公欲据之以伐季氏,因毁坏而有所改作,以为不虞之备。昭公伐季氏,事在廿五年,孔子时正居鲁。本经称鲁人者,明为公讳也。或以鲁人为季氏及三家,未合。盖季氏若欲毁长府以去公之所恃,则不必改作之矣。"

闵子骞曰:"仍旧贯,如之何? 何必改作?"

朱《注》："贯,事也。"或曰："习也,言习惯也。"刘氏曰："季氏得民已久,非可以力相制,故闵子曰'仍旧贯',言但仍旧事,略加缮治,何必改作,讽公无妄动也。"

子曰:"夫人不言,言必有中。"

中者,中于理也。盖其不欲伤财害民,为仁人之言也。刘氏曰："伐季之谋,当时路人皆知。闵子所言,正指其事。然其辞微而婉,故夫子称其言必有中也。"

子曰:"由之瑟,奚为于丘之门?"

声音之道,与性情通。子路性刚,其鼓瑟有激烈杀伐之声,而不足于中和,故夫子戒之。《说苑·修文》篇："子路鼓瑟,有北鄙之声。孔子闻之曰:'信矣由之不才也。'冉有侍,孔子曰:'求,尔奚不谓由? 夫先王之制,音也。奏中声为中节,流入于南,不归于北。南者生育之乡,北者杀伐之域,故君子执中以为本,务生以为基。故其温和而居中,以象生育之气也。'"愚案:《说苑》所载,或出傅会,惟此章确系裁仲由以中之意,故录之。

门人不敬子路。子曰:"由也升堂矣,未入于室也。"

刘氏曰:"升堂、入室,喻学道有浅深。凡入室必由堂。至入室则已观止,故夫子言善人之道,亦以入室为喻也。"愚案:孟子言"子路,人告之以有过则喜"。程子称子路为百世之师,升堂岂易言哉!

子贡问:"师与商也孰贤?"子曰:"师也过,商也不及。"

过者,过乎中。不及者,不及乎中。子张、子夏奉教于圣门,盖已近于中道。而犹有过、不及者,盖气质之偏也。夫子指而示之,欲二子尽力学问,更加精进,以求所谓中也。

曰:"然则师愈与?"

陆氏曰:"子贡平日才识亦近于过,故有'师愈'之问,以为过乎中者,犹愈于不及中者也。"

子曰:"过犹不及。"

陆氏曰:"师愈一问,病痛非细,充其愈之意,则天下不能中者,皆将求过乎中以掩其短,言必求其惊世,行必求其骇俗,或入于浮夸,或流于过激，皆由于此。故夫子急正之曰：'过犹不及。'盖沈潜刚克，高明柔克，无非大中之教也。然二子皆圣门高弟，其所谓过、不及，不过较中道略差一针耳。夫子之品题，至精至微之论也，后世学道者，程度尚远，譬诸适燕京然，二子相去仅二三里，后儒则千百里矣。向道者急宜勉之。"

季氏富于周公，而求也为之聚敛而附益之。

周公，天子之卿。如《左氏传》周公黑肩、周公忌父、周公孔之类，非成王时所封周公旦也。富，谓食采之地所入。季氏以诸侯之卿，而富过于天子之卿，故曰"富于周公"。聚敛，敛财而聚之府库也。附益者，赋粟倍他日以益其富也。

子曰："非吾徒也。小子鸣鼓而攻之，可也。"

冉有善于理财，夫子所恶者，为其聚敛耳。财聚则民散，聚敛非理财之道也，孟子所谓"君不行仁政而富之，皆弃于孔子者也"。朱氏曰："《论语》出于子夏等六十四人所撰，其意专主尊其师，故于弟子之过具书之，以明师教之严也。若后人为之，必将曲为同学者讳矣。"或曰：上节即称冉子之名，此"子曰"当在章首。

柴也愚。

《礼记·檀弓》篇:"高子皋之执亲之丧也,泣血三年,未尝见齿。君子以为难。"其人之孝敬诚笃可知,愚盖言其气质之偏也。下鲁、辟、喭同。黄氏曰:"葬不买道,遭卫难不死。愚不终愚,所以明圣教也。"

参也鲁。

鲁者,言其学从艰苦而得也。先儒谓参也以鲁得之,盖曾子诚笃,故能卒传夫子之道。凡天下至艰之事,惟至拙者能之。黄氏曰:"闻孝而得道之纲,闻礼而通事之变,不终鲁矣。"

师也辟。

辟,偏也。子张才高意广,容貌堂堂,其气质不免有稍偏之处,故曰"辟"。朱《注》训辟为便辟,谓习于容止,少诚实,恐非。黄氏曰:"自书绅励学后,执德宏,信道笃,不终于辟矣。"

由也喭。

喭,率尔之义。子路闻斯行之,其气质不免有率直之处,故曰"喭"。朱《注》训喭为粗俗,恐非。黄氏曰:"喭不终喭,本于闻过则喜,承誉则恐也。"愚案:以四子之才,自圣人观之,则谓之愚、鲁、辟、喭,然一经时雨之化,而其气质皆合于中。言此固所以进四子,尤见天下无不可化之气质,惜不能奉教于圣门耳。

子曰："回也其庶乎？屡空。

《易传》："颜氏之子，其殆庶几乎？有不善，未尝不知，知之未尝复行也。"此庶乎即庶几之义，言其不远复而近道也。朱《注》："屡空，数至空匮也。不以贫窭动心而求富，故屡至于空匮。"或曰：屡，每也。空，犹虚中也。不虚心，不能知道。说殊迂曲。

赐不受命而货殖焉，亿则屡中。"

不受命，言不为命所限制。朱《注》："货殖，货财生殖也。"案：马、班、范、陈四史，皆以货殖为商贾。《韩诗外传》曰："子贡，卫之贾人，学于孔子，遂为天下显士。"盖其初年尝为此也。亿则屡中，言其天资敏达，料事多中。或曰：以亿中致富。说亦迂曲。本经每以颜子、端木子并论，此章"屡空"与"货殖"相对，"庶乎"与"屡中"相对，皆有许之之意。

子张问善人之道。子曰："不践迹，亦不入于室。"

践迹，循途守辙，如博文约礼、致知力行等是也。室，圣人之奥室，惟能好学，乃可入精微之奥。下章子路曰："何必读书，然后为学。"即不践迹之意，是以升堂而未入于室耳。陆氏谓："善人天资类中行，而中行能进，善人不能进。善人功夫未至似狂狷，然狂狷病痛多而能进，善人病痛少而不能进。"愚谓：重读一"亦"字，圣人勉践迹之意可知。若能践迹，则造于美大圣神之域不难矣。天下乡党自好之士，倘皆得圣学为依归，其成就何可限量哉！

子曰："论笃是与，君子者乎？色庄者乎？"

与，许也。庄，妆之假借字，饰也。言但以其言论笃实而许之，则未知其为君子者乎？抑饰为色庄者乎。此言观人之法，当审其心术，亦以勉学者修辞立其诚也。

子路问："闻斯行诸？"子曰："有父兄在，如之何其闻斯行之？"冉有问："闻斯行诸？"子曰："闻斯行之。"公西华曰："由也问，闻斯行诸，子曰'有父兄在'；求也问，闻斯行诸，子曰'闻斯行之'。赤也惑，敢问。"子曰："求也退，故进之；由也兼人，故退之。"

闻、行，旧注谓振穷救乏之事，极是。盖惟其为善举，故二子有"闻斯行之"之问也。陆氏曰："此章见圣人因材施教，与'师、商孰与'章一例。夫子之意，非谓求之于行但当进不当退，特退非求之所难，所难者进耳；非谓由之于行但当退不当进，特进非由之所难，所难者退耳。因其气质之偏，而以义理挽之，使归于中。圣门之教，无处不然，力行其一端也。"愚谓：此即《中庸》"执两用中"之义，夫子教门弟子如此，则所以教天下之民而化其偏者，其道盖不外是矣。

子畏于匡,颜渊后。子曰:"吾以女为死矣。"曰:"子在,回何敢死?"

任氏曰:"'以女为死',情急中之喜语,颜子直答以'子在',信子之必在也。曰'何敢死',明免难之道同也。"愚案:读此则圣贤信天知命之诚,与夫全身避害之智,皆在言外。而师弟相依,有如性命,感情之厚,因道义相结而愈深,尤可知矣。

季子然问:"仲由、冉求,可谓大臣与?"

朱《注》:"子然,季氏子弟,自多其家得臣二子,故问之。"

子曰:"吾以子为异之问,曾由与求之问。

民生疾苦,国家大政,非常之事,应问国老者甚多,子然仅以门弟子为问,故夫子云然。

所谓大臣者,以道事君,不可则止。

道,仁义之道。事君,事天子诸侯也。不可则止者,止,已也,《礼》所谓"道合则服从,不可则去"是也。

今由与求也,可谓具臣矣。"

具臣,谓备用之臣。二子明于大臣之道者也,乃不见用于天子诸侯,而为家臣,可慨也已。夫子称之曰"具臣",为二子韬晦之辞也。

曰:"然则从之者与?"

"从"字对"止"字言,子然意二子既不在"不可则止"之列,则从季氏之所为否。

子曰:"弑父与君,亦不从也。"

子路尝曰:"亲于其身为不善者,君子不入也。"二子亲炙圣教,弑逆大故,岂有从之之理? 盖其时季氏已有无君之心,夫子此言,《春秋》诛心之论也。先儒论此章,谓季氏不臣,二子不当仕于其家,甚至以荀彧从曹操、刘穆之从刘裕比二子,其说近谬。案:《史记》季桓子临终,命康子必用孔子,二子之仕于季氏为之兆也。乃终不能救季氏之失,卒去之而已。读书宜求事实,未可妄生议论,后学慎诸!

子路使子羔为费宰。

《史记·弟子列传》:"高柴,字子羔,少孔子三十岁。"子路年长,故举之为宰,实出于爱才之意。

子曰:"贼夫人之子。"

贼,害也。《左氏·襄三十一年传》:"子皮欲使尹何为邑。子产曰:'人之爱人,求利之也。今吾子爱人则以政,犹未能操刀而使割也,其伤实多。'又云:'侨闻学而后入政,未闻以政学者也。'"亦此节之意。后世年少者多求仕以为荣,害人而实以自害。夫子此语,可作千古官箴。

子路曰："有民人焉，有社稷焉，何必读书，然后为学？"

　　民，庶民。人，庶人在官者。社，土神。稷，谷神。古者建国，筑坛以为神主。子路之意，言治民事神，皆所以为学，所谓"以政学"也。

子曰："是故恶夫佞者。"

　　本经子夏曰："仕而优则学。"《礼记·学记》篇曰："凡学，官先事，士先志。"是古者学校本有学仕之法，惟指夫仕而有余力者言，非谓学未成而可以入仕也。子路明知此理，因爱才心切，特为高论以相答，故夫子不辨其非，而特斥其佞耳。又案：《礼记·檀弓》篇载成人有其兄死而不为衰者，闻子皋将为成宰，遂为衰，成人讴歌之甚至，当是子羔学成后仕，足见其才可用，夫子有以裁成之也。

子路、曾皙、冉有、公西华侍坐。

　　此以齿为序也。

子曰："以吾一日长乎尔，毋吾以也。

　　朱《注》："言我虽年少长于女，然女勿以我长而难言。"或曰以、已通，言勿因师长在前，而遂已于言也。

居则曰：'不吾知也！' 如或知尔，则何以哉？"

圣门之学,用则行,舍则藏。夫子此问,盖欲考诸贤经纶之业。若空疏无具,则非儒者之志矣。

子路率尔而对曰:"千乘之国,摄乎大国之间,加之以师旅,因之以饥馑;由也为之,比及三年,可使有勇,且知方也。"夫子哂之。

朱《注》:"摄,管束也。"或曰迫也,迫居大国之间也。二千五百人为师,五百人为旅,谓加以敌国师旅之侵伐也。因,仍也。谷不熟曰饥,菜不熟曰馑,谓频年荒歉也。《穀梁传》曰:"二谷不升谓之饥,三谷不升谓之馑。"别备一义。方,义方也,谓民知向义。盖子路所言,三年中实有次第训练之法,非虚言也。哂,微笑。或解为大笑。通作矧者,非。

"求!尔何如?"对曰:"方六七十,如五六十,求也为之,比及三年,可使足民,如其礼乐,以俟君子。"

方,方里。方六七十,如五六十,谓小有展布耳。足,谓富足。黄氏曰:"《大学》言'生众食寡,为疾用舒',治家以此而家富,治国以此而国富。使民之家皆如是,则足民之道也。又曰'用之者舒',言循序为之,不可遽迫也。"愚案:《易传》言"节以制度。不伤财,不害民。"古人理财,必先节俭,以纾民力,然后可徐使之富。冉有所言三年中实有预算之法,开源节流,次第行之,非虚言也。礼乐俟君子,谦辞。

"赤！尔何如?"对曰:"非曰能之,愿学焉。宗庙之事,如会同,端章甫,愿为小相焉。"

宗庙之事,承大祭也。《周礼·春官·大宗伯》:"时见曰会,殷见曰同。"郑《注》:"时见无常期,诸侯有不顺服者,王将有讨伐之事,合诸侯而命事焉。殷,犹众也。十二岁王如不巡守,合诸侯以命政焉。所命之政,如王巡守,殷见四方,四时分来,终岁则遍也。端,玄端服,即玄裳也。"《礼记·儒行》篇孔子曰:"长居宋,冠章甫之冠。"章甫本属殷冠,此经统言为礼冠尔。小相,亦谦辞。

"点！尔何如?"鼓瑟希,铿尔,舍瑟而作,对曰:"异乎三子者之撰。"子曰:"何伤乎? 亦各言其志也。"曰:"莫春者,春服既成,冠者五六人,童子六七人,浴乎沂,风乎舞雩,咏而归。"夫子喟然叹曰:"吾与点也。"

三子问答之时,皙方鼓瑟,至此而希,狂者之气象可见。撰,犹具也。浴,洗濯,盖上巳祓除之意,洗濯手足,非裸浴也。风、讽通,讽诵文章也。咏,咏先王之道。归,归夫子之门。吾与点者,伤世不吾用,虽有三代之英,而将隐居以老也。先儒以为圣人与点之意,以其胸次悠然,上下与天地同流,不若三子规规于事为之末。愚谓圣人用世之志,因曾皙之言而兴感,故与之,不必言之太高。若因与点而抑三子,则与上文"如或知尔"之问,意不贯串。李氏以"孟武伯"章不许三子之仁作比例,亦属枝节。夫子与曾皙之高旷自乐,非许皙以仁也。

三子者出，曾皙后。曾皙曰："夫三子者之言何如？"子曰："亦各言其志也已矣。"

　　隐居求志、行义达道，固圣人所期许，然成材于身，以著用于世，乃是学问至实处。曾皙知夫子之意未尝不与三子，故问之。

曰："夫子何哂由也？"
曰："为国以礼，其言不让，是故哂之。"

　　夫子论为国之道，以礼为本，曰"能以礼让为国，于从政乎何有"，曰"动之不以礼，未善也"。子路奉教有年，而率尔之态度犹然呈露，故夫子哂之。

"唯求则非邦也与？""安见方六七十，如五六十，而非邦也者？"
"唯赤则非邦也与？""宗庙会同，非诸侯而何？赤也为之小，孰能为之大？"

　　刘氏曰："唯求、唯赤二语，皇、邢《疏》皆谓夫子语，是也。夫子以求、赤所言皆为邦之事，而求只言能仕方六七十、如五六十之小地，赤只言能为小相，则所言皆让，与子路异，故夫子反言以明之，言方六七十、如五六十安见非邦？宗庙会同皆诸侯之事，安见不能为大相？而二子之言皆让，故无可议也。"愚案：刘说甚是。二子所言，皆礼乐之事，此二节承"为国以礼"而言。旧解谓曾皙一问再问，恐不若是之拙,盖夫子虽与曾皙,而终不忘用世之志,记者恐后世误会圣人之心,故特记赞三子之言以结之也。

先进篇大义

悲哉圣人用世之心也!子曰:"甚矣吾衰也,久矣吾不复梦见周公。"《先进》首章曰:"如用之,则吾从先进。"从周公之礼乐也,怀周公也。吾夫子欲以兴鲁者兴天下,非一日矣。四科之选,皆王佐之才,乃不见用于世,而困阨于陈、蔡间,绝粮兴叹,夫子思之,所为黯然而神伤者也。颜子、闵子又特加以赞语。南容三复白圭,邦有道不废者也。康子问弟子,孔子独荐颜渊为好学,而颜子卒早夭,子哭之恸。呜呼!"子在,回何敢死",其言犹在耳也。天阨圣人,而俾无助我之人,天意盖可知也。政治之学,不贵以神道设教,曾于《为政》篇末发明之。而《雍也》篇又曰"务民之义,敬鬼神而远之",此亦政治之纲要。两答子路之问,亦此义也,务实之道也。"闵子侍侧,訚訚如;子路,行行如;冉有、子贡,侃侃如。"子乐者,乐其皆用世之才也。善为政者,不务更张其名,而在力行实事。"仍旧贯,何必改作",闵子真治世才也,其不就费宰宜哉!由之瑟不协于中和,赐与商过犹不及,治世之才,不宜有所偏也。理财之本,端在生财,国虽贫弱,决不可为搜括聚敛之事,求"非吾徒也",不仅为吾党戒也,为今之从政者戒也。柴也、参也、师也、由也、回也、赐也,其材质行事不同,其归于有用一也。"不践迹,亦不入于室",当引而进之。论笃而色庄,当斥而远之,此不独设科教人之法,亦用人之方也。"求也退,故进之;由也兼人,故退之",陶铸人才之道,在于无形之中,至矣尽矣。中庸至德,民鲜久矣,推而教之,意在斯乎? 其即虞舜执两用中之道乎? 匡之役,犹陈蔡之役也。踽踽凉凉者,独悲颜子一人而已。季子然何如人也,不可与言而与之言,则曰由、求具臣而已,此为二子韬晦之词也。郑子产之言曰"学而后入政,未闻以政学者也",此政治家之名言。民人、社稷,非尝试之具,未能操刀而使割,伤己以伤人,圣门之所大戒也。记者因孔子之从先进,而序弟子之列传,以记人才之盛,意固昭然,吾读"四子侍坐"章而益有感焉。"居则曰不我知也,如或知尔,则何以哉?"圣人用世之心,萦于梦寐之间,溢于语言之表。而三子之对,则皆用世之事也。乃世不吾用,至于莫春成服,"浴乎沂,风乎舞雩",而猥与童冠之徒,咏歌自适以终其身也。夫子喟然叹曰"吾与点也",盖大道之行,与三代之英,所以有志而未逮也。"唯求则非邦也与""唯赤则非邦也与",回环往复,而益足征圣人用世之心也。盖至是而夫子从先进之志沉然其无闻也,至是而夫子梦周公之志渺乎其不复也。洙泗之人才,皆风流而云散也。呜呼! 其可悲也,伊可痛也!

颜渊篇第十二

颜渊问仁。子曰："克己复礼为仁。一日克己复礼，天下归仁焉。为仁由己，而由人乎哉？"

此节义极精微。一当知颜子已有格致之功，于理欲之界，剖析已精，故直以"克己复礼"告之。二当知克己"己"字，与下文"己"字不同，克己者，克有我之私。或解作责己，未合。三当知"礼"字是浑言之礼，与孟子偏言恭俭辞让不同，盖本于天叙、天秩，如《诗》所谓物则是也。四当知天下归仁，仍言其功，非言其效，谓天下之仁皆归之也，朱《注》以为天下皆与其仁，似未明显。五当知末二句非赞叹，亦非勉励，盖天下归仁，如张子所谓"天下之疲癃残疾，皆吾兄弟之颠连而无告"，若是者，所以全吾之性，完吾之体，故曰"由己不由人"也。意义本属一贯，先儒解作三层，未是。李氏以义胜欲、敬胜怠为说，亦属枝节。

颜渊曰："请问其目。"子曰："非礼勿视，非礼勿听，非礼勿言，非礼勿动。"颜渊曰："回虽不敏，请事斯语矣。"

目者，克复之目也。《洪范》五事言思，而此经不言思者，四勿即思。朱《注》所谓："人心之所以为主，而胜私复礼之机也。"此"机"字最要，通微作圣之基，实在于是。盖非礼者己也，勿者克也，视听言动者礼之目也。先儒有谓克己之后，别有复礼功夫；有谓克己即以复礼，二说未有折衷。愚谓：克己后又须复礼者，如克伐怨欲不行未可为仁也，此就功之浅者而言也。克己即以复礼者，知之未尝复行，《易》所称"不远之复"是也，此就功之深者而言也。请事斯语，颜子之功，精密可知。程子《四箴》录后，学者读之，可得入门之法矣。其《视箴》曰："心兮本虚，应物无迹。操之有要，视为之则。蔽交于前，其中则迁。制之于外，以安其内。克己复礼，久而诚矣。"其《听箴》曰："人有秉彝，本乎天性。知诱物化，遂亡其正。卓彼先觉，知止有定。闲邪存诚，非礼勿听。"其《言箴》曰："人心之动，因言以宣。发禁躁妄，内斯静专。矧是枢机，兴戎出好。吉凶荣辱，惟其所召。伤易则诞，伤烦则支。己肆物忤，出悖来违。非法不道，钦哉训辞。"其《动箴》曰："哲人知几，诚之于思。志士励行，守之于为。顺理则裕，从欲惟危。造次克念，战兢自持。习与性成，圣贤同归。"

仲弓问仁。子曰："出门如见大宾，使民如承大祭。己所不欲，勿施于人。在邦无怨，在家无怨。"仲弓曰："雍虽不敏，请事斯语矣。"

不曰"宾"而曰"大宾",不曰"祭"而曰"大祭",敬之至也。曰"出门",曰"使民",则其未出门、未使民之时,涵养深邃可知也。此敬之无间于动静也。曰"不欲""勿施",则其所欲者施于人可知。能近取譬,恕之无间于人、己也。邦、家无怨,所以极其功而致其效,亦兼人、己而言。然必在我先无怨于邦、家,而后邦、家无怨于我,犹《孝经》言不敢恶于人,不敢慢于人,而后人不得而恶慢之也。此皆敬恕之所推也。颜子天资明健,克复者,自强不息之功也,乾道也。仲弓天资敦厚,敬恕者,厚德载物之功也,坤道也。

司马牛问仁。

朱《注》:"司马牛,孔子弟子,名犁。向魋之弟。"

子曰:"仁者其言也讱。"

朱《注》:"讱,忍也,难也。仁者心存而不放,故其言若有所忍而不易发。"愚案:讱字义,从言从刃,有斩绝之意。当未发之际,慎度而出,斩绝之而不使易,所谓言前定则不跲也。及既发之际,适可而止,斩绝之而不使支,所谓慎言其余则寡尤也。如此则心存而不放矣。《史记》载牛"多言而躁",故夫子告之以此。

曰:"其言也讱,斯谓之仁已乎?"子曰:"为之难,言之得无讱乎?"

切言者,德之一端耳,故牛意以为不足以尽仁,不知夫子之意在对病发药,以为牛必先能切言,而后可以求仁,此乃入德之方。盖存养之功,始于定静。以《易》义言之,"艮其辅",而后绝朋从之思。以《礼》义言之,"安定辞",而后"清明在躬"也。为之"之"字,指仁而言;言之"之"字,乃泛言。旧解专属言仁者,非。

司马牛问君子。子曰:"君子不忧不惧。"

仁者不忧,勇者不惧。处常如此,处变亦如此。君子盖无入而不自得也。

曰:"不忧不惧,斯谓之君子已乎?"子曰:"内省不疚,夫何忧何惧?"

牛意当忧惧而不忧惧,貌为镇定,恐不得为君子。此一问,实为本无学问,强自排遣者而发,不知君子有内省之学也。《中庸》曰:"内省不疚,无恶于志。"盖君子之不忧不惧,实从忧惧中来。戒慎不睹,恐惧不闻,然后能无愧于心,而自无忧惧,所谓"有终身之忧,无一朝之患"也,此诣岂易几哉!

司马牛忧曰:"人皆有兄弟,我独亡。"

《左传·哀公十四年》载司马牛适齐、适吴、至鲁事甚详,此言当在向魋、向巢或奔或死之时也。

子夏曰："商闻之矣:'死生有命,富贵在天。'

富贵,兼贫贱患难而言。莫之为而为者天也,莫之致而至者命也。居易俟命,君子之学也,后天而奉天时者也。乐天知命,圣人之道也,先天而天弗违者也。

君子敬而无失,与人恭而有礼。四海之内,皆兄弟也。君子何患乎无兄弟也?"

敬者,敬天命也。无失者,念兹在兹,顾诿天之明命也。恭而有礼者,循礼以尽仁。"敬人者,人恒敬之;爱人者,人恒爱之",民吾同胞,故"四海之内,皆兄弟也"。此章虽系宽牛之忧,实与上数章论仁、论君子,及答樊迟"居处恭、执事敬、与人忠"之义,息息相通。圣门敬天命之学,不外乎是矣。

子张问明。子曰:"浸润之谮,肤受之愬,不行焉,可谓明也已矣。浸润之谮,肤受之愬,不行焉,可谓远也已矣。"

陆氏曰:"子张才高,其问明之意,或欲究天地古今之理,而转忽于人情阅历之常。不知明者,是非、邪正不惑而已,而是非、邪正之淆于谮、愬者最多。谮之术不一,而莫难辨者,浸润之谮。愬之术不一,而莫难辨者,肤受之愬。况后世人情益险,谮、愬益工。我防其缓,彼偏用急;我防其急,彼偏用缓。千态万状,虽工于逆亿,亦属无益。惟有居敬穷理,则彼之术穷矣。"愚案:陆说至精。盖不行者,必在我有知人之学,使彼潜、慝者不得行也。以《易》象言之:《坎》阴象也,当以刚克之,故中爻为阳,则《坎》水明矣。《离》阳象也,当以柔克之,故中爻为阴,则《离》火明矣。《离·大象传》曰:"大人以继明照于四方。"言其明之至远也。

子贡问政。子曰:"足食,足兵,民信之矣。"

陆氏曰:"足食者,制田里,薄税敛,而使仓廪实也。足兵者,比什伍,时简阅,而使武备修也。至于重礼教,崇信义,则民自无欺诈离叛之心,此周礼也。"愚案:"民信之矣"贯彻于兵、食二者之中,盖兵以信,训练而来;食以信,制度而入也。

子贡曰:"必不得已而去,于斯三者何先?"曰:"去兵。"

陆氏曰:"上节言其常,此不得已,言其变也。去兵者,非必尽去之,盖伍两卒旅之缺未暇补,蒐苗狝狩之制未暇讲尔。"

子贡曰:"必不得已而去,于斯二者何先?"曰:"去食。自古皆有死,民无信不立。"

陆氏曰:"此不得已,于时势为更迫矣。去食者,就固有之食以图存,而不为加派搜括之事也。然恐人以为迂,故大声疾呼曰:'自古皆有死,民无信不立。'盖信者,乃人之所以为人者也。民无信,则相欺相诈,无所不至。形虽人而质不异于禽兽,身虽存而心则死矣,何以立于天地间? 不若死之为安矣!"愚案:陆氏说深得经意。后世阻兵而不能去兵,甚至侮夺人以取食,则与民同归于尽矣。圣人之言,岂非万世之法戒乎!

棘子成曰:"君子质而已矣,何以文为?"

朱《注》:"棘子成,卫大夫。疾时人文胜,故为此言。"

子贡曰:"惜乎夫子之说! 君子也,驷不及舌。

君子也,指尚质而言。驷不及舌,指废文而言。所谓一言以为知,一言以为不知也。或以"君子也"属上句连读,非。

文,犹质也。质,犹文也。虎豹之鞟,犹犬羊之鞟。"

朱《注》:"鞟,皮去毛者也。言文、质等耳,不可相无。若必尽去其文,独存其质,则君子、小人,无以辨矣。"愚案:《易·革卦》言虎变,《象传》曰:"其文炳也。"又言豹变,《象传》曰:"其文蔚也"。盖虎豹与犬羊之别,以毛文异耳。若去其毛而留其鞟,何以别虎豹与犬羊耶? 或曰:"鞟为革,虎豹之鞟喻文,犬羊之鞟喻质,言其皮皆有所用。如文质不宜偏废也。"

哀公问于有若曰：“年饥，用不足，如之（用）[何]？”

称有若者，臣对于君之辞。李氏曰：“哀公斯问，其将丧邦乎？年饥不忧民之饿莩，而忧用之不足，此岂君道也哉？”

有若对曰：“盍彻乎？”

古井田之制，象井字形，井九百亩，八家同井，耕则通力合作，收则计亩均分。大率民得其九，公家取一，故谓之彻。孟子曰：“周人百亩而彻。”彻者彻也，谓通计之也。鲁自宣公税亩，又逐亩什取其一，则为什取二矣。哀公忧己用之不足，而有若则忧民用之不足，若不喻其意者。盖仁人之心，忠告之道也。

曰：“二，吾犹不足，如之何其彻也？”

二，什分而取其二。公欲加赋，故云“不足”，至是而公欲加赋之意，乃显白矣。曰“吾犹不足”，与上“用不足”相应，但知有己，不知有民也。

对曰：“百姓足，君孰与不足？百姓不足，君孰与足？”

李氏曰：“此节非泛言君民一体之义，实专主年饥时用不足而言。盖年饥之时，百姓必死亡流离，邑里将虚，田卒汙莱，于此不加宽恤而厚敛之，是避小不足而就大不足，大不足者将至矣。故惟加惠于民，使之乐生安土，则君虽损己节用，亦无忧于不足也。”愚案：《礼记·缁衣》篇曰："心以体全,亦以体伤。君以民存,亦以民亡。"百姓足则君存矣,百姓不足则君亡矣。愚读有子之言,未尝不流涕也。又案:《说苑·政理》篇:"哀公问政于孔子。对曰:'政有使民富。'公曰:'何谓也?'对曰:'薄赋敛则民富。'公曰:'若是则寡人贫。'孔子曰:《诗》云:"岂弟君子,民之父母。"未见其子富而父母贫者也。'"与此章大义同。

子张问崇德辨惑。子曰:"主忠信,徙义,崇德也。

此章盖言智也。《易传》曰:"夫易,圣人之所以崇德而广业也。"智崇礼卑,其义可见。知其为忠信而主之,知其为义而徙之,此穷理之学,智者之事也。

爱之欲其生,恶之欲其死。既欲其生,又欲其死,是惑也。

此言不智者之惑。上二句是泛言;"既欲其生"二句,是专指一人而言,犹所谓"进人若将加诸膝,退人若将坠诸渊"也。此不仅爱恶之无定识也,但"之其所亲爱而辟焉,之其所贱恶而辟焉",已有此弊矣。故曰:"好而知其恶,恶而知其美者,天下鲜矣。"能穷理则知人,能知人则不惑。

'诚不以富,亦只以异。'"

此《诗·小雅·我行其野》之辞也。富,益也。异,取异也。夫子引此诗，以明其人爱恶如是，诚不为有益，亦只以自取异而已。先儒以为错简，恐非。

齐景公问政于孔子。

朱《注》："齐景公，名杵臼。鲁昭公末年，孔子适齐。"

孔子对曰："君君，臣臣，父父，子子。"

《易传》言："有夫妇，然后有父子；有父子，然后有君臣；有君臣，然后有上下；有上下，然后礼义有所错。"此天地之常经，人道之根本也。由此者，家盛而国兴；不由此者，家衰而国灭。盖四者，天叙、天秩之所由生也。秩、叙顺，则治以存；秩、叙反，则乱以亡。春秋时欲废礼义求治，难矣。夫子为景公言，盖不仅为景公言也。

公曰："善哉！信如君不君，臣不臣，父不父，子不子，虽有粟，吾得而食诸？"

信如，诚如也。不得食粟，不能有其身也。景公之语不足道，而记者记之者。《易·坤卦》初爻"履霜，坚冰至"，《传》曰："臣弑其君，子弑其父，非一朝一夕之故，其所由来者渐矣，由辨之不早辨也。"后世君不君，臣不臣，父不父，子不子，以致国亡而家破者，何可胜数。景公此言，盖良心之乍露，惜乎不能用，而卒致篡弑之祸，所谓"不暇自哀而后人哀之"也，后人哀之而废伦常，"亦使后人而复哀后人"也。

故特记之以为千古之炯戒。

子曰："片言可以折狱者，其由也与？"

片言，一言也。子路忠信明决，故言一发而可以断狱。或谓听一造之辞，已可折服其心，恐非。

子路无宿诺。

朱《注》："宿，留也。急于践言，不留其诺也。"盖上节言其言之果，此节记其行之果。或训宿为豫，谓子路不豫诺，故无诺责，亦非。

子曰："听讼，吾犹人也。必也使无讼乎！"

无讼者，非不敢讼也，诚意相孚，乃能畏民志也。若谓民不敢讼，则精明武健者能之矣，岂知本之学乎？杨氏谓："子路片言折狱，未能使民无讼，故又记孔子之言，以见圣人不以听讼为难，而以使民无讼为贵。"说恐未然。《大学》"无讼"承"与国人交止于信"而言，此章"无讼"承"无宿诺"而言，亦谓其信也。惟信乃进于诚也。

子张问政。子曰："居之无倦，行之以忠。"

无倦者，心之贞也，恒固之精神也。以忠，行之实也，有实心而后行实政也。两"之"字或指心言，或指事言，愚谓皆指政而言，盖在上者必使政治与心理息息相依，久之则至诚而无息矣。

子曰："博学于文，约之以礼，亦可以弗畔矣夫！"

此圣门之家法。黄氏曰："夫子累言之者，谆复之意也。"

子曰："君子成人之美，不成人之恶。小人反是。"

不言善而言美者，善蕴诸心，美则兼名实而言也。扩而充之，与人为善之道在是矣。盖君子之心，以为美乃天下之美，非一人之美也，有以成之，天下皆进于美矣。恶非一人之恶，天下之恶也，无以成之，天下皆改其恶矣。小人之心，以为美者一人之美也，一人擅其美，而我无美名矣。至于同恶相济，更无待言。要其性情心术，公私厚薄，各因其类而殊，而人心风俗，遂因以转移焉。或曰此章指毁誉而言，盖誉者，所以成人之美，毁者，所以成人之恶也。

季康子问政于孔子。孔子对曰："政者，正也。子帅以正，孰敢不正？"

政之为正，古字义也。本经曰："其身正，不令而行。"表正则影端，故《礼记·表记》篇曰："仁者，天下之表也。"汉桓宽《盐铁论》曰："民乱反之政，政乱反之身，身正而天下定。"然则身者，所以帅民之准，而家国天下之主宰也。此义盖晦于后世久矣。

季康子患盗，问于孔子。孔子对曰："苟子之不欲，虽赏之不窃。"

胡氏曰："盗生于欲。康子，鲁之大盗也，夫子答其患盗之问，不直曰'苟子之不盗'，其辞婉而意深矣。夫上为大盗，而欲禁民之盗，岂不愚哉？康子亦反诸身而已矣。"或曰：《说文》："赏，赐有功也。"言虽功名赏禄亦不窃，而况财贿乎？"别备一义。

季康子问政于孔子，曰："如杀无道，以就有道，何如？"孔子对曰："子为政，焉用杀？子欲善，而民善矣。君子之德风，小人之德草，草上之风必偃。"

洪氏曰："康子欲杀恶人以成就善人，夫子则欲化恶人亦为善人。意谓上之所欲者善，非特不待于杀，且化恶为善矣。为政之道，教化为本，刑罚为末。上失其道，民散久矣，孰使之无道，尚忍言杀乎？夫子曰'君子之德风，小人之德草'，盖即善机与杀机之判也。善机生而天下皆好善，杀机生而天下皆好杀矣。以上三章，皆重言子者，见为政必本身以作则也。"

子张问："士何如斯可谓之达矣？"

士君子处末世，往往有方枘圆凿、窒碍不通之患，故子张问之。

子曰:"何哉尔所谓达者?"

达有实心,有实行,若徇外为人,圆通以求合于世,则大误矣。故夫子诘之。

子张对曰:"在邦必闻,在家必闻。"

闻者,流于外者也。子张之意,是求之于人,而非求之于我矣。

子曰:"是闻也,非达也。

朱《注》:"闻与达相似而不同,乃诚伪之所以分。学者不可不审也。"愚谓:诚伪者,务实与求名之别,即君子、小人所由判也。

夫达也者,质直而好义,察言而观色,虑以下人。在邦必达,在家必达。

李氏曰:"质直则存忠信,好义则能徙义,此是有实德实行者,而又不敢径情直行,察乎人情,思其所以处之者,而退让以下之,此所以诚孚行著,而邦家必达也。"愚案:此所谓诚而务实者也。以《易》义言之,《履卦》初爻曰:"素履,往无咎。"素者质也。二爻曰:"履道坦坦。"言行乎义之正路也。《谦卦》初爻《传》曰:"谦谦君子,卑以自牧。"即所谓虑以下人也,履德之基也,谦德之柄也。君子处忧患之世,能和而至,尊而光,则无所不达矣。

夫闻也者,色取仁而行违,居之不疑。在邦必闻,在家必闻。

李氏曰:"色取仁,则非质直;行违,则不能好义;居之不疑,则又自以为是而不顾人之是非,即圣人之所谓'乡原'者,是以充其欺世盗名之术,而邦家必闻也。"愚案:此所谓伪而求名者也,然有与乡原不同者。盖乡原阉然阴柔以媚世,此则好为大言,务在压倒一切,虽君子不免受其欺矣。呜呼! 学者苟揣摩风气,良心泯灭,亦复何所不至乎? 所谓闻者,不久亦消磨于无有矣。

樊迟从游于舞雩之下,曰:"敢问崇德、修慝、辨惑。"

特记"舞雩之下"者,以其时雨旸不能时。若樊迟问崇德三者,盖其意专指执政者而言。刘氏曰:"崇德、修慝、辨惑,当是雩祷之辞,以德、慝、惑为韵,如汤祷桑林以六事自责也。"

子曰:"善哉问!

迟意欲本人心以对答天心,与子张问不同,故夫子特善之。

先事后得,非崇德与? 攻其恶,无攻人之恶,非修慝与? 一朝之忿,忘其身,以及其亲,非惑与?"

三者皆作疑辞,亦指执政者而不明言之也。先事后得,行仁修德,得乎民心,乃能奉若天时也。攻其恶,无攻人之恶,恐惧修省,洗心斋戒,消除沴气,乃能上迓天麻也。恶人慢人,戾气充塞久矣,积愤以结仇怨,忘身及亲,不保其宗庙社稷,不孝之甚,尤大惑而不解者也。夫子此言,切中当日人心之患。《论衡·明雩篇》曰:"樊迟从游,感雩而问,刺鲁不论崇德而徒雩也。"盖古义如此。

樊迟问仁。子曰:"爱人。"问知。子曰:"知人。"

陆氏曰:"樊迟问仁、知,是二者平说,夫子亦平答之。就仁论仁,则曰爱人;就知论知,则曰知人。仁、知兼体、用,而此独以用言者。朱子谓体与用虽是二事,本末未尝相离,用即体之所以流行者也。"愚案:樊迟兼问仁、知,本经两见,当时各有问词,夫子盖随所问而答耳。

樊迟未达。

陆氏曰:"迟疑爱人则无所不爱,知人则当有别,二者若相妨,此亦疑所当疑也。"

子曰:"举直错诸枉,能使枉者直。"

陆氏曰:"仁、知本属合一,仁中有知,知中有仁,非谓爱人不论直枉皆爱之也。直固当举,枉自不得不错,仁何尝妨知?既举直错枉,则枉者亦且化而为直,是错之适以爱之,知何尝妨仁?夫子言仁、知相成之意,可谓明矣。"

樊迟退,见子夏曰:"乡也吾见于夫子而问知,子曰,'举直错诸枉,能使枉者直',何谓也?

陆氏曰:"樊迟已明仁、知合一之理,故此节专言知。盖谓知即仁也,仁即知也,是乡之未达者,至此已达矣。而又一未达者,谓举错是我所得主,枉者直则非我所得主。天下贤愚不齐,刚柔不一,举直错枉,何以即能使枉者直? 此盖深忧人心之难动,风俗之难变,而疑区区一举错,未必遂能见效也。"

子夏曰:"富哉言乎! 舜有天下,选于众,举皋陶,不仁者远矣。汤有天下,选于众,举伊尹,不仁者远矣。"

陆氏曰:"子夏既叹夫子之言所包者广,不止言知,乃引舜、汤之事以申其义。盖舜、汤之有天下,非有举而无错也,其所举者特一皋陶,一伊尹,则所错者亦多矣,而不仁者胥远。然则不忧枉者之不直也,忧举错之不如舜、汤耳,能使枉直之言又何疑乎? 能使枉直既无可疑,则仁、知之相成,益无可疑矣。"愚案:此章为千古仁、知之名言,即为千古选举之标准。盖选举而出于意气、党见之私,则必有所偏,而直者且无立足之地;选举而出于大公至正之途,则天下咸服,而枉者皆有革非之心。后世言选举者,盍三复圣贤之言?

子贡问友。子曰:"忠告而善道之,不可则止,毋自辱焉。"

饶氏曰:"忠告者,尽此心之诚。既诚矣,不能善其辞说以道之,恐其未必从。二者俱尽,而彼不从,然后宜止。未能忠且善焉,而泛然告之道之,遽以彼不从而止,则是在我者有未尽也。"愚案:忠告善道,仁也。不可则止,知也。仁、知流行于交际之间,故《里仁》篇首言仁、知,亦以"朋友数斯疏"终也。

曾子曰:"君子以文会友,以友辅仁。"

不言"取友"而言"会友"者,会,集也。《易·兑卦·传》曰:"君子以朋友讲习。"惟会友而后能取友也。不言成仁而言辅仁者,辅,助也。吾心之仁有欠缺,有间断,必赖友以辅助之,惟辅仁而后能成仁也。《大戴礼·曾子疾病》篇曰:"与君子游,如长日加益而不自知;与小人游,如履薄冰,每履而下,岂有不陷乎?"是故取友不可不慎也。

颜渊篇大义

仁、义、礼、智、信为五德,何始乎? 或曰始自《孟子》,非也。盖实始于《论语·颜渊》一篇。《颜渊》篇以仁为主。仁者,爱、敬之原也,必以礼、义、智、信为辅,故曰"徙义"、曰"质直而好义",曰"复礼",曰"与人恭而有礼",曰"约之以礼"。问智则曰"知人",又曰"民无信不立"、曰"主忠信",盖五德之信,犹五行之土,寄王于四时。(王与旺通。)信为仁之榦,非信则仁无以行也。颜渊问仁,夫子告以"克己复礼",又示以目曰"非礼勿视,非礼勿听,非礼勿言,非礼勿动",盖礼者天则也。吾之耳、目自有天则,何为而有非礼之视、非礼之听? 吾之口、吾之身自有天则,何为而有非礼之言、非礼之动? 制于外所以养其内,节乎人所以合乎天,程子《四箴》宜日三复也。"出门如见大宾"云云者,敬以致中,爱以致和也。"其言也讱",敬之至也。"不忧不惧",仁者之事也。"君子敬而无失,与人恭而有礼",爱敬之心,推诸四海而皆准也。末世风俗伪而人心诈,爱人者易受人愚,"明也""远也",仁中之智也。中国数千年来天下所以难治者,在于民不知有信。"自古皆有死,民无信不立",圣人之言,和易以缓,未有若斯之斩截者也。于字义,人言为信,无信而无以为言,无信而无以为人也。民无信不立,无信而不能立国,无信而不能立于天地之间也。文、质相宜,礼之宜也;无本不立,无文不行也。"盍彻"之对,爱民之至也。"百姓足,君孰与不足",仁人之言蔼如也。"主忠信,徙义",皆所以辅仁也。因爱恶之偏,而颠倒其死生之念,是昧于智而失其仁也。仁义之道,起于君臣、父子相爱之间;而礼法、政治之原,出于君臣上下相敬之际。相爱则有所不忍,相敬则有所不敢,不忍与不敢之心合,而后圣人之道得行乎其中。此天地之常经,古今之通义也。若"君不君"则犯,"臣不臣"则诛,"父不父"则无道,"子不子"则不孝。"虽有粟,吾得而食诸",其言亦可痛矣哉!孟子曰:"天子不仁,不保四海;诸侯不仁,不保社稷;卿大夫不仁,不保宗庙;士庶人不仁,不保四体。"此之谓也。然则救之者其惟孝乎!其惟孝而后可推其仁于天下乎!"片言折狱""无宿诺",智也,信。"听讼吾犹人",智也。"使无讼",仁也。"居之无倦",礼也。"行之以忠",仁也。"博文约礼",复于礼,所以进于仁也。"君子成人之美",厚之至,仁之德也,未有小人而仁者也。

帅民以正而不欲,义也,亦仁也。风行草偃,仁义之道,庶几其相感而化乎?"质直好义",宽以下人,义也,亦礼也。"色取仁而行违",不仁也。"居之不疑",不信也。达者无不闻也,求人之闻,可耻也。"先事后得",即所谓"先难后获",仁者之事也。"无攻人之恶",仁中之义也。不逞"一朝之忿",仁中之智也。"举直错诸枉,能使枉者直",仁中之智,即智中之仁也。"忠告善道",尽己之仁;"以友辅仁",取人之仁。然"不可则止""以文会友",则义与礼兼赅焉。凡仁、义、礼、智、信五德,参互错综于一篇之中,仁为之主,义、礼、智、信为辅。其义理若不相蒙,而实相贯也;其文法若不相联,而实相间也。呜呼!圣人之言,广矣,大矣!圣门之文,奥矣,妙矣!非夫探赜索隐,钩深致远,其孰能知之?

子路篇第十三

子路问政。子曰:"先之,劳之。"

先,谓以身先民,倡率之也。劳,谓不辞劳瘁,与民同辛苦也。《易》曰:"说以先民。"又曰:"劳而不伐。"苟在上者不能勤苦,则民亦惰媮。或训劳为慰劳,非是。

请益。曰:"无倦。"

请益,请申言也。勤苦之事,易生倦心,惟持之以恒而已。盖先、劳乃"迈往"之精神,无倦乃"贞固"之精神,皆从"忧勤惕厉"中来,故《子路》篇言政治,以是为首。

仲弓为季氏宰,问政。子曰:"先有司,赦小过,举贤才。"

李氏曰:"先有司者,以身为有司倡也。如倡之以廉,倡之以惠,倡之以勤,皆其事也。赦小过,承有司言,亦指在官之过误。先有司,则自治也严,而下皆相师。赦小过,则待人也恕,而人得自尽。至举贤才,尤为政之要务,不但使有司得其职,而所以厉人才、成风俗者,在于是也。"

曰:"焉知贤才而举之?"曰:"举尔所知,尔所不知,人其舍诸?"

黄氏曰:"古者荐举之法,只是举其所知,得其人,则受进贤之赏;不得其人,则被滥举之罚。黜陟之内,刑赏因之,国家所以得真才,而士之为知己报者,亦激切也。"愚案:《易·泰》《否》二卦初爻,皆言"拔茅茹,以其汇",君子以同类为朋,小人亦以同类而进。选举之法,国家治乱、民生休戚系焉,可不慎哉?仲弓居德行之科,所举者必善士,故夫子告之以此。

子路曰:"卫君待子而为政,子将奚先?"

卫君,出公辄也。时辄父蒯聩不得立,在外,诸侯多非之,而孔子弟子多仕于卫,故卫君欲得孔子为政。奚先,以何者为先。

子曰:"必也正名乎!"

正名,正父子之名也。灵公逐蒯聩,而辄复拒之,父子之伦蔑矣。必正其名,以明大义,卫国之事,乃可次第而治。郑君《注》"正书字",后人申之,以为正文字之误,其意盖谓正文字中之名词也。

子路曰:"有是哉,子之迂也! 奚其正?"

奚其正者,言卫事乱,徒正父子之名,奚益于实事也。李氏曰:"夫子而为卫,则必待卫君感悟,而求善处于父子之间。顾言正名,则实事在其中矣。子路未喻其意,以为夫子当此之际,而欲正名,则空言而不可施于事,正与下文'言之必可行'相对。"

子曰:"野哉,由也! 君子于其所不知,盖阙如也。

质胜文谓之野,责其率尔而言也。盖阙如,与"踧踖如""鞠躬如"同一句例。盖阙,谓审慎不言也。

名不正,则言不顺;言不顺,则事不成;

《春秋》道名分,名不正,则言不能表示于众,必有作伪而不能顺遂者,岂能行之于事实乎? 故凡以急遽之心行苟且之政者,皆可断其无成也。黄氏曰:"《孟子》言'瞽瞍厎豫',而天下之为父子者定。本孝出治,父子之伦为重也。治国者不正一家父子之名,而欲正一国之父子,无诸己而求诸人,言之则一己多忌讳之私,而事亦阻塞而不成矣。"

事不成,则礼乐不兴;礼乐不兴,则刑罚不中;刑罚不中,则民无所措手足。

礼生于孝之序,乐生于孝之和,不孝则乖戾之气积,焉能兴礼乐乎? 五刑之属三千,罪莫大于不孝,故《周礼》先不孝之刑。上无以率下,则民皆罹于刑罚矣。措,置也。无以置其手足,言动皆获罪,国无纪纲之害也。黄氏曰:"礼乐刑罚,事之大者。礼莫大于父子之序,乐莫大于父子之和,刑罚莫大于不孝,三者失而事之不成甚矣。是以治世之要务,在彝伦攸叙。"

故君子名之必可言也,言之必可行也。君子于其言,无所苟而已矣。"

名必正大,是谓可言。言必副实,是谓可行。君子于言无所苟,戒子路之失言也。此章夫子推论名言之实,所以隐蒯聩之事而不言者,乃居是邦不非其大夫之意,当与"为卫君"章参看。黄氏谓:"蒯聩志在杀母,父丧未葬,又兴晋师以袭国,其罪必不容立。而辄之让国,亦有所难。圣人必有善处于骨肉之间者。"其论甚正,详见《论语后案》。

樊迟请学稼。子曰:"吾不如老农。"请学为圃。曰:"吾不如老圃。"

耕田而种五谷谓之稼,辟场而种蔬菜谓之圃。樊迟请为稼、圃之学,盖欲研究农家之说。夫子告以不如者,言学识不如经验之实也。李氏曰:"使樊迟但为营生细谋而问,则夫子下文所言,若不相应。盖迟亦以稼、圃为实学。如《汉书》之有九流,亦学者所宜游心也。故夫子拒之,而复言其远者大者,使之闻之。"

樊迟出。子曰："小人哉，樊须也！

《书・无逸》篇："先知稼穑之艰难，则知小人之依。"稼穑非不当学，惟士君子之所学，不屑屑于农事，故斥之曰"小人"，以其所学者小也。

上好礼，则民莫敢不敬；上好义，则民莫敢不服；上好信，则民莫敢不用情。夫如是，则四方之民襁负其子而至矣，焉用稼？"

礼、义、信，大人之事。焉用稼，言何用学稼以教民乎？樊迟所问，近于并耕之说，故夫子正之。或曰樊迟见夫子周游列国而道不行，请学稼圃，意欲隐居不出耳。然圣人之心，未尝忘天下，则有大人经世之学在也。

子曰："诵《诗》三百，授之以政，不达；使于四方，不能专对；虽多，亦奚以为？"

《诗》有诵、歌、弦之分。诵《诗》，谓口读而以声节之。三百，谓终业。专对，谓应对有专长。《诗》所以考风俗之盛衰，验政治之得失，而有本于敦厚温柔、扬抒风雅之旨。诵之者苟不达于政事，而无言语之才，则所学者章句之末耳，奚益哉？故通经必求致用。

子曰:"其身正,不令而行;其身不正,虽令不从。"

　　身者,天下之表也,《书·洪范》所谓"皇建其有极"是也。令,教令也。《易纬》曰:"正其本,万事理。"《孟子》曰:"国之本在家,家之本在身。"身苟不正,条教空文,徒为民所蔑视而已。此章乃《大学》之精义也。

子曰:"鲁、卫之政,兄弟也。"

　　鲁,周公之封。卫,康叔之封。周公、康叔为兄弟最睦,其国之政,亦如兄弟,虽当季世,犹善于他国。夫子由后溯前,望其皆变而至道也。陆氏曰:"鲁秉周礼,卫多君子,周公、康叔之遗风犹在,而无人振起之,故叹其衰,有惜之意,亦有忧之意。"

子谓卫公子荆,"善居室。始有,曰:'苟合矣。'少有,曰:'苟完矣。'富有,曰:'苟美矣。'"

　　善居室,善其能以勤俭起家也。苟,诚也。合,聚也。完,备也。公子荆能知足,故夫子称之,为当时奢侈者戒。

子适卫,冉有仆。

　　黄氏曰:"《周礼》诸仆皆大夫士,别有人牵马驾车,是此仆当为监驾也。”

子曰:"庶矣哉!"

　　陆氏曰:"庶哉一叹,即具老安少怀之意。此时'富''教'二字,已旋转洋溢于方寸之中,待冉有之问而即发。"

冉有曰:"既庶矣,又何加焉?"曰:"富之。"

　　朱《注》:"庶而不富,则民生不遂,故必制田里、薄赋敛以富之。"盖其时去古未远,井田犹可复也。此富之道也。

曰:"既富矣,又何加焉?"曰:"教之。"

　　朱《注》:"富而不教,则近于禽兽,故必立学校、明礼义以教之。"盖其时异学未兴,庠序犹易复也,此教之之道也。富、教二者,为圣人经国之大猷,不能富,则民将自为富,而垄断侵夺之事兴;不能教,则民将自为教,而异端邪说之徒众。圣门弟子,于富、教之条目,平时必熟闻之,故冉子不待再问也。

子曰:"苟有用我者,期月而已可也,三年有成。"

　　据《史记》,此夫子在位时之言。期月,谓周一岁之月,即一年也。以富而言,三年耕必有一年之蓄,九年耕必有三年之蓄,是仓廪足也。以教而言,比年入学,中年考校,三年大比,是礼义明也。所谓"已可"，所谓"有成"者，盖指此，非空言也。

子曰："'善人为邦百年，亦可以胜残去杀矣。'诚哉是言也！"

朱《注》："为邦百年，言相继而久也。胜残，化残暴之人，使不为恶也。去杀，谓民化于善，可不用刑杀也。"程子曰："善人者，所谓不践迹，亦不入于室者也。既不循前人之弊以守之，又不得圣人之道而行，宜其缓且久也。"陆氏曰："诚哉是言，所以逆折夫世之言刑名法术者。盖当世残杀之风甚矣，夫子有深痛焉。"

子曰："如有王者，必世而后仁。"

王者，谓圣人受命而兴。三十年为一世。仁，谓一国兴仁也。必世而后仁，量民力之所能，民德之所进，不迫切之也。盖王者在位，则能止于至善矣。郑君谓周自大王、王季、文王、武王，贤圣相承四世，周道至美。武王伐纣，至成王乃致太平，由承殷纣敝化之后故也。是夫子此言，思周初之盛也。或曰《王制》以三十年之通制国用，盖富而后教，仓廪足而知礼义，故可进于仁也。亦通。

子曰："苟正其身矣，于从政乎何有？不能正其身，如正人何？"

在上之人，民所瞻仰。政者，正也。后世为治者，不能正其身，而欲正人，其所令反其所好，而民不从，非特不能正人也，身亦危矣。

冉子退朝。子曰："何晏也?"对曰："有政。"子曰："其事也。如有政，虽不吾以，吾其与闻之。"

礼，大夫虽不治事，犹得预闻国政。夫子"政"与"事"之辨，《春秋》正名分之旨也。黄氏曰："国有大事更张，正当会集公朝，询及国老，故曰'虽不吾以，吾其与闻之'。所以抑季氏，教冉有知国之旧典，不可辄谋更张于私室也。如谓公朝常行之务，致仕者必共闻之，揆之'不在其位，不谋其政'之义，有未安矣。"

定公问："一言而可以兴邦，有诸?"孔子对曰："言不可以若是其几也。

朱《注》："几，期也。言一言之间，未可以如此必期其效。"黄氏训几为终，谓与下"不几"字相合，似牵强。

人之言曰：'为君难，为臣不易。'

此即兴邦之言也。

如知为君之难也，不几乎一言而兴邦乎?"

因为"君难"一言，而知为君之所以难，无一事之敢忽，则一言兴

邦,庶可期矣。黄氏曰:"国之兴败,分于敬畏与骄逸之心,《晋语》郭
偃曰:'君以为易,其难也将至矣;君以为难,其易也将至矣。'"

曰:"一言而丧邦,有诸?"孔子对曰:"言不可以若是其几也。
人之言曰:'予无乐乎为君,唯其言而莫予违也。'

　　丧邦,失国家。"无乐乎为君,唯其言而莫予违",此即丧邦之
言也。

如其善而莫之违也,不亦善乎? 如不善而莫之违也,不几乎
一言而丧邦乎?"

　　言专制则行专制,行专制则骄横生,谗谄日进,忠良日退,邦焉得
而不丧? 黄氏曰:"言莫予违,敢自是也。自是者安知难?"

叶公问政。子曰:"近者悦,远者来。"

　　朱《注》:"被其泽则说,闻其风则来。"愚案:来者,归向之也。此
盖周武王不泄、不忘之德,其本在行仁政而顺民情,惜乎叶公不能
问也。

子夏为莒父宰,问政。子曰:"无欲速,无见小利。欲速,则
不达;见小利,则大事不成。"

莒父,鲁下邑。或曰欲速者,心之躁,阳刚之弊;见小利者,心之私,阴柔之弊。或曰欲速、见小,皆霸者之为。此尊王黜霸之旨。要之,子夏规模不免狭隘,夫子恐其求治过速,改弦更张,而不免于急遽苟且之弊;为民兴小利,规规于目前,而不免有妨于大事,故告之以此,即"必世后仁"之意,千古政治之名言也。

叶公语孔子曰:"吾党有直躬者,其父攘羊,而子证之。"

直躬,朱《注》:"直身而行。"或曰直人名躬。攘、让古字通。《礼记·曲礼》篇:"左右攘避。"攘即让也。攘羊,谓以羊故让与人也。其子证之,证其为己物也。叶公好名,故以此为直。先儒解为"有因而盗曰攘",参以下节之义,恐非。

孔子曰:"吾党之直者异于是:父为子隐,子为父隐,直在其中矣。"

此节先儒多以为天理人情之至,窃谓宜剖析言之。上文攘羊,若作攘窃解,则子为父隐,犹可言也;父为子隐,是教子为窃盗矣,岂得云"直在其中"? 惟因彼此推让,互相隐以成其攘,即互相隐以成其直,斯为天理人情之至矣。

樊迟问仁。子曰:"居处恭,执事敬,与人忠。虽之夷狄,不可弃也。"

此所谓"心存而不失"也。居处恭,是涵养其所未发。执事敬,与人忠,则皆省察之功,即以验其所涵养者也。随时随地而不失此心,故曰"之夷狄不可弃"。本经樊迟问仁凡三,以此章居最后,具见其于治心之学,日有进境,可与颜渊、仲弓问仁两章参看。

子贡问曰:"何如斯可谓之士矣?"子曰:"行己有耻,使于四方,不辱君命,可谓士矣。"

行己有耻,志有所不为,体也。不辱君命,材足以有为,用也。体用全,乃可谓之士。耻与辱相因而致,惟有耻而后能不辱,未有无耻而不辱者也。《礼记·哀公问》篇曰:"物耻足以振之,国耻足以兴之。"盖其气节懔然,所行之不辱,决可知矣。

曰:"敢问其次。"曰:"宗族称孝焉,乡党称弟焉。"

《学而》篇云:"入则孝,出则弟。"孝在门内,故称宗族;弟在门外,故称乡党。此体立而材不足者,故为其次。黄氏曰:"宗族称之,乡党称之,积于中而著于外,此非虚名,而为实行,亦使宗族、乡党有所矜式也。"

曰:"敢问其次。"曰:"言必信,行必果,硁硁然小人哉! 抑亦可以为次矣。"

黄氏曰:"孟子言'大人者,言不必信,行不必果,惟义所在'。朱

《注》引尹氏曰：'主于义，则信、果在其中矣；主于信、果，未必合义。'盖士之砥砺言行者，于义虽未精，而未尝不择义，故为士之次。若坚忍犯义之流，明知非义而言之、行之，岂得谓信、果哉？"愚谓：惟必信必果，而后能孝弟；惟孝弟，而后能有耻、不辱；惟有耻、不辱，而后成圣贤。工夫无止境。惟斗筲之人，决不能入德耳。

曰："今之从政者何如？"子曰："噫！斗筲之人，何足算也？"

从政，谓仕于朝者。斗筲之人，谓求升斗之禄也。算，数也，通作选，言何足选择而数之也。士人无才德可称，而志惟在于食禄，则无耻而不足数矣。旧解谓从政者如鲁三家之属，夫子斥之，恐圣人之言，不若是之急切也。

子曰："不得中行而与之，必也狂狷乎！狂者进取，狷者有所不为也。"

与之，与之进于道也。中行，性质之近于中庸者。狂者过，狷者不及，皆可以进于中庸之道也。李氏曰："'必也狂狷乎'，句意中恐有似中行而非中行者，故言既不得'中行而与'，则无宁狂狷耳。盖狂狷与中行不相似，而取进之志可以裁，不为之行可以进也。惟孟子知孔子之心，故引此章之语，既释其意，而遂继之以'乡原德之贼'，乃此章之义疏也。"

子曰："南人有言曰：'人而无恒，不可以作巫医。'善夫！"

　　心无定主，则事无定业。《礼记·缁衣》篇："南人有言曰：'人而无恒，不可以为卜筮。'"古之遗言与？卜筮犹不能知也，而况于人乎？末引《易》曰"恒其德，贞"云云，与此章似同而实异。盖《记》文所言，谓人之烦渎无常，虽鬼神犹厌弃之。本经所言，谓人之作辍无定，虽小道亦不能成就也。

"不恒其德，或承之羞。"

　　此《易·恒卦》九三爻辞。承，继也。羞，辱也，言无恒则继之以辱也。先儒训或为常，训承为进，别备一义。

子曰："不占而已矣。"

　　加"子曰"二字，以别《易》文。不占者，言无恒之人，不知占《易》道也。末俗之士，朝三暮四，日居凶悔吝之中，哀哉！君子观象玩辞，观变玩占，欲以救人心也。

子曰："君子和而不同，小人同而不和。"

　　李氏曰："同德故和，以义相济故不同；同恶故同，各怀其私故不和。"愚案：《春秋左氏传》晏子论和、同之义，谓五味、五声惟不同而后能和。若小人则如以水济水，无是非可否，则终之于不和而已。后世党见纷歧，人心之乖戾益深，风俗之嚣张日甚，安得圣人一正之？

子贡问曰："乡人皆好之，何如?"子曰："未可也。""乡人皆恶之，何如?"子曰："未可也。不如乡人之善者好之，其不善者恶之。"

子贡方人，求观人之法于乡评，所见进矣。然乡人皆好，或系同流合污之徒；乡人皆恶，或系崖岸自高之士，故曰："不如乡人之善者好之，其不善者恶之。"不如者，对皆好、皆恶而言，犹云"彼善于此"耳，非果以为标准也。盖欲辨乡人之善不善，必在我先有穷理之功，而后有以察之，故曰："众恶之必察焉，众好之必察焉。"又曰："视其所以，观其所由，察其所安。"是故知人之学，本于穷理，若专以乡评为主，而误以善者为不善，不善者为善，则所差者大矣。

子曰："君子易事而难说也。说之不以道，不说也；及其使人也，器之。小人难事而易说也。说之虽不以道，说也；及其使人也，求备焉。"

易事，能相见以诚也。《礼记·缁衣》篇曰："为上易事也，为下易知也，则刑不烦矣。"说，谓投以所好也。不以道，谓近佞媚也。器之，谓随其才具高下而用之。求备，求全责备之义。或曰：求说即非道，难说、易说及两"说之"，当作解释之义，谓有所陈说也。下"说也""不说也"，当读作悦。亦备一义。

子曰:"君子泰而不骄,小人骄而不泰。"

李氏曰:"无愧于己,故泰。检身若不及,故不骄。有恃于己,故骄。与物常相形,故不泰。"愚案:泰与骄,盖就形于外者言之,若考其心术,则在于敬、肆之分而已。

子曰:"刚毅木讷,近仁。"

刚,无欲也。毅,果敢也。木,质朴也。讷,迟钝也。四者皆气质也。其良心未失,故近于仁。若进以学问,则不止于近仁矣。此章当与"巧言令色,鲜矣仁"义参看。或以《中庸》"力行近乎仁"解之,恐未是。

子路问曰:"何如斯可谓之士矣?"子曰:"切切偲偲,怡怡如也,可谓士矣。朋友切切偲偲,兄弟怡怡。"

子路才力过人,此章"何如斯可为士"一问,已有进矣,夫子特以其所不足者告之。曰"切切偲偲,怡怡",盖以士之气象而言。《论语》凡言"如"者,皆谓气象,如申申、夭夭之例。夫子盖矫子路行行之弊,因以三者进之,俾之涵泳于《诗》《书》,磨砻其德性,自能有此气象,所谓高明柔克也。朱子谓:"切切者,教告恳恻,而不扬其过。偲偲者,劝勉详尽,而不强其从。二者皆有忠爱之诚,而无劲忮之害。可见六字皆和厚之意,不但怡怡为和厚也。"陆氏谓:"朋友切切偲偲,非谓朋友不必怡怡也，但当以切偲为主。兄弟怡怡，非谓兄弟不必切偲也，但当以怡怡为主。总之气质少一分，与此气象即近一分。"语皆精切。

子曰："善人教民七年，亦可以即戎矣。"

朱《注》："教民者，教之以孝弟忠信之行，务农讲武之法。"愚案：即戎，即足兵之义，言教而民信自在其中。七年，言其久也。古人以数为约，皆取诸奇，故三载考绩，五年则再考，七年则三考，三年为初，七年为终也。程子谓当考其作为如何乃有益，尤见实事求是之意。

子曰："以不教民战，是谓弃之。"

所谓教者，非徒武备之学也，修孝弟忠信，是其本矣。用不教之民以战，必有败亡之祸，是自杀其民也。弃，如弃市之弃；古人常以弃、宥对言。弃之，谓杀之也。自杀其民，抑何忍乎？孟子曰："不教民而用之，谓之殃民，殃民者不容于尧舜之世。"

子路篇大义

《子路》篇论政治，与《为政》篇不同。盖《为政》篇重在推原德化，本学术以为治术；而《子路》篇则多敷陈时政，意在补救当时之失。故《为政》篇辞多缓和，而《子路》篇则辞多迫切。"先之，劳之"，为政者之模范也。不先不劳,未有能率人者也。"举贤才",政本也,贤才屈于下,国未有能治者也。以卫辄之昏庸,而夫子犹以正名为先,推言之曰"礼乐不兴,刑罚不中,则民无所措手足",甚矣,吾民无所控诉之苦也! 礼、义、信三者,大人之事。"劳心者治人,劳力者治于人",天下之通义也。"诵《诗》三百",通经贵乎致用,苟无所用,"亦奚以为"?"其身正,不令而行",与论"鲁、卫之政",皆慨时政之失也。卫公子荆"善居室",世禄之家,堂高数仞,榱题数尺,竞以居处之富丽相炫耀矣。老子曰"知足不辱",荆诚贤公子哉! 富教者,千古政治之纲领也。先富而后教,民救死而恐不赡,奚暇治礼义也? 期月已可,三年有成,如何而可有成?"为邦百年",如何而"胜残去杀"? 王者必世,如何而仁? 皆圣人之大经济也。学者不徒知其效,当实求其治法之所在也。"苟正其身,从政乎何有",与"其身正,不令而行"章相应。"政"与"事"之辨,见国之贤士君子,宜与闻乎大政也。"为君难",即兴邦之一言也。"唯其言而莫予违",即丧邦之一言也。圣人对君之辞,何其委婉而详尽也。"近说,远来",告时人者宜示以为政之效也。"无欲速,无见小利",告吾党者宜示以为政之不求速效也。"叶公语孔子"章以下,于政治乎何与? 岂因叶公问政而连类及之欤? 非也。盖为政之本,首在先劳,而倡率之方,尤在举贤才以自辅。用人者,治乱之枢机也,未有不讲求用人而能行政者也。是故攘羊证父,作伪者也;父子相隐,率真者也。作伪者不可用,而率真者可用。轻浮无实之徒,为政治之大蠹。恭、敬、忠三者,勤勤恳恳者也,勤恳之士当用。

"行己有耻""不辱君命"者,贤士也,贤士不可不用。无耻而辱君者,"斗筲之人"也。斗筲之人不可用,中行之士可用,狂狷亦可用。《易传》曰:"恒,德之固也。"政贵有恒,有恒者可用,无恒者不可用。"和而不同",无党见者也,是宜用。"同而不和",有党见者也,是不宜用。春秋之世,士大夫之知识,未足与言政党也。乡人皆好皆恶,是必伪士,伪士不可用。"善者好之""不善者恶之",是必善人,善人不可不用。"易事而难说"者可用,"难事而易说"者不可用。"泰而不骄",无众寡小大,无敢慢者也,是宜用。"骄而不泰",骄人者常谄人,是不宜用。若以逢迎我者即为君子,又谓使贪使诈,小人可暂用焉,未有不偾天下之事者也。浮嚣而有气习者,最足以害政;朴质而无气习者,皆可与任事。"刚毅木讷",朴质而无气习者也,是可用。"切切偲偲、怡怡",在家庭社会中有和气者可用,有戾气者不可用。《子路》篇以子路问始,以子路问终,可矣。乃又记"教民即戎"两章,观圣人之辞,体圣人之意,特郑重出之者,何哉? 盖为政之先务,不过外交、军事两端。《子路》篇一则曰"使于四方,不能专对";再则曰"使于四方,不辱君命",其于外交,可谓重矣。然而处危难之世,则军事为尤急,盖强者国之所以存也,弱者国之所以亡也。小役大,弱役强,天也,实人为之也。浸假而弱之极焉,不独役之已也,且将吞而灭之也。虎豹居于山,而人莫之敢犯;牛羊陈于肆,而人得割之食之者,非牛羊之生命不如虎豹之属也,一强一弱之异也。"人为刀俎,我为鱼肉",可危也。是以夫子郑重言之曰:"善人教民七年,亦可以即戎矣。"又曰:"以不教民战,是谓弃之。"且夫人君虽愚不肖,孰肯自弃其民,而卒至于弃之者,盖先存一利害交战之心,以为赤子而龙蛇,则将反而噬也。庸讵知人非丧心病狂,鲜有剚刃于其心腹者。(剚,插刀也,《史记·张耳陈馀传》:"莫敢剚刃公之腹中者。")此理不明,于是乎吾民血肉之躯,遂不免当锋镝之惨;于是乎吾民肝脑涂地、薰眼折臂自经之状,口不可忍而言;于是乎吾民鬻男卖女、辗转沟壑、流离破产灭种之痛,笔不可忍而述。前史所载乱亡之祸常如此者,非一世也。是何以至此也?曰:"惟其弱也。"何以弱也?曰:"皆不教之民也。"然则如之何而可也?曰:"民皆为兵,而后能免此祸也。"盖惟教通国之民,定强岁壮年以下,(《礼记》:"四十曰强,三十曰壮。")皆编为兵籍之制,俾之娴习军事,而又爱我民,亲我民,不轻视蔑视我民,如是而后可以即戎,如是而后可使之战,如是而乃为政治中之善人也。是故有教而民皆可为兵,无教而民皆被戕于兵,自残自杀,其祸胡所底止?有圣人作,教其民,先教其兵,而后天下可得而治。

宪问篇第十四

宪问耻。子曰："邦有道，穀；邦无道，穀，耻也。"

穀，禄也。邦有道之时，宜办天下之大事，乃仅食禄焉，则其短于才德可知也，可耻也；邦无道之时，宜隐居以求其志，乃亦食禄焉，则其从俗浮沉，或曲学阿世可知也，尤可耻也。朱《注》："宪之狷介，其于'邦无道，穀'之可耻，固知之矣。至于'邦有道，穀'之可耻则未必知也。故夫子因其问而并言之，以广其志，使知所以自勉，而进于有为。"最合经意。或谓受禄不诬，何耻之有？不知夫子所谓"邦有道，穀"，乃指素餐而言，耻者，正所以求其不诬也。

"克、伐、怨、欲不行焉，可以为仁矣？"

先儒谓克、伐者，因己所有而生气盈也；怨、欲者，因己所无而生气歉也。四者之病虽不同，无非气质用事。不行者，强制之功，其根株犹伏于中也。

子曰："可以为难矣，仁则吾不知也。"

陆氏曰:"克、伐、怨、欲四者,其势与力,如奔马之不可控遏,如江河之不可提防,非宪之力不能制之,故曰'可以为难矣',盖许之之辞也。惟宪遽以为仁,则于仁字尚未能透彻,故又曰'仁则吾不知也',此进之之辞也。"李氏曰:"锄稂莠者,将以殖嘉穀;疏壅塞者,将以行泉源;去克伐怨欲者,将以求吾心之德也。吾心之德,必居敬以持之,明理以克之,则人欲有日消之势,此则颜子'四勿'之功也。宪之'不行',必也强忍力制,而未有本源功夫,纵使能之,而无天理流行其间,犹之稂莠既锄,而嘉穀不生;壅塞既疏,而泉源不至,此异氏之学,所以异于吾儒也。"二说均极精至。又程子惜原宪不能再问,要之圣门切问近思,原子退而自省,其功必有日进者矣。

子曰:"士而怀居,不足以为士矣。"

怀者,每念不舍之义。怀居,谓如求田问舍,所谓小人怀土是也,其志卑而品下矣,岂足以为士乎? 此与"耻恶衣恶食"章义相发明。

子曰:"邦有道,危言危行。邦无道,危行言孙。"

危,高峻也。孙,卑顺也。君子处有道之时,其德日修,故言行不可不高峻;处无道之时,恐流于小人之归,故行不可不高峻,而言欲其孙者,不必得罪于小人以取祸也。盖邦有道,当提倡天下之道德;邦无道,当自守其道德,而不随风气为转移。言行,君子之枢机,枢机之发,祸福随之,故曰:"言行,君子之所以动天地也。"或引《广雅》训危为正,亦通。

子曰:"有德者必有言,有言者不必有德。仁者必有勇,勇者不必有仁。"

有德者之言,仁义之人,其言蔼如也。有言者,词华辩才而已。仁者之勇,发于义理,虽千万人吾往是也。勇者仅有血气之强而已。此为末世好谈著作及徒尚意气者而发。

南宫适问于孔子曰:"羿善射,奡荡舟,俱不得其死然。禹稷躬稼而有天下。"夫子不答,南宫适出。子曰:"君子哉若人!尚德哉若人!"

荡舟,陆地行舟。或曰当作"覆舟",《楚辞·天问》篇"覆舟斟郭",言奡灭斟、郭二国,多力而能覆舟也,恃其多力,卒为夏少康所诛,故曰"俱不得其死然"。禹尽力于沟洫,稷播种百谷,故曰"躬稼"。禹及身而有天下,稷之后,至周武王亦有天下,皆修德之报。黄氏曰:"周末权奸,自矜智力可以夺命,几乎皆为羿、奡,岂知恶积必至灭身,祈命必在用德? 世或有行道而凶,违道而吉者,此数之变而不可为常。常者多且久,变者少且暂,以少且暂之变,而遂言命数不足凭,岂其然乎?"愚案:适之问,夫子之赞,皆以天命警人心也。或读"俱不得其死"为句,以"然"字属下读,与《先进》篇"若由也"句例不合。

子曰:"君子而不仁者有矣夫,未有小人而仁者也。"

　　君子、小人,以心术而分。君子于造次颠沛之时,偶尔失检,或致不仁,然其心可原,所谓君子之过也。若小人则一意为恶,本心既丧,决无偶进于仁之理,故居心不可不慎也。愚又尝推言之曰:君子而不能治事者有之矣,未有小人而能治事者也。

子曰:"爱之能勿劳乎? 忠焉能勿诲乎?"

　　人必习劳,乃能干事。爱而勿劳之,适以害之。人必纳诲,乃能为善。忠而勿诲之,适以纵恣之。细读两"能勿"字,其用心周且至矣。苏氏曰:"爱而勿劳,禽犊之爱也。忠而勿诲,妇寺之忠也。"或以上句为父之于子,下句为师之于弟,亦通。要之伦纪之中,贵以至诚相感也。

子曰:"为命,裨谌草创之,世叔讨论之,行人子羽修饰之,东里子产润色之。"

　　《左氏·襄公三十一年传》载:"裨谌能谋,谋于野则获,谋于邑则否。子太叔美秀而文,公孙挥能知四国之为。郑国将有诸侯之事,子产乃问四国之为于子羽,且使多为辞令,与裨谌乘以适野,使谋可否,而告冯简子使断之。事成,乃授子太叔使行之,以应对宾客,是以鲜有败事。"与本经略异。要知子产实能总其大成,故介于晋、楚之间,因应适得其宜。盖辞令本于礼义,虽至强者亦为折服,孰谓弱国之无外交哉?

或问子产。子曰:"惠人也。"

黄氏曰:"子产谓子太叔。惟有德者能以宽服民,其次莫如猛,所以矫子太叔懦弱之弊。刑书之铸,不过申明已坠之法,亦不足为子产病也。"愚案:黄说是。子产之猛以济宽,正所以成其惠,所谓杀一二人以生千万人也。夫子以为惠人,盖指其爱人之心而言。孟子以为惠而不知为政,乃专指乘舆济人一事而言。

问子西。曰:"彼哉!彼哉!"

朱《注》:"子西,楚公子申,能逊楚国,立昭王而改纪其政。彼哉者,外之之辞。"陆氏曰:"子西不能革僭王之号,与子文同,而非子文比也。沮孔子,与晏子同,而非晏子比也。所谓改纪,只改囊瓦之政耳。"或曰:子西,郑大夫,或人因夫子叹郑之多贤,故以子产、子西为问,以二人同听郑政者也。"彼",或作"佊",言邪也。

问管仲。曰:"人也。夺伯氏骈邑三百,饭疏食,没齿无怨言。"

人也，犹言此人也，或作仁厚解，非也。伯氏，齐大夫。骈邑，地名，伯氏食采之地也。三百，三百户。齿，年也。伯氏有罪，管仲削夺其邑，籍没其家产也。没齿无怨言者，由仲之断狱得其平。

子曰："贫而无怨难，富而无骄易。"

朱《注》："处贫难，处富易，人之常情。"愚案：圣人非泛论难易也，欲人勉为尽性知命之学也，当与"无谄无骄"章参看。黄氏曰："难者终难，易者不易，是以叹之。"别一义。

子曰："孟公绰为赵、魏老则优，不可以为滕、薛大夫。"

朱《注》："滕、薛国小政烦，大夫位高责重，公绰盖廉静寡欲而短于才者。"愚案：司马氏曰："德胜才谓之君子。"夫子此言，盖美公绰之意，是以下章论成人，又赞之曰"不欲"。

子路问成人。子曰："若臧武仲之知，公绰之不欲，卞庄子之勇，冉求之艺，文之以礼乐，亦可以为成人矣。"

庄子，鲁卞邑大夫，力能刺虎，勇士也。盖知、不欲、勇、艺四者，皆材质也，礼乐则须出于学。材质备而学进于中和，其为人也亦成矣。盖人受天地之中以生，必践形复性，乃为成人。此节盖未及乎圣人，而就子路之所未能者而言，玩一"亦"字可见。

曰："今之成人者何必然？见利思义，见危授命，久要不忘平生之言，亦可以为成人矣。"

复加"曰"字者，既答而复言也。"见利思义"三者，忠信之质，为子路所已能者，夫子复指示之，犹因"不忮不求"而进以道也。盖成人之始，要在先审义利一关，次破生死一关，次明诚伪一关，而后可谓之人，否则先已堕落矣。陆氏曰："利、危、久要等，当审察极细。利尚在可取可不取之间，危尚在可死可不死之间，平生之言，践之或大不合于时，或大不便于我，且或日久相忘，并无诺责，至此而能思义，能授命，能不忘平生之言，盖已有慎独之功矣。"

子问公叔文子于公明贾曰："信乎夫子不言、不笑、不取乎？"

盖时人之言如此，夫子引之以问。

公明贾对曰："以告者过也。夫子时然后言，人不厌其言；乐然后笑，人不厌其笑；义然后取，人不厌其取。"子曰："其然？岂其然乎？"

以告者过，称之者过其实也。时然后言，乐然后笑，义然后取，非礼义充溢于中、得时措之宜者不能。夫子曰"其然岂其然乎"，岂，庶几之辞也，言文子庶几乎此，圣人之论人以恕也。张氏曰："文子，意者简默厚重之士，故人称之如此。圣人质之于其门人，将以察其然也。公明贾之言,恐非文子所能及,夫子不直谓不然,其词气含洪忠厚如此。"

子曰:"臧武仲以防求为后于鲁,虽曰不要君,吾不信也。"

求为后,求立臧氏之后。要,有挟而求也。鲁襄公二十三年,武仲为孟氏所谮,出奔邾,自邾如防,使请立后而避邑,以示若不得请,则据防以叛。夫子正其罪曰"要君",《春秋》诛意之法也。盖武仲若越境请求,亦未始不可得请,其罪在以防耳。以者,言不当以也。《礼记·表记》篇曰:"事君三违而不出境,则利禄也。人虽曰不要,吾弗信也。"夫利禄犹不可,况据邑乎?武仲好智而不好学,故至于此,惜哉!

子曰:"晋文公谲而不正,齐桓公正而不谲。"

桓、文皆霸主,以心术而言,实皆不正。以事迹而言,桓公召陵之役,责楚包茅之贡不入,问昭王南征不复,仗义执言,是正而不谲也。文公反国之后,多亲小人,城濮之役,伐卫以诱楚,阴谋以取胜,且召天子狩于河阳,而使诸侯朝之,以臣召君,不可以训,是谲而不正也。夫子言此以发其隐,盖《春秋》彼善于此之义耳。黄氏曰:"桓公知守正道,有时持之不坚,伪心乘之,所行遂未必皆正。然惟其知守正,则事之正者为多。观《传》所载霸略,内则问乡长以举贤,外则反侵地、存亡国,功高威立,受胙下拜,皆晋文之所不能为。"陈氏谓:"晋文之谲,非无正也;齐桓之正,非无谲也。正不胜谲,故谓之'谲而不正';谲不胜正,故曰'正而不谲'。"其义亦明。

子路曰:"桓公杀公子纠,召忽死之,管仲不死。"曰:"未仁乎?"

《春秋左氏传》载齐襄公无道,其臣鲍叔牙奉公子小白出奔莒,襄公从弟公孙无知杀襄公,管夷吾、召忽乃奉公子纠出奔鲁。齐人杀无知,鲁伐齐,纳子纠。小白自莒先入,是为桓公。乃杀公子纠,召忽自杀,管仲请囚,鲍叔牙荐于桓公以为相。子路疑管仲忘旧主之仇,而事桓公,或于心理有歉,未得为仁也。

子曰:"桓公九合诸侯,不以兵车,管仲之力也。如其仁,如其仁。"

朱《注》:"九,《春秋传》作'纠',督也。不以兵车,言不假威力也。如其仁,言谁如其仁。盖管仲利泽及人,有仁之功矣。"李氏曰:"九合诸侯,不以兵车,是以义动而人心服也。如其仁,《集注》作'谁如其仁'者,似太重。盖管仲虽能使桓公以义率诸侯,然未免所谓五霸假之者。若仁则王者之事矣,语意犹云似乎,亦可称仁也。盖未成乎仁者之德,而有其功,固不可没也。体味六字,斟酌轻重,铢黍不差。"愚案:李说较确。或训"如"为"乃",言仲之力乃其仁,夫子实有不满之意,亦备一义。

子贡曰:"管仲非仁者与,桓公杀公子纠,不能死,又相之。"

朱《注》:"子贡意不死犹可,相之则已甚矣。"

子曰:"管仲相桓公,霸诸侯,一匡天下,民到于今受其赐。微管仲,吾其被发左衽矣。

朱《注》:"匡,正也。尊周室,攘夷狄,皆所以正天下也。被发左衽,夷狄之俗。"李氏曰:"一字非统一之义,乃粗与之之意,言东迁后王室陵夷,蛮夷猾夏,至是而始一正也。"愚案:齐桓时淮夷病杞,狄亡邢灭卫,楚灭汉阳诸姬,周王子带以扬拒、泉皋、伊雒之戎同伐京师,非管仲无以制之,故夫子特赞其平戎之功耳。

岂若匹夫匹妇之为谅也,自经于沟渎而莫之知也?"

朱《注》:"谅,小信也。经,缢也。莫之知,人不知也。"或曰:经,刭之借字,谓断头也。沟渎,通作句渎,鲁地名,即春秋时之生窦。愚案:召忽、管仲之死与不死,先儒或谓君臣之分未定,或谓桓兄纠弟,不当辅纠,其说颇纷。窃意管仲能成定霸救民之功,故可不拘小节,以事理轻重权之。管仲固贤于忽,而忽自量才不如仲,是以成其为谅耳。

公叔文子之臣大夫僎，与文子同升诸公。

　　臣，家臣。公，公朝。僎本文子家臣，文子荐之，与己并为大夫，同升于公朝。或曰春秋时陪臣亦称大夫。

子闻之，曰："可以为'文'矣。"

　　古谥法：锡民爵位曰文。洪氏曰："家臣之贱，而引之使与己并，有三善焉：知人，一也；忘己，二也；事君，三也。"愚案：士惟穷理，乃能知人。春秋时比党蔽贤者众矣，夫子阐扬之，有微意焉。

子言卫灵公之无道也，康子曰："夫如是，奚而不丧？"

　　无道，谓其彝伦不叙也。丧，谓丧邦。

孔子曰："仲叔圉治宾客，祝鲍治宗庙，王孙贾治军旅。夫如是，奚其丧？"

　　宾客，宾礼也。宗庙，祭礼也。军旅，军礼也。《左氏传》言"鲁秉周礼，所以不亡"。卫国大夫犹能守礼，所以不至丧邦。由是观之，国君虽无道，礼不废则国不亡，若一国废礼，庸有幸乎？

子曰："其言之不怍，则为之也难。"

　　子曰"仁者其言也讱"，又曰"力行近乎仁"，若大言不惭，则本心渐失,岂能望其力行乎？故曰"为之也难"。是以君子之出言也,必先度己力之能否,而不敢易,即所以收其放心也。马氏曰:"内有其实则言之不惭,积其实者,则为之难。"义迂曲未合。

陈成子弑简公。

蔡氏曰:"崔子弑齐君,陈成子弑简公,此皆记者之辞。如《春秋》法则名之矣,观下文可见。"

孔子沐浴而朝,告于哀公曰:"陈恒弑其君,请讨之。"

《史记·六国表序》:"田常弑简公而相齐国,诸侯晏然弗讨,三国终之卒分晋,田和亦灭齐而有之,六国之盛自此始。"然则陈恒之事,春秋变为战国之大关键也。夫子懔于世变,故郑重如此。李氏曰:"或问:夫子欲伐齐,但申大义于天下乎,抑必有以胜之也？曰:兵以义动,有胜之理,况所谓以鲁之全攻齐之半者？正所谓同力度德,同德度义,乃行师之要,亦未必非夫子之言也。"

公曰:"告夫三子！"

夫,彼也。三子,三家也。时鲁之兵权在三家,故使孔子告之。

孔子曰:"以吾从大夫之后,不敢不告也。君曰'告夫三子'者！"

此夫子告人之言也。国有大事，必奉君命，故告三子，亦必称君命也。

之三子告，不可。孔子曰："以吾从大夫之后，不敢不告也。"

朱《注》："三子，鲁之强臣，素有无君之心，实与陈氏声势相倚，故沮其谋。"或曰：鲁之兵权虽在三子，而实在家臣，孔子使由、求堕费、郈，而三子靡然听从。使哀公畀孔子以事权，孔子必能命家臣，发三家之甲以攻齐，则一举而陈恒服其罪，三家亦消其势。孔子之请讨，非托诸空言，惜乎哀公之不听也，故获麟之书，即于是年绝笔云。

子路问事君。子曰："勿欺也，而犯之。"

欺，非世俗之所谓欺也，此所谓欺者，强不知以为知，强不能以为能，而遽以告君也。子路勇果，不免有此失，故戒之。事君之义，有犯无隐，曰"勿欺也，而犯之"，可见犯即出于勿欺之中，惟勿欺而后能犯也。虽然，此特指君有过而言耳。《孝经》曰"将顺其美，匡救其恶"，故上下能相亲也。

子曰："君子上达，小人下达。"

蔡氏曰："天理本自高明也，君子循仁、义、礼、智之天理，故日进于极仁、极义、极礼、极智高明之地矣。人欲本自污下也，小人徇乎声色、货利之人欲,故曰究于淫声、恶色、私货、邪利污下之地矣。达,一也,皆有积渐至极之义。"愚案:孟子曰:"鸡鸣而起,孳孳为善者,舜之徒。孳孳为利者,蹠之徒。"欲知舜与蹠之分,无他,利与善之间也。上达、下达,惟在利与善之间,而其所以为善为利者,在立志与不立志之判耳。或曰达,通晓之谓。君子通晓于形上之事,小人通晓于形下之事,即大受小知之意。此与下学上达意不合,未可信。

子曰:"古之学者为己,今之学者为人。"

"成人"章《注》言学圣贤者,有义利、生死、诚伪之关。进而言之,则更有人己一关。《大学》言诚意必慎其独,即所谓为己也。小人揜其不善而著其善,即所谓为人也。《中庸》言"君子之道,阇然而日章",上而推及于天命之性,即自为己一念始。"小人之道,的然而日亡",下而及于文过饰非,无所忌惮,即自为人一念始。若为人一关不破,则永无入道之望,此《易传》于《乾》之初爻,《大过》之大象,所以特标遯世无闷之旨也。或曰为己,专营一己;为人,资助他人。误解圣经,几于侮圣人之言矣。

蘧伯玉使人于孔子。孔子与之坐而问焉,曰:"夫子何为?"对曰:"夫子欲寡其过而未能也。"使者出。子曰:"使乎!使乎!"

与之坐，坐于讲堂也。古者师常使其弟子，如夫子之使子华是也。此使者为伯玉之弟子，故孔子与之坐，而如其称曰"夫子"，使者亦称伯玉曰"夫子"。言欲寡其过而未能，而，如也，如未能也。《淮南子》曰："蘧伯玉行年五十，而知四十九年之非。"先儒谓人不克己，不知过之难改。能用力克己，方知自朝至莫，自顶至踵，无非过失，乃知改过之难。故必时时有欲寡其过之心，而后能处于寡过之地。夫子言"五十学《易》，可以无大过"，亦即此意。使者能深知伯玉之心，故夫子再言"使乎"以赞美之，而伯玉之为大贤，愈可见矣。

子曰："不在其位，不谋其政。"

重出。或曰与下章义联属。然此章"位"字，与"政"字相对，指职位而言，不若下章"位"字所言者细。

曾子曰："君子思不出其位。"

此《易·艮卦》之《象传》辞也，曾子引之，以为省身守约之要。位者，兼性分、职分而言。性分之位，喜怒哀乐、视听言动是也；职分之位，君臣父子五伦，以及富贵贫贱、夷狄患难之境是也。性分有涵养于未发者，有省察于临时者；职分有豫定于事前者，有审处于临事者。有当然之位，即有当然之思，"不出"二字，至难而至细。陆氏曰：有因适、莫而出位者，有因意、必、固、我而出位者，有溺于声色、货利而出位者,有拘于气禀、习俗而出位者,有志动气而出位者,有气动志而出位者。见之不明,则不能不出;守之不固,则不能不出。是必有居敬之功,然后心专一而不出;有穷理之功,然后心精明而不出。惟于事理恰当,无丝毫过、不及,方为思不出位。后儒有谓天下事皆吾分内事,皆当研究,非此章所谓思。又有谓心即位,以此心动而无动为不出位,亦非此章所谓思也。

子曰:"君子耻其言而过其行。"

朱《注》:"耻者,不敢尽之意。过者,欲有余之辞。"或曰耻言过其行,犹耻躬不逮之义,盖谓言必顾行也。当以后说为长。

子曰:"君子道者三,我无能焉:仁者不忧,知者不惑,勇者不惧。"

仁、知、勇,夫子得其全矣,而云"无能"者,盖仁、知、勇无止境,不忧、不惑、不惧,愈进而愈深细,此圣人望道未见之意也。曰"无能"者,犹欲发愤以进于能也。陆氏曰:"道体无尽,圣人未尝自见其有余,故子臣弟友,则曰'未能';学不厌,诲不倦,则曰'何有于我';此章则曰'我无能焉',皆实见其分量之无穷,而有歉然不自足之心,非自见其能,而故为谦辞也。"

子贡曰:"夫子自道也。"

朱《注》:"道,言也。自道,犹云谦辞。"盖子贡于仁、知、勇亦常致力,见夫子之已得其全,故云尔,非虚言以誉之也。陆氏曰:"此犹公西华言'正唯弟子不能学'之意。盖夫子之自责,即以勉人,当日圣门高弟,闻夫子之言,亦无不思自勉也。"

子贡方人。子曰:"赐也贤乎哉? 夫我则不暇。"

比方人物,而较其短长,知人之学,亦圣门所重也。然知人必先自镜,乃能确得其浅深高下,而无所差失,故夫子赞子贡优长于此,而复恐其自治之疏,特自反以教之。俗解夫子有贬之之意,夫贬则可直言告之矣,故曲其言,恐非圣人语气。

子曰:"不患人之不己知,患其不能也。"

盖患己之无能也。圣人所以重言之者,益见己无所能,而求知于人之可耻耳。邹氏曰:"学以求能,乃为己之实功。若谓求能以为人知地,则犹是患人不己知之心也。"

子曰:"不逆诈,不亿不信,抑亦先觉者,是贤乎!"

先觉有二义:一则出于天资,一则由于阅历。诚则明矣,明则诚矣。谢氏曰:"贤者于事,能见之于微,谓之先觉,如履霜可以知坚冰也。此亦谓事有朕兆而觉之也。几者动之微,知几则先觉也。"李氏曰:"《易》言'恒易以知险,恒简以知阻',易者险之反,简者阻之反,以险阻遇险阻,则必不能知险阻,而亦无以处险阻者。惟易简则知险阻,而有以处之矣。若无易简之德,而徒曰'无贰''无虞'云者,使其果能息机忘物,犹未足为贤也。"二说均精。

微生亩谓孔子曰:"丘何为是栖栖者与? 无乃为佞乎?"

黄氏曰:"亩简默不谈时务,以孔子为侈于辞也。"

孔子曰:"非敢为佞也,疾固也。"

固,执一而不通也。执一不通,足以惑人心、锢风气,圣人所深恶,所以斳斳然不惮口舌之劳者,无非欲开当世之闭塞也。盖天下多空言无实之士,固足偾事;而天下多不辨是非之士,亦足害道。此孔子所以斥微生亩,而孟子所以辟陈仲子也。

子曰:"骥不称其力,称其德也。"

盖慨世之不尚德而尚力也。《易传》曰:"牝马地类,行地无疆,柔顺利贞。"以骥之任重致远,尚以柔顺为德,士君子处末世,岂可以尚才力乎? 曰"称其德",见用人者当以德为提倡也。

或曰:"以德报怨,何如?"

德，谓恩惠。老子《道德经》曰："大小多寡，报怨以德。"或人之言，盖即本此。

子曰："何以报德？

《礼记·表记》篇曰："以德报怨，则宽身之仁也。以怨报德，则刑戮之民也。"宽身之仁，太过而不免矫情；穷理之学，要在审轻重厚薄，人之有德于我者，将何以报之？盖难乎为继也。

以直报怨，以德报德。"

《表记》又曰："以德报德，则民有所劝。以怨报怨，则民有所惩。"盖以德报怨，不免匿怨，其弊也伪；以直报怨，则发于至诚而无所隐矣。若人之有德于我者，报之轻重，适得其宜，斯心安而无所愧。朱《注》谓："此章之言，明白简约，而其指意曲折反复，如造化之简易易知，而微妙无穷，学者所宜详玩也。"愚谓：此即圣人中庸之德，天叙、天秩，皆原于此。末世人情，或失之过厚，或失之过薄，皆当以中道矫正之，庶人心定而序不乱。

子曰："莫我知也夫！"

黄氏曰："此叹道之终不行也。"下数章以类骈叙。

子贡曰："何为其莫知子也？"子曰："不怨天，不尤人，下学而上达，知我者其天乎！"

黄氏曰:"下学,删订赞修之事。上达,所学通于天也。圣人删订赞修,惓惓斯道之心,上通于天,而天自知之。《汉书·儒林传》言孔子以圣德遭季世,知言不用,于是序《书》、称《韶乐》、论《诗》、缀《周礼》、成《春秋》,晚而读《易》。下即引经'述而不作,信而好古',及此经'下学而上达'以证之,是汉师相传如此。"愚案:此章当与"古之学者为己"及"不患人之不己知"章参看,亦与《中庸》末章自"闇然日章"推及于"上天之载"同义。盖不怨不尤,下学上达,即"不求人知"之学,《易》之所以言"潜"也。曰"知我者其天乎",更见道德高深,不必求人知也。先儒解作有天独知之妙,又以两"天"字分气数、义理之天,似均未安。

公伯寮愬子路于季孙。子服景伯以告,曰:"夫子固,有惑志于公伯寮,吾力犹能肆诸市朝。"

夫子,指季孙。"固"字当绝句,谓窒塞也。惑志,言信谗也。肆,陈尸也,言欲诛寮于市朝,以暴其罪。

子曰:"道之将行也与,命也;道之将废也与,命也。公伯寮其如命何!"

莫之致而致者,命也。盖子路忠信明决,愬之非易,寮必为肤受之愬,谓夫子得志于鲁,将不利于季孙,以尼子路者尼夫子,而季孙惑之,则夫子亦不安于鲁矣。朱子谓此事在堕三都、出藏甲之时,其说信然。故夫子慨道之不行，实由于命，而非寮之所能为也。曰"公伯寮其如命何"，其乐天知命之诚溢于言外矣。

子曰："贤哉辟世，

朱《注》："天下无道而隐，若伯夷、太公是也。"或以沮溺辟世当之，亦可。

其次辟地，

朱《注》："去乱国，适治邦。"

其次辟色，

朱《注》："礼貌衰而去。"

其次辟言。"

朱《注》："有违言而后去也。"愚案：《易·遯卦》五爻之《象传》曰："嘉遯贞吉，以正志也。"遯即辟也。然有所辟，即有所就，《易·节卦》初爻之《象传》曰："不出户庭，知通塞也。"二爻《象传》曰："不出门庭，凶，失时极也。"辟与就皆当合乎时，故孟子言"所就三，所去三"，而言孔子之仕道亦有三。盖道不行而不去，固不可也，然士君子若以不仕为宗旨，则天下事谁与任之乎！

子曰："作者七人矣。"

朱《注》："作，起也。言起而隐去者，今七人矣。"或曰七人，谓长沮、桀溺、丈人、晨门、荷蒉、仪封人、楚狂接舆，或曰即逸民七人。实则皆无所考，不必数其人以实之。并有解"作"为"著作"，以七人为尧、舜、禹、汤、文、武、周公，与上下章意不洽，尤非。

子路宿于石门。晨门曰："奚自？"子路曰："自孔氏。"曰："是知其不可而为之者与？"

人不能与天争，圣人知其不可而为之，救世之苦心也，故子路曰"道之不行，已知之矣"。虽然，天将以夫子为木铎，道传于万世，即所谓"先天而天弗违"也。辅氏曰："贤者之视天下，有不可为之时，才力有限也。圣人视天下，无不可为之时，其道无所不可也。晨门自处于抱关，而能知圣人之用心，亦可谓贤者矣。"

子击磬于卫，有荷蒉而过孔氏之门者，曰："有心哉，击磬乎！"

有心哉，有心于当世也。《礼记·乐记》篇："凡音者，生于人心者也。"音以传心，圣人不忘天下之心，随时流露，荷蒉闻磬声而知之，亦可谓非常人矣。

既而曰："鄙哉，硁硁乎！莫己知也，斯已而已矣！深则厉，浅则揭。"

硁硁，言磬中之声也。斯已，当作"己"，言莫己知，则为己而已。或读作"已"字者，非。着衣涉水为厉，谓水深在带以上也。摄衣涉水为揭，谓水浅在膝以下也。言当因时之浅深而为之，不可徒自苦也，犹人皆浊何必独清之意。或曰深则濡水，浅则不濡水，言不必与世沾濡也。

子曰："果哉！末之难矣。"

果，如"行必果"之果，叹其果于忘世，言人之出处，若似"深则厉，浅则揭"，从俗浮沉，则天下事无所难矣。盖隐者之心，惟畏难而避难，故天下最多难事，圣人之所以道济天下者，惟在不畏难耳。或读"末之"为句，犹《阳货》篇"末之也已"，言吾安适归，天下事益复难矣，亦通。

子张曰："《书》云：'高宗谅阴，三年不言。'何谓也？"

《书》见《无逸》篇。谅阴，天子诸侯居丧，为凶庐，盖草，期年之后，翦草为垩室，皆取阴暗之义。三年，丧期也。不言者，不言政事也。

子曰："何必高宗，古之人皆然。君薨，百官总己以听于冢宰三年。"

天子死曰崩，诸侯死曰薨。百官总己，言百官总己之职事。冢宰,太宰也。百官总己之职事,听命于太宰,故君得以三年不言。此制盖始于唐虞之时,舜避尧之子,禹避舜之子,皆俟三年之丧毕,是三年之内,行冢宰之职而摄政也。周公相成王,沿用此制。春秋时或借听政而短丧,或政归权臣,终身不能自振,故夫子特发明之。

子曰:"上好礼,则民易使也。"

礼生于天叙、天秩,秩序明而上下之分定,是以易使。《易·履卦》之《大象传》曰:"君子以辨上下,定民志。"言履乎礼也。子游曰:"小人学道则易使。"道即礼也,故礼者所以为国本也。后世废礼而欲使民,难矣哉!

子路问君子。子曰:"修己以敬。"曰:"如斯而已乎?"曰:"修己以安人。"曰:"如斯而已乎?"曰:"修己以安百姓。修己以安百姓,尧舜其犹病诸?"

君子,谓在位者。修己以敬者,以敬修身也。修己以安人、安百姓者,以其修己之敬,推之而安人、安百姓也。修己、安人、安百姓,各有功夫,然必皆以敬为主。敬者,千圣百王之心法,彻始彻终者也。《礼记·曲礼》篇曰:"毋不敬,俨若思,安定辞,安民哉!"即此章功夫。《尧典》自"克明俊德"以至"黎民于变时雍",亦此章意义。病者,内疚于心也。惟自以为病,是以能安百姓。若稍有自足之心,则内有所不足矣。惟敬字功夫极难。陆氏曰:"整齐严肃,是敬之初基也。主一无适,是敬之无间断也。惺惺不昧,是敬之成功也。提撕警觉,是敬之继续也。若不能敬,虽日讲学问,日言事业,终于无主焉耳。"

原壤夷俟。子曰:"幼而不孙弟,长而无述焉,老而不死,是为贼。"以杖叩其胫。

原壤,孔子之友,老氏之流也。《礼记·檀弓》篇载其母死而歌,其天性之汩没可知。礼,尊客至,则趋以迎,降等之客立而待。壤见孔子来,不迎不立,而蹲踞以待,盖示其放旷也。述,称也,无德故无称也。贼,害人之名。放旷之流,以礼为束缚,不知恭敬之义,虚生于世,徒为风俗之害,后生佻达嚣薄之习,皆启于此,故夫子以杖击其胫而切责之。《诗》曰:"人而无礼,不死何俟。"东晋以后,高谈废礼,人心死而世运随之,学者读圣人之言,当可憬然返矣。

阙党童子将命。或问之曰:"益者与?"

朱《注》:"将命,谓传宾主之言。或人疑此童子学有进益,故孔子使之传命以宠异之。"姚氏曰:"阙党之人,使童子将命于孔子,盖其容有如成人者,故或疑为益者。"其说较长。

子曰:"吾见其居于位也,见其与先生并行也。非求益者也,欲速成者也。"

先生，谓先己而生，非谓师也。欲速成，欲速成人，即指居位、并行言，非谓学问欲速成也。盖童子欲表异于众，所以失礼耳。张氏曰："欲速成者，有躐等之意，无自卑之心，乌能以求益乎？物之生也，循序而生理达焉。若欲速成，反害其生矣。故圣门之学，先之以洒扫、应对、进退之事，所以长爱敬之端，防傲惰之萌，而使之循序以进也。"黄氏曰："礼之于人大矣。老者无礼，则足以为人害；少者无礼，则足以自害。夫子于原壤、童子，皆以是教之，述《论语》者以类相从，所以著人无老少，皆不可以无礼义也。"

宪问篇大义

《论语》文法，至《宪问》而一变，其迹似错杂，而其义实浑沦，谨就鄙见，诠次大义如左。

自"宪问"以下三章，皆原思所自记也。首章称名，次章不言问，可证也。原思，狷者也。夫子因其质而教之，故此三章，皆激厉心学之辞也。自"邦有道"以下四章，论言行与德、与仁，而南宫适之问为尤重。"君子哉若人！尚德哉若人！"嘉其不问天下之有道无道，而尚德之心不少懈也。"君子而不仁者有矣夫"，君子处无道之邦，则德行日退也；"未有小人而仁者"，亦指邦无道时而言也，风俗之陶冶可惧也。自"爱之能勿劳乎"以下，至"子路问事君"十六章，综论事君之大义，与春秋时之人才。曷谓忠？惟其能诲也，春秋时有能诲君于正者乎？郑子产其事上也敬，犹病未能也，惠人而已。管仲以下，殆等之自郐之无讥。"贫而无怨难"，承伯氏之无怨而言。孟公绰，赵、魏老耳，未足道也。"臧武仲之知，公绰之不欲，卞庄子之勇，冉求之艺"，成材之难如此。委质事君者，"见利思义，见危授命"，斯可矣。公叔文子乡党自好之士，武仲要君，虽智奚益！"齐桓公正而不谲"，赖有管仲以辅之。然而竖刁、易牙、开方之徒，不旋踵而起，仲其能始终诲君于正乎？犹病未能也。然则夫子曷为正桓公、仁管仲？曰：皆善善从长之义也。其许公叔文子，与夫仲叔圉、祝鮀、王孙贾，亦此义也。大臣之义，进思尽忠，退思补过，诲君之道，在我必有真实之学问，与夫真实之治术，而后可见诸施行。若其言不怍，是谓之欺。欺者，人臣之大戒也。司马迁曰："田常杀简公而相齐国，诸侯晏然弗讨，海内争于战攻矣。"故特大书之，以见君臣祸变之极，世风升降之原。而并记"子路之问事君"，以为万世忠君、诲君者法。自"君子上达"以下七章，皆进德修业之本。上达者，为己而志向于上也。下达者，为人而志趋于下也。修身寡过，伯玉可谓君子矣。位者，人之所当守也。守其位，而后能安其分。《大易》之训，凡居非其位者，皆凶、皆悔、皆吝，而其几皆自思出其位始，吾党之士，慎之慎之。"耻其言过其行"，"不忧""不惑""不惧"，又皆圣门之心学也。处世之道，贵精明而浑厚，自"子贡方人"以下六章，皆观人处世之法也。曰"夫我则不暇"，曰"患其不能"，皆求诸己也。然而不知人，则易为人所愚，故特补之曰："抑亦先觉者是贤乎？"疾固者，朱子《注》："固，执一而不通也。"执一而不

通,其败事与诈、不信者等,故其可恶,亦与诈、不信者等。"不称其力
称其德",论骥而实论人。至于"以直报怨",则又处世之方也。伤哉
圣人之欲辟世而不忍终辟也!自"莫我知"以下六章,皆伤不见用也。
"知我者其天乎!""公伯寮其如命何!"圣人之言,何其抑郁而无聊也!
肠一日而九回,何不改乎此度? 圣人时时怀辟世之志,而卒不忍舍此
世也。而尤恐作者之多,而助我之无人也。故特记晨门之言曰"知其
不可而为之者与",见其心未尝一日忘天下也。又因荷蒉之讽而叹之
曰:"果哉末之难矣。"圣人之言,何其抑郁而无聊也。伤哉莫我知也
夫! 道其终不行矣夫! 圣人用世,礼教为先,自"高宗谅阴"以下五
章,皆言礼也。"何必高宗",昔者成王幼,周公摄政行礼,亦如是也。
说筑傅岩,山野间尚有其人乎?"上好礼则民易使",周礼之废久矣,
圣人之志莫遂也。"修己以敬",敬礼之文也。"修己以安百姓",圣人
之志莫遂也。原壤夷俟,阙党童子居于位,与先生并行,皆坏礼者也。
坏礼者,礼教之罪人,一则将为贼民,一则将为无知之下士,皆圣人所
闵焉,而思救之者也。综而论之,存于己者曰"有耻",行于人者曰"有
礼",有耻与礼,而后能观人以处世,如是而尚德以终身,虽不见知而
不悔也。子曰:"知我者其天乎!"文治尝思之,重思之,且咏叹之。古
者禹奠九州,明德最远,当其世而有天下。后稷教民稼穑,树艺五谷,
当其世不有天下,历十余世而生文王、武王、周公,盖稷始创养民之道
者也。养民者,天终知之而不负之也。契为舜司徒,敬敷五教,教在
人伦,当其世不有天下,历五百年而生汤与伊尹,历再五百年而生孔

子,（孔子其先宋人。宋,殷之后也。）盖契始创教民之道者也。教民者,天终知之而不负之也。尼山木铎,为生民未有之奇。弦歌千秋,俎豆万世,尚德者若人乎？知我者其天乎？天亦岂终负之乎？然则吾夫子欲辟世而终不忍辟,与夫知其不可而为之之心,其亦可自慰矣乎？后世学者,其果能尚德乎？其何患无知我者乎？

卫灵公篇第十五

卫灵公问陈于孔子。孔子对曰："俎豆之事，则尝闻之矣。军旅之事，未之学也。"明日遂行。

陈，谓军师行伍之列。俎豆，礼器。万二千五百人为军，五百人为旅。子曰："临事而惧，好谋而成。"又曰："我战则克。"军旅亦圣人所学，但与不仁之君言，则礼学当先于兵事，否则更启其杀机矣。

在陈绝粮，从者病，莫能兴。

绝粮，乏食。病，因饥而病。兴，起也。孔子去卫，厄于陈、蔡之间，因无上下之交也。

子路愠见曰："君子亦有穷乎？"子曰："君子固穷，小人穷斯滥矣。"

滥，溢也。《易传》曰："困穷而通。"盖君子乐天知命，所以能穷而通，小人不知天命，所以穷而滥，滥则愈穷矣。黄氏曰："小人滥，反言以见君子耳。仲子有不耻敝袍之节，愠见只是心有不平，何至于滥！"

说极是。

子曰:"赐也,女以予为多学而识之者与?"

子曰:"君子博学于文。"又曰:"君子多识前言往行。"是多学而识,圣学入门之功也。

对曰:"然,非与?"

方信而忽疑,盖积学功至,亦将有所得,盖在闻性与天道之后也。

曰:"非也,予一以贯之。"

此一贯,指致知而言,与告曾子者不同。圣门之学,自博文入,由博反约,乃所谓一贯也。一贯者,以一理贯通之,即贯其所学而识者也。孟子曰:"博学而详说之,将以反说约也。"后人虽多学而识,而空谈一贯,乃以一贯为一心,以致所学入于虚渺,谬矣。

子曰:"由! 知德者鲜矣。"

德,谓天德,君子固穷,当求乐天知命之学。此章为愠见而发,犹因"不忮不求"而进以"何足以臧",盖圣门之进德无穷也。饶氏曰:"知在行先曰知道,知在行后曰知德。"亦备一义。

子曰:"无为而治者,其舜也与? 夫何为哉? 恭己正南面而

已矣。"

　　明盛之世，任官得其人，故舜无为而治。恭己，修己以敬也。正南面，正君位也。"夫何为哉"二语，盖后人求舜有为之迹而不可见尔，实则舜之恭己正南面，正所以审万事之几也。故《书》曰："惟几惟康。"又曰："惟时惟几。"又曰："兢兢业业，一日二日万几。"得其几，则万事理。《易传》言"黄帝、尧、舜垂衣裳而天下治"，承穷变通久言。《尚书》言翼为明听，承昭受申命言，其义可见。若如后世之尚清净，则天下适以多事矣。

子张问行。

　　行，通行于世。问行，犹问达之意。

子曰："言忠信，行笃敬，虽蛮貊之邦，行矣。言不忠信，行不笃敬，虽州里，行乎哉？

　　笃，厚也。蛮，南蛮。貊，北狄。二千五百家为州，五家为邻，五邻为里。忠信笃敬，虽蛮貊亦敬之；不忠信，不笃敬，虽蛮貊亦贱之。言行荣辱之枢机，学者可不慎哉！

立则见其参于前也，在舆则见其倚于衡也，夫然后行。"

　　朱《注》："其者，指忠信笃敬而言。参，言与我相参也。衡，轭也。言其于忠信笃敬，念念不忘，随其所在，常若有见也。"先儒说皆如此，愚谓:本经言参、言倚,或非因心见象,"其"字当即指行者而言。参前,见尊长之礼。倚衡,凭轼也,言其笃敬之至,《传》所谓"一命而偻,再命而伛,三命而俯"之意。如此之人,然后所行无窒碍也。

子张书诸绅。

绅,大带之垂者,长三尺。古圣人造书契,契用刀刊,书用笔录,《礼》言"史载笔",是古时已有笔。《说文序》"著于竹帛谓之书",即书于带上。或曰绅有囊,书而贮之,盖皆取其不忘也。

子曰:"直哉史鱼! 邦有道,如矢;邦无道,如矢。

《韩诗外传》:史鱼病且死,谓其子曰:"我数言蘧伯玉之贤,而不能进;弥子瑕不肖,而不能退。为人臣,生不能进贤而退不肖,死不当治丧正堂,殡我于室足矣。"卫君问其故,子以父言对。君造然召蘧伯玉而贵之,而退弥子瑕。生以身谏,死以尸谏,可谓直矣。

君子哉蘧伯玉! 邦有道,则仕;邦无道,则可卷而怀之。"

伯玉出处,合于圣人用行舍藏之道,故曰君子。两"则"字与《易传》"乐则行之,忧则违之"同。时当进则进,时当止则止,其品诣尚矣。

子曰:"可与言而不与之言,失人;不可与言而与之言,失言。

知者不失人，亦不失言。"

《易传》曰："同心之言，其臭如兰。"遇同志而不言，是无知人之明也。言轻则道卑，道卑则身贱，是有失言之辱也。知者有穷理之学，而能先觉，所以不失人、不失言者，惟在辨其可不可尔。如何而辨之？字义人言为信，凡其人之有信者，必其可与言者也；其人之无信者，必其不可与言者也。

子曰："志士仁人，无求生以害仁，有杀身以成仁。"

志士，忠节之士。仁人，仁德之人。曰求、曰害，其本心失矣。曰无、曰有，则其平时之观理审，临事之趋舍明矣。志士之杀身成仁，如不忘在沟壑，不避刀锯鼎镬，夷、齐、龙、比是也。仁人之杀身成仁，如御灾捍患，鞠躬尽瘁，以死勤事而不惜，大禹、周公是也。志士之成仁，完千秋之名节。仁人之成仁，立百世之宏功。故此章不仅为舍生取义言也。

子贡问为仁。子曰："工欲善其事，必先利其器。居是邦也，事其大夫之贤者，友其士之仁者。"

不曰"问仁"而曰"问为仁"，盖非言仁之体，而求所以为仁之方也。贤以事功言，仁以德行言。大夫尊，故曰"事"，士卑，故曰"友"。此不独切磋琢磨可以成德，盖居是邦而有大夫、士为之先导，则立人、达人之愿,自可次第而施,虽为器重,为道远,不难共底于成矣。

颜渊问为邦。

问为邦者,问圣人得位,以何道治邦也。《吕氏春秋·察今》篇:"治国无法则乱,守法而弗变则悖,悖乱不可以持国。世易时移,变法宜矣。"《吕览》此言,正颜子问为邦之意。门弟子问政者数矣,而夫子不与言三代损益,以非其任也。颜子则王者之佐,其庶几矣。

子曰:"行夏之时,

夏以建寅之月为岁首,盖见万物之生,以为四时之始。禹奠九州,以农立国,夏时最得春生夏长、秋收冬藏之宜。故《礼记》载孔子曰"吾得夏时焉"。

乘殷之辂,

辂,大车之名。周制,天子有五辂:一曰玉辂,二曰金,三曰象,四曰革,五曰木。五辂并多文饰,用玉辂以郊祭。而殷惟有三辂:一曰木辂,二曰先辂,三曰次辂,木辂最质素无饰。《礼记·郊特牲》篇曰:"乘素车,贵其质也。"郑《注》:"素车,殷辂也。"然则夫子之取殷辂,盖贵其朴素耳。

服周之冕,

朱《注》:"周冕有五,祭服之冠也,冠上有覆,前后有旒。黄帝以来,盖已有之,而制度仪等,至周始备。盖虽华而不为靡,文而得其中者也。"黄氏谓:"朱子言五冕者,《周官·弁师》文也。《司服》言大裘之冕、衮冕、鷩冕、毳冕、希冕、玄冕,凡六冕。《弁师》云掌王之五冕,依郑君《注》,冕六而言五,盖大裘之冕无璪,不联数也。夫子言乘殷之辂,则知日用器物,以质为贵,后世金玉之器,类失于奢。夫子言服周之冕,则知物之辨贵贱、昭文章者,不嫌华采,而后世紊乱无章之为失也。"

乐则《韶》《舞》。

圣德如天,而又得夔典乐,神人以和,故为尽善尽美。"舞",或作"武"。不言时代,盖兼采虞《韶》与周《武》之乐也。

放郑声,远佞人。郑声淫,佞人殆。"

放,谓禁绝之。《礼记·乐记》篇曰"郑音好滥淫志",故放之。许氏《五经异义·鲁论说》:"郑国之俗,有溱洧之水,男女聚会,讴歌相感。"故曰"郑声淫"。佞人,卑谄辩给之人。夫子曰恶佞,恐其乱义,佞人进,则颠倒是非而国危。以上数者,治天下之大经大法,尽于此矣。

子曰:"人无远虑,必有近忧。"

圣人之虑,常在十百世之远,千万里之遥,故其施惠及于后世。庸人之虑,在旦夕之间,跬步之顷,故其祸患发于须臾。孟子曰:"生于忧患,死于安乐。"无远虑,则自处于安乐,而忧患日近。

子曰:"已矣乎! 吾未见好德如好色者也。"

黄氏曰:"已矣乎者,望见心切,未见而未绝望之辞也。"愚案:《子罕》篇专指卫灵公而言,此则泛论以发叹也。

子曰:"臧文仲其窃位者与! 知柳下惠之贤,而不与立也。"

黄氏曰:"《易·泰卦》以三阴为小人,而曰小人道消者,谓三阴自知退避,得阳升阴降之义,是小人之能用君子者也。若忌君子而不荐举之,恐其立功而位必在己上,故曰'窃位'。"愚案:窃位即以蔽贤,孟子曰:"不祥之实,蔽贤者当之。"

子曰:"躬自厚而薄责于人,则远怨矣。"

君子以责人之心责己,然非不责人也,薄焉而已。此自修之德,非为远怨也,而怨自远。或曰远怨言心自寡怨憾也,亦通。

子曰:"不曰'如之何,如之何'者,吾末如之何也已矣。"

朱《注》:"如之何、如之何者,熟思而审处之辞也。不如是而妄行,虽圣人亦无如之何矣。"或曰如之何,犹言奈是何,夫子此言,盖鞭策学者之意。说较警切。

子曰:"群居终日,言不及义,好行小慧,难矣哉!"

朱《注》:"小慧,私智也。言不及义,则放辟邪侈之心滋;好行小慧,则行险侥幸之机熟。"愚案:夫子言"难矣哉"凡二,此章之外,又曰:"饱食终日,无所用心,难矣哉!"顾氏曰:"言不及义,好行小慧,南方之学者也。饱食终日,无所用心,北方之学者也。风俗如此,良可悯叹,惟在讲学者有以痛改之。"

子曰:"君子义以为质,礼以行之,孙以出之,信以成之。君子哉!"

陆氏曰:"此'义'字极细密,有万事之义,有一事之义,有常事变事之义,所以谓之质干。然义非可径情直遂也,故必礼以行之,使有节文,而无太过不及之弊。义又不可棱角峭厉也,故必孙以出之,使去矜张,而有从容和顺之美。又恐几微之间,须臾之顷,诚意或不贯彻,故必信以成之,使一言一动,莫非实心实理之流行,然后可谓之成。'君子哉'三字,非赞辞,言必如此,然后为君子也。"愚案:此章言处事之方,非论心术,故言义而不言仁,三"之"字均指义而言。或作层递解者,非。

子曰:"君子病无能焉,不病人之不己知也。"

病,内疚也。君子但病无德无才,不病人之不知己,惟病无能,而后本心可以无病。若病人之不己知,则成心病,而品日坏矣。

子曰:"君子疾没世而名不称焉。"

《孝经》曰:"立身行道,扬名于后世。"令闻广誉施于身,贵有其实也。若没世而名不称,则是未尝有其身也。未尝有其身,是未尝有其亲也,虚生于天地之间,故疾之。黄氏曰:"富贵,荣名也。不义之富贵,污名也。圣贤,令名也。貌托乎圣贤,伪名也。然则令名可不修哉?"或解不称为名不称实,亦通,惟与《史记·孔子世家》及《伯夷列传》所引,义有未合。

子曰:"君子求诸己,小人求诸人。"

此亦为己、为人之意。君子无所求于人也,惟求在我之学而已。小人反是。谚有之:"求人不如求己。"求己而德益修,求人而心益鄙也。杨氏谓:"君子虽不病人之不己知,然亦疾没世而名不称也。虽疾没世而名不称,然所以求者,亦反诸己而已。"三章义实相贯。

子曰："君子矜而不争，群而不党。"

黄氏曰："矜者，持己方正也。争者，与人竞辨也。群者，虚己取善也。党者，助人匿非也。四者分，人品见矣。"愚案：争与党，皆足以致祸，惟穷理之精，故处之合乎中庸之道，所谓不戾乎世俗，不杂乎世俗，阳刚阴柔，皆得其善者也。

子曰："君子不以言举人，不以人废言。"

《书》曰："敷奏以言。"夫子曰："不知言，无以知人也。"人与言本合而为一，自世衰道微，表里相违，而人与言遂分为二。不以言举人，不以人废言者，阅历之深，因公生明，惟明乃愈公也。

子贡问曰："有一言而可以终身行之者乎？"子曰："其恕乎！己所不欲，勿施于人。"

《韩诗外传》曰："己恶饥寒，则知天下之欲衣食也。己恶劳苦，则知天下之欲安佚也。己恶衰乏，则知天下之欲富足也。"此皆所谓恕也。本经专言所不欲者，盖克己之功，以不欲者为尤急，言所不欲，而所欲者可推也。犹《大学》絜矩之道，言所恶，而所好者可推也。终身不能尽，行之无已时也。又案：此篇第二章，由多学而识造于一贯，乃致知之事；此章由忠恕亦造于一贯，乃力行之功。

子曰:"吾之于人也,谁毁谁誉? 如有所誉者,其有所试矣。

陆氏曰:"毁誉正与直道相反,天下有毁誉,天下无直道矣。是曰是,非曰非,此直道也。过其实,损其真,此毁誉也。毁誉不必尽是私意,有疾恶太严而流为矫激者,即毁也;有崇奖情殷而谬为许可者,即誉也。毁誉行则失其是非之本心,祸害有不可胜言者,夫子所以绝之。然又曰'如有所誉,其有所试'者,则善善长而恶恶短之意。苏氏所谓'仁可过而义不可过也'。"

斯民也,三代之所以直道而行也。"

陆氏曰:"禹、汤、文、武谟烈尚存,无一非荡平正直之行。何也? 此道本乎天,率乎性,人人之所共有,即昏愚邪妄之徒,拘于气禀,蔽于物欲,而此道未尝不在,感之即觉,故三代皆不敢易,今安得而易之哉? 此夫子不敢以生知安行自处,而托于三代,亦述而不作之意也。"愚案:此章即夫子作《春秋》之志。《春秋》辨是非,善善恶恶,无非直笔,乃所谓直道之书,存三代之公义者也。而夫子属望斯民之意,隐然溢于言外矣。

子曰:"吾犹及史之阙文也。有马者借人乘之,今亡已夫!"

及,及见也。古之良史,于文义有疑则阙之,不敢臆造是非也。"有马借人乘"者,谓与朋友共敝之而无憾也。"今亡已夫",叹是非之淆乱,而情谊之日衰也。或曰《周礼》保氏教六艺,四曰五驭,五曰六书,御与书同在六艺。古制书必同文,史阙文者,言必遵修旧文,而不诡更正文也。凡有马而借人乘习,使之调良,所以期于善御,乘者有一定之法,故车能同轨。夫子见六艺将废,故叹之。

子曰:"巧言乱德。小不忍则乱大谋。"

乱德者,变是非;乱谋者,昧小大。小不忍,非必尽出乎己也,亦有为人所掣肘者。乱德、乱大谋,天下从此乱矣。惟君子德性坚定,乃能不为外物所乱,而世道以治。

子曰:"众恶之,必察焉;众好之,必察焉。"

人之好恶,不可即以为是非也。叔季之世,有好恶而无是非,众好众恶,或出于党同之见,故必察其是非之所在。孟子曰:"国人皆曰贤,然后察之;国人皆曰不可,然后察之。"二者盖知人之要领,政治之大纲也。

子曰:"人能弘道,非道弘人。"

弘,廓而大之也。《中庸》曰:"大哉圣人之道!待其人而后行。苟不至德,至道不凝焉。"盖道为虚位,惟圣贤乃能凝聚而扩充之。尊德性,致广大,极高明,皆弘道之功也。若谓道可弘人之名,则大误矣。张子《正蒙》谓："心能尽性，人能弘道也。性不知检其心，非道弘人也。"此别一义。

子曰："过而不改，是谓过矣。"

"过而能改，则复于无过；惟不改，则其过遂成，将不及改矣。"黄氏曰："《集注》劝戒互说。改过者，天地所必容，圣贤所不绝。不改，则终为小人耳。"

子曰："吾尝终日不食，终夜不寝，以思，无益，不如学也。"

"思而不学则殆"，思与学相辅而行，思即思其所学也。此章为思而不学者言。无益者，恐其入于明心见性之途，而堕于杳冥昏默之际也。后世学者，讲求良知，专务不思而得，岂圣门之学哉？

子曰："君子谋道不谋食。耕也，馁在其中矣；学也，禄在其中矣。君子忧道不忧贫。"

耕，所以谋食，而凶荒时至，未必得食。学，所以谋道，而名实相孚，乐在其中。然其学也，有不得乎道而已，非为忧贫之故，而欲为仕以得禄也，故再以"忧道不忧贫"申言之。此一折语意极重。陆氏曰："谋以事言，忧以心言。择善固执，所以谋之也。择焉而惟恐其执之不精，执焉而惟恐其执之不固，所以忧之也。此'谋'字中包'格致'

'诚正'之学。此'忧'字中有'戒慎''恐惧''常目在之'之意。心在忧道，自无暇及于食。"或曰治生为急，亦谋食之义，不知治生乃道中之事。此谋食盖指干禄而言，其立心行事，迥不同也。

子曰："知及之，仁不能守之，虽得之，必失之。

黄氏曰："此章言治民之道。以知得民，以不仁失民，残刻之害为大。《武王践阼》记曰：'以仁得之，以仁守之，其量百世；以不仁得之，以仁守之，其量十世；以不仁得之，不以仁守之，必及其世。'"语意略同。以后世之事言之，如秦政是也。

知及之，仁能守之，不庄以涖之，则民不敬。

有孝慈长厚之质，而不能临之以庄，则民有轻佻之行，而慢易其上。以后世之事言之，如汉文帝之仁厚而好清静无为是也。

知及之，仁能守之，庄以涖之，动之不以礼，未善也。"

动之，动民也，鼓舞之意。为治不徒尚法，必本于天叙、天秩，乃为至善，此《大学》之"作新民"，所以无所不用其极。以后世之事言之，如唐太宗之能知、能仁、能庄，而不能媲三代之隆者，不以礼也。此章陆氏谓知及是格物致知事，仁守是诚意正心事，庄涖、动礼则修齐治平事，《大学》功夫皆在其内。李氏谓知及、仁守，道之以德也；庄涖、动礼，齐之以礼也。《中庸》既言知仁勇以修身，而知所以治天下国家，又曰"齐明盛服，非礼不动"，而列于九经之首，内外相须，本末乃备。语皆精密。惟章内十一"之"字，皆以民言。先儒有以学政分说者，非也。

子曰："君子不可小知，而可大受也。小人不可大受，而可小知也。"

黄氏曰："君子大受，则修齐治平，外内合一，而王化行矣。小人小知，则吏事文章，各尽专长，而群策举矣。"愚案：司马氏曰："德胜才谓之君子，才胜德谓之小人。"可不可，必详审德与才之大小，而后用得其当。若不善用之，则两失其宜，而颠倒差谬矣。是故人与事相称，然后天下之事平。

子曰："民之于仁也，甚于水火。水火，吾见蹈而死者矣，未见蹈仁而死者也。"

民非水火不生活，水火与仁，皆民所仰而生者也。但水火不过所以生之具，而仁乃所以生之理，故曰"甚于水火"。《礼记·表记》篇曰："水亲而不尊，火尊而不亲。"水足溺人，火足焚身，故曰"水火吾见蹈而死"。若仁则乾元生生之德，正所以自生而生人，岂有蹈而死者乎？圣人哀人之心死，故言之迫切如此。或曰杀身成仁，即蹈仁而死，不知此章乃言其常，杀身成仁乃言其变，且成仁则虽死而犹生，其生理历千古而犹存也。

子曰:"当仁,不让于师。"

曾子曰:"仁以为己任,不亦重乎!"当者,任也。当仁,指为善之大者而言。仁与让相因,而有时不让,正所以为仁。此章夫子为门弟子而发,盖凡事宜承师命,若当仁,则宜闻斯行之矣。或曰师,众也。不若解作师长之亲切。

子曰:"君子贞而不谅。"

《易传》曰:"贞,正也。君子贞固足以干事。"务其大者远者,不若匹夫匹妇之为谅。然益者三友,以直、谅并列,盖大人之言不必信,行不必果,当自必信、必果始。有子曰:"信近于义,言可复也。"此盖原本于穷理之学,然后处之得其宜,否则导人以不信矣。说见《孟子大义》"君子不亮"章。

子曰:"事君,敬其事而后其食。"

后,与后获之后同。食,禄也。事与食相称,而后于心无愧。然与其使食浮于事也,宁使事浮于食。要知圣人所深戒者,不徒在慢君事而谋厚禄也。若以办事之多寡大小,与得禄之厚薄,营营相较,已非君子之居心矣。

子曰："有教无类。"

种类因地域而分，气类因风俗而异，然人性皆善，圣人施教，既因乎地质之宜，复矫乎风俗之变，是以人性皆复于善，而无品类之殊矣。《易传》曰："君子以教思无穷。"盖兼君德、师道而言也。

子曰："道不同，不相为谋。"

孟子论伯夷、伊尹、柳下惠："三子者不同道，其趋一也。"与此异义。盖君子之为道虽不同，而卒归于一。若小人之道，与君子如冰炭之不相入，决不能相为谋也。黄氏亦谓君子与君子，有时意见不同，行迹不同，而卒能相谋者，其道同也。此言道不同，指异端小人之贼道者而言。

子曰："辞达而已矣。"

辞以立诚为基，以有序为主。达者，如水之穷源竟委，此圣门修辞学也。《孟子》曰："不以文害辞。"文与辞为二事，不可强合。先儒谓辞"不以富丽为工"，浑文、辞为一，恐未是。

师冕见，及阶，子曰："阶也。"及席，子曰："席也。"皆坐，子告之曰："某在斯，某在斯。"

《礼记·少仪》篇曰："其未有烛而后至者，则以在者告，道瞽亦然。"是礼宜如是也。乐师必有乐工随之,而夫子告之者,疑乐工当止于阶下也。

师冕出。子张问曰:"与师言之道与?"

朱《注》:"圣门学者,于夫子之一言一动,无不存心省察如此。"

子曰:"然。固相师之道也。"

本经曰:"危而不持,颠而不扶,则将焉用彼相矣?"《荀子·成相篇》曰:"人主无贤,如瞽无相何伥伥。"相师自有其道。张子《西铭》曰:"天下之疲癃残疾,皆吾兄弟之颠连而无告者也。"身有废疾者,固当相之。心有废疾者,相之又当何如? 则由相师之道推之,胞与之怀,治平之德,皆在是矣。

卫灵公篇大义

登泰山而小天下,始知其峰之崔巍也。涉东海而观其澜,始知其源之浩渺也。立竿而见景,爰名之曰标;测水而望平,始定之曰准。夫圣人万世之标准也,言有道,行有道,为学有道,治心有道,处世有道,以及观人接物,洪纤巨细,莫不有道。道者,标准也。读《卫灵公》一篇,如游森林,众干毕露;如泛巨舟于海,可用以作指南。吁! 奇矣哉! 不对军陈之问,"在陈绝粮",君子立气节之标准也。多识一贯,此一贯指致知而言,由博求约之标准也。"知德者鲜",承"君子固穷"

而言。无为而治,论治道得人之标准。"言忠信,行笃敬,行州里",行蛮貊之标准。邦有道、无道如矢,直者之标准。可仕、可怀,君子之标准。不失人,不失言,与人出言之标准。"无求生以害仁,有杀身以成仁",志士仁人之标准。事贤、友仁,居邦之标准。"行夏之时"数事,为邦之大标准,心术安危之几也。"人无远虑,必有近忧""好德如好色",居心之标准。臧文仲窃位,为居高位者戒,在位者反观之标准。"古之君子,其责己也重以周,其待人也轻以约。"甚矣! 当世责人之多,而怨气为之充盈也。"躬自厚而薄责于人",平心之标准,进德之标准,尤为处乱世之标准。"不曰如之何""言不及义",处事求学者反观之标准。"义以为质"数者,君子制行之标准。"老冉冉其将至,恐修名之不立",己则无能,而求诸人,至于"没世而名不称",悔何及也! 君子所求者,非一时之名,乃千秋万世之名,是为君子立名之标准。"矜而不争""不以言举人",君子处社会在朝廷之标准。"强恕而行",求仁之标准。"直道而行""史阙文""马借人",论人论世之标准。"巧言乱德""小不忍",言语心术之标准。好恶必察,观人之标准。弘道、改过,修己之标准。正学以实不以虚,为学而堕于玄虚,则明心见性之说得以乘之,不可也。思不如学,为学之标准,不入于歧途也。学问当时存不足之志,境遇当时存知足之心。求道而忧贫,则委琐龌龊之见得以乘之,尤不可也。谋道不谋食,忧道不忧贫,处境之标准,无慕乎外诱也。知及、仁守、庄涖,又必动之以礼,而后可成唐虞三代之治,是论治之大标准也。"君子不可小知而可大受,小人不可大受而可小知",用人之大标准也。圣人在位,士无弃材也,"民之于仁,甚于水火",教民之大标准也。尧舜之世,比户可封也。"当仁不让",体仁之标准。"贞而不谅",干事之标准。敬事后食,事上之标准。"有教无类",立教之标准。"道不同不相为谋",卫道之标准。"达而已矣",修辞之标准。及阶言阶,及席言席,及坐告"某在斯",相师之标准,曰"固相师之道也",而全篇之义始明。道者,标准也。全篇皆道,全篇皆标准也。万事皆道,万事皆标准也。凡学者学圣人之道,必先立一标准,勉勉焉以望之,孳孳焉以赴之,而后可以几于圣人。夫求标准者,读《论语》而已矣,读《卫灵公》篇而已矣。先儒尝谓人之初生,知有父母而已。及其少长,征逐忘返,遂与父母渐疏。终身慕父母者,虞舜一人而已。人之初学,知有《论语》而已。及其既长,博习忘返,遂与《论语》日疏。终身读《论语》者,朱子一人而已。反复此言,何其亲切诚挚若此也! 然而学者苟浮慕焉,虽明明标准在前,无益也。

季氏篇第十六

季氏将伐颛臾。

颛臾,伏羲之后,风姓之国,本鲁之附庸,当时臣属鲁。季氏贪其土地,欲伐而取之。

冉有、季路见于孔子曰:"季氏将有事于颛臾。"

有事,有兵革之事也。皇《疏》引蔡氏曰:"二子并以王佐之资,岂有不谏季孙以成其恶? 所以同其谋者,将有以也。量己揆势,不能制其悖心,故欲得大圣之言以救之也。"

孔子曰:"求! 无乃尔是过与?

先儒谓季氏伐颛臾,夫子疑冉有教之。黄氏谓不必教之,已可责。

夫颛臾,昔者先王以为东蒙主,且在邦域之中矣,是社稷之臣也,何以伐为?"

朱《注》："东蒙,山名。先王封颛臾于此山之下,使主其祭,在鲁地七百里之中。社稷,犹云公家。孔子言颛臾乃先王封国,则不可伐;在邦域之中,则不必伐;是社稷之臣,则非季氏所当伐也。"

冉有曰:"夫子欲之,吾二臣者,皆不欲也。"

朱《注》："夫子,指季孙。冉有实与谋,以夫子非之,故归咎于季氏。"

孔子曰:"求!周任有言曰:'陈力就列,不能者止。'危而不持,颠而不扶,则将焉用彼相矣?

陈,布也。列,位也。言当展布其才力,度己所任,以就其位,不能则当去也。相,瞽者之相,为相者不能持危扶颠,安用相为?见为人臣者,当量而后入,相瞽且有扶持之责,况相国乎?责二子之不能力谏也。

且尔言过矣,虎兕出于柙,龟玉毁于椟中,是谁之过与?"

或曰:虎兕出于柙,喻兵擅用于外也;龟玉毁于椟中,喻仁义废于内也。黄氏谓虎兕喻季氏,龟玉喻颛臾。是谁过者,折其皆不欲之说也。

冉有曰:"今夫颛臾,固而近于费。今不取,后世必为子孙忧。"

此恐系季氏之说，而冉有述之耳。

孔子曰："求！君子疾夫舍曰欲之而必为之辞。

欲之，谓欲其利。言舍欲利之说，而更作巧辞，天下贪者往往如此，所谓借端以借口也，故君子疾之。

丘也闻有国有家者，不患寡而患不均，不患贫而患不安。盖均无贫，和无寡，安无倾。

李氏曰："不患寡而患不均，不患贫而患不安，语意盖云：与其不均宁寡，与其不安宁贫也。夫一物而众分之，乌得不寡？然寡非所患，患其分之不均，虽欲守其寡而不可得耳。寡之又寡，必至于贫，然贫犹非所患，患其势之不安，虽欲守其贫而不可得耳。夫子又释其意，以为均虽不能无寡，然皆少有得焉，则己无贫矣。况均则必无不平之争，其势自和，和则有相通相济之谊，并可无寡矣。如是则必安，安则无论不寡不贫也。虽或寡而至于贫，然衅孽消而根本固，必不至于倾矣。此有国家者之常理，即以一家兄弟验之可见。"愚案：圣人引古语以释之，所以止季氏之覆鲁也。

夫如是，故远人不服，则修文德以来之，既来之，则安之。

李氏曰："远人非指颛臾，正对颛臾在邦域之中而至近者言之，言虽有远人不服，宜乎可以动干戈矣。然犹且来之以文德，况如颛臾之在邦内乎？"愚案：来，归附也；安，教养之使得其所也。

今由与求也，相夫子，远人不服，而不能来也；邦分崩离析，而不能守也；

　　或谓《左传》哀公元年、二年、三年、六年、七年，迭言伐邾，是远人当指邾而言，亦可备一义。分崩离析，言破坏也。谓其时四分公室，季氏取二，孟孙、叔孙各取其一，上下相猜，不能守其邦也。

而谋动干戈于邦内。吾恐季孙之忧，不在颛臾，而在萧墙之内也。"

　　萧之为言肃也；墙，谓屏也；君臣相见之礼，至屏而加肃敬，故谓之萧墙。言不均不和，祸将起于君臣之间，其后哀公果欲以越伐鲁而去季氏。

孔子曰："天下有道，则礼乐征伐自天子出；天下无道，则礼乐征伐自诸侯出。自诸侯出，盖十世希不失矣；自大夫出，五世希不失矣；陪臣执国命，三世希不失矣。

　　天子作礼乐，专征伐，此盛世之事也。春秋隐、桓以下，政在诸侯；僖、文以下，政在大夫；定、哀以下，政在陪臣。执国命，则国命不能出国门一步矣，故不言"礼乐征伐自陪臣出"也。齐自僖公小霸，桓公合诸侯，历孝、昭、懿、惠、顷、灵、庄、景凡十世，而陈氏专国；晋自献公启疆，历惠、怀、文而代齐霸，又历襄、灵、成、景、厉、悼、平、昭、顷而公族复为强臣所灭,凡十世。鲁公山不狃及身而出奔;南蒯为南遗之子,二世而出奔;阳氏为季氏家臣,至虎三世而出奔,其弟阳越死于乱。盖圣人所言世数,虽曰人事,亦天道之当然也。

天下有道,则政不在大夫。

政在大夫者,若季氏之不议政于公朝而议于私室是也。能正朝廷以正百官,则大夫岂有擅权之弊?

天下有道,则庶人不议。"

《尚书》曰:"谋及庶人。"庶人议政,正天下有道之事,而夫子云然者,盖庶人有凡民与在官之别,《洪范》所言庶人,在官者也。夫子所言庶人,凡民而非在官者也。凡民无政治之学识,倘概欲参议国政,则秩序淆而天下乱矣。此章上溯成、康遗规,中慨私家专政,末惄横议朋兴,春秋将变为战国,感慨深矣。

孔子曰:"禄之去公室五世矣,政逮于大夫四世矣,故夫三桓之子孙微矣。"

禄去公室,谓爵禄之柄不从君出也。鲁自文公薨,宣公立,而君失其政,历成、襄、昭、定凡五世。自季武子始专国政,历悼、平、桓、子凡四世,而为家臣阳虎所执。三桓,桓公之子、庄公之弟公子庆父、公子牙、公子友也。仲孙,庆父之后,又称孟氏;叔孙,公子牙之后;季孙,公子友之后也。微,衰微。盖窃政柄者,上陵其君,下夺其民,其子孙必至于式微也。连读三"矣"字,圣人伤鲁之心甚矣。

孔子曰:"益者三友,损者三友。友直,友谅,友多闻,益矣。友便辟,友善柔,友便佞,损矣。"

李氏曰:"三者各由浅而深。友直但足以闻吾过,友谅则有以进吾德,友多闻则有以广吾学也。友便辟,但相习以文貌;友善柔,则相护其过非;友便佞,又相诱以机变也。似不必两下对说。"愚案:便辟者,习般旋退避之容,所谓足恭也。善柔,谓面柔,所谓令色也。便,辩也;佞而辩,所谓巧言也。《礼记·冠义》:"成人之道,在于正容体、齐颜色、顺辞令。"三者适与之相反。此章所谓损益,兼指品行学问而言。

孔子曰:"益者三乐,损者三乐。乐节礼乐,乐道人之善,乐多贤友,益矣。乐骄乐,乐佚游,乐宴乐,损矣。"

李氏曰:"三者亦由浅而深。乐节礼乐,则有悦学之志;乐道人之善,则有公物之心;乐多贤友,则日有进德之效矣。(效)[乐]骄乐者,其志始荒;乐佚游者,荒而荡;乐宴乐者,荡而溺且昏矣。亦似不必两下对说。"愚案:此章损益,判于敬肆而已。节礼乐,出于敬,道人之善、多贤友,则敬而和。骄乐、佚游、宴乐三者,皆出于一心之肆,《曲礼》言"毋不敬",而又言"敖不可长"四者,皆所以收其放心也。故此损益,当指心性而言。

孔子曰:"侍于君子有三愆:言未及之而言,谓之躁;言及之而不言,谓之隐;未见颜色而言,谓之瞽。"

胡氏曰:"言贵乎时中。躁者先时而过乎中,隐者后时而不及乎中,瞽者冥然不知所谓中者也。"愚案:躁者阳刚之过,隐者阴柔之过,谓隐匿而不尽情实,是更以不言卙之矣。瞽者,无知识者也。谨言语应对,亦《曲礼》之意。

孔子曰:"君子有三戒:少之时,血气未定,戒之在色;及其壮也,血气方刚,戒之在斗;及其老也,血气既衰,戒之在得。"

黄氏曰:"《乐记》云'民有血气心知之性',性之善,心知之静而正也。血气之粗驳者,君子不敢借口于性而必戒之也。血气中有嗜欲,好色、好斗、好得,因之以生,然污者能言洁,争者能言让,贪者能言廉,凡人犹明于此,君子亦以学问扩充其心而已。"愚案:戒者以理胜气,而其端在一念之微。君子之所以为君子,不过能忍于须臾之间耳。此章语意似浅,然人生于色、斗、得三者,终身不失足,亦可以为成人矣。

孔子曰："君子有三畏：畏天命，畏大人，畏圣人之言。

天命者，所以彰善瘅恶，知其可畏，则有以奉若之而顺天休命矣。大人，国宪所出。圣言，经典所传。皆所以长民辅世者，故当致其敬畏之意，不敢慢肆而诬罔之。君子终日乾乾，无事不敬畏也，而三者为尤大。

小人不知天命而不畏也，狎大人，侮圣人之言。"

不知天命，不知福善祸淫之理，而以为不足凭，故至于无忌惮也。狎，近习奔走也。侮圣言者，轻侮陵侮，破析之而乱民改作也。如此之人，未有能免于祸者。

孔子曰："生而知之者，上也；学而知之者，次也；困而学之，又其次也。困而不学，民斯为下矣。"

民斯为下，下愚是也。生知、学知、困知，及其知之，一也，惟下愚则不可教诲矣。此章非泛论气禀，盖专为困而不学者警尔。不学有二等：或不通而自以为能通，所谓自暴是也；或知其不通而不求通，所谓自弃是也。曰"民斯为下"，可哀哉！

孔子曰："君子有九思：视思明，听思聪，色思温，貌思恭，言思忠，事思敬，疑思问，忿思难，见得思义。"

李氏曰："九思杂发于日用之间,圣人言之,盖自有序。耳目之官,不思则蔽于物,虽欲用其存养省察之功,不可得也,故视听居首。外诱既防,则应物者不可不慎,故色貌言事次之。此六者皆所以闲邪存诚,涵养之事也。至于问辨而不蓄疑,惩忿窒欲而不迷于利害之机,则又穷理修身之要,为学之至切者,故以是终焉。《洪范》以思列于五事之中,夫子则以思贯于九者之内,盖视听言貌,虽与心相对,而莫非心之所为也,故《孟子》初以大体、小体并举,后乃以思为主,而曰'思则得之',其深得《洪范》《论语》之意者与!"愚案:九思功夫,由浅入深,即以视听言之,其不聪不明者,固无足论,即能思矣,而其为聪为明者,亦万有不齐也,故思以愈进而愈细。此章又与《玉藻》九容相表里,兼动静,该内外,随时而思之,至心一于诚,则通微而作圣矣。

孔子曰："见善如不及,见不善如探汤,吾见其人矣,吾闻其语矣。

语,盖古语也。如不及,推诿如不能及也。探汤,喜其热而渐近之也,无好善恶恶之诚。盖指齐景公而言。

隐居以求其志,行义以达其道,吾闻其语矣,未见其人也。

此亦古语也。不降其志,不辱其身,古之所谓义士,信道笃而自知明者也。盖指夷、齐而言。

齐景公有马千驷,死之日,民无德而称焉。伯夷、叔齐饿于首阳之下,民到于今称之。

　　千驷,千乘之国,谓诸侯也。无称,无善可称。民到于今称之,以其隐居尚志,穷不失义也。称与无称,正民心之所以不死,此与"见善如不及"本为一章,后人误分为二。

其斯之谓与?"

　　斯,指"见善"二语与"隐居"二语而言。孔子盖引古语,而以景公、夷、齐事征实之也。庸人与草木同朽,仁人与日月争光,学者当先辨其所志。

陈亢问于伯鱼曰:"子亦有异闻乎?"

　　异闻,谓他人所不可得闻者。

对曰:"未也。尝独立,鲤趋而过庭。曰:'学《诗》乎?'对曰:'未也。''不学《诗》,无以言。'鲤退而学《诗》。

　　独立,谓孔子。趋而过庭者,礼,子过父前,当徐趋以将敬也。学《诗》则事理通达,心气和平,故能言。

他日,又独立,鲤趋而过庭。曰:'学礼乎?'对曰:'未也。''不学礼,无以立。'鲤退而学礼。

学礼则品节详明,德性坚定,故能立。

闻斯二者。"

圣门家学,先《诗》、礼二者,余无异闻也。

陈亢退而喜曰:"问一得三,闻《诗》闻礼,又闻君子之远其子也。"

远非疏远之谓,谓其进见有时,接遇有礼,不朝夕嘻嘻也。古者命士以上,父、子皆异宫,一趋庭须臾之顷,而学《诗》、学礼,教以义方。《易》所言"家人有严君者,父母之谓也",是之谓远。此章序述,本极分明,可见圣人家法之严,亦见陈亢能会悟之益。或疑亢意欲求不传之秘,失之矣。

邦君之妻,君称之曰夫人,夫人自称曰小童;邦人称之曰君夫人,称诸异邦曰寡小君;异邦人称之,亦曰君夫人。

天子之配曰后,诸侯之配曰夫人。《礼记·曲礼》篇:"夫人自称于其君曰小童。"盖谦言己智能寡少,如童蒙也。邦人称君夫人者,尊之也。称诸异邦,亦邦人称之也,称寡小君者,谦言寡德,小于君之义也。春秋时嫡妾不正,称谓淆乱。《礼记·大传》篇曰:"名者,人治之大者也。"圣门记此,皆《春秋》正名分之旨也。李氏曰:"夫子作《春秋》,于夫妇之伦极重,故其名称必谨,此章必夫子尝言及之，故门人记焉。”

季氏篇大义

或问曰：子言《论语》每篇章次皆有意义，如贯索然，今如《季氏》篇诸章多不伦，则又何说？应之曰：司马迁作《六国表》，言陪臣执政，大夫世禄，六卿擅晋权，及田常弑简公而相齐国，诸侯晏然弗讨，海内争于战攻，三国终之卒分晋，田和灭齐而有之，六国之盛自此始。是故春秋之变为战国，陪臣执政者，阶之厉也。《季氏》一篇，痛鲁之所以弱也，记者之意盖深远矣。孔子发明“有国有家者，不患寡而患不均，不患贫而患不安”，终之曰“季孙之忧，不在颛臾，而在萧墙之内”，痛乎其言之也！陪臣执国命，三桓之子孙微，明指鲁言，然不仅为鲁言也。益者三友三乐，损者三友三乐，用意浅而垂戒深，为鲁之世家子弟发也。侍于君子有三愆，圣贤之士，岂为此揣摩之术哉！盖当时应对进退少仪废矣，贱犯贵，幼陵长，夫子深明《曲礼》之制，亦有慨叹之意焉。君子有三戒、三畏，皆礼也。礼缘于夙夜基命，《左氏传》曰：“动作礼义威仪之则，以定命也。”敬畏之至也。世禄之家，“困而不学”，圣人之所深痛，曰“民斯为下”，见高位之未可恃，而民之贵与下，乃判乎学与不学也。视、听、色、貌诸端，一无所思，动辄得咎，此犹曾子告孟敬子之意，终之曰“见得思义”，高明之家，苟无以利害义，何至不保其宗庙祭祀乎？“见善如不及”与“齐景公”二章，当据古本合而为一。"如不及"者，谦逊惟恐不及；"如探汤"者，喜其温渐染而进。"吾见其人"，齐景公是也。"隐居以求其志，行义以达其道，吾闻其语，民到于今称之"者，伯夷、叔齐是也。特引齐景公者，"齐一变至于鲁"，下而况之，鲁将变为齐也。齐、鲁之间，其有忠臣志士隐居者乎！然则"陈亢问伯鱼"章何居？曰：《论语》中孔子诏伯鱼者凡二：一为学《诗》学礼，一为《周南》《召南》。然若以《周南》《召南》厕于此，则为不类，盖《周南》《召南》专系人心风俗之旨，而《诗》、礼之教，虽孔子之家训，亦隐为卿大夫家而发。盖搢绅子弟，"不学《诗》无以言"，而鄙陋空疏之习生矣；"不学礼无以立"，而傲慢僿野之习生矣。是故《诗》与礼二者，万世搢绅士之家教也。然则"邦君之妻"章又何居？曰：《易传》有言，"女正位乎内，男正位乎外"，君夫人者，内政之主也。春秋之世，彝伦渎乱，不独晋骊姬、卫南子之属为国之玷，即如鲁之文姜、穆姜，实皆为败家弱国之基。曰夫人，曰君夫人，尊之之辞也；曰小童，曰寡小君，自谦之辞也。阳为大而阴为小，正其名，所以定其分也。夫妇为人伦之始，内政废而家国衰矣。悲夫！孔子赞《易》曰"圣人之情见乎辞"，文治赞《论语》则曰"圣人之意常在乎辞之外也"。抑又考之《论语》通例，凡对于君大夫之辞，皆称孔子；而兹篇因对于鲁事，故亦皆称孔子。鲁秉礼之国也，昭、定以还，伦常日益废矣。"伐颛臾"三章，所以明君臣、兄弟之义，三桓皆兄弟之祸也。"益者三友"章，所以明朋友之义。"陈亢"章，所以明父子之义。"邦君之妻"章，所以明夫妇之义。夷、齐者，乱臣贼子之所惧；而齐景公者，则君不君、臣不臣、父不父、子不子之炯戒也。寥寥数章，而伦常大义炳焉。吴季子见《鲁春秋》曰"周礼尽在鲁矣"，夫《春秋》者，礼义之大宗也。然则《春秋》之微意，盖寓于《季氏》一篇矣。（《洪范》为书，上下左右中及斜交，数皆十五。三友、三益、三愆、三戒、三畏，合十五之数。九思者，九畴之象。学者，所以学五伦，学九畴也，是此篇之义，又与《洪范》相通也。）

阳货篇第十七

阳货欲见孔子，孔子不见，归孔子豚。孔子时其亡也，而往拜之，遇诸涂。

"归"，郑君本作"馈"，古字盖通。豚，小豕，盖熟而馈之者。时其亡，伺其出也。或曰"时"当为待，亦通。

谓孔子曰："来！予与尔言。"曰："怀其宝而迷其邦，可谓仁乎？"曰："不可。""好从事而亟失时，可谓知乎？"曰："不可。""日月逝矣，岁不我与。"孔子曰："诺，吾将仕矣。"

此节先儒多以《易·遯卦·象传》及《睽卦》初爻释之。朱子曰："天体无穷，山高有限，《遯》之象也。严者，君子自守之常，而小人自不能近。"《睽》初九："见恶人，无咎。"程《传》："当《睽》之时，虽同德者相与，然小人乖异者众，若弃绝之，不几尽天下以仇君子乎？如此，则失含宏之义，致凶咎之道也。故必见恶人则无咎。"愚案：孔子之答阳货，只一二语，绝不露圭角，可谓善待小人者矣。或曰：两曰"不可"，均系货言，故下加"孔子曰"以别之，别备一义。

子曰:"性相近也,习相远也。"

性者,心所具之理,谓之良知良能,因人之气质而遂异,然溯其生初,赤子之心,则皆纯一无伪,故曰"相近"。习,气习也,习于善则善,习于恶则恶,故曰"相远"。孔子曰:"少成若天性,习惯成自然。"言习之不可不慎也。李氏曰:"夫子此言,惟《孟子》能畅其说。其曰'性善',即相近之说也;其曰'或相倍蓰而无算,其所以陷溺其心者然也',则习相远之说也。先儒谓孔子所言者,气质之性,非言性之本,《孟子》所言,乃极本穷源之性。不知惟其相近,是以谓之善;惟其善,是以相近,似未可言孔、孟之指殊也。"愚案:李说极精。孔、孟论性,均兼理、气言,说详《孟子大义》。

子曰:"唯上知与下愚不移。"

朱《注》:"此承上章而言。人之气质相近之中,又有美恶一定,而非习之所能移者。"然愚谓人何以进于上知,何以入于下愚,仍在乎自为之耳。程子曰:"人苟以善自治,则无不可移。虽昏愚之至,皆可渐磨而进也。惟自暴者拒之以不信,自弃者绝之以不为,虽圣人与居,不能化而入也。"然则上知可自恃为上知,下愚可自安于下愚乎?

子之武城,闻弦歌之声。

黄氏曰:"器而被之以音,音而叶之以器。气不静则手不调,志不和则音不雅。此弦歌之声,具有平日陶淑之功,即下文之所谓道也。"

夫子莞尔而笑,曰:"割鸡焉用牛刀?"

莞尔,小笑貌。牛刀,宰牛之刀。惜子游以王佐之材,而仅治小邑,非谓其不必用礼乐也。

子游对曰:"昔者偃也闻诸夫子曰:'君子学道则爱人,小人学道则易使也。'"

《孝经》云:"安上治民,莫善于礼。移风易俗,莫善于乐。"道即礼乐也。礼乐之感人心,在于无形,子游未知夫子惜之之意,故以平时之师训对。

子曰:"二三子! 偃之言是也。前言戏之耳。"

嘉子游之笃信师说,又恐门人误会前言,以为治小邑不必用大道,故为此语以解释之。盖子游之未竟其用,夫子不欲明言,是以云"戏之尔"。

公山弗扰以费畔,召,子欲往。

公山弗扰,即公山不狃。畔者,畔季氏也。《史记》:"不狃不得意于季氏,欲废三桓之適,更立其庶。乃因阳货为乱,遂执季桓子。桓子诈之,得脱。阳虎不胜,奔齐。不狃以费叛。"是弗扰之畔,在阳虎奔齐之后,子欲往者,因弗扰以张公室为名,欲往观其诚否也。

子路不说,曰:"末之也已,何必公山氏之之也?"

不说者,不解而心郁也。言道既不行,无所往矣,何必公山氏之
之乎?

子曰:"夫召我者,而岂徒哉? 如有用我者,吾其为东周乎?"

岂徒哉,言兴公室或可见诸事实也。周武王都镐京,是为西周;
其后周公始营洛邑,是为东周。谓东周者,言欲兴周道于东方,此夫
子梦寐周公之志。盖当时阳虎作乱,三桓之子孙微,弗扰之召孔子,
必以三桓归政、己亦归邑为辞。夫子冀其有悔过之机而欲往,往而谋
果行,则可去大都耦国之强,挽政逮大夫之失,纲纪已肃,盛治可次第
举矣,故曰"吾其为东周乎",非虚饰之辞也。其后见弗扰之意不诚,
故卒不往。

**子张问仁于孔子。孔子曰:"能行五者于天下,为仁矣。""请
问之。"曰:"恭、宽、信、敏、惠。恭则不侮,宽则得众,信则人
任焉,敏则有功,惠则足以使人。"**

此章子张盖问政治中之行仁,非欲于心体中求仁,是以夫子告之
以行,言用而不言体也。然用必本于体,故子张请问其目,夫子即以
恭、宽、信、敏、惠告之,出于心理中之敬与爱也。"敬人者,人恒敬之;
爱人者,人恒爱之",故推其效至不侮、得众、人任、有功、使人,犹答仲
弓之问仁,推其效至于"在邦无怨,在家无怨"也。李氏曰:"此五者,
大而言之,治天下不过如是;近而言之,虽州里不可弃,其实则皆心德

之流行而已,故曰'能行五者于天下,为仁矣'。"

佛肸召,子欲往。

《史记》:"佛肸为中牟宰,赵简子攻范中行,伐中牟,佛肸畔,使人召孔子。"据此,是佛肸为范中行氏邑宰,其所畔者,畔赵氏,非叛晋也。

子路曰:"昔者由也闻诸夫子曰:'亲于其身为不善者,君子不入也。'佛肸以中牟畔,子之往也,如之何?"

子路两止夫子,卫道之心甚切。

子曰:"然,有是言也。不曰坚乎,磨而不磷;不曰白乎,涅而不缁。

磷,薄也。涅,染皂物。言至坚者,磨之而不薄;至白者,染之于涅而不黑,喻人之不善,不能浼己。盖古今君子,皆欲转移小人,而自磷自缁不少。不磷不缁,是不陷于其党也;不陷于其党,乃可入其党而拯救之。

吾岂匏瓜也哉? 焉能系而不食?"

匏,瓠也。《国语》晋叔向曰:"苦匏不材于人,苦不可食。"此言不食,以其苦也。夫子之意,言吾岂类不可食之匏瓜,系于一处,归于无用耶? 此亦不得已之心也。盖佛肸畔赵氏,与弗扰畔季氏,皆以张公室为名,夫子之往,皆欲平其乱而安公室耳。考《左传·哀公五年》,赵鞅伐卫,范氏之故也,遂围中牟,是赵氏讨中牟之助范氏也。当时范中行氏灭,则三分晋地之势成;三分晋地之势成,则大夫自为诸侯之祸起。圣人神能知几,故欲往以救之。其后卒不往者,知肸之非其人也。

子曰:"由也! 女闻六言六蔽矣乎?"对曰:"未也。"

蔽,谓蔽塞,不自知其弊也。六言六蔽,盖古有是说,夫子述之以告子路也。

"居! 吾语女。

一本上有"曰"字。

好仁不好学,其蔽也愚;好知不好学,其蔽也荡;好信不好学,其蔽也贼;好直不好学,其蔽也绞;好勇不好学,其蔽也乱;好刚不好学,其蔽也狂。"

好学所以穷理,不明理而蔽生矣。好仁不好学,如墨子之徒,爱无差等,难乎为继,故其蔽为愚。好知不好学,如庄、列之徒,空虚杳渺。荡,谓恣肆而不经也。信近于义,言斯可复。若执小信而不衷于义,则内贼其道德而外害于风俗矣。直而无礼则绞,急切持论,责人难堪。君子有勇而无义为乱,任事太过,常为天下先,倘值非义,则作乱矣。天为刚德,犹不干时,若壹于刚以表示于众,则华而不实,而为狂妄矣。六者或学识之误，或操行之偏，皆为人心风俗之害也。李氏曰："仁、知，子路学所未至，故言其蔽以开之。信、直、勇、刚，子路资之所近，故又言其蔽以戒之。"义尤切近。

子曰："小子何莫学夫《诗》？

《礼记》：孔子曰："温柔敦厚，《诗》教也。"周末文胜，反而为激烈，失温柔敦厚之旨矣。欲正其本，在明《诗》教而已。云"何莫学"者，词之切也。

《诗》，可以兴，

朱《注》："感发志意。"

可以观，

考见得失。

可以群，

和而不流。

可以怨。

怨而不怒。

迩之事父，远之事君，

人伦之道，《诗》无不备，二者举重而言。

多识于鸟兽草木之名。"

愚案：此乃博物之学。子夏传《诗》，所以依之而作《尔雅》也。李氏曰："此章虽教人学《诗》之法，然学之序存焉。学始于兴起善心，故首兴；次则考究事理，故次观。内必从事于涵养，而得其性情之正；外必用力于躬行，而明于分谊之大；其余则微物，亦多识焉。无非所以博义理之趣，而为畜德之助也。"

子谓伯鱼曰："女为《周南》《召南》矣乎？人而不为《周南》《召南》，其犹正墙面而立也与！"

《周南》《召南》，人伦之始，王化之原。言其德行：一曰俭勤，《葛覃》诗"为絺为绤，服之无斁"是也；二曰忠信，《采蘩》诗"被之僮僮，夙夜在公"是也；三曰和敬，《何彼襛矣》诗"曷不肃雝，王姬之车"是也。为者，躬行之意。正墙面而立，言不能修身以齐其家，譬诸一步不可行也。或曰：此夫子为伯鱼行婚礼时而勉之也。

子曰："礼云礼云，玉帛云乎哉？乐云乐云，钟鼓云乎哉？"

礼之本在安上治民，乐之本在移风易俗，玉帛、钟鼓其末也。时人忘礼乐之本，而沾沾于文物铿锵之细，岂礼乐之谓乎？细玩六"云"字，知当时礼乐皆为虚文矣。虽然，尚虚文而无实意，犹可言也；人心坏而礼乐废，不可言也。

子曰："色厉而内荏，譬诸小人，其犹穿窬之盗也与？"

色厉内荏，外威严而内柔弱也。《礼记·表记》篇曰："情疏而貌亲，在小人则穿窬之盗也与？"彼言柔恶，此言刚恶，皆诈伪而无诚实也。穿窬之盗，所谓充其类也。《孟子》曰："人能充无穿窬之心，而义不可胜用矣。"盖穿窬者，非必专为盗物者也。苟充其类，则天下之穿窬者多矣，诛其心也。

子曰："乡原，德之贼也。"

原与愿同。乡愿，乡人之名为谨厚者。一说所至之乡，辄原其人情而揣摩之。盖乡原之心，专以苟同为主：同乎流俗，合乎污世，欲同乎小人也；居似忠信，行似廉洁，欲同乎君子也。不知君子之行，未有肯同于小人者。乡人以其似君子，故于其同乎小人者，转惑而化之，摩棱两可，是非混淆，故夫子恶其乱德，又斥其为德之贼，以其害于人心，非细故也。

子曰："道听而涂说，德之弃也。"

涂，犹道也。君子之道，入乎耳，蕴乎心。小人之道，入乎耳，出乎口，虽闻善言，不为己有，无所得于本心，自欺孰甚！

子曰:"鄙夫可与事君也与哉?

鄙夫,庸恶陋劣之夫。与,相与也。君子与小人并立,未有不受其祸者。若信其小善、小信,而荐之同升,其为害于天下更大矣。

其未得之也,患得之;既得之,患失之。

患得,谓患不能得位;既得位,又患其失位。鄙夫但求得位而已,无厌足之时,是以营营扰扰,终身在患之中。

苟患失之,无所不至矣。"

无所不至,言谄佞邪媚,驯至于篡弑,无所不为也。《易传》曰:"臣弑其君,子弑其父,非一朝一夕之故。"用人者可不惧哉!

子曰:"古者民有三疾,今也或是之亡也。

朱《注》:"气失其平则为疾,故气禀之偏者,亦谓之疾。"愚案:古所谓疾,今并无之者,古人仅气禀之疾,而今人则有心性中之疾也。

古之狂也肆,今之狂也荡;古之矜也廉,今之矜也忿戾;古之愚也直,今之愚也诈而已矣。"

天下多荡者,则人皆为游氓;天下多忿戾,则人皆有争心;天下多诈者,则人皆为欺诳,盖由疾而入于病矣。欲救人者,先救其心;欲救人心之失,先察人心之病,非圣人其孰能救之?

子曰:"巧言令色,鲜矣仁。"

重出。

子曰:"恶紫之夺朱也,恶郑声之乱雅乐也,恶利口之覆邦家者。"

曰夺,曰乱,曰覆,危之至也,是非之不明也。天下之亡,先亡于无是非。以紫为朱,以郑声为雅乐,以利口为有益于邦家,则是非亡矣。故夫子曰恶似而非者,将有以严正之也。

子曰:"予欲无言。"

李氏曰:"此章与'无隐'章意义虽同,然彼是因以无言疑夫子者而发,此是因以有言求夫子者而发。言固教者所必有,然有听之以为义理已尽于此,不复思绎者;有听之以资知见,不切身心者;尚有听之而因缴绕于议论之间,反生他病者,故圣人曰'予欲无言'。"

子贡曰:"子如不言,则小子何述焉?"

述,传述也。六艺皆语言所述,岂可视为糟粕? 故子贡疑而问之,盖正在闻性与天道之时也。

子曰:"天何言哉? 四时行焉,百物生焉,天何言哉?"

此节有二说:一则谓天有四时,春夏秋冬,无非教也;风霆流形,庶物露生，无非教也。学者但观现象，则鸢飞鱼跃，莫非道蕴也。一则谓四气默运，莫非天地一元之心，万物受之，皆若默喻乎天地之心，而变化滋益，其机有不容已者，此非化工者谆谆然命之也。愚案：后说尤为警切。盖四时行，指教者而言，统体一太极也；百物生，指学者而言，万物各具一太极也。教者、学者，皆相喻于不言之表，而自然得性命之精微，故圣教同天也。若以高妙测之，误矣。

孺悲欲见孔子，孔子辞以疾。将命者出户，取瑟而歌，使之闻之。

取瑟而歌者，谓取瑟鼓之，而复倚声以和也。黄氏曰："弟子有罪，礼可面斥，辞疾闻歌，非弟子也。"吕氏谓："使之闻之，是孺悲犹在可教之列。孺悲归自克责，后日进德，夫子以《士丧礼》传之。《士丧礼》之传，孺悲预有功，亦当时不屑教诲之力。"

宰我问："三年之丧，期已久矣。

期，周年也。短丧之说，春秋时已有创之者，故宰我举以问之。

君子三年不为礼，礼必坏；三年不为乐，乐必崩。

礼，衣服、起居之制。乐，琴瑟、钟鼓之属。恐居丧不习而崩坏也。

旧穀既没，新穀既升，钻燧改火，期可已矣。"

朱《注》："燧,取火之木也。改火,春取榆柳之火,夏取枣杏之火,夏季取桑柘之火,秋取柞楢之火,冬取槐檀之火,亦一年而周也。已,止也,言丧至此可止也。"盖古者丧服取象于天时,故有此说。

子曰:"食夫稻,衣夫锦,于女安乎?"曰:"安。"

稻,精凿之米,北方尤以为贵。锦,衣之美者。礼,居父母之丧,无食稻衣锦之理。夫子之问,宰我之答,盖指期年以后而言。然仁人孝子之用心,无所穷极。《礼记·三年问》篇曰:"创巨者其日久,痛甚者其愈迟,哀痛未尽,思慕未忘。"故虽在期年以后,本心亦决不安也。宰我欲闻夫子之训,姑任之曰"安"。

"女安,则为之! 夫君子之居丧,食旨不甘,闻乐不乐,居处不安,故不为也。今女安,则为之!"

此夫子之言也。《礼记·问丧》篇曰:"夫悲哀在中,故形变于外也。痛疾在心,故口不甘味,身不安美也。"《孝经》曰:"服美不安,闻乐不乐,食旨不甘,此哀戚之情也。"夫子初言"女安则为之",绝之之辞;又申言君子居丧之礼,以警其不察;而再言"女安则为之",以深责之。

宰我出。子曰:"予之不仁也! 子生三年,然后免于父母之怀。夫三年之丧,天下之通丧也。予也有三年之爱于其父母乎?"

不仁者,不孝也。怀,抱也。"顾我复我,出入腹我",《蓼莪》之诗可诵也。天下之通丧者,自天子达于庶人,皆居丧三年也。有三年之爱于其父母者,言欲报之德,"昊天罔极"。"予也犹有三年之爱乎",责其爱情之薄,意深而辞痛也。案:《礼记·三年问》篇曰:"至亲以期断,是何也?曰:天地则已易矣,四时则已变矣,其在天地之中者,莫不更始焉,以是象之也。然则何以三年也?曰:加隆焉尔也。焉使倍之,故再期也。"据《礼》说,则三年之丧,以期年进之而加隆也。墨子有三月之丧制,庄子有齐死生及死不必哀之论,后世传之,天性漓而流弊日甚,非孝之说,将因之而起。先儒谓宰我假时人之言,屈己以明道,此说为近。

子曰:"饱食终日,无所用心,难矣哉!不有博弈者乎?为之,犹贤乎已。"

"博",《说文》作"簙",局戏,六著十二棋也。弈,围棋。已,止也。博弈尚专心于一事,若无所用心,必流于放荡矣。张氏曰:"《论语》两言'难矣哉',《孟子》两言'哀哉',学者当随时以之自惕。"

子路曰:"君子尚勇乎?"子曰:"君子义以为上。君子有勇而无义,为乱;小人有勇而无义,为盗。"

尚勇,以勇为贵也。君子,谓在上者。小人,谓细民。义以为上,则是义理之勇,所谓大勇者也。逞血气之勇,而为乱为盗,小则害及一乡,大则害及天下矣。

子贡曰:"君子亦有恶乎?"子曰:"有恶。恶称人之恶者,恶居下流而讪上者,恶勇而无礼者,恶果敢而窒者。"

朱《注》:"讪,谤毁也。窒,不通也。称人恶,则无仁厚之意。下讪上,则无忠敬之心。勇无礼,则为乱。果而窒,则妄作。故夫子恶之。"

曰:"赐也亦有恶乎?""恶徼以为知者,恶不孙以为勇者,恶讦以为直者。"

朱《注》:"恶徼以下,子贡之言也。徼,伺察也。讦,谓攻发人之阴私。"愚案:此章备言末世人心之失,皆气习为之,嚣张狂妄,出于不自觉。救之者宜先治其心,而范围之以礼义。

子曰:"唯女子与小人为难养也。近之则不孙,远之则怨。"

朱《注》:"庄以涖之,慈以畜之,则无二者之患。"愚案:《易·遯卦》(二)[三]爻曰:"畜臣妾,吉。"《家人卦·象传》①曰:"威如之吉,反身之谓也。"《大学》曰:"之其所亲爱而辟焉,之其所贱恶而辟焉。"修身齐家之道,惟在宽严相济而已。非然者,安危出其喜怒,祸患伏于闺阃,可不惧哉!

子曰:"年四十而见恶焉,其终也已。"

---

① 　整理者按:此为《家人》上九之《象》辞。

《诗》云:"在彼无恶,在此无射。庶几夙夜,以永终誉。"射,厌也,盖厌者,见恶之原,而无恶者,立名之始。此章非谓四十以前自治可宽,亦非谓四十以后无自新之机也。特言四十成德之时,而犹见恶于人,则将终于此而已,所以教人急进德而修名也。

阳货篇大义

《阳货》一篇,痛人心风俗之迁流也。世路艰难,人心日险,君子欲无忤于小人,而又不失为君子,惟有以浑然漠然、不知不识者处之,而后能免于祸。孔子之待阳货,可为万世法者也。"性相近,习相远""上智下愚不移",此为治人心风俗者,善审其几之根本。弦歌之声,何为乎来?来自武城。子游文学,教化彬彬,夫子莞尔,喜其移风易俗者深也。公山弗扰、佛肸,何如人乎?召而欲往。悲乎哉!夫子之遇也。"吾其为东周""吾岂匏瓜",圣人之情见乎辞矣。中杂子张之问,何也?曰恭宽信敏惠,圣门政治学之纲领也,即为东周之实政也。六言六蔽,性情之患,风俗之忧也。兴观群怨,所以养性情也。《周南》《召南》,所以醇风俗也。人心衰而礼乐废,玉帛钟鼓,皆为虚设,惜哉惜哉!凤鸟不至,鸱鸮乃来,嘉禾不生,荆棘满地。孰者为穿窬?孰者为乡原?孰者为德之弃?孰者为事君之鄙夫?欺诈萌生,盈天下皆穿窬害人之事,士君子无驻足之地矣。苟患失之,无所不至,孰尸其祸?痛哉言乎民有三疾,或是之亡,风俗不知几变矣。孔子曰恶似而非者,紫夺朱、郑乱雅、利口覆邦家,皆似是而非者,尤可畏也。

"予欲无言",性、天道之教,为不知者言,徒取侮慢而已。圣道犹天,居覆帱之下者,孰能察之?《易传》曰:"君子远小人,不恶而严。"此孔子待阳货之法也。《孟子》曰:"不屑之教诲,是亦教诲之。"此孔子待孺悲之法也,不相谋而相感者也。三年之丧,或以为久,宰我述之以问,此为人心风俗之尤浇薄者。子曰"于女安乎",又曰"有三年之爱于其父母乎",将以发其本心之良,即以发天下人心之良也。《礼记·三年问》篇曰:"邪淫之人,其亲朝死而夕忘之,则是曾鸟兽之不若也。"悲哉言乎!后世有创"非孝"之说者,独不忆三年在父母之怀乎?学者之患,莫患乎游、荡,游、荡则生事,生事而天下乱矣。无所用心也、乱也、盗也,皆君子所深恶而痛绝者也。女子、小人之性情,近之不可,远之不可,有人心风俗之责者,知人固未易也。世衰道微,人皆失学,至于"年四十而见恶焉,其终也已",举国之民皆如此,国可知矣。有天地以来,广谷大川异制,民生其间者异俗,然综"性相近"之义,不外刚柔两端,修其教不易其俗,齐其政不易其宜,惟在善持于人心刚柔之际。刚者则以柔化之,柔者则以刚矫之;柔恶者则以刚善克之,刚恶者则以柔善平之。篇中如六蔽、三疾,有偏于刚过者,有偏于柔过者,然周末文胜,末流之祸,尤在乎柔恶。柔恶则反激而成刚,于是天下遂多勇而无义者,多称人之恶、居下流而讪上者,多勇而无礼、果敢而窒者,多(徼)[儌]以为知、不孙以为勇、讦以为直者。迨当事者有鉴于刚恶之过,更欲矫之以柔,而不知轨之于正,于是"色厉内荏",而女子、小人又接踵而至,纵横杂糅,浸以酿成战国之祸。记者编《阳货》一篇,知人心风俗之必至于此矣。

微子篇第十八

微子去之,箕子为之奴,比干谏而死。

微子,纣庶兄,父帝乙欲立之,太史执嫡、庶之分争之,乃立纣。箕子、比干,纣诸父。微子见纣无道,谏而不听,乃商或死或去于箕子、比干,箕子劝之行遁,乃抱祭器而去之。或曰适周,非也。箕子、比干皆谏,纣杀比干,囚箕子以为奴,箕子因佯狂而受辱。其心其遇,皆至苦矣。

孔子曰:"殷有三仁焉。"

仁者,不忍之心也。微、箕、比干,或去、或奴、或死,盖痛宗邦之颠覆,皆发于不忍之极思,故称之曰"仁人",不仅可目之为义士也。或曰仁,人也,殷之末世有三人焉,其名至千万世而不朽。

柳下惠为士师,三黜。人曰:"子未可以去乎?"曰:"直道而事人,焉往而不三黜?枉道而事人,何必去父母之邦?"

朱《注》:"柳下惠三黜不去,而其辞气雍容如此,可谓和矣。"愚案:《孟子》曰:"柳下惠,圣之和者也。"又曰:"柳下惠不以三公易其介。"盖和而不失其介,斯谓之圣,非媚世无气节而可谓之和也。殷周之季,贤人皆废不用。上章记微子之去,此章讽柳下惠之去,盖为下文隐遯之士发其端也。

齐景公待孔子,曰:"若季氏,则吾不能;以季、孟之间待之。"曰:"吾老矣,不能用也。"孔子行。

《史记》:"齐景公欲用孔子,为晏婴所沮,于是景公曰:'若奉子以季氏则吾不能,以季、孟之间待之。'"盖鲁三卿季氏为上卿,最贵;孟氏为下卿,不用事。待以季、孟之间,敬礼渐疏,不畀以政事也。又曰"吾老不能用",则昏耄甚矣。孔子于是遂行。盖非以其禄位之卑,而以其慢言之甚,《易传》所谓"见几而作"也。

齐人归女乐,季桓子受之,三日不朝,孔子行。

《史记》:"定公十四年,孔子为鲁司寇,摄行相事。三月,鲁国大治,涂不拾遗。齐人惧,归女乐以沮之。季桓子受女乐,三日不听政,郊祭又不致膰肉于大夫。孔子乃行。"《孟子》曰:"孔子之去鲁,曰'迟迟吾行也',盖不得已而去父母之国也。"黄氏引《韩非子》,谓:"女乐之归,夫子必有谏止之辞,惟史传不详,后人遂疑行之甚遽,失之也。后桓子虽悔之,晚矣。"

楚狂接舆歌而过孔子曰："凤兮凤兮！何德之衰？往者不可谏，来者犹可追。已而，已而！今之从政者殆而！"

接舆，楚人。《高士传》："陆通，字接舆。"窃意记者因其接孔子之车，故名之曰接舆，非必谓字也。从政者，谓楚子西。时楚昭王欲以书社封孔子，而子西尼之，故接舆以危机告孔子也。先儒谓接舆非常人，能尊敬圣人，复为圣人防患，叹息时事，情辞悲切，盖楚骚之祖也。或据《庄子·人间世》篇，谓接舆游孔子之门。参以下文，殊未合。

孔子下，欲与之言。趋而辟之，不得与之言。

黄氏曰："夫子不忍废君臣之义，而又有坚不磷、白不缁之德，进退存亡，不失其正，所欲言者如此。或疑狷介之士，与言何益？曰：天下大事，惟恬淡者能任之，人有不为也，而后可以有为，此夫子所不忍绝之也。《韩诗外传》五曰：'朝廷之士为禄，故入而不出。山林之士为名，故往而不返。'为名者避污名，励清操也，其品足嘉矣。"

长沮、桀溺耦而耕，孔子过之，使子路问津焉。

沮，沮夫子之行道也。桀，杰士；溺，溺而不返也。二人之名不详，记者特以沮、溺名之，亦接舆之义。《水经注》："方城西有黄城山，是长沮、桀溺耦耕之所。有东流水，乃子路问津处。"

长沮曰："夫执舆者为谁？"子路曰："为孔丘。"曰："是鲁孔丘与?"曰:"是也。"曰:"是知津矣。"

　　夫,彼也。知津,言孔子周流列国,自知津处。盖隐讽之也。

问于桀溺。桀溺曰:"子为谁?"曰:"为仲由。"曰:"是鲁孔丘
之徒与?"对曰:"然。"曰:"滔滔者天下皆是也,而谁以易之?
且而与其从辟人之士也,岂若从辟世之士哉?"耰而不辍。

　　滔滔,流而不反之意,言天下皆乱,舍此则适彼,谁以易之? 而、
汝,双声字。何氏曰:"士有避人之法,有避世之法。沮、溺谓孔子为
士,从避人之法;己之为士,则从避世之法。"郑君《注》:"耰,覆种也。
辍,止也。覆种不止,不以津告。"

子路行以告。夫子怃然曰:"鸟兽不可与同群,吾非斯人之
徒与而谁与? 天下有道,丘不与易也。"

　　怃然,犹怅然,失意貌。鸟兽同群,深为隐者惜也。言吾若非沮、
溺之徒,将谁与之共济时艰? 天下若已有道,则吾无用变易之,正为
天下无道,故欲以道易之也。或曰"鸟兽"句言不可避世,"吾非斯人"
句言吾非避人;"天下有道"二句,对"滔滔者"二句而言,分析亦精。
盖接舆、沮、溺皆有招隐之情,而夫子则有招隐者与共出之志,皆语重
心长,千载下如闻叹息之声矣。

子路从而后,遇丈人,以杖荷蓧。子路问曰:"子见夫子乎?"

丈人曰："四体不勤,五谷不分,孰为夫子?"植其杖而芸。

从而后,从夫子行在后也。蓚,《说文》引作"莜",芸田器也。丈人自言四体不能勤,五谷不能辨,田间野老,不能舍己之业而留心道涂往来之人也。朱《注》:"责其不事农业,而从师远游。"恐失之。植,立也,或云倚也。芸,去草。

子路拱而立。

拱手而立,敬之也。

止子路宿,杀鸡为黍而食之,见其二子焉。

止,留也。为黍,治黍为饭也。黍,禾属而黏者,用以作饭,所以敬礼客也。此时必有问答之辞,故丈人知子路之贤,明日即避而去之也。一说"见其二子焉"五字当在"至则行矣"下,错简在此。

明日,子路行以告。子曰:"隐者也。"使子路反见之,至,则行矣。

黄氏曰:"夫子称丈人为隐者,必因子路之告,知其有利济天下之具,而隐藏不出也。盖其人高出于匿拙之流矣。"焦氏曰:"至则行矣,丈人亦偶出不在耳。"又引陈氏谓丈人既欲自灭其迹,则不当止子路宿于其家,而又见其二子,况子路乃路行过客,既已辞去,安能知其必复来乎?此盖未审止宿时别有言辞也。

子路曰:"不仕无义。长幼之节,不可废也;君臣之义,如之何其废之? 欲洁其身而乱大伦。君子之仕也,行其义也。道之不行,已知之矣。"

一本"子路"下有"反之"二字。黄氏曰:"义者,事之宜也。古人度事之宜,而立为君臣,世无君臣,岂复得事之宜? 欲洁其身而乱大伦,言丈人之废义而乱伦也。道,谓先王礼乐政教,设为万世常行之道者也。已知其不行者,世不见用,运已穷。知道不行而行其义者,君臣之义,本天性中之所自具,尽其性以事天,不敢遽诿为天运之穷也。"愚案:明大伦,义也;救世济人,道也。道虽不行,而义则不可不行,所谓穷不失义,达不离道也。春秋时天下将乱,贤者皆以不仕为宗旨。君无与正,民无与救,此圣人所痛惜而深忧者也。

逸民:伯夷、叔齐。虞仲,夷逸。朱张:柳下惠、少连。

曰逸民,曰夷逸,曰朱张,三者品其目也。曰夷、齐、仲、惠、连,五者举其人也。夷、齐让国隐逸,谓之逸民。虞仲即仲雍,窜逸蛮夷,故谓夷逸。"朱张",当作"侏张",谓阳狂也。少连,东夷人。盖逸民二人,伯夷、叔齐也;夷逸一人,虞仲也;侏张阳狂者二人,柳下惠、少连也。

子曰:"不降其志,不辱其身,伯夷、叔齐与!"

夷、齐让国,采薇而饿,不食周粟,于父子君臣之间,毫无所愧,故为不降志、不辱身。

谓:"柳下惠、少连降志辱身矣,言中伦,行中虑,其斯而已矣。"

此言其遇之穷,虽不得遂其志与身,而言行则卓然也。伦,义理之次第也。虑,思虑也。上章柳下惠言"直道事人"数语,是其言之中伦也。《礼记·杂记》篇:少连居丧,"三日不怠,三月不懈,期悲哀,三年忧",是其行之中虑也。《韩诗外传》"行中虑"作"行中理",于义亦当。

谓:"虞仲夷逸,隐居放言,身中清,废中权。"

此言其言行之畸也。放言,谓高论。"身中清",《史记·世家》作"行中清"。或谓行则洁清,废则通变,"行"与"废"相对。郑君本"废"作"发",谓发动中权,于义亦当。

"我则异于是,无可无不可。"

孔子可仕则仕,可止则止,可久则久,可速则速,所谓"无可无不可",盖皆权之于道义,而合乎时中也。《周易》六十四卦,最重时义,而于《乾卦传》特发明之曰"与时偕行",曰"与时偕极",曰"时舍也",曰"因其时而惕",盖惟知进退、存亡而不失其正,是以得其时而各当其可,故曰"知几其神乎"。世人以从俗浮沉,与时俯仰,谓之"无可无不可”,则谬之又谬矣。

大师挚适齐,

大师,鲁乐官之长,兼掌堂上堂下之乐,挚其名也。或据《史记》,以此为殷人。考《述而》篇云“师挚之始”,实为鲁之乐师,与殷时师挚非一人也。

亚饭干适楚,三饭缭适蔡,四饭缺适秦,

亚饭、三饭、四饭,以乐侑食之官,奏于堂上。干、缭、缺,皆名也。《白虎通·礼乐》篇云:“王者所以日四食者何?明有四方之物,食四时之功也。平旦食,少阳之始也。昼食,太阳之始也。铺食,少阴之始也。暮食,太阴之始也。《论语》:‘亚饭干适楚,三饭缭适蔡,四饭缺适秦。’诸侯三饭,卿大夫再饭,尊卑之义也。”此说实为《论语》古义。

鼓方叔入于河,

鼓,击鼓者。方叔,名。入于河,避居河之滨也。

播鼗武入于汉,

播,摇也。鼗,小鼓。盖鼓、鼗皆以倡笙管,奏于堂下者。武,名也。入于汉,避居汉水之滨也。

少师阳、击磬襄入于海。

少师,乐官之佐。磬在阶间,与堂上堂下之乐相应。阳、襄,二人名。襄,孔子所从学琴者,或曰鲁人,或曰卫人。入于海,避居海岛也。鲁哀公时,礼坏乐崩,乐官皆散去,孔子欲兴礼乐而不可得,记此者,所以伤之也。黄氏引《史记·礼书》:"仲尼没后,受业之徒,沉湮而不举,或适齐楚,或入河海,因谓是数子有受业于夫子者。"亦备一义。

周公谓鲁公曰:"君子不施其亲,不使大臣怨乎不以。故旧无大故,则不弃也。无求备于一人。"

《周书》无鲁公之命,其轶乃见于他说,自今读之,无非忠厚之意,于以知鲁之后亡也。或曰:此篇备载贤人隐遁,皆由执政者用人之失。此章记周公之言,示万世用人之标准。

周有八士:伯达、伯适、仲突、仲忽、叔夜、叔夏、季随、季骓。

八士,或曰在成王时,或曰在宣王时,盖一母每产二子,而得八人,故达、适、突、忽、夜、夏、随、骓,皆依韵命名。《论语》记此,见周时善人之多,犹《周南》之诗终麟趾之意也。由晚近而溯全盛之时,岂仅人才寥落之感哉!

微子篇大义

呜呼!士大夫生当世,何为"降其志"而"辱其身"乎?"言中伦,行中虑",养我气以全我节,犹之可也;若夫言不中伦,行不中虑,"斯已而已矣",岂不悲哉?孔子生周季,皇皇栖栖,辙环天下,卒老于行。后人考《史记》,读其《世家》而悲之。吾谓《论语·微子》一篇,即吾夫子生平不遇之列传也。司马子长之赞,更不若吾夫子之自赞也。《微子》篇曷为首?三仁与柳下季。天下之亡,先亡于无人心;人心之亡,先亡于无是非。是非丧矣,直道不行矣。不为三仁之忠,即为柳下之和,是两端者,孰吉孰凶?何去何从?不有孔子,孰折厥中?孔子厄于齐,见诮于楚狂,舍沮、溺其谁与?访丈人而无从。"凤兮凤兮,何德之衰?"孔子其凤乎?其犹龙乎?其逸民乎?其夷、齐之同心乎?其柳下惠、少连、虞仲之等朋乎?《易》曰:"不事王侯,高尚其事。"古之逸民,盖有之矣。而孔子独曰:"我则异于是,无可无不可。"其自命何其高也!其自赞何其深且远也!天风浪浪,海山苍苍,独不得与太师、少师、击磬诸人,鼓琴于高山流水,别有天地之间,其知音益复寡矣。回忆周家初造,忠厚开基,人才鳞萃,菁莪造士,四方为纲。呜呼!何其盛也?昔者孔子与于蜡宾出游于观之上,喟然叹曰:"大道之行也!与三代之英,丘未之逮也,而有志焉。"孔子之叹,盖叹鲁也。乃叹鲁而不能兴鲁,思周公而不能兴周公之礼乐,神游于唐虞之朝,梦见乎大同之治,独抱无可无不可之志以终。后之人读其书,悲其世,及行迷之未远,独穷困乎此时,以为天下皆浊,何必与之清;众人皆醉,何必与之醒。吾学孔子而不可得,乃所愿如古之柳下惠,殆可取则焉。君子曰:"惜哉!降其志,辱其身矣。言中伦,行中虑,其斯而已矣。"

子张篇第十九

子张曰:"士见危致命,见得思义,祭思敬,丧思哀,其可已矣。"

忠与义,节行之大者;敬与哀,礼之人者,而孝思寓焉。有是四者,庶乎可以为士。可者,仅可而有所未尽之辞,当进之以学问,非如是而止也。

子张曰:"执德不弘,信道不笃,焉能为有? 焉能为亡?"

执德弘,百家入我范围也;信道笃,师法不容逾越也。二者相因,博约乃各得其益,不弘则隘而陋,不笃则杂而浮。焉能为有、亡,言在何有何无之数,不足轻重。盖以当时学者或安于小就,或惑于异端,故戒之。

子夏之门人问交于子张。子张曰:"子夏云何?"对曰:"子夏曰:'可者与之,其不可者拒之。'"子张曰:"异乎吾所闻:君子尊贤而容众，嘉善而矜不能。我之大贤与，于人何所不容？我之不贤与，人将拒我，如之何其拒人也？"

拒，弃绝之意。矜，怜也。士人交友进德，当有次第。初学之士，当"毋友不如己"者，所谓"其不可者拒之也"。待德日进而识益定，在外者不足以移之，则当容众而矜不能。故学者当如子夏之慎，勿遽学子张之高。

子夏曰："虽小道，必有可观者焉；致远恐泥，是以君子不为也。"

小道，诸子百家之书。泥，不通也。或曰小道指异端。圣人一贯，故其道大；异端执一，故其道小，惟其小，故致远即有不通之弊，是以君子不为者。尊信六经，将以开物而成务也。

子夏曰："日知其所亡，月无忘其所能，可谓好学也已矣。"

亡，所未知也。能，所已知也。君子之于学也，日进而无疆，月久而终不忘，所谓"学如不及，犹恐失之"。盖古之好学者，心常兢兢乎此，所谓日计不足，月计有余，惟在随时检察省记，而后能有诸心。知者，心知之。无忘者，心识之。好学者，心好之也。《诗》曰："日就月将，学有缉熙于光明。"言心之继续而不息也。

子夏曰:"博学而笃志,切问而近思,仁在其中矣。"

仁,人心也。博学而笃志,则所学反于约,而能课诸心矣。切问而近思,则所问求之近,而不舍其心矣。诚能如此,则心不外驰,而所存者渐熟,是求放心之基也,故曰"仁在其中"。进乎此,则心不违仁矣。先儒以博学四者平列,恐非。此章当与"樊迟问仁""子贡问为仁"章参看。见事物中无在非仁,学问中亦无在非仁也。

子夏曰:"百工居肆以成其事,君子学以致其道。"

《说文》:肆,极陈也。肆即市,言极百物陈于市也。工居于市,则物之良苦,民之好恶,无不知之,故能成其事。学以地言,即学校之学,对"肆"而言,省一"居"字,《礼·学记》所谓"大学之教,退息必有居学"是也。士居于学,则少而习焉,其心安焉,切磋琢磨,故能致其道。致者,言造其极,底于大成也。

子夏曰:"小人之过也必文。"

君子、小人之辨,诚与伪而已。文其过者,撝其不善而著其善。人之视己,如见其肺肝然,皆由于饰伪也。夫如是,则永为小人矣。虽然,有过而文之,是犹有良知也。若有过而以为当然,则怙过不悛,而为恶人矣。是故诚伪之界,人心生死之机也。

子夏曰："君子有三变:望之俨然,即之也温,听其言也厉。"

君子具中和之德,无所谓变也,由望之、即之、听之者觉其变耳。盖凡人遥望君子之道貌,未即之也,正衣冠,尊瞻视,俨然人望而畏之,但觉其庄严也;及就与之交,则心气粹醇,情意亲厚,但觉其和煦也;然与之讲论道义,则有持之必正、守之甚严者。交情以和厚为主,而道义则不可宽假,故曰三变。或曰俨若思者,敬之至,元德也;温,亨德也;厉则利于正矣。此君子,谓孔子,指乾德也。

子夏曰:"君子信而后劳其民;未信,则以为厉己也。信而后谏;未信,则以为谤己也。"

君子,谓在位者。信,谓信用也。信用既著,而后能交孚于上下,故君子以积诚为本,厉己、谤己,则莫之与而伤之者至矣。《易》曰:"莫益之,或击之,立心勿恒,凶。"勿恒者,无信也。

子夏曰:"大德不逾闲,小德出入可也。"

朱《注》:"大德小德,犹言大节小节。闲,阑也,所以止物之出入。"先儒云"细行必谨",则小德亦何可忽? 盖惟大德能不逾闲,而后小德可出入耳。然学者求道之初,小德亦不容不慎,盖即小亦可以成大也。黄氏曰:"'可也'句,统贯上两句,言大节能不逾闲,小节有出旋入,其人固足嘉也。"别备一义。

子游曰："子夏之门人小子，当洒扫、应对、进退，则可矣，抑末也。本之则无。如之何？"

洒扫，慎行也。应对，慎言也。进退，慎威仪也。《礼记·学记》篇曰："不学杂服，不能安礼。"杂服，即洒扫、应对、进退之事。此子夏之教法也。《易传》："蒙以养正，圣功也。"合本末为一贯，此子游之教法也。

子夏闻之，曰："噫！言游过矣！君子之道，孰先传焉？孰后倦焉？譬诸草木，区以别矣。君子之道，焉可诬也？有始有卒者，其惟圣人乎！"

朱《注》："倦，如诲人不倦之倦。言非以其末为先而传之，非以其本为后而倦教。"说似迂曲。案："倦"与"传"音相近，"倦"当读为"传"。言君子之道，孰者先传，孰者后传，视学者程度之浅深，如培植草木之法，各以其类区别也。若不问其浅深，而概以高且远者教之，则是诬之而已。君子之道，岂可如此？《大学》曰："事有终始。"若始教之时，而即贯彻乎卒业之事，由洒扫、应对、进退以上达乎天德，此惟圣人之教法为然，大贤以下，未敢轻言也。此章说者皆谓子游注重大学功夫，子夏注重小学功夫，非也。子游盖言小学、大学一贯之道，子夏盖言小学、大学渐进之功。故教高明之士，当师子游之意；教沉潜之士，当遵子夏之法。

子夏曰："仕而优则学,学而优则仕。"

优,有余力也。古人以仕与学为一理,后人以仕与学为分途。仕优则学者,政治之学日新,五方之俗各异,不可不随时研究也。学优则仕者,学必大成,而后可以出仕。学问未充,轻试恐致偾事,《左氏传》所谓"学而后入政也"。《礼记·学记》篇曰:"凡学,官先事,士先志。"是古者学校规程,官与士本各有教法。子夏特申古义,以见体用之不可相离,非其说之相背也。

子游曰："丧致乎哀而止。"

致,尽其极也。贤者尽乎哀而止,毁不灭性也;不肖者尽乎哀而止,勉焉企而及也。此先王之制丧礼,所以为得其中也。黄氏曰:"《孝经》'丧则致其哀',《礼·檀弓》'致丧三年',义正同。"

子游曰："吾友张也,为难能也,然而未仁。"

此言子张教人之法也。难能者,才高志广,难可几及。未仁者,开导切磋之法,有所未至也。此与下章义当参看。

曾子曰："堂堂乎张也,难与并为仁矣。"

堂堂,威仪容貌之盛,崖岸自高也,故不能有以辅人之仁。上章所言,惟其难能,所以未仁;此章所言,惟其堂堂,所以难与为仁。盖仁道至大,而实至细。子张过之,故曰"师也过"。惟其过,则精密未周,难以成人之德。后人解此两章,以为讥子张之不仁,恐非子游、曾子之意。

曾子曰:"吾闻诸夫子:人未有自致者也,必也亲丧乎!"

致,尽其极也。盖人子之身体发肤,皆父母所赐。身从何来,亲丧则己亦似斩矣,可不自致乎?况亲丧之时,不可复再;亲丧之事,不可复改,致之而犹不免抱恨终天矣。《孟子》曰:"亲丧固所自尽也。"《礼记·杂记》篇曰:"三日不怠,三月不懈;期悲哀,三年忧。"皆所谓自致。

曾子曰:"吾闻诸夫子:孟庄子之孝也,其他可能也;其不改父之臣与父之政,是难能也。"

庄子之父献子,为鲁之贤大夫,其所用之臣必良臣,所行之政必善政,如《大学》所引"不畜聚敛之臣",孟子所称"有友五人",大概可知矣。春秋之季,少年浮薄之士,厌弃老成,而庄子不以其父为迂旧,独不改其臣与政,此世俗之所难,故夫子称道之,特为郑重,盖为厌薄老成者立之范也。此章当与"父在观其志"章参看。后世缙绅之家,必宜以庄子为法。

孟氏使阳肤为士师。问于曾子,曾子曰:"上失其道,民散久矣。如得其情,则哀矜而勿喜!"

失道,谓失教化。民散,谓情义乖离,不相维系。情,实也。上失教化而民散,非民自散也,上使之散也。至使争民施夺,财聚而民散,则更不可言矣。苟得其情实,方哀矜之不暇,而又何喜乎? 先儒云:"死者不可复生,断者不可复续。"又《盐铁论·后刑》篇引此文说之曰:"夫不伤民之不治,而伐己之能得奸,犹弋者睹鸟兽挂网罗而喜也。"语皆痛切。后世武健严酷之吏,钩距以为能者,当瞿然自反矣。

子贡曰:"纣之不善,不如是之甚也。是以君子恶居下流,天下之恶皆归焉。"

朱《注》:"子贡言此,欲人常自警省,不可一置其身于不善之地,非谓纣本无罪,而虚被恶名也。"说极精细。史称殷纣"智足以拒谏,言足以饰非",则纣之才力过人可知。惟其有才而自居于下流,故其恶为尤甚。圣人言:"一日克己复礼,天下归仁焉。"反言之则"一日居下流,天下归恶焉"。归仁归恶,在一转念之顷耳。夫至天下之恶归之,则天下之人诛之矣。

子贡曰:"君子之过也,如日月之食焉。过也,人皆见之;更也,人皆仰之。"

更,改也。仰之,仰望也。日月为明,君子之过,其本心之光明偶有蔽耳,人皆见之而仰之者,君子至诚,事无不可对人言也。若稍有文饰,则为小人之过,而不能改矣。孟子言周公之过,引此语而释之,盖周公惟不揜其过,故曰"公德明光于上下"。

卫公孙朝问于子贡曰:"仲尼焉学?"

仲尼,孔子字。或曰孔子谥尼父。据此,可征以下四章,皆在孔子既没之后。

子贡曰:"文武之道,未坠于地,在人。贤者识其大者,不贤者识其小者。莫不有文武之道焉。夫子焉不学?而亦何常师之有?"

黄氏曰:"大者小之纲,小者大所积,参合大小,学之所以一贯,圣之所以集成也。"愚案:子贡言道未坠于地,又言在人,可见传道惟赖得人以担任之。先王之政治,无非本敬畏天命而出。政即道也。夫子对哀公文武之政,推及于九经,归本于至诚,其义可见。后儒分道与政为二,因朱《注》指谟训功烈、礼乐文章而言,遂以为道之粗迹,恐失之。

叔孙武叔语大夫于朝曰:"子贡贤于仲尼。"

叶氏曰:"子贡晚见用于鲁,惧吴之强大,晓宰嚭而舍卫侯。伐齐之谋,诘陈成子而反其侵地。鲁人贤之。此武叔所谓'贤于仲尼'也。"

子服景伯以告子贡。子贡曰:"譬之宫墙,赐之墙也及肩,窥见室家之好。

及肩,谓宫墙卑与肩齐也,墙卑故室浅,得窥见之。黄氏曰:"宫墙,犹言围墙。《尔雅》'大山宫',宫即围绕之义。"

夫子之墙数仞,不得其门而入,不见宗庙之美,百官之富。

七尺曰仞。宗庙、百官,盖兼庙、朝而言。富,备也。圣道难窥,学圣者以得门为主。若炫异矜奇,则旁门曲学而已。

得其门者或寡矣。夫子之云,不亦宜乎!"

夫子,指武叔。陈氏曰:"贤人之道卑浅易见,圣人之道高深难知,此子贡以墙、室取譬之意也。要之观乎贤人,则见圣人。使叔孙果知子贡之所以为子贡,则亦必略知孔子之所以为孔子,岂至为此言哉?叔孙非特不知孔子,亦不知子贡也。"

叔孙武叔毁仲尼。子贡曰:"无以为也! 仲尼不可毁也。他人之贤者,丘陵也,犹可逾也;仲尼,日月也,无得而逾焉。

人虽欲自绝，其何伤于日月乎？多见其不知量也。"

朱《注》："无以为，犹言无用为此。土高曰丘，大阜曰陵。日月，喻其至高。自绝，谓以谤毁自绝于孔子。多，与'只'同，适也。不知量，谓不自知其分量。"愚案：圣道与日月争光，子贡可谓善赞圣人矣。

陈子禽谓子贡曰："子为恭也，仲尼岂贤于子乎？"

朱《注》："为恭，谓为恭敬推逊其师也。"

子贡曰："君子一言以为知，一言以为不知，言不可不慎也。

虽出一言，而有知不知之分。子贡之慎言如此，所以列言语之科。

夫子之不可及也，犹天之不可阶而升也。

孟子曰："大而化之之谓圣，圣而不可知之之谓神。"圣道犹天，岂常人所能及？此盖以圣功配天德也。

夫子之得邦家者，所谓立之斯立，道之斯行，绥之斯来，动之斯和。其生也荣，其死也哀，如之何其可及也？"

得邦家，谓夫子得位乘时也。朱《注》："立之，谓植其生也。道，引也，谓教之也。行，从也。绥，安也。来，归附也。动，谓鼓舞之也。和，所谓'于变时雍'。荣，谓莫不尊亲；哀，则如丧考妣。"愚案：《易传》言:"乾道变化,各正性命,保合大和,乃利贞。"《孟子》言:"所过者化,所存者神。"盖至诚尽性之学如此。此以圣功推王道也。

子张篇大义

文治读《论语》至圣贤相与授受之际,盖未尝不太息也。嗟乎!古之亲师、尊师、敬师、崇师,法也亦已至矣。孔子之道,大而能博,门弟子不能遍观而尽识也,故学焉而皆得其性之所近。孔子既殁,诸弟子相与进德修业,传道不倦,门人裒录其语,得五人焉:曰子张、曰子夏、曰子游、曰曾子、曰子贡,此即后世学案之属也。至于述之者或离其宗,或且诋毁其道,谬矣。宽而博,弘而笃,容众以为天下谷,(谷,能容受也。)斯子张氏之学派也。后世闻其风而学之,其得之者,怀含宏之雅度,致明远之极功,而其弊也,或流于骛外。博学而笃志,切问而近思,譬草木之区别,咸有卒而有始,斯子夏氏之学派也。后世闻其风而学之,其得之者,笃信谨守,喻传经之家法,(《易》《诗》诸经,皆子夏所传。)而其弊也,或失之拘墟。子游氏,文学家也,而是篇所记三章,皆切实务本之语,后世沉溺华藻之士,其亦废然返乎? 体天地之性,战战兢兢,孝以立身,忠恕以及人,斯曾子之学派也。是篇所记四章,以友辅仁,自致惟亲,论孝难能,又推而及于哀矜下民,盖仁人之于孝,犹手足之有腹心,孝弟之至,光于四海,通于神明,曾子而见用也。吾民之流离荡析,奔走无门者鲜矣,辨而通,亿而屡中,等百世之王,而独折厥衷，(衷、中通。)斯子贡氏之学派也。是篇所记六章，二章与人为善改过，四章则皆赞孔子之辞，盖诸贤皆奉孔子为依归者也，而子贡之智，尤足以知圣者也。门墙之高峻，日月之昭明，无可疑而无可訾也。是故七十子之服孔子，若江汉之朝宗也。孔子往矣，而诸贤追思孔子之深情，又昭然其若揭也。而子贡善为论赞之辞，则尤千古所独绝也。呜呼！立斯立，道斯行，绥斯来，动斯和，生荣死哀，吾夫子之功绩，既不获稍见于世，则用行之志，不能无望于门弟子也。然而诸贤者，亦相与沉沦下位，负才以终，何哉？或曰伊尹负鼎而勉汤以王，百里奚饭牛车下，而缪公用霸，(二语引《史记·孟子列传》，皆好事者为之，不足凭信。)诸贤当时盍亦稍贬其节乎？《孟子》曰："未闻以道殉乎人者也。"孔子惟不屑自贬其道，是以卒老于洙泗；诸贤不忍违背师法，亦不肯以师道殉人，故宁云散风流，没世牖下而不自悔。呜呼悲矣！不百年后，如仪、秦，如悝、武，如鞅、斯，皆用揣摩苟合，取将相之尊，而以其学乱天下。而如诸贤者，方且于阒寂无闻之中，出其学派，传嬗四方，淑世淑人，功德不可以胜纪。然则圣贤之徒，亦何负于世哉？有用人之权者，可以鉴矣。然而后之读是篇者，感师生之沉瀹，慨大道之终湮，则往往欷歔不置云。

尧曰篇第二十

尧曰:"咨! 尔舜! 天之历数在尔躬,允执其中。四海困穷,天禄永终。"

历数在躬,指禅授而言,谓天命由尧及舜也。允,犹用也。执其中,谓执其两端,用其中于民,所谓于善之中又执其两端,而量度以取中,其功本于格致。盖用中之学,自尧发明之也。又言四海之人困穷,则君禄亦永绝,戒勉之也。或曰困,极也,言为政者信执其中,则能穷极四海,永享天禄。解"永终"为绵延,殊失儆戒之义,不足据。

舜亦以命禹。

朱《注》:"舜后逊位于禹,亦以此辞命之。"黄氏曰:"今《大禹谟》,伪书也。'危微精一'数语,本《荀子·解蔽篇》引《道经》语。作伪者采入之,后儒信此,乃据之以阐执中之义耳。"

曰:"予小子履敢用玄牡,敢昭告于皇皇后帝:有罪不敢赦。帝臣不蔽,简在帝心。朕躬有罪,无以万方;万方有罪,罪在朕躬。"

此商汤伐桀告天之辞。用玄牡，用黑牛以祭。夏尚黑，未变其礼也。昭告，明告也。皇皇，大也。后帝，天命也。有罪，谓夏桀也。简，阅也。言桀有罪，己不敢赦；而天下贤人，皆上帝之臣，己不敢蔽。简在帝心，上帝简阅其善恶也。以万方之罪为在朕躬者，己不敢辞其责，此君师之实心，王者之度量，犹所谓四方有罪、无罪惟我在也。《左氏传》曰："禹、汤罪己，其兴也勃焉。"

周有大赉，善人是富。

赉，予也。大赉，武王大封功臣于庙，所谓"锡予善人"也。富，富有土地。或曰武王克商，散财发粟，大赉于四海，而所富者皆善人，《传》所谓"善人富谓之赏"是也。

"虽有周亲，不如仁人。百姓有过，在予一人。"

周，至也。仁人，谓微、箕之属，孟子所谓又有微子、微仲诸贤相与辅相，故武王谦言虽有至亲，不如殷之有仁人也。朱子据伪孔《传》说，承乱臣十人、同心同德而言，似未可从。一人，武王自谓，犹称寡人也。《白虎通·号谥》篇曰："《尚书》或称一人，王者自谓一人者，谦也，言己才能当一人耳。"然则此文所言，盖即"罪在朕躬"之意。

谨权量，审法度，修废官，四方之政行焉。

权,称锤。量,斗斛。法度,礼乐制度。谨之、审之,示民遵循也。修废官者,商时已废之官职,至周而更置之。盖行政之始,要在整齐画一,其纲正,则事无不举矣。

兴灭国,继绝世,举逸民,天下之民归心焉。

周公相武王,灭国五十。此言兴灭国者,盖有罪之国,则当灭之,无罪之国而既灭者,则当兴之也。兴灭,指诸侯而言;继绝,指卿大夫有采地者而言,亦以其先世之有功而无过也。举逸民,谓释箕子之囚,复商容之位。盖灭国、绝世、逸民三者,人心遗憾之所在,兴之、继之、举之,民之所好好之也。得其民者,得其心也。

所重:民食、丧、祭。

民以食为天,故周制首重民食。《洪范》八政,其一曰食,皆重农之至意也。丧礼所以笃亲爱,祭礼所以动孝思,慎终追远,皆王者所重。或分民、食、丧、祭为四事,实则食、丧、祭皆该于民政之内,未可分也。

宽则得众,信则民任焉,敏则有功,公则说。

政教公平,则民悦服,此节与"答子张问仁"章语意大同小异。或夫子所常称道,或系周初政治之精言,而夫子述之,要之为仁心、仁德之所敷布,帝王治法,实不外此。或曰"谨权量"以下三节,皆孔子之言,陈后王之法,未合经义。

子张问于孔子曰："何如斯可以从政矣?"子曰："尊五美,屏四恶,斯可以从政矣。"子张曰："何谓五美?"子曰："君子惠而不费,劳而不怨,欲而不贪,泰而不骄,威而不猛。"

屏,除也。欲,非专欲之欲,乃欲立、欲达之义。贪,亦非贪利之贪,盖望报以干誉耳,《礼记》所谓"用人之仁,去其贪"是也。上章言帝王之治法,此章言春秋时应行之政治与后世当亟去之弊。

子张曰："何谓惠而不费?"子曰："因民之所利而利之,斯不亦惠而不费乎? 择可劳而劳之,又谁怨? 欲仁而得仁,又焉贪? 君子无众寡,无小大,无敢慢,斯不亦泰而不骄乎? 君子正其衣冠,尊其瞻视,俨然人望而畏之,斯不亦威而不猛乎?"

因民所利而利者,如治田、薄税、通商、惠工,导民固有之利也。择可劳而劳者,如使民以时、老幼不服役是也。故择字,当兼择人、择时、择事而言。众寡、小大,指臣庶、人民而言。盖惠而不费三者,指爱人而言;泰而不骄二者,指敬人而言。自古圣人为政,无非本爱敬之意,达之天下也。李氏曰:"惠而不费,劳而不怨,就政事言之;欲而不贪,泰而不骄,威而不猛,则直推至于为政者身心本原之处,乃上二句所以美恶之根也。《易》曰'弗损益之',惠而何费焉? 又曰:'有孚惠心,勿问之矣',欲而何贪焉? 又曰'说以先民,民忘其劳',劳而何怨焉?《孝经》曰:'其政不严而治,其教不肃而成。'泰而不骄,威而何猛焉?《孟子》

所谓'利之不庸,劳之不怨,民日迁善而不知为之者',是王道也。"

子张曰:"何谓四恶?"子曰:"不教而杀谓之虐;不戒视成谓之暴;慢令致期谓之贼;犹之与人也,出纳之吝,谓之有司。"

不教,谓不以礼义导民。虐,谓残酷不仁。不戒,不告戒。视成,考成也。暴,谓猝遽无序。慢令,妄出号令。致期,刻期也。或曰致为迁延之义,因迟慢无信以致虚刻期也,亦备一义。贼者,切害之意。犹之,犹言均之。出者,出之于己;纳者,纳之于人,均之以物与人。而于出纳之际,吝而不直,是有司之小见,而非为政之大体。政以忠恕为得其平,四者皆不忠、不恕之事,为政者之大戒也。李氏曰:"虐、暴、贼正与骄、猛字相应,欲其无怨,不可得已。吝字、有司字,正与贪字相应,欲其无费,不可得已。此皆起于霸者尚力任法,小补骓虞之所为,而其弊乃至不可胜言也。"

子曰:"不知命,无以为君子也;

知命之学,由浅而及深者也:始焉安分素位而已,进而上之,则穷理尽性,以至于命,如颜子之不改其乐,孔子之知天命,疏水曲肱,乐在其中是已。乐则行之,忧则违之,此《易》潜龙之德,君子所性分定故也。

不知礼,无以立也;

知礼之学,亦由浅而及深者也:始焉品节详明,不越秩序而已;进而上之，则非礼勿视、听、言、动，而动作威仪之则，皆为定命之符矣。此尊德性而道问学，由知天、事天而能立命者也。

不知言，无以知人也。"

知言之学，亦由浅而及深者也：始焉辨善恶、邪正而已；进而上之，则不特知今人之言，且有以知古人之言，不特知诸子百家之言，且有以知圣经贤传之言矣。以辞危而使知平，以辞易而使知倾，以惭枝多游而知叛疑躁诬，孔子之知言也。以诐淫邪遁而知其蔽陷离穷，知其生心害政，发政害事，孟子之知言也。穷理之学，莫精于此。此章三"不"字，三"无以"字，本为浅者而言，然深味之，则精微广大，天德、王道、圣功，无所不该，然后知圣人之言，义蕴闳深，挹之不尽。《论语》所以此章作结也。

尧曰篇大义

唐柳宗元谓："《论语》之大，莫大乎《尧曰》一篇，是乃孔子常常讽道之辞。孔子者，覆生人之器也，上焉尧、舜之不遭，而禅不及己；下之无汤、武之势，而己不得为天吏。生人无以泽其德，日视闻其劳死怨呼，而己之德涵焉无所依而施，故于常常讽道云尔而止也。此圣人之大志也。弟子或知之，或疑之，不能明，相与传之，故于其为书也，卒篇之首，严而立之。"文治谨案：柳氏之说是也。盖治统者原于道统，尧以是传之舜，舜以是传之禹,禹以是传之汤,汤以是传之文、武、周公,文、武、周公传之孔子。《尧曰》一篇以孔子之道统,继尧、舜、禹、汤、文、武、周公之治统也。文治恒即其文而寻绎之,曰"允执厥中,四海困穷,天禄永终",盖所谓"执其两端,用其中于民也"。乃后儒高谈"允执厥中"之理,而置"四海困穷"于不问,咨可叹也!"朕躬有罪,无以万方。万方有罪,罪在朕躬。"汤之言何其仁也!"周有大赉"至"所重民食、丧、祭",皆周公经纶天下之大经也。"谨权量,审法度,修废官",今有能行之者乎?"兴灭国,继绝世,举逸民",今有能行之者乎?"宽则得众,信则民任焉,敏则有功,公则说",此即以孔子之道统,继尧、舜、禹、汤、文、武、周公之治统也。乃《春秋》笔削,徒以素王终,咨可叹也!"尊五美,屏四恶",所以辅宽、信、敏、公之不足。"因民之所利而利之",千古理财之要旨也。后世人士不知理财,而但求生财,更不知生财之道,而惟务敛财,浸至剥肤椎髓,扫地赤立,百姓愁怨,四海困穷,而上不得闻,咨可叹也!"出纳之吝,谓之有司",有司者,后世吏胥是也,其流毒至数千年,根株深固,绵绵延延而不可拔,无非吮生民之膏血以自肥,闾阎之痛苦乃益甚,咨可叹也!至知命、知礼、知言三者,乃又示万世学者继续道统之全功。然而不知命,无以知禅让与继世之正也;不知礼,无以立国也;不知言,无以兴贤才而远邪慝也。是道统也,亦治统也。综全篇数百言中,天下万世之学术、治术包括而无不尽。呜呼!神乎微乎!圣人之志其隐而可见乎?圣人之统其绝而复续乎?然则二千数百年之后有王者起,其必来取法乎!

论语大义定本跋

十数年前，友人来告，谓近今学校罢去读经，如向者户诵之《论语》亦无人复读，而朱《注》尤苦其精深，盍加节录以便初学乎？文治漫应之。继思兹事虽属弇陋，究胜于废而不读，乃谨取朱《注》节之，并附拙著《大义》二十篇于后。门人沈君炳焘，为排印于长沙，此第一本也。庚申冬，钱塘施君肇曾创设国学专修馆于无锡，延文治主讲，即以是本课甲、乙班诸生，深病其略，爰复下己意，加以润色，是为第二本。癸亥冬，将课丙班诸生，重绎旧稿，觉朱《注》与诸家说参杂，犹有未安，乃复取汪武曹《四书大全》、陆清献《松阳讲义》、李文贞《论语札记》、黄薇香先生《论语后案》、刘楚桢先生《论语正义》诸书，精以采之，简以达之，鄙意所及加"愚案"以申明之。至是乃觉稍稍完备，名曰"定本"，然犹未足为定也。（此本与拙著《论语提纲》所述略有未符，因《提纲》成书在先也。）会施君刻《十三经》于沪上，因附刻此书，于后记其梗概如此。

夫注释《论语》者，其大旨约有数端：明义理，一也；通训诂，二也；阐圣门之家法，别授受之源流，三也；穷天德、圣功之奥，修己、治人之原,四也。是四者文治窃尝有志焉,而未敢谓有所得也。昔朱子殚毕生之精力以为《集注》,且复涵养德性,阅历人情,体之于身,验之于心,夫然后发之于言。故其为书也,如日月之经天,江河之行地,后世学者,其奚容复缀一辞!虽然,朱子距今七百余年,元明以来,治《论语》者,纯儒硕学项背相望,岂无人焉能补朱子所未备,而扩朱子所未发哉?矧迄者风俗人心,益不可问。先进礼乐渺焉无存,而邪说之横恣,四海之困穷,且未知所终极,俛仰世变,非读《论语》曷能救诸!则夫缀而述之,或亦先圣先贤之所许乎?甲子夏六月,唐文治谨跋。

图书在版编目(CIP)数据

唐文治四书大义.论语大义/张旭辉,刘朝霞整理.
—上海:上海人民出版社,2018
ISBN 978 - 7 - 208 - 15189 - 5

Ⅰ.①唐…　Ⅱ.①张…　②刘…　Ⅲ.①儒家②《论语》-
研究　Ⅳ.①B222.15

中国版本图书馆 CIP 数据核字(2018)第 105497 号

唐文治

四书大义

大学大义 中庸大义

崔燕南 整理

上海人民出版社

目　录

前　言
唐文治与经学在近代的回潮

邓秉元

自 1905 年清廷废科举以来，传统经学经历了复杂的变化。先是在"中体西用"口号之下，通过癸卯学制改革，保留经学作为精神信仰的地位，"设立中国旧学专门，为保存古学古书之地"，理由是"中国之经书，就是中国之宗教"（张之洞、荣庆、张百熙《学务纲要》）。岂料为时不久，1912 年民国肇立，经学便在新的学制改革中废除，传统经书也因此被划入新的知识体系，分别成为文史哲等学科的历史文献。主导其事、提倡"信仰自由"的教育总长蔡元培，所心仪的乃是"以美育代宗教"，其实便是"以美育代经学"，否定经学具有精神信仰的超越意义，或类似国民政府以后那种政治教科书的地位。

经学本来便不是一种独断的信仰形态。从学术角度来说，否定经学的宗教与意识形态地位，其实并无不妥。汉代"表彰六经"，主张"诸子出于王官"，从知识体系立场还原了经学相对诸子的本源地位。尽管号称"独尊儒术"，却首先是说政治应该建立在仁义而非霸术之上,并因此成为各阶层的共识。远非 20 世纪一些史家所说的,仅仅是为专制君主服务。西汉之伟大,正是因为社会普遍对真理抱有诚意,作为知识体系根基的六艺之学,遂得以重新滋养百家学术。不仅经学,百家诸子与道教、文学皆能自由发展,各个领域英才辈出。那以后,唐之与宋,精神形态虽然不同,且各有流弊,但文化理想尚极为高远。经过金元的统治,政教文化日趋粗鄙,礼法纲纪荡然无存。明清以后,政治力量遂得以把某种经学观念(譬如理学)凌驾于其他学术,不仅学术自身失去活力,民族的生机也逐渐窒息。

不过,把经学的学科属性也加以否定,的确是对中国传统文化的致命一击。中国文化所依托的那种天人宇宙的视野既不复存在,宗教也在科学主义观念下难以生根,在功利盛行的现实世界背后,缺少超越性精神作为本源,民族的生命自然无法畅达。这是 20 世纪华夏文明的真正危机所在,在随后的新文化运动中,经学又被扣上"粪学"(钱玄同语)的帽子。那种由天朝上国的迷梦中轰然坠地的失落心态,竞相拿经学作为出气筒。尽管在一些新兴的学术形态里面(譬如新儒学),经学义理的圆融得到捍卫,但各种流派笔下的中国历史却依然是漆黑一团。经学虽然像先秦学术一样,回到了自由的民间,但却发现"鸠占鹊巢",早已失去了故园。

也正是在此时,我们看到一群文化遗民。这些遗民可能不像罗振玉、王国维等人一样,为逊清恪守臣节,但却在近乎失语的时代环境之中,在学术上守先待后,顽强地为华夏文化招魂。在这些人物之

中，出生于同治四年(1865)、卒于 1954 年，生涯横跨晚清以来将近一世纪之久的唐文治先生，无疑算是个中的一位典型。如何清理这些"旧学"典型的精神及学术遗产，并研求其历史意义，便成为后来者义不容辞的责任。

一、"以史学为中心"的学术

探讨这一问题，至少应该从清代说起。早在康熙即位之初，三藩尚在，台海未平，满洲王大臣势力趁康熙年幼之机，重新占据上风。直到康熙中叶，清廷所要解决的主要问题都是如何在政治上确立君权对部族权力的优势地位，并削平各种割据势力。因此，在很长一段时间，康熙对汉族士大夫都是采取怀柔政策，对熊赐履、张伯行这种勇于挑战满洲贵族的士大夫不遗余力加以拔擢，对举荐施琅、帮助平定台湾的李光地更是视为能臣，对南北内外不同学术也能表示优容。康熙前、中期之所以会延续晚明思想自由的格局，都是与这一现状分不开的。在这一背景下，尽管朱学与王学的争论仍然激烈，但各种新的学术形态也纷纷崛起。尤其重要的是，中土学术开始与利玛窦以来耶稣会士所带来的西洋学术合流，诸子之学全面复苏，在以宋明理学为代表的"第二期经学"已经走向完结的时候，为中国文化带来了一阳来复之机。黄宗羲在《明夷待访录自序》中所提及的"夷之初旦，明而未融"，说的便是这个意思。这一机运后来销杀于一元化体制之下朱子学的独尊与中西礼仪之争,固是事实,但却是理解清代学术各种转折的前提。

1919 年,王国维曾经在为沈曾植贺寿的文章中写到:

> 我朝三百年间,学术三变:国初一变也,乾嘉一变也,道咸以降一变也。顺康之世,天造草昧,学者多胜国遗老,离丧乱之后,志在经世,故多为致用之学。求之经史,得其本原,一扫明代苟且破碎之习,而实学以兴。雍乾以后,纪纲既张,天下大定,士大夫得肆意稽古,不复视为经世之具,而经史小学专门之业兴焉。道咸以降,涂辙稍变,言经者,及今文;考史者,兼辽金元;治地理者,逮四裔,务为前人所不为。虽承乾嘉专门之学,然亦逆睹世变,有国初诸老经世之志。故国初之学大,乾嘉之学精,道咸以降之学新。(《沈乙庵先生七十寿序》)

王氏这一论断引起许多学者的注意,但也还远非定论。譬如把胜国遗老之学定为经世致用,而把乾嘉汉学中的经学称作“专门之业”,便似乎有将经学与致用对立起来之嫌。经世致用的学术难道不正是活着的经学么? 因此,这一观点似乎还是乾嘉以后儒者的主流看法,那就是把经学、理学与致用之学分别开来,经学特指关于经书本身和汉代经学(实际是经学史)的研究,其实便是以吴、皖两派为核心的乾嘉考据之学。而理学尽管在四库馆臣重新梳理经学传统的时候,仍然被称作“经宋学”,但借用梁启超的话说:“乾嘉以来,汉学门户之见极深,‘宋学’二字,几为大雅所不道。”(《中国近三百年学术史》第四节)所谓义理、考据与词章,也往往是词章家的高自标置(姚鼐《述庵文钞序》)。对于汉学家而言,"一为文人,便无足观"。

乾嘉时代经世之学的衰歇,无疑是雍乾两朝的高压政治使然,这在晚清以来已成为史学界的共识。譬如,自言"乾纲独断,乃本朝家法"的乾隆皇帝,竟然肆无忌惮地宣称:"使为宰相者,居然以天下为己任,而目无其君,此尤大不可也。"(《书程颐论经筵劄子后》)在这种意识形态背景下,不仅经学失去了与现实的具体联系,即便被官方悬为功令的朱子学也只不过是科举制度的敲门砖,甚至失去了作为修己之学的意义。当清代汉学家批评晚明心性之学流于无用的时候,却忘记致用已经成为统治者的特权。官方所表彰的足以致用的理学家,如李光地之流,不仅毫无孟子所谓出处大义可言,甚至一心帮助帝王炮制所谓"御制性理大全"等书,助其以夷酋而侧身历代圣王之列。

这一现实在知识界的某种反动,便是在道光初年吴派学者江藩所撰写的《国朝宋学渊源记》之中,不仅把当朝的所谓理学名臣如李光地、汤斌、陆陇其等人全部摒之于外,甚至对时人所称颂的宋学人士罗有高也"痛诋之几无完肤"(伍崇曜《宋学渊源记跋》)。被汉代学者定位为"修己治人""常道"之学的经学,假若既不足以经世致用,又未能导人进德,在义理上也缺乏真正的进展,又何以自称为经学? 所谓乾嘉汉学,虽然被清代学者艳称为"国朝经学复振",但最大的贡献其实也不过是关于经典文本、小学及汉代经学史的研究,尚不足以称为有体有用之经学。这样,王国维所谓"国初之学大",似乎更应理解为孟子所谓"先立乎其大"的大体之学,这才是原初意义的经学。

　　汉学家之外,典型的例子就是李光地(1642—1718)。李光地卒于康熙五十七年(1718),年七十七岁。在当时已号称"理学名臣"。详读李光地的著作,很难不承认,不仅其对西学的研究在当时已属难得,其对《四书》《五经》乃至道教、声律、文学都迭有新见。他的《周易折中》与《周易通论》代表了清初理学易的最高成就,其诗学、尚书学、礼学、春秋学等都颇为清代学者所重,他对宋明理学义理、源流也有精审的把握。在并时学者热衷撰写学术笔记的风气中,他的《榕村语录》遍论群经、子史、释道、文学的学术源流,算是质量上乘的作品。假如重新撰写这些领域的学术史,确实无法避开他的成就。其学问之广博与精神之卑靡恰成正比。1900 年前后章太炎撰写《清儒》,披头便说"清世理学,竭而无余华",假如说在义理上没有产生与程朱陆王比肩的哲人,并不算错;但把魏象枢、魏裔介、李光地、陆士仪、陆陇其诸人在学术上一概否定,未尝不是一种偏见。此时的章太炎,对理学尚缺乏真正的认知。

　　在康熙所表彰过的一众理学名臣之中,李光地与熊赐履(1635—1709)无疑最为重要。但越是到统治的后期,康熙越无法忍受熊赐履思想中那种源自晚明的,无论朱学还是王学都共同具有的某种真正精神,即以道自任的精神。相反,李光地则早就宣称道统与治统合一,把康熙奉为"五百年必有王者兴",使"道与治统复合"的圣王,尽管屡遭排挤,但还是最终"卒于官"。

从这个意义上说,清朝中叶的汉宋学术分野并非清廷的两手政策所致,也并不表征文化政策自身的分裂;相反,无论研究汉宋学术源流还是名物训诂,在乾嘉时代的意识形态架构中都自觉地拉着第二把小提琴。汉宋学者观念上的势同水火,乃是学科属性使然,掩盖不住双方作为"以史学为中心"的学术,在精神乃至研究路数上的趋同。在后来接续乾嘉汉学的学者中,章太炎站在激烈"排满"立场上,极力表彰汉学家的某种不合作精神,以为气节犹存的证明,虽不无惠栋等一二特例,但未免有些夸大(《訄书·学隐》)。身居高位的"汉学护法"如阮元(1764—1849)辈,以及奔走权门的汉学人物姑且不提,譬如,那位撰写《孟子正义》,处处以理学为敌的汉学领袖焦循(1763—1820),所批评的便不是在朝理学之虚伪,反而津津于痛斥明代学者"以不屈于君父为能,以屏弃文艺为学,真邪说诬民,孟子所距者也"(《孟子正义·离娄上》),便是一个显例。

1920年代,梁启超在《清代学术概论》中曾经以乾嘉学者研讨学问的方式为例,提出所谓"学者社会"一说,揭示出清代学术的某些现代特征。李光地也同样可以算作一元化政治体制之下现代知识人的一种典型。

二、"道咸以降之学新"

当然,诚如王国维所言,道咸以降学术确实起了变化。只不过这一新变不仅仅是"逆睹世变",最直接的原因还是因为嘉道以后,由"十全老人"乾隆皇帝(1711—1799)所刻意营造的文治武功的盛世体制已经难以为继。不仅有白莲教、捻军等民间暴动的冲击,特别是随着"太平天国"的崛起,东南的半壁江山竟然易主,所造成的社会心理动荡显而易见。在由此释放出的空间夹缝之中,文化又现出了某种生机。从历史上看,这一情形有点儿像"土木堡之变"以后的明朝。正统十四年(1449),在宦官主导下明英宗的错误决策乃至被俘,造成君主权威的实际削弱,其实是明中叶出现思想解放的直接原因。在这一时期,罗钦顺、崔铣、王廷相、汪俊等一大批理学家,尽管并没有形成更新颖的学术见解,但和此前不同的一点,便是使理学从不容置疑的官方教条重新恢复了思想活力。

因此,道咸以降的学术新变,王国维所说今文经学、辽金元史、西北地理之学固然不错;但也要综合梁启超所说的三种趋向,即常州经学、宋学复兴、讲求西学,才更为全面。其中,所谓西学乃是指耶稣会所传入并在晚明清初受到黄宗羲、方以智、王锡阐、梅文鼎等重视的西方学术,鸦片战争之后与迅速涌入的新的声光化电等格致之学(自然科学)合流。常州经学被晚清学界理解为与古文经学对立的西汉今文经学,宋学是指唐鉴、曾国藩所代表的朱子学,前者在道咸以来主张议政,后者因为平定洪杨之变而受到朝野的尊崇。在被清代人理解为"同光中兴"的时代,三者的奇妙结合,正是张之洞等所谓"中体西用"的典范。因此,如何理解道咸之学的"新",便应该注意道咸

以来所谓"中体"的变化,以及洋务派与经学的关联。

"道咸之学新"首先表现在经、子之学的回潮,对经典的研究不再止于外在观照,而是融入了内外两方面的实践。这种实践一方面表现为心性之学本身的复苏,一方面则表现为经世致用,个体性命与家国天下恢复了关联。也正是在这一背景之下,乾嘉时代水火不容的汉宋之学出现某种和解迹象,这就是所谓"汉宋调和"。这种调和表面上与四库馆臣所传达的汉宋学术如车之两轮、鸟之双翼的官方理念并无不同,但却有着根本区别。

在以往,最受学界关注的是常州今文经学,不仅因为晚清维新变法中康有为(1858—1927)等以今文经学为改制的理论根源,也因为今文经学早期的学者如龚自珍(1792—1841)、魏源(1794—1857)等已经致力于社会批判,而认同理学的包世臣(1775—1855)其实也不遑多让,这方面已经有过很多研究。

在学术上体现汉宋调和的代表人物有黄式三(1789—1862)、丁晏(1794—1875)、朱次琦(1807—1881)、陈澧(1810—1882)和曾国藩(1811—1872)等。五者当中,丁晏虽然立足汉学,但其所著《周易述传》,专宗程颐《易传》,"抒其己见,立言以诚,而望后来之取法,则程子之志也"(《周易述传自序》),在汉学家中不遑多见。黄式三学问精博,提倡读书当先"治心",反对"门户之见",主张汉宋兼采(《论语后案序》)。朱次琦以理学为主,以"自治其身心"相倡率,而特重修身大节,代表了性理之学的复苏。

特别值得一提的是,曾国藩、罗泽南(1807—1856)等以理学家身份,在八旗与绿营兵衰朽不堪的时候,用理学的精神凝结徒众,最终平定洪杨之变,成为理学足以致用的典型。曾国藩的湘军及继起的淮军几乎成为当时唯一堪能一战的力量,尽管尚不足以攘外,但却足以安内,并因此成为所谓"同光中兴"的支柱力量。

诸人之中学术成就最大的除了黄式三以外,无疑是长期身处岭南的陈澧。陈澧"凡天文、地理、声律、算术、小学,无不研究",本来是一个标准的汉学家。但看他从数学及光学角度研究《墨子》,以及极力探究诸子百家之"可取"处(《东塾读书记·诸子书》),其诸子研究确实已不同于正宗的汉学家如王念孙、俞樾等专注文献之学的"从旁窥伺"(章太炎语),可以视作诸子学术的复活。他平章汉宋的理由之一,便是汉儒也有其义理之学,宋儒的考证渊源于汉儒。后世研究者因此把陈澧视作和稀泥式的"调人",如章太炎便贬斥其为"傅会","此犹揃毫于千马,必有其分刌色理同者"(《訄书·清儒》),却不知陈氏已经意识到每个时代的学术皆有其各自的体用之学,并非乾嘉时代,把汉儒归为考据,宋儒归为义理那样的两截学术。

陈澧因此明确提出了他的经学观:

> 所谓经学者,贵乎自始至末读之、思之、整理之、贯串之、发明之,不得已而后辩难之,万不得已而后排击之,惟求有益于身,有益于世,有功于古人,有裨于后人,此之谓经学也。有益、有用者,不可不知;其不甚有益有用者,姑置之;其不可知者阙之,此

之谓经学也。(《与王峻之书》)

"所谓经学者,非谓解先儒所不解也。先儒所解,我知其说;先儒诸家所解不同,我知其是非;先儒诸家各有是、各有非,我择一家为主,而辅以诸家,此之谓经学。"(《示沈生》)

这种经学观不同于乾嘉时代已经产生的,那种与 20 世纪学者相似的专家倾向。在这种倾向之下,学术的志业也就是在古人的论说之外推求新义,因为好奇骛新,学者务以争胜为目标,甚至不惜伪造证据、抄袭前人。发生在汉学领袖戴震身上的《水经注》抄袭案无论真假,其实都是这一时代学术风气的一部分,这同样是前引梁启超所谓"学者社会"的一个表征。在这个意义上,乾嘉学者其实是不折不扣的现代人。

由此我们便可以理解,单从"汉宋调和"的角度理解陈澧等人,依然属于皮相之见。道咸以后所出现的这股新思潮与其说是汉宋两种学术的"会通"或杂糅,不如说是"返本",即回到经学的那个有体有用的本源之处。这个本源便是孔子,而汉宋两家所倾向的义理与考据只不过是孔门四科之二。朱次琦、陈澧、曾国藩无一例外地主张恢复孔门四科的规模,也正是出于这一理由。曾国藩直接把乾嘉以来姚鼐、戴震义理、词章、考据加上政事(或经济)以与四科相配(《圣哲画像记》)。朱次琦则把读书之法分为五类,经学、史学、掌故、性理、词章,假如把史学与掌故合为一科,与孔门的政事之学相配,其实也便是孔门四科。并强调"通经将以致用,不可以执一也,不可以嗜琐也"

（简朝亮撰《年谱》）。至于陈澧，不仅对历代有关四科的讨论详加考辨，而且还认为宋儒胡瑗的经义斋、治事斋深得"四科之遗意"（《东塾读书记·论语》）。还应指出，三者同时以晚明诸老为楷模，朱次琦、陈澧最尊顾炎武，而曾国藩则推崇王船山。

三、最后的洋务派

道咸以来经学的回潮，其实是所谓"同光中兴"真正的"中体"。这个"中体"不仅倡导"师夷长技"，发起洋务运动，也曾打败同光年间的一系列叛乱及外侮，收复了新疆。这个"中体"本身并不缺乏诚意，也具有开放的热诚。曾国藩的人格魅力在晚清一时无两，之后的领袖人物郭嵩焘、李鸿章、曾纪泽都不乏开放的胸襟与干才。在满清政权已经衰朽不堪的情形之下，尽管对洋务派极为忌惮，却也不得不予以倚重。李鸿章虽因身居高位，调合于跋扈的女主、昏聩的勋贵与激烈的舆情之间，因而频遭物议，但有识之士却许之为"救时良相"（孙宝瑄语）。满汉的天平在不断向汉族势力倾斜，这个过程维持了清朝最后时代的政局。陈寅恪后来自言"平生为不古不今之学，思想囿于咸丰、同治之世，议论近乎湘乡、南皮之间"（《冯友兰中国哲学史下册审查报告》），便是对这个"中体"的礼敬。

只不过这个"中体"仍然有所欠缺。由于雍正以后一百多年缺少对现实事物的关注，晚清学者在经子学术上的努力，也不过是恢复到

晚明诸老,而精神上的自由尚远远不如。回想晚明时代,耶稣会士初入中华,西方在物质文明上虽然稍擅胜场,但中土学术依然可以与之平等对话,有识之士,且欲"会通以求超胜"(徐光启语),驾而上之。但随着近代西方在哲学宗教、科学技术、政治经济制度等方面的巨大变化,单凭晚明诸老的学术规模,假如不予以反省扩充,对其深广之处已经难以完全笼罩。何况受制于现实的权力架构,就连顾炎武等有关盐政等技术性的方略尚无法推行(参孙宝瑄《忘山庐日记·光绪二十七年》),遑论晚明学术最精彩的东西。譬如黄宗羲的《明夷待访录》,便主要在宋恕、孙中山、梁启超等在野人士中间传播。在大约两百年间,经学丧失了自我更新的机会,并因此在"三千年未有之变局"(李鸿章语)来临之际近乎失语。

甲午战争的失败,迅速打破了这一平衡。广东、江浙、湖北等地的士大夫开始吹起变法或革命的号角,矛头直指清代政体的核心。尽管百日维新在形式上失败,但却使满汉矛盾迅速加剧,并为最高权力而火并。斗争的结果,是由袁世凯这个湘、淮军的旁系攫取了政权,但"中体"本身却也在清代灭亡的过程中成了陪葬的对象。1905年科举考试废除,经学虽然以"存古"的名义被保留,顾炎武、黄宗羲、王夫之三大儒也在1907年从祀孔庙,却只能说是坠入黑夜前的最后一抹余晖。

也正是在1907年,新设农工商部左侍郎、署理尚书,年仅四十三岁的唐文治扶柩回乡葬母,从此再没有回到政界,开始了近半个世纪

的讲学生涯。先是主持上海高等实业学校(上海交通大学前身),后来创办无锡中学与无锡国专。并在几十年后,与友人曹元弼一样,成为硕果仅存的"旧学"代表人物之一。

唐文治字蔚芝,江苏太仓人。年少聪颖,八岁就有"愿为伊尹"之志。由于科举制度仍在运行,虽然家境不丰,唐文治早年仍然在替人坐馆的父亲指导下,开始了经书及科举制艺的学习,并于十六岁进学。从其求学及入仕经历而言,实与洋务运动结下了不解之缘。

光绪七年(1881)唐文治十七岁,参加时任江苏学政黄体芳的科试,并得到一等十五名的佳绩。黄体芳(1832—1899)是浙江瑞安人,与张佩纶、张之洞等合称"翰林四谏",是晚清"清流"人士中的代表人物。瑞安地处浙东,宋代以来便是学术发达之所。除了黄氏家族"一门五进士",科甲煊赫之外,其所师事的孙衣言(1815—1894),也是瑞安的望族。孙衣言本人以永嘉事功之学相倡率,校刻《永嘉丛书》,其实是自觉地谋求学术与事功的结合,这与陈澧、曾国藩等人的学风是相契的。受其影响,其子孙诒让著有《墨子间诂》、《周礼正义》,其实也是从二者的事功之学着眼,与传统汉学家貌同而实异。孙氏同时还撰写《周礼政要》,主张"今人所指为西政之最新者,吾二千年前之旧政已发其端"(《周礼政要叙》),代表了晚清经学融摄西学的努力。孙衣言之弟孙锵鸣还是李鸿章的房师,其女婿宋恕,学生陈黻宸、黄绍箕(黄体芳子),以及陈、宋的好友陈虬,都是清末民初倾向变法的有名人物。

光绪十年，黄体芳在江阴设立南菁书院，院长便是黄式三之子，撰写《礼书通故》的黄以周。次年，唐文治顺利进入南菁书院，得以受到黄以周的亲自指导。黄氏虽然以礼学知名，但同样长于理学，推尊顾炎武，首次指导便借给他宋儒陈淳《北溪字义》，并告以"训诂、义理合一之旨"（唐文治《自订年谱》），为唐氏后来主张为学不分汉宋打下基础。其后，王先谦编《皇清经解续编》，唐文治也曾参与校书工作。

光绪十八年（1892），唐文治进士及第，授户部主事。由于颇受座师翁同龢赏识，为其曾孙授读。在随后数年间，大概公务所需，广泛阅读各国条约事务书、曾国藩、胡林翼全集、正续《经世文编》，并评点《万国公法》、曾纪泽、黎庶昌文集等书，"于经世之学，亦粗得门径"。其中胡林翼也是湘军首领之一，曾纪泽是曾国藩之子，黎庶昌则是"曾门四弟子"之一，说唐文治的经世之学乃是曾国藩系统的嫡传，应不为过。"余恨未及（曾）文正之门，常服膺而私淑焉。"（《自订年谱》）唐文治后来治学中特重文章之学，除了其本师王紫翔的教导之外，也与曾国藩、吴汝纶等桐城派的影响有关。光绪二十四年（1898）唐文治兼总理事务衙门章京，正式参与外交事宜。而庆亲王与李鸿章便是此时的总署大臣。光绪二十七年（1901），辛丑条约的签订，唐文治也曾参与其中。其后还曾随从出使日本、英国。光绪二十九年（1903）升商部右丞，此时的唐文治，已经是满汉大臣眼中的能员。几年之后，尽管已经是署理尚书，唐文治却因母丧乘乱抽身，并由此转

入上海高等实业学校,实非常人所及。

从进入民国开始,唐文治先后编写《论语大义》《孟子大义》《大学大义》《中庸大义》《十三经提纲》《茹经堂文集》《性理学大义》《政治学大义》《讲演录》《国文经纬贯通大义》《尚书大义》《阳明学术发微》《诗经大义》《礼记大义》等书,并同时开启了讲学生涯。"道之不绝在人",当经学已无法在学科体制之内保存的时候,还是可以通过在野讲学来加以传承。无独有偶,清末对孔子予以激烈否定的章太炎,则在民国初年开始了自我批判,撰写《检论》,重新以经学自任。

在二十世纪的读经运动中,各省军阀是一股重要力量。假如从此辈与湘淮军的渊源,以及由此与道咸以来经学新变的关系来看,应该是一个可以切入的视角,不宜以保守落后简单地加以否定。生值乱世,此辈之中固然不乏颟顸无耻之徒,但如蔡锷之倡义起兵,段祺瑞之茹素明耻,吴佩孚之宁死不屈,相比后世某些无所不为的行径,却不可以不说有经学的遗教存焉。更何况反对读经据说是为了抵制专制,但经学灭后,却并未阻止专制的加深。以专制的手段否定经学,与用专制的手段提倡经学,其相去并不甚远。经学的仁义礼智信、天理良知本来作为传统各阶层心理诉求的共同基础,不仅责己,也可以责人,并以此维系政教的基础。当这个基础被摧毁之后,不同群体间的公共认同消失,加上外来各种学说的催动,判断真理的尺度只能是惟力是视的丛林法则。谓予不信,有历史在。

四、"哀鸾孤桐上，清音彻九天"

唐文治的学术渊源本来便是道咸以来不拘门户、经世致用的经学传统，所以在学术上仍然大体继承发挥此派的见解。其最重要的著作无疑是民国二年（1913）便已完成，但在六十岁时（1924）才完成定本的《论语大义》。而撰写本书所参考的作品，除了朱《注》以外，主要便是清儒汪份（1655—1721）的《四书大全》、陆陇其（1630—1692）《松阳讲义》、李光地《读论语札记》、黄式三《论语后案》、刘宝楠（1791—1855）《论语正义》。除此之外，其学术也受黄道周、顾炎武、陆士仪、方苞、曾国藩、黄以周等人的很大影响，而其中陈澧《东塾读书记》的影响最大。《东塾读书记》试图以一部书的规模总括全部经学、诸子以及经学史的努力，在唐文治所编纂的《十三经读本》里得到明确体现。只不过，在陈澧的时代，经学作为知识体系表面上依然如日中天，所以只需要在作品中自抒心得；但在唐文治的时代，经学俨然已遭灭顶之灾，所以需要把最好的版本、注释以及读书的门径告诉后人。这就像那个有名的故事，人类将要灭亡，一个物理学家选择告诉未来智慧生命的一句话是"世界是元子论的"。有了这个观念，物理学还会被重新发现。

也正是因此，唐氏择选版本虽然务求其善，但却仅"择其注之简当者，屏其解之破碎而繁芜者。抉其微言，标其大义，撰为提纲，附于诸经简末"(《十三经读本序》)。诸经的注释不分门户,三礼宗郑玄,《四书》《诗》《易》宗朱子,辅以清儒著作,其余亦择善而从。出于对文章声韵的重视,唐氏甚至专门灌制经典诵读的唱片,以遗后人。其救世婆心,于兹可见。在民国以后经学被从学术上否定,新锐学者纷纷主张以经学史替代经学的声浪中,唐文治《十三经读本》之不拘门户在某种程度上成为一种象征,"兄弟阋于墙,外御其侮",所谓"覆巢之下,焉有完卵",传统华夏文明遭遇的是一次整体性危机。若干年后,在如火如荼的反传统运动中,就连新一代大儒熊十力也未免对经学传统发生困惑,自孟子以下的儒者多斥为"奴儒",但却依然守住了孔子学术那一点灵明。两者有着异曲同工之处。

不过,唐文治所做的尚不止于此。如果说《十三经读本》形式上仍是为了"存古",那么他为诸经所作的提纲和大义,便是他在存古之余所发挥的经世之学。这一经世之学既有多年从政及主持实业教育的心得,也有面对世风时势的痛彻反思。

与陈澧、曾国藩等一样,唐文治仍然延续了道咸以来经学的四科规模而略加变化。德行科方面便是性理学,并撰有《性理学大义》。假如细分之,则包括义理学与伦理学,二者皆根于性理,但区别何在?"伦理散见于伦常日用之际,义理体察于身心性命之微。"(《诗经义理学序》)其实也便是西洋学术中哲学与伦理学之别。言语科便是文学,所以有《国文经纬贯通大义》。不仅如此,对十三经的文字,唐文治也提倡不要放弃从文学方面去解读,"若从文法入手便易了解"

《十三经读本凡例》)。这主要是桐城派留下的遗产。文学科便是学术源流，唐氏有时也会从俗叫作"经学"。政事科则所包甚广，有政治学、政鉴、社会学、教育学、军事学、农事学等等，其实也就是今天的社会科学。所有学科都要以性理学为基础。从整体经学来看，经典各有所偏；但从各部经典来看，每部经典都可以区分为不同的学科门类。譬如在《诗经大义》中，便把《诗经》分为八个门类，分别是伦理学、性情学、政治学、社会学、农事学、军事学、义理学、修辞学，等等。四十年代，马一浮在复性书院讲学，首先揭出六艺可以统摄包括中西学术在内一切学术这一大旨，在唐文治这里，其微意无疑已在其中。

当然，这种做法似乎蕴含着唐氏经学观念中的某些不足，那就是仍然把经典本身当作直接应用的对象，在这种应用背后其实有着把经典当成信仰对象的嫌疑。在 1920 年代关于读经的讨论中，唐氏主张对不符合现代需要的经典予以删削(参虞万里《尊孔读经与治心救国》)，其实便是这种观念的反映。一般来说，除了修身及义理之学以外，经典乃是经学视野在历史境遇中的呈现，所谓"礼以时为大"，因革损益固然正常，但这种历史性的损益可以通过经学的不断疏解来完成。好的注疏与经典本身的张力其实就是经典自身的历史张力，在这个意义上，经典是不可删削的。删削唯一可以存在的理由是为了教化初学，因为初学无法领会经学的深义，而不得不然。只不过这一点倒不必苛求，在新的境遇中不断发明经学的大义，本来便是一代代学者的薪火之责。

应该指出,无论在形态上是否融摄新学,真正深邃的经学都会同时体现在两个方面,一种是为世道人心把脉,一种是在学术上对经典本身的贯通。清代以来,在钱穆先生所谓"部族政权"的统治之下,士气萎靡,民心浮躁,虽有天朝上国的虚名,而精神颓靡不振,政教诚意尽失。随着列强的侵入,由往日心态上的高高在上迅速跌入困顿之中,于是社会达尔文主义甚嚣尘上,急功切利、试图一朝崛起的心态弥漫朝野。晚清以来之所以越来越走向激进,而热衷于画饼充饥,其根本原因便在于此。在更深层次来看,这并非简单的"救亡压倒启蒙"(李泽厚语)的问题,而是一种因为长期德性失范而造成的集体无意识的危机。近代以来有关"国民性"问题的讨论事实上渊源与此。在唐文治的著作中,所看到的因此是一个类似战国、充满杀机的世界。"今日之世,一大战国之世也。……横政之所出也,横民之所止也。截截乎,学说之诐淫也!幡幡乎,士林之盲从也!憯乎怛乎,闾阎之痛苦而无所控诉也!世界之劫运,若巨舟泛汪洋而无所止届也!若是者何也? 人心之害为之也。""且夫天生人而与以至善之心,孰不有良知盈然蔼然,超出于物类之外。"经学所要捍卫的是人心的"秉彝之良",这是上天所赋,人人共有,而使人类超出物化的东西。在人类不同文明之中,这种"秉彝之良"表达可能不同,但却是人之所以为人的底线。但为什么会不顾天理良心而有废经之举? 这是唐文治所大不解之处(《十三经读本序》)。自民国二年开始唐文治便着手编写十三经的大义,无疑便是受民国元年废经事件的刺激。

反观 20 世纪的中国历史,孰是孰非似已不难置辩。对于这个时代的具体应对之策,便是唐文治在各种《大义》中所不厌其烦提出的救治人心的方案。保持廉耻之心,养心无欲,洗心寡过,诚以行之,"人无信不立","欲速则不达",虽似卑之无甚高论,但谁又能说 20 世纪社会政治人心风俗种种问题,不是因为德性的失范所致? 尽管出生于帝制时代,甚至官居高位,但在他的文字里,捍卫共和政体,维护民权与人权,重视民智开启,这样的呼吁随处可见,表明唐文治这样的儒者所持守的并非是那种一家一姓的愚忠,这与他所心仪的孟子民贵君轻的精神是一致的。"哀鸾孤桐上,清音彻九天。"这句熊十力喜欢引用的鸠摩罗什的诗句,用来比况唐文治,似乎也差堪仿佛。

如前所述,唐文治最重要的作品,同时也是使其真正可以跻身古来作者之林而无愧的,便是他的《论语大义》。这部书的真正特色在于认为"《论语》每篇章次皆有意义,如贯索然。"(《季氏篇大义》)这一观点在学术史上本来并不稀奇,许多学者都曾提出,并试图予以解决。但直到《论语大义》一书,尤其《学而》《为政》《八佾》《述而》诸篇,其论述之精当,析理之严明,令人不无观止之叹。全书虽偶有可议,但大体已得,实为《论语》注本之中不可多得的佳作。其余著作虽然在整体上与《论语大义》尚有距离,但论学精义也是所在多有。而且唐氏之学横跨十三经的各个领域,皆能中其款窍,以博大许之,并不为过。

也正是因此,相对于康有为、廖平等同辈学人,因为以腾蛇吞象的方法吸纳西学,而引起的对经学的不适感,唐文治的经学可谓极为纯正。在唐氏所承接的道咸学术(其实也就是晚明学术)基础上,对古今中西不同学术重新加以融会变化,便是稍晚一辈的马一浮、熊十力等所接续的,那个方兴未已的新经学。这一"第三期经学"自晚明黄宗羲、王夫之、顾炎武等开山以来(参拙撰《新经学发刊词》),虽然经过乾嘉时代的挫折,最后终于回到其应有的轨道上来。道咸以来近代经学的回潮,其意义在此。作为守先待后的一代大儒,唐文治先生功不可没。

戊戌年三月初八,涣斋识于沪上

大学大义

大学大义序

文王我师也,其谓大学之师范乎?《大学》一书,其周文王之教乎? 奚以知其然也? 昔成王封康叔于卫,周公为王作《诰》以训之,首曰:"越乃丕显考文王,克明德。"大学之道,首在明明德,而广修身诚意之义。又首引《康诰》之辞,是述文王以立教也。《尚书》叙文王之德,莫详于《康诰》篇,而《大学》引"克明德"一语外,复引《康诰》曰"作新民",又引《康诰》曰"如保赤子",又引《康诰》曰"惟命不于常",共四引之,是《康诰》一篇,为成周大学生徒所常诵习可知也。《诗》颂文王之德,莫详于《文王》篇。《大学》引《文王》之诗,一则曰"周虽旧邦,其命惟新",又曰"穆穆文王,于缉熙敬止",又曰"殷之未丧师,克配上帝",共三引之,是《文王》一篇,为成周大学生徒所常诵习可知也。盖周初开国建学,菁莪棫朴,皆沾文王之化泽。济济多士,高山仰止者,文王而已矣;对越骏奔者,文王而已矣;秉文之德,岂非学校之彝训然哉?

是故《文王世子》言弦诵之制,而不言学之道;《王制》言选士之法,而不言学之道;《学记》言教授之规程,而不言学之道;惟《大学》一书言其道。仁、敬、孝、慈、信,文王之道也;则孝、弟、慈、仁、让,固皆文王之道也;絜矩忠信,好仁好义,亦皆文王之道也。学者居其国,思其创学之人,步武其模范,想像其典型,故曰"於戏,前王不忘"。伟哉八百年之基业,其萌柢于《大学》之教乎!

周衰,孔子传其说以授曾子,再传于子思子,三传于孟子。《孟子》七篇,发明《大学》之义尤夥。口:"人有恒言,皆曰天下、国家。天下之本在国,国之本在家,家之本在身。"所谓"壹是皆以修身为本"也,"于所厚者薄,无所不薄也"。又曰:"万物皆备于我矣。反身而诚,乐莫大焉。强恕而行,求仁莫近焉。"是数言者,尤赅《大学》全书之旨。盖万物皆备于我,格物之本也。反身而诚,修身以诚意为本也。强恕而行,所藏乎身者恕,絜矩之道也。是以《大学》一书以辨义利终,《孟子》一书以辨义利始。《大学》曰:"未有上好仁,而下不好义者也;未有好义,其事不终者也。"《孟子》曰:"未有仁而遗其亲者也,未有义而后其君者也。"遥遥相印证,盖学说如此,师法如此也。

孟子之学,谓为文王所造就可也。惜乎战国之世,诸侯力政,皆去其籍。处士横议,黉舍为墟,孟子用是兢兢于庠序之教,申以孝弟之义。又曰:"设为庠序学校以教之。"盖是时,学校公然废弃,欲闻方策之遗训,古圣贤之道学威仪,而老师宿儒云散久矣。于是世道日衰,利欲日炽,人皆失其本心,平旦之气,不足存其好恶之公。在上者拂人之性,其所令反其所好,而民不从,"以身发财"之说盈天下。财聚民益散,府库空虚,而灾害并至。且夫争民施夺,不夺则不餍也,悖而入亦悖而出,出乎尔者反乎尔者也。孟子因季氏之聚敛,喟然叹曰:"君不行仁政而富之,皆弃于孔子者也。况于为之强战?争地以战,杀人盈野;争城以战,杀人盈城。"血肉暴于郊原,性命等于土芥,痛乎哉! 一人贪戾,一国作乱,其机乃如此哉!

昔者孔子缅怀大道之行,思复周公之治,故作《春秋》以正万世之大经大法。文治又读《康诰》之篇,曰"天惟与我民彝大泯乱",曰"乃其速由文王作罚"。窃谓作罚,治其末也。民彝泯乱,救以大学教育之道,此谓知本者也。《文王》之诗曰:"思皇多士,生此王国。"《思齐》之诗曰:"肆成人有德,小子有造。"呜呼,其文王之德也与! 是文王之心也与! 岁在丁巳春二月,唐文治自序。

大 学

孔氏冲远云:"案郑《目录》云:名曰'大学'者,以其记博学可以为政也。此于《别录》属'通论'。"

朱子云:"子程子曰:'《大学》,孔氏之遗书,而初学入德之门也。'于今可见古人为学次第者,独赖此篇之存,而《论》《孟》次之。学者必由是而学焉,则庶乎其不差矣。"

王氏船山云:"《礼记》郑《注》'大'读为'泰',程子改读如字。"

按:"大、小""太、少"古通用。如大宰一曰太宰,小宰一曰少宰之类,不以老稚巨细分也。大学之对小学而得名,虽程朱未之易也。小学为童子之学,大学为成人之学,是小学为少学,而大学为太学矣。读如字者,不能通乎太少之旨;而读如泰者,自函夫充实光辉之义,正当从郑音。

大学之道,在明明德,在亲民,在止于至善。

郑《注》:"明明德,谓在明其至德也。"

朱《注》:"明,明之也。明德者,人之所得乎天,而虚灵不昧,以具众理而应万事者也。但为气禀所拘，人欲所蔽，则有时而昏。然其本体之明，则有未尝息者。故学者当因其所发而遂明之，以复其初也。新者，革其旧之谓也。言既自明其明德，又当推以及人，使之亦有以去其旧染之污也。止者，必至于是而不迁之意。至善则事理当然之极也。此三者，《大学》之纲领也。"

愚按：《礼记》所载《大学》，乃周文王之教也。《诗》曰："帝谓文王，予怀明德。"文王之学以明德为主，故成周之教士亦以明明德为先。朱子以"虚灵不昧"训明德，盖明德即帝王之心学也。"亲民"应从古本，不必改字。未有不亲民而能治民者。后世上下隔阂，治道日坏，皆不亲民之弊。据王氏阳明《传习录》："或问'在亲民'，朱子谓当作'新民'，后章'作新民'之文，似亦有据。曰：'作新民'之新是自新之民，与'在新民'之新不同。此岂足为据？'作'字却与'亲'字相对，然非'亲'字义。下'治国平天下'处，皆于'新'字无发明。如云'君子贤其贤而亲其亲，小人乐其乐而利其利'，'如保赤子'，'民之所好好之，民之所恶恶之，此之谓民之父母'之类，皆是'亲'字意。'亲民'犹《孟子》亲亲仁民之谓，亲之即仁之也。'百姓不亲'，舜使契为司徒，'敬敷五教'，所以亲之也。《尧典》'克明峻德'即是'明明德'。'以亲九族'至'平章''协和'，即是亲民，即是明明德于天下。又如孔子言'修己以安百姓'，修己即是明明德，安百姓即是亲民。"语极分明。刘氏蕺山云："学何以称大？明明德于天下，故大也。明明德于天下者，自明其明德也。必云明德者，天有明命，人有明德也。明之者，如其明而止也。即本体,即工夫也。民言亲何也? 通之以一体之明,故亲也。在止于至善何也? 继之者善也。于天为明命,于人为明德也。明之至者,善之至者也。此说合纲领为一贯,邃矣。"顾氏亭林云:"三代之世,凡民之俊秀,皆入大学,而教之以治国平天下之事。孔子之于弟子也,四代之礼乐,以告颜渊;五至三无,以告子夏;而又曰'雍也可使南面'。然则内而圣,外而王,无异道矣。故《学记》曰'师也者,所以学为君也'。"此说可谓能见其大。古者师道即君道,故《易·文言》传于《乾》之二爻,两称君德。后人以为帝王之学异于儒生,故自汉唐以来,学术日沦于空虚,识见日形其拘陋,治平之学不讲久矣。

知止而后有定,定而后能静,静而后能安,安而后能虑,虑而后能得。

郑《注》:"止,犹自处也。得,谓得事之宜也。"

朱《注》:"止者,所当止之地,即至善之所在也。知之则志有定向。静,谓心不妄动。安,谓所处而安。虑,谓处事精详。得,谓得其所止。"

愚按:此节为止至善之本,亦明明德之功也。《尚书》禹之戒舜曰:"安汝止,惟幾惟康。"知止而至于能安,即所谓安汝止也。定而后能静,静而后能安,所谓康也。安而后能虑,虑而后能得,所谓幾也。未有一心一身不定不静,而一心一身能安者;亦未有家国天下不定不静,而家国天下能安者。安者,至善之根基。得者,至善之极则。未有不安而能虑,不虑而能得者。不安而虑,其虑粗疏而多矣。不虑而得,其得虚渺而无凭。

物有本末,事有终始,知所先后,则近道矣。

朱《注》:"明德为本,新民为末;知止为始,能得为终。本始所先,末终所后。此结上文两节之意。"

愚按:《易传》曰:"知至至之,可与幾也。知终终之,可与存义也。"知所先后者,由虑而能得,所以可与言幾也。幾之时义大矣哉。后人昧于本末终始之序,乃昧于先后之幾,措施紊杂,安能办天下之大事乎?陈氏兰甫云:"'物有本末'四句,朱子云结上文。王氏复礼《四书集注补》以为起下文,引高中元《私记》云'本末'二字,即下文'本乱末治'字。下文六'先'字,即此'先'字;七'后'字,即此'后'字。盖此条总言其意,而下二条详列其目也。"愚向谓此节文法系提起下文,今据陈氏所引,则朱《注》恐未是。

古之欲明明德于天下者,先治其国;欲治其国者,先齐其家;欲齐其家者,先修其身;欲修其身者,先正其心;欲正其心者,先诚其意;欲诚其意者,先致其知;致知在格物。

郑《注》:"知,谓知善恶、吉凶之终始也。格,来也。物,犹事也。其知于善深,则来善物;其知于恶深,则来恶物。言事缘人所好来也。此致或为至。"

朱《注》："明明德于天下者，使天下之人皆有以明其明德也。心者，身之所主也，诚，实也。意者，心之所发也。实其心之所发，欲其必自慊而无自欺也。致，推极也。知，犹识也。推极吾之知识，欲其所知无不尽也。格，至也，物，犹事也。穷至事物之理，欲其极处无不到也。此八者，《大学》之条目也。"

愚按：陈氏兰甫云："《章句》：'明明德于天下者，使天下之人皆有以明其明德。'此似未安。明明德于天下，即平天下也。朱子云传之十章释治国平天下。此章之意，务在与民同好恶，而不专其利，何尝云此章之意务在使天下之人皆有以明其虚灵不昧之德乎？与民同好恶而不专其利，乃是明其光明正大之德于天下也，光明正大之解不可易矣。"此说至为笃实。

又按：韩子《原道》自天下国家推之诚正，而不及格致，昔人以为无头学问，说殊浅妄。韩子盖断章取义，并非离格致而言诚正也。格致之说，聚讼纷纭。朱子训格物为穷理，先儒以为铁案矣。然《大学》不言理而言物者，理丽于虚，而物征诸实。物者，即上文"物有本末"之物。身心家国天下，莫非物也。格之为至，古训也。格天下之物，亲历天下之事也。故郑君与朱子皆云"物犹事也"。格物之本末，即亲历家国天下事之终始。然则《大学》所言修、齐、治、平，无非格物之学，故格致不必补传也。顾氏亭林云："致知者，知止也。知止者何？为人君止于仁，为人臣止于敬，为人子止于孝，为人父止于慈，与国人交止于信，是之谓止。知止然后谓之知至。君臣父子国人之交，以至于礼仪三百，威仪三千，是之谓物。《诗》曰：'天生烝民，有物有则。'孟子曰：'舜明于庶物，察于人伦。'昔者武王之访，箕子之陈，曾子、子游之问，孔子之答，皆是物也。故曰'万物皆备于我矣'。"此论广大精微，一切拘墟穿凿之说，不足复陈矣。陆氏桴亭云："格事理易，格物理难。然欲格物理，却只在事理上用功，事理透，则物理亦透矣。先儒有作格物工夫，却先于一草一木用力者，只起念即与身心隔涉，安能入圣贤堂奥？此阳明庭前竹树之说所以为误。"又引罗整庵曰："格物之训，如《论语》川上之叹，《中庸》鸢飞鱼跃之旨，《孟子》犬牛人性之辨，莫非物也。于此精思而有得，则凡备于我者，皆可得而尽通。"其言虽是，然愚以为格物之法，必由近以及远，由粗以及精，由身心以及家国天下，由日用饮食以至天地万物，渐造渐进，乃至豁然。夫然后天人物我，内外本末，幽明死生，鬼神昼夜，皆可一以贯之而无疑。不然，未能切理身会，而遽求之鸢鱼犬牛之际，吾恐学者不入学究一途，又入禅宗一路矣。

物格而后知至，知至而后意诚，意诚而后心正，心正而后身修，身修而后家齐，家齐而后国治，国治而后天下平。

朱《注》："物格者，物理之极处无不到也。知至者，吾心之所知无不尽也。知既尽，则意可得而实矣。意既实，则心可得而正矣。修身以上，明明德之事也。齐家以下，新民之事也。"

愚按：《大学》八条目先后，只是举其大概如此。先儒谓并非今日格致,明日诚正;更非谓当格致诚正之时,而置修齐治平于不问也。学业有专营,功夫实并进,如何为至善,初无止境,在吾人勉之而已。

又按:陆氏稼书云:"上节就八条目逆推工夫,后节就八条目顺推功效,是上节六'先'字、一'在'字,皆指工夫言;此节七'后'字,皆指功效言也。"

自天子以至于庶人,壹是皆以修身为本。

郑《注》:"壹是,专行是也。"

愚按:孟子曰:"人有恒言,皆曰天下国家。天下之本在国,国之本在家,家之本在身。"孟子之学得自曾子、子思,此说即释本经之义也。心、意、知不可见,而身可见,故吾身为天下之标准。凡事皆从本身起点,故吾身为治事之根源。修之之道,在于正心诚意,即在于明德、亲民、止至善也。读此,益见后儒以大学之道专属帝王者误矣。

其本乱而末治者,否矣。其所厚者薄,而其所薄者厚,未之有也。

朱《注》:"本,谓身也。所厚,谓家也。"

愚按:木著于地,是谓之本。本立则道生,无本则不能立,故观治乱者,观其人之本而已。观人之本者,观其身之修与不修而已。孟子曰"于所厚者薄,无所不薄也",亦释此经之义。又曰:"亲亲而仁民,仁民而爱物。"所以为亲、为仁、为爱者,其理一也;所以或亲、或仁、或爱者，其分殊也。分者，天所予我当然厚薄之情，乃乖戾昏悖者，倒行而逆施之，不祥莫大焉。故世有薄于家庭父子之间，而谓能厚于国与天下者，非人情，即非天理也。朱子以篇首至此为经，以下为传。愚谓不必强分，别有说。

又按：高氏景逸云："天下无有薄其身，反能厚于家国、天下者，是以所厚亦指身而言。"足备一义。

此谓知本，此谓知之至也。

愚按：知本者，知修身为本也。知之至者，本末无不尽也。高氏景逸云："圣人之学，未有不本诸身者，六经无二义也。大学之道，知止而已。知止之道，知本而已。《易》简而天下之理得矣。"

又按：朱子以此二语移作《传》之五章，以为释"格物致知"之义，而今亡矣。陈氏兰甫引《集注补》云："此谓知本，正应修身为本，非衍文也。人能知本，非知之至而何？故后人只单疏诚意，无烦补格致也。"

所谓诚其意者，毋自欺也。如恶恶臭，如好好色，此之谓自谦。故君子必慎其独也。

郑《注》："谦，读为慊。慊之言厌也。"

朱《注》："诚其意者，自修之首也。毋者，禁止之辞。自欺云者，知为善以去恶，而心之所发有未实也。谦，快也，足也。独者，人所不知，而己独知之地也。言欲自修者，知为善以去恶，则当实用其力而禁止其自欺,使其恶恶,则如恶恶臭;好善,则如好好色,皆务决去,而求必得之,以自快足于己,不可徒苟且以徇外而为人也。然其实与不实,盖有他人所不及知而已独知之者,故必谨之于此,以审其几焉。"

愚按:《中庸》首章言慎独,《大学》次章亦言慎独,其义一也。《中庸》自慎独推而至于化民不大声以色,《大学》自慎独推而至于治国平天下,可见治、平必自慎独始,而明明德、亲民、止至善,亦必自慎独始。独者,自知之谓也。自欺不自欺,即君子、小人所由分。如恶恶臭,自恶之也。如好好色,自好之也。故谓之自谦,非为人而谦也,在吾心之自谦也。君子之学,未有不以慎独为基者。自后人破慎独之说,以为空虚,而作事益无所忌惮矣。刘氏蕺山云:"隐微之地,是名曰独。其为何物乎?本无一物之中,而物物具焉。此至善之所统会也。致知在格物,格此而已。独者,物之本,而慎独者,格之始事也。君子之为学也,非能藏身而不动,杜口而不言,绝天下之耳目而不与交也。终日言,而其所以言者,人不得而闻也,自闻而已矣。终日动,而其所以动者,人不可得而见也,自见而已矣。自闻自见,自知者也,吾求之自焉。使此心常知常定,常静常安,常虑而常得,慎之至也。慎则无所不慎矣。始求之好恶之机,得吾诚焉,所以慎之于意也。因求之喜、怒、哀、乐之发,得吾正焉,所以慎之于心也。又求之亲爱、贱恶、畏敬、哀矜、敖惰之所之,得吾修焉,所以慎之于身也。又求之孝、弟、慈,得吾齐焉,所以慎之于家也。又求之事君、事长、使众,得吾治焉,所以慎之于国也。又求之民好、民恶、明明德于天下焉,所以慎之于天下也。而实天下而本于国,本于家,本于身,本于心,本于意,本于知,合于物,乃所以为慎独也。慎独也者,人以为诚意之功,而不知即格致之功也。人以为格致之功,而不知即明明德于天下递先之功也。大学之道,一言以蔽之,曰慎独而已矣。慎独之外,别无学也。"又云:"止言修身在正其心,而更不言正心先诚其意者,正以见诚意之为专义也。"

小人闲居为不善,无所不至,见君子而后厌然,掩其不善,而著其善。人之视己,如见其肺肝然,则何益矣。此谓存于中,形于外,故君子必慎其独也。

郑《注》:"厌,读为黡。黡,闭藏貌也。"

朱《注》:"闲居,独处也。厌然,消沮闭藏之貌。此言小人阴为不善,而阳欲掩之,则是非不知善之当为,与恶之当去也,但不能实用其力,以至此耳。然欲掩其恶,而卒不可掩;欲诈为善,而卒不可诈,则亦何益之有哉?此君子所以重以为戒,而必谨其独也。"

愚按:小人之所以永为小人者,以其为不善也。为不善则无所不至矣。见君子而后厌然,良心犹未泯也。至不善之端掩,善之端著,是非之心尚在也。然而人之视己,如见其肺肝然者,莫见乎隐,莫显乎微,伏者即所以为昭也,独者即所以为众也,作伪之事未有不露者也。又申言之曰:"此谓诚于中,形于外,故君子必慎其独也。"圣贤之教人,可谓至矣。盖诚伪之界,生死之关也。然则用功之始宜如何?

曰审幾而已。周子曰："诚无为，幾善恶。"又曰："动而未形，有无之间者，幾也。"幾微故幽。君子当动而未形之时，审其为善意也，则引导以扩充之；审其为恶意也，则驱除而遏绝之，其庶几有诚而无伪乎。程子曰"哲人知幾，诚之于思"，可悯哉！小人也，不知幾而已矣。刘氏蕺山云："君子、小人之用心，只在一敬一肆间。小人好闲，故其于不善也便无所不至。君子慎独，则其于善也亦无所不至可知。夫既无所不至于善矣，得不谓之止至善乎？"又云："小人闲居为不善，即自欺情状。肺肝之见，己献之也。己之献肺肝，良知献之也。诚中形外，良知之彻内外也。至此而慎独之功益不容已矣。"

曾子曰："十目所视，十手所指，其严乎！"

郑《注》："严乎，言可畏敬也。"

朱《注》："引此以明上文之意。言虽幽独之中，而其善恶之不可掩如此。可畏之甚也。"

愚按：《大戴礼记》曰："以其显者，占其隐者。"盖曾子慎独之功，最为精粹。十目所视，十手所指，因心构象，其敬畏之诚如此。要知所视所指，虽指吾意而言，实指吾意中之事而言。吾有穿窬害人之意，则十目视之，十手指之矣。吾有争名夺利之意，则十目视之，十手指之矣。吾意而在孝弟忠信，乐善不倦，则十目视之，十手指之矣。吾意而欲崇德广业，济世救民，则十目视之，十手指之矣。然则所视所指，非虚渺也，盖诚其意者，实诚其意与身与家国与天下之事。惟其于无形之十目十手，一无所愧怍，而后于有形之十目十手，更无所愧怍也。苟吾意一有不诚，身自此而败，而家国、天下之事亦自此而隳矣。

又按：吾儒治心之学，必先使吾心有所寄托。十目所视，十手所指者，所寄托之意也。韩子云"天地鬼神，昭布森列。临之在上，质之在旁"，亦是此义。盖世界之学，莫大乎自治。吾心而欲自治，吾心必先有以监察吾意。监察者，即天之明命也。《易传》曰："与鬼神合其吉凶。"盖一念之欺，鬼神随之。一念善而吉，一念恶而凶，消息之机，捷于影响。《诗》曰："上帝降监。"又曰："上帝临女。"嗟乎，其严乎！其天命之所在乎！

富润屋，德润身，心广体胖，故君子必诚其意。

郑《注》："胖，犹大也。三者言有实于内，显见于外。"

朱《注》："胖，安舒也。言富则能润屋矣，德则能润身矣，故心无愧怍，则广大宽平，而体常舒泰，德之润身者然也。盖善之实于中而形于外者如此。"

愚按：孟子曰"居移气，养移体"，况居天下之广居者乎？心广者，言吾心广大清明，方寸间自有泰宇也。曰德润身，心广体胖，可见诚意即所以明其明德，即所以正其心而修其身也。盖身者，贯彻家与国与天下。意者，贯彻心与知与物。故上言修身为本，其次即言诚意之功，提其要也。

又按:朱子以所谓"诚其意者"起至此,移作《传》之六章,释"诚意"。

《诗》云:"瞻彼淇澳,菉竹猗猗。有斐君子,如切如磋,如琢如磨。瑟兮僩兮,赫兮喧兮。有斐君子,终不可諠兮。"如切如磋者,道学也。如琢如磨者,自修也。瑟兮僩兮者,恂栗也。赫兮喧兮者,威仪也。有斐君子,终不可諠兮者,道盛德至善民之不能忘也。

郑《注》:"此心广体胖之诗也。澳,隈崖也。菉竹猗猗,喻美盛。斐,有文章貌也。諠,忘也。道,犹言也。'恂'字或作'峻',读如严峻之峻,言其容貌严栗也。民不能忘,以其意诚而德著也。"

朱《注》:"《诗》,《卫风·淇澳》之篇,淇,水名。切以刀锯,琢以椎凿,皆裁物使成形质也。磋以鑢鍚,磨以沙石,皆治物使其滑泽也。治骨角者,既切而复磋之;治玉石者,既琢而复磨之,皆言其治之有绪,而益致其精也。瑟,严密之貌。僩,武毅之貌。赫、喧,宣著盛大之貌。学,谓讲习讨论之事。自修者,省察克治之功。恂栗,战惧也。威,可畏也。仪,可象也。"

愚按:"如切如磋"者以下,与《尔雅·释训》文同。郑君以此为心广体胖之诗,实精审而不可易。恂栗亦当从郑训。盖慎独之功,进于完粹,内治自修,警觉提撕,无时或懈。至于恂栗、威仪,发见昭著,盛德至善,民不能忘,皆自一心之慎独始。此即《中庸》"笃恭而天下平"之盛也。诚意之功大矣哉! 高氏景逸云:"《淇澳》以下,皆释知本也。本末不过明新，故释知本以明德、新民、止至善也。《淇澳》之诗，是合言明、新、止以释知本，见民之不忘，本于盛德至善也。"刘氏蕺山云："此以下杂引《诗》《书》而咏叹之，以明知本之义。首引《淇澳》修身之功，尽见于此矣。学以始之，恂栗以实之，威仪以征之，民不能忘以终之，而自修始无余蕴，是合格致诚正、修齐治平以言修也。"

《诗》云："於戏，前王不忘。"君子贤其贤而亲其亲，小人乐其乐而利其利，此以没世不忘也。

郑《注》："圣人既有亲贤之德，其政又有乐利于民，君子、小人各有以思之。"

朱《注》："《诗》，《周颂·烈文》之篇。於戏，叹辞。前王，谓文、武也。君子，谓其后贤、后王。小人，谓后民也。此言前王所以新民者，止于至善，能使天下后世无一物不得其所。所以既没世，而人思慕之，愈久而不忘也。"

愚按：此节承上文咏叹以足其义。前王有亲贤之德，而后人因得绍承先业，贤前王之所贤，亲前王之所亲，此又以见亲民之必先亲贤也。乐其乐者，犹前王之与民同乐。利其利者，犹前王之以美利利天下。没世不忘者，圣人自修之功，造乎极至。是以盛德至善之发，源远而流长也。

又按：朱子以此两节接下文"邦畿千里"三节，移作《传》之三章，释"止于至善"。

《康诰》曰："克明德。"

　　朱《注》："《康诰》，《周书》。克，能也。"

　　愚按：《尚书·康诰》篇曰："越乃丕显考文王，克明德慎罚。"此文王之心学也。自古帝王未有不以明明德为先务者，非独如下文《帝典》所称也。禹平水土，声教远讫，其功实本于祗台德先，不距朕行。盖禹之所以不距其行者，在于能明其德。故曰"美哉禹功，明德远矣"。《多方》赞殷王之德曰："成汤至于帝乙，罔不明德慎罚。"诗人之赞王季曰："其德克明。"文王上承古帝王之学，兼绍述家学而大明之，是谓治心之学之范。故《康诰》又曰"丕则敏德，用康乃心"，此亦周公述文王之学也。盖文王之明德，纯亦不已，故能敏德用康乃心也。可见圣人治天下国家，首在治心。

《太甲》曰："顾諟天之明命。"

　　郑《注》："顾，念也。諟，犹正也。'諟'，或为'题'。"

　　朱《注》："《太甲》，《商书》。顾，谓常目在之也。諟，犹此也。或曰审也。天之明命，即天之所以与我，而我之所以为德者也。常目在之，则无时不明矣。"

　　愚按：上下文言明德，俱未言其功夫。此言顾諟明命者，乃明明德之至要功夫也。《中庸》言"天命之谓性"，孔子曰"畏天命"，盖敬畏天命，即所以存心而养性也。顾諟之功当如何？《诗》曰："昊天曰明，昊天曰旦。"此言明旦之时，当敬天也。《易·离卦》初爻曰"履错然，敬之"，此亦言离明平旦之时，其履错然，当敬之于始也。然而圣人之顾諟天命，非仅在明旦时也。无论为明发、为日中、为向晦，天命无时而不在，即顾諟无时而不在也。无论为出为处、为藏为修、为息为游，天命无地而不在，即顾諟无地而不在也。无论为孝为弟、为忠为信、为仁民为爱物，天命无事而不在，即顾諟无事而不在也。君子之道，触目皆可以警心，则常目无非天命也。曰明命，则顾諟之时，其昏浊之气当扫除也，其昧杂之念当屏绝也，是不独伊尹之训太甲也。周公作《敬之》之诗戒成王，曰："敬之敬之，天惟显思。命不易哉，（言天命吉凶不变易。）无曰高高在上。陟降厥士，（士，事也。）日监在兹。"此言天命陟降，即寓于凡事之间，在迩而不在远，当严恭寅畏，无谓高高在上而忽之也。又曰："日就月将，（将，行也。就、将，言当习之以积渐也。）学有缉熙于光明。佛时仔肩，（佛，辅也。时，是也。）示我显德行。"此言敬天乃能缉熙于明德也。此亦文王之家学也。《周颂》云"维天之命，于穆不已"，盖曰天之所以为天也；"于乎不显，文王之德之纯"，盖曰文王之所以为文也。文王之德所以能极其纯者，以其敬天之命也。"济济多士，秉文之德"者，皆"对越在天"也。此文王之教，即大学之道也。顾氏亭林云："'维天之命，于穆不已。'其在于人，日用而不知，莫非命也。故《诗》《书》之训，有曰'顾諟天之明命'，又曰'永言配命，自求多福'，又曰'若生子，罔不在厥初生，自贻哲

命',又曰'惟克天德,自作元命,配享在下',而刘康公之言曰:'民
受天地之中以生,所谓命也。是以有动作礼义威仪之则,以定命
也。''彼其之子,邦之司直',而以为舍命不渝。'乃如之人,怀昏姻
也',而以为不知命。然则子之孝、臣之忠、夫之信、妇之贞,此天之
所命,而人受之为性者也。故曰'天命之谓性'。求命于冥冥之表,
则离而二之矣。"

《帝典》曰:"克明峻德。"

郑《注》:"《帝典》,《尧典》,亦《尚书》篇名也。峻,大也。"

愚按:明明德之学,唐帝益深远矣。不曰"克明明德",而曰"克明
峻德",大哉尧之为君也。《尚书》赞之曰:"钦明文思安安,光被四表,
格于上下。"钦者,敬也。惟钦故明也,惟安安故能明其德也。光被四
表者,明之至也。格于上下,明明德于天下也。其仁如天,其知如神,
皆峻德为之根本也。皋陶之陈九德,曰:"宽而栗,柔而立,愿而恭,乱
而敬,扰而毅,直而温,简而廉,刚而塞,强而义。"皆因本性之刚柔而
善剂其平,其即陶唐氏之遗轨乎?后儒之求明德者,当以此为基矣。

皆自明也。

郑《注》:"皆自明明德也。"

愚按:吾人求古圣贤之学问,必先求古圣贤之精神。自明明德
者,即古圣贤精神之所在也。刘氏蕺山云:"修身之功,其要以明明德

而已。曰自明,而明之于天下已在其中,正见天下之不离自也。故曰修身为本。"

又按:朱子以"《康诰》曰"起至此,移作《传》之首章,释"明明德"。

汤之《盘铭》曰:"苟日新,日日新,又日新。"

郑《注》:"《盘铭》,刻戒于盘也。"

朱《注》:"盘,沐浴之盘也。铭,名其器以自警之辞也。苟,诚也。汤以人之洗濯其心以去恶,如沐浴其身以去垢,故铭其盘,言诚能一日有以涤其旧染之污而自新,则当因其已新者,而日日新之,又日新之,不可略有间断也。"

愚按:《说文》:"苟,自急敕也。"言急求日新也。苟,含有敬义。《大戴礼》"宾为苟敬",故"敬"字从苟也。(此与《说文》草部"苟"字不同。)朱子训苟为诚,盖本于《论语》"苟志于仁矣"之义,似不若训为急敕尤警切。

又按:子夏曰"日知其所亡",即所以知新也。商汤之学与伊尹相切磋,伊尹以先知先觉为主,故成汤以日新又新为主,所谓圣敬日跻是也。世界无一日而不新,吾心当先世界而新,苟有一日之不新,即不能生存于世界之内。顾心之为物,飞扬驰骛,常逐物欲而行,一日不洗濯则陈腐尘积,至于迷昧而不能自醒。是宜仿曾子三省之法以提撕之。凡人每日沐时,至少凡三,每沐时,宜自省吾心有一毫之不新否耶? 由此推之,无一时之不省,即无一时之不新矣。顾或谓新在事业,若课之于心,恐沦于虚寂,此说不然。心,无形者也;事业,有形者也。无形者宜常去故而纳新,若空气然。有形者有宜更新,有宜仍旧,是必先自新其心,而后于事业之宜仍旧、宜更新者,得辨晰而无误焉。若不能自新其心,而专求新于事业,譬诸无根之木,其不至颠倒错乱误天下苍生者,鲜矣。故成汤之日新又新,与伊尹之先知先觉相为表里。新者,即新我之知觉也。皆心学也。

《康诰》曰:"作新民。"

朱《注》:"鼓之舞之之谓作,言振起其自新之民也。"

愚按:《康诰》曰:"助王宅天命,作新民。"宅天命者,安天命其体也,作新民其用也。世界无一日而不新,吾之民宜先世界而新。苟有一日之不新,即不能生存于世界之内。作之之道奈何?教养而已矣。教者,所以立民之道德,牖民之知能。养者,所以创民之职业,强民之体质。新民之道尽是矣。顾不言教新民,养新民,而言作新民者,盖"作"之一字为最难。怠惰之民宜鞭策之,愚昧之民宜诱导之,顽梗乖戾之民宜感化之。民之性情、风俗不同,所以新之者亦不同,所以作之之道更不同。作者,起也。譬诸扶卧者则使之起,有自然之机焉。《易传》曰:"天地解而雷雨作,雷雨作而百果、草木皆甲坼。"此天地之所以新万物也。凡民之生,莫不具有至新之识。人君之责任,在开导其固有之美,一引其机,则浡然而兴焉,焕然而发焉。其过者,吾有以裁制之焉;其不及者,吾有以辅相之焉。此圣人之所以新万民也。放勋曰："使自得之，又从而振德之。"振德者，振作其自新之德也。所谓明明德于天下也。孙氏夏峰云："新者，天地育物之生机，人心进退不息之生气也。第患无以作之，则其气已朽，而蛊有所生。圣人之新天下也，常以道与天下相厉，而不令其有蓄蛊也。"

《诗》曰："周虽旧邦，其命维新。"

朱《注》："《诗》，《大雅·文王》之篇，言周国虽旧，至于文王能新其德以及于民，而始受天命也。"

愚按：此三节实由近以及远。汤之《盘铭》，新其心也；《康诰》之言，推之以新其民也；而此则又推之以新其邦。世界无一日而不新，吾之邦宜先世界而新。苟有一日之不新，即不能生存于世界之内。水不新则污，木不新则腐，一身不新则恶积，一家不新则破绝，一国不新则亡绝，此天行之公理。故大学之道，以新国为要务。抑又考《文王》之诗曰："文王在上，于昭于天。周虽旧邦，其命维新。"盖文王能敬天以明德，而后能受天命，非幸而致也。孟子之告滕文公曰："子力行之，亦以新子之国。"注重在力行，则新国之本可知矣。

是故君子无所不用其极。

郑《注》："极，犹尽也。君子自新其德，常尽心力，不有余也。"
朱《注》："自新新民，皆欲止于至善也。"
愚按：无所不用其极者，新其心以新其身，新其民，新其邦，皆造乎其极也。必造乎其极，而后可谓之学，而后可谓之人。周子所谓"立人极"是也。

又按：朱子以汤之《盘铭》节至此移作《传》之二章，释"新民"。

《诗》云："邦畿千里，惟民所止。"

朱《注》："《诗》，《商颂·玄鸟》之篇。邦畿，王者之都也。止，居也。"

愚按：国以民为主，故民以君为天，而君亦以民为天。朱子云："人惟万物之灵，而王者之所天也。"邦畿惟民所止，民得所止而邦畿盛，民失所止而邦畿为虚邑矣。

《诗》云："缗蛮黄鸟，止于丘隅。"子曰："于止，知其所止，可以人而不如鸟乎？"

郑《注》："于止，言鸟之所止也。就而观之，知其所止，知鸟择岑蔚安闲而止处之耳。言人亦当择礼义乐土，而自止处也。《论语》曰：'里仁为美。择不处仁，焉得知？'"

朱《注》："《诗》，《小雅·缗蛮》之篇。缗蛮，鸟声。丘隅，岑蔚之处。'子曰'以下，孔子说《诗》之辞。言人当知所当止之处也。"

愚按：孟子曰："人之所以异于禽兽者几希。"又曰："人见其禽兽也，而以为未尝有才焉者，此岂人之情也哉？"人禽之辨微矣，以其所知者异也。乃所知同，而人不过如鸟也；所知异，而人且不如鸟，何也？鸟知所止，而人不知所止也。然则人何以异于禽也？曰充吾之良知而已。

又按：君子处世，出处去就，为大节之所在。《论语·子罕》篇："色斯举矣，翔而后集。曰山梁雌雉，时哉时哉。"孔子以时哉赞雉，何也？为其知幾也。天下惟哲人知幾，愚人昧焉。鸟知幾而免于祸，愚人不知幾而罹于祸，哀哉！然则知止不知止，祸福之门也。《易》曰："介于石，不终日。"知幾其神乎？君子知微知彰，知柔知刚，能知止也。能知止，而出处去就鲜有罹于祸者矣。本节之义，指学问礼义而言，愚特为广其说。

《诗》云："穆穆文王，于缉熙敬止。"为人君，止于仁；为人臣，止于敬；为人子，止于孝；为人父，止于慈；与国人交，止于信。

朱《注》："《诗》，《文王》之篇。穆穆，深远之意。于，叹美辞。缉，继续也。熙，光明也。敬止，言其无不敬而安所止也。引此而言圣人之止，无非至善，五者乃其目之大者也。学者于此，究其精微之蕴，而又推类以尽其余，则于天下之事，皆有以知其所止而无疑矣。"

愚按：穆穆，文王之精神也。缉熙敬止，文王之学术也。《思齐》之诗赞文王之所以圣，曰："雍雍在宫，肃肃在庙。"雍雍，和也。肃肃，敬也。此皆古圣人之精神也。仁、敬、孝、慈、信五者，无所不用其极，所谓极则也。孟子引公明仪曰："文王我师也，周公岂欺我哉？"愚谓

"文王我师"一语,岂特周公为然,亦岂特公明仪为然?考《礼记·文王世子》一篇,详言学校制度,可见成周时学校生徒俱奉文王为师法,有每饭不忘之意。故《思齐》之诗又曰:"肆成人有德,(肆,况也。)小子有造。"然则文王非独周家之师范,实大学之师范,亦千古儒者之师范也。而学之者端自孝始。

又按:与国人交之事夥矣,而要之以止于信者。民无信不立,国人惟信用是重,无信则无交也。《春秋榖梁传》曰:"人之于天也,以道受命;于人也,以言受命。不若于道者,(若,顺也。)天绝之也;不若于言者,人绝之也。"故字义人言为信,无信则非言也,无信则非人也,无信则国人尽绝之也。《易传》曰:"无交而求,则民不与也。莫之与,则伤之者至矣。《易》曰:'莫益之,或击之,立心勿恒,凶。'"无信者勿恒也,民将击之,而尚可以言交乎?故曰极天下之至重者,其惟信乎?刘氏蕺山云:"'缉熙'二字,即文王之知止处,未有止而不本于知者。德无常师,主善为师;善无常主,协于克一。主一无适为敬,敬即是止法,故《文王》曰'敬止',又曰'钦厥止,安汝止',此本体工夫俱到处也。"又云:"仁、敬、孝、慈、信,即明德即至善之所在。知乎此者,可与知止矣。知止者,知本者也。"

子曰:"听讼,吾犹人也。必也使无讼乎?"无情者不得尽其辞。大畏民志,此谓知本。

郑《注》:"情,犹实也。无实者,多虚诞之辞。圣人之听讼,与人同耳。必使民无实者不敢尽其辞，大畏其心志，使诚其意不敢讼。本，谓诚其意也。"

朱《注》："引夫子之言，而言圣人能使无实之人，不敢尽其虚诞之辞，盖我之明德既明，自然有以畏服民之心志，故讼不待听而自无也。观于此言，可以知本末之先后矣。"

愚按：顾氏亭林云："听讼者，与国人交之一事也。"此说极贯串，极精至。盖情者，实也，即信也。无信实者不得尽其辞。在上者一言一行，一举一动，无不出于信，则民畏之矣。郑本以知本为诚其意。信者，诚之始也。上之人诚其意，而使民各有以尽其诚，即所以自明其明德而明明德于天下也。

又按：孔氏冲远云："此谓知本者。此从上'所谓诚其意者'至此章'大畏民志'以上，皆是诚意之事，意为行身之本。能自知其身，是知其本，故云'此谓知本'也。"刘氏蕺山亦云："无讼之化，孰使之？身使之也。非徒以所修者使之，实以所止者使之也。足发明郑、孔之义。"

又按：朱子以此节移作《传》之四章，释"本末"。

所谓修身在正其心者，身有所忿懥，则不得其正；有所恐惧，则不得其正；有所好乐，则不得其正；有所忧患，则不得其正。

郑《注》："懥，怒貌也。或作'愇'，或作'疐'。"

朱《注》:"程子曰:'身有之身当作心。'盖是四者皆心之用,而人所不能无者。然一有之而不能察,则欲动情胜,而其用之所行或不能不失其正矣。"

愚按:程子曰:"天地储精,得五行之秀者为人。其本也,真而静。其未发,五性具焉,曰仁、义、礼、智、信。形既生矣,外物触其形而动其中矣。其中动而七情出焉,曰喜、怒、哀、惧、爱、恶、欲。情既炽而益荡,其性凿矣。是故觉者约其情使合于中,正其心,养其性。愚者则不知制之,纵其情而至于邪僻,梏其性而亡之。"盖不得其正者,即所谓梏其性而亡之也。存心养性,所以正之之本也。惟愚意"身有"之"身"当如字。盖忿懥四者,皆由吾身之气质以害及吾心者也,由外以累其中者也。君子处之之道,能不为外境所移,譬诸遇忿懥之事而作喜悦之容,则得其正矣;遇恐惧之事而作镇定之气,则得其正矣;遇好乐之事而表淡定之志,则得其正矣;遇忧患之事而动宽舒之貌,则得其正矣。此由外以养中之法也。

又按:四者之病同,而以忿懥为最当戒。盖恐惧、好乐、忧患三者,境过而情节易移,而忿懥则每伏于内。愚尝于静中体验,此心往往有怒气发见,而恐惧、好乐、忧患之情则较少,虽由于气质之偏,而要知此经以忿怒为首戒,盖有由也。程子《定性书》曰:"人之情易发而难制者,惟怒为甚。第能于怒时遽忘其怒,而观理之是非,亦可见外诱之不足恶,而于道亦思过半矣。"谅哉斯言。曾氏涤生云"养生以不恼怒为本",愚谓修身亦以不恼怒为本。刘氏蕺山云:"有所之病,皆从物不格、知不致、意不诚而来。意不诚，则发而为喜怒哀乐，无往而不陷于有所。（'所'字作'实'字，义详下。）于此毫厘，于彼寻丈，故君子必慎其独也。"

心不在焉，视而不见，听而不闻，食而不知其味。

朱《注》："心有不存，则无以检其身，是以君子必察乎此，而敬以直之，然后此心常存，而身无不修也。"

愚按：《中庸》曰："人莫不饮食也，鲜能知味也。"视而能见，听而能闻，食而能知味者，所谓良知良能也。乃有时知能悉泯者，何也？心不在也。孟子曰："心之官则思，思则得之，不思则不得也。"心者，灵官也，天君也。灵官失而无觉，天君亡而无主矣。如是则岂特不见、不闻、不知味而已？不孝不弟，不忠不信之事，亦从此而起焉。经文盖举粗以该精，举浅以喻深也。视不见三者，由吾心以害及吾身之气质也，由中以累其外者也。正之之道，当时时懍操存之念，如朱子所谓"敬以直之"，然后此心常存。此由中以达外之法也。盖经文两节实交互言之。刘氏蕺山云："心不在，则心亡矣。视听饮食如行尸耳，何修之可言乎？心之存亡严矣哉！"

此谓修身在正其心。

愚按：此内外交修之法也。刘氏蕺山云："但言修之先正，非实言正心之功也。欲正其心者，先诚其意，意诚而心自正矣。以为诚意之后复有正心之功者,谬也。"

又按:朱子以"所谓修身"起至此,作《传》之七章,释"正心"
"修身"。

所谓齐其家在修其身者,人之其所亲爱而辟焉,之其所贱
恶而辟焉,之其所畏敬而辟焉,之其所哀矜而辟焉,之其
所敖惰而辟焉。故好而知其恶,恶而知其美者,天下
鲜矣。

郑《注》:"之,适也。譬,犹喻也。(郑读辟音譬。)言适彼而以心
度之曰:吾何以亲爱此人? 非以其有美德与? 吾何以敖惰此人? 非
以其行薄与? 反以喻己,则身修与否,可自知也。鲜,罕也。"

朱《注》:"人,谓众人。之,犹于也。辟,犹偏也。五者在人本有
当然之则,然常人之情,惟其所向,而不加察焉,则必陷于一偏,而身
不修矣。"

愚按:《易·家人·象传》曰:"女正位乎内,男正位乎外。男女
正,天地之大义也。"此经不言正其家、治其家,而云齐其家者,一家
之性情,视乎一身之性情,齐一家之性情,而后家道可得而正也;一
家之风化,视乎一身之风化,齐一家之风化,而后家道可得而治也。
故齐之要端,首戒在辟。《曲礼》云:"敖不可长,欲不可从,志不可
满,乐不可极。"郑《注》:"四者桀、纣所以自祸。"盖曰长、曰从、曰
满、曰极,皆所谓辟也。桀、纣所以取祸,不过在此。然则亲爱、贱

恶、畏敬、哀矜、敖惰,五者之偏,可不慎之又慎乎?《孝经》曰:"治家者不敢失于臣妾,而况于妻子乎?"所亲爱、所贱恶,近于闺闼,其尤要乎!《曲礼》又云:"爱而知其恶,憎而知其善。"郑《注》:"凡与人交,不可以己心之爱憎,诬人之善恶。"盖好而知其恶,是有以裁制之也;恶而知其美,是有以保全之也。人生于世界之内,皆负裁成万物之责。老子曰:"圣人善救人,故无弃人。"修身者当知此义矣。孙氏夏峰云:"君子以言有物而行有恒,家道之所以正也。辟则有好恶,安得中节? 故美中有恶,都以其好之辟而掩之;恶中有美,都以其恶之辟而掩之。好恶如此,则家之心志自纷,耳目自乱,如何得齐? 言好恶者,盖家国、天下之通关处也。总之一如恶恶臭、好好色之诚,而贯于齐、治、均、平之中,其功力全在致知上,所谓"壹是皆以修身为本"也。始终贯彻,方是善读书。"刘氏蕺山云:"亲爱、贱恶、畏敬、哀矜、敖惰,即喜、怒、哀、乐之及于人者。有所不已,则随人而之其所,人、己同此所也。好不知恶,恶不知美,正知不至之证也。"

又按:郑《注》训辟为喻,恐非。盖此节"辟"字当与下文"辟则为天下僇"辟字音义同。朱《注》:"五者在人本有当然之则。"或疑敖惰无所谓当然,陈氏北溪云:"敖只是简于为礼,惰只是懒于为礼。"实亦曲为之说,皆当纠正之。

故谚有之曰:"人莫知其子之恶,莫知其苗之硕。"

郑《注》："莫知其子之恶，犹爱而不察。硕，大也。"

朱《注》："谚，俗语也。溺爱者不明，贪得者无厌，是则偏之为害，而家之所以不齐也。"

愚按：欲其子之美，人情也。欲其苗之硕，亦人情也。乃欲其子之美，私其子之极，而至于莫知其子之恶；欲其苗之硕，私其苗之极，而至于莫知其苗之硕。然惟莫知其子之恶，而子乃愈恶；莫知其苗之硕，而苗竟不硕。人情之颠倒，事理随之，而当局者辄迷谬而不悟，吁，亦可怜矣哉！

此谓身不修，不可以齐其家。

愚按：上章言内外交修之法，此则慎公私之辨也。《书·洪范》篇曰："无偏无陂，遵王之义。无有作好，遵王之道。无有作恶，遵王之路。无偏无党，王道荡荡。无党无偏，王道便便。"自来偏党之弊，皆起于好恶之私，好恶私，偏党胜，则身不能修而家国天下受其害矣。君子大公无偏，乃可出而治国平天下。

又按：此章不言身之所以修，亦该于诚意章也。朱子以所谓"修身"起至此，作《传》之八章，释"修身""齐家"。

所谓治国必先齐其家者，其家不可教而能教人者无之。故君子不出家而成教于国，孝者所以事君也，弟者所以事长也，慈者所以使众也。

　　愚按：此经言"其家不可教而能教人者无之"，又曰"君子不出家而成教于国"，三言"教"字，见国教之必本于家教也。家教惟何？孝、弟、慈而已矣。《孝经》曰："孝弟之至，通于神明，光于四海。"盖孝弟，明德也，良知也，推暨之而无不通者也。慈者，老子以为三宝之首，且曰"天将杀之，以慈卫之"，盖天地间之和气也。此三者，家教也，国教也，即成周大学之教也。

　　《康诰》曰："如保赤子。"心诚求之，虽不中，不远矣。未有学养子而后嫁者也。

　　郑《注》："养子者，推心为之，而中于赤子之耆欲也。"

　　愚按：《康诰》言："用康保民，用康乂民。"其辞不一而足。而其中最精要之言曰："若保赤子，惟民其康乂。"仁哉言乎！盖文王之德，而周公述之，以训康叔者也。文王视民如伤，文王之民无伤也。无伤而视之如伤者，此保赤子之心也。张子《西铭》云："民吾同胞。尊高年，所以长其长；慈孤弱，所以幼其幼。"《左氏传》楚灵王曰："人之爱其子也，亦如予乎？"盖天下之人，皆人子也，则皆吾之赤子也。赤子匍匐将入井，怵惕恻隐之心怦然动矣。然而吾民之颠连而无告，闭户而哀呼者，皆无形之匍匐也，无形之入井也，吾不能知之而救之也，惟有求之而已矣。求之而犹不可得也，惟有心诚求之而已矣。赤子之初生也，父母不知费几许精神，几许心血，层累曲折，保抱携持，而后能合其嗜欲，安其形体。以及于长成，五方之民，风气不通，嗜欲不同，保民者又不知费几许精神、几许心血,层累曲折,饮之食之,教之诲之,嘘之植之,辅之翼之,而使之各得其所,此所谓心诚求之者也。如是而犹有不中者,百姓之气质异,习惯异,品格异,修其教不易其俗,齐其政不易其宜,或尚有过不及之处。然而吾之诚意,与百姓之诚意,既息息而相通,则其相去也不远矣。《中庸》云:"惟天下至诚,为能尽其性;能尽其性,则能尽人之性。"尽人之性,心诚求之也。大哉诚乎!

一家仁,一国兴仁;一家让,一国兴让;一人贪戾,一国作乱;其机如此。此谓一言偾事,一人定国。

郑《注》:"一家一人,谓人君也。戾之言利也。机,发动所由也。偾,覆败也。"

愚按:仁让者,孝、弟、慈所积而成也。《论语》曰:"孝、弟也者,其为仁之本与。"兴仁、兴让者无他,惟在一人之有以兴之,至是而太和洋溢矣。贪戾似不必破作利字,人君以贪为最恶之德,以戾为莫大之罪。贪则戾气充积,故既贪,未有不戾者。孟子曰:"上下交征利,而国危矣。万乘之国,弑其君者,必千乘之家;千乘之国,弑其君者,必百乘之家。"盖凡事愈和则愈平,愈急则愈烈。在上者好实无厌,(实,货财也。)日夜工于心计,昏蒙之极,气浮于上,而乖戾暴虐,因之日甚。孔子曰:"草尚之风必偃。"于是一人贪而一国无不贪,一人戾而一国无不戾,而国乃大乱矣。作乱者无他,惟在一人有以作之也。仁让者,生气也;贪戾者,死气也。仁让兴,而生气盛;贪戾作,而死气萌。生气盛,而生机随之;死气萌,而杀机随之。古人有言曰:"惠迪吉,从逆凶,惟影响。"一人贪戾,一国作乱,劫夺害人,本心尽失,人无以异于禽兽,天乃草除而芟薙之,而劫运遂无所穷极。其机如此,吁,可惧哉!可惧哉!一言偾事,何言也?惟其言而莫予违也。专制之极,偾事而丧邦矣。一人定国,何人也?《书》曰"一人元良,万邦以贞",尧、舜是也。

又或谓处今日竞争之世,兴让似非所宜,让则我将失利焉。呜呼,是何言与!世界公理,所应争者,学问之进步则当争,是非之界线则当争,而今人于学问是非,一无所争,惟争于利,可慨矣!又治国之道,对于国内宜让,对于国外宜争,而今人对于国内,无所不用其争,对于国外,无所不用其让,南针北指,更可慨矣!此皆由以好争不让之说训练其国人,而国人于学问既无所能,于是非亦茫乎莫辨,乃至颠倒错乱如此。夫让者,修身之要旨也。未有民不知让德,而其国能兴者。《论语》:"子曰:君子无所争,必也射乎。揖让而升,下而饮。其争也君子。"射为竞争最显之事,而君子犹无所争若此。周公作《仪礼》,于大射之仪,揖让从容之节,三致意焉,此即以让德训导其国人也。子贡曰:"夫子温、良、恭、俭、让。"让之时义大矣哉!

尧、舜帅天下以仁,而民从之。桀、纣帅天下以暴,而民从之。其所令反其所好,而民不从。是故君子有诸己而后求诸人,无诸己而后非诸人,所藏乎身不恕,而能喻诸人者,未之有也。

郑《注》:"言民化君行也。君若好货,而禁民淫于财利,不能正也。有于己,谓有仁让也。无于己,谓无贪戾也。"

朱《注》:"有善于己,然后可以责人之善。无恶于己,然后可以正人之恶。皆推己以及人,所谓恕也。不如是,则所令反其所好,而民不从矣。喻,晓也。"

愚按:顾氏亭林云:"《仲虺之诰》篇曰:'简贤附势,实繁有徒。'《多方》篇曰:'叨懫日钦,(孔《传》:有夏之民,贪叨忿懫而逆命,于是桀民尊敬其能。)劓割夏邑,(孔《传》:谓残贼臣。)此桀民之从暴也。'《微子》篇曰:'殷罔不小大,好草窃奸宄,卿士师师非度,(马云:非但小人学为奸宄,卿士以下,转相师效为非法度。)凡有辜罪,乃罔恒获,(孔《传》:无秉常得中者。)小民方兴,相为敌仇。'此纣民之从暴也。故曰:幽厉兴则民好暴,古之人所以胥训告,胥保惠,胥教诲,而不使民之陷于邪僻者,何哉?上无礼,下无学,贼民兴,丧无日矣。《天保》之诗,皆祝其君以受福之辞,而要其指归,不过曰民之质矣。日用饮食,群黎百姓,遍为尔德,然则人君为国之存亡计者,其可不致审于民俗哉?"善哉言乎,万世之鉴也。其所令反其所好而民不从者,掩其不善而著其善,人之视己如见其肺肝然也。以口是心非之论,而徒滋条告教令之烦,只取辱焉,则何益矣。有诸己而后求诸人,无诸己而后非诸人,所谓恕也。恕者,言如心也。己欲立,人亦欲立;己欲达,人亦欲达;己好寿富安宁,人亦好寿富安宁;己恶颠连困苦,人亦恶颠连困苦；人之心皆如己之心，则己之心亦皆如人之心，是谓之恕。而恕与诚又相须而行者也。不恕则不能诚，而不诚又焉能恕？不曰所行乎身，而曰所藏乎身。藏者，诚之所藏也。不曰推诸人，而曰喻诸人。喻者，诚之所喻也。是以《大学》之教，以修身为本，而修身又以诚意为本也。

故治国在齐其家。

朱《注》："总结上文。"

《诗》云："桃之夭夭，其叶蓁蓁。之子于归，宜其家人。"宜其家人，而后可以教国人。

朱注："《诗》，《周南·桃夭》之篇。夭夭，少好貌。蓁蓁，美盛貌，兴也。之子，犹言是子，此指女子之嫁者而言也，妇人谓嫁曰归。宜犹善也。"

愚按：《召南》之诗曰："曷不肃雍，王姬之车。"夫王姬之车，壮丽可知，而括以"肃雍"二字，则宜家之道可知矣。

《诗》云："宜兄宜弟。"宜兄宜弟，而后可以教国人。

朱注："《诗》，《小雅·蓼萧》篇。"

愚按：《中庸》引《常棣》之诗曰："兄弟既翕，和乐且耽。宜尔室家，乐尔妻孥。"子曰："父母其顺矣乎。"《孝经》曰："先王有至德要道，以顺天下，民用和睦。"总括在"和顺"二字，则教国人之道，又可知矣。

《诗》云："其仪不忒,正是四国。"其为父子兄弟足法,而后民法之也。

> 朱《注》:"《诗》,《曹风·鸤鸠》篇。忒,差也。"

> 愚按:《易·家人》卦《传》曰:"威如之吉,反身之谓也。"《左氏传》曰:"有威而可畏,谓之威;有仪而可象,谓之仪。威仪者,一身之法则也。"此三节两言"教"字,末注重一"法"字,如何而为足法?曰:反身而诚。

此谓治国在齐其家。

> 朱《注》:"此三引《诗》,皆以咏叹上文之事,而又结之如此。"

> 愚按:朱子以所谓治国至此,作《传》之九章,释"齐家""治国"。

所谓平天下在治其国者,上老老而民兴孝,上长长而民兴弟,上恤孤而民不倍,是以君子有絜矩之道也。

> 朱《注》:"老老,所谓老吾老也。兴,谓有所感发而兴起也。孤者,幼而无父之称。絜,度也。矩,所以为方也。言此三者,上行下效,捷于影响,所谓家齐而国治也。亦可以见人心之所同,而不可使有一夫之不获矣。是以君子必当因其所同,推以度物,使彼我之间,各得分愿,则上下四旁,均齐方正,而天下平矣。"

> 愚按:经不言治天下而言平天下,何也?曰:天下之人多不平,则不得而平。平天下者,将以平天下之不平也。平天下之不平当奈何?

曰：天下之人心多不平，则不得而平。平天下之人心，则不平者可得而平也。平天下之人心当奈何？曰：始于与民同好恶，终于以义为利，则人心平而天下可得而平也。太平者，大平也。絜矩之道，所以平天下人心之不平也。刘氏蕺山云："三者皆治国之道，举而推之，即平天下之道。若握矩于此，随处比度，无不得其方者然。盖矩之成器虽在国，而矩之运手则在心，此平天下之要道也。必言孝、弟、慈，所谓明明德于天下者也。"又云："天圆而地方，规矩之至也。人心一天地也，其体动而圆，故资始不穷，有天道焉。其用静而方，故赋形有定，有地道焉。君子之学，圆效天，方法地也。其独知之地不可得而睹闻者，效天者也。由不睹而至于无所不睹，由不闻而至于无所不闻，地道之善承天也。《易》曰"君子敬以直内，义以方外"，规矩之至也。立一身于此，而环之以家，又环之以国，又环之以天下。虽广狭不同，矩而方之，不过上下四旁之境。寸寸而累之，至尺必差；尺尺而累之，至寻丈又差；又累而至于不可纪极，则差之毫厘，谬以千里矣。盖平天下若此之难也。先之以治国易易矣，非徒先之以治国也。又先之齐家，又先之修身，故易也。修身之大者，为孝、弟、慈。一家之孝、弟、慈，一国之孝、弟、慈也；一国之孝、弟、慈，天下之孝、弟、慈也。孝、弟、慈者，明明德之大者也。一人之明德，千万人之明德也。寸寸而度之，至尺不爽也；尺尺而度之，寻丈不爽也。度之上下焉，此尺寸，此寻丈也；度之左右前后焉，此尺寸，此寻丈也。《礼》之言孝也，推之南海而准，推之北海而准，推之东海而准，推之西海而准。东、西、南、北海,此尺寸,此寻丈也。平天下者,亦推此孝、弟、慈而已。此絜矩之说也,而其功则在慎独始。独者,矩所自出之体也。君子由慎独而发之于好恶,知致意诚矣。因验之于心,而忿懥、恐惧、好乐、忧患之情,无不得其正,则天地之矩从此出矣,故其本于身而见于家也。好而知其恶,恶而知其美,从最难整齐处,较量匀停,不爽累黍,层累而进,自家而国,自国而天下,特举此而措之耳。故曰"君子先慎乎德",又曰"必忠信以得之",后儒之言曰"慎独然后可以行王道"是也。

所恶于上,毋以使下;所恶于下,毋以事上。所恶丁前,毋以先后;所恶于后,毋以从前。所恶于右,毋以交于左;所恶于左,毋以交于右。此之谓絜矩之道。

郑《注》:"絜矩之道,善持其所有以恕于人耳。治国之要尽此。"

朱《注》:"此覆解上文'絜矩'二字之义。如不欲上之无礼于我,则必以此度下之心,而亦不敢以此无礼使之。不欲下之不忠于我,则必以此度上之心,而亦不敢以此不忠事之。至于前后左右,无不皆然。则身之所处,上下四旁,长短广狭,彼此如一,而无不方矣。"

愚按:《老子》曰:"君子处上而人不重,处先而人莫能害。"以物理言之,在上之物压力重,在下支持者不能胜,则上必坍塌。压力愈重,则坍塌之力亦愈甚。在下之物固受伤,而在上坍塌者伤更甚焉。《易·谦卦》之《象传》曰:"君子以裒多益寡,称物平施。"言裒上之力以抑下之力,多寡适均,使下之戴上不觉其重,夫然后施于物者各得其平也。以字义言之,上下、前后、左右之中,谓之中央,居中央而得执中之道,乃能安于中央之位。是以尧之命舜曰"允执其中",舜用其中于民。《中庸》曰:"在上位不陵下,在下位不援上。"亦谓处之得其中也,稍有偏焉,即失其中矣,此一贯之道也。《论语》孔子言一贯,曾子何以言忠恕? 盖忠恕者,己与人为一贯也。忠者,言中心也,心之处事得其中也。凡人生于世界之内,其对于人也,虽有形骸之隔,初无心理之殊,己之心无异于人之心也。故曾子曰"为人谋而不忠乎",子贡曰"有一言而可以终身行之者乎",子曰"其恕乎",推忠恕以及人,举斯心以加诸彼,所谓人己一贯也。然此经不言一贯之道,而言絜矩之道者,何也? 以道德而言,则曰一贯;以政治而言,则曰絜矩也。一贯言其理,絜矩言其法则也。此《大学》之教所以为至广至大、至精至微之道也。以上二节,盖专言絜矩之道。陆氏桴亭云:"忠者,立心之本也。恕者,所以求通之方也。无立心之本,则凡事不可成;无求通之方,则虽能成事,而终无以入圣贤神化贯通之域。前夜独坐,猛思得《大学》'絜矩'二字,是忠恕二字注脚,'所恶于上'一节又是'絜矩'二字注脚。就'忠恕'二字以证贯通之义,犹未为醒确,就'絜矩所恶于上'一节,以想贯通之义,则'忠恕'二字,分明有八面四方玲珑透彻之意。学者未识一贯,而欲求一渐造一贯之力,孰逾于此?"

《诗》云:"乐只君子,民之父母。"民之所好好之,民之所恶恶之,此之谓民之父母。

郑《注》:"言治民之道无他,取于己而已。"

朱《注》:"《诗》,《小雅·南山有台》之篇。只,语助辞。言能絜矩,而以民心为己心,则是爱民如子,而民爱之如父母矣。"

愚按:天下有是非,有好恶。是非,天下之公也。好恶,一人之私也。人君治天下,何以能准是非? 亦惟顺民之好恶而已。盖民之公好公恶,即天下之公是公非也。若好恶私,则是非颠倒;是非颠倒,天下亡矣。曰"此之谓民之父母",此句宜重读。君之爱民如子弟,则民爱君如父母。苟反乎民之所好恶,其谓之何哉? 刘氏蕺山云:"好恶二端最微,盖动而未形、有无之间者。动而未形,有无之间,为吉之先见,即至善之体呈露处,止有一善,更无不善。所好在此,所恶在彼,非实有好恶两念对偶而发也。此幾一动,即授之喜、怒、哀、乐四者,而刑罚进退生焉,依然只是此意之好恶而已。"又云:"好恶二字,是《大学》一篇之骨,直贯到平天下处。中间忿懥、恐惧、好乐、忧患、亲爱、贱恶、畏敬、哀矜、敖惰,皆好恶之幾所发。"李氏二曲云:"平天下,平其好恶而已。不作好,不作恶,好恶一出于公,则政平,政平而天下平矣。好恶不公,由君心不清,君心之所以不清者,声色、宴饮、珍奇、禽兽、宫室、嬖倖、游逸为之也。君若以二帝三王自期,以度越后世庸主自奋,以建极作则治登上理为事,自无此等嗜好而心清。心清斯好恶公；好恶一公，则理财用人事事皆公，与天下同其好恶，而合乎天下人之心。会其有极，归其有极，此之谓天下平。"

《诗》云："节彼南山，维石岩岩。赫赫师尹，民具尔瞻。"有国者不可以不慎，辟则为天下僇矣。

郑《注》："岩岩，喻师尹之高严也。师尹，天子之大臣为政者。在下之民俱施所行而则之，可不慎其德乎？邪辟失道，则天下共诛之矣。"

朱《注》："《诗》，《小雅·节南山》之篇。节，截然高大貌。师尹，周太师尹氏也。具，俱也。辟，偏也。言在上者人所瞻仰，不可不谨。若不能絜矩，而好恶徇于一己之偏，则身弑国亡，为天下之大僇矣。"

愚按：古者君道兼师道，君即师也。若炎帝为火师，神农为农师，轩辕为车师，皆是也。三代以后，君师分矣，而师道犹特尊。《诗》所称"维师尚父，赫赫师尹"是也。至《春秋》书尹氏卒，而太师之职废矣。有国者不可以不慎，顺好恶也。人君何以至于辟？有二端焉：一则发于性情，一则生于意气。二者之病，根于心而不知改，敖很执拗，靡所底止，必至民心不服，天下大乱，而僇辱随之矣。

《诗》云："殷之未丧师，克配上帝。仪监于殷，峻命不易。"道得众则得国，失众则失国。

朱《注》："《诗》，《文王》篇。师，众也。配，对也。配上帝，言其为天下君而对乎上帝也。监,视也。峻,大也。不易,言难保也。道,言也。有天下者,能存此心而不失,则所以絜矩而与民同欲者,自不能已矣。

　　愚按:《书》曰:"天视自我民视,天听自我民听。"天命不可见。民心者,天命之所寄也。民心去而天命随之,国亦随之去矣。国者,君与众共之者也。知与众共国之义,勤求民隐,曲体舆情,则可以得众。不知与众共国之义,以国为惟一人之所有,专恣作为,必至于失众。《传》曰:"众非元后何戴,后非众罔与守邦。"众者,君所与守邦者也,失众则谁与守邦乎?《孟子》曰:"桀、纣之失天下也,失其民也。"失其民者,失其心也。得天下有道,得其民,斯得天下矣。得其民有道,得其心,斯得民矣。得其心有道,所欲与之聚之,所恶勿施尔也。夫得民心,不过顺民之欲恶,顺民心,则得国;失民心,不过逆民之好恶,逆民心,则失国。以上三节,盖专指顺好恶而言。

是故君子先慎乎德,有德此有人,有人此有土,有土此有财,有财此有用。

　　郑《注》:"用,谓国用也。"

　　朱《注》:"先慎乎德,承上文不可不谨而言。德,即所谓明德。有人,谓得众。有土,谓得国。有国,则不患无财用矣。"

　　愚按:德为明德,则慎字即有诚之意焉。有德此有人,如太王所谓君子不以所养人者害人,去邠邑于岐山之下,从之者如归市是也。有人此有土,如舜所居二年成邑,三年成都是也。有土此有财,易其田畴,薄其税敛,食之以时,用之以礼,财不可胜用也。故又曰"有财此有用"。自古以来,惟无德者常患财之不足,未有有德而虞财用匮乏者也。

德者,本也。财者,末也。

愚按:有德者非不言财,但以为末焉耳。先儒以为此本末事,即"物有本末"。愚谓此本末字较粗,与"物有本末"略异。

外本内末,争民施夺。

朱《注》:"人君以德为外,以财为内,则是争斗其民,而施之以劫夺之教也。盖财者,人之所同欲,不能絜矩而欲专之,则民亦起而争夺矣。"

愚按:外本内末者,贪也。一人贪而民争矣、夺矣。然民争而即与我争,民夺而即将夺我。《孟子》曰:"苟为后义而先利,不夺不餍。"争也,夺也,皆所以自争而自夺也。以用物言,譬诸以至锐之针,内末而藏诸于胸,其必自刺其心矣。字义,"利"字从刀。争民施夺,非徒以害民,实以自杀也。

是故财聚则民散,财散则民聚。

朱《注》:"外本内末,故财聚;争民施夺,故民散。反是则有德而有人矣。"

　　愚按：君贪财则失其心，失其心则失人心。然财聚则民散，民散则财亦散而不复聚；财散则民聚，民聚则财亦聚而不复散。为人上者，宜何去而何取也？李氏二曲云："或问财聚则民散，固矣。然国家正供所入有限，安能以有限之财，散之百姓？曰：只不使掊克之人在位横敛，正供之外，不求羡余，不别巧取。鳏寡孤独颠连无告之人，时加存恤。水旱饥疫、流离失所之民，亟图振救。不事虚文，务求实效。即此便得民心，民岂有不聚乎？"

是故言悖而出者，亦悖而入。货悖而入者，亦悖而出。

　　郑《注》："悖，犹逆也。言君有逆命，则民有逆辞也。上贪于利，则下人侵畔。《老子》曰：'多藏必厚亡。'"

　　愚按：《诗》曰："无言不雠，无德不报。"雠者，答也。德者，非必其为美德也。盖凶德则报之尤速焉，此公理也，亦气之感召使然也。气之感应在天地间，无微不入，无时或差。爱人者，人恒爱之；敬人者，人恒敬之；詈人者，人恒詈之；杀人者，人恒杀之。此理也，亦气之所感召也。曾子曰："出乎尔者反乎尔者也。"天道人道，反复相寻，无已时也。然愚考诸往事，悖出悖入之数，往往有加酷者。言悖而出者，亦悖而入；其悖而入者，必倍于所出也。货悖而入者，亦悖而出；其悖而出者，必倍于所入也。郑君引《老子》"多藏厚亡"为训，盖厚亡之情形，固至酷也。以言喻货者，祸从口出。言之悖出，与货之悖入，其取祸皆足以杀身也。以上五节，专言德为本，财为末。

《康诰》曰："惟命不于常。"道善则得之，不善则失之矣。

郑《注》："于，於也。天命不于常，言不专祐一家也。"

愚按：《康诰》本文曰："惟民不于常，无我殄享。"言无由我放弃天命以失之，而殄灭其享祀也。郑君云天命"不专祐一家"，言天理之公而恕也。天无独厚于一姓一家一身之理，其存亡也，善不善为之也。家大人云："一家一国，鲜有历一世而不变者，惟修德乃可以维持之。"修德者，积善之谓也。得失之数不可知，有数百年得之，而一旦失之者；有十数世积累得之，而一人失之者；亦有今日得之，而明日即失之者。善念起而得已随之，恶念起而失已随之，若形之于影焉。《周易》之《泰卦》极盛矣，而其上爻曰"城复于隍"。（隍，池也。言城倾圮而为池也。）《否卦》极衰矣，而其上爻曰"倾否，先否后喜"。《剥卦》之《象传》曰"君子尚消息盈虚，天行也"。天行之理，盈极即虚，消中有息，惟恃乎人心之善，有以维持于久常。是以君子常顾谍天命，孳孳为善，而不敢有一念之或懈也。《书·西伯戡黎》篇，纣曰："我生不有命在天？"祖伊曰："乃罪多，参在上，（参在上，言积累在上也。）乃能责命于天。"呜呼，以不善之身，而犹责命于天，庸讵知天命靡常，已不我属乎？其愚真可哀哉！

《楚书》曰："楚国无以为宝，惟善以为宝。"

朱《注》："《楚书》，《楚语》。言不宝金玉而宝善人也。"

愚按：楚之所以兴，不外此二语。与"民生在勤，勤则不匮"二语，皆善言也。

舅犯曰:"亡人无以为宝,仁亲以为宝。"

郑《注》:"舅犯,晋文公之舅狐偃也。亡人,谓文公也,时辟骊姬之谗,亡在翟。而献公薨,秦穆公使子显吊,因劝之复国。舅犯为之对此辞也。仁亲,犹言亲爱仁道也。明不因丧规利也。"

朱《注》:"仁,爱也。事见《檀弓》。"

愚按:此亦善言也。郑君、朱子皆训仁为爱,言爱其亲也。惟晋文虽不杀夷吾,而仍杀怀公,则"仁亲为宝",实假托之辞。《大学》特取其言之可采耳。以上三节,专言人善之当宝。

《秦誓》曰:"若有一个臣,断断兮无他技,其心休休焉,其如有容焉。人之有技,若己有之。人之彦圣,其心好之,不啻若自其口出。寔能容之,以能保我子孙,黎民尚亦有利哉!人之有技,媢嫉以恶之。人之彦圣而违之,俾不通,寔不能容,以不能保我子孙,黎民亦曰殆哉!"

郑《注》:"《秦誓》,《周书》篇名也。秦穆公伐郑,为晋所败于殽,还,誓其群臣,故作此篇也。断断,诚一之貌也。他技,异端之技也。有技,才艺之士也。若己有之,不啻若自其口出,皆乐人有善之甚也。彦,美士也。黎,众也。尚,庶几也。媢,妒也。违,犹戾也。俾,使也。拂戾贤人所为,使功不通于君也。殆,危也。"

　　愚按：此秦穆公悔过求贤之辞，其体会贤奸心术情状，最为精至，皆如见其肺肝然也。"断断兮"二句，状其心之专一也。"其心休休焉"二句，状其度量之广大也。"人之有技"四句，状其好贤出于天性，赞美惟恐不及也。"寔能容之"三句，言其受福之久且长也。下"人之有技"二句，状其私心之极，好恶之颠倒也。"人之彦圣"二句，状其蔽贤固塞而巧也。"寔不能容"三句，言其受祸之切而近也。《孟子》曰："不祥之实，蔽贤者当之。"天下惟蔽贤者，受不祥之实为最大。刘氏蕺山云："一个臣真能好善，则真能恶恶可知。媢嫉之人，恶人所好，则好人所恶可知。"李氏二曲云："平天下莫大乎用人，而相则佐君用人以平天下者也。相得其人，则相所用之人，俱得其人，故必极天下之选。择天下第一人而相之，以端揆于上，休休有容，好贤若渴，拔茅连茹，忠正盈朝，为斯民造无穷之福，子孙尚赖其余泽。相苟不得其人，妨贤妒能，蠹政害民，酿宗社无穷之祸，子孙尚受其殃。然则置相可不慎乎？"又云："无他技，非全无技也。若全无技，何以识人之技？惟其有技而自忘其技，若无若虚，以天下之技为技，此即是宰相大技也。"

惟仁人放流之，迸诸四夷，不与同中国。此谓惟仁人为能爱人，能恶人。

　　朱《注》："迸，犹逐也。言此媢嫉之人，妨贤而病国，仁人必深恶而痛绝之。以其至公无私，故能得好恶之正如此也。"

愚按:《诗·巷伯》篇曰:"取彼谮人,投畀豺虎。豺虎不食,投畀有北。有北不受,投畀有昊。"盖当世有仁者出,则彼蔽贤害国之徒,必将与众弃之,而不容于中国矣。惟能爱人,斯能恶人。盖恶人之事,放流中明示之者也。爱人之道,放流中隐寓之者也。黜邪正所以崇正,杀人正所以生人也。刘氏蕺山云:"仁人者,真能清好恶之源者也。恶不力,则好之脉亦不清。此之谓好,如好好色;此之谓恶,如恶恶臭。"

见贤而不能举,举而不能先,命也。见不善而不能退,退而不能远,过也。

郑《注》:"命,读为慢,声之误也。举贤而不能使君以先己,是轻慢于举人也。"

朱《注》:"若此者,知所爱恶矣,而未能尽爱恶之道,盖君子而未仁者也。"

愚按:此节郑君意专指人臣,愚谓当兼人君而言。先,谓在群僚司之先,使得尽其所长也。见贤而不能举,举而不能先,是已见之举之矣。见不善而不能退,退而不能远,是已见之退之矣。而犹不免于慢与过者,由其天资柔懦因循,信任不专,排斥不力,遂致误天下之大事,深可惜也。李氏二曲云:"见贤而不能举,盖未见而浮慕其名高,既见而心厌其不阿,往往目为迂阔,不复省录。如汉孝武之于董子、申公,宋宁、理之于晦庵、西山,始则温旨招致,随即弃置散地。其所眷注不衰者,公孙弘、桑弘羊、韩侂胄、史弥远,逢迎容悦之臣而已。

好尚如此,致治奚由?"又云:"或问必如何而后谓之贤? 曰:道明德立,学具天人,是谓道德之贤。识时达务,才堪匡世,是谓经济之贤。道德之贤,上则置诸左右,朝夕启沃;次则举之俾掌国学,师范多士。经济之贤,上则举之委以机务,俾秉国成;次则举之随其器能,分理庶务。其有职业不修者,退之以儆素餐;蠹政病民者,罪之以肃百僚。元恶大憝,则依四凶之例,以雪苍生之愤,则举措当,好恶公矣。"

好人之所恶,恶人之所好,是为拂人之性,灾必逮夫身。

朱《注》:"拂,逆也。好善而恶恶,人之性也。至于拂人之性,则不仁之甚者也。"

愚按:人性本善,好人所恶,恶人所好,非必其本性然也。《孟子》曰:"平旦之气,其好恶与人相近也者几希。其旦昼之所为,有梏亡之矣。"盖自来用人者,往往有喜言使贪使诈而倾心以尝试者,迨夫浸润既久,蛊惑日深,前后左右者日益亲,公正直道者日益疏,述谬而不自觉,遂至于梏亡其性,而拂人之性,灾必逮夫身者,身之不修,而灾及百姓,终必自灭其身,可痛矣哉! 是故欲修身养心,以复其平旦之好恶,其功必自诚意始。

是故君子有大道,必忠信以得之,骄泰以失之。

朱《注》:"君子,以位言之。道,谓居其位而修己治人之术。发己自尽为忠,循物无违为信。骄者矜高,泰者侈肆。此因上所引文王

《康诰》之意而言。章内三言得失,而语益加切,盖至此而天理存亡之
幾决矣。"

　　愚按:用贤以有礼为主。忠信,礼之干也。骄泰,敖慢而无礼也。
《孟子》曰:"訑訑之声音颜色,距人于千里之外。士止于千里之外,则
谗谄面谀之人至矣。与谗谄面谀之人居,国欲治,可得乎?"岂不大可
惧乎? 得之失之,亦指国而言。忠信,得国之本也;骄泰,亡国之繇
也。以上五节,专言进贤退不肖之道,当正其好恶之源。

**生财有大道,生之者众,食之者寡;为之者疾,用之者舒;则
财恒足矣。**

　　郑《注》:"是不务禄不肖,(言不与不肖者以禄。)而勉民以农也。"

　　朱《注》:"吕氏曰:'国无游民,则生者众矣;朝无幸位,则食者寡
矣;不夺农时,则为之疾矣;量入为出,则用之舒矣。'"

　　愚按:此因有土、有财而言,以明足国之道,在乎务本而节用,非
必外本内末,而后财可聚也。

　　愚按:生之者众,谓士人讲求实学,农、工、商各尽其力也。人之
生也既有知能,其心莫不有机具焉。以其心无形之机具,发而为手足
有形之机具,此天下莫大之机械也。食之者寡,谓不靡费俸禄也。国
未有靡费不俭而可以存者。为之者疾,谓勤无停时也,时光即货财
也。国民知惜阴,则为之无停时矣。《礼记·王制》云:"冢宰制国用,
必于岁之杪,五谷皆入,然后制国用。"以三十年之通制国用,量入以

为出，此即预算法也。以三十年之通制之，其舒何如？后世则量出以为入，至于食无可食，竭泽而渔，则国将不国矣。《王制》又云："国无九年之蓄，曰不足；无六年之蓄，曰急；无三年之蓄，曰国非其国也。"三年耕必有一年之食，九年耕必有三年之食。以三十年之通，虽有凶旱水溢，民无菜色。古人理财谨慎如此。愚尝谓理财之法，必先生财，若不能生，何所谓理？故此节尤重在"生之者众"一句。昏庸之徒，不明生财之道，而惟务搜括，以为此乃理财之法。呜呼！所以亡国破家相随属者，自破其民产，即自破其国产、家产也。

仁者以财发身，不仁者以身发财。

朱《注》："发，犹起也。仁者散财以得民，不仁者亡身以殖货。"

愚按："发财"二字，后人以为美名词，以此相传，此所谓不仁之尤者也。仁人之于财也，第取其足用而已，有余则当以利物而济人。《礼记》云："凡生于天地之间者皆曰命。"天之生人，皆当以其身弥世界之缺憾。韩子云："圣贤者，时人之耳目也。时人者，圣贤之身也。"圣贤以其身为天下至公之身，躬负养育天下之责任，故其发也，为天下莫大之身，次焉者亦当以其身归于有用。故程子云："一命之士，苟存心于利物，于人必有所济。反是则以财私其身，则其身为至微、至贱、至不肖之身，亦未有能保其身者也。"刘氏蕺山云："财足在天下，则人主享其富矣，故发身。反是则财聚而身亡。"

未有上好仁，而下不好义者也。未有好义，其事不终者也。
未有府库财，非其财者也。

朱《注》：“上好仁以爱其下，则下好义以忠其上。所以事必有终，
而府库之财无悖出之患也。”

愚按：《大学》不言利而《周易》言利，何也？考《易传》曰：“利者，
义之和也。”是亦以义为利也。《易传》又曰：“以美利利天下。”盖《易
传》言利，言天下之公利也；《大学》不言利，不言一人之私利也。以美
利公天下，义莫大焉。故又曰：“利物足以和义。”《尚书》论正德、利
用、厚生，曰惟和。盖好仁则上下同心，天下和平，而事岂有不终者
乎？府库财，国之财也，而有时非其财者，何也？以其财施之于一人，
则民将劫夺之，而非其财矣。故欲府库财之是其财，必先行仁义。其
财者，国之财，非君之私财也。顾氏亭林云：“治化之隆，则遗秉滞穗
之利，及于寡妇；恩情之薄，则穰锄箕帚之色，加于父母。故欲使民兴
孝、兴弟，莫急于生财。以好仁之君，用不畜聚敛之臣，则财足而化
行。人人亲其亲，长其长，而天下平矣。”

孟献子曰：“畜马乘，不察于鸡豚；伐冰之家，不畜牛羊；百乘
之家，不畜聚敛之臣。与其有聚敛之臣，宁有盗臣。”此谓国
不以利为利，以义为利也。

郑《注》：“孟献子，鲁大夫仲孙蔑也。畜马乘，谓以士为大夫也。
伐冰之家，卿大夫以上，丧祭用冰。百乘之家，有采地者也。鸡豚牛

羊，民之所畜养以为财利者也。国家利义不利财。盗臣损财耳，聚敛之臣乃损义。《论语》曰：'季氏富于周公，而求也为之聚敛，非吾徒也，小子鸣鼓而攻之可也。'"

朱《注》："君子宁亡己之财，而不忍伤民之力，故宁有盗臣，而不畜聚敛之臣。'此谓'以下释献子之言也。"

愚按："与其有聚敛之臣"二句，可谓斩钉截铁。盗臣害及一家，聚敛之臣害及天下百姓，而即害其一身一家与其子孙。呜呼！是可鉴矣。"以义为利"二句，非曾子不能道。好义者虽不求利，而利为尤大。《孟子》曰："未有义而后其君者也。"

长国家而务财用者，必自小人矣。彼为善之，小人之始为国家，灾害并至。虽有善者，亦无如之何矣。此谓国不以利为利，以义为利也。

朱《注》："自，由也。言由小人导之也。此一节深明'以利为利'之害，而重言以结之，其丁宁之意切矣。"又云："此章之义，务在与民同好恶，而不专其利，皆推广絜矩之意也。能如是，则亲贤乐利，各得其所，而天下平矣。"

愚按：自古小人未有不贪财者，故务财用者必自小人也。彼为善之，善其聚敛也。搜括无所得，乃并其民与己子孙之资财，罗掘而用之。《孝经》曰："天下和平，灾害不生。"盖惟和平，故灾害不生。务财用，则天下不和不平，灾害乃并时而至。此非必皆有形之灾害也，其伏于冥昧之中者，不知凡几矣；亦非尽人事中之灾害也，其形于天灾者,又屡见告矣。当此之时,虽有贤人君子,亦无以善其后。何也?
灾害既并至矣,民心皆离畔矣。土崩瓦解之势,已一发而不可收拾
矣。纵使竭力补苴,欲消弭其祸乱,亦将灭于东而生于西,伏于朝而
起于夕矣,亦无如之何矣。小人聚敛害国之祸,其孰使为之哉? 此其
端在于不仁,而即由于不恕。故恕者,理财之根基,平天下之第一要
务也。吾愿后之读是书者,深维曾子恻怛之诚,而有以阐扬其学说
也。以上五节,专言理财之道,在以义为利。

　　又按:朱子"以所谓平天下"至此,作《传》之十章,释"治国平天下"。

中庸大义

中庸大义序

《中庸》其准《周易》而作乎！《易》上经首《乾》《坤》，言天道，下经首《咸》《恒》，言人道；而《中庸》常兼天道、人道而言。《易》以山、泽、雷、风、水、火子天地；《中庸》则以山水配天地，水土媲天时。《易》言自强不息；《中庸》则言至诚无息。《易》言遁世无闷，不见是而无闷；《中庸》则言遁世不见知而不悔。《易》言庸言之信，庸行之谨；《中庸》则言庸德之行，庸言之谨。《易》言素履之往独行愿；《中庸》则言素其位而行不愿乎其外。《易》言学以序之，问以辨之，仁以行之；《中庸》则言博学之，审问之，明辨之，笃行之。《易》言厚德，言恒久；《中庸》则言博厚，言悠久。《易》言致一；《中庸》则言不贰。《易》言与鬼神合其吉凶，知鬼神之情状；《中庸》则言体物而不可遗，质诸鬼神而无疑。大哉《易》也！至哉《中庸》也！天道之奥，人道之本，其悉备于此乎？

原人之所以配天者，汉董子《春秋繁露》曰："为人者天也，人之形体，化天数而成。人之血气，化天志而仁；人之德行,化天理而义;人之好恶,化天之暖清;人之喜怒,化天之寒暑。"又曰:"身犹天也。天以终岁成人之身,故小节三百六十六,副日数也;大节十二分,副月数也。内有五藏,副五数也;外有四肢,副四时数也。乍视乍瞑,副昼夜也;乍刚乍柔,副冬夏也;乍哀乍乐,副阴阳也。心有计虑,副度数也;行有伦理,副天地也。"余按:董子之说精矣。人之生也,心为热度,象温带;背为冷度,象寒带;脉络血行,象川流,岂非尤明徵哉!然而更有进人之神明,分天之神明也。是以《易》曰"财成天地之道,辅相天地之宜";《中庸》则曰尽人性、尽物性,赞天地之化育。天地之大也,人犹有所憾。孰觉其憾?人觉之也。孰弥其憾?人弥之也。憾无穷期,觉之弥之者,亦无止境也。此皆人之责,而心之神明为之也。故曰人者,天地之心也。吾心之喜怒哀乐,浑浑焉,沌沌焉,忽焉而清明之,厘然而各当焉;发而为刑赏庆罚,纭纭焉,逐逐焉,忽焉而整理之,廓然而大公焉。天叙有典,天秩有礼,天命有德,天工人其代之。致中和,天地位,万物育,皆原于天命之性,故曰"配天"。

　　人人有配天之责,而卒至于违天、悖天、弃天、绝天。子思子悯焉,于是发明天之道、人之道。人之为道而远人,不可以为道,此盖遥承乎《周易》之言天道、人道。孟子得子思子传曰："人之为道也,逸居无教,则近于禽兽。人之所以异于禽兽者几希。"又曰："仁也者,人也。合而言之,道也。"此盖遥承乎《中庸》之言人道。痛乎哉! 春秋之为战国,非一朝夕之故也。世衰道微,人善其所私学,士游谈而不根,杨朱、墨翟之言盈天下,贪利险诈之徒,轩然无所顾忌。于是争民施夺,杀机日开;争地以战,杀人盈野;争城以战,杀人盈城;仁义充塞,人将相食。六王毕,秦政出,焚书坑儒,而人道遂扫地以澌灭,痛乎哉!《周礼》有言曰："国有鸟兽,行则狱之。"天道生人而爱人,然人既自居于禽兽,则天亦无所施其爱,不得不禽畜而兽息之,禽狱而兽薙之。子思子悯焉,特于《中庸》开卷大书曰："天命之谓性,率性之谓道,修道之谓教。"是性也,人性也;是道也,人道也;是教也,教人以为人之道也。是故《中庸》一书,皆人道之教育也。

人之为道,孝而已矣。孝者不学而能之良能,不虑而知之良知,即夫妇之愚不肖,可以与知而能行者也。宜尔室家,乐尔妻孥,父母其顺矣乎。爱推极于虞舜之大孝,武王、周公之达孝。父在观其志,视于无形,听于无声;父殁观其行,丧则致哀,祭则致严。(严,肃敬也。)事死如事生,事亡如事存;明则有礼乐,幽则有鬼神。洋洋乎盛哉,孝之至也。反是而不顺乎亲,不信乎朋友,父母不以为子,则朋友疏之,人且绝之矣。盖《孝经》之至德要道，基于和睦无怨，而君子之本立道生，始于不犯上，不作乱，和顺之气与横逆之气，岂不较然大分哉。凡人处家庭之际，周旋父母之间，曷为而有悱恻缠绵之情，与夫愉快、踊跃、依恋、思慕之致，皆良知良能之所发也。天命之性，性斯生矣。生则恶可已也。修道之教，教斯孝矣，德之本也，教之所由生也。扩而充之，则有以立天下之大本，可以保四海而致太平矣。故曰思事亲不可以不知人，思知人不可以不知天，此盖人道之根于天命，教育者当引其固有之知能也。

人之为道，诚而已矣。诚之之道，慎独而已矣。《大学》八条目，以修身为本，而修身必以诚意为本，诚之为功大矣。质诸鬼神而无疑，百世以俟圣人而不惑，诚也。肫肫其仁，渊渊其渊，浩浩其天，诚也。维天之命，于穆不已，诚也。文王之德之纯，亦诚也。君子所以戒慎不睹，恐惧不闻，必由隐以达见，由微以达显者，岂好为迂拘哉？察吾心之诚伪，即察吾心之善恶也。正学榛莽，饰伪朋兴。小人闲居为不善，无所不至，见君子而后厌然，甚至以奸邪险诈之行，托为光明正大之言，必经人再思之，三思之，四五思之，而后知其为诈，知其为险，知其为奸邪。呜呼！人道至此，社会宁有正直之士，寰宇讵有清明之望耶？且夫主持人道者，乐人之生,不乐人之死。然而死者多而生者少,夫天下生者多而死者少,而吾反言之者,吾所谓生死,在乎心之理与气,而不在乎身;在乎心之精神,而不在乎形体。诚者心之理,气辅以行者也,理昧没而气亦灭。诚者心之精神也,精神存而百事兴,精神亡而形乃徒存。是故诚伪之界,生死之关也。诚者自成也。物之终始,不诚无物。穀梁子曰:"不若于言者,人绝之也。"天下岂有不诚而可成为言者? 天下岂有不诚而可成为人者? 古人有言,作伪日拙,吾谓日拙亦云幸矣。苟一念不诚,而祸害即随之,此主持人道者所当大声疾呼以救之者也。

人之为道,礼义而已矣。礼义之始,根于天叙。《左氏传》刘子曰:"人受天地之中以生,所谓命也。是以有动作礼义威仪之则,以定命也。"命则天命之性也。中即喜怒哀乐未发之中也。动作礼义威仪之则,即率性之道也。又曰:"勤礼莫如致敬。"敬在养神。养神之道,内以慎独,外以行礼。齐明盛服,非礼不动,所以养神也;礼义三百,威仪三千,皆所以养神也。敦厚崇礼,岂惟君子当然,上下皆由之。居上不骄,为下不倍,礼也。言足以兴,默足以容,合乎礼也。愚而好自用,贱而好自专,悖乎礼也。动而世为天下道,言而世为天下法,行而世为天下则,动容周旋,悉中乎礼也。人道有礼则安,无礼则危。君子所以纳民于轨物,而天下之所以长治而久安者,礼义而已。乾坤开辟以来,狉狉榛榛,俗尚质野。迄乎唐虞之世,敬敷五教,彝伦攸叙,而五伦始定。君臣也,父子也,夫妇也,昆弟也,朋友之交也,五者天下之达道也,天地之常经,不可得而变革者也。末俗浇漓,人心纰缪,乃敢昌言废弃人伦;于是父子相残,君臣相杀,夫妇相睽,兄弟交相愈,朋友交相倾轧,而人道益苦,天下大乱。呜呼!古之圣人,为礼教人,惟欲人之自别于禽兽,后之妄人,弃礼诬民,惟恐人之或异于禽兽。子思子痛后世之流弊,故特揭之曰"行同伦",盖人之所以为人者,伦也。相鼠之诗曰"人而无礼,胡不遄死",人而无伦,何以为礼,更何以为人?然则主持人道者,舍人伦礼义,奚以救世哉?

人道教育,政治而已矣。子曰:"人道敏政。"惟人道有以敏政,亦惟政有以敏人道,二者相为表里者也。为政在人,取人以身。《九经》先修身,修身之道,中和而已。《易传》言纯粹中正,保合太和,中和之时义大矣哉。在上者之喜怒哀乐,与夫一颦一笑,消息之幾,皆关系天下之治乱,而上应乎天时。治世之阴阳寒暑,俱不愆期;乱世之阴阳寒暑,举失其时者,何也?天下皆中和之气,则阴阳寒暑行以渐,发而为和风甘雨也;天下皆乖戾之气,则阴阳寒暑行以骤,发而为疾风暴雨也。《洪范》:"休徵:曰肃,时雨若;曰

圣,时风若。"肃者,敬得其中也;圣者,通得其和也。"咎徵:
曰狂,恒雨若;曰蒙,恒风若。"狂者惑,失其中也;蒙者隔,失
其和也。好风好雨,百谷用成,岂幸致哉? 皆中和也。天地
之大,人犹有憾,非天地果有憾也,人事为之也。圣人知天
地之憾,必以中和之道挽救之,弥补之,是故戒慎恐惧而罔
敢懈。尽人性,尽物性,中和也。经纶天下之大经,立天下
之大本,知天地之化育,中和也。由闇然内省,推而至于不
动不言,不赏不怒,笃恭而天下平,中和也。无声无臭,中和
之至也。孟子绍述子思子学,曰"有不忍人之心,斯有不忍
人之政"。人人亲其亲,长其长,而天下平,中和之至也。后
世违乎中而为偏,悖乎和而为激,愈偏则愈激。事变之颠
倒,偏为之也。风潮之澒洞,激为之也。一心一意之差,而
百姓受其毒。悲夫! 王天下有三重焉,其寡过矣乎? 虽有
其德,苟无其位,不敢作礼乐焉。礼乐者,萌柢于中和者也。
孔子上律天时,下袭水土,中之至也。万物并育而不相害,
道并行而不相悖,和之至也。郑君释"天下至圣"节,三叹言
之,曰"伤孔子之有其德而无其命也"。虽然,《中庸》之学说
传诸万世,其犹奚伤也。虽然,《中庸》之学说,后之人无有
能信守之者,其能无伤也? 岁在屠维协洽痫月,唐文治
自序。

中　庸

孔氏冲远云："按郑《目录》云：'名曰《中庸》者，以其记中和之为用也。'庸，用也。孔子之孙子思伋作之，以昭明圣祖之法。此于《别录》属'通论'。"

先师黄氏元同云："中者，无过不及之名。民所受天地以生，是性之体也，其用之在人，谓之庸。庸，常也，用也。"

愚按：训庸为用，最为精实。盖中庸乃最有用之学，故以位天地，育万物，参赞化育为极功。《尚书》"天工人代"，即其义也。

第一章

天命之谓性，率性之谓道，修道之谓教。

朱《注》："命，犹令也。性，即理也。天以阴阳五行化生万物，气以成形，而理亦赋焉，犹命令也。于是人物之生，因各得其所赋之理，以为健顺五常之德，所谓性也。率，循也。道，犹路也。人物各循其性之自然，则其日用事物之间，莫不各有当行之路，是则所谓道也，修品节之也。性道虽同，而气禀或异，故不能无过不及之差。圣人因人物之所当行者而品节之，以为法于天下，则谓之教，若礼乐刑政之属是也。"

先师黄氏元同云："孔子曰：'天地之性人为贵。'人者，其天地之德，阴阳之交，鬼神之会，五行之秀气也。天以是气赋于人，而理即具于其中。《烝民》诗所谓'有物有则'，初无理气之可分也。《春秋左氏传》曰：'民受天地之中以生，所谓命也。'则天命者命此中，谓之性者，性其中也。中为物之则，故《传》又曰：'是以有动作礼义威仪之则，以定命也。'孔子曰：'夫有物必有则。'即率性之说也。性禀五行之秀气，其存诸内者，曰仁、礼、义、信、智之五德，亦曰五性。其见诸外者，曰君臣、父子、兄弟、夫妇、朋友之五伦，亦曰五达道。道之推广于家国天下民人者，曰礼乐刑政，其教也。"

愚按：《春秋穀梁传》曰："人之于天也，以道受命。不若于道者，天绝之也。"（若，顺也。）凡生于天地之间者皆曰命，天以生物为心，故人各得其生生之理以为性。率性非任性之谓也。率其固有之善而行之，使人人各得若其生生之性，是乃所谓道也。因一人之道，推而至于天下共喻其道，而学校立焉，所谓教也。性、道、教三字，专属诸人。朱《注》兼人、物说，恐非。陆氏桴亭云："或问《中庸》言'率性之谓道'，故论性须是言义理精微之性，方可率。若夹杂气质，安可率？曰：今人看率性，'率'字大错。朱子曰：'率，循也，由也。'言物各由其性之自然，则莫不有道，所以明道本在吾性中。孟子所谓'非由外铄，我固有之'之意也。今人却看作率意'率'字，动称不学不虑，此释氏手持足行、无非道妙之说，而学者不察，辄为所惑，哀哉。"

道也者,不可须臾离也,可离非道也。是故君子戒慎乎其所不睹,恐惧乎其所不闻。

郑《注》:"道,犹道路也。出入动作由之,离之恶乎从也？小人闲居为不善,无所不至也。君子则不然,虽视之无人,听之无声,犹戒慎恐惧自修正,是其不须臾离道。"

朱《注》:"道者,日用事物当行之理,皆性之德而具于心,无物不有,无时不然,所以不可须臾离也。若其可离,则岂率性之谓哉？是以君子之心,常存敬畏,虽不见闻,亦不敢忽,所以存天理之本然,而不使离于须臾之顷也。"

先师黄氏元同云:"道出于性,人无智、愚、贤、不肖,皆具此性。性不可离,亦安可离道？不可者,警戒之词,非言道体。"

愚按:师说至警切。道所以率吾性而存天命也。须臾离道,即戕贼其性而悖天命也。故又曰"可离非道也"。《左氏传》刘子曰:"勤礼莫如致敬,敬在养神。"孟子曰:"存其心,养其性,所以事天也。"戒惧慎独,所以养神而事天也。然则君子之功,岂偏于静乎？曰不然,此特言其体尔。曰戒慎乎其所不睹,则其所可睹者,戒慎更可知也;曰恐惧乎其所不闻,则其所可闻者,恐惧更可知也。陆氏桴亭云:"或问:圣人亦戒慎恐惧否？曰:圣人明德常明,尧兢舜业,如何不戒慎恐惧？曰:圣人不思不勉,如何又须戒慎恐惧？曰:惟其戒慎恐惧,故能不思不勉。戒慎恐惧,即明德常明,至诚无息也。惟无息,故有弗思,思之即得;有弗行,行之即中,一息则不能不思不勉矣。君子未能时时戒慎恐惧，而勉为戒慎恐惧，所以期至于无息也。"李氏二曲云："或问：识性方能率性，若不先有以识之，虽欲率，何从率？曰：识得识是谁识，即知率是谁率。识得良知即是性，依良知而行，不昧良知，即是率性，即是道。知良知之在人未尝须臾离，则知道原未尝离。形虽有不睹不闻之时，而良知未尝因不睹不闻而稍离，所以戒慎恐惧者，不使良知因不睹不闻而稍昧也。"

莫见乎隐，莫显乎微，故君子慎其独也。

朱《注》："隐，暗处也。微，细事也。独者，人所不知而己所独知之地也。言幽暗之中，细微之事，迹虽未形，而几则已动；人虽不知，而己独知之，则是天下之事，无有著见明显而过于此者。是以君子既常戒惧，而于此尤加谨焉。所以遏人欲于将萌，而不使其潜滋暗长于隐微之中，以至离道之远也。"

先师黄氏元同云："'莫见乎隐'二句，申明所以戒慎恐惧之意。凡人只知不睹不闻，隐耳微耳，不知此隐微中，人属尔垣，鬼瞰尔室，其为显见，莫是过焉。故君子必慎其独。独者，不睹不闻之地。慎即戒慎恐惧也。

愚按：《周易》大义，一消一息。消者正所以为息也，故隐者正所以为见也，微者正所以为显也。周子曰："几善恶。"又曰："动而未形，有无之间者，几也。"又曰："诚精故明，神应故妙，几微故幽。"盖圣人者，诚而神者也；君子者，善审几者也。几者当念虑初起之时，善者则扩而充之，恶者则遏而绝之。故《易传》曰："几者动之微，吉［凶］之先见者也。"《中庸》言率性之道，以至于不动而敬，不言而信，其功皆本于慎独；《大学》言诚意正心，以至修齐治平，其功亦皆本于慎独。未有不慎独而能修己者也，未有不慎独而能治人者也。十目所视，十手所指，此曾子相传之学说也。自后人破慎独二字以为空虚，而诈伪无忌惮之小人遂盈天下。夫掩其不善而著其善，人之视己如见其肺肝然，此不足以欺人也，自欺而已。且不仅自欺也，欺天而已。欺天者不若于道，则天绝之矣。吾愿后世君子深体力行，发明慎独之学说，其于今日世界，或能有所挽救乎？李氏二曲云："或问《中庸》以何为要？曰：慎独为要。因请示慎之之功，曰：且勿求知慎，先宜知独，独明而后慎可得而言矣。曰：《注》言独者，人所不知而己所独知之地也。曰：不须引训诂，须反己实实体认，凡有对，即非独，独则无对，即各人一念之灵明是也。天之所以与我者，与之以此也。此为仁义之根，万善之源，彻始彻终，彻内彻外，更无他作主，惟此作主。慎之云者，朝乾夕惕，时时畏敬，不使一毫牵于情感，滞于名义，以至人事之得失，境遇之顺逆，造次颠沛，生死患难，咸湛湛澄澄，内外罔间，而不为所转，夫是之谓慎。"

喜怒哀乐之未发谓之中，发而皆中节谓之和。中也者，天下之大本也；和也者，天下之达道也。

郑《注》："中为大本者，以其含喜怒哀乐。礼之所由生，政教自此出也。"

朱《注》："喜怒哀乐，情也；其未发，则性也。无所偏倚，故谓之中。发皆中节，情之正也。无所乖戾，故谓之和。大本者，天命之性，天下之理，皆由此出，道之体也。达道者，循性之谓，天下古今之所其由，道之用也。此言性情之德，以明道不可离之意。"

先太夫子黄氏薇香云："喜怒哀乐之未发谓之中，其未与物接之时乎？发而皆中节谓之和，其既与物接之时乎？"

愚按：李延平先生教人观喜怒哀乐未发气象，朱子初年得力于此。迨作《中和旧说》，稍变其旨，实则学者涵养未能深邃。若观喜怒哀乐未发气象，于主静功夫，最为有益。发而皆中节，所谓圣人之喜以物之当喜，圣人之怒以物之当怒是也。故曰圣人之常，以其情顺万事而无情。众人纵其欲而汩其情，则平旦之好恶，有梏亡之矣。愚尝作《易微言》篇云："人事之吉凶悔吝，由于人心之喜怒哀乐相配而成。吉字有喜，故喜之字从吉。然喜者伤生，不可过也，故吉者不可恃也。志，气之帅也；气，体之充也。理为心之主，气为心之奴。人之心专以气用事，奴者主之，未有不亡身破家者也，是为大凶。悔恨多而哀感生，然哀者清明之气也，两军相见，哀者胜矣。有悔，斯可以贞也。吝者，羞也。乐不可极，乐而不止，未有不至于吝者也。人心之喜怒哀乐，万有不齐，故人事之吉凶悔吝，亦变迁而无定，皆配之以其分者也。《中庸》曰：'喜怒哀乐之未发谓之中。'未发之性，卦画之未成爻者也。画而成爻，是为已发之情。六十四卦三百八十四爻，皆归于《既济》定，所谓'发而皆中节'者也。天下之大本，不外乎阴阳刚柔之性；天下之达道，不外乎阴阳刚柔之情，悉得其当。黄帝尧舜垂衣裳而天下治者，盖取诸《乾》《坤》之消息也。李氏二曲云：'喜怒哀乐未发时,性本湛然虚明。已发气象,一如未发气象,即是太和元气。'又云:'未发时此心无倚无著,虚明寂定,此即人生本面目,不落有无,不堕方所,无声无臭,浑然太极。延平之默坐体认,认乎此也。象山之先立其大,先立乎此也。白沙谓静中养出端倪,此即端倪也。未识此,须静以察此;既识此,须静以养此;静极而动,动以体此;应事接物,临境验此。此苟不失,学方得力,犹水有源,木有根。有源则千流万派,时出而无穷;有根则枝叶畅茂,条达而不已,此之谓立天下之大本。然静不失此易,动不失此难。今吾人此心往往为事物纷挐,静时少,动时多,而欲常不失此,得乎?须屏缘息虑,一意静养。静而能纯,方保动而不失,方得动静如一。'"

又按:近儒陈氏兰甫云:"子思子但说'喜怒哀乐未发之谓中',未尝说思虑未发,未尝说闻见未发也。不喜、不怒、不哀、不乐之时,凡人皆有之,不必说到言外尽头也。"此说较诸李氏,一则极其虚灵,一则极其切实,各有见地,各有体验,未可因此而废彼也。

致中和,天地位焉,万物育焉。

朱《注》:"致,推而极之也。位者,安其所也。育者,遂其生也。自戒惧而约之,以至于至静之中,无少偏倚,而其守不失,则极其中而天地位矣。自谨独而精之,以至于应物之处,无少差谬,而无适不然,则极其和,而万物育矣。盖天地万物,本吾一体,吾之心正,则天地之心亦正矣;吾之气顺,则天地之气亦顺矣,故其效验至于如此。此学问之极功,圣人之能事,初非有待于外,而修道之教,亦在其中矣。"

先师黄氏元同云："以率性之道，推而广之于人。致中于未发，而思喜怒哀乐如何得其节。致和于已发，而求喜怒哀乐如何合乎中。至天地得其位，万物被其育，中和之极致，即修道之教之极致也。"

愚按：圣人尽性之学，只在致中和。王者之刑赏庆罚，制礼作乐，皆本于喜怒哀乐。因一人之中和，而使万物各得其所，中和之时义大矣哉！朱子曰："吾之心正，则天地之心亦正矣；吾之气顺，则天地之气亦顺矣。"愚少时尝疑其说，后悟朱子此说实本于《洪范》，盖指为人上者而言。《洪范》曰"休徵"，曰"肃时雨若"，曰"乂时旸若"，曰"圣时风若"，此即所谓致中和，天地位，万物育者也。曰"咎徵"，曰"狂恒雨若"，曰"僭恒旸若"，曰"蒙恒风若"，此不能致中和，天地不能位，万物不能育者也。然则为人上者，可不戒惧乎哉？

朱子云："右第一章，子思述所传之意以立言。首明道之本原出于天而不可易，其实体备于己而不可离。次言存养省察之要。终言圣神功化之极。盖欲学者于此反求诸身而自得之，以去夫外诱之私，而充其本然之善。杨氏所谓'一篇之体要'是也。其下十章，盖子思引夫子之言，以终此章之义。"

愚按：此章言性情教育，推原天命，实即人道教育也。人道以性情为本。《大学》言修身在正心，不外乎去好乐、忿懥诸弊；言齐家在修身，不外乎去哀矜、敖惰诸弊。《孟子》言良心，则曰"平旦之气，其好恶与人相近也者几希"，可见修齐治平之道，以治性情为最要。性情一有所偏，或流于乖戾，或流于浮嚣，或失之因循，或失之畏葸。以之修身，则为自误；以之教人，则为误人；而天下因此胥受其害，此人道之蠹也,可不谨与!《孝经》曰:"天下和平,灾害不生,祸乱不作。"故明王治天下,必先致中和,而致中和之功,必先慎独。一二人知慎独,则一二人之心术正;千万人知慎独,则天下人之心术正。然则天下之学,固莫大乎慎独,而言人道教育者,必以性情为本;言性情教育者,必以此章为首务也。

第二章

仲尼曰:"君子中庸,小人反中庸。

> 郑《注》:"庸,常也。用中为常道也。反中庸者,所行非中庸,然亦自以为中庸也。"

君子之中庸也,君子而时中;小人之中庸也,小人而无忌惮也。"

> 朱《注》:"君子之所以为中庸者,以其有君子之德,而又能随时以处中也。小人之所以反中庸者,以其有小人之心,而又无所忌惮也。盖中无定体,随时而在,是乃平常之理也。君子知其在我,故能戒谨不睹,恐惧不闻,而无时不中。小人不知有此,则肆欲妄行,而无所忌惮矣。"

> 先师黄氏元同云:"子思既引夫子言以结上意,又申其义曰'君子之中庸也',以其人为慎独之君子,而又能随时用中。小人亦自以为中庸也,以其人为反中庸之小人,而初无所忌惮也。然则中庸以戒慎恐惧而行,以无忌惮而灭,子思一再咏叹,其意深长矣。《释文》云王

肃本作'小人之反中庸也',非。"

　　愚按:小人惟自以为中庸,故无忌惮,"小人之中庸"句自不当增
"反"字。虽然,小人而自以为中庸也,是犹知有中庸也。小人而迁视
乎中庸,而以为不必行中庸也,则更无忌惮之尤者也。呜呼,小人之
中庸也,此风盖已古矣。窃愿世之小人,幡然悔悟,敬畏天命,皆化而
为君子也。孙氏夏峰云:"君子之中庸,与小人之中庸,外表略同。只
君子通体戒惧,无须臾之不中,纯是未发气象,故发皆中节,所谓时
也。小人不知天命之可畏,全无忌惮,作用弥似,本体愈非,所以曰反
中庸。'反'字正从'似'上看出,然非圣人不能辨。盖乱先王之法而
破先王之道者,非阘茸猥琐之流,正虑此无忌惮者之混迹于时中也。"
陆氏桴亭云:"时中,率性也。无时而不敬也,无忌惮不敬也,不敬则
不能率性矣。"

　　朱子云:"右第二章,变和言庸者,游氏曰'以性情言之,则曰中
和;以德行言之,则曰中庸'是也。然'中庸'之'中',实兼中和之义。"

第三章

子曰:"中庸其至矣乎,民鲜能久矣。"

　　郑《注》:"鲜,罕也。言中庸为道至美,顾人罕能久行。"

　　朱《注》:"过则失中,不及则未至,故惟中庸之德为至。然亦人所
同得,初无难事,但世教衰,民不兴行,故鲜能之,今已久矣。《论语》
无'能'字。"

先师黄氏元同云:"特揭'中庸鲜能',以领下数节之意,明民之过与不及之多也。《注》以'能久'连读,即下'不能期月守'之意。近读皆以'鲜能'为句。"

愚按:依近读为是。此"鲜能"与下文"鲜能知味"同。盖天下过者为横民,不及者为懦民。世必多能中庸之国民,而后天下可望其平。故教育国民,必以中庸为主。《王制》:"广谷大川异制,民生其间者异俗……修其教不易其俗,齐其政不易其宜。"修教齐政,皆所以导民于中庸也。李氏二曲云:"民苟自依良能而行,是自率其性,任天而动,即是天民。否则自弃其天,自囿于凡,即是凡民。纵事事咸能,适以丧其良能,总是鲜能。"

朱子云:"右第三章。"

第四章

子曰:"道之不行也,我知之矣。知者过之,愚者不及也。道之不明也,我知之矣。贤者过之,不肖者不及也。"

朱《注》:"道者,天理之当然,中而已矣。知、愚、贤、不肖之过、不及,则生禀之异,而失其中也。知者知之过,既以道为不足行;愚者不及知,又不知所以行,此道之所以常不行也。贤者行之过,既以道为不足知;不肖者不及行,又不求所以知,此道之所以常不明也。"

愚按:周子《通书》云:"性者,刚柔善恶,中而已矣。"盖知、愚、贤、不肖,其刚柔之性,皆有所偏。故圣人立教,俾人自易其恶,自至其中者,不外剂其刚柔之偏,是以无过、不及也。此教育之要旨也。

人莫不饮食也,鲜能知味也。

郑《注》:"罕知其味,谓愚者所以不及也。过与不及,使道不行,惟礼能为之中。"

先师黄氏元同云:"莫不饮食,孟子所谓'终身由之'是也。鲜能知味,孟子所谓'不知其道者众'是也。"

愚按:《大学》云"心不在焉,食而不知其味",可见失中者皆由于放心,心放而形骸为虚设。然则心之灵觉,岂不要哉? 生人之学,莫大乎心理。心理得其中,天下之能事毕矣。《礼记・仲尼燕居》篇论"师也[尔]过,商也不及",子曰"礼乎,夫礼所以制中也",是郑《注》所本。

朱子云:"右第四章。"

第五章

子曰:"道其不行矣夫。"

郑《注》:"闵无明君教之。"

朱《注》:"由不明,故不行。"

愚按:圣人平生惟以行道为志,故《礼运》篇曰:"大道之行也,与三代之英。"三代之英,《中庸》之士也。惜乎世多无忌惮之小人,沮厄中庸之道,是以道终不行。虽然,道之在人心,终不可泯也,在教育者一提倡之而已。汉董生曰:"孔子为鲁司寇,诸侯害之,大夫壅之。孔子知言之不用,道之不行也,是非二百四十二年之中,以为天下仪表。"此即行道之志,创道之功也。

朱子云:"右第五章。"

第六章

子曰:"舜其大知也与? 舜好问而好察迩言,隐恶而扬善,执其两端,用其中于民,其斯以为舜乎!"

郑《注》:"两端,过与不及也。用其中于民贤与不肖,皆能行之也。"

朱《注》:"舜之所以为大知者,以其不自用而取诸人也。迩言者,浅近之言,犹必察焉,其无遗善可知。然于其言之未善者,则隐而不宣,其善者,则播而不匿,其广大光明又如此,则人孰不乐告以善哉。两端,谓众论不同之极致。盖凡物皆有两端,如小大、厚薄之类。于善之中,又执其两端,而量度以取中,然后用之,则其择之审,而行之至矣。然非在我之权度,精切不差,何以与此。"

先师黄氏元同云:"执中,即中庸之义。庸者,用其中为常道也。注意上节'道其不行''闵无明君教之',此举舜之用中,使其民无贤不肖,皆能行之,以示明君教民之极致。"

愚按:孟子赞舜曰:"善与人同,舍己从人,乐取于人以为善。"又曰:"取诸人以为善,是与人为善者也,故君子莫大乎与人为善。"盖自来好善之君,无过于舜。好问,好闻善言也。好察迩言,好察善言也。

隐恶，欲化恶以为善也。扬善，欲人之益勉为善也。执两用中，贤与不肖皆能行以止于至善也。《论语》引尧之戒舜曰"允执其中"，言执两端之中，非执空虚之理也。盖舜之好善，至诚而已矣。下文云"诚者，非自成己而已也，所以成物也。"成己，仁也。盖未有专见己之善而能成己者也。成物，智也。盖未有专见人之不善而能成物者也。性之德也，合外内之道也。盖率性之道，合人己而为善者也。故时措之宜也，此其所以为大知也。盖自诚明谓之性也。《孟子》曰："鸡鸣而起，孳孳为善者，舜之徒也。"士未有不好善而可以入于道者，虚心穷理，皆为善之根基也。李氏二曲云："舜之所以为舜，全在好问、好察。吾人不能好问、好察，其病有二。一则安于凡陋，未尝以远大自期。一则自高自大，耻于屈己下人。二病若除，自然好问、好察。"又云："知好问好察，用中于民，是大智。则知不问不察，师心自用，是大愚。"

朱子云："右第六章。"

第七章

子曰："人皆曰予知，驱而纳诸罟擭陷阱之中，而莫之知辟也。人皆曰予知，择乎中庸，而不能期月守也。"

朱《注》："罟，网也。擭，机槛也。陷阱，坑坎也。皆所以掩取禽兽者也。期月，匝一月也。言知祸而不知辟，以况能择而不能守，皆不得为知也。"

先师黄氏元同云:"舜之好问察言,尚不敢自谓予智。予智自雄者,皆妄人也。"

愚按:予智者,好自用之心也。士之所以不能入于善者,皆曰予智而已矣。以罟获陷阱不能辟,喻择乎中庸不能守者。盖人既不能信依中庸,乃日以机械变诈为事,以己之机心,召天下之杀机,必致纳于罟擭陷阱以死。是以机心自杀也,可哀也。若既择乎中庸矣,乃为世俗所转移而不能守,机械之心,亦得以乘之,久亦纳诸罟擭陷阱之中,虽追悔而已无及。是盲从以蹈于死机,因以自杀者也,尤可哀也。此皆予智之心误之也。孙氏夏峰云:"陆氏象山谓名利如锦覆陷阱,使人贪而堕其中,此语形容最切。"又云:"与溺于利欲之人言犹易,与溺于意见之人言却难。罟擭陷阱,能掩取禽兽者,饵昏之也;祸机能陷人者,利昏之也;隐怪能误人者,意见昏之也。"

朱子云:"右第七章。"

第八章

子曰:"回之为人也,择乎中庸,得一善则拳拳服膺,而弗失之矣。"

朱《注》:"回,孔子弟子颜渊名。拳拳,奉持之貌。服,犹著也。膺,胸也。奉持而著之心胸之间,言能守也。"

愚按:《易·系辞传》云"善不积不足以成名。"为善要在于能积,得而弗失,则积于心矣。一时而积一善,一日不知积几许善矣。一日而积数善，一岁不知积几许善矣。修德在此，成名亦在此。拳拳服膺者，诚恳之至也。此颜子之心学也。《易传》："子曰：'颜氏之子，其殆庶几乎。有不善未尝不知，知之未尝复行也。'《易》曰'不远复，无祗悔元吉。'"《论语》："子曰：'回也，其心三月不违仁。'"仁者，善之长也。盖颜子惟能常存此心，不违于仁，故能守而弗失。若心偶放，则失之矣。世之人终日放其心，甚至得一恶而服膺之，其不入于罟擭陷阱者几希矣。是故一心之操舍，善恶之界也；一念之善恶，生死之界也。

朱子云："右第八章。"

第九章

子曰："天下国家可均也，爵禄可辞也，白刃可蹈也，中庸不可能也。"

朱《注》："均，平治也。三者亦知仁勇之事，天下之至难也，然皆倚于一偏，故资之近而力能勉者，皆足以能之。至于中庸，虽若易能，然非义精仁熟而无一毫人欲之私者，不能及也。三者难而易，中庸易而难，此民之所以鲜能也。"

愚按：朱子训均为平治，恐非。平治天下，必归诸中庸之士，此言天下国家可均者，盖谓均贫富之产业也。强均贫富，则必均职业，夫人之职业可均乎？欲均职业，则必均聪明才智，夫人之聪明才智可均乎？斯议一兴，愤激不平之徒出，不夺不餍，天下将大乱矣。悲夫！

《诗》云:"受爵不让,至于己斯亡。"《孟子》云:"勇士不忘丧其元。"辞爵禄,蹈白刃,岂非天下至难之事? 然须知人人皆以辞爵禄为心,则事业谁复担任之者? 人人皆以蹈白刃为心,则激烈之徒连踵,游侠多而天下亦乱矣。故惟得其中,而后均天下国家,辞爵禄,蹈白刃,于义无所亏缺,于情无所偏著。苟失其中,则均天下国家,辞爵禄,蹈白刃,非为名即为利,非为利即为意气,虽为一时无识者所推许,而流弊无穷,深可惜也! 虽然,圣人云"中庸不可能",未尝云终不可能。中庸者,秉于生初者也。自在教育国民者,涵养薰陶,善剂其偏,庶几中庸之士出,而彼之均天下国家,辞爵禄,蹈白刃者,亦皆进于范围,而不至流于偏僻矣。《礼记·礼运》篇云"外户而不闭,是谓大同",其中庸之世乎? 李氏二曲云:"事功节义,人若能一一出之至性,率自平常,而胸中绝无事功节义之见,方是真事功,真节义,真中庸。谁谓中庸必离事功节义而后见耶? 有此事功节义,方足以维名教,振颓风。若误以迂腐为中庸,则中为执一无权之中,庸为碌碌无能之庸,人人皆可能,人人皆中庸矣,何云不可能也?"

朱子云:"右第九章。"

第十章

子路问强。

朱《注》:"子路,孔子弟子仲由也。子路好勇,故问强。"

愚按:强种、强国、强家、强身,皆圣贤豪杰之事也。故顾氏亭林云:

"《洪范》六极，六曰弱。"郑康成《注》："愚懦不毅为弱。"故子路问强。

子曰："南方之强与？北方之强与？抑而强与？"

郑《注》："言三者所以为强者异也。抑，辞也。而之言女也，谓中国也。"

愚按：郑《注》以"而"为中国，恐非。此所谓而强者，非指地利而言，指道德之矫气习而言也。

宽柔以教，不报无道，南方之强也，君子居之。

朱《注》："宽柔以教，谓含容巽顺以诲人之不及也。不报无道，谓横逆之来，直受之而不报也。南方风气柔弱，故以含忍之力胜人为强，君子之道也。"

愚按：宽柔以教，以宽柔为教也。《老子》曰："以天下之至柔，驰骋天下之至刚。敛藏退守，南方之强似之。"

衽金革，死而不厌，北方之强也，而强者居之。

朱《注》："衽，席也。金，戈兵之属。革，甲胄之属。北方风气刚劲，故以果敢之力胜人为强，强者之事也。"

愚按：《史记·游侠列传》曰："设取予然诺，千里诵义，为死不顾世。"（言自设取予然诺之标准，千里外称诵高义，虽死不顾世俗之论。）北方之强似之。

故君子和而不流，强哉矫。中立而不倚，强哉矫。国有道，不变塞焉，强哉矫。国无道，至死不变，强哉矫。

郑《注》："流，犹移也。塞，犹实也。国有道，不变以趋时；国无道，不变以辟害，有道无道一也。矫，强貌。"

愚按：君子者，不囿于方隅者也。处世以和为贵，然和而流，则与众人皆浊矣。惟和而不流，所以为中庸之道也。《孟子》曰："中天下而立。"中立不倚，有特立独行之概，不随世俗为俯仰，所以为中庸之道也。不变塞焉，至死不变，是笃信乎中庸之学，而守死善道者也。如何而能不变？则出处隐见当审其几焉。《易·乾》之《象传》曰："天行健，君子以自强不息。"此四者皆所以自强也。无论南方之强，北方之强，皆当以是陶镕之也。胡氏云峰云："流字、倚字、变字，皆与强字相反。不流、不倚、不变，四'不'字有骨力，是之谓自强。南北以胜人为强，其强也囿于风气之中。君子以自胜为强，纯乎义理而出于风气之外，此变化气质之功所以为大也。"

朱子云："右第十章。"

第十一章

子曰："素隐行怪，后世有述焉，吾弗为之矣。"

朱《注》："'素'，按《汉书》当作'索'，盖字之误也。（《前汉·艺文志》孔子[曰]'索隐行怪，后世有述焉，吾不为之矣。'颜师古曰：'索隐，求索隐暗之事。'）索隐行怪，言深求隐僻之理，而过为诡异之行也。然以其足以欺世而盗名，故后世或有称述之者，此知之过而不择乎善,行之过而不用其中者也,圣人岂为之哉?"

愚按:索隐者,《老子》所谓"恍兮惚兮,其中有物,窈兮冥兮,其中有精",《庄子》所谓"至道之精,窈窈冥冥,至道之极,昏昏默默"是也。行怪者,如陈仲子之辟兄离母,王安石之囚首丧面而谈《诗》《书》是也。此其质盖偏于刚胜者(老庄亦因刚极而柔。),深可惜也。吾弗为之,以中庸之道准之也。

君子遵道而行,半涂而废,吾弗能已矣。

朱《注》:"遵道而行,则能择乎善矣。半涂而废,则力之不足也。此其知虽足以及之,而行有不逮者也。已,止也。圣人于此,非勉焉而不敢废,盖至诚无息,自有所不能止也。"

愚按:人之生也,同得天命之性,莫不秉有圣贤豪杰之才,亦莫不负有圣贤豪杰之志。然而纵横数万里,上下数千年,其能成就为圣贤豪杰者,亿万中曾不得一二,何哉? 大率误于半途而废也。其始也,亦尝立志遵道而行;而其终也,则懈怠而废焉。学问无成,行诣不立,事功中辍,皆由于自废,此其质盖偏于柔胜者,尤可惜也。吾弗能已,以中庸之道策之也。

君子依乎中庸,遁世不见知而不悔,唯圣者能之。

愚按:《论语》曰:"依于仁。"依者,言相依而不失,不可须臾离也。《易·乾卦·文言传》曰:"遁世无闷,不见是而无闷。"惟不见是而无闷,乃能不见知而不悔。闷者,悔之渐也。我之道德充裕,且可行先知先觉之事业，而世乃不以为是，如是而无闷焉，乃所以为潜德也。孔子又曰："不易乎世，不成乎名。乐则行之，忧则违之，确乎其不可拔，潜龙也。"盖道者，在我者也。知者，在人者也。见知不见知，于我无丝毫之损益也。既有确乎不拔之定识、定力，犹安有悔于其心者哉？《论语》首章曰"人不知而不愠，不亦君子乎"，其末章曰"不知命，无以为君子也"。圣人之学，以不求人知为第一义。彼索隐行怪之徒，固误于求知；即半涂而废之人，亦误于求知。何也？盖索隐行怪者，在于立异以求表暴。至遵道而行之人，一有求知之念，驰心外慕，其道即半涂而废矣。是以本经末章，以"闇然日章"为求道之初基，而又以"无声无臭"为道之极致也。圣乎圣乎，岂终不可能乎？孙氏夏峰云："遯世与避世别。避世必隐，遯世不必隐。君子有中庸之德，不大声色，人自与之相违，如天山之两相望而不相亲，故曰遯，圣人则不悔而已。老氏知希我贵，多一层意思，却中庸之道远矣。"

朱子云："右第十一章。"

第十二章

君子之道费而隐。

朱《注》："费，用之广也。隐，体之微也。"

愚按：门人陈氏柱尊云："费者，明也（《楚辞·招魂》注：'费，光貌。'），广也。（《荀子·劝学篇》：'地见其光。'刘台拱云：'光，广也。'）隐者，细也（见《广韵》。），匿也。（见《玉篇》。）"此极合古训。郑

《注》以此二语连属上章，非是。

夫妇之愚，可以与知焉。及其至也，虽圣人亦有所不知焉。夫妇之不肖，可以能行焉。及其至也，虽圣人亦有所不能焉。天地之大也，人犹有所憾。故君子语大，天下莫能载焉；语小，天下莫能破焉。

　　愚按：夫妇之愚可以与知，良知也。夫妇之不肖可以能行，良能也。爱亲敬长，匹夫、匹妇亦能知之而能行之也。及其至而圣人亦有所不知，盖物理之繁赜，圣人有所不及知也。及其至而圣人亦有所不能，盖人功物曲之巧妙，圣人亦有所不及能也。虽然，圣人不必求尽知，不必求尽能也。惟务尽人之性，尽物之性，以弥世间之缺憾而已。人所憾于天地，张子《西铭》所谓"罷癃残疾，茕独无告者"是也。圣人财成天地之道，辅相天地之宜，当为天地弥其缺憾者也。至于天地位，万物育，而人可无憾矣。故君子语之大者，谓天下载籍所不及载，博之至也。此谓语之大，非谓道之大也。语之小者，天下莫能破其说，精之至也。此谓语之小，非谓道之小也。所谓致广大而尽精微也，即所谓"费而隐"也。门人陈氏柱尊云："圣人者，以圣人责己，以众人责人。以圣人责己，故一人之饥曰我饥之也，一人之寒曰我寒之也，匹夫、匹妇有不被尧舜之泽者，若己推而内之沟中，此圣人之所憾也。以众人责人，故人之憾与不憾，圣人不之计也。"亦足备一说。

《诗》云："鸢飞戾天，鱼跃于渊。"言其上下察也。

朱《注》："《诗》，《大雅·旱麓》之篇。鸢，鸱类。戾，至也。察，著也。子思引此诗，以明化育流行，上下昭著，莫非此理之用，所谓费也。然其所以然者，则非见闻所及，所谓隐也。"

愚按：古人引《诗》，皆触类旁通，而不囿于一事。如《论语》子贡引《诗》"如切如磋，如琢如磨"，以喻贫而乐道，富而好礼；子夏引《诗》"巧笑倩兮，美目盼兮"，而即悟"礼后"是也。此节言物各循其性之自然，所谓"率性之道"也。盖言鸢而道在于鸢也，言鱼而道在于鱼也。然言鸢而道不限于鸢也，言鱼而道不限于鱼也。盖言鸢而鸢之类道无不在也，言鱼而鱼之类道无不在也。且言鸢而非鸢之类道无不在也，言鱼而非鱼之类道无不在也。言其上下察也，见物之各循其性而得其所也。王符《潜夫论·德化》篇引此诗而申之曰："君子修其乐易之德，上及飞鸟，下及渊鱼，无不欢忻说豫。"此圣人之德化育万物之全功也，至是而尚复何憾乎？

君子之道，造端乎夫妇。及其至也，察乎天地。

愚按：有天地然后有万物，有万物然后有男女，有男女然后有夫妇。故《周易》下经首《咸》《恒》，《咸》《恒》者，夫妇之大义也；上经首《乾》《坤》，《乾》《坤》者，天地之大义也。君子之道，造端乎夫妇，及其至也，察乎天地，尽人道以通乎天道也。《易》三百八十四爻，归于《既济》定，尽人合天之道无不赅，而其费而隐者，无不悉得其当矣。

朱子云："右第十二章。"

愚按：先儒释此章多破碎支离，或托于玄妙，窃谓说经以实事求是为要,故均无取焉。

第十三章

子曰:"道不远人,人之为道而远人,不可以为道。"

朱《注》:"道者,率性而已,固众人之所能知能行者也,故常不远于人。若为道者厌其卑近,以为不足为,而反务为高远难行之事,则非所以为道矣。"

愚按:道者,人性也,人伦也。未有悖人性、外人伦而可以为道者也。《老子》曰:"道可道,非常道。"常者,尚也。彼以可道为非尚道,(尚、上通。)是违道而远人也。仁义者,人道也。《庄子》曰:"仁义又奚连连如胶漆纆索,而游乎道德之间为哉!"韩子曰:"凡老子之所谓道德云者,去仁与义言之也,一人之私言也。"吾儒之所谓道德云者,合仁与义言之也,天下之公言也。合仁与义言之者,道不远人也。去仁与义言之者,违道而远人也。

《诗》云:"伐柯伐柯,其则不远。"执柯以伐柯,睨而视之,犹以为远,故君子以人治人,改而止。

朱《注》:"《诗》,《豳风·伐柯》之篇。柯,斧柄。则,法也。睨,邪视也。言人执柯伐木以为柯者,彼柯长短之法,在此柯耳,然犹有彼此之别,故伐者视之,犹以为远也。若以人治人,则所以为人之道,各在当人之身,初无彼此之别。故君子之治人也,即以其人之道还治其人之身，其人能改，即止不治，盖责之以其所能知、能行，非欲其远人以为道也。张子所谓'以众人望人则易从'是也。"

愚按：执柯伐柯者，所执者已成之柯也，所伐者未成之柯也，故犹以为远也。若人则禀性皆同，实无彼此之别，故不远也。且执柯伐柯，非任木之性也，必待于绳削也，故犹远也。若以人治人，则任人之性也，无待于绳削也，故不远也。且执柯伐柯，不能为再三之改也，再三改而柯受伤矣。若以人治人，则虽为再三之改，而其人仍可进于道也，故改而即止也。

忠恕违道不远，施诸己而不愿，亦勿施于人。

朱《注》："尽己之心为忠，推己及人为恕。违，去也。道，即其不远人者是也。施诸己而不愿，亦勿施于人，忠恕之事也。以己之心度人之心，未尝不同，则道之不远于人者可见。张子所谓'以爱己之心爱人，则尽仁'是也。"

愚按：中心为忠，谓内尽其心也。如心为恕，推己之心亦如人之心也。《论语》孔子告曾子"一贯"，而曾子释以"忠恕"者，谓人与己为一贯也。（说见《大学大义》"絜矩"节。）施诸己而不愿，亦勿施于人，絜矩之道，天下之公理也。人生当世，己与人本无所间，惟有形骸之隔，而私意起焉。私意一起，浸至悖人道而不顾，惜哉惜哉！己所不欲，勿施于人，循公理而已矣。公理者，道也。不愿者，勿施于人，则其所愿者能施于人可知也。孔子曰："夫仁者，己欲立而立人，己欲达而达人，能近取譬，可谓仁之方也已。"为仁之方，为人之道也。此人道教育之最要者也。

君子之道四，丘未能一焉。所求乎子，以事父未能也；所求乎臣，以事君未能也；所求乎弟，以事兄未能也；所求乎朋友，先施之未能。庸德之行，庸言之谨，有所不足，不敢不勉，有余不敢尽。言顾行，行顾言，君子胡不慥慥尔。

朱《注》："求，犹责也。道不远人，凡己之所以责人者，皆道之所当然也，故反之以自责而自修焉。庸，平常也。行者践其实，谨者择其可。德不足而勉，则行益力；言有余而切，则谨益至。谨之至，则言顾行矣；行之力，则行顾言矣。慥慥，笃实貌。言君子之言行如此，岂不慥慥乎赞美之也？凡此皆不远人以为道之事，张子所谓'以责人之心责己，则尽道'是也。"

先师黄氏元同云："《韩诗外传四》曰：'有君不能事，有臣欲其忠；有父不能事，有子欲其孝；有兄不能敬，有弟欲其从令。'言能知于人而不能自知也。《章句》读'子''臣''弟''友'句，与《韩诗》合。慥之言蹙，自急敕也。"

愚按：子、臣、弟、友，皆人伦之道也。未能者，谦辞也。《易·乾卦·文言传》曰："庸言之信，庸行之谨，闲邪存其诚。"与此相发明。行庸德，谨庸言，则进于诚矣。《孝经》所谓"言满天下无口过，行满天下无怨恶"是也。有所不足，不敢不勉，指行而言，耻躬之不逮也。有余不敢尽，指言而言，慎言其余，则寡尤也。君子之道，与其言浮于行也，毋宁行浮于言。故天下有道，则行有枝叶；天下无道，则言有枝叶。士君子一己之言行,而天下之有道无道系焉。故曰:"言行,君子之所以动天地也,可不慎乎!"慥慥,先师训为蹙蹙。《论语》曰"学如不及",又曰"子路有闻,未之能行,惟恐有闻",皆敏速之义。虽与朱《注》不同,而亦足以策学者。门人陈氏柱尊云:"《庄子·齐物论》篇释'庸'字云:'庸也者,用也。用也者,通也。通也者,得也。'"此云庸德庸言,谓于用世而无不通、无不得者也。父慈子孝,兄友弟恭,行之于身,则为庸德;宣之于口,则为庸言。然德虽庸,行之于身而易忽;言虽庸,告之于人而易夸。忽,故于德也常不足;夸,故于言也常有余。世之小人,不知求诸己,而常欲求诸人。不知求诸己,故亏德而不自知;常欲求诸人,故多言以欺世,是以言愈有余而德愈不足。君子则反是。知夫言之易为也,是以谨之而不敢尽,盖耻躬之不逮也。知夫德之难尽也,是以勉之而惟恐其不足,故戒慎乎其所不睹,恐惧乎其所不闻也,是以言弥谨而德弥宏。故曰"言顾行,行顾言,君子胡不慥慥尔"。然则君子、小人之判,固在乎力行,而不在乎多言矣。世之能言而不能行者,其亦知所愧夫!

朱子云:"右第十三章。"

第十四章

君子素其位而行,不愿乎其外。

朱《注》:"素,犹见在也。言君子但因见在所居之位,而为其所当为,无慕乎其外之心也。"

愚按:《易·艮卦·大象传》曰:"君子思不出其位。"位者,天之所命,人之所以自立也。思出其位,则行出其位;行出其位,则违天之命,既无以自立,即无以为人矣。《履》卦之初爻曰:"素履往,无咎。"《象传》曰:"素履之往,独行愿也。"素履者,所谓素位而行也。独行愿者,无慕乎在外之纷华,而独行我本心之所愿也。此《履》卦所以为德之基也。

素富贵行乎富贵,素贫贱行乎贫贱,素夷狄行乎夷狄,素患难行乎患难,君子无入而不自得焉。

郑《注》:"自得,谓所乡不失其道。"

愚按:天命谓性,率性谓道。吾自乐吾之天,养吾之性,修吾之道,故曰自得。非因入富贵、贫贱、夷狄、患难之境,而始有所得也。然而天怀之淡定,经富贵、贫贱、夷狄、患难之境,而愈觉光明,则其所自得者愈深矣。故无入而不自得,吾心之功夫无止境也。孙氏夏峰云:"人生适意之境,止有一富贵,其余意外之遭,皆拂逆也。拂逆者不能堪,故多冀望于非分之获以寄愉快,不知非分之获亦与丧其所有者同害,况未必获乎?君子于此有道焉,一日有一日之位,一位有一位之行。境虽逆,有道以居之,虽逆,顺也。境虽顺,无道以居之,虽顺,逆也。此素位之君子所以无入不自得也。"

在上位不陵下,在下位不援上,正己而不求于人则无怨,上不怨天,下不尤人。

愚按:惟不陵下者,始能不援上;亦惟不援上者,始能不陵下。谄人者常骄人,不骄亦必不谄矣。惟正己始能不求,亦惟不求乃所以为正。天下之有求于人者,皆邪心也,皆邪行也。未有求人而能正己者也。逢人即有求,所以多怨。不怨不尤,其功端在于正己,此君子之所以自修,即乐天养性之学也。

故君子居易以俟命,小人行险以徼幸。

郑《注》:"易,犹平安也。俟命,听天任命也。险,谓倾危之道。"

朱《注》:"徼,求也。幸,谓所不当得而得者。"

愚按:《易·系辞传》曰:"夫乾,天下之至健也,德行恒易以知险。"盖天下之迷途多矣,而自君子居之,则皆易也;自小人行之,则皆险也。何也? 盖世界中固无所谓易,无所谓险也,视乎吾之心而已。君子处世常觉其易者,心乎义也。义者,天下之正路也。心乎义,则其心易,而其境无不易矣。小人处世常觉其险者,心乎利也。利者,天下之危道也。心乎利,则其心险而其境无不险矣。《孟子》曰:"修身以俟之,所以立命也。"君子之道,始于知命,继而安命以俟命,又继而立命,至于终则能造命矣。徼幸者之于富贵,亦或暂时得之,乃不久而大险随之矣。嗟乎,人之处世,其愿处于平安乎? 抑愿处于危险乎? 欲知易与险之分,无他,义与利之间也。

子曰:"射有似乎君子,失诸正鹄,反求诸其身。"

朱《注》:"画布曰正,栖皮曰鹄,皆侯之中,射之的也。子思引此孔子之言以结上文之意。"

愚按:《孟子》曰:"射者正己而后发。发而不中,不怨胜己者,反求诸己而已矣。"曰正己,曰不怨,皆取本经之义。惟反求诸身,所以能不怨也,而孔子云似者,何也?似者,似焉而已。盖民生而有血气,则不能无争。射者,有形之争。名利者,无形之争。然而射者之反求诸身,其志在于正鹄也。君子之反求诸身,其志非在于名利,盖在于道德,在于学问也。故曰似也。

朱子云:"右第十四章,子思之言也。凡章首无'子曰'字者放此。"

第十五章

君子之道,辟如行远必自迩,辟如登高必自卑。

愚按:此以孝道通天下,道必始自家庭之际也。本经下篇云"立天下之大本",郑君彼《注》云:"大本,《孝经》也。"盖孝者发于天性,为人道所最先。仁民爱物,基于亲亲。推恩四海,始于老老。下篇言不顺乎亲,则不信乎友,不获乎上。又言:"惟天下至诚为能尽其性,能尽其性,则能尽人之性,尽物之性。"尽其性者,尽孝道也,所谓自迩也,自卑也。尽人性,尽物性,至于参赞化育,所谓远也,高也,孝之道大矣哉!《孝经》首章曰:"夫孝,德之本也,教之所由生也。"《论语》曰:"君子务本,本立而道生。孝弟也者,其为仁之本与!"君子于此可以知道之大本矣。

《诗》曰:"妻子好合,如鼓瑟琴。兄弟既翕,和乐且耽。宜尔室家,乐尔妻孥。"

朱《注》:"《诗》,《小雅·常棣》之篇。鼓瑟琴,和也。翕,亦合也。耽,亦乐也。孥,子孙也。"

愚按:此节注重一"和"字。《孝经》首章曰:"民用和睦,上下无怨。"盖因一家之和气,推而为一国之和气,天下之和气,故能上下无怨。周公作《周礼》曰:"和亲康乐。"惟和而后能亲,惟和亲而后能康乐。和之道大矣哉!故本经曰:"和也者,天下之达道也。"反乎和则为睽乖,人道睽乖,天下乱矣。

子曰:"父母其顺矣乎。"

愚按:《孝经》首章曰:"先王有至德要道,以顺天下。"至德要道本乎孝,而孝始于顺。《孟子》之赞虞舜曰:"惟顺于父母,可以解忧。"又曰:"大孝终身慕父母。"顺者,慕之所发也。无所不慕,则无所不顺。顺之之道大矣哉!孝子之事父母也,和气愉色,柔声婉容,殷勤以将顺,视于无形,听于无声,久之而其和且顺也,亦在于无形无声之中。兄弟怡怡,妻子熙熙,相观而化,不待言矣。吾言治道,常神游于唐、虞之际;吾言孝道,常神游于重华、曾子之庭。《孝经》曰:"孝悌之至,通于神明,光于四海。"夫是之谓君子之道,夫是之谓率性之道,夫是之谓行远自迩、登高自卑之道,盖人道之最重者也。

朱子云:"右第十五章。"

愚按:此章言和顺以孝其亲,以立人伦之本,《孝经》所谓"生则亲安之"是也。下章言祭祀之尽孝,《孝经》所谓"祭则鬼享之"是也。是以天下和平,灾害不生,祸乱不作,皆和气之所感召也。又下三章举大舜、文王、武王、周公以为标准,四圣皆大孝人也。自宗庙飨之,推而及于诸侯、大夫,及士、庶人。自继志述事,推而至于郊社之礼,禘尝之义,其端皆自和顺始。所谓行远自迩,登高自卑也。义理文法,特为邃密,朱子以为承上章费隐而言,失之拘矣。

第十六章

子曰:“鬼神之为德,其盛矣乎!”

愚按:顾氏亭林云:“王道之大,始于闺门。”妻子合、兄弟和而父母顺,道之迩也,卑也。郊焉而天神假,庙焉而人鬼飨,道之远也,高也。先王事父孝,故事天明;事母孝,故事地察。修之为经,布之为政。本于天,殽于地,列于鬼神,达于丧、祭、射、御、冠、昏、朝、聘,而天下国家可得而正也。若舜,若文、武、周公,所谓庸德之行,而人伦之至者也。故曰:“君子之道,造端乎夫妇。及其至也,察乎天地。”此说因顺父母而推及于致孝鬼神,可谓至精至大。

又按:顾氏以此章为祭祀之鬼神,说极明确。惟愚意以为前二节系泛论天神、地祇、人鬼,至“使天下之人”以下,乃专指祭祀之神鬼而言。

视之而弗见,听之而弗闻,体物而不可遗。

郑《注》:“体,犹生也。可,犹所也。不有所遗,言万物无不以鬼神之气生也。"

朱《注》:"鬼神无形与声,然物之终始,莫非阴阳合散之所为,是其为物之体而物所不能遗也。其言体物,犹易所谓干事。(言事之质干。)"

愚按:郑《注》谓万物皆以鬼神之气所生,此说极精。非独子孙之统系也,凡宇宙间百物,皆天地精气之所寄;家庭中百物,多祖若父精气之所寄。《礼记》曰:"父殁而不能读父之书,手泽存焉尔;母殁而杯棬不能饮焉,口泽之气存焉尔。"(不能,言不忍也。)书与杯棬,父母精气之所寄也。其他如古圣贤之所发明作述者,皆可类推。明乎此,则爱敬之心油然而生矣。

使天下之人,齐明盛服,以承祭祀,洋洋乎如在其上,如在其左右。

朱《注》:"齐之为言齐也,所以齐不齐而致其齐也。明,犹洁也。洋洋,流动充满之意。能使人畏敬奉承而发见昭著如此,乃其体物而不可遗之验也。孔子曰:'其气发扬于上为昭明。焄蒿凄怆,此百物之精也,神之著也。'(见《礼记·祭义》篇)正谓此尔。"

愚按:"齐明盛服,以承祭祀",此非有使之者也,而若有使之者,何也? 盖天地间之鬼神,可以役人心中之神明,而人心中之神明,可以感天地间之鬼神,诚为之也。诚不至,则神不致。肃然必有闻乎其容声,忾然必有闻乎其叹息之声,善哉《祭义》之言,可以为孝子之法则矣! 洋洋,或以为礼乐之美盛,或以为孝子哀慕充满,所谓将至必

乐之意,皆可通。顾氏亭林云:"人之有父母也,鸡鸣问寝,左右就养
无方,何其近也。及其既亡,而其容与声不可得而接,于是或求之阴,
或求之阳,然后偎然必有见乎其位,然后乃凭工祝之传,而致赉于孝
孙。生而为父母,殁而为鬼神,子曰'为之宗庙,以鬼飨之',此之谓
也。洋洋乎如在其上,如在其左右,由顺父母而推之也。"

《诗》曰:"神之格思,不可度思,矧可射思。"

朱《注》:"《诗》,《大雅·抑之》篇。格,来也。矧,况也。射,厌
也。('射',《诗》作'斁'。)言厌怠而不敬也。思,语辞。"

夫微之显,诚之不可掩如此夫。

愚按:微者,视之而弗见,听之而弗闻也。显者,使天下之人齐明
盛服以承祭祀也。因祭祀鬼神之自微至显,推而至于居心处事之自
微至显,则慎独之功为要矣。诚之不可掩,洋洋乎如在其上,如在其
左右,祭祀之诚也。郑《注》以为鬼神不言而诚,其说未安。余尝读
《易·无妄》一卦,以为无妄,诚也;元亨利贞,是其本德也。而《彖辞》
曷为又言其"匪正有眚",心常疑之,继乃悟此文王戒人之作伪也。作
伪者,非心之正,悖天之命,故曰"天命不祐"。凡人性善,初念本诚,
其作伪者,皆出于后起。故《大象传》不言天下"雷行无妄",而特加
"物与"二字。"物与无妄"者,雷行之时,物皆生无妄之念,迨雷止而
诚意消,诈伪萌矣。无妄,正也。伪无妄,邪也,最不可测者也。二爻
之不耕而思获,不菑而思畬,贪念也,即伪念也。三爻"或系之牛,行

人之得"，则诈伪深而流于盗窃矣。五爻"勿药有喜"，天下之关系生命者莫如药，药而出于伪，故曰"无妄之药，不可试也"。然岂特药而已？凡一言、一行、一事之作伪者，皆不可试，其害与药无异也。《中庸》之学，以至诚为主。"诚"字始见于此节。惟仁人能以祭祀之诚，推而至于行事之诚，虽不见不闻之中，俨然十目所视，十手所指，而不敢稍有自欺之念。夫然后诚于中，形于外，自微之显，而成天下之至诚。《老子》曰："载（魂）[营] 魄抱一，能无离乎？"一者，诚也。小人争名夺利，诈伪日滋，志昏于中，气浮于上，久之而离魂，而落魄，皆不诚之所致也。君子之治心也，知鬼神之不可度、不可射，即由于吾心之不可度、不可射。一念之起，天命降监，则不诚之意寡矣。《易》曰："圣人以此齐戒，以神明其德夫。"

朱子云："右第十六章。"

第十七章

子曰："舜其大孝也与！ 德为圣人，尊为天子，富有四海之内，宗庙飨之，子孙保之。"

朱《注》："子孙，谓虞思、陈胡公之属。"

愚按：《孟子》曰："大孝终身慕父母。五十而慕者，予于大舜见之矣。"又引孔子曰："舜其至孝矣，五十而慕。"盖孝，明德也。明德之后必大昌，天之所以报之也。李氏二曲云："孝为百行之首，修身立德为尽孝之首。舜之大孝，在德为圣人，故人子思孝其亲，不可不砥砺其德。德为圣人，则亲为圣人之亲；德为贤人，则亲为贤人之亲。若碌碌虚度，德业无闻，身为庸人，则亲为庸人之亲；甚至寡廉鲜耻，为小人匹夫之身，则亲为小人匹夫之亲，亏体辱亲，莫大乎是。纵日奉五鼎之养，亦总是大不孝。"

故大德必得其位，必得其禄，必得其名，必得其寿。

愚按：大德本于大孝，惟孝之至，乃成为大德也。后汉延笃云："仁人之于孝，犹手足之有腹心，枝叶之有根本也。"故《论语》曰："孝弟也者，其为仁之本与！"是故推恩以保四海，犹腹心之达于手足，根本之达于枝叶也。腹心稳固，手足自然健强；根本盘深，枝叶自然峻茂。叠言必得，非有所觊望而幸致之也，修德自然之验也。《尚书》云："舜生三十，征庸三十，在位五十载。"计舜年百有十岁。《诗·天保》之颂寿，可谓至矣，而其最要之词曰："群黎百姓，遍为尔德。"盖未有德不逮于群黎百姓，而能幸致遐福者也。为人上者其勉之哉！

故天之生物，必因其材而笃焉。故栽者培之，倾者覆之。

朱《注》："材，质也。笃，厚也。栽，植也。气至而滋息为培，气反而游散则覆。"

愚按：因材而笃，所谓天演之公理也。凡培之覆之者，皆物之所自为也。培者，扶之植之也。天之于物，所以扶之、植之者，必其物有可以扶、可以植之道。若本无可扶，本无可植，虽勉强以扶之植之，终必倾覆而后已，《传》所谓"天之所废，谁能兴之也"。反是以观，则天之所兴,又谁能废之哉?古语云:"佑贤辅德,显忠遂良,兼弱攻昧,取乱侮亡。"贤德忠良,栽者是也。弱昧乱亡,倾者是也。而其佑之辅之、显之遂之、兼之攻之、取之侮之者,皆其所自为也。天之于物,本无私爱、私恶于其间,凡不能自立者,无非自外生成者也。然则人可不修德乎哉?

又按:朱《注》解"培""覆"二字,专指气言,说甚精核。愚更有进焉者。气之在宇宙间,无形而不可见,而一身、一家、一国,莫不随之以为盛衰兴亡。子思子特以栽培、倾覆之理系于舜大孝之下者,盖孝,和气也,善气之根也。善气之在一家、一国,子孙饮之,百姓感之,而其家、其国自然兴且盛。恶气之在一家、一国,子孙饮之,百姓感之,而其家、其国自然衰且亡。此其几岂莫之致而至哉!《孟子》曰:"君子之泽,五世而斩;小人之泽,五世而斩。"泽者,气之所涵濡而郁积也,而有时斩不斩,或不限以五世者。善气之充,有强有弱;恶气之充,亦有强有弱,恒随其分数以为修短。云"五世"者,举其大概也,是培与覆,至微之消息也。《易传》云:"积善之家必有余庆,积不善之家必有余殃。"曰"必有"者,占之于其气也。古语云:"作善降之百祥,作不善降之百殃。"曰"降",因其气而降之也。君子善养气,致中和而已矣。中和者,善气也。致中者,栽善气也。天地位,万物育,善气之滋息为之也,此人之所以与天合德也。近今以来,鲜有发明此学说者,吾以学理、物理推之,而知此论必大昌于后世也。孙氏夏峰云:"人谓吉凶休咎,有数存焉,非人之所能必也。予谓吉咎之气,从类而附。吉以阳,类从顺;咎以阴,类应逆,此因材之天理有固然。由是观之,人事而已,岂有天哉?"此说注重人事,亦足警世。

《诗》曰:"嘉乐君子,宪宪令德,宜民宜人。受禄于天,保佑命之,自天申之。"

郑《注》:"宪宪,兴盛之貌。保,安也。佑,助也。"

朱《注》:"《诗》,《大雅·假乐》之篇。(假、嘉通。)申,重也。"

先师黄氏元同云:"民以百姓言,人以百官言。《论语》'修己以安百姓'与此同。"

愚按:此诗为颂祝之辞,注重在"宪宪令德,宜民宜人"二句。惟有令德而后能宜于民人,而后能受禄于天。董子云:"为政而宜于民,固当受禄于天。"此说最精确。自古以来,未有不以民人为念而能受禄久长者也。且非特不能受禄而已,倾覆将转瞬而至也。

故大德者必受命。

朱《注》:"受命者,受天命为天子也。"

愚按:大德必受命,天人和气之相感也。《孝经》云:"孝弟之至,通于神明,光于四海。"《诗》云:"自西自东,自南自北,无思不服。"如是则天命随之矣。门人陈氏柱尊云:"据此章,则孔子以神道设教,益可知矣。古之圣人,皆以神道设教者也。有以天神设教者,故称天皇氏。有以地神设教者,故称地皇氏。有以人神设教者,故称人皇氏。夏尚忠,忠法人,以人神设教者也。殷尚敬,敬法地,以地神设教者也。周尚文,文法天,以天神设教者也。(义见《白虎通论》。)此古代

之宗教也。若孔子则集古宗教之大成者也,故其道通天地人,其言曰
'一贯三为王',董子曰:'三者,天地人也,而参通之者王也。'(见《春
秋繁露・王道通》篇。)此言能参通天地人之神道者,则可以受命而王
也。然而孔子之教,莫重乎孝者。董子曰:'天地人,万物之本也。天
生之,地养之,人成之。天生之以孝弟,地养之以衣食,人成之以礼
乐。'(见《春秋繁露・立元神》篇。)夫天生之以孝弟,则能孝于父母,
而后能事天地也。故曰'夫孝,天之经也,地之义也'。能事天地,则
天锡之福,故人之大德莫大于孝,而必受天之命。虽然,天道冥渺,不
可测知,故曰'死生有命,富贵在天'。是以颜回不必寿,盗跖不必夭,
伯夷修名而饿死,孔子大德而匹夫,天命岂可必哉? 然可必者道之
常,不可必者时之变。孔子道其常者,欲以祸福劝善也;不言其变者,
不欲以祸福自沮也。故贤者不惑于鬼,而不肖者有所畏乎神。呜呼,
此孔子所以为大宗教家与!"

朱子云:"右第十七章。"

第十八章

子曰:"无忧者,其惟文王乎? 以王季为父,以武王为子。父
作之,子述之。"

郑《注》:"圣人以立法度为大事,子能述成之,则何忧乎? 尧、舜
之父,子则有凶顽;禹、汤之父,子则寡令闻。父子相成,唯有文王。"

愚按:天下之福,莫大乎无忧。文王之无忧,在能绍成先业,而又

有至圣之子善继善述也。王季之事鲜所考,《皇矣》之诗赞之曰"唯此王季,因心则友。则友其兄,(谓善事泰伯、仲雍。)则笃其君"。又曰"其德克明"。而《康诰》之赞文王曰"克明德",是文王之明德实绍成乎王季,而益光大之也。武王能救民于水火,周公则兼三王之事而修明之,其所述者为尤大。郑《注》以立法度为言。愚谓周公之述,实兼法度、文章。盖古来圣君文思之精,庖牺、尧、舜而下,厥惟文王,于《周易·象辞》见之矣。周公述之,作《易》爻,经礼三百,曲礼三千,皆公所创述。而《豳风》《常棣》《敬之》《小毖》《思文》诸诗,文思杳微,为后圣所莫能逮。故公明仪曰:"文王我师也,周公岂欺我哉?"盖兼法度、文章而师之也。大哉周家之肇兴,由于数圣人之作述,八百年之基业,岂偶然哉! 然揆厥本原,不过家庭之际,父慈子孝,兄友弟恭而已矣。《小宛》之诗曰"明发不寐,有怀二人",《思齐》之诗曰"雍雍在宫,肃肃在庙",其皆无忧态度之征与! 孙氏夏峰云:"羑里演《易》,正其忧患之心,何以云无忧也? 惟能尽中庸之道,上承贤父,下开圣子,时宜无忧,故若见为无忧,文王亦不自觉其无忧也。"

武王缵大王、王季、文王之绪,壹戎衣而有天下,身不失天下之显名,尊为天子,富有四海之内,宗庙飨之,子孙保之。

郑《注》:"缵,继也。绪,业也。戎,兵也。衣,读如殷,声之误也。齐人言殷声如衣,虞夏商周氏者多矣。今姓有衣者,殷之胄与? 壹戎殷者,一用兵伐殷也。"

愚按:武王何以能缵绪? 爱民而已矣。《孟子》曰:"文王视民如伤,武王不泄迩,不忘远。"不泄,不忘,皆所以爱民而善述先志也。故其言曰"四方有罪无罪,惟我在";又曰"百姓有过,在予一人";又曰"非敌百姓也",皆其爱民之至也。身不失天下之显名,无利天下之心,而惟以爱民为念也,故其显名,遂永于后世矣。富有四海之内,宗庙飨之,子孙保之,爱民之报也。夫爱民乃所以为大孝也。

武王末受命,周公成文、武之德,追王大王、王季,上祀先公以天子之礼。斯礼也,达乎诸侯、大夫及士、庶人。父为大夫,子为士,葬以大夫,祭以士。父为士,子为大夫,葬以士,祭以大夫。期之丧达乎大夫。三年之丧,达乎天子。父母之丧无贵贱,一也。

朱《注》:"末,犹老也。追王,盖推文武之意以及乎王迹之所起也。先公,组绀以上至后稷也。上祀先公以天子之礼,又推大王、王季之意,以及于无穷也。制为礼法,以及天下,使葬用死者之爵,祭用生者之禄。丧服自期以下,诸侯绝,大夫降,而父母之丧,上下同之,推己以及人也。"

愚按:孝子之至,莫大乎尊亲。周公何以成文武之德?尊亲而已矣。追王太王、王季,上祀先公以天子之礼,皆所以尊亲也。《孝经》曰:"昔者周公郊祀后稷以配天,宗祀文王于明堂,以配上帝。是以四海之内,各以其职来祭。夫圣人之德,又何以加于孝乎?"司马子长《史记自序》曰:"天下称颂周公,谓其能论歌文、武之德,宣周、召之风,达太王、王季之志意,爰及公刘,以尊后稷也。"盖《思文》之诗所由作也,此周公之大孝,即文王、武王之大孝也。成其孝,乃所以成其德也。特重丧祭之礼者,《论语》曰"所重民食丧祭",又曰"慎终追远,民德归厚矣"。夫所贵乎天子者,必以一人之孝,推及于亿万人之孝,而使天下之人皆有以尽其孝思。夫然后事天明,事地察,而成其为大孝。丧礼、祭礼所以经纬天下之孝道,感发人子之孝心者,无贵贱,一也。《诗》曰"孝子不匮,永锡尔类",其是之谓乎?

朱子云:"右第十八章。"

第十九章

子曰:"武王、周公,其达孝矣乎。"

愚按:达,通也。言通亲之意焉尔。视于无形,听于无声,谓之达孝。变而通之,与时宜之,亦谓之达孝。《易·蛊》之初爻曰:"干父之蛊,有子,考无咎。"《象》曰:"干父之蛊,以承考也。"言通亲之意焉尔。其旨甚微,非穷理尽性者不足以语此。朱《注》谓天下之人通谓之孝,恐未是。

夫孝者,善继人之志,善述人之事者也。

愚按:善继、善述,所谓达也。文王三分有二,以服事殷,尽臣子之节,是为千古之常经。而武王、周公吊民伐罪,应天顺人,是为天下之通义。是故文王之志与事,在于救民,而武王、周公继之、述之。文王之志与事,在于尊亲,而武王、周公继之、述之。不必泥文王之所为，而无非文王之志与事，故谓之达，故谓之善继、善述。善也者，心理同而行迹异，精神同而事业异也。此之谓大孝也。

春秋修其祖庙，陈其宗器，设其裳衣，荐其时食。

郑《注》："修，谓扫粪也。宗器，祭器也。裳衣，先祖之遗衣服也。设之，当以授尸也。时食，四时祭也。"

愚按：事亲之道，爱敬而已矣。修祖庙，陈宗器，敬意之所发也。设裳衣，荐时食，爱情之所发也。吾亲逮存之日，未尽其爱敬之诚；至吾亲既殁，而犹思补其爱敬之缺憾，呜呼，盖有恫于厥心者矣！《礼记·祭义》篇云："春雨露既濡，君子履之，有怵惕之心。秋霜露既降，君子履之，有凄怆之心。"又曰："齐之日，思其所乐，思其所嗜。""肃然必有闻乎其容声"，"忾然必有闻乎其叹息之声。"盖至设裳衣，荐时食，而吾亲之音容如见矣。故愚尝谓《祭义》一篇，人子所宜日三复也。

宗庙之礼，所以序昭穆也。序爵，所以辨贵贱也。序事，所以辨贤也。旅酬下为上，所以逮贱也。燕毛，所以序齿也。

郑《注》："序，犹次也。爵，谓公、卿、大夫、士也。事，谓荐羞也。以辨贤者，以其事别有所能也。若司徒奉牛，宗伯共鸡牲矣。《文王世子》曰：'宗庙之中，以爵为位，崇德也。宗人授事以官，尊贤也。'旅酬下为上者，谓若特牲馈食之礼，宾、弟子、兄弟之子，各举觯于其长也。逮贱者，宗庙之中，以有事为荣也。燕，谓既祭而燕也。燕以发色为坐，祭时尊尊也，至燕亲亲也。齿亦年也。"

愚按：《易传》曰："卑高以陈，贵贱位矣。"此节所谓位也。示人以定位，即示人以秩序也。此由宗庙之中，推而至于礼仪三百，莫不然也。推而至于朝廷、乡党、家国诸事，莫不然也。至定位紊而秩序淆，则人心散而天下乱矣。序爵辨贵贱，郑《注》引《文王世子》之辞，知古人之有爵而贵者，无非有德者也。

践其位，行其礼，奏其乐。敬其所尊，爱其所亲，事死如事生，事亡如事存，孝之至也。

郑《注》："践，犹升也。其者，其先祖也。践，或为缵。"

先师黄氏元同云："缵、践古通。《诗·崧高》'王缵之事'，《释文》引《韩诗》作'践'，是其例。奏乐有二时，一在降神前，一在荐献后。所尊谓祖庙，所亲谓子姓。"

愚按：敬其所尊，爱其所亲，皆所以补爱敬之缺憾也。《礼记·祭义》篇曰："文王之祭也，事死者如事生，思死者如不欲生，忌日必哀，称讳如见亲，祀之忠也。如见亲之所爱，如欲色然，其文王与！"《诗》云："明发不寐，有怀二人。"文王之诗也。又曰"乐以迎来，哀以送往，飨之必乐，已至必哀。"呜呼，其至矣乎！至是而吾亲之志与事，有不呈露于吾亲者乎？而继志述事之意，自油然而生，善继、善述之道，亦自因心而出矣。虽然，更有进者，事死如事生，事亡如事存，孝子之不得已也。与其于事死、事亡之时而尽其心，何如于事生、事存之时而尽其心乎？夫事生、事存之时，而不克尽其心，则于事死、事亡之时，后悔有不可言者矣！曾子曰："亲戚既没，（此亲戚，指父母而言。）虽欲孝,谁为孝乎?"孝有不及,其此之谓与!

郊社之礼,所以事上帝也。宗庙之礼,所以祀乎其先也。明乎郊社之礼,禘尝之义,治国其如示诸掌乎?

　　郑《注》:"社,祭地神。序爵辨贤,尊尊亲亲,治国之要。"

　　愚按:《礼记》曰:"惟仁人为能飨帝,孝子为能飨亲。"明乎郊社之礼,禘尝之义,仁孝之至也。因仁孝而推之,孟子所谓"老吾老以及人之老,幼吾幼以及人之幼,天下可运于掌"是也。君子务本,故治天下必自仁孝始。门人陈氏柱尊云:"治国之道,莫大乎礼;行礼之本,莫大乎敬。明乎禘尝之义,则知所以敬乎祖先矣。明乎郊社之礼,则知所以敬天地矣。谓之明者,非徒循其节文也,明鬼神之德无所不至,洋洋乎如在其上,如在其左右,而不敢须臾之离乎道也。不敢须臾离乎道,则正己而正人,治国何难哉?"又云:"王者之祭,莫重于郊天,故'《春秋》之义,国有大丧者,止宗庙之祭,而不止郊祭。'(《春秋繁露·郊祭》篇语。)'百神之祭不卜,而郊独卜。'(《春秋繁露·郊礼》篇语。)故曰:'天者,百神之君也,王者之所最尊也。'(《春秋繁露·郊义》篇语。)王者曷为独尊乎? 天尊民也。何言乎尊民? 人者,天地之心也。天为民以立君,尊天所以尊民也。故《春秋》置'王'于'春'之下,诎王以信天,即抑君以尊民也,其旨亦微矣哉!"爰附论于此,以告世之议孔子者。

　　朱子云:"右第十九章。"

　　愚按:自"鬼神"章至此,本仁孝之源,而推及于神道设教,明乎郊社之礼,禘尝之义。所谓通幽明之故,郊焉而天神格,庙焉而神鬼飨是也。近儒乃以孔子为非宗教,不读书而愚陋至此,可慨也。

第二十章

哀公问政。

> 朱《注》:"哀公,鲁君,名蒋。"

子曰:"文武之政,布在方策。其人存,则其政举;其人亡,则其政息。"

> 郑《注》:"方,版也。策,简也。息,犹灭也。"

> 愚按:布,宣布也。人治、法治,聚讼纷纭,实则二者不可偏废。盖重人治者,所以防不得人之弊;重法治者,所以防不守法之弊。然法无数十年而不变,化而裁之,使民宜之,是为天下之通义。苟不得人,何以定法?且行法而不得其人,则法皆生弊,而益为当世所诟病。故人存政举,人亡政息,实大中不易之论也。门人陈氏柱尊云:"道之大原出于天,天一日不亡,道亦一日不亡。然而殷纣以灭,文、武以兴者,繇与不繇也。文、武之政,布在方策,方策一日不亡,文、武之政亦一日不亡。然而幽、厉以衰,宣王以兴者,举与不举也。世之为政者,苟非大无道之人,孰不愿其国之安且治哉?然欲安而常危,欲治而常乱者,何也?任非其人也。"

人道敏政,地道敏树。夫政也者,蒲卢也。

朱《注》：“敏，速也。蒲卢，沈括以为蒲苇是也。以人立政，犹以地种树，其成速矣，而蒲苇又易生之物，其成尤速也。”

愚按：行政以速为主，故《易》象风雷为《益》。天道速而四时行，地道速而生物畅，人道速而政治昌明，民气发达。因循濡滞者，政治之贼也。

故为政在人，取人以身，修身以道，修道以仁。

郑《注》：“在于得贤人也。取人以身，言明君乃能得人。”

先师黄氏元同云：“修道以五性，曰以仁者，省文。仁从人二，古文作‘忎’。《左传》参和为仁，与字义合。《周官·太宰》以九两系邦国之民，注云：‘两，犹耦也，所以协耦万民。’仁从人二，二亦耦也，故以相人偶训之。”

愚按：取人以身，本身以作则也。人君不知修身，则不能得贤人，而谗谄面谀之人至矣。与谗谄面谀之人居，国欲治，可得乎？本经首章言修道之为教，此章言修道以仁，圣门必以仁为教也。仁者，善之长。己欲立而立人，己欲达而达人，推极于博施济众，使人各得其所也。有我即有人，故从人二，由二人而推至于千万人，故古文作“忎”，一人之心，千万人之心也。“协耦万民”四字，何等有味！此即近世所谓平等是也。夫平等者，乃上之人对于下之辞，下之人不得以之而责上也。上之人能以平等待其民而协耦之，是乃所谓仁也。

仁者，人也，亲亲为大。义者，宜也，尊贤为大。亲亲之杀，尊贤之等，礼所生也。

朱《注》："人，指人身而言。具此生理，自然便有恻怛慈爱之意。宜者，分别事理，各有所宜也。礼则节文斯二者而已。"

愚按：仁者，人也。义者，宜也。皆古训也。亲亲、尊贤，仁义中之先务也。杀与等，皆等差也，所谓理一而分殊也。《大学》言："自天子以至于庶人，壹是皆以修身为本。"又云："其本乱而末治者，否矣。其所厚者薄，而其所薄者厚，未之有也。"盖本末明而等差判，等差判而厚薄分，天理之自然也。墨氏知理一而不知分殊，昧于等差，而本末、厚薄之间，乃有时而倒置，失人道之中庸矣。

在下位不获乎上，民不可得而治矣。

郑《注》："此三句在下，误重在此。"

故君子不可以不修身。思修身，不可以不事亲。思事亲，不可以不知人。思知人，不可以不知天。

郑《注》："言修身乃知孝，知孝乃知人，知人乃知贤不肖，知贤不肖乃知天命所府佑。"（府佑，谓辅佑也。）

愚按：上文言修身以道，修道以仁。孝弟者，为仁之本也。故思修身不可以不事亲。为人自事亲始，此明王所以必以孝治天下也。事孰为大？事亲为大。守孰为大？守身为大。不知人，则燕朋逆其师，燕僻废其学而失其身，故思事亲不可以不知人。《诗》云："昊天曰明，及尔出王。昊天曰旦，及尔游衍。"古语云："作善降之百祥，作不善降之百殃。"盖知人道之极者，必知所以敬天之道矣。《孟子》曰：

"知其性则知天矣。"然则知人者,盖能尽其性以尽人之性,夫然后悟化育之功,而可以知天。知天知人,其功夫之层累高下,未可一言罄也。

天下之达道五,所以行之者三。曰君臣也,父子也,夫妇也,昆弟也,朋友之交也。五者,天下之达道也。知、仁、勇三者,天下之达德也,所以行之者一也。

朱《注》:"达道者,天下古今所共由之路。达德者,天下古今所同得之理也。一则诚而已矣。达道虽人所共由,然无是三德,则无以行之。达德虽人所同得,然一有不诚,则人欲间之,而德非其德矣。"

先师黄氏元同云:"昆弟与兄弟,浑言通,析言别。昆弟者,同父兄弟也。兄弟为族亲之通称。"

愚按:本经首章云"和也者,天下之达道也",所谓人道是也。《孟子》曰:"人之有道也,饱食暖衣,逸居而无教,则近于禽兽。圣人有忧之,使契为司徒,教以人伦。父子有亲,君臣有义,夫妇有别,长幼有序,朋友有信。"亲也,义也,别也,序也,信也,皆所谓道也。有是道,斯可谓之人;无是道,则沦于禽兽矣。后世因蔑视君臣之义,遂并欲废五伦,此昧于政治学之甚者也。(说详余所著《君臣释义》。)自古大知、大仁、大勇之人,莫不行此五达道以维持于不敝也。

或生而知之,或学而知之,或困而知之。及其知之,一也。或安而行之,或利而行之,或勉强而行之。及其成功,一也。

郑《注》："利,谓贪荣名也。勉强,耻不若人。"

朱《注》："人性虽无不善,而气禀有不同,故闻道有蚤莫,行道有难易。然能自强不息,则其至一也。"

先师黄氏元同云："生而知之者,知之至也。学而知之者,所谓好学近乎知者也。安而行之者,仁之至也。利而行之者,所谓力行近乎仁者也。好学力行,亦勇之至。困知勉行者,《注》谓能耻不若人,斯其为知耻近乎勇者乎?下即接以故曰好学、力行、知耻之三近,是其文义之相承也。自魏晋间'故曰'误作'子曰',王肃《家语》改窜其文,为一问一答,遂致一气之文,使之隔阂。"

愚按:学问之道,知、行而已。即知即行,随知随行,进德造道之初基也。朱子主先知后行,王阳明先生主知行合一,皆有功于斯道。然世多知而不行者,则阳明之说为尤要矣。《论语》云:"生而知之者,上也;学而知之者,次也;困而学之,又其次也。困而不学,民斯为下矣。"说者谓生知、安行为乐,困知、勉行为苦,吾谓不然。天下惟困苦而得之者,其乐为尤甚,故曰"及其知之,一也""及其成功,一也",无甘、苦之可分也。

子曰:"好学近乎知,力行近乎仁,知耻近乎勇。"

朱子以"子曰"为衍文,先师黄氏以为当作"故曰",今依注疏本,未敢率改。

愚按:《孟子》曰:"学不厌,智也。"学而不厌,自进于智。博施济众在乎行,立人达人亦在乎行,天下有道,则行有枝叶。故天下多实行家,其为仁也易;天下多空论家,其为仁也难。《孟子》曰:"人不可以无耻。"不耻不若人,何若人有?古来大勇之士,未有不从愧耻激厉而出者也。然则学非徒学,先贵乎好,如嗜欲之不可离也。心与之治,津津乎其有味也。行非徒行,要归乎力,殚竭吾身之所能也,无一事之或蹈于空虚也。耻非徒耻,先贵乎知,有灵官之感觉也。其漠然无所动于中者,非人也,鞭策之而不起者也。是故近者所以进也。能好学则自然进乎知矣,能力行则自然进乎仁矣,能知耻则自然进乎勇矣。若不好学,不力行,不知耻,此终其身不足与入道者也。吕氏云:"愚者自是而不求,自私者徇人欲而忘返,懦者甘为人下而不辞。故好学非知,然足以破愚;力行非仁,然足以忘私;知耻非勇,然足以起懦。"

知斯三者,则知所以修身。知所以修身,则知所以治人。知所以治人,则知所以治天下国家矣。

　　郑《注》:"言有知、有仁、有勇,乃知修身,则修身以此三者为基。"

　　愚按:《论语》曰:"苟正其身矣,于从政乎何有?不能正其身,如正人何?"天下万事,皆从本身起点。身者,人之标准,即天下国家之标准也。世之为治者,不仁不知,无耻无勇。不能修身,而欲治人;不能治人,而欲治天下国家,由是天下国家以乱,而身益随之而亡。此所谓大愚不灵者也。

凡为天下国家有九经,曰修身也,尊贤也,亲亲也,敬大臣也,体群臣也,子庶民也,来百工也,柔远人也,怀诸侯也。

朱《注》：“经，常也。体，谓设以身处其地而察其心也。子，如父母之爱其子也。柔远人，所谓无忘宾旅者也。”

先师黄氏元同云：“来，读劳来之来，谓劝勉之。远人，谓商贾行旅。”

愚按：修身以仁义为本。尊贤，义也。亲亲，仁也。《孟子》曰："尧舜之仁，不遍爱人，急亲贤也。"是亲贤又义中之仁也。《孟子》曰："汤之于伊尹，学焉而后臣之，故不劳而王。桓公于管仲，学焉而后臣之，故不劳而霸。"《国策》郭隗说燕昭王曰："帝者与师处，王者与友处。"盖尊贤者，尊师道也。凡其奔走趋承于我者，皆非贤也。子庶民之后，即继以来百工。《周官·考工记》曰"国有六职，百工居一"，工业之重于中国也久矣。此九经者，皆《周官》之精蕴也。吕氏云："天下国家之本在身，故修身为九经之本。然必亲师取友，然后修身之道进，故尊贤次之。道之所进，莫先其家，故亲亲次之。由家以及朝廷，故敬大臣、体群臣次之。由朝廷以及其国，故子庶民，来百工次之。由其国以及天下，故柔远人、怀诸侯次之。此九经之序也。视群臣犹吾四体，视百姓犹吾子，此视臣、视民之别也。"

修身则道立，尊贤则不惑，亲亲则诸父昆弟不怨，敬大臣则不眩，体群臣则士之报礼重，子庶民则百姓劝，来百工则财用足，柔远人则四方归之，怀诸侯则天下畏之。

朱《注》："道立，谓道成于己，而可为民表，所谓'皇建其有极'是也。不惑，谓不疑于理。不眩，谓不迷于事。敬大臣则信任专，而小臣不得以间之，故临事而不眩也。来百工则通功易事，农末相资，故财用足。柔远人则天下之旅，皆悦而愿出于其涂，故四方归。怀诸侯，则德之所施者博，而威之所制者广矣，故曰'天下畏之'。"

愚按：本经首章云"修道之谓教"，盖道立则有以教天下国家，教行而风俗美，夫然后可以为治，皆本身以推之也。报礼，《诗》所谓"无德不报"是也。《孟子》曰"君之视臣如手足，则臣视君如腹心。君之视臣如犬马，则臣视君如国人。君之视臣如土芥，则臣视君如寇雠"，皆所谓报也。君视群臣为一体，以心腹肾肠之寄，为股肱耳目之司，团体之大，无逾于此。士有不观感而赞襄我、匡救我者乎？财用足，朱《注》谓通功易事，农末相资。末者，商也。盖农出其原料，工以成之，商以行运之。《大学》所谓"为之者疾，则财恒足"是也。远人同居覆载之内，有人道以抚循之，德礼以感服之，则邻国之民仰之若父母矣。

齐明盛服，非礼不动，所以修身也。去谗远色，贱货而贵德，所以劝贤也。尊其位，重其禄，同其好恶，所以劝亲亲也。官盛任使，所以劝大臣也。忠信重禄，所以劝士也。时使薄敛，所以劝百姓也。日省月试，既禀称事，所以劝百工也。送往迎来，嘉善而矜不能，所以柔远人也。继绝世，举废国，治乱持危，朝聘以时，厚往而薄来，所以怀诸侯也。

朱《注》："官盛任使，谓官属众盛，足任使令也。盖大臣不当亲细事，故所以优之者如此。忠信重禄，谓待之诚而养之厚。盖以身体之，而知其所赖乎上者如此也。'既'读曰'饩'。饩禀，稍食也。称事，如《周礼》稿人职曰'考其弓弩以上下其食'是也。往，则为之授节以送之。来，则丰其委积以迎之。朝，谓诸侯见于天子。聘，谓诸侯使大夫来献。《王制》：'比年一小聘，三年一大聘，五年一朝。'厚往薄来，谓燕赐厚而纳贡薄。"

愚按：齐明盛服，非礼不动。或疑其清静而迂拘，不知此即《易》所云"黄帝尧舜垂衣裳而天下治"，《论语》所云"无为而治""恭己正南面而已矣"。盖所以正其本，端其体也，非真无为也。大有为者，寓于无形之中也。谗与色与货，皆为蔽贤之具。孔子曰："放郑声，远佞人。郑声淫，佞人殆。"司马迁曰"人君无智愚贤不肖，莫不欲求忠以自为，举贤以自辅。然亡国破家相随属，而圣君治国累世而不见者，其所谓忠者不忠，而所谓贤者不贤也。"谗人罔极，交乱四国，旷观全史，比比皆是，可胜痛哉！齐宣王惟好货、好色，是以不能用孟子。人第知好色之足以亡国，而不知黩货之更足以亡国也。尊其位，重其禄，而不授以官，正所以保其亲也。忠信重禄，郑《注》谓，有忠信者重其禄，足备一义。非重禄，无以劝士之廉；非薄敛，无以劝百姓之义。后世反其道以行之，而士之不知廉耻者多矣。古者官有试，士有试，而不知百工亦有省而有试。《周官》不曰纪工、劝工，而曰考工，其义可见。秦汉而后，此职既废，士不能勤其手指，或薄工艺而不屑为，于是自一丝一粟，一针一膌，以至建筑营造诸事，皆须仰给于人，吁可慨也！嘉善矜不能为人道当然之务，曰嘉曰矜，皆所以为教也。继绝世数大端，皆为《春秋》之要义，王者之远模。后世之为治者，以卑鄙狭隘之心，为自私自利之计，观此扩然大公之气象，当可憬然悟、奋然改矣！

凡为天下国家有九经，所以行之者一也。

朱《注》："一者，诚也。一有不诚，则是九者皆为虚文矣。"

愚按：天下国家之治乱，视乎为治者心术之诚伪而已。诚则治，伪则乱，惟影响。诚者无妄也，无妄不可以为伪，说见第十六章。凡人心思，最初之念多诚，再三之念易伪，伪而饰为无妄，则天命不祐矣。故曰"无妄之行，穷之灾也"，言其无可行也。是故天下为仁义之言者，其言未尝不仁义也。为道德之言者，其言未尝不道德也。为仁义道德之事者，其事未尝不道德仁义也。然而有为而为，皆伪也，则必自覆之而自露之。如行九经而出于伪，则齐明盛服，非礼不动，必如王莽之谦恭矣。继绝世，举废国，必如郑庄之奉许叔矣。心术作伪之为害，可胜言哉！圣人言九经而要归于诚，万世不刊之论也。

凡事豫则立，不豫则废。言前定则不跲，事前定则不困，行前定则不疚，道前定则不穷。

先师黄氏元同云："跲通俗，闭塞也。"

愚按：此节实为政治家之要领。不跲、不困、不疚、不穷，皆经验之辞，非虚拟也。然吾更有说焉。《易·豫卦·大象传》"雷出地奋为豫"，是凡事之豫备，必须如雷之奋迅而出，乃克有济。后人不察此义，以因循迁缓为务。今日言豫备，明日言豫备；今岁言豫备，明岁言豫备,甚至经画一事,阅数年而尚未能实行者,是"需"也,非"豫"也。豫者,事之基;需者,事之贼也。

又按:言前定、事前定之法,以先定秩序为主。言以段落为秩序,事以先后缓急为秩序,而纪事之目,亦为要法。总之所谓前定者,当先定之于一心。

在下位,不获乎上,民不可得而治矣。获乎上有道,不信乎朋友,不获乎上矣。信乎朋友有道,不顺乎亲,不信乎朋友矣。顺乎亲有道,反诸身不诚,不顺乎亲矣。诚身有道,不明乎善,不诚乎身矣。

愚按:居下位而期获乎上,非媚上也。上下一心,而后民可得而治。《易传》曰:"同声相应,同气相求。"若在上之人非志同而道合者,则措施阻滞,观听乖方,民不可得而治也。战国时尚行选举之法,故颜斶曰:"士生乎鄙野,推选则禄焉。"朝廷与社会一以贯之。《易传》曰:"人之所助者信也。"《论语》曰:"民无信不立。"若其人不见信于社会者,必不能见信于朝廷,故曰"不信乎朋友,不获乎上矣"。不爱其亲而爱他人,不敬其亲而敬他人,如是则社会贱之、恶之,家庭与社会亦一以贯之者也。曾子曰:"亲戚不悦,不敢外交。"(此亲戚指父母而言。)故曰"不顺乎亲,不信乎朋友矣"。诈伪之事,起于家庭,而后及于交游朋友。《曲礼》曰:"幼子常视毋诳,所以端其本也。"是故言必有物,行必有恒,处事之诚也。冬温夏清,昏定晨省,侍奉之诚也。喜而不忘,劳而不怨,视于无形,听于无声,立心之诚也。反乎此而为诈伪,则父母恶之矣。故曰"反诸身不诚,不顺乎亲矣"。吾心之良知,本纯粹至善者也。然而无致知格物之功,则良知即阇塞焉,晻昧焉,明善者致知格物之功也。有格致之学,止于至善之域,夫然后能诚其身。否则此心如无星之称,无黍之尺,读书寡益,取友无方,此身教安能自立于诚乎?夫良知者,即未发之中,其用至广而至大。故家庭社会之阇塞,由吾心之良知以光明之;世界之晻昧,亦由吾心之良知以光明之,此其功盖有别焉。人生有一时之明善,良知之乍露时也;有渐进之明善,读书阅世,磨砻切磋,以达于诚者也。反是则掩其不善,而著其善,良知汩没,为自欺之小人矣。故曰"不明乎善,不诚乎身矣"。

诚者,天之道也。诚之者,人之道也。诚者不勉而中,不思而得,从容中道,圣人也。诚之者,择善而固执之者也。

愚按:圣门之学,诚而已矣。立诚之旨,发自孔子。子思子更详言之曰:"诚者,天之道。诚之者,人之道。"夫天之道,春夏秋冬,晦朔昼夜,不忒其候而已。周子曰:"大哉乾元,万物资始,诚之原也。"是天道也。人法天,以仁义礼智之德归极于信用。周子曰:"乾道变化,各正性命,诚斯立焉。"此人道也。周子又曰:"元亨,诚之通;利贞,诚之复。"天道也。又曰"诚精而明",则人道也。于世界芸芸之中,而得圣人焉。不勉不思,从心所欲,而自中乎道,此其诚本于自然者也,根于天命之性也,又得贤人君子焉。闻一善言,见一善行,即择而执之,拳拳服膺而弗失之,此其诚出于学力者也,本于修道之教也。夫万事万物杂出于吾前,孰者为善?故贵乎择。众善之在天下,如流水然。不能执而行之,则善不为我有,故贵乎执。执之懈而弗坚,旋即失之,故执之又贵乎固。此其所以为诚。

博学之,审问之,慎思之,明辨之,笃行之。

朱《注》:"此'诚之'之目也。学、问、思、辨,所以择善而为知。学而知也笃行,所以固执而为仁,利而行也。"

愚按:学与问相因,非问不成为学。问之之道,详于《礼记·学记》篇。所谓善问者如攻坚木,先其易者,后其节目是也。思与辨相因,非辨则徒思无益。辨之之道,非徒辨善恶、是非也,首宜辨诚伪,是宜于已发之会,剖析精微。《易》曰:"幾者,动之微,吉[凶]之先见者也。"思者,动之幾也。辨者,辨其幾也。四者要归,端在于行。

又按:此节指学、问、思、辨、行,尤重在博、审、慎、明、笃五字。学而不博,不足以为学。问而不审,不足以为问。推之于思、辨、行亦然。而行之不笃,尤为不诚之根原,学人之大患。《论语》曰"先行其言,而后从之",又曰"躬行君子",盖圣门重行为最要之宗旨。君子之道,闇然而日章,不动而敬,不言而信,笃行而已矣。

有弗学,学之弗能弗措也;有弗问,问之弗知弗措也;有弗思,思之弗得弗措也;有弗辨,辨之弗明弗措也;有弗行,行之弗笃弗措也。人一能之己百之,人十能之己千之。

朱《注》:"君子之学,不为则已,为则必要其成,故常百倍其功。

此困而知勉而行者也,勇之事也。"

　　愚按:《荀子·劝学篇》云:"锲而不舍。"锲者,刻也。惟诚挚之极,乃能刻入也。凡人之于学问,必视之如身心性命,始终不舍,而后可底于成。不然而悠悠忽忽,若存若亡,终身不能入道。夫人当志学之年,若不毅然自命而俯仰千古,成圣成贤者,百不得一,何也? 学之弗能而措,问之弗知而措,思之弗得、辨之弗明、行之弗笃而措也。吁! 可惧也。人一能之己百之,人十能之己千之,非言其效也,乃言其志也。言人有一能之,则己必百之,人有十能之,则己必千之也。

果能此道矣,虽愚必明,虽柔必强。

　　朱《注》:"明者,择善之功。强者,固执之效。"

　　愚按:此道,言学、问、思、辨、行也。果能此道,"果"字当依郑《注》作"决"字解,言决定能于此道也。愚也,柔也,限于天者也。愚者明,柔者强,则以人事补天之缺也。至诚之道,可以补天,故可以配天,反是而为诈伪,则欺人以自欺,明者且变而为愚,强者且变而为柔矣。夫读书为学,所以变化气质也。乃人人言变化气质,非特愚者不能明,柔者不能强,且明者转变而为愚,强者转变而为柔,是何也? 积不善之极,积不诚之极也。呜呼,诚伪之界,其可不懔懔乎!

　　朱子云:"右第二十章。此引孔子之言以继大舜、文、武、周公之绪,明其所传之一致,举而措之亦犹是尔。章内语诚始详,而所谓诚者,实此篇之枢纽也。"

第二十一章

自诚明,谓之性;自明诚,谓之教。诚则明矣,明则诚矣。

朱《注》:"自,由也。德无不实,而明无不照者,圣人之德所性而有者也,天道也。先明乎善而后能实其善者,贤人之学,由教而入者也,人道也。诚则无不明矣,明则可以至于诚矣。"

愚按:此节应本经首章首节之义。性者,天命之性;教者,修道之教。自诚明者,不勉而中,不思而得者也。自明诚者,择善故明,固执故诚也。诚明相因,惟不诚故不明。凡事因之颠倒,惟不明故不诚,乃以人道为可欺也。天下有至诚者,则自然明,不逆诈,不亿不信,抑亦先觉者也。有至明者,自能渐进于诚,知至而后意诚也。人生世界之内,诚而已矣。周子曰:"诚,五常之本,百行之源也。"又曰:"五常百行,非诚,非也,邪閤塞也。"盖非诚即邪,既閤塞矣,而又自以为明,岂非大愚不灵也哉?孙氏夏峰云:"性而得之,与教而得之,虽以之分天道、人道,然其事同于诚明耳。诚明固相须而不容相离者也,则性教亦何以别哉?但得人天合一,正不必问功力先后。一部《中庸》,皆是着人从教下手。彼高天事而薄人功者,皆不明之甚者也。"

朱子云:"右第二十一章。子思承上章夫子天道、人道之意而立言也。"

第二十二章

惟天下至诚,为能尽其性。能尽其性,则能尽人之性。能尽人之性，则能尽物之性。能尽物之性，则可以赞天地之化育。可以赞天地之化育，则可以与天地参矣。

郑《注》："尽性者，谓顺理之使不失其所也。赞，助也。育，生也。助天地之化生，谓圣人受命在王位，致太平。"

愚按：至德必归于诚，大道必基于诚。故《中庸》与天地参，不归之至圣，而归之至诚。此节应本经首章末节之义，尽性之学，致中和而已。致其中而无所偏倚也，致其和而无所乖戾也。由是而推之尽人之性，所谓察于人伦也；推之尽物之性，所谓明于庶物也。天下有至诚者出，老有所安，友有所信，少有所怀。泊乎飞者飞，潜者潜，动者动，植者植，无物不备于我性分之中，即无物不在我位育中也。《易传》曰："后以财成天地之道，辅相天地之宜，以左右民。"《尚书》曰："天工人其代之。"人生天地之间，其责任本当代天以行事。凡天工之所不足者，则以人力补助之。天地之大也，人犹有所憾，此皆吾儒之责也。唐虞之世，水、火、金、木、土、谷惟修，正德、利用、厚生惟和，皆所以补天工之不逮也。故曰"赞天地之化育"。然则性之为学，广矣大矣，吾人毋浮慕也。当先立志于诚，与天地参，谓与天地并立为三。《易传》曰"与天地合其德"，《礼运》曰"人者，天地之心也"，言天地之心之所寄托也。要知人身一小天地，人心一小天地，人人皆有与天地参之德，只因为人欲所蔽锢，遂致自窒其性，自戕其性，自弃其与天地参之功用，岂不重可惜哉！

朱子云："右第二十二章。言天道也。"

第二十三章

其次致曲,曲能有诚。诚则形,形则著,著则明,明则动,动则变,变则化。唯天下至诚为能化。

朱《注》:"致,推致也。形者,积中而发外。著则又加显矣。明则又有光辉发越之盛也。动者诚能动物,变者物从而变,化则有不知其所以然者。"

愚按:曲字有二义,或云即曲礼威仪三千,委曲繁重,致而行之,则渐能有成也;或云曲者性情之一偏,致者扩而充之之义。如恻隐、羞恶、辞让、是非四端之发见,扩充之以至于极,自然有成。二者以后说为长。又推而言之,如伯夷之清,柳下惠之和,皆所谓曲也,皆能有成者也。形、著、明、动、变、化六者,总结两节,尽性有是六者之功效,致曲亦有是六者之功效。朱子云:"曲无不致,则德无不实,而形、著、动、变之功,自不能已。"专属致曲而言,恐未是。形、著、明者,睟然见于面,盎于背,施于四体是也。动、变、化者,充实而有光辉之谓大,大而化之之谓圣是也。李氏二曲云:"曲是委曲,吾人良知良能之发,岂无一念、一言、一事之善?只是随发随已,不能委曲推致,与不学何异?所贵乎学者,正要在此处察识,此处著力。如一念而善,即推而致之,以扩其念。一言之善,即推而致之,以践其言。一事之善,即推而致之,令事事皆然。纤悉委曲,无一不致,犹水之必东,虽遇湾曲转折,不能为之障碍,才得达海。"又云:"曲礼三千,皆所以致曲也。纤微不忽,善斯成性。不矜细行,终累大德。大德固不可逾闲,小德亦

不可出入,此方是致曲。如此致曲,则所以收敛身心者,愈细愈密,久
之道德积于中,器宇自别。人孰无良?觌德心醉,善心自兴,有莫知
其然而然者矣。"

朱子云:"右第二十三章。言人道也。"

愚按:以上两节当并为一章。

第二十四章

至诚之道可以前知。国家将兴,必有祯祥;国家将亡,必有
妖孽。见乎蓍龟,动乎四体。祸福将至,善必先知之,不善
必先知之,故至诚如神。

朱《注》:"祯祥者,福之兆。妖孽者,祸之萌。蓍所以筮,龟所以
卜。四体,谓动作威仪之间,如执玉高卑,其容俯仰之类。凡此皆理
之先见者也。然惟诚之至极,而无一毫私伪留于心目之间者,乃能有
以察其幾焉。"

愚按:子思子非矜言前知也,特明至诚之效,而勉人以为善耳。
国家虽有祯祥之兆,然使其作不善,则将兴之幾亦灭;国家虽有妖孽
之兆,然使其作善,则将亡之幾亦消。先儒谓"必有"二字紧接兴亡
说,是从兴亡分妖祥,非以妖祥卜兴亡也。将兴之国,虽妖不为灾;将
亡之国,虽祥不为福。雉升鼎耳,殷道以兴;鸾集朝堂,隋炀以亡,岂
不以人哉?盖见祥而为不善,而祥反为妖;见妖而迎以德,则妖反为
福,其说可为精核。大《易》阴阳消息之理,随人心而变化,故卜筮之

吉凶,亦视人心为转移。积善之极,而知其福之将至;积不善之极,而知其祸之将至,非真有鬼神省察于其间也。盖报施之理,毫发不爽,如形之与影、响之应答然,此至诚所以必先知之也。《易传》曰:"无有远近幽深,遂知来物。"非天下之至神,其孰能与于此?

朱子云:"右第二十四章。言天道也。"

第二十五章

诚者自成也,而道自道也。

愚按:诚者,成也,此古训也。人道以诚为主,惟诚乃成为人,不诚则不成为人。《春秋穀梁传》曰:"人之于人也,以言受命。不若于言者,人绝之也。"人绝之者,为其言之不诚也。不成言,故不成人也。而道自道,郑《注》训为道达,朱《注》谓"道者人之所当自行",二说未尝不同。盖道者五性之德,人惟有以自成,则吾性所固有者,自然能道达而推行于天下矣。

诚者物之终始,不诚无物。是故君子诚之为贵。

愚按:诚者,人之精神,所以终万物而始万物者也。老子曰:"万物并作,吾以观其复。"此虽空虚之辞,而吾儒用之,则可以归于诚。盖作者,始也;复者,终也。观其复,殚竭其精神也。惟老氏之说遁于虚,吾儒则必征诸实耳。人之精神,犹物之精华。物失其精华,则腐败而不成为物;人失其精神,尚得成为人乎? 或曰:物者事也,不诚则不能以成事。要知天道不诚,不能生物;人道不诚,不能成事,其义本可兼赅也。君子诚之为贵,凡作伪者皆小人也,皆恶人也,皆不成为人者也。孙氏夏峰云:"自万物言,诚通诚复,体物不遗也。自一身言,体受归全,君子以诚终始吾身,即以诚终始万物。孟子所谓'反身而诚,乐莫大焉'。诚之为贵,宜如何置力乎?"

诚者,非自成己而已也,所以成物也。成己仁也,成物知也。性之德也,合外内之道也。故时措之宜也。

愚按:至诚之道,为善而已。取人为善,所以成己也。与人为善,所以成物也。虞舜闻一善言,见一善行,若决江河,沛然莫之能御,皆发于性之至诚。由是而众人之善萃于一己,是为成己之仁。隐恶而扬善,执其两端,用其中于民,皆发于心之至诚。由是而一己之善,公之于万物,是为成物之知。故孔子曰:"舜其大知也与!"仁与知皆性之德,率性而行,取善精熟,无间于人己,即无间于内外。故曰合外内之道。时措之宜者,造道之深,发而皆中节,君子而时中者也,至诚之极功也。或曰合外内之道,即格致之学,始则本乎内以察乎外,终则明乎外以养其内。西人务外而遗内,吾人则合外内而一贯,故曰"吾道一以贯之"。此盖断章取义之说也。

朱子云:"右第二十五章。言人道也。"

第二十六章

故至诚无息。

愚按：《易·乾卦·象传》曰："天行健,君子以自强不息。"《乾》言圣人之学,故曰"闲邪存其诚",又曰"修辞立其诚""终日乾乾,与时偕行",皆所以为不息也。有息则间断,而德行事业,俱无所成矣。孙氏夏峰云："圣人与天地合德,总此一诚,天地得之而不贰,圣人得之而无息。不贰者不已,无息者不已,圣天自相印合也。"

不息则久,久则徵。

朱《注》："久,常于中也。徵,验于外也。"

愚按：天下至要之功,莫如不息。稽天之潦不能终朝,一线之溜可以穿石者,息与不息之殊也。世未有立心不久而可以成学问者,亦未有立心不久而可以成行诣者。《易传》之赞《恒》卦曰："恒,亨,无咎,利贞。"久于其道也。天地之道,恒久而不已也。日月得天而能久照,四时变化而能久成,圣人久于其道而天下化成。然则久之时义岂不大哉？久与不久者,一身精神之验,学问成败进退之验,生人寿夭穷通之验也。或曰"徵"当作"彻"。彻,达也,达则悠远。下文"不见而章"数句,皆至诚之达,足备一解。

徵则悠远,悠远则博厚,博厚则高明。

朱《注》："此皆以其验于外者言之。存诸中者既久,则验于外者益悠远而无穷矣。悠远,故其积也广博而深厚。博厚,故其发也高大而光明。"

愚按：徵者,内外洞彻,精神悠然深远,有独到者矣。悠远则博

厚,深沉而后能厚重也。博厚则高明,厚重而后能光明也。《书·洪
范》曰:"沉潜刚克,高明柔克。"窃谓沉潜之极,未有不高明者。若自
诩高明,无厚重以为之根柢,此气质轻清者,学问所以多半途而废。
自古以来,成德者鲜,深可惜也。吾人何以矫之? 至诚无息而已。孙
氏夏峰云:"悠远、博厚、高明六字,意实相同,一时并集。以存诸中者
言,则悠远在高明、博厚之前;以见诸用者言,则悠久在博厚、高明
之后。"

博厚,所以载物也。高明,所以覆物也。悠久,所以成物也。

　　朱《注》:"悠久,即悠远,兼内外而言之也。本以悠远致高厚,而
高厚又悠久也。"

　　愚按:博厚所以载物者。博者,大也;厚者,重也。惟大且重,故
能载物。《易传》曰"含宏广大,品物咸亨"是也。若狭而轻,则不能容
物矣。高明所以覆物者,高明,清静之宇也。吾心有清静大明之宇,
则万物来托庇之。若卑暗则低压,物不能居其下矣。悠久所以成物
者,《易传》曰"恒,杂而不厌",《论语》曰"为之不厌,诲人不倦",皆谓
至诚之极。不厌不倦,乃可以悠久,乃所以为成物之功。要知载物、
覆物、成物,皆生人固有之性,当然之职,而究其所以然之功,至诚无
息而已。

博厚配地,高明配天,悠久无疆。

　　郑《注》:"后言悠久者,言至诚之德。既至博厚、高明,配乎天地,

又欲其长久行之。"

愚按:《易·坤》卦之《象传》曰"君子以厚德载物",所以配地也。《离》卦之《象传》曰"大人以继明照于四方",所以配天也。《恒》卦之《象传》曰"君子以立不易方",所以无疆也。人身之象天地,非独头圆足方,似天圆地方也,心象南方之温带,背象北方之寒带,脉络象百川之流通。形色既象天地,则精神宜配天地。本精神以修德行,至诚无息而已。

如此者不见而章,不动而变,无为而成。

朱《注》:"见,犹示也。"

愚按:不见、不动、无为,非真不见、不动、无为也。惟其见之极,动之极,有为之极,内敛于静,退藏于密,而人乃见其不见、不动而无为也。而章、而变、而成之效,乃由此而出也。舜之无为而治,非真无为也,有为之极,人不能见其迹也。恭己正南面,夫何为者? 至诚无息而已。

天地之道,可一言而尽也。其为物不贰,则其生物不测。

朱《注》:"此以下,复以天地明至诚无息之功用。天地之道,可一言而尽,不过曰诚而已。不贰,所以诚也。诚故不息,而生物之多,有莫知其所以然者。"

愚按:天地绸缊,万物化醇。《易》曰:"三人行,则损一人;一人行,则得其友。"言致一也。古人之尊天曰太一。一者,不贰也。许君

《说文解字》云:"惟初太极,道立于一,造分天地,化成万物。"生生之理,实始于一。一生二,二生三,三生万物也。不测,状其众且多也。大哉天地之道,元气鼓荡于无形,至诚无息而已。

天地之道博也,厚也,高也,明也,悠也,久也。

愚按:此言天地之道,与人道相同,即引起下文生物之盛。陆氏桴亭云:"问:博厚、高明、悠久,是单言天道。曰:此正是言天人合一处。言圣人与天地同一博厚、高明、悠久,而末举文王以为证。会得此意,则小德川流,大德敦化,总是圣人与天地同之也。"

今夫天,斯昭昭之多,及其无穷也,日月星辰系焉,万物覆焉。今夫地,一撮土之多,及其广厚,载华岳而不重,振河海而不泄,万物载焉。今夫山,一卷石之多,及其广大,草木生之,禽兽居之,宝藏兴焉。今夫水,一勺之多,及其不测,鼋鼍、蛟龙、鱼鳖生焉,货财殖焉。

郑《注》:"昭昭,犹耿耿,小明也。振,犹收也。卷,犹区也。"

愚按:李氏申耆云:"日月星辰,各有一重天,其行度各有本轮。天系之以行,故曰系。华岳,两山名。"江氏慎修云:"振河海而不泄,此地圜之说也。"水附于地而流,地能收之,则地面四周有水,而永莫见其泄也。山之宝藏兴,水之货财殖,天地间之至富者,莫如山水。此管子之"官山府海"所以为富国策也。

又按:经文曰"及其无穷""及其广厚""及其广大不测"。何以无

穷？何以广厚？何以广大不测？生生之理也。生生者，至诚无息
而已。

《诗》云："维天之命，于穆不已。"盖曰天之所以为天也。"于
乎不显，文王之德之纯。"盖曰文王之所以为文也，纯亦
不已。

朱《注》："《诗》，《周颂·维天之命》篇。于，叹辞。穆，深远也。
纯，纯一不杂也。程子曰'天道不已，文王纯于天道亦不已。纯则无
二无杂，不已则无间断先后。'"

愚按："不显"，与末章引《诗》"不显惟德"同，言幽深玄远之意。
《诗》所赞"穆穆文王"，正与天道之深远相合。子思子最善说《诗》，盖
曰释诗人之词，体诗人之意也。天之所以为天，不已也。文王之所以
为文，纯也，第赞之曰"纯亦不已"，而天之所以至诚无息，文王之所以
至诚无息者可知矣。而文王之所以配天者可知矣。而后世圣贤所以
体天之德，所以学文王之德者，亦可知矣。善哉，子思子之为《诗》也。
以意逆志，孟子其善承师法者乎。

又按：于穆不已，天命之性也。德之纯，率性之道，兼修道之教
也。《中庸》全书，言至诚而已。吾人自立于天地间，至诚无息而已。

朱子云："右第二十六章。言天道也。"

愚按：此章言圣人配天之道，精微深至，学者当时三复而身体
之也。

第二十七章

大哉圣人之道！

　　愚按：上章兼言圣人天地之道，此章专言圣人之道而咏叹之。

洋洋乎发育万物，峻极于天。

　　朱《注》："峻，高大也。此言道之极于至大而无外也。"

　　愚按：发育万物，其功在致中和。惟尽物之性，则可以赞天地之化育。先儒谓满腔皆恻隐之心，则满腔皆生意，发而皆中节，其德之高大，自能峻极于天，此吾性之分量，即吾道之分量也。

优优大哉！礼仪三百，威仪三千。

　　朱《注》："优优，充足有余之意。礼仪，经礼也。威仪，曲礼也。此言道之入于至小而无间也。"

　　先师黄氏元同云："'礼义'，今作'礼仪'，非，当从古文作'礼义'。亦谓之经礼，谓礼中之大经大义。故十七篇如《冠》《昏》《乡饮酒》《燕》《射》《聘》诸礼，作《记》者谓之《冠义》《昏义》《乡饮酒义》《燕义》《射义》《聘义》是也。威仪则礼义中之节目，亦谓之曲礼。《春秋传》曰'是以有动作礼义威仪之则'，字作'义'，犹存古。"

　　愚按：此说最精核。礼者，敬而已矣。三千、三百，无非主于敬也。此吾道之支流，即吾教之根本也。

待其人而后行。

愚按：《论语》曰"人能弘道，非道弘人"，惟礼亦然。人能行礼，非礼行人也。世有谓制礼定法，而人自然行之者，悬虚之论也。

故曰："苟不至德，至道不凝焉。"

朱《注》："至德，谓其人。至道，指上两节而言。凝，聚也，成也。"

愚按：人受天地之中以生，所谓命也。命有定静之处，是谓之凝。道有归宿之处，亦谓之凝。凝之之道奈何？《左氏传》刘子曰："君子勤礼，莫如致敬，敬在养神。"《孟子》曰："存其心，养其性，所以事天也。"养神以养性，养性以行礼，则德至而道凝矣。

故君子尊德性而道问学，致广大而尽精微，极高明而道中庸，温故而知新，敦厚以崇礼。

朱《注》："尊者，恭敬奉持之意。德性者，吾所受于天之正理。道，由也。温，谓故学之矣，复时习之也。"

先太夫子黄氏薇香云："仁、礼、义、智、信为五德，亦曰五性，故礼即为德性。《春秋传》曰：'民受天地之中以生，所谓命也。是以有动作、礼义、威仪之则，以定命也。'则礼之为德性昭昭矣。君子崇礼以凝道者也，知礼之为德性也而尊之，知礼之宜问学也而道之。道问学，所以尊德性也。其育物之道广大，不外礼之精微；尽精微，所以致广大也。其配天之道高明，不外礼之中庸，道中庸，所以极高明也。敦厚以崇礼者，煟温前世之古礼，考求后王之新礼，遵而行之，不偏古，不偏今，崇之必敦厚也。后世君子，外礼而内德性，所尊或入于虚无；去礼而滥问学，所道或流于支离，此未知崇礼之为要也。”

愚按：此说极平实。尊德性、道问学二者，自宋以后，分为两大学派。陆子静先生为尊德性一派，朱子为道问学一派。窃谓陆氏之学，固偏于德性，而朱子之学，实亦注重德性，读其《全书》，自可考见。吾儒之学，必须合内外之道，譬如太极两仪，不容偏废。若借一端以标树宗旨，分门别户，实为不合。孟子深得子思之传，其论德性最为精详。曰“好是懿德”，曰“知其性、养其性”，又曰“博学而详说之”，又曰“万物皆备于我”，固未尝偏重也。本经言“天命之谓性”“自诚明谓之性”，而归功于博学审问，可见作《中庸》者未尝分德性、文学为二，述《中庸》者更不宜分德性、文学为二也。至后儒误以光明寂照为德性，以支离破碎者为文学，则更谬以千里矣。李氏二曲云：“问是问此德性，学是学此德性。若学问而不以德性为事，纵向博雅人问尽古今疑义，学尽古今典籍，制作可侔姬公，删述不让孔子，总是为耳目所役，不惟于德性毫无干涉，适以累其德性。须是一扫支离蔽锢之习，逐日逐时，逐念逐事，在德性上参究体验，克去有我之私，而析义于毫芒，以复其广大精微。愈精微，愈广大。不溺于声色、货利之污，而一循乎中庸，以复其高明中庸。愈中庸，愈高明。德性本吾故物，一意涵养德性，而浚其灵源，悟门既辟，见地自新。谨节文，矜细行，不耽空守寂，斯造诣平实。夫如是，德岂有不至，道岂有不凝乎？”

是故居上不骄，为下不倍。国有道，其言足以兴；国无道，其默足以容。《诗》曰：“既明且哲，以保其身。”其此之谓与？

愚按：此《孝经》说也。《孝经·纪孝行》章曰："居上不骄，为下不乱。"惟不倍，故不乱。不好犯上而好作乱者，未之有也。其言足以兴，一言而兴邦也。其默足以容，见容于世也。南容三复白圭，所以免于刑戮。先儒云"祸从口出"，言语之贾祸可畏哉！或问此章重在崇礼，岂行礼之君子，专以明哲保身为事欤？曰：此正子思子不得已之言也。以孔子之大圣，其遇南子、阳虎，且不能不稍示以委蛇，况当子思子时，处士之横议已兴，战国之杀机已兆，行礼之君子处此，岂可妄发议论，以致灾逮厥身？夫明哲非毁方瓦合之谓，更非和光同尘之谓，惟危吾行而讷于言，庶几免于罪戾。《论语·乡党》篇详言圣人之礼义威仪，末章结之曰"色斯举矣，翔而后集"。孔子赞之曰："山梁雌雉，时哉时哉。"盖斯举后集，所以为明哲而保身也。此章引《诗》作结，正子思子不得已之言也。李氏二曲云："邦无道，默固足以有容。若不韬光晦迹，终为人所物色。须是无名可名，方免矰缴。"

朱子云："右第二十七章。言人道也。"

第二十八章

子曰："愚而好自用，贱而好自专，生乎今之世，反古之道，如此者灾及其身者也。"

郑《注》："反古之道，谓晓一孔之人，不知今王之新政可从。"

愚按：愚者恒多自用，惟自用乃益显其愚。贱者恒多自专，惟自专乃益形其贱。生今反古，不知时也。吾人生世界内，负觉民觉世之责，惟当因时以制宜，庶几时措而不倍，而乃蔽塞焉，且顽固焉，灾及其身矣！《易传》曰"终日乾乾，与时偕行"，《孟子》曰"孔子，圣之时者也"，时之为义大矣哉！吾愿后世儒者，毋徒知泥古，而转召人以轻古蔑古之渐也。

非天子，不议礼，不制度，不考文。

朱《注》："此以下子思之言。礼，谓亲疏、贵贱相接之体也。度，品制。文，书名。"

愚按：此节甚属可疑。孔子曰："殷因于夏礼，所损益可知也。周因于殷礼，所损益可知也。"则"不议礼"之谓何矣？又曰："行夏之时，乘殷之辂，服周之冕，乐则韶舞。"则"不制度"之谓何矣？至于考文，更属儒者之事。孔子曰"文不在兹乎"，又曰"文献不足故也，足则吾能徵之矣"，则不考文之谓何矣？窃意《礼记》一书，在王莽时增入者颇夥，此节或系后人窜入以阿莽者欤？或曰：议礼、制度、考文，孰与议之？孰与制之？孰与考之？非在下者而何？

今天下车同轨，书同文，行同伦。

朱《注》："今，子思自谓当时也。轨，辙迹之度。"

愚按：许叔重《说文叙》云："依类象形谓之文，著于竹帛谓之书。"书同文者，通行籀篆，故谓同文也。伦，人伦也。《论语》"欲洁其身而乱大伦"，是行之不合乎中也。《说文叙》又云："礼，八岁入小学，保氏教国子，先以六书。""及宣王太史籀著大篆十五篇，与古文或异。至孔子书《六经》，左邱明述《春秋传》,皆以古文,厥意可得而说。其后诸侯力政,(政,争也。)不统于王,恶礼乐之害己,而皆去其典籍,车涂异轨,文字异形。"是则破坏车制,臆造文字,盖自战国始。至于为我、兼爱,厄言日出,人伦渐废,秩序浸乖,尤为可痛。子思子见世风日薄,流弊无穷,故特著是三者,见其时政治尚能统一也。

虽有其位,苟无其德,不敢作礼乐焉。虽有其德,苟无其位,亦不敢作礼乐焉。

愚按:此节言"不敢作礼乐",非谓"不敢述礼乐"也,故下文即引孔子之学周礼以表明之。世衰道微,人人有出位之志,即人人有作礼乐之心,议论纷庞,莫衷一是,而天下遂乱。子思子言此,所以杜渐而防微也。

子曰:"吾说夏礼,杞不足徵也。吾学殷礼,有宋存焉。吾学周礼,今用之。吾从周。"

郑《注》:"徵,犹明也。吾能说夏礼,顾杞之君不足与明之也。吾从周,行今之道。"

先师黄氏元同云:"《论语》云'宋不足徵',此云'有宋存焉'者,子思居宋久,知其先王之礼犹有存者。如乐有《桑林》,诗赋《新宫》,正考甫得《商颂》十二篇于周之太师,皆先王之典籍也。然其可资考徵者,亦寥寥数事,故《论语》概谓之'不足徵'。子思尝对鲁缪公曰'臣书所记臣祖之言,虽非正其辞,然犹不失其意',其此之谓也。"

愚按：周礼乃周公所作，孔子言"吾从周"者，从周公也。《论语》云"如用之，则吾从先进"，亦谓从周公也，合乎时也。蔡氏虚斋云："此节夫子所感者深矣。一以见先王一代制作，其良法美意，不能尽传于今；一以见己不得取先王之遗典，集其大成，以垂大法于后。其曰'今用之''吾从周'者，不得位而安为下不倍之道耳。盖其意甚远，其抱负甚大也。

朱子云："右第二十八章。承上章'为下不倍'而言，亦人道也。"

第二十九章

王天下有三重焉，其寡过矣乎。

朱《注》："吕氏曰：'三重，谓议礼、制度、考文。'惟天子得以行之，则国不异政，家不殊俗，而人得寡过矣。"

愚按：吕氏说未是。三重，当依郑《注》谓三王之礼。寡过，指行礼者而言。过者，过乎中庸也。《周易》为寡过之书，而《损》《益》二卦，尤为斟酌礼宜之根本，稍有所过，即失其中。损益之义大矣哉！行礼者"其寡过矣乎"，惧而自省之辞也。

上焉者，虽善无徵，无徵不信，不信民弗从。下焉者，虽善不尊，不尊不信，不信民弗从。

朱《注》："上焉者，谓时王以前。如夏、商之礼虽善，而皆不可考。下焉者，谓圣人在下。如孔子虽善于礼，而不在尊位也。"

愚按：朱《注》以上为时，下为位，其说未是。窃谓此上下皆指位而言。徵者何？徵诸庶民也。民者，王者之所天也。天视自我民视，天听自我民听。行三重而不徵之于民，纵使其善，然或非民意之所欲，则不信而弗从矣。下焉者，其位不尊。不尊而欲自专，且无提倡之力，亦不信而弗从矣。《易传》曰："天尊地卑，乾坤定矣。"然而地天则为《泰》，天地则为《否》者，盖地气交于天，民心孚于上，斯为《泰》；若天地不交，君人者虚拥号令于上，则为《否》矣。此无徵不信之说也。《易·乾》卦之九二曰"见龙在田"，《传》以为文明之象，然居是位者，不过庸言之信，庸行之谨而已。至于善世，则虽孔孟其犹病诸。盖由周公而上，上而为君，故其事行；由周公而下，下而为臣，故其事不能行。可见中国数千年来社会之力，远不及朝廷也。此不尊、不信之说也。

故君子之道，本诸身，徵诸庶民，考诸三王而不缪，建诸天地而不悖，质诸鬼神而无疑，百世以俟圣人而不惑。

愚按：《大学》云："壹是皆以修身为本。"《孟子》云："天下之本在国，国之本在家，家之本在身。"古圣人有身学焉，所谓本身以作则也。徵诸庶民者，询谋金同也。《洪范》云："谋及卿士，谋及庶人。"卿士从，庶民从，是之谓大同。行三重而不谋及庶民，法虽立而不行矣。考诸三王而不缪者，不缪于时中也。周公思兼三王以施四事，其有不合者，仰而思之，此于不合中求其合也。盖立法以垂后者，千古之常经；而因时以制宜者，天下之通义。所以不缪于时中也，建置也。建置于天地之间，而不悖乎天地之时中，先天而天弗违，后天而奉天时也。质诸鬼神而无疑，质先圣也。吾之制作之精神心理，与先圣之精神心理相契合也，虽卜筮不违也。百世以俟圣人而不惑，俟后圣也。《礼记》云："作者之谓圣，述者之谓明。"古之明圣制作之业，后有明圣不能易其言，此其德业之远大，学问之闳通，岂谫浅小儒所能窥其万一哉？

质诸鬼神而无疑，知天也。百世以俟圣人而不惑，知人也。

愚按：质诸鬼神而无疑，通神明之德，悟造化之机也。古者庖牺作八卦，神农为市，黄帝、尧、舜垂衣裳而天下治，皆先圣之精神事业也。至后世圣人易书契，造宫室，则后圣之精神事业也。天行之理，千古不变，而人事则日新而月异，要各有穷变通久之理，皆后圣之责也。生斯世者，因时制宜而已。世之相去也，千有余岁，得志行乎中国，若合符节，其揆一也，所以不疑而不惑也。是故天叙天秩，皆原于天理也；道揆法守，皆出于人心也；圣人知天和人，穷理尽性，以至于命也。

是故君子动而世为天下道，行而世为天下法，言而世为天下则，远之则有望，近之则不厌。

愚按：此即君子寡过之学也。寡过之要，首在行礼。不妄动，不妄言，不妄行，久之则动必以道，言必以法，行必以则。又久之则动容周旋中礼，言有物，行有恒，无在非礼，足为万世式矣，而其功必自寡过始。《孝经》曰："非先王之法言不敢道,非先王之德行不敢行。"口无择言,身无择行,言满天下无口过,行满天下无怨恶,此曾子传诸子思子,而子思子备述师法也。言满天下无口过,行满天下无怨恶,一衷于礼也,所以远之则有望也。"择"通"斁",厌也。口无择言,身无择行,非礼弗言,非礼弗行也,所以近之则不厌也。若在我者无名,焉得而有望? 在我者可厌,焉得而不厌乎? 呜呼! 今之君子,没世名不称,为人所厌弃久矣,何也? 蔑弃礼法,过山积也。

《诗》曰："在彼无恶,在此无射。庶几夙夜,以永终誉。"君子未有不如此而蚤有誉于天下者也。

朱《注》："《诗》,《周颂·振鹭》之篇。射,厌也。"("射",《诗》作"斁",通。)

愚按:君子固不求名誉,然世必汲汲以求名誉者,亦未始非可造之士。人曷为而为人所恶? 又曷为而为人所厌? 自用也,自专也,自私自利也,逢人即有求也,所以为人所厌恶也。为人所厌恶,而求有誉于天下,难矣哉! 君子务去其自用、自专、自私、自利,与夫有求无餍之心,是以夙夜兢兢,不愧于天,不怍于人,而令闻广誉随之矣。然则王天下而行三王之礼者,其可不戒惧而自省乎? 其寡过矣乎?

朱子云："右第二十九章。承上章'居上不骄'而言,亦人道也。"

第三十章

仲尼祖述尧、舜,宪章文、武;上律天时,下袭水土。

郑《注》：“此以《春秋》之义说孔子之德。孔子曰：‘吾志在《春秋》，行在《孝经》。’二经固足以明之。孔子祖述尧、舜之道而制《春秋》，而断以文王、武王之法度。《春秋传》曰：‘君子曷为为《春秋》？拨乱世，反诸正，莫近诸《春秋》。其诸君子乐道尧舜之道与。’又曰：‘王者孰谓，谓文王也。此孔子兼包尧、舜、文、武之盛德，而著之《春秋》，以俟后圣者也。’律，述也。述天时，谓编年四时具也。袭，因也。因水土，谓记诸夏之事，山川之异。”

愚按：此节皆所谓时也。昔者孔子叹想大同，（见《礼记·礼运》篇。）盖思尧舜之世也。尧、舜禅让，以天下为公，其德远矣。然其典章或有不宜于后世者，于是祖述之，以待后人之发明采择而已。本经曰：“文、武之政，布在方策。”《论语》曰：“文、武之道，未坠于地，在人。贤者识其大者，不贤者识其小者，莫不有文、武之道焉。”于是宪章之。宪章者，守其法也。春秋时，文、武之法浸以破坏矣，显明彰著，后学之责，即从先进之志也。上律天时，律者，法也。《尚书·尧典》曰：“以闰月定四时成岁，允厘百工，庶绩咸熙。”《易·革》卦之《象传》曰“君子以治历明时”，此上律之有形者也。更有进者，天之时，春夏秋冬而已，圣人法之为喜怒哀乐，与时消息。其喜也，以事之当喜；其怒也，以事之当怒；其哀乐也，以事之当哀当乐，物来顺应，各得其中和，所谓与四时合其序也。下袭水土，袭者，因也，因水土之所宜也。《王制》云：“广谷大川异制，民生其间者异俗。修其教，不易其俗。齐其政，不易其宜。”凡宇宙间水土所宜，莫不有习惯之法，自古未有尽去习惯法而可以为治者。圣人因其习惯而为之开化焉，为之改良焉，为之促其进步焉,此移风易俗之道,有因水土而异者也,故曰皆时也。

辟如天地之无不持载,无不覆帱。辟如四时之错行,如日月之代明。

愚按:持,犹操持也。地心吸力,如持之也。"帱",通"焘"。《说文》:"焘,溥覆照也。"错,犹迭也。"辟如天地"二句,言其大也。何以大? 致中和而已。《左氏传》季札之论《韶》乐曰:"如天之无不帱也,如地之无不载也。"赞其中和之德也。"辟如四时"二句,言其久也。何以久? 不息而已。《易传》曰:"日月得天而能久照,四时变化而能久成。"赞其不息之功也。

万物并育而不相害,道并行而不相悖。小德川流,大德敦化,此天地之所以为大也。

朱《注》:"悖,犹背也。小德者,全体之分。大德者,万殊之本。川流者,如川之流,脉络分明,而往不息也。敦化者,敦厚其化,根本盛大,而出无穷也。"

愚按:物有并育而相害者,物之恶者也。道有并行而相悖者,道之偏者也。圣人致中和以育万物,雷霆雨露,俱无所私;动植飞潜,各得其所,故不相害。道之在天下,与人为善而已,但使其善也,即可存于天地间,亦即在吾道包含之内。本经所以言"率性之谓道,修道之谓教",第当无悖我性,即不至戕贼我心。乃因道不同、教不同,或嫉之,或忌之;入者主之,出者奴之;入者附之,出者污之,是自隘也。圣道不若是之小也，故不相悖。小德川流者，《礼记·学记》篇云："三王之祭川也，皆先河而后海。或源也，或委也，此之谓务本。"盖穷源竟委，格致之学也。故名之曰"小德"。大德敦化者，大而化之。敦者，厚也。《易》言"敦临""敦艮""安土敦乎仁"，皆言厚也。敦厚为生命之根原，即为圣学之根本。惟敦故能化，孟子言"所过者化""上下与天地同流"，故名之曰"大德"，此天地之所以为大，圣人之所以为大也。昔孟子赞孔子引宰我、子贡、有若三子之言，可谓盛矣。然不若子思子赞孔子更为广大而闳深也。孙氏夏峰云："不害不悖，即于并处见之。有害有悖，何以为并育并行也？天地之化，散之为物，运之为道，而统之则为德。德岂有大、小哉？就其分处语之，天下莫能破焉，优优是也。就其合处言之，天下莫能载焉，洋洋是也。川流见生物之不测，敦化见为物之不贰，此天地之所以为大也。仲尼之德，一天地而已矣。

朱子云："右第三十章。言天道也。"

第三十一章

唯天下至圣，为能聪明睿知，足以有临也；宽裕温柔，足以有容也；发强刚毅，足以有执也；齐庄中正，足以有敬也；文理密察，足以有别也。

郑《注》："言德不如此，不可以君天下也。盖伤孔子有其德而无其命。"

朱《注》："聪明睿知，生知之质。临，居上而临下也。其下四者，乃仁义礼智之德。文，文章也。理，条理也。密，详细也。察，明辨也。"

愚按："圣"字本训为通明。《论语》孔子曰："何事于仁，必也圣乎。"此"圣"字遂为大而化之之义。其所以系于至诚者，至圣为天下之至名，至诚乃天下之至德也。《易》曰："知临大君之宜。"《象》曰："大君之宜，行中之谓也。"盖惟聪明睿知，是以能行中庸。《尚书·尧典》曰："直而温，宽而栗。"《论语》曰："宽则得众，无宽裕温柔之德，即不足以容众。"《易传》曰"容民畜众"，又曰"容保民无疆"。容民者，君人唯一之度量也。发，谓发皇，《尚书·皋陶谟》言九德曰："刚而塞，强而义，扰而毅。"非此不足以执德也。齐庄中正，即本经所谓"齐明盛服，非礼不动"，动必以礼，自能中正。敬者，列圣相传之学。《尧典》屡言"钦哉"，钦即敬也。汤之德不过"圣敬日跻"，文之德不过"缉熙敬止"而已。学圣者其必学敬乎！文者物象之本，王者所以宣教布化于朝廷。理字从玉从里，盖玉之纹理最细，里之经纬最明，穷理者精如治玉，粗如治里，则众物之表里精粗无不到，而吾心之全体大用无不明，自能退藏于密而万品以察矣。故曰"足以有别"也。

溥博渊泉，而时出之。

愚按：溥博，广大也。渊泉，深沉也。广大而不深沉，其弊也流于浮，阳刚之过也。深沉而不广大，其弊也流于刻，阴柔之过也。能以时出之，则一阴一阳之运行，与四时合其序矣。出，发见也。

溥博如天,渊泉如渊。见而民莫不敬,言而民莫不信,行而民莫不说。

郑《注》:"如天,取其运照不已也。如渊,取其清深不测也。"

愚按:如天,其大何如?如渊,其深何如?盖万汇托其包罗,百川归其溪壑矣。民莫不敬、信、说者,盖至圣能自保其信用,自修其敬德,自养其和悦,而民乃莫不敬、莫不信、莫不悦也。其相感者有素也。

是以声名洋溢乎中国,施及蛮貃,舟车所至,人力所通,天之所覆,地之所载,日月所照,霜露所队,凡有血气者,莫不尊亲,故曰配天。

愚按:《尚书·皋陶谟》之赞尧曰:"帝光天之下,至于海隅苍生,万邦黎献。"此所谓"凡有血气,莫不尊亲"也。天以好生为德,而至圣体之。血气者,生机也。盈中国蛮貃,推而至于舟车所至六者,皆生机之所在也。以生理感生机,焉有不鼓舞而不尊之亲之者乎?此声名之洋溢于宇宙间,即生机之洋溢于宇宙间也。配天者,《论语》曰:"巍巍乎惟天为大,惟尧则之。"休哉唐虞之世,其庶几乎!

又按:狄氏云:"天包地外,地处天中。地之所不载者,日月霜露固可得而及也。故以照、队次所载言。《周髀》云'两极之下,日月已微',严霜寒露所钟,日月之所不照者,犹霜露所可及也。故又以所队次所照言,各句俱有伦序也。"

朱子云："右第三十一章。承上章而言小德之川流，亦天道也。"

第三十二章

唯天下至诚，为能经纶天下之大经，立天下之大本，知天地之化育，夫焉有所倚。

郑《注》："至诚，性至诚，谓孔子。大经，谓六艺而指《春秋》也。大本，《孝经》也。安有所倚，言无所偏倚也。

朱《注》："经纶，皆治丝之事。经者，理其绪而分之。纶者，比其类而合之也。"

愚按：《孟子》曰："君子反经而已矣。"经者，常道也。世衰道微，大经日紊，惟至诚有以经纶之。治天下之道，一经一纬而已。经纬明而秩序定焉。大本，郑《注》以为《孝经》。君子务本，本立而道生。孝弟也者，其为仁之本欤？仁人之于孝，犹枝叶之有根本也。亲亲仁民，仁民爱物，皆从此出，故曰大本。立之者，立天经地义也。天地之化育，生理也，生机也，杀亦生也。至诚知之，以仁义礼智，上法元亨利贞之德，由喜怒哀乐未发之中，推而达于已发之和。老吾老以及人之老，幼吾幼以及人之幼，驯至万物各得其所。损益盈虚，与时消息，先天而天弗违，后天而奉天时，皆所谓知天地之化育也。知性而后知天也。夫焉有所倚，而至于窒碍不通乎？门人陈氏柱尊云："大经者何？《六经》也。孔子之道，具乎《六经》。日月之明，星辰之行，经实系之。江河之流，华岳之高，经实系之。鬼神之灵，阴阳之精，经实系之。禽虫之生，草木之荣，经实系之。人伦之理，国家之纪，经实系之。"此说盖宗郑《注》。按：《释文》"论"本作"纶"。《易·屯》卦"君子以经纶"郑本作"论"，云论撰《诗》《书》《礼》《乐》施政事，此《注》以大经为六艺，是郑本作"经论"，与《易注》同也。惟其说究嫌太泥，不若训为常道，包涵尤广。

肫肫其仁，渊渊其渊，浩浩其天。

朱《注》："肫肫，恳至貌。渊渊，静深貌。浩浩，广大貌。"

愚按：此言至诚之性情、学问、度量，最为精至。学圣根基，实在于此，不可不深味而曲体之也。肫肫，仁之本也，非肫肫无以为仁也。渊渊，渊之本也，非渊渊无以成渊也。浩浩，天之表也，非浩浩无以配天也。孔子曰："为之不厌，诲人不倦。"欲立立人，欲达达人，皆所谓肫肫也。老氏以煦煦为仁，其所见小者。煦煦，其心不免于私；肫肫，其心纯乎公也。由肫肫而进于渊渊，犹春生而至于秋敛也，非老氏所谓"微妙玄通，深不可识"也。定静安虑，退藏于密，其功邃矣。其万物之宗乎？由渊渊而进于浩浩，如波澜之迂回，静潋而达汪洋也。至是而至诚之量，无以加矣。惟尧之巍巍荡荡，舜之与人为善，始足拟之。顾其学之之道奈何？《孟子》言浩然之气，曰"以直养而无害，则塞于天地之间"，直其正也。正直，至诚之本也。人能正直养其浩浩之气，与天相接，乃能配浩浩之天。

苟不固聪明圣知，达天德者，其孰能知之？

愚按：聪明圣知，生质之美也。达天德，学问之功也。天德者，乾德也。固者，其质其学，皆极于至诚也。其孰能知之者，知至诚之德业而实践之也。

朱子云："右第三十二章。承上章而言大德之敦化，亦天道也。前章言至圣之德，此章言至诚之道。然至诚之道，非至圣不能知；至圣之德，非至诚不能为。此篇言圣人天道之极致，至此而无以加矣。"

愚按：此章首节言至诚之功用，次节言至诚之学行气象，末节叹至诚之德未易窥测。孔子之赞尧曰"无能名"，读此篇亦几无能名矣。

第三十三章

《诗》曰"衣锦尚䌹"，恶其文之著也。故君子之道，闇然而日章；小人之道，的然而日亡。君子之道，淡而不厌，简而文，温而理。知远之近，知风之自，知微之显，可与入德矣。

郑《注》："言君子深远难知，小人浅近易知。禅为䌹，锦衣之美，而君子以䌹表之，为其文章露见似小人也。淡，其味似薄也。简而文，温而理，犹简而辨、直而温也。自，谓所从来也。三知者，皆言其睹末察本，探端知绪也。入德，入圣人之德。"

愚按：恶其文之著，非伪也。此恶字即羞恶之心，发于至诚者也。盖外有文而内无文，君子之深耻而痛恶也。惟闇然所以日章，惟的然所以日亡。（的，自表见也。）天下未有闇然而不日章者也，未有的然而不日亡者也。淡则易于厌，简则近于无文，温则易和，和则易于失

理。惟不厌而文而理,乃所以成其为淡、为简、为温。或者谓远近指
道里而言,风自指风气而言,微显指心术而言。愚谓知远之近,欲治
其国,先齐其家也。知风之自,欲齐其家,先修其身也。《易传》所谓
"风自火出,《家人》。君子以言有物而行有恒也"。知微之显者,欲修
其身者,先正其心;欲正其心者,先诚其意也。此子思子传曾子之学
说也。三"知"字即所谓知所先后,皆笃实之极功也。曰可以入德,可
见入德者,必自不表暴始。笃实不欺,斯为道器。自来文人学士,浮
躁浅露,误用聪明,终身无入德之望,如草木荣华之飘风,可惜也。此
节盖类孟子所谓"可欲之谓善"。李氏二曲云:"一切世味淡得下,方
于道味亲切。苟世味不淡,理欲夹杂,则道味亦是世味,淡而不厌,非
知道者其孰能之?"

《诗》云:"潜虽伏矣,亦孔之昭。"故君子内省不疚,无恶于
志。君子之所不可及者,其唯人之所不见乎?

郑《注》:"孔,甚也。昭,明也。疚,病也。"

朱《注》:"《诗》,《小雅·正月》之篇。无恶于志,犹言无愧于心,
此君子谨独之事也。"

愚按:《诗》曰"鼓钟于宫,声闻于外。"伏者,昭之基也。是故君子
慎其所藏也。内省不疚,无恶于志,"疚"字、"恶"字最有味。疚者,病
也。针毡不安之念,发自良知,不疚则可复吾心光明之体矣。恶者,
憾也。痛恨自责之意,亦发自良知,无恶则可复吾心正大之体矣。入
德之后,必继以养性之功。本经首章言天命之性,即继以慎独。独

者，人之所不见也。十目所视，十手所指，皆人之所不见也，而其所可见者，莫大乎是也。盖天下之最可畏者，莫如人所不见之地，汉杨震所谓天知地知是也。人皆曰自由，夫思想自由，最所不禁。然使终日皆贪淫邪妄之念，为法律外之思想，其可乎？即不然，而终日皆憧憧往来之念，为性分外之思想，其可乎？君子首除贪淫邪妄之念，继戒憧憧往来之念，非无念也，其所养者，皆光明正大之志也，所以不可及也。此节较'闇然日章'之君子工夫加密，盖类孟子所谓"有诸己之谓信"。

《诗》曰："相在尔室，尚不愧于屋漏。"故君子不动而敬，不言而信。

郑《注》："相，视也。室西北隅谓之屋漏。视女在室独居耳，犹不愧于屋漏。屋漏非有人也，况有人乎？"

朱《注》："《诗》，《大雅·抑》之篇。承上文，又言君子之戒谨恐惧，无时不然，不待言动而后敬信，则其为己之功，益加密矣。"

愚按：尚，上也。君子下不愧于人，是以上不愧于天。不若于道者，天绝之。君子养性以修道，本心之良知，与天地之善气，息息相通，故能对越上帝而不愧。不动而敬，非以不动为主也。虽不动时，自然敬也。不言而信，非以不言为主也，虽不言时，自然信也。《礼》曰："毋不敬，俨若思。"俨若思，则无所不敬，故不动而敬。《易》曰："履信思乎顺。"履信则无所不信，故不言而信。是皆由平日之敬天畏民，不妄动，不妄言，浸而久之，乃能臻此境界。此节较"内省不疚"之君子工夫加密，盖类孟子所谓"充实之谓美"。

《诗》曰："奏假无言，时靡有争。"是故君子不赏而民劝，不怒而民畏于铁钺。

郑《注》："假，大也。此颂也，言奏大乐于宗庙之中，人皆肃敬，金声玉色，无有言者，以时太平和合，无所争也。"

朱注："《诗》，《商颂·烈祖》之篇。奏，进也。承上文而遂及其效，言进而感格于神明之际，极其诚敬，无有言说而人自化之也。威，畏也。铁，莝斫刀也。钺，斧也。"

愚按：上三节皆言修己之功，此则推其效于民，其德为深远矣。奏假无言，一诚之相感也，非以无言为尚也。时靡有争，一人让，一时兴让也。不赏不怒，其道奚由？盖天下之专以赏为事者，其势有难继；专以怒为事者，其神为尤劳。滥赏滥罚，无非以势力与民相争，民乃不劝不畏，而天下转以多事。君子不赏而民劝，不怒而民威于铁钺者，惟赖诚意之感孚，盖由平日积累使然，非一朝一夕之故。且由性情心理之相印，更非牢笼要结之所能致也。《大学》《尔雅》之释《诗》曰："如切如磋者，道学也。如琢如磨者，自修也。瑟兮僴兮者，恂慄也。赫兮喧兮者，威仪也。"道学自修，恂慄威仪，皆治民之本也。此节较"不动而敬"之君子工夫加密，盖类孟子所谓"充实而有光辉之谓大"。

《诗》曰："不显惟德，百辟其刑之。"是故君子笃恭而天下平。

朱《注》：“《诗》，《周颂·烈文》之篇。不显，幽深玄远之意。承上文言天子有不显之德，而诸侯法之，则其德愈深而效愈远矣。笃，厚也。笃恭，言不显其敬也。笃恭而天下平，乃圣人至德渊微自然之应，中庸之极功也。”

愚按：奏假无言，肫肫其仁也。不显惟德，渊渊其渊也。朱《注》以不显为幽深玄远之意，盖文王小心翼翼，徽柔懿恭，而更能渊默静深，所以为百王之式也。文王我师也，古人岂欺我哉？“笃恭”二字，何等精神！愚尝谓《思齐》之诗“雍雍在宫，肃肃在庙”，文王德行之精神也。“肆成人有德，小子有造”，文王教育之精神，即平天下之根本也。文王我师也，斯言诚有味哉！此节较“奏假无言”之君子工夫加密，盖孟子所谓“大而化之之谓圣”。

《诗》曰：“予怀明德，不大声以色。”子曰：“声色之于以化民，末也。”《诗》曰：“德辖如毛。”毛犹有伦。“上天之载，无声无臭”，至矣。

郑《注》：“辖，轻也。言化民当以德，德之易举而用，其轻如毛耳。”

朱《注》：“《诗》，《大雅·皇矣》之篇。引之以明上文所谓‘不显之德’者，正以其不大声与色也。又引孔子之言，以为声色乃化民之末务。今但言不大之而已，则犹有声色者存，是未足以形容不显之妙，不若《烝民》之诗所言‘德辖如毛’，则庶乎可以形容矣。而又自以为谓之毛，则犹有可比者，是亦未尽其妙，不若《文王》之诗所言‘上天之载，无声无臭'，然后乃为不显之至耳。"

愚按：此乃浩浩其天也。明德者，文王之教。愚于《诗经提纲》及《大学大义》中曾详言之。不大声以色，圣人之与天合德也。天不言而四时行，百物生，天之所以为天也。圣人不言而所过化，所存神，圣人之所以为圣也。此与"维天之命"节遥相应。"维天之命，于穆不已"，自其运用而言。"上天之载，（载，始也。）无声无臭"，自其主宰而言也。本经以天命之性始，以上天之载终。盖天命之性，人得之以为喜怒哀乐未发之中，所谓人受天地之中以生也。上天之载，天道之始，圣人用之以无思无为，寂然不动，感而遂通天下之故。所谓天下之至神也，无非尽人道以合天道也，然要之无声无臭，非终无也。周子《太极图说》曰"无极而太极"，自无而之有也。文王之教，见于《易·乾》卦之《象辞》，曰"元亨利贞"。孔子引伸之曰"自强不息"，又曰"乾道变化"。然则所谓无声无臭者，自有其不息者在，自有其变化者在，要皆"元亨利贞"四德之运行，岂终归于无哉？老子曰"圣人处无为之事，行不言之教"，遂以无名为天地之始，则堕于空虚矣。此节为圣人德化之极至，盖孟子所谓"圣而不可知之谓神"。朱子以为承上文形容"不显之德"，似觉太泥。

朱子云："右第三十三章。子思因前章极致之言，反求其本，复自下学为己谨独之事，推而言之，以驯致乎笃恭而天下平之盛，又赞其妙，至于无声无臭而后已焉。盖举一篇之要而约言之，其反复丁宁示人之意至深切矣，学者其可不尽心乎？"

先太夫子黄氏薇香《诚说》云：子思子因诚身必先明善，申之曰

"自明诚",而《中庸》大旨则教人以诚而已矣。戒慎恐惧,须臾不离。君子所以称时中者,思诚也。小人未必欲反中庸,而卒反之,不思诚也。帝舜之用中,诚者也。颜子择善固执,思诚者也。子路问强,告以不变塞。塞,实也,即诚也。依乎中庸,遯世不悔,无道不变之诚也。夫妇虽愚不肖,及思诚之至,得圣人之所不知不能,圣人之诚,及于鸢飞鱼跃,补天地之所憾,诚无间于大小也。庸言庸德之慥慥,诚也。素位者之正己无怨,诚也。以一家言,由妻子之无睽心,致兄弟之乐且久,而父母遂顺,此诚之自迩而远,自卑而高,见于人事也。而诚之大者,幽足以达鬼神,帝舜、文王、武王、周公,天神格,宗庙飨,统之以诚。鬼神之盛,人视之不见,安敢不见而遗之?人听之不闻,安敢不闻而遗之?人以心体物,知其不可遗,则不可度,不可射,诚自不可已,故曰"夫微之显,诚之不可掩"。掩,止也。"哀公问政"数章之言诚不待赘"大哉圣人"数章。君子诚于崇礼,天子诚于作礼乐。作礼乐与致中和遥应。礼以制中,乐以敦和,诚意已了,祖述宪章,特言仲尼,与首章遥应。一则曰"惟天下至圣",再则曰"惟天下至诚",见孔子惟至诚知至圣,故结之曰:"苟不固聪明圣智,达天德者,其孰能知之?"末章引《诗》言化民之诚,声色之大,非诚也。德辅如毛,毛、旄通。轻疾如旄,亦声色之类,非诚也。《诗》曰:"上天之载,无声无臭。"言文王孚万邦,诚如天也。解《中庸》者当知不见而章,不动而变,皆诚之所格。而或以戒慎恐惧为佛法之"常惺惺",或以无声无臭归之寂灭,皆讳言思者也。窃以为孟子改《中庸》"诚之"为"思诚",盖有思诚而未诚者矣,安见不思而诚之哉?诚者不思而得,谓有时不思而诚无间断也。思诚者有所间断,思以续之者也。如谓诚者不思,失子思子之意;如教诚之者不思,又岂孟子之意?(谨按:此说极精。惟以声色化民、德辖如毛为非诚,恐非经意。盖经传以此证无声无臭之妙,非菲薄是二端也。)

愚尝作陈氏柱尊《中庸通义序》云:自古有昼而不夜,夜而不昼,日夕愆其候者乎?无有也。有春而不夏,秋而不冬,四时倒其序者乎?无有也。潮流之涨缩也,视乎晦朔盈虚,有水行而失其信者乎?无有也。是何也?曰诚也。孔子作《易·乾卦·文言传》曰"存诚",曰"立诚以发明天行之道"。传之于子思子,子思子述而言曰:"诚者,天之道。诚之者,人之道也。"又传之于孟子,孟子发明之曰:"至诚而不动者,未之有也。"又曰:"反身而诚,乐莫大焉。"又传之于周子,周子发明之曰:"大哉乾元,万物资始,诚之源也。乾道变化,各正性命,诚斯立焉。"又曰:"诚精而明。""诚神幾曰圣人。"大哉诚也,其天地之奥,国家之所以立乎!不诚则无物,无物则为邪暗,为欺诈,为机变之巧,人心至此,世道遂不可问。以尊德性、道问学之君子,而至于默然以容,明哲以保其身,此何为者也?皆由天下之不诚也。圣人有救之之道焉,曰慎独。《中庸》三十三章,所言无非诚,而其始终要归于慎独。自未发之中,以至位天地,育万物,慎独之功也。自"闇然而日章",以至于"无声无臭",慎独之功也。莫见乎隐,莫显乎微,君子能戒慎恐惧,而不愧屋漏,则所谓不动而敬,不言而信,笃恭而天下平者,一以贯之矣。舜好问察迩,此诚也。文王之纯一不已,亦此诚也。反是而为邪暗,为欺诈,为机变之巧,是即小人之中庸也。小人而无忌惮也,小人而犹自以为中庸也,不诚之至也。世界之坏,坏于此也。人心之亡,亡于此也。中国士大夫违慎独之旨,畏慎独之言,破慎独之见,而天下危矣。至诚之道,可以前知者也。国家将兴,必有祯祥;国家将亡,必有妖孽。周子曰:"幾善恶,其可畏哉!"圣人于是大声疾呼曰:"果能此道矣,虽愚必明,虽柔必强!"盖能诚则愚者明,柔者强;不能诚则明者愚,强者柔。大哉诚乎! 鸢飞戾天,鱼跃于渊,其诚之所在乎! 肫肫其仁,渊渊其渊,浩浩其天,其诚之所极乎! 人性推极于天命,圣功媲美于天载,彻始彻终,夫微之显,皆诚之不可掩乎! 孔子曰"乾坤毁,则无以见《易》;《易》不可见,则乾坤或几乎息矣!"愚窃附其义曰:"《中庸》毁,则无以见诚;诚不可见,则《中庸》或几乎息矣!"

图书在版编目(CIP)数据

唐文治四书大义. 大学大义 中庸大义/崔燕南整
理. —上海：上海人民出版社, 2018
ISBN 978 - 7 - 208 - 15189 - 5

Ⅰ. ①唐… Ⅱ. ①崔… Ⅲ. ①儒家 ②《大学》-研究
③《中庸》-研究 Ⅳ. ①B222.15

中国版本图书馆 CIP 数据核字(2018)第 105500 号

责任编辑 张钰翰 邵 冲
封面设计 陈 酌

唐文治四书大义

张旭辉 刘朝霞 徐炜君 崔燕南 整理

出 版 上海人民出版社
 (200001 上海福建中路 193 号)
发 行 上海人民出版社发行中心
印 刷 上海商务联西印刷有限公司
开 本 890×1240 1/32
印 张 36
插 页 6
字 数 688,000
版 次 2018 年 6 月第 1 版
印 次 2018 年 6 月第 1 次印刷
ISBN 978 - 7 - 208 - 15189 - 5/B · 1335
定 价 150.00 元

唐文治

孟子大义

四书大义

徐炜君　整理

上海人民出版社

目　录

前　言
唐文治与经学在近代的回潮

邓秉元

　　自 1905 年清廷废科举以来,传统经学经历了复杂的变化。先是在"中体西用"口号之下,通过癸卯学制改革,保留经学作为精神信仰的地位,"设立中国旧学专门,为保存古学古书之地",理由是"中国之经书,就是中国之宗教"(张之洞、荣庆、张百熙《学务纲要》)。岂料为时不久,1912 年民国肇立,经学便在新的学制改革中废除,传统经书也因此被划入新的知识体系,分别成为文史哲等学科的历史文献。主导其事、提倡"信仰自由"的教育总长蔡元培,所心仪的乃是"以美育代宗教",其实便是"以美育代经学",否定经学具有精神信仰的超越意义,或类似国民政府以后那种政治教科书的地位。

　　经学本来便不是一种独断的信仰形态。从学术角度来说,否定经学的宗教与意识形态地位,其实并无不妥。汉代"表彰六经",主张"诸子出于王官",从知识体系立场还原了经学相对诸子的本源地位。尽管号称"独尊儒术",却首先是说政治应该建立在仁义而非霸术之上,并因此成为各阶层的共识。远非 20 世纪一些史家所说的,仅仅是为专制君主服务。西汉之伟大,正是因为社会普遍对真理抱有诚意,作为知识体系根基的六艺之学,遂得以重新滋养百家学术。不仅经学,百家诸子与道教、文学皆能自由发展,各个领域英才辈出。那以后,唐之与宋,精神形态虽然不同,且各有流弊,但文化理想尚极为高远。经过金元的统治,政教文化日趋粗鄙,礼法纲纪荡然无存。明清以后,政治力量遂得以把某种经学观念(譬如理学)凌驾于其他学术,不仅学术自身失去活力,民族的生机也逐渐窒息。

不过,把经学的学科属性也加以否定,的确是对中国传统文化的致命一击。中国文化所依托的那种天人宇宙的视野既不复存在,宗教也在科学主义观念下难以生根,在功利盛行的现实世界背后,缺少超越性精神作为本源,民族的生命自然无法畅达。这是 20 世纪华夏文明的真正危机所在,在随后的新文化运动中,经学又被扣上"粪学"(钱玄同语)的帽子。那种由天朝上国的迷梦中轰然坠地的失落心态,竞相拿经学作为出气筒。尽管在一些新兴的学术形态里面(譬如新儒学),经学义理的圆融得到捍卫,但各种流派笔下的中国历史却依然是漆黑一团。经学虽然像先秦学术一样,回到了自由的民间,但却发现"鸠占鹊巢",早已失去了故园。

也正是在此时,我们看到一群文化遗民。这些遗民可能不像罗振玉、王国维等人一样,为逊清恪守臣节,但却在近乎失语的时代环境之中,在学术上守先待后,顽强地为华夏文化招魂。在这些人物之

中,出生于同治四年(1865)、卒于 1954 年,生涯横跨晚清以来将近一世纪之久的唐文治先生,无疑算是个中的一位典型。如何清理这些"旧学"典型的精神及学术遗产,并研求其历史意义,便成为后来者义不容辞的责任。

一、"以史学为中心"的学术

探讨这一问题,至少应该从清代说起。早在康熙即位之初,三藩尚在,台海未平,满洲王大臣势力趁康熙年幼之机,重新占据上风。直到康熙中叶,清廷所要解决的主要问题都是如何在政治上确立君权对部族权力的优势地位,并削平各种割据势力。因此,在很长一段时间,康熙对汉族士大夫都是采取怀柔政策,对熊赐履、张伯行这种勇于挑战满洲贵族的士大夫不遗余力加以拔擢,对举荐施琅、帮助平定台湾的李光地更是视为能臣,对南北内外不同学术也能表示优容。康熙前、中期之所以会延续晚明思想自由的格局,都是与这一现状分不开的。在这一背景下,尽管朱学与王学的争论仍然激烈,但各种新的学术形态也纷纷崛起。尤其重要的是,中土学术开始与利玛窦以来耶稣会士所带来的西洋学术合流,诸子之学全面复苏,在以宋明理学为代表的"第二期经学"已经走向完结的时候,为中国文化带来了一阳来复之机。黄宗羲在《明夷待访录自序》中所提及的"夷之初旦,明而未融",说的便是这个意思。这一机运后来销杀于一元化体制之下朱子学的独尊与中西礼仪之争,固是事实,但却是理解清代学术各种转折的前提。

1919 年,王国维曾经在为沈曾植贺寿的文章中写到:

> 我朝三百年间,学术三变:国初一变也,乾嘉一变也,道咸以降一变也。顺康之世,天造草昧,学者多胜国遗老,离丧乱之后,志在经世,故多为致用之学。求之经史,得其本原,一扫明代苟且破碎之习,而实学以兴。雍乾以后,纪纲既张,天下大定,士大夫得肆意稽古,不复视为经世之具,而经史小学专门之业兴焉。道咸以降,涂辙稍变,言经者,及今文;考史者,兼辽金元;治地理者,逮四裔,务为前人所不为。虽承乾嘉专门之学,然亦逆睹世变,有国初诸老经世之志。故国初之学大,乾嘉之学精,道咸以降之学新。(《沈乙庵先生七十寿序》)

王氏这一论断引起许多学者的注意,但也还远非定论。譬如把胜国遗老之学定为经世致用,而把乾嘉汉学中的经学称作"专门之业",便似乎有将经学与致用对立起来之嫌。经世致用的学术难道不正是活着的经学么? 因此,这一观点似乎还是乾嘉以后儒者的主流看法,那就是把经学、理学与致用之学分别开来,经学特指关于经书本身和汉代经学(实际是经学史)的研究,其实便是以吴、皖两派为核心的乾嘉考据之学。而理学尽管在四库馆臣重新梳理经学传统的时候,仍然被称作"经宋学",但借用梁启超的话说:"乾嘉以来,汉学门户之见极深,'宋学'二字,几为大雅所不道。"(《中国近三百年学术史》第四节)所谓义理、考据与词章,也往往是词章家的高自标置(姚鼐《述庵文钞序》)。对于汉学家而言,"一为文人,便无足观"。

乾嘉时代经世之学的衰歇,无疑是雍乾两朝的高压政治使然,这在晚清以来已成为史学界的共识。譬如,自言"乾纲独断,乃本朝家法"的乾隆皇帝,竟然肆无忌惮地宣称:"使为宰相者,居然以天下为己任,而目无其君,此尤大不可也。"(《书程颐论经筵劄子后》)在这种意识形态背景下,不仅经学失去了与现实的具体联系,即便被官方悬为功令的朱子学也只不过是科举制度的敲门砖,甚至失去了作为修己之学的意义。当清代汉学家批评晚明心性之学流于无用的时候,却忘记致用已经成为统治者的特权。官方所表彰的足以致用的理学家,如李光地之流,不仅毫无孟子所谓出处大义可言,甚至一心帮助帝王炮制所谓"御制性理大全"等书,助其以夷酋而侧身历代圣王之列。

这一现实在知识界的某种反动,便是在道光初年吴派学者江藩所撰写的《国朝宋学渊源记》之中,不仅把当朝的所谓理学名臣如李光地、汤斌、陆陇其等人全部摒之于外,甚至对时人所称颂的宋学人士罗有高也"痛诋之几无完肤"(伍崇曜《宋学渊源记跋》)。被汉代学者定位为"修己治人""常道"之学的经学,假若既不足以经世致用,又未能导人进德,在义理上也缺乏真正的进展,又何以自称为经学?所谓乾嘉汉学,虽然被清代学者艳称为"国朝经学复振",但最大的贡献其实也不过是关于经典文本、小学及汉代经学史的研究,尚不足以称为有体有用之经学。这样,王国维所谓"国初之学大",似乎更应理解为孟子所谓"先立乎其大"的大体之学,这才是原初意义的经学。

汉学家之外,典型的例子就是李光地(1642—1718)。李光地卒于康熙五十七年(1718),年七十七岁。在当时已号称"理学名臣"。详读李光地的著作,很难不承认,不仅其对西学的研究在当时已属难得,其对《四书》《五经》乃至道教、声律、文学都迭有新见。他的《周易折中》与《周易通论》代表了清初理学易的最高成就,其诗学、尚书学、礼学、春秋学等都颇为清代学者所重,他对宋明理学义理、源流也有精审的把握。在并时学者热衷撰写学术笔记的风气中,他的《榕村语录》遍论群经、子史、释道、文学的学术源流,算是质量上乘的作品。假如重新撰写这些领域的学术史,确实无法避开他的成就。其学问之广博与精神之卑靡恰成正比。1900年前后章太炎撰写《清儒》,披头便说"清世理学,竭而无余华",假如说在义理上没有产生与程朱陆王比肩的哲人,并不算错;但把魏象枢、魏裔介、李光地、陆士仪、陆陇其诸人在学术上一概否定,未尝不是一种偏见。此时的章太炎,对理学尚缺乏真正的认知。

在康熙所表彰过的一众理学名臣之中,李光地与熊赐履(1635—1709)无疑最为重要。但越是到统治的后期,康熙越无法忍受熊赐履思想中那种源自晚明的,无论朱学还是王学都共同具有的某种真正精神,即以道自任的精神。相反,李光地则早就宣称道统与治统合一,把康熙奉为"五百年必有王者兴",使"道与治统复合"的圣王,尽管屡遭排挤,但还是最终"卒于官"。

从这个意义上说，清朝中叶的汉宋学术分野并非清廷的两手政策所致，也并不表征文化政策自身的分裂；相反，无论研究汉宋学术源流还是名物训诂，在乾嘉时代的意识形态架构中都自觉地拉着第二把小提琴。汉宋学者观念上的势同水火，乃是学科属性使然，掩盖不住双方作为"以史学为中心"的学术，在精神乃至研究路数上的趋同。在后来接续乾嘉汉学的学者中，章太炎站在激烈"排满"立场上，极力表彰汉学家的某种不合作精神，以为气节犹存的证明，虽不无惠栋等一二特例，但未免有些夸大（《訄书·学隐》）。身居高位的"汉学护法"如阮元（1764—1849）辈，以及奔走权门的汉学人物姑且不提，譬如，那位撰写《孟子正义》，处处以理学为敌的汉学领袖焦循（1763—1820），所批评的便不是在朝理学之虚伪，反而津津于痛斥明代学者"以不屈于君父为能，以屏弃文艺为学，真邪说诬民，孟子所距者也"（《孟子正义·离娄上》），便是一个显例。

1920 年代，梁启超在《清代学术概论》中曾经以乾嘉学者研讨学问的方式为例，提出所谓"学者社会"一说，揭示出清代学术的某些现代特征。李光地也同样可以算作一元化政治体制之下现代知识人的一种典型。

二、"道咸以降之学新"

当然，诚如王国维所言，道咸以降学术确实起了变化。只不过这一新变不仅仅是"逆睹世变",最直接的原因还是因为嘉道以后,由"十全老人"乾隆皇帝(1711—1799)所刻意营造的文治武功的盛世体制已经难以为继。不仅有白莲教、捻军等民间暴动的冲击,特别是随着"太平天国"的崛起,东南的半壁江山竟然易主,所造成的社会心理动荡显而易见。在由此释放出的空间夹缝之中,文化又现出了某种生机。从历史上看,这一情形有点儿像"土木堡之变"以后的明朝。正统十四年(1449),在宦官主导下明英宗的错误决策乃至被俘,造成君主权威的实际削弱,其实是明中叶出现思想解放的直接原因。在这一时期,罗钦顺、崔铣、王廷相、汪俊等一大批理学家,尽管并没有形成更新颖的学术见解,但和此前不同的一点,便是使理学从不容置疑的官方教条重新恢复了思想活力。

因此,道咸以降的学术新变,王国维所说今文经学、辽金元史、西北地理之学固然不错;但也要综合梁启超所说的三种趋向,即常州经学、宋学复兴、讲求西学,才更为全面。其中,所谓西学乃是指耶稣会所传入并在晚明清初受到黄宗羲、方以智、王锡阐、梅文鼎等重视的西方学术,鸦片战争之后与迅速涌入的新的声光化电等格致之学(自然科学)合流。常州经学被晚清学界理解为与古文经学对立的西汉今文经学,宋学是指唐鉴、曾国藩所代表的朱子学,前者在道咸以来主张议政,后者因为平定洪杨之变而受到朝野的尊崇。在被清代人理解为"同光中兴"的时代,三者的奇妙结合,正是张之洞等所谓"中体西用"的典范。因此,如何理解道咸之学的"新",便应该注意道咸

以来所谓"中体"的变化,以及洋务派与经学的关联。

"道咸之学新"首先表现在经、子之学的回潮,对经典的研究不再止于外在观照,而是融入了内外两方面的实践。这种实践一方面表现为心性之学本身的复苏,一方面则表现为经世致用,个体性命与家国天下恢复了关联。也正是在这一背景之下,乾嘉时代水火不容的汉宋之学出现某种和解迹象,这就是所谓"汉宋调和"。这种调和表面上与四库馆臣所传达的汉宋学术如车之两轮、鸟之双翼的官方理念并无不同,但却有着根本区别。

在以往,最受学界关注的是常州今文经学,不仅因为晚清维新变法中康有为(1858—1927)等以今文经学为改制的理论根源,也因为今文经学早期的学者如龚自珍(1792—1841)、魏源(1794—1857)等已经致力于社会批判,而认同理学的包世臣(1775—1855)其实也不遑多让,这方面已经有过很多研究。

在学术上体现汉宋调和的代表人物有黄式三(1789—1862)、丁晏(1794—1875)、朱次琦(1807—1881)、陈澧(1810—1882)和曾国藩(1811—1872)等。五者当中,丁晏虽然立足汉学,但其所著《周易述传》,专宗程颐《易传》,"抒其己见,立言以诚,而望后来之取法,则程子之志也"(《周易述传自序》),在汉学家中不遑多见。黄式三学问精博,提倡读书当先"治心",反对"门户之见",主张汉宋兼采(《论语后案序》)。朱次琦以理学为主,以"自治其身心"相倡率,而特重修身大节,代表了性理之学的复苏。

特别值得一提的是,曾国藩、罗泽南(1807—1856)等以理学家身份,在八旗与绿营兵衰朽不堪的时候,用理学的精神凝结徒众,最终平定洪杨之变,成为理学足以致用的典型。曾国藩的湘军及继起的淮军几乎成为当时唯一堪能一战的力量,尽管尚不足以攘外,但却足以安内,并因此成为所谓"同光中兴"的支柱力量。

诸人之中学术成就最大的除了黄式三以外,无疑是长期身处岭南的陈澧。陈澧"凡天文、地理、声律、算术、小学,无不研究",本来是一个标准的汉学家。但看他从数学及光学角度研究《墨子》,以及极力探究诸子百家之"可取"处(《东塾读书记·诸子书》),其诸子研究确实已不同于正宗的汉学家如王念孙、俞樾等专注文献之学的"从旁窥伺"(章太炎语),可以视作诸子学术的复活。他平章汉宋的理由之一,便是汉儒也有其义理之学,宋儒的考证渊源于汉儒。后世研究者因此把陈澧视作和稀泥式的"调人",如章太炎便贬斥其为"傅会","此犹揃毫于千马,必有其分刌色理同者"(《訄书·清儒》),却不知陈氏已经意识到每个时代的学术皆有其各自的体用之学,并非乾嘉时代,把汉儒归为考据,宋儒归为义理那样的两截学术。

陈澧因此明确提出了他的经学观:

> 所谓经学者,贵乎自始至末读之、思之、整理之、贯串之、发明之,不得已而后辩难之,万不得已而后排击之,惟求有益于身,有益于世,有功于古人,有裨于后人,此之谓经学也。有益、有用者,不可不知;其不甚有益有用者,姑置之;其不可知者阙之,此

之谓经学也。(《与王峻之书》)

"所谓经学者,非谓解先儒所不解也。先儒所解,我知其说;先儒诸家所解不同,我知其是非;先儒诸家各有是、各有非,我择一家为主,而辅以诸家,此之谓经学。"(《示沈生》)

这种经学观不同于乾嘉时代已经产生的,那种与 20 世纪学者相似的专家倾向。在这种倾向之下,学术的志业也就是在古人的论说之外推求新义,因为好奇骛新,学者务以争胜为目标,甚至不惜伪造证据、抄袭前人。发生在汉学领袖戴震身上的《水经注》抄袭案无论真假,其实都是这一时代学术风气的一部分,这同样是前引梁启超所谓"学者社会"的一个表征。在这个意义上,乾嘉学者其实是不折不扣的现代人。

由此我们便可以理解,单从"汉宋调和"的角度理解陈澧等人,依然属于皮相之见。道咸以后所出现的这股新思潮与其说是汉宋两种学术的"会通"或杂糅,不如说是"返本",即回到经学的那个有体有用的本源之处。这个本源便是孔子,而汉宋两家所倾向的义理与考据只不过是孔门四科之二。朱次琦、陈澧、曾国藩无一例外地主张恢复孔门四科的规模,也正是出于这一理由。曾国藩直接把乾嘉以来姚鼐、戴震义理、词章、考据加上政事(或经济)以与四科相配(《圣哲画像记》)。朱次琦则把读书之法分为五类,经学、史学、掌故、性理、词章,假如把史学与掌故合为一科,与孔门的政事之学相配,其实也便是孔门四科。并强调"通经将以致用,不可以执一也,不可以嗜琐也"

（简朝亮撰《年谱》）。至于陈澧，不仅对历代有关四科的讨论详加考辨，而且还认为宋儒胡瑗的经义斋、治事斋深得"四科之遗意"（《东塾读书记·论语》）。还应指出，三者同时以晚明诸老为楷模，朱次琦、陈澧最尊顾炎武，而曾国藩则推崇王船山。

三、最后的洋务派

道咸以来经学的回潮，其实是所谓"同光中兴"真正的"中体"。这个"中体"不仅倡导"师夷长技"，发起洋务运动，也曾打败同光年间的一系列叛乱及外侮，收复了新疆。这个"中体"本身并不缺乏诚意，也具有开放的热诚。曾国藩的人格魅力在晚清一时无两，之后的领袖人物郭嵩焘、李鸿章、曾纪泽都不乏开放的胸襟与干才。在满清政权已经衰朽不堪的情形之下，尽管对洋务派极为忌惮，却也不得不予以倚重。李鸿章虽因身居高位，调合于跋扈的女主、昏聩的勋贵与激烈的舆情之间，因而频遭物议，但有识之士却许之为"救时良相"（孙宝瑄语）。满汉的天平在不断向汉族势力倾斜，这个过程维持了清朝最后时代的政局。陈寅恪后来自言"平生为不古不今之学，思想囿于咸丰、同治之世，议论近乎湘乡、南皮之间"（《冯友兰中国哲学史下册审查报告》），便是对这个"中体"的礼敬。

只不过这个"中体"仍然有所欠缺。由于雍正以后一百多年缺少对现实事物的关注，晚清学者在经子学术上的努力，也不过是恢复到

晚明诸老,而精神上的自由尚远远不如。回想晚明时代,耶稣会士初入中华,西方在物质文明上虽然稍擅胜场,但中土学术依然可以与之平等对话,有识之士,且欲"会通以求超胜"(徐光启语),驾而上之。但随着近代西方在哲学宗教、科学技术、政治经济制度等方面的巨大变化,单凭晚明诸老的学术规模,假如不予以反省扩充,对其深广之处已经难以完全笼罩。何况受制于现实的权力架构,就连顾炎武等有关盐政等技术性的方略尚无法推行(参孙宝瑄《忘山庐日记·光绪二十七年》),遑论晚明学术最精彩的东西。譬如黄宗羲的《明夷待访录》,便主要在宋恕、孙中山、梁启超等在野人士中间传播。在大约两百年间,经学丧失了自我更新的机会,并因此在"三千年未有之变局"(李鸿章语)来临之际近乎失语。

甲午战争的失败,迅速打破了这一平衡。广东、江浙、湖北等地的士大夫开始吹起变法或革命的号角,矛头直指清代政体的核心。尽管百日维新在形式上失败,但却使满汉矛盾迅速加剧,并为最高权力而火并。斗争的结果,是由袁世凯这个湘、淮军的旁系攫取了政权,但"中体"本身却也在清代灭亡的过程中成了陪葬的对象。1905年科举考试废除,经学虽然以"存古"的名义被保留,顾炎武、黄宗羲、王夫之三大儒也在1907年从祀孔庙,却只能说是坠入黑夜前的最后一抹余晖。

也正是在1907年,新设农工商部左侍郎、署理尚书,年仅四十三岁的唐文治扶柩回乡葬母,从此再没有回到政界,开始了近半个世纪

的讲学生涯。先是主持上海高等实业学校（上海交通大学前身），后来创办无锡中学与无锡国专。并在几十年后，与友人曹元弼一样，成为硕果仅存的"旧学"代表人物之一。

唐文治字蔚芝，江苏太仓人。年少聪颖，八岁就有"愿为伊尹"之志。由于科举制度仍在运行，虽然家境不丰，唐文治早年仍然在替人坐馆的父亲指导下，开始了经书及科举制艺的学习，并于十六岁进学。从其求学及入仕经历而言，实与洋务运动结下了不解之缘。

光绪七年（1881）唐文治十七岁，参加时任江苏学政黄体芳的科试，并得到一等十五名的佳绩。黄体芳（1832—1899）是浙江瑞安人，与张佩纶、张之洞等合称"翰林四谏"，是晚清"清流"人士中的代表人物。瑞安地处浙东，宋代以来便是学术发达之所。除了黄氏家族"一门五进士"，科甲煊赫之外，其所师事的孙衣言（1815—1894），也是瑞安的望族。孙衣言本人以永嘉事功之学相倡率，校刻《永嘉丛书》，其实是自觉地谋求学术与事功的结合，这与陈澧、曾国藩等人的学风是相契的。受其影响，其子孙诒让著有《墨子间诂》、《周礼正义》，其实也是从二者的事功之学着眼，与传统汉学家貌同而实异。孙氏同时还撰写《周礼政要》，主张"今人所指为西政之最新者，吾二千年前之旧政已发其端"（《周礼政要叙》），代表了晚清经学融摄西学的努力。孙衣言之弟孙锵鸣还是李鸿章的房师，其女婿宋恕，学生陈黻宸、黄绍箕（黄体芳子），以及陈、宋的好友陈虬，都是清末民初倾向变法的有名人物。

光绪十年，黄体芳在江阴设立南菁书院，院长便是黄式三之子，撰写《礼书通故》的黄以周。次年，唐文治顺利进入南菁书院，得以受到黄以周的亲自指导。黄氏虽然以礼学知名，但同样长于理学，推尊顾炎武，首次指导便借给他宋儒陈淳《北溪字义》，并告以"训诂、义理合一之旨"（唐文治《自订年谱》），为唐氏后来主张为学不分汉宋打下基础。其后，王先谦编《皇清经解续编》，唐文治也曾参与校书工作。

光绪十八年（1892），唐文治进士及第，授户部主事。由于颇受座师翁同龢赏识，为其曾孙授读。在随后数年间，大概公务所需，广泛阅读各国条约事务书、曾国藩、胡林翼全集、正续《经世文编》，并评点《万国公法》、曾纪泽、黎庶昌文集等书，"于经世之学，亦粗得门径"。其中胡林翼也是湘军首领之一，曾纪泽是曾国藩之子，黎庶昌则是"曾门四弟子"之一，说唐文治的经世之学乃是曾国藩系统的嫡传，应不为过。"余恨未及（曾）文正之门，常服膺而私淑焉。"（《自订年谱》）唐文治后来治学中特重文章之学，除了其本师王紫翔的教导之外，也与曾国藩、吴汝纶等桐城派的影响有关。光绪二十四年（1898）唐文治兼总理事务衙门章京，正式参与外交事宜。而庆亲王与李鸿章便是此时的总署大臣。光绪二十七年（1901），辛丑条约的签订，唐文治也曾参与其中。其后还曾随从出使日本、英国。光绪二十九年（1903）升商部右丞，此时的唐文治，已经是满汉大臣眼中的能员。几年之后，尽管已经是署理尚书，唐文治却因母丧乘乱抽身，并由此转

入上海高等实业学校,实非常人所及。

从进入民国开始,唐文治先后编写《论语大义》《孟子大义》《大学大义》《中庸大义》《十三经提纲》《茹经堂文集》《性理学大义》《政治学大义》《讲演录》《国文经纬贯通大义》《尚书大义》《阳明学术发微》《诗经大义》《礼记大义》等书,并同时开启了讲学生涯。"道之不绝在人",当经学已无法在学科体制之内保存的时候,还是可以通过在野讲学来加以传承。无独有偶,清末对孔子予以激烈否定的章太炎,则在民国初年开始了自我批判,撰写《检论》,重新以经学自任。

在二十世纪的读经运动中,各省军阀是一股重要力量。假如从此辈与湘淮军的渊源,以及由此与道咸以来经学新变的关系来看,应该是一个可以切入的视角,不宜以保守落后简单地加以否定。生值乱世,此辈之中固然不乏颠顶无耻之徒,但如蔡锷之倡义起兵,段祺瑞之茹素明耻,吴佩孚之宁死不屈,相比后世某些无所不为的行径,却不可以不说有经学的遗教存焉。更何况反对读经据说是为了抵制专制,但经学灭后,却并未阻止专制的加深。以专制的手段否定经学,与用专制的手段提倡经学,其相去并不甚远。经学的仁义礼智信、天理良知本来作为传统各阶层心理诉求的共同基础,不仅责己,也可以责人,并以此维系政教的基础。当这个基础被摧毁之后,不同群体间的公共认同消失,加上外来各种学说的催动,判断真理的尺度只能是惟力是视的丛林法则。谓予不信,有历史在。

四、"哀鸾孤桐上，清音彻九天"

唐文治的学术渊源本来便是道咸以来不拘门户、经世致用的经学传统，所以在学术上仍然大体继承发挥此派的见解。其最重要的著作无疑是民国二年（1913）便已完成，但在六十岁时（1924）才完成定本的《论语大义》。而撰写本书所参考的作品，除了朱《注》以外，主要便是清儒汪份（1655—1721）的《四书大全》、陆陇其（1630—1692）《松阳讲义》、李光地《读论语札记》、黄式三《论语后案》、刘宝楠（1791—1855）《论语正义》。除此之外，其学术也受黄道周、顾炎武、陆士仪、方苞、曾国藩、黄以周等人的很大影响，而其中陈澧《东塾读书记》的影响最大。《东塾读书记》试图以一部书的规模总括全部经学、诸子以及经学史的努力，在唐文治所编纂的《十三经读本》里得到明确体现。只不过，在陈澧的时代，经学作为知识体系表面上依然如日中天，所以只需要在作品中自抒心得；但在唐文治的时代，经学俨然已遭灭顶之灾，所以需要把最好的版本、注释以及读书的门径告诉后人。这就像那个有名的故事，人类将要灭亡，一个物理学家选择告诉未来智慧生命的一句话是"世界是元子论的"。有了这个观念，物理学还会被重新发现。

也正是因此，唐氏择选版本虽然务求其善，但却仅"择其注之简当者，屏其解之破碎而繁芜者。抉其微言，标其大义，撰为提纲，附于诸经简末"(《十三经读本序》)。诸经的注释不分门户，三礼宗郑玄，《四书》《诗》《易》宗朱子，辅以清儒著作，其余亦择善而从。出于对文章声韵的重视，唐氏甚至专门灌制经典诵读的唱片，以遗后人。其救世婆心，于兹可见。在民国以后经学被从学术上否定，新锐学者纷纷主张以经学史替代经学的声浪中，唐文治《十三经读本》之不拘门户在某种程度上成为一种象征，"兄弟阋于墙，外御其侮"，所谓"覆巢之下，焉有完卵"，传统华夏文明遭遇的是一次整体性危机。若干年后，在如火如荼的反传统运动中，就连新一代大儒熊十力也未免对经学传统发生困惑，自孟子以下的儒者多斥为"奴儒"，但却依然守住了孔子学术那一点灵明。两者有着异曲同工之处。

不过，唐文治所做的尚不止于此。如果说《十三经读本》形式上仍是为了"存古"，那么他为诸经所作的提纲和大义，便是他在存古之余所发挥的经世之学。这一经世之学既有多年从政及主持实业教育的心得，也有面对世风时势的痛彻反思。

与陈澧、曾国藩等一样，唐文治仍然延续了道咸以来经学的四科规模而略加变化。德行科方面便是性理学，并撰有《性理学大义》。假如细分之，则包括义理学与伦理学，二者皆根于性理，但区别何在？"伦理散见于伦常日用之际，义理体察于身心性命之微。"(《诗经义理学序》)其实也便是西洋学术中哲学与伦理学之别。言语科便是文学，所以有《国文经纬贯通大义》。不仅如此，对十三经的文字，唐文治也提倡不要放弃从文学方面去解读，"若从文法入手便易了解"

（《十三经读本凡例》）。这主要是桐城派留下的遗产。文学科便是学术源流，唐氏有时也会从俗叫作"经学"。政事科则所包甚广，有政治学、政鉴、社会学、教育学、军事学、农事学等等，其实也就是今天的社会科学。所有学科都要以性理学为基础。从整体经学来看，经典各有所偏；但从各部经典来看，每部经典都可以区分为不同的学科门类。譬如在《诗经大义》中，便把《诗经》分为八个门类，分别是伦理学、性情学、政治学、社会学、农事学、军事学、义理学、修辞学，等等。四十年代，马一浮在复性书院讲学，首先揭出六艺可以统摄包括中西学术在内一切学术这一大旨，在唐文治这里，其微意无疑已在其中。

当然，这种做法似乎蕴含着唐氏经学观念中的某些不足，那就是仍然把经典本身当作直接应用的对象，在这种应用背后其实有着把经典当成信仰对象的嫌疑。在 1920 年代关于读经的讨论中，唐氏主张对不符合现代需要的经典予以删削（参虞万里《尊孔读经与治心救国》），其实便是这种观念的反映。一般来说，除了修身及义理之学以外，经典乃是经学视野在历史境遇中的呈现，所谓"礼以时为大"，因革损益固然正常，但这种历史性的损益可以通过经学的不断疏解来完成。好的注疏与经典本身的张力其实就是经典自身的历史张力，在这个意义上，经典是不可删削的。删削唯一可以存在的理由是为了教化初学，因为初学无法领会经学的深义，而不得不然。只不过这一点倒不必苛求，在新的境遇中不断发明经学的大义，本来便是一代代学者的薪火之责。

应该指出,无论在形态上是否融摄新学,真正深邃的经学都会同时体现在两个方面,一种是为世道人心把脉,一种是在学术上对经典本身的贯通。清代以来,在钱穆先生所谓"部族政权"的统治之下,士气萎苶,民心浮躁,虽有天朝上国的虚名,而精神颓靡不振,政教诚意尽失。随着列强的侵入,由往日心态上的高高在上迅速跌入困顿之中,于是社会达尔文主义甚嚣尘上,急功切利、试图一朝崛起的心态弥漫朝野。晚清以来之所以越来越走向激进,而热衷于画饼充饥,其根本原因便在于此。在更深层次来看,这并非简单的"救亡压倒启蒙"(李泽厚语)的问题,而是一种因为长期德性失范而造成的集体无意识的危机。近代以来有关"国民性"问题的讨论事实上渊源与此。在唐文治的著作中,所看到的因此是一个类似战国、充满杀机的世界。"今日之世,一大战国之世也。……横政之所出也,横民之所止也。戢戢乎,学说之诐淫也!幡幡乎,士林之盲从也!愔乎怛乎,闾阎之痛苦而无所控诉也!世界之劫运,若巨舟泛汪洋而无所止届也!若是者何也? 人心之害为之也。""且夫天生人而与以至善之心,孰不有良知盈然蔼然,超出于物类之外。"经学所要捍卫的是人心的"秉彝之良",这是上天所赋,人人共有,而使人类超出物化的东西。在人类不同文明之中,这种"秉彝之良"表达可能不同,但却是人之所以为人的底线。但为什么会不顾天理良心而有废经之举? 这是唐文治所大不解之处(《十三经读本序》)。自民国二年开始唐文治便着手编写十三经的大义,无疑便是受民国元年废经事件的刺激。

反观 20 世纪的中国历史,孰是孰非似已不难置辩。对于这个时代的具体应对之策,便是唐文治在各种《大义》中所不厌其烦提出的救治人心的方案。保持廉耻之心,养心无欲,洗心寡过,诚以行之,"人无信不立","欲速则不达",虽似卑之无甚高论,但谁又能说 20 世纪社会政治人心风俗种种问题,不是因为德性的失范所致?尽管出生于帝制时代,甚至官居高位,但在他的文字里,捍卫共和政体,维护民权与人权,重视民智开启,这样的呼吁随处可见,表明唐文治这样的儒者所持守的并非是那种一家一姓的愚忠,这与他所心仪的孟子民贵君轻的精神是一致的。"哀鸾孤桐上,清音彻九天。"这句熊十力喜欢引用的鸠摩罗什的诗句,用来比况唐文治,似乎也差堪仿佛。

如前所述,唐文治最重要的作品,同时也是使其真正可以跻身古来作者之林而无愧的,便是他的《论语大义》。这部书的真正特色在于认为"《论语》每篇章次皆有意义,如贯索然。"(《季氏篇大义》)这一观点在学术史上本来并不稀奇,许多学者都曾提出,并试图予以解决。但直到《论语大义》一书,尤其《学而》《为政》《八佾》《述而》诸篇,其论述之精当,析理之严明,令人不无观止之叹。全书虽偶有可议,但大体已得,实为《论语》注本之中不可多得的佳作。其余著作虽然在整体上与《论语大义》尚有距离,但论学精义也是所在多有。而且唐氏之学横跨十三经的各个领域,皆能中其款窍,以博大许之,并不为过。

也正是因此,相对于康有为、廖平等同辈学人,因为以螣蛇吞象的方法吸纳西学,而引起的对经学的不适感,唐文治的经学可谓极为纯正。在唐氏所承接的道咸学术(其实也就是晚明学术)基础上,对古今中西不同学术重新加以融会变化,便是稍晚一辈的马一浮、熊十力等所接续的,那个方兴未已的新经学。这一"第三期经学"自晚明黄宗羲、王夫之、顾炎武等开山以来(参拙撰《新经学发刊词》),虽然经过乾嘉时代的挫折,最后终于回到其应有的轨道上来。道咸以来近代经学的回潮,其意义在此。作为守先待后的一代大儒,唐文治先生功不可没。

戊戌年三月初八,涣斋识于沪上

孟子大义序

圣贤之士，所以栖栖皇皇，不惜以其一身为牺者，志在救民而已矣。《孟子》一书，尊民之学也。其言曰："民为贵，社稷次之，君为轻。"天下可爱者民，可畏者民，可亲、可宝者民。养君惟民，保君亦惟民。是故民以君为天，而国以民为本。后世人主，不知此谊，于是乎虐民殄民，戕贼其民，吸民之脂膏，椎民之骨髓，以杀其民，此亡国破家所以相随属也。孔子曰："举直错诸枉，则民服。举枉错诸直，则民不服。"见负版者则式之，此尊民之学也。孟子愿学孔子，故一以尊民为旨，而又大畅厥辞。昔者孔子慨想大同之世，喟然叹曰："大道之行也，与三代之英。"而孟子则曰："中天下而立，定四海之民。"先圣后贤，其揆一也，志在救民而已矣。

尧舜之道，孝弟为先；儒者之义，出处进退为大。孟子论虞舜之孝，曰："不得乎亲，不可以为人；不顺乎亲，不可以为子。""大孝终身慕父母。"又曰："事孰为大？事亲为大。守孰为大？守身为大。"盖孟子得曾子之传者也。曾子守身以事亲者也。孟子本"大孝、立孝"之旨，而发挥其宏纲，故言孝弟者，必以孟子为本。孝弟者，生机也，人道之所以生生而不息也。孟子又得子思之传者也。子思子气节最严，出处进退之间，懔乎不少假借。故鲁缪公无人乎子思之侧，则不能安子思。亟问，亟馈鼎肉。子思不悦。于卒也，摽使者出诸大门之外，北面再拜稽首而不受。孟子私淑子思，故曰："吾未闻枉己而正人者也。"故将大有为之君，必有所不召之臣。子思有壁立万仞之气概，孟子有泰山岩岩之精神，是故言出处进退者，必以孟子为本。士未有不讲出处进退之大义，而见齿于儒林者也。

政治之学，当世无可与言者，则尚友古人，而听其诏语，不仁者可与言哉？孺子一歌，沧浪渺然，情韵复绝，天下之至道，亦天下之至文也。曰"出乎尔者，反乎尔者也"，何其言之恕也！曰"既不能令，又不受命"，何其言之悲也！曰"率土地而食人肉，罪不容于死"，何其言之砺齿也！曰"不信仁贤，则国空虚；无礼义，则上下乱；无政事；则财用不足"，何其言之恫心也！凡生于天地之间者，皆曰命。民命之重，于天地间当何如？战国时，人君专务辟土地、充府库，视民命若土苴、若草芥，故孟子特痛哭流涕长太息言之。呜呼！及是时明其政刑，及是时般乐怠敖，同此时也，而求祸求福，判如霄壤，在此心一转移之间耳。是故言政治学者，必以孟子为本。

司马迁曰："孟子述唐虞、三代之德，所如不合，退而与万章之徒，作《孟子》七篇。"盖公孙丑、万章皆为孟子高弟。孔门之徒三千，传嬗最众；孟门弟子不及孔门，佐成七篇之书者，厥惟二子。今读《公孙丑》篇，知言养气，皆孟子生平得力之所在；《万章》一篇，首揭人伦，推崇虞舜,至矣尽矣;继乃言唐虞、三代相与禅让授受之理,示天下重器、王者大统,天视民视,天听民听,讴歌讼狱,悉顺民心;剖析精微,折衷至当,而廓然大公之气象,令人神游皇古之间,古之人盖未有能道之者,辨义之学,斯为极则。然则孟子固精义以入神,而公孙、万章之徒,其学识亦不可及哉。

《告子》一篇,言心性、仁义之辨,而"牛山之木"章,直揭良心;"鱼我所欲"章,直揭本心。《尽心》一篇,言尽心、知性之学,而"不学不虑"章,直揭良知、良能。宋陆氏象山之学,直指本心;明王氏阳明之学,专致良知。本所心得,各树一帜,而论者谓性,理也;心,兼理、气者也。若专以心之灵气为主,期于一超顿悟,则与释氏之"光明寂照",所谓"心之精神是谓之圣"者,殆无所异,恐非孟氏立教之本意。或且屏绝之,以为不得与于儒家之列,不知世有乞墦之齐人,垄断之市侩,鸡鸣而起,孳孳为利,其心纵极卑鄙龌龊,然苟阖户而诏以良心所在,则未有不面赤汗下悚然憬悟者。然则本心之呈露,良知之发见,其有功于世道,固非细也。然则陆氏、王氏之学,不得谓非孟子之支与流裔。且世固有崇拜阳明而国以浸强者矣。通人达士,必不党同伐异,而自隘其门墙也。

孟子曰:"五百年必有王者兴,其间必有名世者。"又曰:"由尧舜至于汤,由汤至于文王,由文王至于孔子,皆五百有余岁。由孔子而来,百有余岁,去圣人之世,若此其未远也;近圣人之居,若此其甚也。"盖孟子之意,以其学直绍孔子。而司马迁则曰:"自周公后五百岁而有孔子,孔子卒后至于今五百岁,有能绍名世、正《易传》、继《春秋》、本《诗》《书》《礼》《乐》之际,意在斯乎?"是司马氏之意,欲以《史记》绍孔子,则近于妄矣。余尝谓,自古圣贤,皆躬膺道统之寄,与夫名世之勋,亦非必以五百年为定。《周易》六子卦以《乾》《坤》为主卦,六十四卦以八卦为主卦,而每卦又各自有其主爻,元会之运适然。云五百年者,其大较耳。孟子曰:"无有乎尔,则亦无有乎尔。"数百年后有韩子,得孟子之传者也。又数百年有周、程、张、朱诸子,亦得孟子之传者也。道之所在,即属圣贤之统系。豪杰之士,虽无文王犹兴,乌可以妄自菲薄乎哉? 丙辰秋九月,唐文治自序。

卷一 梁惠王上

第一章

孟子见梁惠王。

朱《注》："梁惠王，魏侯罃也。"

王曰："叟不远千里而来，亦将有以利吾国乎？"

愚按：战国时，世变愈下，人心滔滔，沉溺于利，岂独一梁惠王哉？盖知有私而不知有公，知有己而不知有人，知有盗窃争夺而不知有羞恶辞让，所以成为风气而蔽锢其本心者，非一朝一夕之故也，由来者渐矣。

孟子对曰："王何必曰利？亦有仁义而已矣。

愚按：仁者，人也。本心之德，所以为人之道也。义者，我也。本我心以裁制万事，所谓处物为义也。此节一句辟惠王之言利，一句即提出仁义，语意斩钉截铁。

王曰'何以利吾国',大夫曰'何以利吾家',士庶人曰'何以利吾身',上下交征利而国危矣。万乘之国,弑其君者,必千乘之家;千乘之国,弑其君者,必百乘之家。万取千焉,千取百焉,不为不多矣。苟为后义而先利,不夺不餍。

罗氏罗山云:"人以仁义为心,则天地万物皆吾一体;以利为心,则一身之外尽是仇敌。盖其百计经营,惟利是图,此心只知有我,不知有人。即此一念,已便是众叛亲离、亡国败家景象。况存之于心,即见之于事。我欲利我,人亦各欲利其我,我之心不记得有个人,人之心亦只各记得有个我,窃夺之心由此而起,弑逆之祸由此而生。利心一开,自有不至此不止者。曰'利吾国''利吾家''利吾身',三'吾'字直将斯人好利心思,一一绘出,读之令人悚然。"

愚按:此节宜重读首句。王曰"何以利吾国",则大夫曰"何以利吾家",士庶人曰"何以利吾身",上下交征利,上行则下效,上有好者,下必甚焉,皆王之一身提倡之。苟舍利而为仁义,其风行草偃,亦犹是也。万取千,千取百,其心犹以为未满,则必出于夺。至于夺而篡弑相杀,无已时矣,可不惧哉?

未有仁而遗其亲者也,未有义而后其君者也。

愚按:为仁者非求民之不遗其亲,为义者非求民之不后其君也。而孟子言不遗其亲、不后其君者,见仁义之未尝不利也。仁义中之利,仁义之君未尝谋之,孟子特申言之者,所以诱掖梁王,俾知仁义之中有大公至正之利也。仁者爱情所发，故不遗其亲；义者利物之和，故不后其君。

王亦曰仁义而已矣，何必曰利？"

罗氏罗山云："'义利'二字，王霸所由辨，亦千古治乱所由分也。三代盛王，初无利天下之心，损益张弛，庆赏征伐，纯是从生民起见，大中至正，毫无私曲，所以治道日跻于荡平，民心日即于醇厚。三代而下则不然矣，以功利之心行帝王之事，纵使功成勋就，总是为一己起见。卒之朝兼市道，四海熏心，寇盗劫夺之祸，不可胜诘。三代之休风不克复见于其世，皆利之一念为之酖毒故也。读《孟子》者，能先于此见透，洗涤利欲，拔本塞源，庶乎可以励圣贤之功修，而语三代之盛治矣。"

愚按：朱《注》云："此章言仁义根于人心之固有，天理之公也；利心生于物我之相形，人欲之私也。循天理，则不求利而自无不利；徇人欲，则求利未得而害已随之。所谓毫厘之差，千里之谬。此《孟子》之书，所以造端托始之深意。"其说极精。窃尝论之，三代以上，风气纯朴，民心浑厚；降至战国，仁义之世一变而为利欲汨没之世，此世界转移之一大关键也。诸侯放恣，所以放恣者，无非为利也。处士横议，所以横议者，无非为利也。当此之时，虽有孟子提倡仁义之说，而世之人终莫之信也。然幸有孟子提倡仁义，后之人尚知有仁义之说，而人心不至于遽死也。故孟子之功所以不在禹下者，虽在于辟杨、墨,而实在于言仁义也。虽然,义利之辨,夫岂易言?盖其剖析在至精至微之间。天下有为仁义之言者,而心嗜于利,其言未尝不仁义也;有窃仁义之名者,而心主于利,其名未尝不仁义也。然而利欲熏心,亦孔之昭者;饰伪之事,必不能以长久也。此其端判于几希,而其功归于慎独。孟子得曾子、子思之传,故特于开宗明义,大声疾呼,以晓天下万世。呜呼!圣贤之士,宁持方枘以内圜凿,必不屑揣摩、苟合以求容于人。乃不独当时人主鲜有信之,即后世人君,亦多专利无厌,至于殒身亡国,蒙篡弑之祸,而莫之悟。此司马迁作《孟子列传》所以叹息而不置也。

第二章

孟子见梁惠王。王立于沼上,顾鸿雁麋鹿,曰:"贤者亦乐此乎?"孟子对曰:"贤者而后乐此,不贤者虽有此,不乐也。

愚按:不言囿沼之无可乐,而曰贤者而后乐此,固见开导之妙、文字之奇,然要知苦心即在于此。杨氏龟山说:梁王顾鸿雁、麋鹿,以问孟子。世之君子,其贤者乎,则必语王以忧民,而勿为台沼苑囿之观,是拂其欲也;其佞者乎,则必语王以自乐,而广其侈心,是纵其欲也。二者皆非引君以当道。惟孟子之言,常于毫发之间,剖析利害之所在,使人君化焉而不自知。夫如是,则可以格君心之非,而其言易行也。

《诗》云:'经始灵台,经之营之,庶民攻之,不日成之。经始勿亟,庶民子来。王在灵囿,麀鹿攸伏。麀鹿濯濯,白鸟鹤鹤。王在灵沼,于牣鱼跃。'文王以民力为台为沼,而民欢乐之,谓其台曰灵台,谓其沼曰灵沼,乐其有麋鹿鱼鳖。古之人与民偕乐,故能乐也。

愚按:勿亟者,文王之心惟恐劳民也。子来者,民之乐为,如子之趋其父事也。于,叹美辞。牣,满也。重言物之乐其生,以见文王之仁被于庶物也。谓其台曰灵台,民谓之也;谓其沼曰灵沼,民谓之也;乐其有麋鹿、鱼鳖,民乐之也。麋鹿、鱼鳖无可乐,而亦与民偕乐者,古之圣王,其国之有游观,皆为公而非为私也。与民偕乐,则非乐己之乐,而实乐民之乐也,乐民之乐,故民亦乐其乐也,君与民无形迹之隔也。

《汤誓》曰:'时日害丧,予及女偕亡。'民欲与之偕亡,虽有台池鸟兽,岂能独乐哉?"

罗氏罗山云:"曰偕乐者,帝王大公之心也。芸芸苍生,无日不在怀抱之中,一夫不获,引为予辜,想其平日,不知几许忧勤、几许惕厉。厚其生,正其德,必使之尽得其所,而后其心始快。此等乐事,直从兢兢业业得来,非幸致也。独乐者,暴主一己之欲也。斯民之颠连困苦,毫不关于其心,惟日敛斯民之痛恨,以恣一己之佚欲。是以其乐愈独,而怨者愈多。帝王大度,亡国景象,已于偕、独二字中尽情画出。"

愚按：亡者，人之所大恶，不愿有其事，亦不忍言其事者也。乃欲与之偕亡者，民但知死之为乐，而不知有生之为乐也。人情不知有生之为乐，则其国将无复治之望，虽有善者，无如之何矣！曰"虽有台池鸟兽，岂能独乐"，盖惟君之心但求独乐，是以虽有此而不能乐也。哀哉！

第三章

梁惠王曰："寡人之于国也，尽心焉耳矣。河内凶，则移其民于河东，移其粟于河内。河东凶亦然。察邻国之政，无如寡人之用心者。邻国之民不加少，寡人之民不加多，何也？"

朱《注》："河内、河东，皆魏地。移民以就食，移粟以给其老稚之不能移者。"

愚按：此二事，皆荒政之所当行。然欲因此而望民之加多，则骇竖之论矣。虽然，梁王固犹胜于世之玩视民瘼而毫不动心者。

孟子对曰："王好战，请以战喻。填然鼓之，兵刃既接，弃甲曳兵而走，或百步而后止，或五十步而后止。以五十步笑百步，则何如？"曰："不可。直不百步耳，是亦走也。"曰："王如知此，则无望民之多于邻国也。"

愚按：因好战之人，而即语以战事，亦设喻之妙法也。

不违农时,谷不可胜食也;数罟不入洿池,鱼鳖不可胜食也;斧斤以时入山林,材木不可胜用也。谷与鱼鳖不可胜食,材木不可胜用,是使民养生丧死无憾也。养生丧死无憾,王道之始也。

愚按:不违农时,树艺之经也;数罟不入洿池,养鱼之法也;斧斤以时入山林,森林之律也;养生丧死无憾,人情之大顺也。人情之大顺,是为王道之始。云始者,言以是为基,而王政乃可次第举行也。

五亩之宅,树之以桑,五十者可以衣帛矣;鸡豚狗彘之畜,无失其时,七十者可以食肉矣;百亩之田,勿夺其时,数口之家可以无饥矣;谨庠序之教,申之以孝悌之义,颁白者不负戴于道路矣。七十者衣帛食肉,黎民不饥不寒,然而不王者,未之有也。

朱《注》:“此言尽法制品节之详,极财成辅相之道,以左右民,是王道之成也。”

张氏云:“庠序之教,孝弟为先。申之云者,申其义以告也。夫自乡党之间,而各立之学以教民孝悌,熏陶渐渍之深,其君子固有以自得其良心,而其小人亦知畏义而远罪。至于颁白者不负戴于道路,则足以见孝悌之教,行于细民,虽负戴者亦知有亲,而王道成矣。”

罗氏罗山云:“细读‘移民’章,知孟子当日欲行王道,其施为甚有

次第。夫王政不外教养，教养不外井田、学校。然当饥馑之后，生民
仳傺，遽欲伍其田畴，则骚扰纷更，民不堪命；骤欲谨其庠序，救死犹
恐不赡，奚暇治礼义。惟先因天地自然之利，而撙节爱养之，待其养
生丧死有备，而后次第施行。当其时井田虽坏，大略犹未尽失，不过
即其经界为之整顿，犹必有待而后行。况秦汉而下，沟洫无复遗留，
天下之田，又多为富者所占，骤欲复古，诚为甚难。有志民事者，其法
制不能不与时为变通，而行之又须有渐，庶几其有补乎？”

　　愚按：七十者衣帛食肉，黎民不饥不寒，此人情之大愿也。人情
之大愿，是为王道之成。梁王自矜其凶年后之尽心，孟子特告以凶年
以前之当尽心，体国经野之纲，备于是矣。

**狗彘食人食而不知检，涂有饿莩而不知发；人死，则曰‘非我
也，岁也’，是何异于刺人而杀之，曰‘非我也，兵也’。王无
罪岁，斯天下之民至焉。”**

　　罗氏罗山云：“君天下者，岂仅未闻有恶行，遂足以称天位哉？必
也其德足以立万民之极，其才足以任宇宙之重，仁育义重，除弊兴利，
然后可以代天理物，以膺天命之重。才德不足，则天下之纪纲法度，
尽堕坏于冥冥之中，强藩因之而僭窃，奸宄因之而作乱，其君虽无甚
恶行，天下之受其害者，殆不可胜言矣。夫庸主之乱天下，与暴主之
乱天下，其迹不同，其害则一。暴主之乱，肆一人之欲以乱天下也；庸
主之乱，纵天下人之欲以乱天下也。君临天下，使人人皆得肆虐于天

下,尚足以膺天命乎哉?周至战国时,只因六七大国相持不下,此欲窥周则惮彼,彼欲窥周则惮此,是以得偷日夜之安,天命之去、人心之离,不待赧王献地时矣。孟子劝齐、梁行仁政以王天下,盖验之天命,观之人心,必须有一番更张,而后可以靖天下之难也。李氏以周显王未闻有恶行而咎孟子,亦不知天命者耳。天下之物力,止有许多。五谷之美,本以供生人之食,以之豢养狗彘肥马,则兽得食人之食,而生人之食乏矣,何异率兽而食人哉?大约好畜狗彘以充庖厨,好畜肥马以供战争,故孟子屡以此言之。"

愚按:此言所以致岁凶之由也。米谷不能敷人之食,乃狗彘食之而不知检;涂有饿莩,惨不忍睹,而不知发粟以振恤之,抑何其忍也。天下之大患,莫患乎为人上者,诸事推诿,以为于己无与。人死则曰"非我也,岁也",推诿之辞,如闻其声。盖自战国以来,人君之待其民,一切听其自生自灭,于百姓之事,尟有能用心以经画之者。及遇水旱凶荒,又复重赋税以致之于死。呜呼!是何异于刺人而杀之乎?然而刺人,有形者也;致民于死,无形者也。且刺人而杀之,不过一人;而致民于死,动辄千万人,则其罪当何如也?

第四章

梁惠王曰:"寡人愿安承教。"

朱《注》:"承上章言愿安意以受教。"

孟子对曰："杀人以梃与刃，有以异乎?"曰："无以异也。""以刃与政，有以异乎?"曰："无以异也。"曰："庖有肥肉，厩有肥马，民有饥色，野有饿莩，此率兽而食人也。

　　愚按：肥肉肥马，非固有之也，剥民以肥之也。剥民以肥肉肥马，非率兽食人而何？呜呼！肥肉肥马，孟子特举一端而言耳。凡取民无度而致民于死者，皆所谓食人者也。率兽则己亦兽而恶于兽，罪更浮于兽也。

兽相食，且人恶之。为民父母，行政不免于率兽而食人，恶在其为民父母也?

　　愚按：民之父母，亦民也。以其为民之长上，故尊之曰"民之父母"。既尊之曰"父母"，乃至于率兽而食人，揆之于良心，其何忍乎？呜呼！人所以异于禽兽者几希，亦视乎良心之存焉否耳。

仲尼曰：'始作俑者，其无后乎!' 为其象人而用之也。如之何其使斯民饥而死也?"

　　罗氏罗山云："二五之精，储而为人。芸芸苍生，皆吾同类。作俑象人，孔子恶其不仁。塑像具人形貌，程子便不背坐。以其似人，犹且不忍，况为生人乎哉？乾父坤母，化生万物，四海黎献，尽属天地之赤子。然天虽生此民，厚生正德，有非天之所能为者，则命此有德之君以统治之。故君之行政以治民，实为代天理物，而有父母斯民之责。是必生育涵濡,如天之无不覆;抚字卵翼,如地之无不载。斯民之身家性命,无一不在爱惜之中,而后父母之责乃尽。纵一己之嗜欲,视人命如草菅,是大拂天地生物之心矣,尚得谓之父母乎哉?"

愚按:既为民之父母,则当知有责任。曰"使民饥",则非民之自饥也,有迫之使饥者也;曰"使民饥而死",则非民之当死也,有逼之使饥而死者也。"象人而用之",为民上而不知责任,己则本类于俑。至于聚敛烦苛,听吾民之宛转哀呼,漠然无所动于中,而竟致之于死。呜呼!忍者,刃也。彼其所以无后者,无异于自刃其子孙也。殷鉴固不远矣。

第五章

梁惠王曰:"晋国,天下莫强焉,叟之所知也。及寡人之身,东败于齐,长子死焉;西丧地于秦七百里;南辱于楚。寡人耻之,愿比死者一洒之,如之何则可?"

朱《注》:"魏本晋大夫魏斯,与韩氏、赵氏共分晋地,号曰三晋。故惠王犹自谓晋国。惠王三十年,齐击魏,破其军,虏太子申。十七年,秦取魏少梁,后魏又数献地于秦。又与楚将昭阳战,败,亡其七邑。比,犹为也。言欲为死者雪其耻也。"

孟子对曰:"地方百里而可以王。

张氏云："地方百里而可以王，孟子岂徒为是言哉？其所施为，皆有实事而知其必然也。下所陈，亦其大纲耳。"

愚按：梁王之意在洒耻，孟子绝不与言洒耻之事，而惟与言王政之原。盖所谓治本之策，岂区区洒耻云乎哉？

王如施仁政于民，省刑罚，薄税敛，深耕易耨。壮者以暇日修其孝弟忠信，入以事其父兄，出以事其长上，可使制梃以挞秦、楚之坚甲利兵矣。

愚按：仁政之要维何？省刑罚、薄税敛而已。刑罚愈繁，税敛愈重，则民心日以离畔。下文"父母冻饿，兄弟妻子离散"，与夫"陷溺其民"，皆刑罚、税敛为之也。孝弟忠信，无形之梃也。无形之梃，胜于有形之甲兵也。盖孟子之意，惟以尽心于民事而得民心，为王道之根本。

又按：制梃而可以挞坚甲利兵，孟子之言，岂不迂乎？然而厥后秦始皇刑罚、税敛，困民于水深火热之中。其兵之强，六国莫敢撄其锋。陈涉一匹夫，崛起什伯之中，斩木为兵，揭竿为旗，天下云集响应。其竿其木，足以挞秦始皇而有余。孟子之言，岂非见于先幾乎？以陈涉之梃，犹可以挞秦之坚甲利兵，然则坚甲利兵，曾何用乎？而况行仁政者未必无坚甲利兵乎？

彼夺其民时，使不得耕耨以养其父母，父母冻饿，兄弟妻子离散。彼陷溺其民，王往而征之，夫谁与王敌？故曰：'仁者

无敌。'王请勿疑。"

第六章

孟子见梁襄王。

朱《注》:"襄王,惠王子,名赫。"

出,语人曰:"望之不似人君,就之而不见所畏焉。卒然问曰:'天下恶乎定?'吾对曰:'定于一。'

愚按:定于一者,天下古今大势,乱极则治,分久则合,非特人事之当然,实天行之公理也。

'孰能一之?'对曰:'不嗜杀人者能一之。'

愚按:不嗜杀人,非不杀人也,不嗜杀也。不嗜杀者,发于好生之本心。古来民心聚则天下合,民心散则天下分。故土地之分合,实根于人心之分合。而形式之分合,实系乎精神之聚散。不嗜杀人者,天地之大德曰生,其好生之心,足以聚合天下之民心,故曰能一之。

'孰能与之?'对曰:'天下莫不与也。王知夫苗乎?七八月之间旱,则苗槁矣。天油然作云,沛然下雨,则苗浡然兴之矣。其如是,孰能御之?今夫天下之人牧,未有不嗜杀人者也。如有不嗜杀人者,则天下之民,皆引领而望之矣。诚如

是也,民归之,由水之就下,沛然谁能御之?'"

罗氏罗山云:"人君杀人,非尽以刃杀之也,以其有杀人之政。其有杀人之政也,以其有杀人之心。暴敛横征,则杀人于赋税;峻法酷刑,则杀人于罪狱;工作频兴,则杀人于力役;兴兵构怨,则杀人于战争。且兵连祸结,我欲杀邻国之人以辟疆土,人亦欲杀我国之人以资富强。是皆因嗜利之心不能割断,因而杀机日启,无所顾惜。人命草菅,中原肝脑,天下之大,几尽为杀人之区矣。夫人皆嗜生,君独嗜杀,触目四海,罔非刀镬,几无生路可投。忽有不嗜杀人之君出,不啻烈火焚炙,忽有清凉之可乘;洪水沉溺,忽有旷土之可栖,自莫不奔走归之,冀延一日之命,虽欲御之而有不能御者。"

愚按:苗之兴,最易见者也,襄王之所能喻也。战国时人牧,非特杀人,而且嗜杀。嗜杀者,忍之至也,故并归于亡,而见吞于秦。秦始皇焚《诗》《书》,坑儒生,专嗜杀人者也,而能一天下,孟子之言不验,何也?曰:始皇仅传二世,墙土未干,天下怨叛,不得谓之定天下。譬诸篝火狐鸣拔山扛鼎之雄,皆逐鹿之徒耳,岂得谓之定天下乎?汉高残忍,亦不得谓之定天下。定天下者,文帝也。唐高亦不得为定天下。定天下者,太宗也。自古人君享天下之久暂,必视其德之厚薄。其德能至七八百年者,则享天下至七八百年,周室是也。次之其德能至三四百年者,则享天下至三四百年;能至一二百年者,则享天下至一二百年,汉、唐、宋以下是也。未有不积德而享天下能长久者也。如有不嗜杀人者,则天下之民皆引领而望之矣。望治者民也,怨叛者亦民也，强以制之，弗能久也。故孟子更不论一而深论与，见向背之机，在于民也。是故读此章书，当知有天下者，所以一之之德在君，所以与之之机在民。民谁与？曰好生之仁。

第七章

齐宣王问曰："齐桓、晋文之事，可得闻乎？"

朱《注》："齐宣王，姓田氏，名辟疆。"

孟子对曰："仲尼之徒，无道桓、文之事者，是以后世无传焉。臣未之闻也。无以，则王乎？"

愚按：黜霸尊王，是孟子一生学问。

曰："德何如，则可以王矣？"曰："保民而王，莫之能御也。"

愚按：保民乃为人君者之本务。

曰："若寡人者，可以保民乎哉？"曰："可。"曰："何由知吾可也？"曰："臣闻之胡龁曰，王坐于堂上，有牵牛而过堂下者，王见之，曰：'牛何之？'对曰：'将以衅钟。'王曰：'舍之！吾不忍其觳觫，若无罪而就死地。'对曰：'然则废衅钟与？'曰：'何可废也？以羊易之。'不识有诸？"曰："有之。"曰："是心足以王矣。百姓皆以王为爱也，臣固知王之不忍也。"

愚按：不忍为保民之根本。有不忍之心，斯有不忍之政。

王曰："然。诚有百姓者。齐国虽褊小，吾何爱一牛？即不忍其觳觫，若无罪而就死地，故以羊易之也。"曰："王无异于百姓之以王为爱也。以小易大，彼恶知之？王若隐其无罪而就死地，则牛羊何择焉？"王笑曰："是诚何心哉？我非爱其财而易之以羊也。宜乎百姓之谓我爱也。"

曰："无伤也，是乃仁术也，见牛未见羊也。君子之于禽兽也，见其生，不忍见其死；闻其声，不忍食其肉。是以君子远庖厨也。"

罗氏罗山云："问：未见羊，遂可忍于羊乎？曰：此待物之道也。钟本当衅，牛本衅钟之物。君子之于禽兽，于其所宜用者，亦不得不杀。特一时偶见此牛，感动其恻隐之心，不能自已，是故以羊易之。其不忍乎羊之心，此时尚未触发耳。君子之远庖厨，此足见君子爱物之仁，又足见君子爱有差等之义。未闻其声，未见其生，不忍之心，未曾触发，亦必取而用之。若于人，则虽不见，而其恻隐之心自露。人物异等，待之有别，是亦至性至情，出于自然者也。不忍于物之心，施于见闻之所及；不忍于民之心，施于见闻之所不及。物与我同生而弗类，民则同类者也。"

愚按："仁术"二字，孟子所特创，犹孔子所谓"仁之方"，非权术之"术"也。两言"不忍"，与上相应。君子远庖厨，虽属细故，实系仁人之行。苏氏说云："屠杀牛羊，刳脔鱼鳖，以为膳羞，食者甚美，死者甚苦，使见其号呼于椹刃之下，宛转于刀几之间，虽八膳之美，必将投箸而不忍食矣。故论者谓，生人多食植物，可以培养其慈善之念；多食动物，将益增其残忍之心。呜呼！物犹如此，民何以堪。"

王说，曰："《诗》云：'他人有心，予忖度之。'夫子之谓也。夫我乃行之，反而求之，不得我心。夫子言之，于我心有戚戚焉。此心之所以合于王者，何也？"

曰："有复于王者，曰'吾力足以举百钧'，而不足以举一羽；'明足以察秋毫之末'，而不见舆薪，则王许之乎？"曰："否。""今恩足以及禽兽，而功不至于百姓者，独何与？然则一羽之不举，为不用力焉；舆薪之不见，为不用明焉；百姓之不见保，为不用恩焉。故王之不王，不为也，非不能也。"

曰："不为者与不能者之形，何以异？"曰："挟太山以超北海，语人曰'我不能'，是诚不能也；为长者折枝，语人曰'我不能'，是不为也，非不能也。故王之不王，非挟太山以超北海之类也；王之不王，是折枝之类也。

　　愚按：枝、肢古字通。折枝者，折肢体以致敬，犹言鞠躬也。不为、不能，辨之宜审。世之自暴自弃者，何尝不能，皆由于推诿而不为，以致治己则自放其心，治人则自废其政。

老吾老，以及人之老；幼吾幼，以及人之幼。天下可运于掌。《诗》云：'刑于寡妻，至于兄弟，以御于家邦。'言举斯心加诸彼而已。故推恩足以保四海，不推恩无以保妻子。古之人所以大过人者，无他焉，善推其所为而已矣。今恩足以及禽兽，而功不至于百姓者，独何与？

愚按：此扩充之说也。"扩充"二字，为行政第一要义。"人皆有不忍人之心"章云"凡有四端于我者，知皆扩而充之矣，若火之始然，泉之始达。苟能充之，足以保四海；苟不充之，不足以事父母"，正与此节互相发明。"天下可运于掌"，即所谓"以不忍人之心，行不忍人之政，治天下可运诸掌上"是也。盖先王所以亲亲仁民、仁民爱物者，恕而已矣。恕者，即举斯心加诸彼，扩充之道也。能扩充斯心，乃能使万物各得其所。斯心，不忍人之心也。文王发政施仁，必先鳏寡孤独；孔子老安少怀，己立立人，己达达人，莫非善推所为。善推所为，则絜矩之道得，人人亲其亲、长其长，而天下平矣。《易传》曰："后以裁成天地之道，辅相天地之宜。"裁成、辅相，皆推恩之事也。

权，然后知轻重；度，然后知长短。物皆然，心为甚。王请度之。

愚按：此察识之说也。"察识"二字，为治心第一要义。孟子言不忍人之心，而推论今人乍见孺子将入于井，皆有怵惕恻隐之心，非所以内交于孺子之父母也，非所以要誉于乡党朋友也，非恶其声而然也，亦度心之法，与此节互相发明。凡人之心，虽堕于气质，实则皆浑然而至善。迨外物交侵，嗜欲日盛，恶念日多，而善念亦未尝不时露焉。因其时露之顷而察识之,而扩充之,则可以渐进于善。若不知察识,则将斩绝之,而终其身于不善之中。是以儒者之治心,首在提撕警觉,务使善念盘旋于中而不消,久之如万物之发荣滋长,天机盎然充满,恶念无从而生。夫如是,乃能合人己为一。举斯心以加诸彼,此行政之要所以首在于治心也。《中庸》言"喜、怒、哀、乐之未发谓之中"。李延平先生教人观静中喜、怒、哀、乐未发气象。此于念虑未起之前察识之法也。孟子言"学问之道无他,求其放心"。又曰:"心之官则思,思则得之。"此于念虑既起之后察识之法也。知此二言,可与言治心矣。然而更有进焉者。轻重长短,在物固有之则,实则吾心固有之则也。惟吾心之轻重、长短得其则,而后万物得其平。自古以来,人君不尠聪明之主,而一念偶杂以私,则轻重、长短即失其平,而万事无序矣。无序则天下扰,天下扰者,皆吾心轻重、长短无主宰为之也。是故度心之法,始在于明善,中在于穷理,而终则在自审行之力与不力。

抑王兴甲兵,危士臣,构怨于诸侯,然后快于心与?"
王曰:"否。吾何快于是? 将以求吾所大欲也。"曰:"王之所大欲,可得闻与?"王笑而不言。曰:"为肥甘不足于口与? 轻暖不足于体与? 抑为采色不足视于目与? 声音不足听于耳与? 便嬖不足使令于前与? 王之诸臣皆足以供之,而王岂为是哉?"曰:"否。吾不为是也。"曰:"然则王之所大欲可知已。欲辟土地,朝秦楚,莅中国,而抚四夷也。以若所为,求若所欲,犹缘木而求鱼也。"

王曰:"若是其甚与?"曰:"殆有甚焉。缘木求鱼,虽不得鱼,无后灾。以若所为,求若所欲,尽心力而为之,后必有灾。"

曰:"可得闻与?"曰:"邹人与楚人战,则王以为孰胜?"曰:"楚人胜。"曰:"然则小固不可以敌大,寡固不可以敌众,弱固不可以敌强。海内之地,方千里者九,齐集有其一。以一服八,何以异于邹敌楚哉?盖亦反其本矣。今王发政施仁,使天下仕者皆欲立于王之朝,耕者皆欲耕于王之野,商贾皆欲藏于王之市,行旅皆欲出于王之涂,天下之欲疾其君者皆欲赴愬于王。其若是,孰能御之?"

王曰:"吾惛,不能进于是矣。愿夫子辅吾志,明以教我。我虽不敏,请尝试之。"曰:"无恒产而有恒心者,惟士为能。若民,则无恒产,因无恒心。苟无恒心,放辟邪侈,无不为已。及陷于罪,然后从而刑之,是罔民也。焉有仁人在位,罔民而可为也?

愚按:不耻贫贱而讲求礼义之学者,最上教育之法也。先富后教,仓廪足而知礼义,中等教育之法也。专讲生计而不顾礼义廉耻者,下等教育,驱天下而为奴仆者也。战国时,人民知识杂而程度卑,故孟子专以中等教育为主。恒心,礼义之心也。无恒产而有恒心,惟士为能,古时之重士如此。今之号为士者,尚有能之者乎?"焉有"二句,其言蔼如。民无恒产,即为罔民,此谊亦当扩充也。

是故明君制民之产,必使仰足以事父母,俯足以畜妻子,乐岁终身饱,凶年免于死亡。然后驱而之善,故民之从之也轻。今也制民之产,仰不足以事父母,俯不足以畜妻子,乐岁终身苦,凶年不免于死亡。此惟救死而恐不赡,奚暇治礼义哉?

愚按:战国时,人君未尝不制民之产,而民至救死惟恐不赡者,因慢其经界,私而非公也。"救死"二语,何其悲也!如是岂特不能行王道,即欲求桓、文之事业,其可得乎?

王欲行之,则盍反其本矣。五亩之宅,树之以桑,五十者可以衣帛矣;鸡豚狗彘之畜,无失其时,七十者可以食肉矣;百亩之田,勿夺其时,八口之家可以无饥矣;谨庠序之教,申之以孝弟之义,颁白者不负戴于道路矣。老者衣帛食肉,黎民不饥不寒,然而不王者,未之有也。"

愚按:"五亩之宅"两句,是种植法;"鸡豚"两句,是畜牧法;"百亩之田"两句,是经制法;"谨庠序之教"两句,是学校教授管理法;至"黎民不饥不寒",而不忍人之心为无歉矣。

此章前半注重不忍人之心,后半注重不忍人之政,而扼要全在

"权,然后知轻重"一节。盖不知轻重,则不明先后之分;不知长短,则不明广狭之义。虽有不忍人之心,而行之无序,政治亦终于乖舛。至读"五亩之宅"一节,而尤叹孟子之不生于今时也。盖战国时阡陌既开,田畴异亩,是以孟子亟注意于此。此不能行于遂古之世,亦不能行于秦汉以后,所谓因时以制宜也。且黎民不饥不寒,亦岂足尽王道之能事? 而孟子以此为先者,繇尔时人君争地争城,嗜杀无已,民皆困于饥寒,故必以此为先务之急,亦所谓因时以制宜也。后世学者读"不违农时"两节,与此节当融贯其义,心知孟子之意,因时而善用之。若泥古而薄今,或徇今而菲古,胥失之矣。

卷二　梁惠王下

第一章

庄暴见孟子,曰:"暴见于王,王语暴以好乐,暴未有以对也。"曰:"好乐何如?"孟子曰:"王之好乐甚,则齐国其庶几乎!"

他日见于王,曰:"王尝语庄子以好乐,有诸?"王变乎色,曰:"寡人非能好先王之乐也,直好世俗之乐耳。"曰:"王之好乐甚,则齐其庶几乎! 今之乐,由古之乐也。"

愚按:由、犹通,与上篇"由水就下"同。《礼记》:"魏文侯曰:'吾端冕而听古乐,则惟恐卧;听郑卫之音,则不知倦。'"古乐、今乐,岂能无异? 孟子所以云然者,亦诱导齐王之苦心耳。

曰:"可得闻与?"曰:"独乐乐,与人乐乐,孰乐?"曰:"不若与人。"曰:"与少乐乐,与众乐乐,孰乐?"曰:"不若与众。"

愚按:本文曰"不若与人",曰"不若与众",是齐王是非之心犹未泯也。虽然,王之所谓"与人""与众"者,便嬖近臣而已耳,其心岂知有民哉？

"臣请为王言乐。今王鼓乐于此，百姓闻王钟鼓之声、管籥之音，举疾首蹙頞而相告曰：'吾王之好鼓乐，夫何使我至于此极也？父子不相见，兄弟妻子离散。'今王田猎于此，百姓闻王车马之音，见羽旄之美，举疾首蹙頞而相告曰：'吾王之好田猎，夫何使我至于此极也？父子不相见，兄弟妻子离散。'此无他，不与民同乐也。

愚按：父子不相见，兄弟、妻子离散，吾民皆颠连而无告矣，何其苦也？以王之好鼓乐、田猎有以致之也。且不仅好鼓乐、田猎有以致之也，不与民同乐者，其心但知有我，而忘其国之有民也。

今王鼓乐于此，百姓闻王钟鼓之声、管籥之音，举欣欣然有喜色而相告曰：'吾王庶几无疾病与？何以能鼓乐也？'今王田猎于此，百姓闻王车马之音，见羽旄之美，举欣欣然有喜色而相告曰：'吾王庶几无疾病与？何以能田猎也？'此无他，与民同乐也。

罗氏罗山云："不与民同乐，则百姓憔悴虐政，日不聊生。故一闻王之鼓乐、田猎，便思及己之困穷。与民同乐，则民涵养于仁政之中，父母、兄弟、妻子，莫不各得其所，自享其乐，而窃恐君之不乐。故一闻君之鼓乐、田猎，遂欣欣然喜君之能如是。同乐与不同乐，在乎君之能推与不能推耳。不能推其好乐之心,恣一己之乐,忘万姓之苦,虽有田猎、鼓乐,不能独乐矣。能推则发政施仁,民各遂生,天下皆引领望矣,成王业何有哉?"

愚按:为人上者之大患,莫患乎有己而无人。己欲处于乐,而不顾人之苦;己欲处于安,而不顾人之危;己欲安富尊荣,而不顾人之穷饿离散而在沟壑。是故孟子之意,非果欲王之好今乐也,亦非谓今乐之果无异于古乐也,特欲王推好乐之心以行仁政耳。行仁政则恕,恕则君民为一体,爱情团结,而能与民同乐。

今王与百姓同乐,则王矣。"

杨氏云:"乐者,天地之和也。故乐以和为主。人和则气和,气和则天地之和应之矣。使人闻钟鼓管弦之音,举疾首蹙頞,虽奏以《咸》《英》《韶》《濩》,无补于治也。故孟子告之以此,姑正其本而已。"

愚按:人主之喜怒好恶,一切举动,皆当顺民心为转移。盖堂陛尊严者,蔽隔之根本;欲恶与共者,大同之精神。彼夫疾首蹙頞,欣欣然有喜色,情状何相悬也? 父子不相见,吾王庶几无疾病,言词何迥异也? 一则怨情结于中,一则爱情露于外,后世人君读此章书,可以知民心之所归往矣。所归维何? 曰:公。

第二章

齐宣王问曰:"文王之囿方七十里,有诸?"孟子对曰:"于传有之。"

愚按:传,谓古书。文王之灵囿,大小无所考,言"于传有之"者,文王行仁政,固宜有此公囿也。

曰:"若是其大乎?"曰:"民犹以为小也。"曰:"寡人之囿方四十里,民犹以为大,何也?"曰:"文王之囿方七十里,刍荛者往焉,雉兔者往焉,与民同之,民以为小,不亦宜乎?

愚按:此节仍归结到与民同乐,当与"梁惠王沼上"章参看。盖文王以一人之囿公诸天下之民,不尽天下之力以为一人之囿也。

臣始至于境,问国之大禁,然后敢入。臣闻郊关之内有囿方四十里,杀其麋鹿者如杀人之罪。则是方四十里为阱于国中,民以为大,不亦宜乎?"

愚按:礼,入境而问禁,邑外谓之郊,盖有人而无己谓之公,有己而无人谓之私。囿何为而小?公之至也。囿何为而大?私之至也。秦二世为苑囿,优旃讽之曰:"寇从东方来,令麋鹿触之足矣。"麋鹿而可同于人乎?惟其私之至,则麋鹿竟同于人。悲哉!以方四十里之地,为阱于国中也。民视王囿如阱,其对于王之心何如?夫囿者,非王之所建也,民为王建之也。竭民之力以为囿,而私之于一己,惟其视一国皆私产,故其视一囿亦为私产,所谓以天下奉一人,私之至也。然则囿无所谓大,亦无所谓小,惟视乎一心之公私,而吾民心目之间因以为转移耳。圣王至公无私，故能与民同乐，而得民之心。

第三章

齐宣王问曰："交邻国有道乎?"孟子对曰："有。惟仁者为能以大事小，是故汤事葛，文王事昆夷。惟智者为能以小事大，故大王事獯鬻，句践事吴。

张氏云："齐宣王亦厌夫兵戈之相寻，是以有交邻国之问。孟子则为陈交邻国之道，有二端焉。若汤、文之心，盖不忍坐视其民之困穷，不惮屈己以感之，庶几有以拯其民也。若太王之于獯鬻，句践之于吴，则其势力诚不能以相及，若强而与之抗，则国将随之，是以从而事之也。仁者爱人，故能以大事小。智者知幾，故能以小事大。"

愚按：汤之事葛，专以含容为主。《滕文公》篇孟子曰："汤居亳，与葛为邻，葛伯放而不祀。汤使人问之曰：'何为不祀?'曰：'无以供牺牲也。'汤使遗之牛羊，葛伯食之，又不以祀。汤又使人问之曰：'何为不祀?'曰：'无以供粢盛也。'汤使亳众往为之耕。"是专导之礼义，所谓仁也。文王事昆夷，见于《诗·大雅》"肆不殄厥愠，亦不陨厥问"，含容之至也。獯鬻，狄人也，太王事之，见下"滕文公"章。至句践事吴，专以坚忍为主，详见《史记·越世家》。子贡告句践曰："无报人之志，而令人疑之，拙也。有报人之志，使人知之，殆也。事未发而先闻，危也。三者，举事之大患。"句践用其言，卧薪尝胆，生聚教训，卒以报吴，所谓智也。

以大事小者，乐天者也。以小事大者，畏天者也。乐天者保天下，畏天者保其国。

　　愚按：张子《西铭》云："乾称父，坤称母，知化则善述其事，穷神则善继其志。"朱《注》谓人皆为天之子。既皆为天之子，则大国之视小国，当如兄弟然，有以包含而遍覆之，故曰乐天。天下有道，小德役大德，小贤役大贤。天下无道，小役大，弱役强。能知顺天存、逆天亡之理，则兢兢业业，制节谨度，而不敢违天，故曰畏天。乐天者保天下，公而已矣。畏天者保其国，正而已矣。乐天是何等气象！畏天是何等精神！

《诗》云：'畏天之威，于时保之。'"

　　愚按：《书》曰："天明威，自我民明威。"顾畏于民不敢自恣，即所以畏天之威，已引起下文安民之意。

王曰："大哉言矣！寡人有疾。寡人好勇。"对曰："王请无好小勇。夫抚剑疾视曰：'彼恶敢当我哉！'此匹夫之勇，敌一人者也。王请大之。

　　张氏云："勇有大小。血气之勇，勇之小也。义理之勇，勇之大也。以血气为勇，则其勇不出于血气之内，势力可胜，利害可绌也。义理之勇，不以血气，势力无所加，利害无所绌也。故曰'王请无好小勇',欲其扩义于理也。"

《诗》云:'王赫斯怒,爰整其旅,以遏徂莒,以笃周祜,以对于天下。'此文王之勇也。文王一怒而安天下之民。

朱《注》:"徂,往也。"莒",《诗》作"旅"。言密人侵阮徂共之众也。"

张氏云:"谓文王见密人之为民害,则赫怒整旅,以遏止其所行之众,而笃周家之福,以答天下望周之心。是文王之怒,以天下而不以己也。"

《书》曰:'天降下民,作之君,作之师。惟曰其助上帝宠之,四方有罪无罪惟我在,天下曷敢有越厥志?'一人衡行于天下,武王耻之。此武王之勇也。而武王亦一怒而安天下之民。

张氏云:"谓君师之任,当助上帝以宠绥斯民。四方之有罪无罪,其责在吾之身,天下孰敢有越此志者乎? 一人逆理而动,则武王以为己之耻。是武王以天下自任也。"

愚按:古者君道兼师道,故曰"作之君,作之师",言君即师也。"惟曰其助上帝宠之"句,"四方有罪无罪惟我在",犹汤言"朕躬有罪,无以万方,万方有罪,罪在朕躬"也。"一人衡行",指纣也。

今王亦一怒而安天下之民,民惟恐王之不好勇也。"

张氏云："方战国之际,斯民之憔悴于虐政,亦既极矣。顾乃于此独不一怒,而区区于寻干戈、较强弱,不亦悖乎?使王慨然以天下为公,不徇血气之小,行交邻之道,而笃救民之志,则王政将以序而举,不期于求天下,而天下归戴之不暇矣。噫!血气之怒,人主不可有也;而义理之怒,人主不可无也。憎苦言之逆耳,而至于杀谏臣;忿小夷之不宾,而至于敝中国;恶侈欲之不广,而至于竭天下之膏血。是皆血气之所使也。其不至于亡国也几希,此怒岂宜有乎?"

愚按:血气、义理,判于公、私之间。理、欲之辨,几希而已。一念而公,则仁义之师,有以对答于天下,文、武是也。一念而私,则血流漂橹,不旋踵而贻害于子孙,秦政是也。

第四章

齐宣王见孟子于雪宫。王曰:"贤者亦有此乐乎?"孟子对曰:"有。人不得,则非其上矣。

愚按:非其上者何也?为其私也。私则民不服,不服则非其上。民皆非其上,则上之身危而国亦危。

不得而非其上者,非也。为民上而不与民同乐者,亦非也。

张氏云:"不得其乐而非其上,固非也。然而自人主言之,则不当怪其非己,而以自反为贵。盖为民上而不与民同乐,亦非也。"

乐民之乐者,民亦乐其乐。忧民之忧者,民亦忧其忧。乐以天下,忧以天下,然而不王者,未之有也。

　　愚按:君与民,一体者也。君者,民之元首;民者,君之手足。君者,民之根本;民者,君之枝叶。手足伤,元首何所赖?枝叶伤,根本何所庇?君之视民如子弟,则民视君如父兄。君之视民如土芥,则民视君如寇仇。感应之理,捷于影响。"乐以天下,忧以天下"者,团体既坚,休戚与共,天下一体之明效,盛世大同之精神也。

昔者齐景公问于晏子曰:'吾欲观于转附、朝儛,遵海而南,放于琅邪。吾何修而可以比于先王观也?'

　　朱《注》:"转附、朝儛,皆山名。琅邪,齐东南境上邑名。"
　　愚按:此孟子道齐国之故典以告王也。

晏子对曰:'善哉问也!天子适诸侯曰巡狩,巡狩者,巡所守也。诸侯朝于天子曰述职,述职者,述所职也。无非事者。春省耕而补不足,秋省敛而助不给。夏谚曰:"吾王不游,吾何以休?吾王不豫,吾何以助?一游一豫,为诸侯度。"

　　愚按:"巡狩者,巡所守也"二句,为解字法。巡狩、述职之外,又有省耕、省敛之典。天子则于畿内,诸侯则于国中。盖人君一举一动,无非为民之事,故曰"无非事者"。"吾王不游,吾何以休",是游非真游也,所以休民也。"吾王不豫,吾何以助",是豫非真豫也,所以助民也。王之举动,皆以法则,无丝毫纵欲之心,更无扰累吾民之事,故可以为诸侯度。

今也不然。师行而粮食,饥者弗食,劳者弗息。睊睊胥谗,民乃作慝。方命虐民,饮食若流。流连荒亡,为诸侯忧。

张氏云:"今也不然,其出也,直以肆其欲而已。师行以其众行也,以其众行而无粮食,饥者既不得食,而劳者又不得息焉,曾不之恤也。民既困苦,则睊睊然交相为谗以作慝而已。方命,谓逆天之命也。天之立君,以为民也。虐民,是所以为方命也。饮食若流,纵极其饮食之欲也。"

愚按:粮,裹粮也。"饥者弗食",谓居民因师行之裹粮以去,而弗得食也。"劳者弗息",谓师行之劳苦远役而弗得息也。读此节,如闻间阎叹息之声矣。

从流下而忘反谓之流,从流上而忘反谓之连,从兽无厌谓之荒,乐酒无厌谓之亡。

张氏云:"从流下而忘反谓之流,从流上而忘反谓之连,言其从流上下,乐游而忘归也。从兽无厌谓之荒,乐酒无厌谓之亡,言其逐欲而不倦也。"

愚按:上流则民流离矣,上连则民颠连矣,上荒则国荒而不治矣,上亡则国亡可立而待矣。其字义,其事理,皆相因而致者也。

先王无流连之乐、荒亡之行，惟君所行也。'

愚按：流连之乐、荒亡之行，百姓因吾君之有此行，至于败产破家、断头折足者，不知凡几矣。呜呼！人君亦何乐而为此行哉？

景公说，大戒于国，出舍于郊。于是始兴发补不足。召大师曰：'为我作君臣相说之乐。'盖《澂招》《角招》是也。其诗曰：'畜君何尤？'畜君者，好君也。"

愚按：戒，告命也。始兴发补不足，则民获苏醒矣。景公不过小小补苴，而君臣相说已若此，况能本实心以行仁政者乎？畜者，止也，能止其君之欲，而遏绝其方恣之心，所以好君也。《易·大畜》上爻"占天衢之庆"，《象传》曰："道大行也。"所以能大行其道者，盖好君而不逢迎其君也。

第五章

齐宣王问曰："人皆谓我毁明堂。毁诸？已乎？"

赵氏云："明堂，泰山明堂，周天子东巡守朝诸侯之处。"

孟子对曰："夫明堂者，王者之堂也。王欲行王政，则勿毁之矣。"

张氏云："人皆谓宣王毁明堂者，恶其害己而去其籍之意。而孟子所以使之勿毁者,乃不废饩羊之义。盖使王者作,则制度典章犹可因是而求故尔。"

王曰:"王政可得闻与?"对曰:"昔者文王之治岐也,耕者九一,仕者世禄,关市讥而不征,泽梁无禁,罪人不孥。老而无妻曰鳏,老而无夫曰寡,老而无子曰独,幼而无父曰孤。此四者,天下之穷民而无告者。文王发政施仁,必先斯四者。《诗》云:'哿矣富人,哀此茕独。'"

愚按:周家仁政之美,自文王始。治岐之法,即经理天下之法也。耕者九一,即井田之制。方里而井,井九百亩,其中为公田,八家皆私百亩,同养公田,是九分而税其一也。士世禄而不世官,恐其未必贤也。关市讥而不征,察非常、禁奇邪而已,不征其物也。后世关市征,取无节,商政受其病,而商民日困矣。泽梁无禁,与民共之也。罪人不孥,不及其妻子也。鳏、寡、孤、独,穷民之无告者,最可悯念也。张子《西铭》云:"民吾同胞,物吾与也。"尊高年所以长其长,慈孤弱所以幼其幼,凡天下疲癃残疾、茕独鳏寡,皆吾兄弟之颠连而无告者也。颠连无告,为仁政之所必先,故此经宜重读一"先"字。文王仁政,非专于是四者,特以此为先尔。因是四者而推之,以及于同胞,及于吾与,则万民万物,皆得其所矣。《诗》,《小雅·正月》之篇。孟子断章取义,恻然仁人之言也。

王曰:"善哉言乎!"曰:"王如善之,则何为不行?"王曰:"寡人有疾,寡人好货。"对曰:"昔者公刘好货。《诗》云:'乃积乃仓,乃裹糇粮,于橐于囊。思戢用光。弓矢斯张,干戈戚扬,爰方启行。'故居者有积仓,行者有裹粮也,然后可以爰方启行。王如好货,与百姓同之,于王何有?"

朱《注》:"《诗》,《大雅·公刘》之篇。积,露积也。糇,干粮也。无底曰橐,有底曰囊,皆所以盛糇粮也。戢,安集也,言思安集其民人,以光大其国家也。戚,斧也。扬,钺也。爰,于也。启行,言往迁于豳也。"

王曰:"寡人有疾,寡人好色。"对曰:"昔者太王好色,爰厥妃。《诗》云:'古公亶父,来朝走马,率西水浒,至于岐下。爰及姜女,聿来胥宇。'当是时也,内无怨女,外无旷夫。王如好色,与百姓同之,于王何有?"

朱《注》:"《诗》,《大雅·绵》之篇也。古公,太王之本号,后乃追尊为太王也;亶父,太王名也。来朝走马,避狄人之难也。率,循也。浒,水涯也。岐下,岐山之下也。姜女,太王之妃也。胥,相也。宇,居也。"

罗氏罗山云:"观孟子告君之言,其要在于仁。而行仁之道,则在于恕。恕也者,推己以及人也。爱物乃仁民之余恩,则反其本而推之。若钟鼓、若田猎、若园囿宫室、若色、若货,亦人情所不能无者。己有是欲,则必推而同之于民,使之各得所欲,而后君心乃尽。夫君之于民,犹心之于身也。身之疾痛疴痒,无一不与心相贯通。民之好恶休戚,无一不与君相关切。纵一己之欲,不能好民之所好,恶民之所恶,是不啻一顽痹麻木之身,气血全不流通,医家所谓手足痿痪为不仁也。故人君能推己之欲以及人,则君也;不能推,直独夫而已。《大学》于'絜矩'切切言之,孟子之言,其得此旨矣。"

愚按:公刘非真好货也,特欲居者有积仓,行者有裹粮,以启行尔。太王非真好色也,特偕姜女以胥宇尔。而孟子断章取义,以为公刘好货、太王好色者,非事揣摩也,欲偕此以引王于道焉尔。朱子云:"此篇自首章至此,大意皆同。盖钟鼓、苑囿、游观之乐,与夫好勇、好货、好色之心,皆天理之所有,而人情之所不能无者。然天理人欲,同行异情。循理而公于天下者,圣贤之所以尽其性也;纵欲而私于一己者,众人之所以灭其天也。二者之间,不能以发,而其是非得失之归,相去远矣。故孟子因时君之问,而剖析于幾微之际,皆所以遏人欲而存天理也。"其说精矣。

第六章

孟子谓齐宣王曰:"王之臣有托其妻子于其友,而之楚游者。比其反也,则冻馁其妻子,则如之何?"王曰:"弃之。"

愚按:凡人立身处事,以责任为第一要义。受人之托,宜忠人之事也。乃至冻馁其妻子,是失其为友之责任也,故曰"弃之",以其自弃其责任也。王明矣。

曰:"士师不能治士,则如之何?"王曰:"已之。"

　　愚按:士师以治士为责任者也。为士师而不能治士,是失其为士师之责任也,故曰"已之",以其自已其责任也。王明矣。

曰:"四境之内不治,则如之何?"王顾左右而言他。

　　愚按:人君以治四境为责任者也。为人君而不能治四境之内,是失其为人君之责任也,岂不当弃而已之乎?孟子所以警王者至矣。顾左右而言他,齐王之良心犹未泯也,乃因惮于改过,而卒不能振拔。惜哉,惜哉!

第七章

孟子见齐宣王曰:"所谓故国者,非谓有乔木之谓也,有世臣之谓也。王无亲臣矣,昔者所进,今日不知其亡也。"

　　愚按:"王无亲臣"三句,沉痛之至。无亲臣,则国事何所委任?昔者所进,今日不知其亡,屡进屡更,不能久于其位,则事益棼乱。

王曰:"吾何以识其不才而舍之?"

　　愚按:此语所答非所问,齐王之昏庸如见。

曰:"国君进贤,如不得已,将使卑逾尊,疏逾戚,可不慎与?

左右皆曰贤,未可也;诸大夫皆曰贤,未可也;国人皆曰贤,然后察之;见贤焉,然后用之。左右皆曰不可,勿听;诸大夫皆曰不可,勿听;国人皆曰不可,然后察之;见不可焉,然后去之。左右皆曰可杀,勿听;诸大夫皆曰可杀,勿听;国人皆曰可杀,然后察之;见可杀焉,然后杀之。故曰国人杀之也。

愚按:《泰誓》曰:"天视自我民视,天听自我民听。"孟子曰:"民为贵,社稷次之。"盖古时设君本以为民,故其政体,要以顺民心为主。国家之治乱安危,判于王者一心之公私。顺民心者安而治,逆民心者危以乱,此自古以来兴危之大较。稽诸前王之政治心术,毫发不爽。昔者舜避尧之子于南河之南,天下诸侯朝觐者,不之尧之子而之舜,讼狱讴歌者,不之尧之子而之舜。禹避舜之子于阳城,天下之民从之若从舜也。益避禹之子于箕山之阴,朝觐讼狱者不之益而之启,讴歌者不讴歌益而讴歌启,皆曰:"吾君之子也。"夫朝觐、讼狱、讴歌,民心之所寄也,而古帝王顺之。是唐虞时之政体,以民心为重也。迨降及后世,君权尊,名分定,而箕子之陈《洪范》曰:"谋及卿士,谋及庶人。"卿士从,庶民从,是之谓大同。又曰:"曰蒙,恒风若。"蒙者,上下之情蒙蔽而隔绝也。是商周之政体,以民心为重也。又降及后世,诸侯力争,民心离涣。而《王制》一篇曰:"爵人于朝,与士共之。刑人于市,与众弃之。"《王制》为秦汉时博士所作,是秦汉虽专制,而儒者之论政体,犹以民心为重也。盖天下之事,当与天下之人公之。国君而进贤,是天下之所谓贤,非一人之所谓贤也。国君而退不肖,是天下之所谓不肖,非一人之所谓不肖也。国君而用刑颁赏,是天下之公刑公赏,非一人之私刑私赏也。惟因一人之公心,以顺天下之民心,故万事易集。若民心所不顺,而强以制之,其后恐有溃畔而不可收拾者矣。顾或谓政体宜尊,用人之权,操之自上,不宜旁落。此说是矣。抑未知左右皆曰贤、皆曰不可、皆曰可杀,然后察之,察之然后用之、去之、杀之。是用舍生杀之权,仍在于上,固无所谓旁落。否则寄其权于左右、诸大夫,得不谓之旁落乎? 而政体之尊安在乎? 且或行一政,施一令,国人皆以为非,至于川壅而溃,伤人尤多,而政体之尊又安在乎? 然则政体之尊卑,正判于立心之公私。公者为尊,私者为卑。故吾尝谓治天下者必集天下之善以为善。盖一人之聪明,必不如千万人之聪明;一人之心思,必不如千万人之心思。是故集天下之视以为视,则所视者周;集天下之听以为听,则所听者广;合天下之心思以为心思,则所虑者无远而弗届。《尚书》曰:"作朕股肱耳目。"言合天下之股肱耳目,以为一人之股肱耳目也。又曰:"今予其敷心腹肾肠。"言合天下之心思,以为一人之心思也(近人创名词曰"团体",要知团体非聚众之谓,其义实本于《尚书》)。由是而天下之善集于一人之身,夫然后舆情洽;舆情洽,而政体益尊;政体益尊,而国家亿万年遂基于苞桑之固。《周易大义》所谓"上下交而其志同"者,谓政治一出于大公,而得乎民心之大顺也。是故欲决政体之尊卑,当先验一心之公私。

如此,然后可以为民父母。"

罗氏罗山云:"人君者,万民之父母也。大臣者,克家之令子体父母之意,以率一家之众子庶子者也。其人贤,一家受其福;不贤,一家受其祸。向使举错失宜,小人在位,率皆竭下民之膏脂,逢君上之私欲,民忧民乐,罔知顾惜,斯民之困苦,遂有不堪问者。欲不至败家亡国,岂可得哉?"

愚按:"如此然后可以"六字,何等郑重!不如此则不可,意在言外。为民父母奈何?如舜而已矣。孟子之赞舜曰:"善与人同,舍己从人,乐取于人以为善。"取诸人以为善,是与人为善者也。盖舜惟取人为善,与人为善,故能集天下之善以为善,而成其为大圣,成其为大智。于传有之,"亶聪明,作元后,元后作民父母"。夫聪明,非可自作者也,惟集天下之善以为善,于是聪明至乎其极。惟聪明之至,乃可以作民父母。此其要道在于虚衷,而其学问基于穷理。本文云"然后察之"者三,所谓察者,即穷理之方,兼考言试功而言。由是或以德进,或以事举,或以言扬,非是者黜,贪墨者刑,尽集天下之善,即以陶铸天下之人才。能尽铸天下之人才,则其量直与天地同矣。君哉舜也!是为民父母之标准,万世人君之法也。

第八章

齐宣王问曰:"汤放桀,武王伐纣,有诸?"孟子对曰:"于传有之。”

朱《注》：“放，置也。”

曰：“臣弑其君可乎？”曰：“贼仁者谓之贼，贼义者谓之残。残贼之人，谓之一夫。闻诛一夫纣矣，未闻弑君也。”

朱《注》：“贼，害也。残，伤也。害仁者凶暴淫虐，灭绝天理，故谓之贼。害义者颠倒错乱，伤败彝伦，故谓之残。一夫，言众叛亲离，不复以为君也。《书》曰‘独夫纣’。盖四海归之，则为天子；天下叛之，则为独夫。所以深警齐王，垂戒后世也。”

张氏云：“仁义者，人道之常也。贼夫仁义，是绝灭人道也。故贼夫恻隐之端，至于暴虐肆行而莫之顾也；贼夫羞恶之端，至于放僻邪侈而莫之止也。夫仁义之在天下，彼岂能贼之哉？实自残贼于厥躬耳。为君若此，则上焉断弃天命，下焉不有民物，谓之一夫，不亦宜乎？呜呼！孟子斯言，昭示万世，为人上者闻之，知天命之可畏，仁义之为重，名位之不可以恃也，其亦兢兢以自强乎？”

愚按：贼仁贼义者，言纣之伤天害理，毒痛四海，不独残贼仁义，实残贼天下也。然亦非残贼天下，实自残贼其一心，自残贼其一身也。周武王之言曰：“百姓有过，在予一人。”此言百姓之过皆在于一人之身也。乃周之季世，以“予一人”为名词，后人遂误会，以为惟我独尊之意。又如后世人主，称孤称寡人。按《左氏传》云“以是藐诸孤”，言先君之遗孤。此即位之初哀痛之辞也。寡人者，寡德之谓，谦辞也。乃后世亦误会，以为称孤称寡人，皆惟我独尊之意。于是长人主骄肆之心，惟其言而莫予违，而专制之害，迄于秦政，其祸乃比纣为尤酷矣。孟子曰："残贼之人，谓之一夫。"呜呼！一夫何名也？孰谓之？自致之耶？

第九章

孟子见齐宣王曰："为巨室，则必使工师求大木。工师得大木，则王喜，以为能胜其任也。匠人斫而小之，则王怒，以为不胜其任矣。夫人幼而学之，壮而欲行之。王曰'姑舍女所学而从我'，则何如？

愚按：格致诚正修齐治平，圣功王道之学，人君苦于不知。乃既不能知之，非特不肯虚心以求之，且欲人舍所学以从之。是心也，所谓惟其言而莫予违之心也。此蔑贞之兆也。

今有璞玉于此，虽万镒，必使玉人雕琢之。至于治国家，则曰'姑舍女所学而从我'，则何以异于教玉人雕琢玉哉？"

愚按：人君之大患，在欲人舍所学以从我。而士大夫之大患，则在舍所学以从人。孟子没，李斯兴，专以揣摩秦始皇为事，卒至焚书坑儒，而天下被其毒。揆厥所原，何也？舍所学以从人也。司马迁作《李斯传》，首载其辞荀卿入秦之言曰"诟莫大于卑贱，而悲莫甚于困穷"。是其心专恶卑贱困穷，而惟欲求富贵，则亦何所不至哉？惟其居心若斯之卑鄙，于是始皇得以利用之。呜呼！非大匠而斫木，木受伤也；非玉人而琢玉，玉受伤也，皆其小焉者也。惟为人君者，专用揣摩苟合之人，而揣摩苟合之人皆以其类至，卒至亡其身、亡其家，而并以亡天下。然而如始皇者不悟也，以舍所学而从我之为便利也。然而如李斯者，亦不悟也，以舍所欲而从人之为得计也。呜呼！其可哀也哉！

第十章

齐人伐燕，胜之。

朱《注》："《史记》，燕王哙让国于其相子之，而国大乱。齐因伐之。燕士卒不战，城门不闭，遂大胜燕。"

宣王问曰："或谓寡人勿取，或谓寡人取之。以万乘之国伐万乘之国，五旬而举之，人力不至于此。不取，必有天殃。取之，何如？"

愚按：《左氏传》曰："窃人之财，犹谓之盗，况贪天之功以为己力乎？"宣王欲取燕，惟思贪天之功，其意乃毕露于辞气之间。

孟子对曰："取之而燕民悦，则取之。古之人有行之者，武王是也。取之而燕民不悦，则勿取。古之人有行之者，文王是也。

愚按：古来成非常之功者，必视乎民心之向背。民向则取之，民背则勿取。仁义之君，行仁义之师，未有不如此者也。文王、武王积德尤厚，故举以为标准。

以万乘之国伐万乘之国，箪食壶浆以迎王师，岂有他哉？避水火也。如水益深，如火益热，亦运而已矣。"

愚按：国之宝惟民，国之宝惟民之心。桀、纣之失天下也，失其民也。失其民者，失其心也。如水益深，如火益热，吾民之哀哀而无所控诉者，惨何如也。虽然，投民于水，实无异自投其身于水；置民于火，实无异自置其身于火。凡人君之待民不留余地者，即其待己不留余地也。孟子曰："亦运而已矣。"运焉者，犹其幸焉者也。

第十一章

齐人伐燕，取之。诸侯将谋救燕。宣王曰："诸侯多谋伐寡人者，何以待之？"孟子对曰："臣闻七十里为政于天下者，汤是也。未闻以千里畏人者也。

张氏云："宣王有利燕之心，则诸侯有利齐之意矣。孟子谓成汤以七十里而为政于天下，今宣王以千里而反畏人，欲其察夫义利之分也。"

愚按：齐王本意，在问所以待诸侯之策，而孟子对以为政于天下，是犹梁王问洒耻而对以施仁政也。

《书》曰：'汤一征，自葛始。'天下信之。'东面而征，西夷怨；南面而征，北狄怨，曰：奚为后我？'民望之，若大旱之望云霓也。归市者不止，耕者不变。诛其君而吊其民，若时雨降，民大悦。《书》曰：'徯我后，后来其苏。'

张氏云："孟子言民之望汤，则曰'若大旱之望云霓'。言汤之慰民望，则曰'若时雨降'。可见民之望汤，精诚切至，而汤之抚民，浃洽慰满如此。曰'徯我后，后来其苏'，汤未有天下，而民固已后之，亦犹《汝坟》之诗称文王为父母也。"

愚按：孟子论政治，专以尊民为主。曰"天下信之"，天下之民信之也。曰"民望之"，曰"吊其民"，曰"民大悦"，皆尊民之宗旨也。应乎人即所以顺乎天也。徯，待也。苏，若苏而复生也。

今燕虐其民，王往而征之。民以为将拯己于水火之中也，箪食壶浆，以迎王师。若杀其父兄，系累其子弟，毁其宗庙，迁其重器，如之何其可也？天下固畏齐之强也，今又倍地而不行仁政，是动天下之兵也。

愚按：本文曰"燕虐其民"，曰"民以为将拯己于水火之中也"，每语不忘乎民心，心不忘乎民也。"箪食壶浆，以迎王师"，其心意何其至诚也,其情状何其可怜也。"杀其父兄,系累其子弟,毁其宗庙,迁其重器",所以报其箪食壶浆者,何其惨而酷也。动天下之兵,无怪也。违天下之公理,悖天下之公法也,皆王之自召之也。

王速出令,反其旄倪,止其重器,谋于燕众,置君而后去之,则犹可及止也。

张氏云:"反其旄倪数者,此弭祸之策也。虽固已失之于初,然使是心一回,则人情犹可复,天怒犹可解,四方诸侯,亦将畏其义而不敢图矣。此特如反手之间。而宣王人欲方炽,不能自克,故诸侯疾之,燕人畔之,比及一世,而燕昭王复先世之仇,湣王卒死于难,齐祀不绝如线。是其取燕,卒所以动天下之兵也,岂不信哉?"

愚按:谋于燕众,谋于众民也。古者有谋及庶人之法。《书·盘庚》所谓"王命众悉至于庭"是也。曰"置君而后去之",则其所置之君,为燕民之所推举可知也。人心服则土地安宁,此孟子尊民之宗旨也。

第十二章

邹与鲁閧。穆公问曰:"吾有司死者三十三人,而民莫之死也。诛之,则不可胜诛;不诛,则疾视其长上之死而不救,如之何则可也?"

朱《注》:"閧,斗声也。穆公,邹君也。"

愚按：疾视其长上之死而不救，抑何可悲也。盖惟痛心疾首之极，乃若假手于敌国之人，而己实快心焉。夫何以至于斯极也？

孟子对曰："凶年饥岁，君之民老弱转乎沟壑，壮者散而之四方者，几千人矣；而君之仓廪实，府库充，有司莫以告，是上慢而残下也。曾子曰：'戒之戒之！出乎尔者，反乎尔者也。'夫民今而后得反之也。君无尤焉。

愚按：仓廪实，府库充，有司莫以告，非必尽有司之无良也，君之意旨在聚敛，不敢以告也。不敢以告，而吾民辗转沟壑之状，君不得而闻，是谓蒙蔽。蒙蔽者，其罪出乎尔者也；反乎尔者，所谓反动力是也。反动力之在天地间，如空气然，无隙不入。邻有詈人者，人反詈之；市有殴人者，人反殴之。孟子曰："杀人之父，人亦杀其父；杀人之兄，人亦杀其兄，非自杀之也，一间耳。"然则詈人者，实自詈之也；殴人者，实自殴之也。爱人者，人恒爱之；敬人者，人恒敬之；害人者，人恒害之；侮人者，人恒侮之，皆所谓反动者也。庸人昧焉。知有我而不知有人，于是乎人心不平，而争夺相杀，遂不绝于世。戒之之道奈何？惟有强恕以公好恶而已。《大学》云："民之所好好之，民之所恶恶之，此之谓民之父母。"又云："好人之所恶，恶人之所好，是谓拂人之性，菑必逮夫身。"盖民情至愚而难欺，民心难得而易失，惟所欲与聚，所恶勿施，乃可以平天下之不平，而渐臻于太平。若常拂人之性，而自以为是，窃恐他日民之所反于我者，将有倍于我之所施者矣。此非特人情如此，亦天道消息之枢机也。夫民今而后得反之也。压制之极，民不敢动，而乃假手于敌国之人，所谓天道好还，非意料所能及者也。

君行仁政，斯民亲其上、死其长矣。"

愚按：仁政者，制其田里，教之树畜，薄其税敛，用之以礼是也。何谓长？民之长也。何谓上？民之上也。长上者，所以治民之事，非剥民之财，以图安富尊荣者也。欲求民之亲、责民之死，必在我先有可以亲、可以死之道。盖长上与民，本一体者也。长上，民之腹心也，长上视民如手足，则民视长上如腹心。长上能与民亲、为民死，则民之亲之、死之也，如手足之卫腹心，不期然而然也。是故古之仁君，其对于民负行政之责，其心常与民为一体，休戚与共，夫然后民乃亲之而死之也。此非强制而幸致之也，先有可以亲、可以死之道也。后人读此章书，当知邹之有司所以死者，实非鲁人杀之也，邹民杀之也；亦非邹民杀之也，穆公杀之也。然穆公不行仁政，而有司不知谏，且乐为穆公之爪牙，而吮民之膏血，以为安富尊荣之地，则亦非穆公杀之也，自杀之而已矣。

第十三章

滕文公问曰："滕，小国也，间于齐、楚。事齐乎？事楚乎？"

愚按：齐以滕事楚为滕罪，楚以滕事齐为滕罪，介于两大而不能自立，为可悯也。

孟子对曰："是谋非吾所能及也。无已，则有一焉。凿斯池也，筑斯城也，与民守之，效死而民弗去，则是可为也。"

愚按：此节或疑孟子之谋为迂阔。孟子岂迂哉？凿斯池也，筑斯城也，则宜经画地利也；与民守之，则宜联络民心也；效死而民弗去，则是民信已立而众志成城也。天下之事，莫难于使人愿为我死而与我以共死。是非精诚感格不为功，登陴涕泣，慷慨誓师，易子而食，析骸而爨，何其酷也！抑何其壮也！此必其平日有以大得乎民心者矣。孟子之谋岂迂哉？

第十四章

滕文公问曰："齐人将筑薛，吾甚恐。如之何则可？"

周氏广业《孟子出处时地考》云："《国策》，靖郭君将城薛，客多陈戒，谒者勿通。后有谏者曰：'君失齐，虽隆薛之城到于天，犹无益也。'乃辍城薛。薛本有城，靖郭君欲更筑而崇隆之，故谏者甚多，而客言如此。滕文公言'齐人将筑薛'，筑即'筑斯城也'之筑。曰'将'，则固其初议也。"

孟子对曰："昔者大王居邠，狄人侵之，去之岐山之下居焉。非择而取之，不得已也。

愚按：邠，公刘之国。朱《注》云："言大王非以岐下为善，择取而居之也。"

苟为善，后世子孙必有王者矣。君子创业垂统，为可继也。若夫成功，则天也。君如彼何哉？强为善而已矣。"

愚按：古语云："作善，降之百祥；作不善，降之百殃。"又曰："吉人为善，惟日不足；凶人为不善，亦惟日不足。"为人君者，无论处安危常变，道在为善而已矣。吾初不解造物之待恶人，常使之得志，而善人常受其危，心为愀然。迨观其究也，善人之后必昌，而恶人之终必灭。吾又不解造物若有司其命者，心为快然。吾又不解积善获报之说，高明之士必欲辟之，以开恶人无忌惮之门，而为善者因以中沮。孟子曰："苟为善，后世子孙必有王者矣。"周家以忠厚开基，而其国祚绵延至八百载。然则为善必报之说，岂非信而有征者乎？孟子又曰："若夫成功，则天也。"为善者非为求报也，而报恒随之。以刘先主英雄之姿，而其临终告后主，不过曰"勿以恶小而为之，勿以善小而不为"。吾愿后世为人君者，毋惑于乖谬之说，以善恶为不足凭。且毋溺于计功谋利之私，而惟日孳孳为善焉，庶几乎国祚绵延而弗替矣。

第十五章

滕文公问曰："滕，小国也。竭力以事大国，则不得免焉。如之何则可？"孟子对曰："昔者大王居邠，狄人侵之。事之以皮币，不得免焉；事之以犬马，不得免焉；事之以珠玉，不得免焉。乃属其耆老而告之曰：‘狄人之所欲者，吾土地也。吾闻之也，君子不以其所养人者害人。二三子何患乎无君？我将去之。’去邠，逾梁山，邑于岐山之下居焉。邠人曰：‘仁人也，不可失也。’从之者如归市。

张氏云："大王之迁，本以全民，不敢必民之归而强民以徙也，特曰‘二三子何患乎无君’，此天地之心，真保民之主也。民心自不庸释乎大王，而曰‘仁人也，不可失也’，非特斯言有以感动之，盖民之戴其仁有素矣。故曰‘从之者如归市’。"

愚按：不得免而至于再、至于三，大王处此，可谓艰苦矣。非媚狄人也，以力不能抗而欲求安民也。"不以其所养人者害人"，其言何其仁也。"从之者如归市"，邠人感大王之至诚，非有所为而致之也。

或曰：‘世守也，非身之所能为也。效死勿去。’

愚按：民为贵，社稷次之。上言太王能得民心，此言能守社稷者也。世守者，先世之所守也。效死勿去，为义而死，此心可以对于祖宗神明而无愧。

君请择于斯二者。"

朱《注》："迁国以图存者，权也；守正而俟死者，义也。审己量力，择而处之可也。"

方氏宗诚云："圣人之心，天理烂熟，一言一行，皆自纯乎天理中流出。其论古圣贤,亦能得其天理运用之实。后人私心不克,又挟私以测古人,虽古人正大光明之事,往往看成一段私意。如孟子论大王居邠、居岐山,曰'非择而取之,不得已也。苟为善,后世子孙必有王者矣。君子创业垂统,为可继也。若夫成功,则天也',是何等光明正大。苏子由《隋论》有曰,'周之兴,太王避狄于岐。邠之人民,扶老携幼而归之岐山之下,累累而不绝。丧失其旧国,而足以大兴。及观秦、隋,虽不忍失之而至于亡,然后知圣人之为是宽缓不速之行者,乃其所以深取天下者也',则全以私心窥圣人矣。孔子论文王曰:'三分天下有其二,以服事殷,周之德,其可谓至德也已矣。'孟子曰:'取之而燕民说,则取之。古之人有行之者,武王是也。取之而民不说,则勿取。古之人有行之者,文王是也。'亦何等光明正大。子由之言曰:'周人之兴,数百年而至于文、武。文、武之际,三分天下有其二。然商之诸侯,犹有所未服,纣之众未可以不击而自解也。故以文、武之贤,退而修德,以待其自溃。诚以为后稷、公刘、大王、王季勤劳不懈,而后能至于此,故其发之不可轻,而用之有时也。'此将文、武直说成久窥神器之人,乃老子所谓'欲取故予,欲翕故张'之机心也。视圣人止是如此,轻以立论,岂不害人心术?"

第十六章

鲁平公将出。嬖人臧仓者请曰:"他日君出,则必命有司所之。今乘舆已驾矣,有司未知所之。敢请。"公曰:"将见孟子。"曰:

"何哉君所为轻身以先于匹夫者？以为贤乎？礼义由贤者出，而孟子之后丧逾前丧。君无见焉。"公曰："诺。"

愚按：孔子云："诬善之人其辞游。"游者，何也？盖小人之心，本无定见。谮人之语，皆临时造作，随意编成。曰"何哉君所为轻身以先于匹夫者，以为贤乎"，其辞之吞吐闪烁，其意中尚未有"后丧逾前丧"一语也。曰"礼义由贤者出"云云，仅三语而君子已中伤矣。小人口吻，宛然如闻其声。靳尚之谮屈平曰"王使屈平为令，众莫不知。每一令出，平伐其功，曰'以为非我莫能为也'"，亦不过数语，而平已中伤矣。悲夫！然则为人上者之察言也，惟察其成人之美与成人之恶而已。其动辄毁人而不留余地者，必小人也。公曰"诺"，何应之速也。平公昏庸若此，纵使孟子见之，亦无行道之望也。

乐正子入见，曰："君奚为不见孟轲也？"曰："或告寡人曰'孟子之后丧逾前丧'，是以不往见也。"曰："何哉君所谓逾者？前以士，后以大夫；前以三鼎，而后以五鼎与？"曰："否。谓棺椁衣衾之美也。"曰："非所谓逾也，贫富不同也。"

朱《注》："乐正子，孟子弟子。三鼎，士祭礼。五鼎，大夫祭礼。"

乐正子见孟子，曰："克告于君，君为来见也。嬖人有臧仓者沮君，君是以不果来也。"曰："行或使之，止或尼之。行止，非人所能也。吾之不遇鲁侯，天也。臧氏之子焉能使予不遇哉？”

罗氏罗山云：“人之出处，有关一己之气运者，有关天下之气运者。寻常之士，其遇不遇，一己之气数为之也。圣贤道大德盛，一出则可以赞天地之化育，造万民之福祉。惟当天地之运隆盛欲兴，急需斯人一出为之位育，因而得位行道，以成天下之文明，此尧、舜、禹、汤、文、武、周公所以行道于天下也。至春秋战国时，天地之气运已闭塞，所以孔、孟仆仆列国，终不获展其所学。此固时运之盛衰使然，非人力所可为者。若君相则是能挽回天地之气运者也，不得诿之于天也。”

愚按：此孟子乐天之学也。曰“吾之不遇鲁侯，天也”，天不可知者也，而孟子委之于天者，既不屑为营求之事，则当听之于天。孔子进以礼，退以义，得之不得曰有命。命不可测者也，而孔子委之于命者，既不肯为营求之事，则当听之于命，此孔子安命之学也。士君子惟乐天而安命，故能安于素位，砥柱中流。非然者，营营扰扰，奔走于形势之途，而出处之大节亏矣。岂知功名之事，自有际会，天命所不当得，虽百计求之，亦复何益？徒自丧其气骨而已。圣贤之道，内重外轻，吾自有吾之学问，有吾之道德，则人当有求于我，我当无求于人。世之治乱，身之进退，造化者实主之而已，无可勉强也。孔子曰“道之将行也与命也，道之将废也与命也，公伯寮其如命何”，亦此意也。天下如公伯寮，如臧氏之子，亦已多矣，彼岂能窃造化之柄耶？士君子坦然以处之可矣，又何难焉？

梁惠王篇大义

　　司马迁曰:"余读《孟子》书至梁惠王问'何以利吾国',未尝不废书而叹也。曰:嗟乎! 利诚乱之始也。夫子罕言利者,常防其原也,故曰'放于利而行,多怨'。自天子至于庶人,好利之弊,何以异哉?"文治曰:子长之言允矣。自三代以下,言利者何其嚣嚣也。人君知有利而不知有仁义,于是知有一身而不知有万姓,己处于甘而不顾人之处于苦,己处于安富尊荣而不顾人之饥馑穷饿、颠沛流离,遑论与民同乐乎哉? 文王,万世人君之师表也。"时日害丧,予及女偕亡",人情乐亡而不乐生,民心大可哀已! 梁惠王自以为尽心于民,而孟子警之,一则曰"狗彘食人食而不知检,涂有饿莩而不知发";再则曰"民有饥色,野有饿莩";三则曰"父母冻饿,兄弟妻子离散",率兽食人,谁始作之俑乎? 盖治世之民贵,贵则皆上之子弟也;乱世之民贱,贱则皆上之俎上肉也。故曰"仁者无敌"。总结以上数章,老子曰:"夫乐杀人者,不可得志于天下矣。"不嗜杀人之君,民归之由水之就下,非以其仁乎? 保民而王,莫之能御。如何而可保民? 老吾老以及人之老,幼吾幼以及人之幼而已。孟子生平至精之学问,在于度心。察识,度心之始基也。扩充,度心之实验也。推恩至于保四海,度心之极功也。孔子之学,务在尊民,然而《易传》《论语》之中,语皆浑涵而未尽。至孟子而大畅厥旨。《梁惠王上篇》长言之不足,乃复于《下篇》继续言之,鼓乐、田猎当与民同也,园囿当与民同也。交邻国之道,所以安天下之民也。春省耕、秋省敛，皆所以为民事也。好货当与民同也，好色当与民同也。如是而君之责任尽矣。然而四境之内，非一人可治也。于是有选举之法焉，有刑赏之典焉。昔者周武王既应天顺人而有天下，访治道于殷之逸民曰箕子。箕子乃言曰："汝则有大疑，谋及乃心，谋及卿士，谋及庶人。卿士从，庶民从，是之谓大同。身其康强，子孙其逢吉。"韪哉斯言！卜世三十，卜年七百，周家之基业肇于此矣。如此然后可以为民父母。反是而贼仁而贼义，贼也、残也，即《上篇》所谓"狗彘食人食而不知检，涂有饿莩而不知发"者也，所谓"民有饥色，野有饿莩"者也，所谓"父母冻饿，兄弟妻子离散"者也。始作俑者谁也？一夫纣也。齐宣王伐燕，取之而燕民不悦则勿取，所以尊民也。止天下之兵，当谋于燕众也，所以尊民也。邹与鲁閧，民心之积愤于有司已久，今而后得反之也。君无尤焉。去民之怨府，平民之怨心也，所以尊民也。"滕文公"三章，与民守之，效死而民弗去，至于创业垂统为可继，由于顺民心也。从之者如归市，太王仁人也。仁人我师也，为仁必先尊民也。人君心术之大害，在乎嗜利而忘义。士大夫心术之大害，亦在乎嗜利而忘义。昔商鞅之事秦孝公也，因景监以进；李斯之事秦始皇也，与赵高朋比。彼以为出处之际，苟焉而已，无伤也。枉尺而直寻，宜若可为也，乃曾不逾时，一则车裂而灭其家，一则身被五刑于市。天命之不可违，邪佞之不可近，彼曾丝毫莫之悟，而卒至于此。哀哉！夫人幼而学之，壮而欲行之，曷为而舍所学，且舍所学以顺庸主以从暴君。此无他，有大迷途焉，利为之也。

天下惟专利之君，必求嗜利之臣，以傅之翼而恣其毒；而天下嗜利之臣，亦必求专利之君，如蝇之附胶，同归于尽而后快。自古以来，天下之大乱，皆坐是二者同气之相求，而民生之受其荼毒者，乃至于不忍言，且更不可以胜纪。是故《梁惠王上篇》以辨义利始，而其《下篇》则以谨出处终。君与臣交惕之，其严乎！其严乎！

卷三　公孙丑上

第一章

公孙丑问曰："夫子当路于齐,管仲、晏子之功,可复许乎?"

朱《注》:"公孙丑,孟子弟子,齐人也。当路,居要地也。"

孟子曰:"子诚齐人也,知管仲、晏子而已矣。

愚按:孔子曰:"齐一变至于鲁。"而孟子又尝曰:"齐东野人之语也。"盖齐俗急功利,喜夸诈,风气闭塞,所见者小,故为当时君子所菲薄。

或问乎曾西曰:'吾子与子路孰贤?'曾西蹴然曰:'吾先子之所畏也。'曰:'然则吾子与管仲孰贤?'曾西艴然不悦曰:'尔何曾比予于管仲? 管仲得君,如彼其专也;行乎国政,如彼其久也;功烈,如彼其卑也。尔何曾比予于是?"

朱《注》:"曾西,曾子之孙。先子,曾子也。桓公独任管仲四十余年,是专且久也。"

张氏云:"夫以子路一匹夫,事业曾未著于当时。而曾西闻其名则蹴然而惧,以为己何敢与之班。管仲为齐卿相,九合诸侯,一正天下,功业如此其著,而曾西闻其名则艴然不悦,以为何乃比己于是。果何意哉?此学者所宜精思力体,以究其所以然也。一言以蔽之,亦在于义、利之分而已。子路在圣门,虽未班乎颜、闵之列,然观其进德之勇,克己之严,盖有诸己而充实者,其用力于斯道也久矣。虽其事业不著于时,而其规模固王者之道也。至于管、晏,朝夕之所以处己、处人者,莫非图功而计利耳,故得君之专,行政之久,而其事业有限,盖不出于功利之中,君子不贵也。然则其意味相去,岂不如碔砆之于美玉乎?"

曰:"管仲,曾西之所不为也,而子为我愿之乎?"

愚按:管仲,天下才也,而孟子不屑为之者,为其先诈力而后仁义也。先诈力则不诚,不诚则凡事皆有为而为,饰伪浸于人心,而天下受其害。是以孟子深斥之。

曰:"管仲以其君霸,晏子以其君显。管仲、晏子,犹不足为与?"曰:"以齐王,由反手也。"

愚按:反手,易也。辨王霸,是孟子一生大学问。

曰:"若是,则弟子之惑滋甚。且以文王之德,百年而后崩,犹未洽于天下。武王、周公继之,然后大行。今言王若易然,则文王不足法与?"

曰:"文王何可当也? 由汤至于武丁,贤圣之君六七作。天下归殷久矣,久则难变也。武丁朝诸侯有天下,犹运之掌也。纣之去武丁未久也,其故家遗俗,流风善政,犹有存者;又有微子、微仲、王子比干、箕子、胶鬲皆贤人也,相与辅相之,故久而后失之也,尺地莫非其有也,一民莫非其臣也,然而文王犹方百里起,是以难也。

张氏云:"文王何可当,谓文王之德之盛为不可及也。由汤至于武丁,贤圣之君六七作,其间如太甲、沃丁、祖乙、盘庚,皆贤君也,而太戊、武丁,则几于圣矣。贤圣之君相望如此,其志气之所感发,德泽之所渐被为如何? 纣去武丁之没,实百十有一载,而孟子以为未远者,盖武丁之泽,其流长故耳。故家遗俗之所传,流风善政之所被,为未泯没,而又有贤臣以辅之,故虽以纣之无道,亦在位三十四祀,而后周代之,所谓久而后失之者也。然以纣有天下之大,而周卒以百里兴,亦可见文王之莫可当矣。此论其理势之然,非谓文王有取商之心也。"

齐人有言曰:'虽有智慧,不如乘势;虽有镃基,不如待时。'今时则易然也。

愚按:齐人之言,里谚也。镃基,田器,耒耜之属。

夏后、殷、周之盛，地未有过千里者也，而齐有其地矣；鸡鸣狗吠相闻，而达乎四境，而齐有其民矣。地不改辟矣，民不改聚矣，行仁政而王，莫之能御也。

愚按：此节指势而言。改，犹从新也。

且王者之不作，未有疏于此时者也；民之憔悴于虐政，未有甚于此时者也。饥者易为食，渴者易为饮。

愚按：此节指时而言。幽王之后，王者不作久矣，故曰"未有疏于此时者也"。汉贾生云："寒者利裋褐，饥者甘糟糠，天下之嗷嗷，新主之资也。"此言劳民之易为仁也。故先王见始终之变，知存亡之机。是以牧民之道，务在安之而已。盖处乱久则望治，居危久则思安，此人之大情也。圣王拨乱反正，非利其时机也，道在秉公心以行仁政而已。

孔子曰：'德之流行，速于置邮而传命。'

愚按：此言感化之易也。然德贵乎积，不积不行。孔子盖指盛德者而言，孟子特引之以证其易。

当今之时，万乘之国行仁政，民之悦之，犹解倒悬也。故事半古之人，功必倍之，惟此时为然。"

罗氏罗山云："世俗之见，动谓儒术迂疏，不能切时势以立论。予谓善用时势者,莫如真儒之经济也。盖急小利,图近功,逐时逞势,以遂一己之私,每至坐失机会,不能成王业于天下,此甚暗于时势者也。惟道德之儒,本原素裕,时有可为,不难返运会于皇初;势有可凭,不难沛仁义于海内。盖有其德,则可乘时势;无其德,虽有时势,亦难为功。向使孔子乘管仲之时势,尊周室,攘夷狄,扶纲植纪,一本义理之正,则《春秋》可以不作。孟子乘战国之时势,以行道于天下,发政施仁,王业丕著,则嬴秦之毒可消。惜乎徒托之空言,不获见诸实事也。孟子而后,时之有可为、势之有可乘者,不知凡几。汉高乘秦、项之乱而王关中,太宗乘六朝之后而起太原,皆得乎时势者也。特以区区智力行乎其间,不能修德以治之,三代之天下,遂终为汉唐之天下。惜哉!"

　　愚按:倒悬者,言其困之极而望救之切也。此节更推言之。盖孟子属望于当世之人主,不仅为齐国言也。

第二章

公孙丑问曰:"夫子加齐之卿相,得行道焉。虽由此霸王,不异矣。如此,则动心否乎?"孟子曰:"否。我四十不动心。"

　　愚按:四十不动心,即孔子"四十而不惑"。穷理至此,几于尽性之域矣。

曰:"若是,则夫子过孟贲远矣。"曰:"是不难。告子先我不动心。"曰:"不动心有道乎?"曰:"有。北宫黝之养勇也,不肤挠,不目逃,思以一毫挫于人,若挞之于市朝;不受于褐宽博,亦不受于万乘之君;视刺万乘之君,若刺褐夫;无严诸侯,恶声至,必反之。

愚按:勇士至此,确有壁立千仞气象,故孟子取之。

孟施舍之所养勇也,曰:'视不胜犹胜也。量敌而后进,虑胜而后会,是畏三军者也。舍岂能为必胜哉? 能无惧而已矣。'

愚按:勇士至此,确有从容镇定气象,故孟子取之。盖国多侠士,则民气易以强。然苟无道德以范围之,则适以长嚣然不静之风,启天下之乱。读《史记·游侠列传》,未尝不神往而深惜也。北宫黝、孟施舍皆侠士中之佼佼者,然而皆血气之勇也。天下有大勇焉,道德备于身,卒然临之而不惊,无故加之而不怒,其可为侠士之师也已。

孟施舍似曾子,北宫黝似子夏。夫二子之勇,未知其孰贤。然而孟施舍守约也。

愚按:任气而不动心,与明理而不动心,正大有别。此节因论心之气,而将论心之理。故以"守约"二字转入曾子之言,实则孟施舍之守约,所谓能"无惧而已"者,亦不过守心之气而已。

昔者曾子谓子襄曰：'子好勇乎？吾尝闻大勇于夫子矣，自反而不缩，虽褐宽博，吾不惴焉。自反而缩，虽千万人，吾往矣。'

愚按：此节系论心之理，与任气者气象虽略同，而重读"自反"二字，其治心之学，则与任气者迥不相同矣。

孟施舍之守气，又不如曾子之守约也。"

愚按：此节结出理气本旨。

曰："敢问夫子之不动心，与告子之不动心，可得闻与？""告子曰：'不得于言，勿求于心；不得于心，勿求于气。'不得于心，勿求于气，可；不得于言，勿求于心，不可。夫志，气之帅也；气，体之充也。夫志至焉，气次焉，故曰持其志无暴其气。"

罗氏罗山云："不得于心，勿求于气，《集注》谓'强制其心，不必更求其助于气'，此'助'字从下节'配'字来。孟子之不动心，是平日有集义工夫，养成此浩然之气，足以配道义。告子之不动心，则惟强制之于临时，不为他所动，虽心有所不安，只是一味割断，罔所顾惜，不必求其心之慊，使气不馁乏，足以助我之道义也。佛老之教，所以能去君臣、弃父子、离夫妇兄弟，皆以此也。"

愚按："不得于言"四句，均是治心中之把截法。不得于心，勿求于气,足以泯怒,所以为可。若不得于言,勿求于心,此不动心法,乃是释氏完其本无之旨。以言为筌蹄,即以理为障碍。告子之学,本以无善无恶为宗旨,正如后世阳儒阴释之徒,守其块然不用之知觉,灵光虽葆,而性理全乖,所以为不可也。志为气帅,气为体充,持其志无暴其气,则此心清明广大,物来而顺应矣。此吾儒不动心之学也。

"既曰'志至焉,气次焉',又曰'持其志无暴其气'者,何也?"曰:"志壹则动气,气壹则动志也。今夫蹶者趋者,是气也,而反动其心。"

王氏船山云:"《集注》云:'蹶,颠踬也。'颠踬者,固非心之过,抑非气之过,不得云是气也。且颠踬则形气交为之动,而不但动其心矣。按:许慎《说文》:'蹶,跳跃也。'故汉有材官蹶张,言能跳跃上车也。践地安而始举足曰步,流水步曰趋,跳走曰蹶。蹶盖趋之甚者。方蹶则心为之扬厉,方趋则心为之悚敏,故曰'反动其心'。赵《注》云'气闭不能自持,故志气颠倒',殊为无谓。《集注》因之,过矣。"

罗氏罗山云:"如人有一件可恶底事来,自家心下不能容他,则怒气因之而发,此志动气也。及发后,不能节制忿怒之气,至于不能自禁,发之过当,此气动志也。凡喜怒哀惧、言笑举动,往往有气用事底时候,此心反不能主张。如士卒骄悍,大将之号令不行,因而致败者多矣。孟子举趋蹶为喻,只就其粗且显者言之耳。"

愚按:不动心而推极于蹶与趋,斯为精细之极,足征持志与无暴其气,均不外"居敬"二字。

"敢问夫子恶乎长?"曰:"我知言,我善养吾浩然之气。"

陆氏桴亭云:"朱子有云:'养气一章,只是要得心气合。'夫心必合气,而后始可谓之心。离气言心,心非心矣。故孟子养气之学,总不外持志。而告子不求气之学,并不动心亦非。一则合气于心,一则离心于气也。陈白沙诗曰:'时时心气要调停,心气工夫一体成。莫道求心不求气,须教心气两和平。'善哉言乎! 又云:'持志所以无暴其气,然著意持志,亦易动气。盖矜持急迫,则气拘而不得展,反生差错,皆所谓暴其气也。'说一'养'字最妙,便有从容不迫之意,正可济持志之过。"

愚按:知言养气,乃不动心之切实工夫。知言为穷理之根源,正与告子之"不得于言,勿求于心"异。养气为正心之萌柢,亦与告子之"不得于心,勿求于气"异。孟子一生学问,全在于此。学者切宜领会而善学之。

"敢问何谓浩然之气?"曰:"难言也。其为气也,至大至刚,以直养而无害,则塞于天地之间。

罗氏罗山云:"天地之气,本自浩然。充周宇宙,而不见其稍亏,一何大也。流行古今,而不见其或阻,一何刚也。人秉此气而生,故皆有此浩然者。其大也,则万事万物,莫不可以有为;其刚也,则凡富贵死生，利害祸福，皆不得而阻之。特人自蔽于物欲，大者失其为大，刚者失其为刚，故与天地不相似耳。惟能直养而无害，仰不愧，俯不怍，此气自可充塞宇宙而无间矣。盖天、人一也，吾身之气，即天地之气。自反不直，以任一己之事而不足；自反而缩，以赞化育而有余。古之人所以能位天地、育万物者，亦以其能养此刚大之气，足以当其任，而不动心耳。人何可自失其养哉？”

愚按：凡人之生，莫不秉天地至正之气，而有存、有不存者，养与不养之别，即其人直与不直之别也。《论语》云：“人之生也直。”唯直而后有生气，有生气然后能自养也。《易传》云：“直其正也，君子敬以直内。”惟正而后能直，能直而后能葆天地之正气，而其功则原于居敬也。塞于天地之间，所谓“下则为河岳，上则为日星”，“天柱赖以立，地维赖以尊”，是何等气象！今人自命为巧妙，吞吐其辞，险诐其行，自负其七尺之躯，而跼蹐以自丧其正气，何邪？亦曰不直而已。

其为气也，配义与道；无是，馁也。

愚按：天下事皆理为主而气为辅。配义与道者，道义为主，而气为之辅也。唯道义愈精邃，则气愈无馁。若道义有一分之欠缺，则气即有一分之馁。“无是”二字当活看。配义与道，其始在辨一介之取与，其终在行一不义、杀一不辜而得天下有所不为，方为能全其分量。

是集义所生者，非义袭而取之也。行有不慊于心，则馁矣。我故曰：告子未尝知义，以其外之也。

罗氏罗山云:"人受天地之中以生,此理此气,本是一齐付与,各无欠缺。缘人为物欲所锢,行事不能合宜,义理日丧,故气日馁。惟能克去己私,顾道义而行之,此事求合乎义,彼事求合乎义,义渐集而渐多,斯气渐生而渐长。故此浩然之气,必由集义而生,非谓止行一两件好事,便可掩袭此浩然之气,便可当大任而不动心也。盖义积得一分,其气亦长得一分;义集到十分,气亦足到十分。苟事已九分九厘九毫合义,而有一毫未合,此理有一毫之缺损,此心即有一毫之愧怍;此心有一毫之愧怍,此气即有一毫之亏欠,亦不得谓浩然之气矣。事虽在外,而裁制之以合乎义者,则在乎心。告子不知义为吾心之固有,而以为外,则不能集义矣。不能集义,而欲其生浩然之气,岂可得哉?"

愚按:集义之始在辨义,其终乃能精义。辨义自知而言,集义自行而言,至精义则知行合一矣。朱子注集义犹言积善,可见集义全是积累功夫。义袭而取者,是为虚骄之气,唯其作伪也。告子外义,由不知在物为理、处物为义之旨,处物仍在于内也。义内义外之辨,"孟季子问公都子"章,最为精核。

必有事焉而勿正,心勿忘,勿助长也。无若宋人然。宋人有闵其苗之不长而揠之者,芒芒然归,谓其人曰:'今日病矣,予助苗长矣。'其子趋而往视之,苗则槁矣。天下之不助苗长者寡矣。以为无益而舍之者,不耘苗者也;助之长者,揠

苗者也。非徒无益，而又害之。"

愚按：忘与助长，皆治心之弊，而助长者为多。忘则气馁，助长则任气而动其心，忘者毗于阴，助长者毗于阳，忘者柔恶，助长者刚恶。忘之误在专以无为为宗旨，如虚无之学是也；助长之误在专以强探力索为精神，如纵横之学亦是也。人之心苗无不善，苟得其养，则吾心之气，自与天地之气相接；若不得其养而以盛气凌之，傲气中之，伪气杂糅之，则心苗立槁矣。故忘与助长二者，固治心之大弊，亦养气之大害也。

"何谓知言？"曰："诐辞知其所蔽，淫辞知其所陷，邪辞知其所离，遁辞知其所穷。生于其心，害于其政；发于其政，害于其事。圣人复起，必从吾言矣。"

罗氏罗山云："问：诐淫邪遁之辞，甚为难辨。知言之功，当自何始耶？曰：惟先深格物致知工夫，将圣贤大中至正之道辨得明白，表里精粗，毫无蒙蔽，则彼说来前，便能烛其病之所在。否则我之理未明，彼之说可听，不惟不能辨其是非，将有堕于其中而不自知者。权衡既设，轻重不可得而淆；绳墨既立，曲直不可得而混。欲知言者，讵可不穷理哉？"

愚按：朱《注》云："诐，偏陂也。淫，放荡也。邪，邪僻也。遁，逃避也。四者相因，言之病也。蔽，遮隔也。陷，沉溺也。离，叛去也。穷，困屈也。"四者亦相因，则心之失也。是故由诐而淫而邪而遁，此必然之理；由蔽而陷而离而穷，亦必至之情。此正孟子辟异端之要恉也。老庄、申韩、杨墨、苏张，举不外是四者之弊。是四者之言，深中于天下士大夫之心，则政治可知矣。故君子之立言也，首先戒诐；其治心也，首先戒蔽。一入于诐，而淫而邪而遁，遂至于不可究诘；一入于蔽，而陷而离而穷，亦至于不可挽回，而政治遂大受其害。朱子训诐为偏陂，训蔽为遮隔。惟有偏陂遮隔之心术，而后有偏陂遮隔之政令，如是而天下否矣。然则在上者之心术，可不慎哉？可不惧哉？

又按：知言为君子穷理之先务。同一言也，圣人听之在此，庸人听之则在彼；君子听之在此，小人听之则在彼；善人听之在此，恶人听之则在彼。天下之言万殊，而听之者亦万殊焉。惟圣贤为能正一己之心，以察天下之言。《易·系辞传》曰："将叛者其辞惭，中心疑者其辞枝，吉人之辞寡，躁人之辞多，诬善之人其辞游，失其守者其辞屈。"此亦知言之学也。惟能正其心，乃能知天下之言；能知天下之言，乃能知天下人之心。

"宰我、子贡善为说辞，冉牛、闵子、颜渊善言德行。孔子兼之，曰：'我于辞命则不能也。'然则夫子既圣矣乎？"

愚按：善为说辞，即圣门言语之科。善言德行，即圣门德行之科。以孔子之大圣，而云"我于辞命则不能"，可见辩学为自古所难，学者所最当究心者也。

曰："恶！是何言也？昔者子贡问于孔子曰：'夫子圣矣乎？'

孔子曰:'圣则吾不能,我学不厌而教不倦也。'子贡曰:'学不厌,智也;教不倦,仁也。仁且智,夫子既圣矣。'夫圣,孔子不居,是何言也?"

　　愚按:学不厌,即近世所谓智育。五德中以仁、智二字尤为亲切有味。智者动,仁者静,一动一静,互为其根,圣功之本也。

"昔者窃闻之:'子夏、子游、子张皆有圣人之一体,冉牛、闵子、颜渊则具体而微。敢问所安?"

　　愚按:圣人德行学问,无所不包。有圣人之一体,盖得其学问之一端。具体而微,谓具有德行之粹美,而未造于学问之极功也。

曰:"姑舍是。"曰:"伯夷、伊尹何如?"曰:"不同道。非其君不事,非其民不使,治则进,乱则退,伯夷也。何事非君,何使非民,治亦进,乱亦进,伊尹也。可以仕则仕,可以止则止,可以久则久,可以速则速,孔子也。皆古圣人也,吾未能有行焉。乃所愿,则学孔子也。"

　　愚按:战国时无有能尊孔子者。尊孔为孟、荀二子之特识。而愿学孔子,尤为孟子之特识。

"伯夷、伊尹于孔子,若是班乎?"曰:"否。自有生民以来,未有孔子也。"

愚按:孟子之学,出于曾子,得师法之真传,故尊崇孔子如此。

曰:"然则有同与?"曰:"有。得百里之地而君之,皆能以朝诸侯有天下。行一不义、杀一不辜而得天下,皆不为也,是则同。"

愚按:得百里之地而君之,皆能以朝诸侯有天下,仁之至也。行一不义、杀一不辜而得天下,皆不为,义之尽也。行仁所以爱人,精义所以自处,圣人课心之学,虽百世胥同也。

曰:"敢问其所以异?"曰:"宰我、子贡、有若,智足以知圣人,污不至阿其所好。宰我曰:'以予观于夫子,贤于尧、舜远矣。'

愚按:程子曰:"语圣则不异,事功则有异。夫子贤于尧舜,语事功也。"此说恐未明晰。盖尧舜昌明政治,孔子开宗教育。政治为事功之本,教育则汇事功、德行之全,此孔子之所以贤于尧舜也。

子贡曰:'见其礼而知其政,闻其乐而知其德。由百世之后,等百世之王,莫之能违也。自生民以来,未有夫子也。'

愚按:"见礼知政"五句,实指孔子而言。(注以为子贡自言者,恐非是。)由百世之后,等百世之王,所以品评列代之得失是非,而折衷至当也。莫之能违,言莫能违孔子之评论。

有若曰：'岂惟民哉？麒麟之于走兽，凤凰之于飞鸟，泰山之于丘垤，河海之于行潦，类也。圣人之于民，亦类也。出于其类，拔乎其萃，自生民以来，未有盛于孔子也。'"

愚按：《大戴礼记·易本命》篇曰"羽之虫三百六十，而凤凰为之长；毛之虫三百六十，而麒麟为之长；倮之虫三百六十，而圣人为之长，此乾坤之美类也"，义即本此。圣人之于民，类也。出于其类，拔乎其萃，圣人岂生知哉？由于学而已矣。学之之道奈何？当自此章知言养气始。知言本于穷理，养气本于居敬，然则学圣人之道，不外居敬穷理而已矣。有为者亦若是，自古以来，岂真有天生之神圣哉？陆桴亭先生云："走兽不能为麒麟，飞鸟不能为凤凰，而惟民则可勉为圣人，此人所以为万物之灵也。"然则类也萃也，人可自安于类，自处于萃，而不求其出乎拔乎？

第三章

孟子曰："以力假仁者霸，霸必有大国。以德行仁者王，王不待大。汤以七十里，文王以百里。

愚按：假者，有借之义，亦有伪之义。假仁者，凭恃其势力而假借乎仁之名，其名非不仁也，然而伪也。其伪奈何？如齐桓之侵蔡，为蔡姬也。蔡既溃矣，乃迁怒于楚，无名矣，乃责之曰"尔贡包茅不入，寡人是征。昭王南征而不复，寡人是问"，皆伪也。晋文因民未知义，于是乎出定襄王,入务利民;因民未知信,于是乎伐原以示之信;因民未知礼,于是乎大蒐以示之礼。义也、信也、礼也,无非有为而为也,皆伪也。然而能霸者,齐、晋皆凭恃大国之势力。故必有大国,而后可以霸。若夫王者,则不待大,其心惟至诚恻怛,修德行仁,以合于天理之公,非期于王天下也,而王自随之。

以力服人者,非心服也,力不赡也;以德服人者,中心悦而诚服也,如七十子之服孔子也。《诗》云'自西自东,自南自北,无思不服',此之谓也。"

愚按:以力服人者,专恃压制,民非心服而力不足,故不可以久,久则散矣离矣,发之暴矣。中心悦而诚服,德之感人深也,无恃乎力也。天下之道,不敢与不忍而已。不敢不服者,勉强之道,可暂而不可久;不忍不服者,自然之道,历久而不渝。以力服人者,不敢不服者也,故五霸之兴,少则一二十年,多至数十年而止;以德服人者,不忍不服者也,故三王之兴,或二三百年,或七八百年,其流风善政,犹有存者。心迹公私之判,其明效盖彰彰矣。孟子曰"以力服人者,未有能服人者也。以善养人,然后能服天下。天下不心服而王者,未之有也",与此章同意。盖以善养人者,有渐渍教育之功;以德服人者,有慈惠周普之效。《诗》云"自西自东,自南自北,无思不服",此《大雅·文王有声》之篇,美文王之声教讫于四海也,曷为而阒寂于后世也乎?

第四章

孟子曰:"仁则荣,不仁则辱。今恶辱而居不仁,是犹恶湿而居下也。

　　愚按:仁者能以不忍人之心行不忍人之政,注意于教养两端,则名誉归之,人心附之,夫焉得而不荣。不仁者反是。

如恶之,莫如贵德而尊士,贤者在位,能者在职,国家闲暇。及是时明其政刑,虽大国必畏之矣。

　　愚按:国家之于人才,犹鱼之于水,鸟之于林也,得之则生,不得则死。故用人为国家之先务,而用人尤在知人。贤者在位,能者在职,先贤而后能,德为主而才为辅也。

《诗》云:'迨天之未阴雨,彻彼桑土,绸缪牖户。今此下民,或敢侮予。'孔子曰:'为此诗者,其知道乎? 能治其国家,谁敢侮之?'

　　愚按:此节宜熟读。周情孔思,悉寓于此。凡人莫不恶受侮,而又不能自治。彻彼桑土、绸缪牖户,自治何难? 在平日于用人行政加之意而已。若阴雨已至而绸缪之,则无及矣。

今国家闲暇,及是时般乐怠敖,是自求祸也。

　　愚按:此"及是时"与上"及是时"均有如不及之意。明其政刑,如不及也；般乐怠敖，亦如不及也。一如不及而福即随之，一如不及而祸即及之。

祸福无不自己求之者。

　　愚按：此与"不仁者"章"自取"二字参看。

《诗》云'永言配命，自求多福'，《太甲》曰'天作孽，犹可违；自作孽，不可活'，此之谓也。"

　　愚按：《左氏传》曰："祸福无门，惟人所召。"福也祸也，人以为数也，偶然之事也，而不知为善而获福，为恶而获祸，乃天行之理，感应之机，有毫发不爽者。宋欧阳修曰："忧劳可以兴国，逸豫可以亡身，自然之理也。"盖自然之理，即当然之数。天之降祥降殃，不必设一局以待人，而人偏若故入其局，及身罹于祸，乃曰"此数也，偶然之事也"，岂不谬哉？孟子此章，苦口之言至矣。

第五章

孟子曰："尊贤使能，俊杰在位，则天下之士皆悦而愿立于其朝矣。

　　愚按：国家根本，在乎用人。进贤退不肖，则士心服；退贤进不肖，则士心不服。皆悦而愿立于其朝者，诚服故心悦也。司马迁曰："人君莫不欲求贤以自为，举忠以自辅。"然亡国破家相随属，而圣君治国累世而不见者，其所谓忠者不忠、贤者不贤也。然则如何而为贤能？如何而为俊杰？要知其奔走于我而求富贵者，皆非贤也，非能也，非俊杰也。

市廛而不征，法而不廛，则天下之商皆悦而愿藏于其市矣。

赵《注》："廛，市宅也。古者无征，衰世征之。《王制》曰：'市廛而不税。'《周礼·载师》曰：'国宅无征。'法而不廛者，当以什一之法征其地耳，不当征其廛宅也。"

愚按：兴商为王政之大纲。廛而不征，法而不廛，是商政无征也。不征商则百货集，皆悦而愿藏于其市，则国之财用饶，而命脉固矣。

关讥而不征，则天下之旅皆悦而愿出于其路矣。

愚按：旅，兼农工商而言。皆悦而愿出于其路，则物无停滞，而泉货流通，其国日以殷盛。今之为关也，其意主于征，多征则益阻天下之旅。譬诸人身血脉不通，元气耗竭，其亡可立而待也。

耕者助而不税，则天下之农皆悦而愿耕于其野矣。

朱《注》："但使出力以助耕公田，而不税其私田也。"

愚按：管子以农为本事。本事，根本之事也。耕者终岁勤动，惟以养人为务，一遇水旱凶荒，则啼饥号寒，所在皆是。故农有盖藏，为国之本事，尚何忍多取之乎？

廛无夫里之布,则天下之民皆悦而愿为之氓矣。

赵《注》:"布,钱也。"朱《注》:"《周礼》'宅不毛者有里布,民无职事者,出夫家之征',郑氏谓'宅不种桑麻者,罚之使出一里二十五家之布;民无常业者,罚之使出一夫百亩之税,一家力役之征也'。今战国时,一切取之。市宅之民,已赋其廛,又令出此夫里之布,非先王之法也。"

信能行此五者,则邻国之民仰之若父母矣。率其子弟,攻其父母,自生民以来,未有能济者也。如此,则无敌于天下。无敌于天下者,天吏也。然而不王者,未之有也。

朱《注》:"此章言能行王政,则寇戎为父子;不行王政,则赤子为仇雠。"

愚按:此章自首节外,要以轻赋税为主。盖税轻则民悦,税重则民怨。怨气日积,而国于是乎乱。或谓后世庶政殷繁,若不多取于民,奚以自给? 不知先王之取于民也,皆以为民也,且取之少,故民易以悦。后世之取于民也,非以为民也,且取之多,故民易以怨。然先王取于民虽少,而不虞其不足者,盖自来生财之道,在乎开利源,而理财之方,则在乎崇节俭。俭者,国之宝也。《易传》曰:"何以守位曰仁,何以聚人曰财。"又曰:"节以制度,不伤财,不害民。"人君惟能节俭,而后能养心养身,而后能养民,而后能养国之元气。然惟能先用天下之才,乃可以力行俭德,而理天下之财。故孟子此章,尤以尊贤使能、俊杰在位为先务之急也。

第六章

孟子曰:"人皆有不忍人之心。

愚按:人者,天地之心也。朱子云:"天地以生物为心,而所生之物,因各得夫天地生物之心以为心。"盖人之所以善承天地者,惟在此生生之心。生生者,即不忍之心也。圣人存此生生之心,所以能配天;庸人去此生生之心,所以近于禽兽。

先王有不忍人之心,斯有不忍人之政矣。以不忍人之心,行不忍人之政,治天下可运之掌上。

愚按:人徒有不忍人之心,无益也,要必行之于实政。心之发为喜、怒、哀、惧、爱、恶、欲,先王因此七者,用之于正,发皆中节,则谓之和。由是而施之于实政,亲亲而仁民,仁民而爱物,老有所安,少有所怀,推而至于飞潜动植,咸若其性。所以位天地、育万物者,在此实政;所以财成天地之道、辅相天地之宜者,在此实政,所以赞天地之化育、与天地参者,亦在此实政。张子《西铭》云:"民吾同胞,物吾与也。大君者,吾父母宗子。其大臣,宗子之家相也。尊高年,所以长其长;慈孤弱,所以幼其幼。凡天下疲癃残疾、茕独鳏寡,皆我兄弟之颠连而无告者也。"文王发政施仁,必先鳏寡孤独,正是仁政下手之方。然吾谓文王之惠鲜鳏寡,实为殷之天下已被凋残。若元气方新之时,所注重者,则尤有在。盖周济已穷之民,为仁政之普及;教养未穷之民,使天下无穷人,实为仁政之首务。人生当世,莫不负有教养之责任。若吾之力能教养一二人,即应教养一二人;吾之力能教养十百人,即应教养十百人;吾之力能教养千万人,即应教养千万人。惟圣王为能教养天下之人,故其仁政为尤大。械朴作人,济济多士,为文王教人之精神;制其田里,教之树畜,为文王养人之精神。教之中有养,养之中有教,教养遍及乎天下,此之谓经纶化育。于是人人有学问,人人有知识,天下无胳膜敷衍之事,故曰"治天下可运之掌上"。

所以谓人皆有不忍人之心者,今人乍见孺子将入于井,皆有怵惕恻隐之心。非所以内交于孺子之父母也,非所以要誉于乡党朋友也,非恶其声而然也。

愚按:此节即所谓良知。阳明先生之学,实本于此。所最当注意者,在一"乍"字。乍见孺子入井,良知即乍发。当此之时,计较之心未生,故曰"非所以纳交""非所以要誉""非恶其声而然",迨久之则计较之心生矣。故此乍发之良知,最当体验。今试设一境思之。冬日烈烈,雨雪载涂,有卖菜老翁,鹑衣百结,负戴于路,俄而倾跌,乍见之时,怜悯之心,油然自生,而尚忍减削其菜值乎? 又试设一境思之。凶年饥岁,哀鸿遍野,妇女老幼,流离道路,辗转沟壑,号呼之声,惨不忍闻,乍见之时,悲痛之心,油然自生,而尚忍征取其赋税乎? 天下流离失所无所控告之民,不一而足,而或视之若无睹者,以其习见,非乍见也。惟圣王知乍见之为时甚暂，而乍发之良知为不足恃，故必扩充此不忍之心，以施之于实政，而后吾之良知，乃周浃于宇宙之间。庸人昧焉，不能常保此乍见之心，于是乍发之良知，遂如电光石火，随起随灭，以致政治亦复颠倒错乱。悲夫！此有国家者所以必讲求致良知之说，而阳明之学，窃以为终不可废也。

由是观之，无恻隐之心，非人也；无羞恶之心，非人也；无辞让之心，非人也；无是非之心，非人也。

愚按：此节文义，特为复沓。朱子云："因论恻隐而悉数之。言人若无此，则不得谓之人。"是以文义论之，当云"无恻隐之心，非人也，无羞恶、辞让、是非之心，非人也"。而孟子必如是之累规重叠者，见四端缺其一，即不得谓之人。"非人也"三字，何等直截！吾人读此，当猛然深省四端之心有缺一者乎？

恻隐之心，仁之端也；羞恶之心，义之端也；辞让之心，礼之端也；是非之心，智之端也。

罗氏罗山云："仁、义、礼、智，四德也，浑然一理之中，自有条理之各异，然亦非截然分开，有此疆彼界之判。故有时发而为仁，而义、礼、智即在其中，无义、礼、智亦不成其为仁；有时发而为义，而仁、礼、智即寓其中，无仁、礼、智亦不成其为义；礼、智亦然，未有截然成其为仁，截然成其为义与礼、智者。如阴阳本二气也，而阳盛之际，阴亦未尝不存；阴盛之际，阳亦未尝不在，未有截然成其为阴、阳者。故天下未有尽得仁而不可谓之义者，未有尽得义而不可谓之仁者。分虽殊，理实一也。"

　　愚按：此节为察识之本。朱子云："端，绪也。因其情之发，而性之本然可得而见，犹有物在中而绪见于外也。"故人当独居静念，及日用行习之时，当随时随事体察，孰者为仁之端、义之端，孰者为礼之端、智之端。于察识之中，并寓辨别之理。惟此所谓端者，即上所谓良知之乍发，如草木之初萌，当其端绪乍见之时，或引起而生长之，或斩绝而铲除之，只在斯须之顷。故学者当察识之时，急宜扩充以致于实。

人之有是四端也，犹其有四体也。有是四端而自谓不能者，自贼者也；谓其君不能者，贼其君者也。

　　愚按：四体不可缺一，益征四端不可缺一。若戕贼其四体之一，其痛楚为何如？若戕贼其四端之一，其痛楚又当何如？然人知戕贼四体之可痛，而不知戕贼四端之可痛者，四体有形，四端无形。无形之体，贵于有形，而世人不悟，哀哉！谓其君不能者，贼其君者也，盖天下最要者己，最重者君。人既不能自治，以自贼其心，自贼其性，而复戕贼治人之人之心与性。是虽戕贼一人之心与性，而实戕贼亿兆人之性与命，于事为不祥，于德为忿义。若是者，不有天殃，必有人祸，岂不尤可畏哉？

凡有四端于我者，知皆扩而充之矣，若火之始然，泉之始达。苟能充之，足以保四海；苟不充之，不足以事父母。"

愚按：此节当与"齐宣王"章"老吾老，幼吾幼"一节参看。扩而充之，即所谓举斯心加诸彼，善推其所为也。此其功效在于行仁，而其根本在于强恕。恕者，如心之谓。生人之大患莫患乎血气心知之隔，日隔一日，于是有己而无人。恕者，以己之心，如人之心。要知己心如是，人心亦复如是；己之所欲在于此，人之所欲亦在于此；己之所恶在于彼，人之所恶亦在于彼。《大学》之"所恶于上，毋以使下；所恶于下，毋以事上。民之所好好之，民之所恶恶之"，絜矩之方，即圣门一贯之学。一贯者，谓己所不欲，勿施于人，人与己一以贯之也。孟子曰："强恕而行，求仁莫近焉。"惟强恕而后能行仁。仁者，己欲立而立人，己欲达而达人。己欲自立，人亦欲自立；己欲发达，人亦欲发达。惟能近取譬，有以立人达人，而后能造于博施济众之域。孔子曰："博施济众，尧、舜犹病。"世人因此言，以为尧、舜犹病，遂推诿而不复为。不知孔子所谓"尧、舜犹病"者，盖言尧、舜实以博施济众为目的，正是望道而未见之意。千古圣贤之学问行诣，要皆以博施济众为主。惟是察识扩充之始，必先事事踏实，由亲以及疏，由近以及远，由小以及大。是以孟子曰："尧、舜之智，而不遍物，急先务也；尧、舜之仁，不遍爱人，急亲贤也。"要知孟子此言，正示人以扩充之先务。否则以尧、舜之仁智，岂有尚不能遍物，尚不能遍爱人之理？惟世人以"尧、舜犹病"一语为推诿之据,于是异学转借墨子之绪余,以行其兼爱之术,遂谓墨子之学为实,吾儒之学为虚。千载而下,无有能纠正而发明之者,深可痛也(如韩子云"博爱之谓仁",后儒多驳难之,以为仁者爱之理,博爱不可以言仁。不知爱之理正是博爱之根源,何所分别?因谓博爱不可以言仁,并谓孝弟不可以言仁。种种误解,以自隘其途,此所谓舍实而骛虚,真不可解)。若火之始然,泉之始达,应上"乍见"二字。火之始然,其苗微,最易于灭;泉之始达,其源小,最易于涸;乍见之良知,其时暂,最易于消泯。苟能充之,推而放诸东海、西海、南海、北海而准;苟不充之,虽家庭之间,亦不能生其爱敬之诚矣。《孟子》首章辨义利,推及于不能保万乘之国、千乘之国。曷为而不能保?为其嗜利也。天子不仁,不保四海;诸侯不仁,不保社稷。曷为而不能保?为其暴虐而乐死亡也。《论语》首篇言孝弟,推及于不犯上、不作乱。而《孝经》"五孝"章亦注重于保其社稷、保其宗庙、保其禄位祭祀。然则在上者之自保,在于不嗜利、不暴虐、不骄不溢;在下者之自保,在于不犯上、不作乱,而要之保其不忍人之心而已矣。读此章书,益见圣人穷理尽性之功,与夫配天之学,皆萌枿于乍发之良知,而乍发之良知,要必扩充之以致于实。吾人勉旃,后世学者勉旃。

第七章

孟子曰:"矢人岂不仁于函人哉?矢人惟恐不伤人,函人惟恐伤人。巫、匠亦然。故术不可不慎也。

张氏云:"矢人与函人,巫与匠,俱人也,而其所欲之异者,以其操术然也。故夫人自处于不仁,为忌忮,为残忍,至于嗜杀人而不顾,夫岂独异于人哉? 惟其所处每在乎人欲之中,安习滋长,以至于此。其性本同,而其习有霄壤之异,可不畏欤?"

愚按:孔子曰:"少成若天性,习惯成自然。"术者,为人善恶之分途,讵可不慎乎哉? 与恶人处而欲其善,譬犹操楚语者,不能复求其齐语也。曾子曰:"与恶人游,如入鲍鱼之肆,久而不闻,则与之化矣。"择术可不慎乎? 孟子此经,一则曰"惟恐不伤人",则其务求铦利惨毒可知也;一则曰"惟恐伤人",则其务求保护周密可知也。近世以来,人心日险,而不仁之器,乃日出而益精。呜呼! 可慨也。

孔子曰:'里仁为美。择不处仁,焉得智?' 夫仁,天之尊爵也,人之安宅也。莫之御而不仁,是不智也。

愚按:读"里仁为美"四字,油然如见敦朴浑厚气象。盖风俗不敦朴则浮嚣,浮嚣者,不仁之基也;不浑厚则刻薄,刻薄者,不仁之基也。择不处仁,则自居于蔽塞,浸至汨没其是非之心,焉得为智乎? 张氏云:"尊爵,言其至善为可尊贵也;安宅,言其所止为其安固也。"盖人之所以尊、所以安,固在乎此而不在乎彼也。

不仁不智,无礼无义,人役也。人役而耻为役,由弓人而耻为弓,矢人而耻为矢也。

愚按：人役而为役，天演之公理也。人役而耻为役，良心之未泯也。然而其人浮嚣矣，刻薄矣，卑鄙而弃其天爵，穷大而失其安宅，其气质则人役之气质也，其知识则人役之知识也。如是而求免于为役，揆诸天道人事，盖皆有所难矣。

如耻之，莫如为仁。

愚按：仁者，吾心之良知也；耻者，亦吾心之良知也。耻之耻之，一念而耻为役，即当一念而进于仁。惟因其心而扩充之，则浮嚣者可进于敦朴矣，刻薄者可进于浑厚矣，闭塞者可进于开明矣。念念知耻，即日日求仁。如是而求免于人役，固天道人事之所许，实吾良心感应之机也。耻之耻之，人生以堂堂七尺之躯，何至甘为人役耶？

仁者如射，射者正己而后发；发而不中，不怨胜己者，反求诸己而已矣。"

愚按：人何以为人役，怨人故也。人与人相处，孰者当胜，孰者当败，孰者宜荣，孰者宜辱，皆有一定之公理。不明公理，于是乎但知怨人。怨者，忌心之所萌，而恶心之所由起也。怨心愈甚，则反求诸己者愈疏。天下人役之气骨，皆此怨人之心所造而成，而家之所以不兴，国之所以积弱，皆由不能反求诸己而已矣。凡人莫不求胜，而己则处于败者，有所以致败之道也；凡人孰不求荣？而己则处于辱者，有所以取辱之道也。反求诸己，则得其道矣。仁者如射，射者不怨胜己,而恕心生焉。强恕而行,求仁莫近矣。仁者,生之道也。人能事事反求诸己,则得所以生存于天地间之道矣。

第八章

孟子曰:"子路,人告之以有过,则喜。

周子《通书》曰:"仲由喜闻过,令名无穷焉。今人有过,不喜人规,如护疾而忌医,宁灭其身而无悟也。"

愚按:天下闻过之人,约分三等。闻而怒焉,复怗而不悟焉,下愚也;骤闻而不乐焉,既而稍稍省察焉,中人也;闻而心折焉,而心悦焉,自反而痛改焉,上也。上焉者,圣贤人也。凡人之大患,在己不能为善,而忌人之为善,中人以下之气质,大都如此。若闻过而喜,则是勇于克己,而忮求悉泯矣,岂非百世之师表乎?程子云:"子路为百世之师。"盖天下有兴起之师,有成德之师。成德之师,切磋琢磨,能造人材于精粹之域,颜、闵是也。兴起之师,廉顽立懦,能拔人心于陷溺之中,子路是也。

禹闻善言则拜。

愚按:《皋陶谟》曰:"禹拜昌言。"此其德行、气象,较子路为广大矣。古者席地而坐,故拜也易。

大舜有大焉,善与人同,舍己从人,乐取于人以为善。

愚按：此节较大禹德行、气象更为广大矣。《孟子》一书不言《易》，而此曰"大舜有大焉，善与人同"，实即暗合《大有》《同人》二卦义也。盖德无不备，而能通天下之志，故曰《大有》；同心之言推而布之于天下，以一己之善，兼善天下，故曰《同人》。《易·序卦传》曰："与人同者，物必归焉，故受之以《大有》。"盖善与人同，而《大有》随之也。善在天下，公之而已，无所谓己也，无所谓人也。如舜之见善，无所谓舍也，无所谓从也。其取于人也，见善而已，忘乎其为取也。惟忘乎其为取，故其乐也，出于性而无所强。

自耕稼、陶、渔以至为帝，无非取于人者。

朱《注》："舜之侧微，耕于历山，陶于河滨，渔于雷泽。"

取诸人以为善，是与人为善者也。故君子莫大乎与人为善。"

愚按：与者，偕也。偕天下之人以为善，非特为一己之善而已。孟子曰："舜之居深山之中，与木石居，与鹿豕游，其所以异于深山之野人者几希。及其闻一善言，见一善行，若决江河，沛然莫之能御也。"由是观之，舜之无异于野人，实不惜下侪于庶民。至于善言有弗闻，闻即取之；善行有弗见，见即取之。如是而天下之善，有不集于一己之身者乎？惟其诚之至也。孔子赞舜之大智曰："舜好问而好察迩言，隐恶而扬善，执其两端，用其中于民。"用中于民者，即《论语》引《书》所谓"允执其中"（人心、道心之说系伪古文，昔人言之已详）。盖舜既集天下之善以为一己之善,即以一己之善公之于天下。曰好问,曰好察,曰隐恶扬善,诚之至也;曰用中于民,明之至也。自古惟至诚至明之君,斯能集天下之公善。《中庸》曰:"诚者非自成己而已也,所以成物也。成己,仁也;成物,智也。性之德也,合外内之道也。故时措之宜也。"盖舜之舍己从人,乐取于人以为善,为成己之仁,至于与人为善,则因成己之仁,进于成物之智。故孔子赞舜曰"大智",以其能成物也。合外内之道,即合人己而一贯。时措之宜,道在用中取善之熟,以时措之,而皆得其宜也。此其道在于诚而已矣,明而已矣。盖不诚则求善不切,而于天下之事不能导其源;不明则取善无方,而于天下之事不能穷其理。于是是非茫昧,譬诸无黍之尺,无星之称,不能善己,安能善人?周子曰:"诚精故明。"舜之所以能与人为善、成己而成物者,惟在于诚精而明。故《中庸》又曰:"惟天下至诚,为能尽其性,尽人之性。"又曰:"惟天下至诚,为能经纶天下之大经。"盖其量直与天地同其大矣。是以孔子赞舜又曰:"无为而治者,其舜也与?"无为者,为其能集天下之善,有为之至,所以无为也。孟子曰:"鸡鸣而起,孳孳为善者,舜之徒也。"天下舜之徒众矣,善之途尤广矣。我一人当为之,何必我一人尽为之?且我一人之力,亦岂能尽为之?舜,人也;我,亦人也。舜为法于天下,可传于后世,何也?善与人同,其心大公而无我也。我由未免为乡人,何也?忌人之为善,而私其善于一己也。欲知善与恶之判,无他,公与私之间也。世有能取人为善者乎,则可为天下友;有能与人为善者乎,则可为天下师矣。然而空言以诵法古人,无益也。气质之不能化也,知识之不能广也,度量之不能宏而溥也,所以不免为乡人也。后世学者倘有志于为善,当先学子路,次学大禹,终焉学大舜。故曰:士希贤,贤希圣,圣希天。

第九章

孟子曰:"伯夷,非其君不事,非其友不友。不立于恶人之朝,不与恶人言。立于恶人之朝,与恶人言,如以朝衣朝冠坐于涂炭。推恶恶之心,思与乡人立,其冠不正,望望然去之,若将浼焉。是故诸侯虽有善其辞命而至者,不受也。不受也者,是亦不屑就已。

愚按:伯夷,圣之清者也。其意曰:非其君,非其友,皆足以损吾道也;立于恶人之朝,与恶人言,皆足以瑿吾道也。如朝衣朝冠,坐于涂炭,无一刻可以委蛇也。诸侯虽有善其辞命而至者,不受也。盖其视天下几无可与之人,故皆有不屑就之意,则惟有特立独行而已。所谓一家非之而不顾,一国非之而不顾者也,清之至也。

柳下惠,不羞污君,不卑小官。进不隐贤,必以其道。遗佚而不怨,厄穷而不悯。故曰:'尔为尔,我为我,虽袒裼裸裎于我侧,尔焉能浼我哉?'故由由然与之偕而不自失焉,援而止之而止。援而止之而止者,是亦不屑去已。"

愚按:柳下惠,圣之和者也。其意曰:污君小官,不足以损吾道也;遗佚厄穷,不足以隳吾道也。袒裼裸裎焉能浼我,无一人不可与周旋也。援而止之而止者,盖其视天下几无不可与之人,故皆有不屑去之意,则惟有和光同尘而已。所谓举世混浊,何必与之清,众人皆醉,何必与之醒也,和之至也。

孟子曰:"伯夷隘,柳下惠不恭。隘与不恭,君子不由也。"

张氏云:"伯夷不已其清,柳下惠不已其和。伯夷非不就也,特不轻就耳;柳下惠非不去也,特不轻去耳。伯夷闻文王作,兴曰'盍归乎来';柳下惠为士师,盖尝三黜。是则伯夷果长往而不来者乎?柳下惠果苟容而居位者乎?此其就清和之中,处之而尽其道。然而于是二端,终有所未化,故其意有所偏重,而未免乎流弊也。故夫思与乡人处,其衣冠不正,望望然去之,若将浼焉,此其流弊,得无有入于隘者乎?曰尔为尔,我为我,虽袒裼裸裎于我侧,而不以为浼,此其流弊,得无有入于不恭者乎?其端盖毫厘之间,从而由之,则其弊有甚,故其所为隘与不恭者,君子所不由,而所愿则学孔子者也。"

愚按:道以中庸为主。伯夷之弊在不屑就,惟时时存不屑就之意,于是乎隘,隘于是乎矫焉激焉。柳下惠之弊在不屑去,惟时时存不屑去之意,于是乎不恭,不恭于是乎慢焉放焉。盖气质之刚柔,一有所偏,即不能无流弊。圣人任人心风俗之责,惟恐己之性情言行稍涉于偏,而人心风俗即受其弊。盖表正则景端,故本身起点,最宜戒慎。孟子曰"君子不由",此君子者,备中庸之德,圣之时者也。

卷四　公孙丑下

第一章

孟子曰："天时不如地利,地利不如人和。

张氏云："所谓天时者,用兵乘机得其时也;地利者,得其形势也;人和者,上下一心而协同也。"

三里之城,七里之郭,环而攻之而不胜。夫环而攻之,必有得天时者矣;然而不胜者,是天时不如地利也。

王氏船山云:"《集注》云:'三里七里,城郭之小者。'按古之城制,都城不过百雉。三丈为雉,百雉者,周围三百丈耳。三百六十步为一里,步凡六尺,则一里该二百一十六丈,三里凡六百四十八丈,七里凡一千五百一十二丈。是三里之城为二百一十六雉,七里之郭为五百四雉。侯国之城参大都,而此郭几倍之,何得谓之小? 且此以地利言之,而曰'环而攻之而不胜',则亦以城大不易攻为言,不当设言极小之城矣。"

城非不高也,池非不深也,兵革非不坚利也,米粟非不多也,委而去之,是地利不如人和也。

愚按:立国之道,无论古今中外,要皆以人心为主。城高池深,是得地形之优胜也;兵革坚利,是得器械之精良也;米粟多,是得粮饷之蓄积也。然委而去之者,人心之不附也。故愚尝有言,人心一去,其国不救。

故曰:域民不以封疆之界,固国不以山溪之险,威天下不以兵革之利。得道者多助,失道者寡助。寡助之至,亲戚畔之;多助之至,天下顺之。

张氏云:"得道者,顺乎理而已,举措顺理,则人心悦服矣。一失道,则违咈人心。心之所暌,虽亲亦疏也,不亦孤且殆哉?虽然,孟子谓"域民不以封疆,固国不以山溪,威天下不以兵革",而先王封疆之制,详于《周官》;设险守国,与夫弧矢之利,并著于《易经》,何邪?盖先王吉凶与民同患,其为治也,体用兼备,本末具举。道得于己,固有以一天下之心;而法制详密,又有以周天下之虑。此其治所以长久而安固也。孟子之言,则举其本而明之。有其本而后法制不为虚器也。"

以天下之所顺,攻亲戚之所畔。故君子有不战,战必胜矣。"

愚按:此章言人和者,人心之和也。得道者多助,如何而得道?

得其民也。得其民者,得其心也。失道者寡助,如何而失道? 失其民也。失其民者,失其心也。寡助之至,亲戚畔之。曷为而畔? 人心离也。多助之至,天下顺之。曷为而顺? 人心附也。以得人心者攻失人心者,未有不胜者也。顾或者谓孟子迂言也。孝弟忠信,可使制梃以挞秦楚之坚甲利兵。孝弟忠信,无形者也;坚甲利兵,有形者也。以无形当有形,以血肉当锋镝,是残民命也。是人和未足恃也。不知孟子非迂言也。天下惟无形之心,为能统摄有形之具。孟子之意,以为惟得人心,而后可以言战学也,讲战法也,制战具也。然则孟子非不言战术也,得人心而益精于战术也。然则孟子非欲以无形敌有形也,以无形之心,统摄有形之具,而后能无敌于天下也。否则委而去之,先失其无形者,即并失其有形者也。无形可以用有形,有形不能用无形者也。然则孟子非迂言也。

第二章

孟子将朝王,王使人来曰:"寡人如就见者也,有寒疾,不可以风。朝将视朝,不识可使寡人得见乎?"对曰:"不幸而有疾,不能造朝。"

张氏云:"孟子将朝王,是固欲朝王也。及王使人来告,谓欲就见而以疾不果,则遂不往,何哉? 盖王本不欲见孟子,而故为之辞以要之,此私意也。孟子方欲消其邪志,引以当道,其可徇其私意之所为乎？于是以疾辞而不往。方欲朝王，闻王之言若此而不往，惟义所适也。"

愚按："不幸而有疾"二句，孟子之语意，可谓严毅矣。

明日，出吊于东郭氏。公孙丑曰："昔者辞以病，今日吊，或者不可乎？"曰："昔者疾，今日愈，如之何不吊？"

张氏云："明日出吊于东郭氏，正欲王知其以疾辞而深惟其故。此亦孔子取瑟而歌之意也。公孙丑不知，以为太甚也。孟子告之曰'昔者疾，今日愈，如之何不吊'，其辞气亦从容不迫矣。若其深意，则欲丑自思而得之。"

王使人问疾，医来。孟仲子对曰："昔者有王命，有采薪之忧，不能造朝。今病小愈，趋造于朝，我不识能至否乎？"使数人要于路曰："请必无归而造于朝。"

张氏云："齐王亦未识孟子之意，则使人问疾。医来而孟子既出。孟仲子惧王以为傲也，则诡辞而对曰：'孟子之出，固将朝矣。'孟仲子此言，盖不知孟子之心，而徇私情之细矣。"

愚按：孟仲子，孟子之从昆弟，尝学《诗》。《毛氏传》于《周颂》篇曾引其说。故此节措辞甚婉而雅。

不得已而之景丑氏宿焉。景子曰："内则父子，外则君臣，人之大伦也。父子主恩，君臣主敬。丑见王之敬子也，未见所

以敬王也。"曰:"恶!是何言也!齐人无以仁义与王言者,岂以仁义为不美也?其心曰'是何足与言仁义也'云尔,则不敬莫大乎是。我非尧、舜之道,不敢以陈于王前,故齐人莫如我敬王也。"

愚按:不得已者,不得已而朝王也。至景丑氏宿者,欲自明其托疾之心也(说见段懋堂《经韵楼集》)。盖孟子之心,非特齐王不能知之,即公孙丑、孟仲子亦不能知之,故特告景丑氏以明之。夫君臣固主乎敬,然敬有大小。奔走后先,奉命惟谨,敬之小者;格其非心,致君于尧、舜,乃敬之大者。此千古人臣之轨范也。

景子曰:"否,非此之谓也。礼曰:'父召,无诺;君命召,不俟驾。'固将朝也,闻王命而遂不果,宜与夫礼若不相似然。"

愚按:景子一则曰敬,再则曰礼,皆似正大之词。然人臣之所以致敬而尽礼者,不在此琐琐之末也。惟三代以后,为人臣者专尚仪文,于是君制乃日益尊,而臣节乃日益隳矣。不明大体,不求实事,可叹也。

曰:"岂谓是与?曾子曰:'晋、楚之富,不可及也。彼以其富,我以吾仁;彼以其爵,我以吾义,吾何慊乎哉?'夫岂不义而曾子言之?是或一道也。天下有达尊三,爵一、齿一、德一。朝廷莫如爵,乡党莫如齿,辅世长民莫如德。恶得有其一,以慢其二哉?

张氏云："岂谓是与，谓不俟驾之意，非若景子之说也。孟子盖尝言之矣，孔子当仕有官职，而以其官召之，故不俟驾也。于是举曾子之言，曾子非以仁义与彼较重轻也。盖世衰道微，竞于势利，君以此骄士，而士亦不知自重，趋慕服役之不暇，不知仁义在躬，何所慕乎外？故曰'吾何慊乎哉'。有所慊，则有所望于人；有所望于人，则为富贵之所屈。若无所慊，则无所求，岂不绰绰然有余裕乎？"

愚按：曾子之言，非自为尊大也。盖天之生人，皆责以养人教人之事务。而儒者之所以承天，不外乎尽养人教人之事务而已。富所以养人者也，爵所以教人者也。诸侯而不能尽其养人、教人之责，虽谓之至贫贱可也。仁所以养人者也，义所以教人者也。儒者而能尽其养人、教人之责，虽谓之至富贵可也，故曰"吾何慊乎哉"。重读"辅世长民"四字，则德之在天下，实为至尊而无以尚。然则有德已较二者为尊，而况有其二，而可慢之耶？

故将大有为之君，必有所不召之臣，欲有谋焉则就之。其尊德乐道不如是，不足与有为也。

愚按：欲有谋焉则就之，其谋乃远大，而行之重且久。尊德乐道，发于心之至诚，非阳慕道德之名而貌敬之也。

故汤之于伊尹，学焉而后臣之，故不劳而王；桓公之于管仲，学焉而后臣之，故不劳而霸。

张氏云："学焉而后臣者,以学为先,而未敢遽臣之也。惟其学焉,则同德协志,谋无二虑,而事无不成矣。

愚按:古之大臣,有学派,有学说,粹然一出于正大高明之域。学焉而后臣之,则师生沆瀣一气,其学派同,学说亦同,故谋无二致也。

今天下地丑德齐,莫能相尚。无他,好臣其所教,而不好臣其所受教。

朱《注》："丑,类也。所教,谓听从于己,可役使者也。所受教,谓己之所从学者也。"

愚按:古之时,君师之统合而为一。至三王以后,君师始分而为二,然师道犹特重。《诗》所云"惟师尚父""尹氏太师""赫赫师尹"之属是也。至战国时,而师道陵夷矣。《国策》郭隗告燕昭王曰："帝者与师处,王者与友处,霸者与臣处,亡国与役处。折指而事之,北面而受学,则百己者至;先趋而后息,先问而后嘿,则什己者至;人趋亦趋,则若己者至;凭几据杖,眄视指使,则厮役之人至;若恣睢奋击,呴籍叱咄,则徒隶之人至矣。此古服道致士之法也。"盖师友,所受教者也;役徒,所教者也。后世人主,长傲遂非,颐指气使,日与厮役、徒隶之人处,而不知亡国之随其后,亦可痛矣夫。

汤之于伊尹,桓公之于管仲,则不敢召。管仲且犹不可召,而况不为管仲者乎?"

张氏云：“孟子此章，于公孙丑、孟仲子，则告之不详。二子，学者也，欲其深省而自识焉。至于景子，则陈义委曲著明如此。景子，大夫也，庶几其明此义，而有以启悟于宣王之心。孟子于宣王，庶几有望焉。虽然，孟子初不可召，而后复为卿于齐，何也？盖使宣王而能若汤之于伊尹、桓公之于管仲，则孟子得以行其道，是其所望也，而莫之能焉。为卿而留于齐，犹望其感悟于终也。圣贤伸缩变化，皆有深旨，学者所宜尽心焉。”

第三章

陈臻问曰：“前日于齐，王馈兼金一百而不受；于宋，馈七十镒而受；于薛，馈五十镒而受。前日之不受是，则今日之受非也；今日之受是，则前日之不受非也。夫子必居一于此矣。”

赵《注》：“陈臻，孟子弟子。”

愚按：天下无两可之事。陈臻之问，辨义之学也。

孟子曰：“皆是也。

愚按：惟精于义，故能裁断。

当在宋也，予将有远行。行者必以赆，辞曰‘馈赆’，予何为不受？当在薛也，予有戒心。辞曰‘闻戒，故为兵馈之’，予

何为不受？

王氏船山云："薛，蕞尔国，安所得好金千二百两以馈游客哉？按五金之属，统名为金。兼者，杂也。杂青金、赤金、白金，可以铸泉布器用者也。青金，铅也；赤金，铜也；白金，锡也。《春秋传》郑伯朝于楚，楚子赐之金，与之盟，曰'无以铸兵'，故以铸三钟。则古者盖以铜、锡、铅为货贿相馈遗矣。故孟子于薛曰'故为兵馈之'，言以铸剑戟也。"

若于齐，则未有处也。无处而馈之，是货之也。焉有君子而可以货取乎？"

愚按：此章辨义之学，最为精审，足为辞受、取与之标准。曰"若于齐则未有处也"，又曰"焉有君子而可以货取乎"，非特辨之于义，而尤盟之于心。孟子曰："可以取，可以无取，取伤廉。"伊尹非道义，一介不取，辨之于义也。汉杨震慎四知，却暮夜之金，曰"天知地知，尔知我知"，此盟之于心也。君子外则处物以义，内则盟心如水，而慎独尤为根本之要事。不然齐王馈金，岂必无辞哉？惟宋、薛之辞真而意诚，故孟子以为有处而受之。齐王则辞伪而意不诚，故孟子以为无处而却之。然则有处无处之义，曷凭乎？凭乎本心之不欺而已。设使孟子在宋而并无远行，而宋君之辞曰"馈赆"，孟子将受之乎？设使孟子在薛而并无戒心，而薛君之辞曰"闻戒，为兵馈之"，孟子将受之乎？又使齐王亦曰"馈赆"、亦曰"闻戒"，孟子将受之乎？天下之巧饰文辞而取人货财者多矣,是无耻之尤也,是小人之尤也。然则孟子曷为以有处、无处定受、不受?曰:是在乎本心之慎独而不欺也,在乎实而不在乎名也,在乎己而不在乎人也,在辨之于义,更当盟之于心也。而且临财之时,又必用一刀斩截之法,其视货也,实浼我而非益我,实害我而非利我,夫然后无沾恋之心,有坚决之志,故曰慎独为根本也。呜呼!昏夜苞苴,言甘币重,其诱我也。君子遇之,必须如生死关头,坚忍战兢,不敢稍一失足。非然者,操守从此隳矣,名誉从此扫地矣。呜呼!见可欲而心不乱,当今之世,此诣岂易言哉?吾愿志节之士勉之。

第四章

孟子之平陆。谓其大夫曰:"子之持戟之士,一日而三失伍,则去之否乎?"曰:"不待三。"

愚按:良知者,法律所自生。人惟具此良知,而后能定法律。食人之禄,当忠人之事,此责任所在,即法律所在也。持戟之士,不待三失伍而即当杀之,此距心之明于法律,即其知觉之不昧也。

"然则子之失伍也亦多矣。凶年饥岁,子之民,老羸转于沟壑,壮者散而之四方者,几千人矣。"曰:"此非距心之所得为也。"

愚按：以法律言之，人与己本有界限。人之责任，我不得而预之。然而孟子一则曰"子之失伍"，再则曰"子之民"，明乎其为距心之责任也。而乃曰"此非距心之所得为也"，盖因循推诿，沾染时习，遂致忘其责任而昧其良知也。

曰："今有受人之牛羊而为之牧之者，则必为之求牧与刍矣。求牧与刍而不得，则反诸其人乎？抑亦立而视其死与？"曰："此则距心之罪也。"

愚按：上节距心推卸责任，至此则能明责任矣。百姓流离，辗转沟壑，距心曰：此君与大臣之责也，我大夫也，不得专也。而孟子喻之曰：今有受人之牛羊而为之牧之者，曰受，曰为之牧，又曰立而视其死，明乎其为距心之责任，将以激发其本心之明也。于是乃曰"此则距心之罪也"，盖闻圣贤之言，而良知乍露也。

他日，见于王曰："王之为都者，臣知五人焉。知其罪者，惟孔距心。为王诵之。"王曰："此则寡人之罪也。"

愚按：天下之祸，莫大乎为民上者不负责任。甲者诿之乙，乙者诿之丙。为都者相率效尤，于是百务废弛，而民生之困，乃至于不忍言。知其罪者惟孔距心，何以能知其罪？良知存焉尔。王曰"此则寡人之罪也"，王何以能知其罪？良知发焉尔。然而王与距心虽亦有本心之明，而辗转沟壑之民饿死道旁如故者，盖良知之乍露不足恃，一经私欲锢蔽，则其责任之心随之而昏蒙焉，而泯灭焉。夫持戟之士，获罪而不免于杀，抑何其不幸！王与距心获罪，则徒空言以谢之，抑何其幸欤！曰：此非其幸也。其罪之发，不在旦夕之间，或十数年，或数十年，盖发之暴而祸且及于子孙也。士君子欲以天下为己任，而拯斯民之厄，必自能负责任始。昔范文正为秀才时，每日自省，其所办之事，不能称其食，则蹵然而不安。夫惟圣贤之士，常以良知教人，俾其治事之时，本心无稍或昧，而责任因以大明于天下。故无论为君上、为有司，苟得罪，皆当与持戟之士同科，而不容有异也。此法律也，即良知也。

第五章

孟子谓蚔鼃曰：“子之辞灵丘而请士师，似也，为其可以言也。今既数月矣，未可以言与？”

张氏云：“士师，掌国之刑罚而立于朝。王有阙德，朝有阙政，士师所当言也。故孟子以数月为淹久而欲其言。”

蚔鼃谏于王而不用，致为臣而去。

愚按：士师有司谏之责。谏官者，其责任在言君之过。《孝经》曰：“将顺其美，匡救其恶，故上下能相亲也。”后世不敢言君之过，而乃摭拾他人之过，浸假而毛举细故焉，浸假而收受苞苴、颠倒是非焉，是岂谏官之本事哉？是蚔鼃之罪人也。

齐人曰："所以为蚔鼃,则善矣;所以自为,则吾不知也。"公都子以告。

朱《注》:"公都子,孟子弟子。"

曰："吾闻之也:有官守者,不得其职则去;有言责者,不得其言则去。我无官守,我无言责也,则吾进退,岂不绰绰然有余裕哉?"

愚按:此章与上章连属。有官守者不得其职则去,孔距心是也;有言责者不得其言则去,蚔鼃是也。失其职、失其言而不去,是旷官也,是箝口也,是无耻也。孟子既无官守,又无言责,对于齐王可以不负责任,对于齐之民亦可以不负责任,此其进退所以裕如也。是故抚绥安辑,有司之职也;拾遗补阙,谏官之职也。天下当其事而不负责任者,非也;不当其事而强与人事者,亦非也。古语有之曰:"《春秋》责备贤者。"吾谓惟《春秋》然后可以责备贤者。圣人之过,贤人不知也,君子不知也。然则惟有孟子之道与其学与其识与其品望,而后可以责距心,而后可以责蚔鼃。非然者,身居事外而哓哓然以口舌责人,此非所谓越分者乎?

第六章

孟子为卿于齐,出吊于滕,王使盖大夫王驩为辅行。王驩朝暮见，反齐、滕之路，未尝与之言行事也。

张氏云："王驩，齐之嬖人也。出吊于滕，乃邦交之常事。孟子虽为卿，而实宾师也，则夫礼文制数，固可付之于有司。是王驩虽曰辅行，然齐王之意，特欲借孟子以为重，有司之事不敢以烦，而王驩则行之者也。"

公孙丑曰："齐卿之位，不为小矣；齐、滕之路，不为近矣。反之而未尝与言行事，何也？"曰："夫既或治之，予何言哉？"

张氏云："公孙丑固知孟子于驩难与言也，独疑行事之间岂无当言者？盖未知孟子深得夫远小人不恶而严之道耳。礼文制数，既有司之事，孟子特统其大纲于上，而驩则共其事于下。观驩于孟子，盖亦知所敬畏者，故朝暮见而不敢以失礼。驩之为人，亦克胜其职者，故曰'夫既或治之，予何言哉'。使其不克治，则孟子不免有言也。其有言也，将以正其事之失也。彼既或治之未见有可正之事，则亦乌用有言也。玩此辞气，不亦正大而谨严乎？"

愚按：张氏固足备一说，然窃有进一解者。据此章上节云"未尝与之言行事也"，下节云"夫既或治之，予何言哉"，是孟子非不与王驩言也，不与言行事也。其不与言行事者，盖因王驩不知礼也。夫"既或治之"，盖指有司供职者而言，故曰"或"，非必指驩也。朝廷不历位而相与言，不逾阶而相揖，王驩且不知之，若与言行事，彼必懵然无所知，而杂以非礼之言。夫非礼之言而曲以徇之，是失己也；非礼之言而严以斥之，是获罪于小人也。故惟不与言，而二者之弊可绝。世之敷衍诡随或圭角太露者，盍亦师孟子先幾之智乎？

第七章

孟子自齐葬于鲁，反于齐，止于嬴。充虞请曰："前日不知虞之不肖，使虞敦匠事。严，虞不敢请。今愿窃有请也，木若以美然。"

愚按：嬴，齐南邑，去鲁未远。止于嬴者，恋亲之诚，哀慕之念未忘也。

曰："古者棺椁无度，中古棺七寸，椁称之。自天子达于庶人。非直为观美也，然后尽于人心。

愚按：古者，上古之世。中古，周公制礼时也。人心者，本心也。对于我亲而无憾，斯可对于吾心而无憾。

不得，不可以为悦；无财，不可以为悦。得之为有财，古之人皆用之，吾何为独不然？"

朱《注》："不得，谓法制所不当得。"

愚按：上文谓"自天子达于庶人"，疑无所谓不当得。窃意此"不得"，承上"以美"而言，谓不得美木也。得之为有财，人子所难得之事也。乃得之而各于其亲，则不可为人子也。常人且不可，况圣贤乎？

且比化者，无使土亲肤，于人心独无恔乎？

朱《注》："比，犹为也。化者，死者也。恔，快也。"

愚按：比化者无使土亲肤，固属人子至快之事，然实至痛之言也。《礼记》云："霜露既降，君子履之，必有凄怆之心，非其寒之谓也。"盖惧土之亲亲肤也。春雨露既濡，君子履之，必有怵惕之心。如将见之，如见土之亲亲肤也。然则人子所以安父母之体骨者，宜如何郑重也。使土亲肤，无使土亲肤，在人子之尽心、不尽心而已。如何而土亲肤，如何而无使土亲肤，在人子之悉心研究与夫爱护周防而已。然则比化者无使土亲肤，于人心独无恔乎？其言宁不痛乎？

吾闻之也，君子不以天下俭其亲。

愚按：俭为节省之义。凡事皆宜俭，而惟吾亲之事不可俭。曾子之论事亲曰："君子思其不可复者而先施焉。"《孝经》曰："为之棺椁衣衾而举之，卜其宅兆而安厝之。"此生民之本，死生之义也。孝子而至于葬亲，事亲终矣。故夫衣衾也、棺椁也、宅兆也，皆吾亲千万年之事，不可复得而尽心者也，不可复得而更易者也。父母之于人子，长育顾复，饮食教诲，至矣尽矣。欲报之德，昊天罔极。人子于是而俭其亲焉，其何忍乎？顾或者谓敛手足形，悬棺而窆，斯之谓礼，何也？曰：此言乎无财不得为者也。朱《注》云："送终之礼，所当得为而不自尽。"夫得为而不为，其亦有隐悔于厥心者乎？然不为而悔，本心犹未泯也。若不为而不知悔，则不可为人子也。夫"君子不以天下俭其亲",孟子斯言,为葬亲而发也。然葬而丰,何若生事而丰也? 吾愿后世人子,读此章书,宜于父母逮存之日,所以致其养而尽其礼者。先不俭其亲焉,则庶几乎无遗憾也。不然,终身之悔,庸有尽乎?

又按:王氏船山于此章尽辟赵氏、朱《注》之说,以为乃孟子葬妻之事。因子幼未任家政,故为妻治葬。君子不以天下俭其亲,乃以君子之道处其子,其说极新而辩,可备其说作为别解。

第八章

沈同以其私问曰:"燕可伐与?"孟子曰:"可。子哙不得与人燕,子之不得受燕于子哙。有仕于此而子悦之,不告于王而私与之吾子之禄爵;夫士也,亦无王命而私受之于子,则可乎? 何以异于是?"

张氏云:"孟子论尧、舜授受之际,一以天言之。盖非尧得授舜以天下也,亦非舜得受尧之天下也,天与之而已。圣人与天合德,故先天而天弗违,后天而奉天时,非有一毫人为与于其间也。子哙闻尧、舜之事,而不胜爱子之之私,故假此事而以国授焉。是其授也,子哙之私意,非天意也。而子之受之也,亦固利其国耳,又岂天意乎哉? 故孟子答沈同之问,以为子哙不得与人燕,子之不得受燕于子哙;又从而引喻以告之,如沈同之禄爵,王命之也,沈同不告王而以禄爵与人,其受之也,亦无王命而私受之,其不可也明矣。"

愚按：此节乃法家言也。人与人交际，各有权限，即宜各安本分，如田之有畔焉，不可稍稍侵越也。

齐人伐燕。或问曰："劝齐伐燕，有诸？"曰："未也。沈同问：'燕可伐与？'吾应之曰：'可。'彼然而伐之也。彼如曰'孰可以伐之'，则将应之曰'为天吏，则可以伐之'。今有杀人者，或问之曰'人可杀与'，则将应之曰'可'。彼如曰'孰可以杀之'，则将应之曰'为士师，则可以杀之'。今以燕伐燕，何为劝之哉？"

张氏云："所谓天吏者，其德有以当天心，故天命之以讨有罪，汤、武是也。故天吏之得讨罪，与士师之得杀人同。命士师者，君也；而命天吏者，天也。何从而知天命之，人之所归，天之所命也。燕虽有可伐之罪，然齐不得而伐之者，齐非天吏故也。何以知齐非天吏乎？以齐君所为与夫人心而知之也。有人于此，罪虽可杀，然行道之人不得而杀之也，惟士师当其任，则得以杀之矣。盖亦非士师得专之也，君所命也。天吏之讨有罪，亦天所命云尔。"

愚按：此亦法家言也。凡人不独治事当守法律，即语言亦当守法律。沈同问"燕可伐与"，应之曰"可"。假而又曰"为天吏则可以伐之"，则此言为非法矣。或问曰"人可杀与"，应之曰"可"。假而又曰"为士师则可以杀之"，则此言为非法矣。何也？以彼未问，则不宜答也，荀子所谓"问一而告二谓之囋"是也。故夫非法之事与非法之言，君子皆当杜绝之。呜呼！人苦不自知耳。有成汤而后可以放桀，有武王而后可以伐纣，必邻国之民皆仰之若父母，而又畏天之威，奉行天命，方可谓之天吏，而后可以伐人。非然者，以燕伐燕，即以暴易暴，既干天怒，复召人怨，祸机一发，而不可收拾矣。是故君子作事谋始，必内审诸己也。呜呼！人苦不自知耳。

第九章

燕人畔。王曰："吾甚惭于孟子。"

　　愚按：甚惭者，良心尚在也。人君当甚惭之时，当察识此羞恶之心，而痛改其所为之失。

陈贾曰："王无患焉。王自以为与周公，孰仁且智？"王曰："恶！是何言也？"曰："周公使管叔监殷，管叔以殷畔。知而使之，是不仁也；不知而使之，是不智也。仁、智，周公未之尽也，而况于王乎？贾请见而解之。"

　　张氏云："甚矣小人之为人害也！燕人畔而齐王以为甚惭于孟子，使其即是心而知悔，其庶矣乎！而陈贾遽曰'王无患焉'，遂引周公之事，以为周公且有过，而况于我？其辞婉而巧，使王闻是言也，将顿忘其惭悔之心，而复起其骄怠之意。甚矣小人之为人害也！"

　　愚按：燕人事与周公使管叔监殷事，毫不相类，而陈贾乃曲为牵

合,且妄诬古圣。《书》云:"截截善谝言。"谝言者,诳言也。《诗》曰:
"巧言如簧,颜之厚矣。"巧言者,无耻之尤者也。

**见孟子,问曰:"周公何人也?"曰:"古圣人也。"曰:"使管叔
监殷。管叔以殷畔也,有诸?"曰:"然。"曰:"周公知其将畔
而使之与?"曰:"不知也。""然则圣人且有过与?"曰:"周公,
弟也;管叔,兄也。周公之过,不亦宜乎?**

张氏云:"周公之事,孟子答之可谓辞简而理尽矣。贾曰'周公知
其将畔而使之与',则应之曰'不知也';贾曰'然则圣人且有过与',则
应之曰'周公弟、管叔兄也,周公之过,不亦宜乎'。斯两言也,而周公
之心若揭日月矣。"

愚按:天下至诚与欺诈者遇,往往易受其愚。然欺诈者虽获一时
之利,而终至于败;至诚者虽受一时之愚,而终处优胜之域。周公之
过,何过也?因至诚不欺而受过也。零雨三年,可谓苦矣。然而罪人
斯得,至诚之心卒以大白于天下。然则其过非真过也。金縢雷雨,天
且谅其过矣。故吾尝谓天下至诚之人,可以处于无过之地,亦惟至诚
之人,为能立于不败之地。

**且古之君子,过则改之;今之君子,过则顺之。古之君子,其
过也如日月之食,民皆见之;及其更也,民皆仰之。今之君
子,岂徒顺之,又从为之辞。"**

愚按：天下之罪，莫大乎成人之过。成人之过，即成己之恶也。盖过者，常人之所不免。过而能改，则可复于无过。乃今之君子，从未闻有改过者，何也？惟其有顺之者也。其所以顺之者何也？将以求名也，将以为利也，将以干富贵也，谄谀而觊其禄位也，日日揣摹伺察而承其意旨也。又从为之辞，矜夸粉饰而不知颜汗也，蔽饰欺蒙而罔知悛悔也，我君羞恶之心偶一露焉而已斩也。是牛羊之牧萌蘗也，是所以将顺其过而成其恶者也。所谓一暴十寒，未有能生者也。生民之乱，皆若辈为之也。然吾有说焉。顺过者固不胜诛矣，然必其君先有可以顺之之意，而后人得以顺之。故彼将曰："吾非欲顺之也，我君之使之，而我不敢不顺之也。"盖君过既成，而彼乃专诿其过于君也。呜呼！物必先腐也，而后虫生之。是以《易纬》曰："正其本，万事理。"

第十章

孟子致为臣而归。

朱《注》："孟子久于齐而道不行，故去也。"

王就见孟子，曰："前日愿见而不可得，得侍，同朝甚喜。今又弃寡人而归，不识可以继此而得见乎？"对曰："不敢请耳，固所愿也。"

愚按：王就见孟子，犹有好善之心也。不敢请耳，固所愿也，孟子望齐王为善之初心，未尝一日忘也。士君子出处去留，一于义而已矣。

他日，王谓时子曰："吾欲中国而授孟子室，养弟子以万钟，使诸大夫、国人皆有所矜式。子盍为我言之？"

愚按：天下之事，莫患乎浮慕，浮慕则敷衍。聆齐王之言，非不善也，然而其意则浮慕也，其辞则敷衍也。居高位者大都如此。彼其心以为如此，则可以羁縻贤者矣，而不知贤者将以行其道也。若恭敬而无实，不可以虚拘也。

时子因陈子而以告孟子。陈子以时子之言告孟子。

朱《注》："陈子，即陈臻也。"

孟子曰："然。夫时子恶知其不可也？如使予欲富，辞十万而受万，是为欲富乎？

愚按：世俗之人，往往以己见测圣贤之心。盖圣贤之心，彼焉能知之？以为己欲富，则圣贤亦若己之欲富焉尔。

季孙曰：'异哉子叔疑！使己为政，不用，则亦已矣，又使其子弟为卿。人亦孰不欲富贵？而独于富贵之中，有私龙断焉。'

朱《注》："龙断，冈龙之断而高也。"

愚按：此节道破千古庸俗人之思想，最为痛切。盖庸夫心理之中，不独欲己身之富贵，且欲传之子孙。富厚累世不绝，天下庸有是理乎？夫剥而必复者，道也；盛而必衰者，数也；进而必退者，幾也。一昼一夜，花开者谢；一秋一春，物故者新。人惟不知安命，于是以为政不用为大戚，而又使其子弟为卿。岂知公卿者，危具也；富贵者，危机也。人人欲使子弟得高官厚禄，而使子弟不立品、不读书，性情气骨，日即于卑污，以致亡其身、破其家者，比比者是。钟鸣漏罢，兴尽悲来，此非福其子弟，实乃害其子弟。老子曰："金玉满堂，莫之能守；富贵而骄，自遗其咎。功成名遂身退，天之道。"富贵，人之大欲也，而独于富贵之中有私龙断焉，此天道之所不容也。人孰不为子孙计？然与使其辱也，无宁使之荣；与使其危也，无宁使之安；与使其灭也，无宁使之存；则与使其富贵而无耻也，无宁使之贫贱而有志。吾欲为沉酣富贵者流涕以相告也。

古之为市也，以其所有易其所无者，有司者治之耳。有贱丈夫焉，必求龙断而登之，以左右望而罔市利。人皆以为贱，故从而征之。征商，自此贱丈夫始矣。"

张氏云："义利之幾，君子之所深谨，而去就之所由分也。后世为人臣者，不明斯义。故为之君者，谓利禄之果可以得士，而士之所以求于我者，亦不过乎此。于是而有轻士自骄之心。正犹征商之法，因龙断之夫而立耳。夫惟君子守义而不苟就，所以明为人臣之义也。"

罗氏罗山云："求登垄断，以罔一市之利，尚可言也；据守要津，以罔国家天下之利,不可言也。圣学不明,利欲熏心,士人一登仕籍,则奔竞干谒,贪婪恣肆,罔所不至。朝廷之安危,生民之休戚,一无所顾惜于其间,是贱丈夫不在市井而在朝廷矣。州县登垄断以罔愚氓,督司登垄断以罔州县,朝廷登垄断以罔督司,竭生民之膏血,填无厌之溪壑。上下交征,无所不至,天下之祸,遂有不知所终极者。商贾罔利,犹必以其有易其所无;士大夫之罔利,则惟假势位之赫赫,吓诈斯民而已。其不至于败者几希。"

愚按:有司者治之,《周官》司市之法也。见利而争趋之,其志节已不堪言。至于以左右望而罔市利,则不堪之尤者矣。故皆目之曰贱。虽然,驵商市侩,人皆以为贱矣。乃因驵商市侩之获利,从而艳羡之,又从而征之。冀渔猎其锥刀之末,则所谓逐臭之夫,贱中之又贱者也。孟子砥砺名节之大贤,何屑与此辈絜长而较短?所以痛切言之者,盖以战国时人心滔滔于利,廉耻无复存者,故特明此心之如水,以挽既倒之狂澜。而无如贱丈夫盈天下,卒至蝇聚蚁附,丧其性,灭其命,而终莫之悟也。噫!

第十一章

孟子去齐,宿于昼。

赵《注》:"昼,齐西南近邑也。"

有欲为王留行者,坐而言。不应,隐几而卧。

　　愚按：有欲为王留行者，非齐王之自留孟子也，客欲为王留行也。而孟子之意，非齐王翻然悔悟，得以大行其道，则不可留也。是以卧而不应也。

客不悦曰："弟子齐宿而后敢言，夫子卧而不听，请勿复敢见矣。"曰："坐，我明语子。昔者鲁缪公无人乎子思之侧，则不能安子思；泄柳、申详无人乎缪公之侧，则不能安其身。

　　朱《注》："泄柳，鲁人。申详，子张之子。"

　　愚按：孟子受业子思之徒，其学派传自子思，其志节亦传自子思。子思有泰山岩岩之概，凛乎其不可犯。故缪公之于子思也，亟问，亟馈鼎肉。子思不悦，于卒也，摽使者出诸大门之外，北面稽首再拜而不受，曰："今而后知君之犬马畜伋，盖自是台无馈也。"子思之为人臣，其志节可谓尊严矣。孟子愿学子思，故曰"无人乎子思之侧，则不能安子思"，千载而下，犹见其凛乎不可犯之节。凡为贤臣、为名臣者，皆当如是也。必大有为之君，而后能有是臣也。

子为长者虑，而不及子思，子绝长者乎？长者绝子乎？"

　　愚按：客之欲留孟子，其意非不善也。而孟子乃责以为长者虑不及子思者，盖鲁缪公无人乎子思之侧，则不能安子思。今齐王非能自留孟子，而客乃欲为王留之也，且客非能谏王而劝其坚留孟子，而特欲以己意为王留之也，是不能以子思待孟子也。故曰"子绝长者乎？

长者绝子乎",言其不知尊贤之礼,而亦见齐王之自绝于孟子也。至是而孟子出昼之心决矣。

第十二章

孟子去齐。尹士语人曰:"不识王之不可以为汤、武,则是不明也;识其不可,然且至,则是干泽也。千里而见王,不遇故去。三宿而后出昼,是何濡滞也? 士则兹不悦。"

愚按:尹士之言,皆似是而非,小人随口之词也。彼其于圣贤行道之心,固丝毫无所知也。

高子以告。

赵《注》:"高子,齐人,孟子弟子。"

曰:"夫尹士恶知予哉? 千里而见王,是予所欲也;不遇故去,岂予所欲哉? 予不得已也。

张氏云:"详味孟子答高子之辞,可谓温厚而不迫矣。试绅绎而思之,孟子千里而欲见王之心,其果何为乎? 盖孟子既常以道自任,则其出也,有不可以已者。闻齐王之或可以告语也,则不惮千里而见之,故曰'是予所欲也'。而卒不遇以去者,岂其所望哉? 盖有不得已焉者。"

愚按:曰"夫尹士恶知予哉",又曰"予不得已也",盖孟子不得已之心,非特齐人不能知之,尹士不能知之,即齐王亦不能知之也。惟后世有志行道者，乃能知之。

予三宿而出昼，于予心犹以为速。王庶几改之。王如改诸，则必反予。

朱《注》："所改，必指一事而言。然今不可考矣。"

愚按：齐王之当改者多矣。百姓之流离也，伐燕之为暴也，佞人之文过也，数者皆足以危其国。如何而能改？先正其心而已矣。

夫出昼而王不予追也，予然后浩然有归志。予虽然，岂舍王哉？王由足用为善。王如用予，则岂徒齐民安，天下之民举安。王庶几改之，予日望之。

张氏云："予日望之，孟子非不知道之行否有命，而拳拳不已者，吉凶与民同患之心也。"

愚按：齐王"由足用为善"于"寡人如就见""得侍同朝，甚喜"二语，及自直言吾惜与好勇、好货、好色见之，惜乎其质钝而惜，虽有就学之志而无成也。曰"王如用予，则岂徒齐民安，天下之民举安"，盖自有大经济与大学问，其设施次第，已早定于胸中，自能措置裕如，非虚言也。而况时之可为，势之易乘，所谓"行仁政而王，莫之能御也"。

予岂若是小丈夫然哉？谏于其君而不受，则怒，悻悻然见于其面。去则穷日之力而后宿哉？"

愚按：此特古之所谓小丈夫耳。若自后世言之，谏于其君，是能以直道谏其君也。悻悻见于其面，是犹有气节也。去则穷日之力而后宿，是无丝毫系恋禄位之情也。此特古之所谓小丈夫，特自圣贤观之，乃为小丈夫耳。然而固丈夫也。

尹士闻之曰："士诚小人也。"

朱《注》："此章见圣贤行道济时，汲汲之本心；爱君泽民，惓惓之余意。"

第十三章

孟子去齐。充虞路问曰："夫子若有不豫色然。前日虞闻诸夫子曰：'君子不怨天，不尤人。'"

张氏云："充虞盖察孟子若有不豫之意，而浅心所量，遂有'不怨天，不尤人'之问也。而不知孟子之心，盖疑王道之久旷，忧生民之不被其泽，是以若有不豫色然也。"

曰："彼一时，此一时也。五百年必有王者兴，其间必有名世者。

张氏云："彼一时此一时，盖疑辞也。谓此亦一时，彼亦一时，何彼时王者之数兴，其阔绝者不过五百年，而名世间出者，亦有之矣。而乃今七百有余岁，王政不行焉。言不应若是其久旷也。此孟子所以疑、所以忧而未能释也。"

愚按：《尽心》篇孟子曰："由尧、舜至于汤，五百有余岁，若禹、皋陶则见而知之，若汤则闻而知之。由汤至于文王，五百有余岁，若伊尹、莱朱则见而知之，若文王则闻而知之。由文王至于孔子，五百有余岁，若太公望、散宜生则见而知之，若孔子则闻而知之。"尧、舜、汤与文王，皆五百年而兴；若禹、皋陶、伊尹、莱朱、太公望、散宜生，皆所谓名世者也。

由周而来，七百有余岁矣。以其数则过矣，以其时考之则可矣。

愚按：以其时考之，即上文所谓此一时也。由周公而上，上而为君，而五百年王者之兴辄应；由周公而下，下而为臣，而五百年王者之兴，乃从此而不验。此孟子所以疑此一时异乎彼一时也。

夫天未欲平治天下也，如欲平治天下，当今之世，舍我其谁也？吾何为不豫哉？"

朱《注》："言当此之时，而使我不遇于齐，是天未欲平治天下也。然天意未可知，而其具又在我，我何为不豫哉？然则孟子虽若有不豫然者，而实未尝不豫也。盖圣贤忧世之志，乐天之诚，有并行而不悖者，于此见矣。"

张氏云："孟子之进退去就，盖可无忧无疑者也。天未欲平治天下，故我之道未可行；使天而欲平治天下，则舍我孰与为之者，则何不豫之有？由前所言，在君子不得不疑，不得不忧；由后所言，在君子夫何忧，夫何疑。故王通谓'乐天知命吾何忧，穷理尽性吾何疑'，又曰'天下皆忧，吾不得不忧；天下皆疑，吾不得不疑'，盖近此意。"

愚按：圣贤之心，何其仁也。曰若稽古，君明臣良，赓歌扬拜，尚矣。厥后汤与文、武，先后同揆，得志行乎中国，若合符节，五百年之兴，若有一定之故。乃自文、武以来，遥遥七百有余岁，王迹既熄，而王者传嬗之统于是焉中绝。此孟子所以欷歔而不自已者也。夫五百年王者之兴，天也，亦人也。或者曰：理有定者也，数无定者也。而不知数本理以推演，数亦有定者也。天未欲平治天下，天岂真能平治天下哉？人心为之，人事为之也，未可以咎天也。中古以前，每越五百年，王者一兴，而民生得以苏苏；战国以还，干戈纷扰，四海困穷，百姓无宁岁。孟子后非特王者与名世不作，而又生秦政以杀虐之。秦汉以降，世界分合，龙战玄黄，求所谓王者，求所谓名世，如凤毛麟角之鲜得一觏。是岂天于彼一时欲其平治，而于此一时之后概不欲其平治欤？抑岂天于彼一时深爱天下之民，而于此一时之后遂弃天下之民如遗欤？非也。彼一时之人心，尚质、尚朴、尚诚、尚和平、尚忠信；此一时之人心，尚欺、尚诈、尚险、尚争、尚杀夺。然则天下之平治不平治，数为之也，实理为之也；天为之也，实人心为之，人事为之也。圣贤之士，非不能与天争，而决不能与人心争，与人事争。孟子横览当世，慨然于五百年王者之统，将自此而中绝矣，乃曰"当今之世，舍我其谁"，明知其不能与争，而犹欲力与之争者，圣贤之用心，何其仁也！然则孟子之不用于齐，不能无不豫，而实非不豫也。后之人读此章书，不能无所感，而又何感焉？

第十四章

孟子去齐，居休。公孙丑问曰："仕而不受禄，古之道乎？"曰："非也。于崇，吾得见王。退而有去志，不欲变，故不受也。

朱《注》："孟子始见齐王，必有所不合，故有去志。变，谓变其去志。"

继而有师命，不可以请。久于齐，非我志也。"

罗氏罗山云："读《孟子》'致为臣而归'五章，可见圣贤救世之心与其去就之义并行不悖。夫际世运之陵夷，悯生民之涂炭，抱此旋乾转坤之具，自不忍束手坐视，任斯民之怵偶无告，济时之心，固未有一日去诸怀者。故其君苟足用为善，则日望其改而不忍舍去也。然身无可进之理，则又一毫不肯苟且。盖仕以行道，去就之义稍亏，未有能行道于天下者。圣贤之心，一于道而已。"

愚按：此章于圣贤行道之诚，与君子廉介之节，盖两得之。夫孟子于齐既有去志，则曷为而不去？冀齐王之一朝悔悟，而得行其道也。此惓惓之初心也。且人与人相处，非积以岁月之久，不能知其究竟也。曰"有师命，不可以请"，当国家有事之时，不可以请去也。曰"久于齐，非我志"，于是乎不受禄，以明我皓皓之节，见君子之不屑无功而食禄也。《史记·屈原传》曰"其志絜，其行廉"，又曰"冀幸君之一悟，俗之一改也。其存君兴国而欲反复之，然终无可奈何。故不可以反"，其亦犹孟子"不得已"之志也夫？

公孙丑篇大义

仕而不受禄，古之道乎？今世尚有其人乎？呜呼！孟子之志苦矣。《公孙丑》首章曰："夫子当路于齐。"其次章曰："夫子加齐之卿相，得行道焉。"此设辞也。而其下篇记孟子将朝王，孟子为卿于齐。是孟子之于齐，未为不得志也。然而常有去志者，何也？孟子初心，欲行其道也。道既不行矣，则不能郁郁久居此也。惟有不受禄，不负我之初志，以盟此心于幽独而已。呜呼！孟子之志苦矣。仕而不受禄，今世尚有其人乎？且夫以千里之地而行仁政，未有盛于齐者也。汤与文王之以德行仁也；周公之绸缪牖户也，尊贤使能；五者之政治可王也；先王不忍人政之宜行也；择术之宜慎，而不仁、不智、无礼、无义之不可为也；与人为善之宜公也；人和之无不胜也，此皆尧、舜之道，孟子之所陈于王前者也。乃曾不逾时，致为臣而归矣。三宿留行，卧而不应，言告尹士，惆怅无聊。充虞之随行也，东山郁郁，海水汤汤，搔首问天，寂寥奚语，舍我其谁，而空怀五百年之名世，岂不悲夫！盖俯仰身世，既无孔距心之官守，又无蚳鼃之言责，而徒来此无处之兼金，而欲以货取，恭敬而无实，君子岂可以虚拘乎？呜呼！大有为之君,必有所不召之臣,此孟子所瘃瘵以期之者也。乃既不能如汤之于伊尹,并不能如桓公之于管仲,日惟与王驩、陈贾卑鄙龌龊之徒相居处,一日暴之,十日寒之,曾未有丝毫之裨益。而且矜式则徒托诸空言,受万则人疑其欲富,是岂特不能为不召之臣,直将以奔走奴隶之臣待我矣。则惟有致为臣归焉而已,岂不悲夫?《易》曰:"见几而作,不俟终日。"又曰:"君子上交不谄,下交不渎,其知几乎?"几者,动之微。孟子其知几者乎? 昔者子思子作《中庸》曰:"大哉圣人之道。君子尊德性而道问学,致广大而尽精微,极高明而道中庸。"而其下文乃曰"居上不骄,为下不倍。国有道,其言足以兴;国无道,其默足以容者",何哉? 盖言孔子躬备礼仪三百、威仪三千,具至德至道,而惟恐为春秋之世之所蒙垢,故曰"既明且哲,以保其身"而已。孟子备知言、养气之学,持志养心,配义与道,上与天地清明之气相往来,其德性问学,几几乎无愧于孔子,而惟恐为战国之世之所蒙垢。麒麟之于走兽,不可与同皂也;凤凰之于飞鸟,不可与比翼也,则惟有归焉而已矣。凤兮凤兮,当爱惜其羽毛矣;麟兮麟兮,来非其时矣。此孟子所以愿学孔子者也。然而当是时龙断之贱丈夫,方比肩立,尸位素餐,恬不知耻,极目卑污,芸芸者皆是。孔子之言曰:"磨而不磷,涅①而不缁。"士君子生斯世也,曷以砥柱中流而明我洁白之素志乎? 是故《公孙丑》篇又特以公孙丑之问终。曰"仕而不受禄,古之道乎",则曰"有去志,不欲变,故不受也",又曰"久于齐,非我志也"。呜呼!

---

① 涅,本作"混",据《论语·阳货》篇改。

孟子之道不行矣，孟子之志苦矣。仕而不受禄，今世尚有其人乎？士未有不讲操守气节而可以使之为政者。孟子非欲不受禄以矫世，而天下万世之自好者，当知所处矣。柳下惠，圣之和者也，其言曰："枉道而事人，何必去父母之邦。"孟子愿学孔子，而不由夷、惠之道者也。盖是时，将去齐、鲁之邦，而离先人之垄矣。是故回忆葬母之事，凄怆回肠，而愈不能自已也。

卷五　滕文公上

第一章

滕文公为世子，将之楚，过宋而见孟子。

周氏柄中云："是时楚都于郢，在今湖北襄阳府宜城县西南九十里；宋都商丘，在今河南归德府商丘县；滕在今山东兖州府滕县西南十四里。自滕之楚，而取道商丘，路稍回远也。"

周氏广业《孟子出处时地考》云："孟子去齐居休，旋归于邹，年六十余矣。闻宋王偃将行仁政，往游焉。时滕文公为世子，将之楚，过宋来见。盖孟子尝以齐卿出吊于滕，稔知其贤故也。"

孟子道性善，言必称尧、舜。

程子曰："论性不论气不备，论气不论性不明。"

陈氏北溪云："孟子道性善，从何而来？夫子系《易》，曰'一阴一阳之谓道。继之者善也，成之者性也'。所以一阴一阳之理者为道，此是统说个太极之本体。继此者为善，乃是就其间说造化流行，生育赋予，更无别物，只是个善而已。此太极之动而阳时。所谓善者，以实理言，即道之方行者也。至成此者为性，是说一物受得此善底道理，去各成个性。是太极之静而阴时。此'性'字与'善'字相对，是即所谓善而理之已定者也。夫子所谓善，是就人物未生之前造化原头处说，善乃重字，为实物。若孟子所谓性善，则是就成之者性处说，是人生以后事，善乃轻字，言此性之纯粹至善耳。其实由造化原头处有是继之者善，然后成之者性时，方能如此之善。则孟子之所谓善，实渊源于夫子所谓善，而非有二本也。"

陆氏桴亭云："诸儒谓孟子道性善，只是就天命上说，未落气质。予向亦主此论，今看来亦未是。若未落气质，只可谓之命，不可谓之性。于此说善，只是命善，不是性善。且若就命上说善，则人与万物同此天命，人性善，则物性亦善，何从分别？孟子所云性善，全是从天命以后说，反复七篇中可见。如'乃若其情''则故而已''形色天性'，以及'犬之性犹牛之性，牛之性犹人之性'之类，并未尝就天命之初未落气质处说。"

又曰："生之谓性，言性只在气质也，孟子未尝非之，而至于昧人物之分，则孟子辨之矣。食色性也，言性只在气质也，孟子未尝非之，至于为义外之说，则孟子辨之矣。此可见孟子言性善，不离气质也。且不但孟子，孔子曰'性相近也'，不离气质；子思曰'天命之谓性'，朱子注曰'气以成形，而理亦赋焉'，不离气质；《书》曰'厥有恒性'，《易》曰'各正性命，成之者性'，《礼》曰'人生而静，天之性也；感于物而动，性之欲也'，周子曰'性者刚柔善恶，中而已矣'，俱不离气质。古来圣贤言性，总是一样。"

又曰："予于性善之说，向以先入之言为主。以为孟子论善，只就天命之初继之者善处论，未敢说到成之者性。直至己亥，始觉得成之者性以前，著不得'性'字。既说成之者性，便属气质；既属气质，何云性善？于是旷览夫天人之原，博观于万物之际，见夫所谓异异而同同者，始知性为万物所同，善惟人性所独。性善之旨，正不必离气质而观也。于是取孟子前后论性语，反复读之，始知孟子当时，亦只就气质中说善；而程、朱以后，尚未之能晰也。于是又取孟子以前孔子、子思之言按之，无不同条共贯；又取孟子以后周、程、张、朱之言观之，周则无不吻合，程、朱则间有一二未合，而合者常八九也。"

陈氏兰甫云："孟子所谓性善者，谓人人之性皆有善也，非谓人人之性皆纯乎善也。其言曰：'恻隐之心，人皆有之；羞恶之心，人皆有之；恭敬之心，人皆有之；是非之心，人皆有之；父母之心，人皆有之。非独贤者有是心也，人皆有之。今人乍见孺子将入于井，皆有怵惕恻隐之心，人皆有不忍人之心。人皆有所不忍，人皆有所不为。'孟子言人性皆有善，明白如此。又曰：'虽存乎人者，岂无仁义之心哉？无恻隐之心，非人也；无羞恶之心，非人也；无辞让之心，非人也；无是非之心，非人也。'其言人性无无善者，又明白如此。盖圣人之性纯乎善，常人之性皆有善，恶人之性仍有善而不纯乎恶。所谓性善者如此，所谓人无有不善者如此。后儒疑孟子者，未明孟子之说耳。"

愚按：自程子之说出，而人知性有义理、气质之分，于是纷纷持论者,群相推极于天命之初,几至不可究诘。不知义理实不离乎气质之中。古圣贤言性,盖皆指气质而言,不必推到人生而静以前,转致堕于玄虚也。桴亭先生说最为精当,兰甫先生说亦极切实,故并录之,举凡空虚之论,与夫偏驳之谈,皆可不攻而自息矣。言必称尧、舜者,朱《注》谓"每道性善,必称尧、舜以实之",盖孟子常言人皆可以为尧、舜,圣、愚固无二性也。

世子自楚反,复见孟子。孟子曰:"世子疑吾言乎? 夫道一而已矣。

愚按:凡读经于本经书法,最宜注意。如此章首节曰滕文公之宋见孟子,下节曰复见孟子足矣,乃必书曰"将之楚,过宋而见孟子",又曰"自楚反,复见孟子",何也? 下章大书曰"有为神农之言者许行,自楚之滕",盖文公之楚之时,已为许行之徒所诪,而其时性恶之说,方在萌芽,文公不免惑于其说,故复见孟子。孟子直告之曰"世子疑吾言乎? 夫道一而已矣",所以破其惑也。"道一"云者,盖"并耕"等说,乃杂家之学。儒者信道,宜定一尊,古今只有此道,不可为杂家之说所淆也。

成覸谓齐景公曰:'彼丈夫也,我丈夫也,吾何畏彼哉?'颜渊曰:'舜何人也? 予何人也? 有为者亦若是。'公明仪曰:'文王我师也,周公岂欺我哉?'

　　朱《注》："孟子既告世子以道无二致,而复引此三言以明之,欲世子笃信力行,以师圣贤,不当复求他说也。"

　　愚按:读此节,自觉志气百倍。彼丈夫也,我丈夫也,而卒以舜与文王为师法者,舜与文王皆大孝人也。孔子曰:"舜其大孝也与!"又曰:"无忧者,其惟文王乎!"盖舜与文王,孔子之所师法,故孟子尚论古圣亦必以舜与文王为标准。舜与文王皆大孝人也。孝者,性善根源之所发也,故曰"孝弟也者,其为仁之本与"。能师舜与文王之孝,而尽性之功基于是矣。又考之《诗》曰:"天生烝民,有物有则。"我与古人同此耳目,同此心思,曷为古人则为圣、为贤、为君子,我则为愚、为不肖、为小人? 盖口之于味也,目之于色也,耳之于声也,鼻之于臭也,四肢之于安佚也,此气质之性也。气质之性,凡民溺之,而君子有弗性者焉。仁之于父子也,义之于君臣也,礼之于宾主也,智之于贤者也,圣人之于天道也,此义理之性也。义理之性,凡民昧之,而君子性之焉。故学圣之方,宜常自省察。我有耳目,自有天则,曷为而听非礼之声,视非礼之色? 我有心思,自有天则,曷为而有非礼之意念? 推之有父子,曷为而不知仁? 有君臣,曷为而不知义? 有宾主,曷为而不知礼? 由是而精思之,而明辨之,而实践之,则克念作圣,道不远人,我亦可以为舜,我亦可以为文王矣! 吾何畏彼哉?

今滕,截长补短,将五十里也,犹可以为善国。《书》曰:'若药不瞑眩,厥疾不瘳。'"

赵《注》：“瞑眩，药攻人疾，先使瞑眩愤乱，乃得瘳愈也。”焦礼堂《孟子正义》云：“《周礼·天官·医师》‘聚毒药以共医事’，《注》云：‘毒药，药之辛苦者。药之物恒多毒。《孟子》曰：“若药不瞑眩，厥疾不瘳。”’《方言》云：‘凡饮药、傅药而毒，东齐海岱之间谓之瞑，或谓之眩。’韦昭注《楚语》云：‘瞑眩顿瞀，攻已急也。’”

愚按：人之性善，国之本亦善。性善之说，人之药也；善国之说，国之药也。战国之时，国疾甚矣。孟子将以疗滕国之疾，无如病者不能用，而厥疾至于不可为。然则后之人欲治其国，当先治其疾；而欲治其疾，当先自治其性。

第二章

滕定公薨。世子谓然友曰：“昔者孟子尝与我言于宋，于心终不忘。今也不幸至于大故，吾欲使子问于孟子，然后行事。”

赵《注》：“然友，世子之傅也。大故，谓大丧也。”

愚按：文公曰“昔者孟子尝与我言于宋”，可见孟子在宋时所言性善之旨，即孝弟之道也。

然友之邹，问于孟子。孟子曰：“不亦善乎！亲丧固所自尽也。曾子曰：‘生，事之以礼；死，葬之以礼，祭之以礼，可谓孝矣。’诸侯之礼，吾未之学也；虽然，吾尝闻之矣。三年之丧,齐疏之服,馆粥之食,自天子达于庶人,三代共之。"

张氏云:"三年之丧,人子至情,而圣人制之以天理者也。故孟子答世子之问,皆切其良心以告之。夫人子之于亲丧,其至情深痛,孰为而然哉?其哭泣衰麻之节,祭祀之礼,凡以自尽而已。苟惟知所以自尽,则有不待勉而行者矣。生,事之以礼;死,葬之以礼,祭之以礼,而后谓之孝。所谓礼者,盖不可以不勉也。三年之丧,齐疏之服,馆粥之食,自天子至于庶人,此所谓礼也。"

陈氏兰甫云:"孟子说礼,有明言礼者,有不明言礼者,有与人论礼者。其曰:'诸侯之礼,吾未之学。'盖礼文繁博,间或有未学者,故赵氏不以为尤长耳。"

又云:"《檀弓》:'穆公之母卒。使人问于曾子曰:"如之何?"对曰:"申也闻诸申之父曰:哭泣之哀,齐斩之情,饘粥之食,自天子达。"'孟子告滕文公云:'吾尝闻之矣,三年之丧,齐疏之服,馆粥之食,自天子达于庶人。'孟子所闻,盖出于曾申所述曾子之语也。"

愚按:"生,事之以礼"数语,乃《论语》孔子告樊迟之言,而曾子述之。盖此数语,专为诸侯、卿大夫家子弟言之也。春秋之季,世禄之家,鲜克由礼。居家既极骄奢,则于事亲生事丧祭壹是,亦不免多所逾分,以致僭侈无度,陷亲于不义,是不孝之大者。此孔子所以语樊迟以告孟懿子,而孟子复引曾子所述之言以告滕文公也。《曾子·本孝》篇云:"孝子之于亲也,生则有义以辅之。"义以辅之,此生事之礼也。《礼记·中庸》云:"周公成文、武之德,追王太王、王季,上祀先公以天子之礼。斯礼也，达乎诸侯、大夫及士、庶人。父为大夫，子为士，葬以大夫，祭以士；父为士，子为大夫，葬以士，祭以大夫。"此葬祭之礼也。盖生事葬祭，约之以礼，则在上不骄、高而不危、满而不溢之义，自在其中。故知此为诸侯、卿大夫家子弟言之也。

然友反命，定为三年之丧。父兄、百官皆不欲，曰："吾宗国鲁先君莫之行，吾先君亦莫之行也，至于子之身而反之，不可。且《志》曰：'丧祭从先祖。'"曰："吾有所受之也。"

朱《注》："父兄，同姓老臣也。滕与鲁俱文王之后，而鲁祖周公为长。兄弟宗之，故滕谓鲁为宗国也。然谓二国不行三年之丧者，乃其后世之失，非周公之法本然也。"

张氏云："丧祭从先祖，谓先王之时丧祭而言也。先王之时，丧祭皆有定制。惧后世有所更张而荒坠也，则曰'丧祭从先祖'。且鲁之先祖，周公、鲁公也；滕之先祖，武王之庶弟叔绣也。在当时所行，皆先王三年之丧也。若用"丧祭从先祖"之说，则盍不反其旧乎？后人既已废其先祖之礼，而来者方循已废之失，乃曰'吾从先祖而已'，何其不之思乎？大抵人心安于放肆，故以反古复礼为难尔。"

阎氏百诗云："'吾有所受之也'，为世子答父兄、百官语。'吾'与下'谓然友曰'，'吾'字正一人。"焦氏理堂据此，谓加"曰"字，明其为世子答言，言定为三年之丧，非我臆见，吾受之于孟子，孟子则闻之于师说也。故下"谓然友曰"上更不加"世子"字。

王氏船山云:"孟子之言'且志'者二。《集注》云:'《志》,《记》也。'意以'志'为书名,而'且'者,转语之助辞。乃'丧祭从先祖',即上称'宗国先君'之旨,枉尺而直寻,亦一见则大王小霸之意。且者,较前说而更进一义之辞。今未尝别出一意,皆不得言'且'。抑滕人陈代,两不相谋,向称'志'而必以'且'冠之,若出一口者然。盖'且志'者,古书名,杂编古今雅俗共称之成说以汇记之。谓之'且志'者,言不择而姑且志之,辑录之以听人引证也。故其言义味短浅,通于流俗。滕人陈代,皆苟且合俗之士,故以之为谈助。"

谓然友曰:"吾他日未尝学问,好驰马试剑。今也父兄、百官不我足也,恐其不能尽于大事,子为我问孟子。"然友复之邹问孟子。孟子曰:"然。不可以他求者也。孔子曰:'君薨,听于冢宰。歠粥,面深墨。即位而哭,百官有司,莫敢不哀。先之也。'上有好者,下必有甚焉者矣。'君子之德,风也;小人之德,草也。草尚之风,必偃。'是在世子。"

张氏云:"孟子言不可以他求者,盖以为父兄、百官之不欲,亦在我有以率之而已矣。于是引孔子之言以告之:君薨,听于冢宰。歠粥,面深墨,即位而哭,百官有司,莫敢不哀者,吾有以先之故尔,此草上之风必偃也。又曰:'是在世子。'斯言欲世子立志为本,而无事乎外也。"

然友反命。世子曰："然。是诚在我。"五月居庐，未有命戒。百官、族人，可谓曰知。及至葬，四方来观之，颜色之戚，哭泣之哀，吊者大悦。

赵《注》："诸侯五月而葬，未葬，居倚庐于中门之内也。未有命戒，居丧不言也。异姓、同姓之臣，可谓曰知世子之能行礼也。四方之宾来吊会者，见世子之憔悴哀戚，大悦其孝行之高美也。"

愚按：三年之丧，古圣所定，战国时何遽无行之者？齐宣王欲短丧，可见其时诸侯本行三年之丧，是以宣王欲短之尔。然则滕文欲行三年之丧，而父兄、百官皆不欲，何也？考《论语·宪问》篇子张曰："《书》云'高宗谅闇，三年不言'，何谓也？"子曰："何必高宗，古之人皆然。君薨，百官总己以听于冢宰三年。"窃疑此经然友反命，定为三年之丧，盖指三年不治事而言也。滕之父兄、百官，疑三年不治事，则国中无人焉以为之主，故曰"吾宗国鲁先君莫之行，吾先君亦莫之行也"。迨孟子复告以君薨听于冢宰，而世子曰"然"。五月居庐，未有命戒，是明指不听朝政而言；百官、族人，可谓曰知，则以听于冢宰为可行，而谓世子之知礼也。

第三章

滕文公问为国。孟子曰："民事不可缓也。《诗》云：'昼尔于茅，宵尔索绹，亟其乘屋，其始播百谷。'

赵《注》："民事不可缓之使怠惰，当以政督趣，教以生产之务也。《诗》，《豳风·七月》之篇，言教民昼取茅草，夜索以为绹。绹，绞也。及尔闲暇，亟而乘盖尔野外之屋。春事起，尔将始播百谷矣。言农民之事无休已。"

愚按：中国古来以农立国，孟子欲以滕为模范之国，故首言民事。张氏云："'民事不可缓'，斯言也，真有国之宝，几于一言而可以兴邦者也。"

民之为道也，有恒产者有恒心，无恒产者无恒心。苟无恒心，放辟邪侈，无不为已，及陷乎罪，然后从而刑之，是罔民也。焉有仁人在位，罔民而可为也？

愚按：养先于教乎？教先于养乎？二说相持未决。或者曰：《孟子》"齐宣王"章言"无恒产而有恒心者，惟士为能"，而归本于制产。又言"今也制民之产，救死而恐不赡，奚暇治礼义哉"。此章言"有恒产者有恒心"，亦以井田与学校并举，实与《管子》所谓"仓廪足而知礼义"厥旨相符。是养固当先于教，此说似矣。然有当辨之入细者。盖孟子所谓"制产"，言在上者为民制产也，而后世之"制产"，则民之自为制也。生计固为国民之命脉，然听其自为制，则民于衣食而外，绝无所求，而礼义廉耻因之扫地。故居今之世，治今之民，苟不先以道德为教而亟亟焉，惟以生计为务，则风俗人心将有愈趋而愈下者矣。夫教化行而后民可富，民富而后教化乃愈盛。恒心、恒产，实有相因而致者。故先教后养,先养后教,是二学说者,当并行而不可偏废也。

是故贤君必恭俭礼下,取于民有制。

朱《注》:"恭则能以礼接下,俭则能取民以制。"

愚按:恭俭者,人君之宝也。《易传》曰:"谦,德之柄也。"又曰:"德言盛,礼言恭。谦也者,致恭以存其位者也。"君子所以能裒多益寡、称物平施者,要在乎谦而恭。是恭与俭亦相辅而行者也。取于民有制,惟人君能守法制,而后人民能守法律。自后世行摊派之法,不论有无多寡,动辄取之于民,其视民之财如金山铜穴,取之无穷,于是剥民之肤,遂至于无所纪极,而天下骚然矣。

阳虎曰:'为富不仁矣,为仁不富矣。'

张氏云:"欲为富,则惟富之徇,虽有害于人,不顾恤也,故必不仁。为仁,则以爱人存心,其肯以富己为事乎?天理、人欲之不两立也。言之可取,虽阳虎亦不废。"

愚按:为仁不富矣,斯言也,吾辈所当自决者也。不富奚害也?为富不仁矣,苟存此心,则亦何所不为乎?然既不仁矣,安能长保其富乎?

夏后氏五十而贡,殷人七十而助,周人百亩而彻,其实皆什一也。彻者,彻也。助者,藉也。

赵《注》:"夏禹之世,号夏后氏。后,君也。禹受禅于君,故夏称后。殷、周顺人心而征伐,故言人也。民耕五十亩,贡上五亩;耕七十亩者,以七亩助公家;耕百亩者,彻取十亩以为赋。虽异名而多少同,故曰皆什一也。”

顾氏亭林云:“古来田赋之制,实始于禹。水土既平,咸则三壤,后之王者,不过因其成迹而已。故《诗》曰:‘信彼南山,维禹甸之。畇畇原隰,曾孙田之。《毛传》云:“甸,治也。畇畇,垦辟貌。曾孙,成王也。”我疆我理,南东其亩。’然则周之疆理,犹禹之遗法也。孟子乃曰:‘夏后氏五十而贡,殷人七十而助,周人百亩而彻。’夫井田之制,一井之地,画为九区。故苏洵谓‘万夫之地,盖三十二里有半,而其间为川、为路者一,为浍、为道者九,为洫、为涂者百,为沟、为畛者千,为遂、为径者万’。使夏必五十,殷必七十,周必百,则是一王之兴,必将改畛涂、变沟洫、移道路以就之,为此烦扰而无益于民之事也,岂其然乎?盖三代取民之异,在乎贡、助、彻,而不在乎五十、七十、百亩。其五十、七十、百亩,特丈尺之不同,而田未尝易也,故曰‘其实皆什一也’。故《王制》曰:‘古者以周尺八尺为步,今以周尺六尺四寸为步。’而当日因时制宜之法,亦有可言。夏时土旷人稀,故其亩特大;殷、周土易人多,故其亩渐小;以夏之一亩为二亩,其名殊而实一矣。国佐之对晋人曰:‘先王疆理天下,物土之宜,而布其利。’岂有三代之王,而为是纷纷无益于民之事哉?”

愚按:“彻者,彻也。助者,藉也”,为训诂字法。彻之为言彻耕而通计之也,助之为言借民之力助公上以耕也。彻者,彻也,即以本字为训。助者,藉也,以双声字为训。

龙子曰:'治地莫善于助,莫不善于贡。'贡者,校数岁之中以为常。乐岁,粒米狼戾,多取之而不为虐,则寡取之;凶年,粪其田而不足,则必取盈焉。为民父母,使民盼盼然,将终岁勤动,不得以养其父母,又称贷而益之,使老稚转乎沟壑,恶在其为民父母也?

朱《注》:"龙子,古贤人。狼戾,犹狼藉,言多也。粪,拥也。盈,满也。盼,恨视也。勤动,劳苦也。称,举也。贷,借也。"

张氏云:"夏后之时,其弊未至如龙子之言也。春秋战国之际,用夏之贡法,而暴君、污吏虐赋于民,故使民至于终岁勤动而无以养其父母;见民之无以自养也,则又称贷之,名以为惠,而实取其倍称之息以自益,使老弱转死沟壑而后已。盖先王之制,本以仁民,而后之所为,只以为富也。"

愚按:粪,除也。言除其耕种之资本而犹不足也。说见第五篇"耕者之所获"节下。先王经制,量入以为出,而后世之取于民,则皆量出以为入。张氏谓夏后氏之时尚不至如龙子所言,乃战国时之流弊,此说诚然。然吾谓乐岁不多取,其风亦已古矣。

夫世禄,滕固行之矣。

赵《注》:"古者诸侯、卿大夫、士有功德,则世禄。官有世功也,其子虽未任居官，得世食其父禄，贤者子孙必有土之义也。滕固知行是矣，言亦当恤民之子弟，闵其勤劳者也。"

朱《注》："孟子尝言文王治岐，耕者九一，仕者世禄。二者王政之本也。今世禄，滕已行之，惟助法未行耳。"

《诗》云：'雨①我公田，遂及我私。'惟助为有公田。由此观之，虽周亦助也。

张氏云："助法，周人亦兼用之于野，故引'雨我公田，遂及我私'之诗。惟助为有公田，以见周之亦有助也。夫上与民同其丰歉，而民乐共其上之事，故民之情欲先雨乎公田，以及乎吾之私，可见民之亲爱其上矣。助法之行，固有以养民之良心也。"

设为庠、序、学、校以教之。庠者，养也。校者，教也。序者，射也。夏曰校，殷曰序，周曰庠，学则三代共之，皆所以明人伦也。人伦明于上，小民亲于下。

朱《注》："庠、校、序，皆乡学也。学，国学也。"

愚按："庠，养"、"校，教"、"序，射"，皆训诂字法。"庠，养"、"校，教"，以叠韵字为训。"序，射"以双声为训。庠者，养也，养成其德行也，重德育之意。校者，教也，教民以开知识也，重智育之意。序者，射也，射必正容体，重体育之意。《虞书》五典，首重人伦。人之大伦，天之所叙而人性所有也。人惟不能明其理，故不尽其分，以至于伤恩害义，而沦胥其常性。圣人有忧焉，为之学以教之，使民各有以复其性而安其分。故人伦明则小民亲，小民亲则国本固，有和睦而无乖戾，有诚信而无诈虞。此三代盛治，所以必以教育为先也。

有王者起，必来取法，是为王者师也。

　　愚按：战国时，先王之法制荡然。孟子因滕文公贤，特劝其设学校，兴井田，以复成周之旧，而为模范之国。盖滕国褊小，不能建有天下之规模，而可以为有天下者之模范。曰"为王者师"，言其为模范也。

《诗》云：'周虽旧邦，其命维新。'文王之谓也。子力行之，亦以新子之国。"

　　愚按：人生世界之内，惟以日新又新为切己之要计。《康诰》曰："作新民。"《大学》曰："在新民。"水不新则污，木不新则腐，一身不新则恶积，一家不新则破绝，一国不新则亡灭。人生世界之内，惟以日新又新为切己之要计。故新国者，孟子所切望于战国时之人君也。

使毕战问井地。孟子曰："子之君将行仁政，选择而使子，子必勉之！夫仁政必自经界始。经界不正，井地不均，谷禄不平，是故暴君、污吏，必慢其经界。经界既正，分田制禄，可坐而定也。

朱《注》："经界，谓治地分田，经画其沟涂封植之界也。"

张氏云："井田之法，以经土地为本。经之云者，经理之使其分界明辨也。经界正则井地可均，井地均则谷禄可平。自公卿以至于士，各有常禄；自匹夫匹妇，各有常产；而鳏寡孤独，亦各有所养。自五人为伍而伍之，而兵可寓也；自五家为比而比之，而民可睦也。乡庠党塾，春诵夏弦，而教化可行焉，贤能可兴焉。为治有要，如纲举而目张者，其惟井田矣乎。暴君、污吏，其用之也无度，故其取之也无极，乃始慢其经界。盖以经界之法明，则无以肆其虐取之计，不得不遂废之也。"

陆氏稼书云："战国之时与春秋异，滕之势与齐、梁异。春秋之时，经界固未尝乱也，虽税亩丘甲，已非先王之旧。然但扩其什一之制，未尝易其沟涂之位；但因田以加赋，未尝因赋以坏田，则行仁政者，自不必以经界为急也。至战国而经界尽坏矣。自周兴至于七国，历岁弥远，其制固不能不就湮。且当时诸侯皆扩土敷圻，地大则统摄为难，而奸弊易起。而一时富强之臣，又争言尽地利之说，以阡陌为无益而尽辟之，于是先王沟涂封植之制，不可复问矣。世之君子，虽有志于仁政，将何所凭乎？是故经界之在春秋与在战国，其缓急固不得不异也。然其在齐、梁犹缓，而在滕独急者，何故？齐、梁之国，方且穷兵黩武，方且严刑重敛，今日出师，明日略地，使人曾不得聚庐而处焉；徭赋烦兴，丁男转运，使人曾不得粒食而饱焉，何暇议先王之丘甸哉？且当政残吏酷之世，而欲易其疆垄，变其沟洫，举百年湮没之制,一朝厘定之,国必大扰。是故其所急者,在宽刑敛,戢兵戈,以与民休息,而经界之说,且以为后图。何则?虐政未去,则仁政未可举也。若滕则弹丸耳,其疆理易考也,其山川易悉也,其原隰易甸也;无攻城略地之扰,无头会箕敛之苦,修废举坠,固易易也。然则清经界以为仁政之始,其时当为,其势可为,固莫如滕矣。此孟子所以断然以是为始欤?"

愚按:经界之事,难言之矣。晚近以来,苛政横行,不知清其本原,乃欲就民间土田,较其毫厘分寸,驯至紊乱田赋,侵渔贫弱。佃民之黠者,辗转请托,贿赂公行,于是得贿者则放宽其丈尺,不行贿者则朘削其田亩,上下其手,不可究诘。然则所谓正经界云者,直为奸民猾吏营私生利之地,是乱天下之道也。故治国家者,苟不得其人,虽有良法,终不可得而行也。吾尝谓处治世,多办一事,则多兴一利;处末世,多办一事,则多滋一弊。用敢正告后世,非有学识至深之仁人,而又得其人而用之,慎毋轻言正经界,务虚名而以害民也。

夫滕壤地褊小,将为君子焉,将为野人焉;无君子莫治野人,无野人莫养君子。

张氏云:"一国之间,有君子焉,有小人焉,其大要在于分田、制禄二事而已。田得其分,则小民安其业;禄得其制,则君子赖其养。上下相须而各宜焉,治之所由兴也。惟夫为君子者,虐取而无制;为小人者,畔散而不属,此井田之法所以坏,而周之所为末世也。"

请野九一而助，国中什一使自赋。

朱《注》："野，郊外都鄙之地也。九一而助，为公田而行助法也。国中，郊门之内，乡遂之地也。田不井授，但为沟洫，使什而自赋其一，盖用贡法也。周所谓彻法者，盖如此。"

卿以下必有圭田，圭田五十亩。

朱《注》："此世禄常制之外，又有圭田，所以厚君子也。圭，洁也，所以奉祭祀也。不言世禄者，滕已行之，但此未备耳。"

余夫二十五亩。

朱《注》："程子曰：'一夫上父母，下妻子，以五口八口为率，受田百亩。如有弟，是余夫也，年十六，别受田二十五亩，俟其壮而有室，然后更受百亩之田。'"愚按：此百亩常制之外，又有余夫之田，以厚野人也。

死徙无出乡，乡田同井，出入相友，守望相助，疾病相扶持，则百姓亲睦。

赵《注》："死，谓葬死也。同乡之田，共井之家，各相营劳也。出入相友，相友耦也。守望相助，助察奸也。疾病相扶持，扶持其羸弱，救其困急，皆所以教民相亲睦之道。睦，和也。"

愚按：生民之乐，爱情而已矣。"死徙无出乡"云云，皆爱情之所团结也。因爱其身家以爱其乡，因爱其乡以爱其国，先王之世，民之爱情如此。乐其乐而利其利，人心纯朴，不相猜也，其盛矣乎！

方里而井，井九百亩，其中为公田，八家皆私百亩，同养公田，公事毕，然后敢治私事，所以别野人也。"

朱《注》："此详言井田形体之制也。公田以为君子之禄，而私田野人之所受，先公后私，所以别君子、野人之分也。"

愚按：字义自营为私，背私为公，盖"八"有分义，分其私以为公，乃所以为公也。民视公家之事无异于自营其私，且能先公而遂及我私焉。推上之厚于民者至，故民之报其上者尤厚也。

此其大略也。若夫润泽之，则在君与子矣。

朱《注》："丧礼、经界两章，见孟子之学，识其大者。是以虽当礼法废坏之后，制度节文不可复考，而能因略以致详，推旧而为新，不屑屑于既往之迹，而能合乎先王之意，真可谓命世亚圣之才矣。"

愚按：立法以垂后者，千古之常经；而因时以制宜者，天下之通义。此先王之法所以必待润泽也。迂儒泥古制，执而鲜通，其贻误天下非细也。

第四章

有为神农之言者许行，自楚之滕，踵门而告文公曰："远方之人,闻君行仁政,愿受一廛而为氓。"文公与之处,其徒数十人,皆衣褐,捆屦、织席以为食。

张氏云:"许行其人,亦清苦高介之士,远慕古初,而烛理不明。见世有神农之说,不知其为后世传习之谬,则从而祖述之,以为农者天下之本,善为治者,必使斯民尽力于农,而人君必力耕以先之,不当使民劳而己逸,以为是乃以道治天下,而非后世所及。此其说若高,而有以惑于人者也。嗟乎!帝王之道,如长江大逵,无往而不达者,以其述天之理故耳。异端之说,如断港荒蹊,卒归于不可行者,以其私意之所为故耳。"

愚按:滕文公在楚时,必先与许行辈相周旋论议。文公天资颇纯粹,鲜阅历世故,易为人所淆惑,故当其即位也,许行即率其徒而来也。其来也,欲以沮孟子也。文公即舍宅而与之处,若素相识然,则其先为所惑可知矣。神农氏,古之农师,古之圣皇也,其言可师可法者也。若夫为神农之言,则是伪托于其言也。伪托于其言,则是乱天下者也。夫伪托于古圣而欲以惑人,是所谓乱名改作,行伪而坚,言伪而辩,其罪不可宥者也。凡此等人,不独人君宜谨避之,士君子有力者辟之,无力者亦宜远之。

陈良之徒陈相,与其弟辛,负耒耜而自宋之滕,曰:"闻君行圣人之政,是亦圣人也。愿为圣人氓。"

愚按:陈相之至滕,出于诚心也,无他意也,而不图为异说所惑也。凡质美者,易为人所淆惑,可惧也。

陈相见许行而大悦,尽弃其学而学焉。陈相见孟子,道许行之言曰:"滕君则诚贤君也。虽然,未闻道也。贤者与民并耕而食,饔飧而治。今也滕有仓廪府库,则是厉民而以自养也,恶得贤?"

赵《注》:"朝曰饔,夕曰飧。当身自具其食,兼治民事耳。三皇之时,质朴无事,故道若此也。"

愚按:并耕而食,饔飧而治,此即平等之说也,于古盖有之矣。然可行于狉榛之时,必不可行于文明之世也。有仓廪府库,厉民而以自养,畸人愤激之辞,亦或有之矣。而不知文公将兴井田,建学校,则是仓廪府库皆以为民也,皆将以养民而教民也,非以自养也。许行盖惑于平等之论,故不达上下之分,而为此瞽说也。

孟子曰:"许子必种粟而后食乎?"曰:"然。""许子必织布而后衣乎?"曰:"否。许子衣褐。""许子冠乎?"曰:"冠。"曰:"奚冠?"曰:"冠素。"曰:"自织之与?"曰:"否,以粟易之。"曰:"许子奚为不自织?"曰:"害于耕。"曰:"许子以釜甑爨,以铁耕乎?"曰:"然。""自为之与?"曰:"否。以粟易之。""以粟易械器者,不为厉陶冶;陶冶亦以其械器易粟者,岂为厉农夫哉?且许子何不为陶冶舍,皆取诸其宫中而用之?何为纷纷然与百工交易？何许子之不惮烦？"曰："百工之事，固不可耕且为也。"

愚按：以上辨驳之辞，令陈相皆出于不觉。且"许子何不为陶冶舍"一句，与下"宫中"相应，或以"舍"作"止"字解，属下句读者，非。

"然则治天下独可耕且为与？有大人之事，有小人之事。且一人之身而百工之所为备，如必自为而后用之，是率天下而路也。故曰或劳心，或劳力。劳心者治人，劳力者治于人；治于人者食人，治人者食于人。天下之通义也。

愚按：有大人之事，有小人之事；劳心者治人，劳力者治于人，此所谓等也。等者，阶之级也。如众山之有峰，层次环列，循级而登，不得而强平之也。唐韩昌黎云："君者，出令者也。臣者，行君之令而致之民者也。民者，出粟米麻丝、作器皿、通货财，以事其上者也。君不出令，则失其所以为君。臣不行君之令而致之民，则失其所以为臣。民不出粟米麻丝、作器皿、通货财以事其上，则诛。"又曰："君者，理我所以生者也，而百官者，承君之化者也。任有大小，惟其所能。"此所谓"天下之通义"也。通达于天下，行之而宜而久，是即千古之常经，不容逾越者也。

当尧之时，天下犹未平，洪水横流，泛滥于天下，草木畅茂，禽兽繁殖，五谷不登，禽兽逼人，兽蹄鸟迹之道交于中国。

尧独忧之,举舜而敷治焉。舜使益掌火,益烈山泽而焚之,禽兽逃匿。禹疏九河,瀹济、漯而注诸海,决汝、汉,排淮、泗而注之江,然后中国可得而食也。当是时也,禹八年于外,三过其门而不入,虽欲耕,得乎?

朱《注》:"九河,曰徒骇,曰太史,曰马颊,曰覆釜,曰胡苏,曰简,曰洁,曰钩盘,曰鬲津。瀹,亦疏通之意。济、漯,二水名。决、排,皆去其壅塞也。汝、汉、淮、泗,亦皆水名也。据《禹贡》及今水路,惟汉水入江耳,汝、泗则入淮,而淮自入海。此谓四水皆入于江,记者之误也。"

愚按:益掌火,司火政者也。禹疏九河,司水政者也。《左氏传》引《尚书》曰"水火金木土谷惟修",可见古时政治,立六府以代天工,秩然皆有条理,而必验之于实行。烝民乃粒,万邦作乂,实基于此。"八年于外,三过其门而不入",据《庄子·天下》篇曰:"昔禹之湮洪水,决江河,而通四夷九州也。名川三百,支川三千,小者无数。禹亲自操橐耜,而九杂天下之川,腓无胈,胫无毛。(谓腓股无肉,膝胫无毛。)沐甚雨,栉疾风。禹,大圣也,而形劳天下也如此。"虽欲耕,其可得乎?

后稷教民稼穑,树艺五谷,五谷熟而民人育。人之有道也,饱食暖衣,逸居而无教,则近于禽兽。圣人有忧之,使契为司徒,教以人伦,父子有亲,君臣有义,夫妇有别,长幼有序,朋友有信。放勋曰：'劳之来之，匡之直之，辅之翼之，使自得之，又从而振德之。'圣人之忧民如此，而暇耕乎？

　　愚按：后稷，司农者也。契为司徒，司教化者也。后稷教民稼穑，发明五谷所以养人之道，其功德在民，故其后生文、武、周公。契敬敷五教，发明五伦，所以教人之道，其功德在民，故其后生汤与武丁。盖其食德也远而大矣。劳之来之，不隔阂其民也；匡之直之，不回邪其民也；辅之翼之，惟恐有伤害其民者也；使自得之，不压制其民也；又从而振德之，振者，起也，言振兴其德也。君子之德风，小人之德草。中国教化之权，主于君上。君上主忠信，则民亦尚忠信；君上主礼义，则民亦尚礼义；君上主粉饰欺蒙，则民亦尚粉饰欺蒙。故中国自来教育之功，得于君上者多，得于师儒者少。盖表正则影端，失之毫厘，则差以千里。史臣之赞尧曰"其仁如天，其智如神"，然则放勋之教其民，其仁矣夫，其智矣夫，呜呼！其盛矣夫！

尧以不得舜为己忧，舜以不得禹、皋陶为己忧。夫以百亩之不易为己忧者，农夫也。

　　张氏云："尧以不得舜为己忧，舜以不得禹、皋陶为己忧，盖以未得其人，则民有未被吾之泽故尔。前称禹、益、稷、契，而此独言禹、皋陶者，龟山杨氏曰：舜徒得此两人而天下已治。禹总百揆，而皋陶施刑，内外之治举矣。古者兵、刑之官合为一，观舜命皋陶以蛮夷猾夏，是其责也。皋陶虽不可无禹，而禹不可以无皋陶，故传位之际，禹独推之。而子夏亦谓舜选众而举皋陶也。"

愚按：禅让岂易言哉？尧以不得舜为己忧，舜以不得禹、皋陶为己忧。其忧也，日日而忧之，时时而忧之，随事随处而忧之，皆为民也；其忧也，皆出于至诚之心，而非有丝毫利天下之心也。苟无是忧之之心，则天下危；苟有是忧之之心，而不得其人，则天下亦危。鸣呼！禅让岂易言哉？

分人以财谓之惠，教人以善谓之忠，为天下得人者谓之仁。是故以天下与人易，为天下得人难。

张氏云："为天下得人则足以成天地生物之功，如是而后可以当仁之名也。以天下与人，比夫为天下得人则犹为易，何也？盖尧、舜未尝有居天下之意也。以天下与人，于尧、舜何有哉？而其所以为难者，所付未得其人，则非天意耳。故尧以不得舜为己忧，舜以不得禹、皋陶为己忧也。"

罗氏罗山云："以天下与人易者，圣人初无利天下之心，苟当可与之时，又得可与之人，自不难举天下授之，无所动其心也。惟为天下得人，极大难事。盖天下之患难，非得人不能拯；天下之困穷，非得人不能苏；天下之性情，非得人不能正。向使尧不得舜，舜不得禹、皋陶，则恩泽难及乎广大，教化莫推于无穷，中天之景运，恐亦难如此之盛矣。唐虞而后，求其能如是者，不可再得。是固尧、舜之幸，亦当时天下之幸也。"

又云:"为天下得人,此足见圣人大公无我之心。世主之欲得人,为一己起见也,欲其相为辅翼,保我之天下勿失也。圣王之欲得人,为天下起见也,欲其广此德教,令万物之得所也。尧一得舜,舜一得禹,其忧世之心方释,举天下而授之,知其能任天下之重故也。与后世之自私自利者,不已判若天壤哉?"

愚按:分人以财,不自私其财,其心公矣。教人以善,不自私其善,其心尤公矣。为天下得人,不自私其天下,则是旷然大公而无我者也。是故惠者,更于一人者也(更,古专字);忠者,诚于一心者也;而仁者则覆及天下万民者也。"以天下与人易,为天下得人难",此二语,尧、舜心中之言也。尧、舜心中之言,而孟子直道之,后之人读斯二言,如见尧、舜忧天下与其公天下之心,恍然神游于唐虞之世矣。

孔子曰:'大哉尧之为君! 惟天为大,惟尧则之,荡荡乎民无能名焉! 君哉舜也! 巍巍乎! 有天下而不与焉。'尧、舜之治天下,岂无所用其心哉? 亦不用于耕耳。

愚按:本文曰"大哉",曰"巍巍乎",曰"荡荡乎",无能名其德,无能名其公天下之心也。不与,犹言不相关,言其不以有天下为乐,曲状其公天下之心也。尧、舜之治天下,惟以得人救民为心,而岂用于耕乎?

吾闻用夏变夷者,未闻变于夷者也。陈良,楚产也。悦周公、仲尼之道,北学于中国,北方之学者未能或之先也。彼所谓豪杰之士也。子之兄弟事之数十年,师死而遂倍之。

愚向谓孟子此节之言,未免存区域之见。盖诸夏、夷狄,以礼义教化而分,不以区域而分。古者幅员极狭,文化不能普及,于是九州之外,统谓之夷狄。然孔子曰"夷狄之有君,不如诸夏之亡",是即指礼义教化而言,谓夷狄且有君长,不如诸夏之僭乱,反无上下之分。人居于中国,苟无礼义教化,是亦夷狄而已矣。唐韩昌黎云:"孔子之作《春秋》也,诸侯在夷狄,则夷之;进于中国,则中国之。"言无礼义教化则夷之,进于中国之礼义教化则中国之,非谓其进据中国之地也。用夏变夷,以诸夏有礼义教化,故能变夷也。孟子一则曰"陈良,楚产也",再则曰"北方之学者未能或之先也",斯言也,犹未免限于区域之见也。然而孟子惟推崇陈良之学,能不为风气所囿,故为斯言尔。

昔者孔子没,三年之外,门人治任将归,入揖于子贡,相向而哭,皆失声,然后归。子贡反,筑室于场,独居三年,然后归。他日,子夏、子张、子游以有若似圣人,欲以所事孔子事之。强曾子,曾子曰:'不可。江汉以濯之,秋阳以暴之,皜皜乎不可尚已!'

朱《注》:"三年,古者为师心丧三年,若丧父而无服也。江汉水多,言濯之洁也。秋日燥烈,言暴之干也。皜皜,洁白貌,言夫子道德明著,光辉洁白,非有若所能仿佛也。"

愚按:孔子之德,天德也。自古惟秉天德者,乃能当师统,故曰

"皥皥乎不可尚"。曾子之言,尊师统也。古时最尊师统,迨仲尼殁而师统绝。战国秦汉尚尊师法。《吕氏春秋》曰:"古之学者,说义必称师。说义不称师,命之曰叛。"其尊师法,有入水不濡、入火不爇之概。迨唐以后,则并师法亦绝矣。又按:《史记·仲尼弟子列传》载弟子进问有子事,浅妄可笑,当以孟子此节纠正之。

今也南蛮鴃舌之人,非先王之道,子倍子之师而学之,亦异于曾子矣。

愚按:倍师者,不义之甚、不祥之至者也。许行伪托于古圣,非先王之道,意在于惑世诬民,此何等人,而可学之耶?孟子之学,传自曾子,故特尊师法,而告之曰"亦异于曾子矣"。

吾闻'出于幽谷,迁于乔木'者;未闻下乔木而入于幽谷者。

愚按:此孟子引《小雅·伐木》之诗以取义也。《伐木》之诗曰:"伐木丁丁,鸟鸣嘤嘤,出自幽谷,迁于乔木。"屈灵均《楚辞》曰:"兰芷变而不芬兮,荃蕙化而为茅。"末世风俗诡异,识见迁流之士,下乔木而入于幽谷者,比比皆然,君子伤之久矣。

《鲁颂》曰:'戎狄是膺,荆舒是惩。'周公方且膺之,子是之学,亦为不善变矣。

朱《注》:"膺,击也。荆,楚本号也。舒,国名,近楚者也。惩,艾也。按:今此诗为僖公之颂,而孟子以周公言之,亦断章取义也。"

愚按：不善变，谓其变于夷也。孟子此三节之言，非徒刺许行、陈相，欲将以感化之也。

"从许子之道，则市贾不贰，国中无伪，虽使五尺之童适市，莫之或欺。布帛长短同，则贾相若。麻缕丝絮轻重同，则贾相若；五谷多寡同，则贾相若；屦大小同，则贾相若。"

赵《注》："长短谓丈尺，轻重谓斤两，多寡谓斗石，大小谓尺寸，皆言其同贾，故曰无贰贾者也。"

愚按：许行以为人可平等，则物亦可平等，故又托为齐物之论也。

曰："夫物之不齐，物之情也。或相倍蓰，或相什伯，或相千万，子比而同之，是乱天下也。巨屦、小屦同贾，人岂为之哉？ 从许子之道，相率而为伪者也。恶能治国家？"

张氏云："有天地则有万物，其巨细、多寡、高下、美恶之不齐，乃物之情，而实天之理也。物各付物，止于其所，吾何加损于其间哉？ 若强欲齐之，私意横生，徒为胶扰，而物终不可齐也。故庄周之齐物，强欲以理齐之，犹为贼夫道，况乎许子遂欲一天下之物而泯其一定之分，其蔽岂不甚哉？ 孟子应之曰'夫物之不齐，物之情也'，斯两言也，足以发明天理之大，不但可以辟许行，而庄周之说，并可坐见其偏矣。故曰'从许子之道，相率而为伪者也'。强使巨者细，多者寡，高者下，美者恶，岂非相率而为伪乎？"

愚按：《汉书·艺文志》载有《神农》二十篇，实系后人所伪托。班固云："农家者流，鄙者为之，以为无所事圣王，欲使君臣并耕，谇上下之序。"盖许行言并耕而食，饔飧而治，实即上下平等之说。又因上下平等，遂谓物皆可齐，不知平等之说，在上者存是心则为仁而公，在下者倡是议则为非分而越礼。且果若其言，无等差则无礼义，无礼义则无尊卑、无贵贱，而上下乱，此必不可行者也。《庄子·齐物论》云："方生方死，方死方生，方可方不可，方不可方可，因是因非，因非因是。"又云："凡物无成与毁，复通为一。"此特欲一死生，齐是非，乃达人汪洋自恣之论，岂能行之于事实乎？夫物之不齐，物之情也，可谓千古名论。相率而为伪，伪其可售乎？即得售，而能久乎？吾愿后世为人君者，谨防夫为伪者也。

第五章

墨者夷之，因徐辟而求见孟子。孟子曰："吾固愿见，今吾尚病，病愈，我且往见。夷子不来。"

赵《注》："夷之，治墨家之道者。徐辟，孟子弟子也。求见孟子，欲以辩道也。"

愚按：《汉书·艺文志》云："墨家者流，盖出于清庙之守。茅屋采椽，是以贵俭；养三老五更，是以兼爱；选士大射，是以上贤；宗祀严父，是以右鬼；顺四时而行，是以非命；以孝视天下，是以上同。此其所长也。及蔽者为之，见俭之利，因以非礼；推兼爱之意，而不知别亲疏。"其说最古而实。夷子欲见孟子，而孟子以病辞者，欲观其意之诚否也。夷子不来，有二解，一则谓夷子闻孟子之言而不来；一则谓亦系孟子之言，不，勿也，言我将往见夷子，夷子勿来也。以后说为长。

他日，又求见孟子。孟子曰："吾今则可以见矣。不直则道不见，我且直之。吾闻夷子墨者，墨之治丧也，以薄为其道也。夷子思以易天下，岂以为非是而不贵也？然而夷子葬其亲厚，则是以所贱事亲也。"

　　赵《注》："告徐子曰'今我可以见夷之矣'，不直言攻之，则儒家圣道不见，我且欲直攻之。我闻夷子为墨道，墨者治丧，贵薄而贱厚，夷子思欲以此道易天下之化使从己，岂肯以薄为非是而不贵之也？如使夷子葬其父母厚也，是以所贱之道奉其亲也。如其薄也，下言'上世不葬'者又可鄙，足为戒也。吾欲以此攻之也。"

　　愚按：《庄子·天下》篇曰："古之丧礼，贵贱有仪，上下有等。墨子独生不歌，死不服，桐棺三寸而无椁，以为法式。以此教人，恐不爱人；以此自行，固不爱己。虽然，其生也勤，其死也薄，使人忧，使人悲，其行难为也。恐其不可以为圣人之道，反天下之心，天下不堪。墨子虽独能任，奈天下何？然则墨学之难堪，昔人皆知之矣。夷子为墨氏之学，必于其本心有难安者，是以葬其亲厚，而下文复有施由亲始之说。焦氏礼堂云："赵氏是设辞。近时通解以'夷子葬其亲厚'乃是夷子实事,孟子因其有此实事,异乎墨子之道,故直指为'以所贱事亲',攻其隙所以激发其性也。"此说为得。

徐子以告夷子,夷子曰:"儒者之道,'古之人若保赤子',此言何谓也? 之则以为爱无差等,施由亲始。"徐子以告孟子,孟子曰:"夫夷子信以为人之亲其兄之子为若亲其邻之赤子乎? 彼有取尔也:赤子匍匐将入井,非赤子之罪也。且天之生物也,使之一本,而夷子二本故也。

赵《注》:"之,夷子名。言儒家曰,古之治民,若安赤子,此何谓乎? 之以为当同其恩爱,无有差次等级相殊也,但施爱之事,先从己亲属始耳。若此,何为独非墨道也? 亲,爱也。夫夷子以为人爱兄子,与爱邻人之子等耶? 彼取赤子将入井,虽他人子亦惊救之,谓之爱同也。但以赤子无知,非其罪恶,故救之耳。夷子必以此况之,未尽达人情者也。天生万物,各由一本而出。今夷子以他人之亲,与己亲等,是为二本,故欲同其爱也。"

焦氏礼堂引江氏艮庭云:"赤子无知,或触陷于死地,惟在保之者安全之,小民亦犹是也。保民如保赤子,则民其安治矣。《孟子·滕文公》篇墨者夷之,称儒者之道,'古之人若保赤子',以为'爱无差等,施由亲始'。孟子解之曰:'彼有取尔也:赤子匍匐将入井,非赤子之罪也。'详孟子之意,谓愚民无知,与赤子同,其或入于刑辟,犹赤子之入井,非其罪也。保赤子者,必能扶持、防护之,使不至于入井。保民者当明其政教以教道之，使不陷于罪戾，是之谓'若保赤子'。此孟子说《书》之意。"

罗氏罗山云："施由亲始，此言稍近理，究之仍是爱无差等之说。君子由亲亲而仁民，仁民而爱物，岂仅有次第之辨哉？亲亲之心，必厚于仁民；仁民之心，必厚于爱物。其分既殊，其用心有不能不异者。曰'施由亲始'，其爱亲之心，仍与爱人无别。其施之也，虽有先后之殊，而其所以施之者，究无厚薄之辨，是不特爱无差等之言为二本，即'施由亲始之言'，亦二本矣。此《语类》《或问》所以严为辨也。"

愚按：人之生也，最重者本，如木之附著于地也。本何在？《孝经》曰："夫孝，德之本也。"又曰："众之本教曰孝。"司马迁曰："父母者，人之本也。"天无二日，民无二王，人无二父母，父母为人之大本。是以《礼记》曰"伤其亲，是伤其本。伤其本，枝从而亡"也。墨子视其父母，无异于路人，是父母为一本，而路人亦为一本也。又因"兼爱"之说易穷，乃遁而至于"明鬼"，其言曰"鬼神能赏贤而罚暴也"，见《墨子·明鬼》篇。迷信鬼神如此，是以人为一本，而鬼神又为一本也。吁！谬矣。

盖上世尝有不葬其亲者，其亲死，则举而委之于壑。他日过之，狐狸食之，蝇蚋姑嘬之，其颡有泚，睨而不视。夫泚也，非为人泚，中心达于面目。盖归反虆梩而掩之。掩之诚是也，则孝子、仁人之掩其亲，亦必有道矣。"

赵《注》:"上世,未制礼之时。壑,路旁坑壑也。其父母终,举而委弃之壑中也。嘬,攒共食之也。颡,额也。泚,汗出泚泚然也。见其亲为兽虫所食,形体毁败,中心惭,故汗泚泚然出于额。非为他人而惭也,自出其心,圣人缘人心而制礼也。蔂梩,笼臿之属,可以取土者也。而掩之,实是其道,则孝子、仁人掩其亲有以也。"

愚按:"中心达于面目"者,本心之所发也。此泚也,何为泚也?朱《注》所谓"不能不视,而又不忍正视,哀痛迫切,不能为心之甚也"。孟子感动夷子,正在此数语。

徐子以告夷子,夷子怃然,为间,曰:"命之矣。"

赵《注》:"怃然,犹怅然。为间,有顷之间也。命之,犹言受命教矣。"

愚按:道术至难言矣。自老氏弟子杨朱倡为我之学,拔一毛利天下而不为,于不可已而已者,无所不已,绝人逃世,摈弃一切,以为于我无与。墨氏闻其说而非之,摩顶放踵,牺牲其身,能勤能苦,能枯槁,不舍以为人,此其志宜无恶于天下。然而无等差,无亲疏厚薄,至于悖天逆理,为二本而不自知,君子闵焉。孟子传曾子之学者也。曾子作《大学》曰:"其本乱而末治者否矣。其所厚者薄,而其所薄者厚,未之有也。"孟子亦曰:"于所厚者薄,无所不薄也。"发明厚薄之谊,天性一本之根原,由是兼爱之说绝迹于战国以后者千数百年。墨者曰:"儒家曷为言博施济众? 曷为言仁者爱人?"不知儒家言爱、言施、言济，皆有其等差而不容或紊。孟子言"老吾老以及人之老"，曰"及人之老"，则与吾老固有别也；"幼吾幼以及人之幼"，曰"及人之幼"，则与吾幼固有别也。"亲亲而仁民，仁民而爱物"，不可曰"亲民也，亲物也"。夫圣人非不欲亲民也、亲物也，然而亲民、亲物则其势将有所穷，而其事必有所不能继也。此由一本而推之于天下，所以为不可易之道也。呜呼！兼爱之学，讵非热心救世者之所为乎？何为而至于偏乎？乃近世高明之士，颇有扬其焰者，复巧为之说曰："中国儒者，其于家庭、爱情过厚，宜移之于社会、于国家，均其厚薄，俾之相称。"此姑无论社会、国家之爱情未厚，而家庭已先薄焉。就令其爱社会、爱国家，与家庭无异，要即所谓爱无差等，其势必有所穷，而其事必有所不能继者也。盖天地之大德，曰仁曰义；圣人之要道，曰行仁，曰集义。若有仁而无义以济之，其蔽也愚。庄子之讥墨翟曰"乱之上也"（见《天下》篇），郭象注曰："乱莫大于逆物而伤性也。"是故一本者，天之理也，人之性也，越古今贯中外而不能变者也。二本者，伤天之理也，拂人之性也，古今中外虽暂有行之者，而不能久也。孟子曰："墨氏兼爱，是无父也。"无父者，谓其爱途之人，无异于所自生也。呜呼！道术至难言矣。

卷六　滕文公下

第一章

陈代曰：“不见诸侯，宜若小然；今一见之，大则以王，小则以霸。且《志》曰‘枉尺而直寻’，宜若可为也。”

朱《注》：“陈代，孟子弟子。八尺曰寻。”

愚按：此节言论虽卑，实欲以枉道为行道之地，而不知道之不可枉也。

孟子曰：“昔齐景公田，招虞人以旌，不至，将杀之。志士不忘在沟壑，勇士不忘丧其元，孔子奚取焉？取非其招不往也。如不待其招而往，何哉？

愚按：志士不忘在沟壑，何以能不忘？因有良知也。勇士不忘丧其元，何以能不忘？赖有气骨也。此二句乃孔子叹美虞人之说也。

且夫枉尺而直寻者，以利言也。如以利，则枉寻直尺而利，亦可为与？

愚按:孟子生平痛恶一"利"字。此节词意尤为严厉。枉尺必至于枉寻,盖既枉矣,又何论乎尺、何论乎寻乎?

昔者赵简子使王良与嬖奚乘,终日而不获一禽,嬖奚反命曰:'天下之贱工也。'或以告王良,良曰:'请复之。'强而后可,一朝而获十禽。嬖奚反命曰:'天下之良工也。'简子曰:'我使掌与女乘。'谓王良,良不可。曰:'吾为之范我驰驱,终日不获一;为之诡遇,一朝而获十。《诗》云:"不失其驰,舍矢如破。"我不贯与小人乘,请辞。'

张氏云:"古者射与御相须而成,故曰'不失其驰,舍矢如破'。不失其驰,谓御之者以其度也;舍矢如破,谓射者由其度而中节也。今王良之御嬖奚也,为之范,则不能由之而中;为之诡遇,则有获焉。此王良之所羞也。故以为'不贯与小人乘'而辞也。"

愚按:"天下之贱工""天下之良工",小人之言反复如此。曰"我不贯与小人乘",直斥嬖奚为小人,语意斩绝。御者而能为是言,君子哉!

御者且羞与射者比,比而得禽兽,虽若丘陵,弗为也。如枉道而从彼,何也?且子过矣!枉己者,未有能直人者也。"

愚按:御为艺之末,且不屑枉道而从彼,而谓贤者为之乎?枉己者,未有能直人者也,知己身为重,即知名利为轻。此章文义如波诡云属,而论出处大节,则凛然斩绝。士人当读书学道时,未尝不诩诩自命,见委琐龌龊者流,深讥痛诋。迨一入仕途,或尽失其初节,以视向之深讥痛诋者鄙且什百倍焉。讵知富贵禄位,不可久长,品诣名誉,早已扫地,是岂本心之无良乎? 利诱之也。故"名利"二字,千古士人为其所陷没而不能自拔者,不可以恒河沙数计矣。程子曰:"士君子当治世,则德行日进;在季世,则德行日退。洪炉之冶,销毁其气骨,并销毁其本心,痛乎利之为害大矣!"

第二章

景春曰:"公孙衍、张仪,岂不诚大丈夫哉! 一怒而诸侯惧,安居而天下熄。"

　　愚按:公孙衍、张仪,持纵横捭阖之说,实则揣摩也,苟合也。景春见其一怒而诸侯惧,安居而天下熄,而夸耀之,且称之为"大丈夫",其鄙甚矣!

孟子曰:"是焉得为大丈夫乎? 子未学礼乎? 丈夫之冠也,父命之。女子之嫁也,母命之,往送之门,戒之曰:'往之女家,**必敬必戒**,无违夫子。'以顺为正者,妾妇之道也。

　　愚按:充衍、仪揣摩苟合之心,皆以顺为正之道也,故孟子直斥之曰"妾妇之道",贱之至也。士可以专尚顺君乎哉?

居天下之广居,立天下之正位,行天下之大道,得志与民由之,不得志独行其道,富贵不能淫,贫贱不能移,威武不能屈,此之谓大丈夫。"

张氏云:"广居,仁也;正位,礼也;大道,义也。得志与民由之,与之共由乎此也;不得志独行其道,虽不得志,此道未尝不行于己也。富贵不能淫,不能淫此也;贫贱不能移,不能移此也;威武不能屈,不能屈此也。此者何也? 广居、正位、大道是也。盖得乎己而外物举不足以贰之也。"

愚按:此章与上章意相连接。既枉己而诡遇,则必至以顺为正,陷于妾妇之道而不自知。人皆曰我大丈夫,要其材力、心思、耳目、口鼻、形骸固皆有为大丈夫之资,与为大丈夫之格,而考其所为,乃与妾妇无异,是为贱丈夫之资,小丈夫之格。然则性情也,志节也,德行也,履而行之,躬而备之,乃谓丈夫;又进而上之,希贤希圣,乃谓大丈夫。非然者,堂堂七尺之躯,天下固人人皆大丈夫也,然而妾妇矣。

第三章

周霄问曰:"古之君子仕乎?"孟子曰:"仕。传曰:'孔子三月无君,则皇皇如也。出疆必载质。'公明仪曰:'古之人三月无君则吊。'"

张氏云:"周霄见孟子历聘于诸侯而不倦,疑其欲仕也;而未尝有所就焉，则又疑若不欲仕者，故从而问焉。孟子以为古之君子未尝不欲仕也。孔子三月无君，则皇皇如也，'皇皇'云者，求而不得之意。古者臣执质以见君，士之出疆，必载其质以行，是亦未尝忘夫见君也。"

"三月无君则吊，不以急乎？"

愚按：周霄谓三月无君则朋友吊之，疑于急功而近名也。

曰："士之失位也，犹诸侯之失国家也。《礼》曰：'诸侯耕助，以供粢盛；夫人蚕缫，以为衣服。牺牲不成，粢盛不洁，衣服不备，不敢以祭。惟士无田，则亦不祭。'牲杀、器皿、衣服不备，不敢以祭，则不敢以宴，亦不足吊乎？"

张氏云："诸侯之失国家，则无以祭；士之失位，无田以为粢盛，而牲杀、器皿、衣服皆不备焉，则亦无以祭也，是则可吊矣。盖古人于祭祀为甚重，诸侯必亲率耕，夫人必亲蚕，为士者亦必躬治其田，备其牲杀、器皿、衣服以事其祖考。所以自尽者如此故也。"

"出疆必载质，何也？"曰："士之仕也，犹农夫之耕也。农夫岂为出疆舍其耒耜哉？"曰："晋国亦仕国也，未尝闻仕如此其急。仕如此其急也，君子之难仕何也？"曰："丈夫生而愿为之有室，女子生而愿为之有家，父母之心，人皆有之。不待父母之命，媒妁之言，钻穴隙相窥，逾墙相从，则父母、国人皆贱之。古之人未尝不欲仕也，又恶不由其道；不由其道而往者,与钻穴隙之类也。"

张氏云:"丈夫生而愿为之有室,女子生而愿为之有家者,固其常理也。然而必也待父母之命,媒妁之言,以礼行而后可。不然,谓室家为急,弃礼而不恤,其可乎?士之欲仕,亦其常理也。然而必也守道以待时,可进而后进也。若谓仕为急,而不由其道以求之,则与钻穴隙者何异?非独此也。凡一饮食、一语默、一动静之际,皆当以是体之。苟惟见利而忘其义,皆钻穴隙之心也。虽然,在己者学未成,则欲仕,其可乎?子使漆雕开仕,对曰'吾斯之未能信',而夫子悦之。苟所学未至,不胜其私,假借圣贤之言,而欲以轻试,是亦钻穴隙之心而已矣。"

愚按:此章承上两章之义。盖既为诡遇,则必为钻穴隙之类也;既以顺为正,亦必为钻穴隙之类也。君子之仕也,行其道也。然欲行其道,而先不由其道,道其可行乎?司马迁曰:"赵女、郑姬,设形容,揄长袂,目挑心招,出不远千里者,犇富厚也。"要知仕而不由其道者,亦犇富厚也,其贱一也。然而钻穴隙相窥,逾墙相从,则父母、国人皆贱之;仕而不由其道,则父母、国人不知贱之,或反从而荣之者,盖廉耻道丧,人情明于小而昧于大久矣。呜呼!钻穴隙固可得富贵矣,钻穴隙岂能长富贵乎?徒为此禽兽之行而已矣。

第四章

彭更问曰:"后车数十乘,从者数百人,以传食于诸侯,不以泰乎?"孟子曰:"非其道,则一箪食不可受于人;如其道,则舜受尧之天下不以为泰,子以为泰乎?"

朱《注》:"彭更,孟子弟子。泰,侈也。"

张氏云:"彭更疑传食为泰,是以世俗利害、贵贱之见观圣贤也。孟子之所以告之者,盖常道耳。夫非其道,则一箪食不可受于人;如其道,则舜受尧之天下而不以为泰。所谓其道者,天理之所安也。故伯夷、叔齐不食周粟之心,即舜、禹受天下之心也。而'孟子后车数十乘,从者数百人,以传食于诸侯'之心,即颜子'一箪食,一瓢饮,在陋巷'之心也。皆以其道故也。"

曰:"否。士无事而食,不可也。"

张氏云:"以为士无事而食不可,观更之意,亦许行之类与?"

曰:"子不通功易事,以羡补不足,则农有余粟,女有余布;子如通之,则梓匠轮舆,皆得食于子。于此有人焉,入则孝,出则弟,守先王之道,以待后之学者,而不得食于子。子何尊梓匠轮舆而轻为仁义者哉?"

朱《注》:"通功易事,谓通人之功,而交易其事。羡,余也。有余,言无所贸易,而积于无用也。梓人匠人,木工也。轮人舆人,车工也。"

罗氏罗山云:"得志行道,功在一时;守先待后,功在万世。孟子当圣教不行、邪说横流之日,黜管、晏之卑陋,辨杨、墨之淫邪,尧、舜、禹、汤、文、武、周公、孔子之道,焕然复明于世,后之言道者始有所宗,此所谓'功不在禹下'也。百世而下,犹俎豆而馨香之,况当时哉?"

愚按:"入则孝"四句,为孟子生平本事。孟子以后能当此四语者,代不数觏。然必能入孝出弟,而后能守先待后。盖仁义之道,自孝弟始也。

曰:"梓匠轮舆,其志将以求食也。君子之为道也,其志亦将以求食与?"曰:"子何以其志为哉? 其有功于子,可食而食之矣。且子食志乎? 食功乎?"曰:"食志。"

朱《注》:"孟子言自我而言,固不求食;自彼而言,凡有功者,则当食之。"

曰:"有人于此,毁瓦画墁,其志将以求食也,则子食之乎?"曰:"否。"曰:"然则子非食志也,食功也。"

张氏云:"如更之言,则是食志而不食功。毁瓦画墁而志以求食,则亦将食之矣,更至此而其说穷焉。夫王者之禄夫人也,为有以赖其用而可禄耳,岂必以其志之欲而禄之哉? 如以其志,则是率天下而利也。观孟子所以告之者,反复曲折,辞气不迫,而亦不厌焉,亦可窥夫所养之至者矣。"

愚按:食人者当考其功,不当视其志之所欲。此"志"字是虚字,非"尚志"之"志"也。入孝出弟,守先待后,是功之至大者也;于此而有以通之,则又功之至尊者也,是故传食而不以为泰也。张氏以更为许行之流,所见甚确。盖更以士为无事而食,而不知劳心治人,为士之本务;通功易事,乃哲理之至显者也,天下之通义也。

第五章

万章问曰:"宋,小国也。今将行王政,齐、楚恶而伐之,则如之何?"

朱《注》:"万章,孟子弟子。宋王偃尝灭滕伐薛,败齐、楚、魏之兵,欲霸天下,疑即此时也。"

孟子曰:"汤居亳,与葛为邻。葛伯放而不祀,汤使人问之曰:'何为不祀?'曰:'无以供牺牲也。'汤使遗之牛羊,葛伯食之,又不以祀。汤又使人问之曰:'何为不祀?'曰:'无以供粢盛也。'汤使亳众往为之耕,老弱馈食。葛伯率其民,要其有酒食黍稻者夺之,不授者杀之。有童子以黍肉饷,杀而夺之。《书》曰'葛伯仇饷',此之谓也。

张氏云:"葛伯放而不祀,而汤使人问之,为其无牺牲也,则馈之牛羊;又不以祀,而又问之,为其无粢盛也,则使亳众为之耕。夫汤奚为勤勤于葛伯若是哉?盖成汤以天下为己忧者也。葛伯之与吾邻而旷不祀其先,汤之所惧也,故使问之。至于使亳众为之耕夫,而葛伯杀饷馈之童子,则其咈天心而纵人欲也甚矣。"

为其杀是童子而征之,四海之内皆曰:'非富天下也,为匹夫匹妇复仇也。'

愚按:《书》曰:"如保赤子。"赤子,至可怜也。杀童子之情状,尤可惨也。然则世之不能保其赤子而转杀之者,何异于杀童子乎?世有不富天下者乎?汤非特无富天下之事,并无富天下之心也。是以四海之内皆曰"非富天下也",又曰"为匹夫匹妇复仇也"。盖惟汤平日至诚所积,有以周浃于四海之内,故皆能信之而道之也。

汤始征,自葛载,十一征而无敌于天下,东面而征西夷怨,南面而征北狄怨,曰:'奚为后我?'民之望之,若大旱之望雨也。归市者弗止,芸者不变,诛其君,吊其民,如时雨降,民大悦。《书》曰:'徯我后,后来其无罚!'

愚按:十一征,十一国也。《诗·长发》篇:"韦顾既伐,昆吾夏桀。"盖韦顾、昆吾,皆在十一征之内也。

'有攸不为臣,东征,绥厥士女,匪厥玄黄,绍我周王见休,惟臣附于大邑周。'其君子实玄黄于匪以迎其君子,其小人箪食壶浆以迎其小人。救民于水火之中,取其残而已矣。

朱《注》："有所不为臣,谓助纣为恶而不为周臣者。匪,与篚同。玄黄,币也。绍,事也。言其士女以篚盛玄黄之币而事之也。休,美也。言武王能顺天休命,而事之者,皆见休也。臣附,归服也。"

愚按:贼义者谓之残。残民之人,丧天害理,四海之所不容,故仁义之师,取其残而已矣。虽然,救民于水火之中,而民已苦矣,望仁人若大旱之望雨,其孰致之然哉?

《太誓》曰:'我武惟扬,侵于之疆,则取于残,杀伐用张,于汤有光。'

朱《注》："《太誓》,《周书》也。言武王威武奋扬,侵彼纣之疆界,取其残贼,而杀伐之功,因以张大,比于汤之伐桀,又有光焉。引此以证上文取其残之义。

不行王政云尔。苟行王政,四海之内皆举首而望之,欲以为君,齐、楚虽大,何畏焉?"

朱《注》："宋实不能行王政,后果为齐所灭,王偃走死。尹氏云:'为国者能自治而得民心,则天下皆将归往之,恨其征伐之不早也,尚何强国之足畏哉?苟不自治,而以强弱之势言之,是可畏而已矣。'"

第六章

孟子谓戴不胜曰:"子欲子之王之善与? 我明告子,有楚大夫于此,欲其子之齐语也,则使齐人傅诸? 使楚人傅诸?"
曰:"使齐人傅之。"曰:"一齐人傅之,众楚人咻之,虽日挞而
求其齐也,不可得矣。引而置之庄、岳之间数年,虽日挞而
求其楚,亦不可得矣。

赵《注》:"不胜,宋臣。庄、岳,齐街里名也。咻之者,欢也。"

愚按:《汉书·贾谊传》云"习与正人居之不能毋正,犹生长于齐,
不能不齐言也;习与不正人居之不能毋不正,犹生长于楚之地,不能
不楚言也",即用此节之义。孔子曰"少成若天性,习贯如自然",则习
之一字,终身善、恶之所由分也,可不谨哉!

子谓薛居州善士也,使之居于王所。在于王所者,长幼卑尊
皆薛居州也,王谁与为不善? 在王所者,长幼卑尊皆非薛居
州也,王谁与为善? 一薛居州,独如宋王何?"

张氏云:"人君莫重于所与处。盖上智贤明之君,小人自不可得
而迩,其所与处者,固无非天下之贤也。若天资降于此,不幸而小人
在旁,薰染积习而与之胥变者多矣。试考方册所载亡国败家之主,固
有天资甚不美者矣。然而其间亦岂无庶几者乎? 惟其处于众小人之
间,沦胥以亡者亦多矣。是以善论治者,必本于人君之身,而善救正
其君者,必欲多引善类,与之共处,盖望其薰陶渐染,有以变革之也。
虽然,君子难亲,而小人易狎,不幸众君子之间而置一小人,则或足以

败类；使一君子而遇众小人，则其决不能以自立也必矣。愚读‘一薛居州，独如宋王何’之语，未尝不太息也。夫长幼卑尊，皆众楚之咻也，而望一居州欲以变王之质，岂不难哉？非惟力不能胜，居州有言于前，而众人尼之于后，居州且将不能以自立，而况敢望有益于王身乎？然则为戴不胜者将如何？引一薛居州未足道也，必广引居州之类，庶几君子之道长，而可望于王之感悟也。”

愚按：此章言众小人之可畏，而一君子之无益也。吾更有说焉。三代以来，无所谓政党，至近世始有政党之目。盖有鉴于善人之势孤，欲以党人扶助之，心至苦也。乃其弊也，联意见以为党，遂激意气以为党，于是乎知有党而不知有政。夫知有党而不知有政，则其党不能以久存，此不善于处党者也。观孟子告戴不胜之言，未尝非合政党之意。惟其党必以善士为衡，则所谓“群而不党”者是也。噫！有心政治者，其慎言党哉！其慎言党哉！

第七章

公孙丑问曰：“不见诸侯何义？”孟子曰：“古者不为臣，不见。

张氏云：“为臣，谓委质事之也。若君、臣之分未定，诸侯尊德乐义，则固当就见之。盖欲见之意当在彼故也。”

段干木逾垣而辟之，泄柳闭门而不内，是皆已甚，迫，斯可以见矣。

朱《注》:"段干木,魏文侯时人。泄柳,鲁穆公时人。文侯、缪公欲见此二人,而二人不肯见之,盖未为臣也。"

愚按:惟《春秋》乃能责备贤者,惟孟子乃能责段干木、泄柳之已甚。自我论之,二子皆大贤也,迫而不见,其行高矣。浊世滔滔,如二子者,讵非中流之砥柱耶?

阳货欲见孔子,而恶无礼,大夫有赐于士,不得受于其家,则往拜其门。阳货瞰孔子之亡也而馈孔子蒸豚,孔子亦瞰其亡也而往拜之。当是时,阳货先,岂得不见?

张氏云:"孔子,士也。阳货,大夫也。货馈孔子豚而瞰其亡者,欲使之不得拜使者,而必将过我也。孔子往拜而亦瞰其亡,何也? 既先馈孔子以豚,在礼当往拜,则乌得而不往? 然货之意非诚笃也,故往拜其礼而不欲见其人。于此一事,亦可以窥圣人一言一动之间处之至精者矣。"

曾子曰:'胁肩谄笑,病于夏畦。'子路曰:'未同而言,观其色赧赧然,非由之所知也。'由是观之,则君子之所养可知已矣。"

朱《注》:"胁肩,竦体;谄笑,强笑。皆小人侧媚之态也。夏畦,夏月治畦之人也。未同而言,与人未合,而强与之言也。赧赧,惭而面赤之貌。"

顾氏亭林云:"观夫孔子之见阳货,而后知逾垣闭门为贤者之过,未合于中道也。然后世之人必有如胡广被中庸之名,冯道托仲尼之迹者矣。其始也,屈己以见诸侯,一见诸侯而怀其禄利,于是望尘而拜贵人,希旨以投时好,此其所必至者。曾子、子路之言,所以为末流戒也。故曰:'君子上交不谄。'又曰:'上弗援,下弗推。'后世之于士人,许之以自媒,劝之以干禄,而责其有耻,难矣。"

罗氏罗山云:"貌者,心之容也。胁肩谄笑,此心全无一毫真意,纯在面貌上做作。言者,心之声也。未同而言,此心与之全不相投,纯是口头上奉承。其污贱之态,最为可耻。世人不察,多为此辈愚弄,堕其术中。盖缘自己未尝以道义自守,见人之谀己者,不禁为他所惑耳。故观二子之言,可以知其所养矣。"

愚按:至哉亭林先生之言也!孔子时中之圣也,不易学,当先学段干木、泄柳;等而上之,则学曾子、子路。胁肩谄笑,病于夏畦,夏畦之病热在身,胁谄之病热在心。未同而言,观其色赧赧然,是尚有良心也。然曷为未同而言,非欲结富贵人之欢心乎?则亦无耻之徒也。君子之植气节也,欲不屈吾之骨,当不屈吾之心;欲不屈吾之心,当注意于平日之所养。

第八章

戴盈之曰:"什一,去关市之征。今兹未能,请轻之,以待来年然后已,何如?"

王氏船山云："《吕览》曰：'今兹美禾，来兹美麦。'古者谓收获之时为兹。今兹，犹言今秋也。当敛获之际，租税方入，会计一年之国用而曰未能，非但训兹为此也。"

愚按：战国时为人上者，皆悠悠敷衍，不知振作。戴盈之曰"以待来年然后已"，非真有已之之志也，亦非实有已之之事也，特借以为名焉尔。

孟子曰："今有人日攘其邻之鸡者。或告之曰：'是非君子之道。'曰：'请损之，月攘一鸡，以待来年然后已。'

愚按：孟子知盈之之非真能已也，故直抉其心，而以攘鸡为喻。

如知其非义，斯速已矣，何待来年？"

愚按：此章亦暗承上章之意。胁肩谄笑之徒一得志，则其所为，惟在于攘天下。可耻之事，莫大乎攘；而天下不可救药之事，亦莫大乎攘。什一，正供也，非攘也；而过乎什一，即攘也。关市之征，罔商贾之利，皆攘也。以待来年，非真能不攘也，孟子故以攘鸡为喻。攘鸡，攘之小者也；攘农民、攘商贾，攘之大者也。攘鸡，有形之攘也；攘农民、攘商贾，无形之攘也。天下有攘而可待者乎？其有形而小者尚不可待，其无形而大者而可待乎？曰"如知其非义"，知者，良知也。良知尚在，亦知攘之可羞乎？亦知攘之不可待乎？亦知攘之不速已，将终其身为攘之人乎？《易传》曰："挠万物者莫疾乎风，动万物者莫疾乎雷。"君子观其象以迁善改过,取其速也。而或者曰"要政所在,审慎宜详,事有豫备,则姑徐徐云尔",不知《易·豫卦》之《象》曰:"雷出地奋豫。"盖豫备之事,正当如雷出地之奋迅。若敷衍因循,日以待日,月以待月,年以待年,坐失事幾,将无一事之可办,故曰需者事之贼也。世方泄泄然,何月攘一鸡者之多也,有圣贤出焉,审幾贵乎断,辨义贵乎精,而临事则尚乎勇。其治民也若驭马而疾驰,若雷霆之昭苏万汇,盖举因循敷衍之习一扫无余,而后天下鲜攘窃之徒矣。

第九章

公都子曰:"外人皆称夫子好辩,敢问何也?"孟子曰:"予岂好辩哉? 予不得已也。天下之生久矣,一治一乱。

朱《注》云:"一治一乱,反复相寻,理之常也。"

愚谓天理必于人事见之。人谓有造时世之英雄,而后天下可以治;而不知有造时世之圣贤,而后天下可以治。下文之三圣是也。

当尧之时,水逆行,泛滥于中国,蛇龙居之,民无所定,下者为巢,上者为营窟。《书》曰:'洚水警余。'洚水者,洪水也。

朱《注》:"下,下地。上,高地。营窟,穴处也。洚水,洚洞无涯之水也。此一乱也。"

使禹治之。禹掘地而注之海,驱蛇龙而放之菹,水由地中行,江、淮、河、汉是也。险阻既远,鸟兽之害人者消,然后人得平土而居之。

朱《注》:"掘地,掘去壅塞也。菹,泽生草者也。地中,两涯之间也。此一治也。"

罗氏罗山云:"开辟以来,有地即有水,有水即有江、淮、河、汉。盖水性就下,惟因地之低洼处相趋以达于海,故四渎之流,亦天地生成之水道也。惟众流共趋,尽挟泥沙以俱下,不时加以疏瀹之功,则水道易塞而不通。唐尧之前,天下亦不知几经治乱矣。而洪水忽至此为害者,虽曰天灾,亦由前此人事未尽,不能疏排其壅水之处,是以泛滥于中国。此其乱亦非一朝一夕之所致,其由来者渐矣。使禹治之,亦因其自然之故道,去其壅塞,使水得顺其性耳。黄河之害,后世亦已甚矣。水以广而能受,后世欲与水争地,河身因之而狭矣。水以下而乃流,后世不加疏浚之功,惟事堤防之力,泥沙日淤,河身日高,水不由地中而行地上矣。河本北行者也。自会通河开,则导之使南,与淮合而为一,是河又失自然之道矣。上古水之为害,或因人事之不施;后世水之为害,则因人事之多凿。洪流汹沸,斯民沉溺,谁能掘地而注之海,以免生民鱼鳖之患哉?"

愚按:水由地中行,禹能疏水势,且弃地与水,故由地中行也。后世筑堤以为治,堤崩而地益高,则水皆由地上行矣。故昔儒谓后世治水皆鲧之法,非禹之法。"水由地中行"一语,乃千古治水之要道也。

尧、舜既没,圣人之道衰,暴君代作,坏宫室以为污池,民无所安息;弃田以为园囿,使民不得衣食;邪说暴行又作,园囿、污池、沛泽多而禽兽至。及纣之身,天下又大乱。

朱《注》:"宫室,民居也。沛,草木之所生也。泽,水所钟也。自尧、舜没至此,治乱非一,及纣而又一大乱也。"

张氏云:"尧、舜既没之后,圣道衰微,暴君相继而作,不惟民之恤,惟己之逸欲是崇,使民无以为安息衣食,邪说暴行,乘间而起,沛泽益盛而禽兽多。盖人者,天地之正气,而异类,其繁气也。正气悴则繁气盛,消长之理然也。至于纣之时,乱莫甚矣。"

周公相武王,诛纣伐奄,三年讨其君,驱飞廉于海隅而戮之,灭国者五十,驱虎豹犀象而远之,天下大悦。《书》曰:'丕显哉!文王谟。丕承哉!武王烈。佑启我后人,咸以正无缺。'

朱《注》:"奄,东方之国,助纣为虐者也。飞廉,纣幸臣也。五十国,皆纣党虐民者也。丕,大也。显,明也。谟,谋也。承,继也。烈,光也。佑,助也。启,开也。缺,坏也。此一治也。"

世衰道微,邪说暴行有作。臣弑其君者有之,子弑其父者有之。

朱《注》:"此周室东迁之后。又一乱也。"

愚按:《易》曰:"臣弑其君,子弑其父,非一朝一夕之故,其所由来者渐矣。"盖世衰道微，正履霜将至坚冰之候也，故君子尤慎之。

孔子惧，作《春秋》。《春秋》，天子之事也。是故孔子曰：'知我者其惟《春秋》乎！罪我者其惟《春秋》乎！'

朱《注》："孔子作《春秋》，以讨乱贼，则致治之法，垂于万世。是亦一治也。"

愚按：世道之所以常存，人心之所以不泯者，是非而已矣。世治则是非与赏罚合而为一；世乱则是非与赏罚分而为二，至是非赏罚相背而驰。于是圣人者出，遂发明天下之公是、公非，以行其私赏、私罚之权。历代著作之儒，皆寓此志，不独《春秋》为然，惟《春秋》则可为万世之标准尔。天下之乱，是非为之先兆：邪说而以为非邪，暴行而以为非暴，臣弑其君、子弑其父而以为非弑。是非既乱，而人心随之，此自古以来兴亡之大较也。是非正则世道正，是非明则人心明。知我者其惟《春秋》乎，知其明是非也；罪我者其惟《春秋》乎，罪其僭天子之事也。

圣王不作，诸侯放恣，处士横议，杨朱、墨翟之言盈天下，天下之言不归杨则归墨。杨氏为我，是无君也。墨氏兼爱，是无父也。无父无君，是禽兽也。公明仪曰：'庖有肥肉，厩有肥马，民有饥色，野有饿莩，此率兽而食人也。'杨墨之道不息，孔子之道不著，是邪说诬民，充塞仁义也。仁义充塞，则

率兽食人，人将相食。

朱《注》："孟子引仪之言，以明杨、墨道行，则人皆无父无君，以陷于禽兽，而大乱将起，是犹率兽食人而人又相食也。此又一乱也。"

愚按：君者，以美利利天下者也。民者，佐成君之公利者也。杨氏为我，拔一毛利天下而不为，闭户不与世相往来，则君之公利，谁与成之？充类至尽，是为无君。墨子言兼爱、尚同，施之无序；薄视其家庭之父母无异于路人，充类至尽，是为无父。孟子曰："逃墨必归于杨，逃杨必归于儒。"后儒因谓墨氏罪浮于杨，且谓天下墨氏多而杨氏少，不知孟子所谓"逃墨必归于杨"云云者，亦如本文所谓"天下不归杨则归墨"，固无所轻重于其间。自秦汉以来，儒、墨并称，而杨朱之学，尠有称道，盖为人唾弃久矣。迄于今世，自私自利，一毛不拔，蔑视其君者，盈天下皆是，则固不得谓墨氏多而杨氏少也。仁义充塞，率兽食人，盖伦纪乖则人心绝，人之所以异于禽兽几希之理无存，故其祸至于如此。言学术者可不慎哉！

吾为此惧，闲先圣之道，距杨、墨，放淫辞，邪说者不得作。作于其心，害于其事，作于其事，害于其政。圣人复起，不易吾言矣。

朱《注》："闲，卫也。放，驱而远之也。孟子虽不得志于时，然杨、墨之害，自是灭息，而君臣、父子之道赖以不坠。是亦一治也。"

愚按：《易传》曰："惧以终始。"又曰："外内使知惧。"上文云"孔子

惧"，惧者，圣贤惧斯道之沦胥，不得已之心所由发也。《礼记·学记》
云："知其心，然后能救其失也。"学问如此，治道亦复如此。教学者如
此，教异端亦复如此。孟子所以能救杨、墨之失者，在知其心，所以能
知其心者，在先有知言之学。

**昔者禹抑洪水而天下平，周公兼夷狄、驱猛兽而百姓宁，孔
子成《春秋》而乱臣贼子惧。**

张氏云："兼夷狄云者，用夏变夷之意也。成《春秋》而乱臣贼子
惧者，乱臣贼子之情伪毕见，而讨绝之法著焉，施于万世，皆无所遁其
迹故也。"

愚按：凡古书之所称夷狄者，大都指无礼义教化而言，偶有指区
域言者，然亦甚鲜。本文纣与飞廉以区域言，非夷狄也。灭国五十，
以区域言，未必皆在夷狄之地也。而以其无礼义教化，则均谓之夷
狄。自后人误解，以为非中国之地皆称夷狄，于是尊周攘夷之辨，哓
哓不已，而于在我之礼义教化，转疏而不讲。读书不能会通，害及政
事，非细故也。

**《诗》云：'戎狄是膺，荆舒是惩，则莫我敢承。'无父无君，是
周公所膺也。**

愚按："荆、舒是惩"者，楚自庄王以前，筚路蓝缕，蠢野特甚，礼义
教化未渐被也。

我亦欲正人心，息邪说，距诐行，放淫辞，以承三圣者，岂好辩哉？予不得已也。

陈氏兰甫云："孟子论天下一治一乱，而曰'我亦欲正人心'，顾亭林之言，足以畅其旨。其言曰：'目击世趋，方知治乱之关，必在人心风俗，而所以转移人心，整顿风俗，则教化纪纲为不可阙矣。百年必世，养之而不足；一朝一夕，败之而有余。'亭林在明末，亦一孟子也。又云：'予岂好辩哉？予不得已也。'庄子云：'知士无思虑之变则不乐，辩士无谈说之序则不乐，察士无凌谇之事则不乐。'此则得已而不已者也。得已而不已，故天下之书，汗牛而充栋也。"

罗氏罗山云："圣人在上，则扶危定难，以救生民于一时；圣人在下，则黜邪卫正，以救人心于万世。向使孔孟得志行道，成大业于天下，正纲常，扶名教，天下之乱臣贼子，皆可以正其罪，则《春秋》可以不作；设学校，明礼义，使天下之人，莫不知大道之所在，则杨、墨之说亦可不辨而自熄。至于兢兢于著述之事，哓哓于议论之间，盖以用我无人，既不得兴道以致治，而纪纲之祸，异说之起，又不忍束手坐视，任其丧乱而不救，是亦不得已而然也。读'好辩'章，可以知圣贤救世之苦心，又可见吾人或出或处，莫不有斯道之责，讵可以为不关己事，置而不顾哉？"

能言距杨、墨者，圣人之徒也。"

愚按：此二语与末篇"由尧舜"章"然而无有乎尔则亦无有乎尔"

二语意同,皆所以勉吾党也。孟子传道统,而其后乃有周、程、张、朱诸子;孟子距杨、墨,而其后乃有韩子。韩子之言曰:"佛氏之害,甚于杨、墨。"韩愈之贤,不及孟子,其言可谓深切。盖自佛氏入中国,因果报应之说深中于人心。其下者迷信沉溺,自私自利;其上者清净寂灭,一空障碍,而专以施与为事。夫施与诚善矣,然因施与以求利,种因以望果,障碍莫大焉。且知施与而不知教化,酿成天下懒惰偷安之习,则是以养人者害人,不仁莫大焉。故自魏晋以后,士大夫专以清净为务;宋元以来,学问日沦于空虚。施之政治,一以敷衍因循为事,听天下之人自生自灭,莫为之所。语以非常之原,辄欲无为而治。譬诸疮痏,日臃一日,于是数千年来中国之政治学问,日空一日,积弱遂日甚一日。盖战国之世,杨、墨为害,至于今世,则杨、墨、佛氏三者并行。故考其议论,乱杂而无章;验其事为,纷纭而不可究诘。此其祸中于人心,要非一朝一夕之故,非有名世豪杰莫能挽也。孟子曰"能言距杨、墨者,圣人之徒也",盖逆料后世异端之士,其祸必且甚于杨、墨,而所以属望吾党者,其心深远而无穷矣。

第十章

匡章曰:"陈仲子岂不诚廉士哉!居於陵,三日不食,耳无闻,目无见也。井上有李,螬食实者过半矣,匍匐往,将食之,三咽,然后耳有闻,目有见。"

愚按:三咽,"三"字之义,与"泰伯三以天下让""季文子三思"字同,不可知其为三也。微状其多,犹俗语之言屡次耳。

孟子曰:"于齐国之士,吾必以仲子为巨擘焉。虽然,仲子恶能廉?充仲子之操,则蚓而后可者也。

愚按:仲子可谓廉矣,而孟子不许以廉者,为其作伪而不义也。不廉须充类至义之尽,而极廉亦须充类至义之尽。充仲子之操,即充仲子之心也,必如蚓而后可慊于心也。

夫蚓上食槁壤,下饮黄泉。仲子所居之室,伯夷之所筑与?抑亦盗跖之所筑与?所食之粟,伯夷之所树与?抑亦盗跖之所树与?是未可知也。"

愚按:古人多以夷、跖并称,如《庄子·骈拇》篇"伯夷死名于首阳之下,盗跖死利于东陵之上",《史记·伯夷列传》以盗跖比喻伯夷等,皆是。

曰:"是何伤哉!彼身织屦,妻辟纑,以易之也。"

朱《注》:"辟,绩也。纑,练麻也。"

曰:"仲子,齐之世家也。兄戴,盖禄万钟。以兄之禄为不义之禄而不食也,以兄之室为不义之室而不居也,辟兄离母,处于於陵。他日归,则有馈其兄生鹅者,己频顣曰:'恶用是鹢鹢者为哉？'他日，其母杀是鹅也，与之食之。其兄自外至，曰：'是鹢鹢之肉也。'出而哇之。

愚按：此章实系辨义之学，而"非义"二字，乃就仲子心中揭出。孟子辨学之奇如此。己则不义而转谓兄之不义者，矫廉之过，好名之过，遂至迷惑而不能辨义，此孟子之所深惜也。

以母则不食，以妻则食之；以兄之室则弗居，以於陵则居之。是尚为能充其类也乎？若仲子者，蚓而后充其操者也。"

愚按：当战国扰攘之世，人心滔滔，嗜利无厌，机械变诈之智，并杂出而不穷。如仲子矫廉之士，岂不足以风厉末俗？且三日不食，与蟛争李，其茹苦节，好名誉，较之猥琐龌龊奔走富贵之徒，岂不高出万万？而孟子深非其为人，且不许其廉者，则自有说。考《国策》赵威后问齐使曰："於陵子仲尚存乎？是其为人也，上不臣于王，下不治其家，中不索交诸侯，此率民而出于无用者也，何为至今不杀乎？"威后之恶仲子，亦复如是。盖士君子生于当世，所以倡率天下之责任，在有用而已矣。《易》曰："开物成务，立成器以为天下利。"《论语》曰："鸟兽不可与同群，吾非斯人之徒与而谁与？"凡圣贤毕生所为孜孜矻矻者，率天下于有用而已。自秦、汉以来，士大夫昧于经世之务，乃专以安贫乐道、独善其身为宗旨，于是闭门键户，无闻无见，其学日以狭窄而固陋，其用日以窒塞而不通。极其弊，愚暗庸懦之人盈天下，每遇一事，辄嗫嚅束手而不能办，寖久寖衰，遂成一无能无力积弱之家国。呜呼！可痛也。庸讵知安贫乐道，独善其身，乃古人穷而在下不得已之所为。若夫天地之所命，性道之当然，虽一草一木、一鸟一兽、一水一火，皆当归于有用，何况于人？故人生世界之内，或以人伦自任，或以政治自任，或以学术自任，兵农礼乐，万物皆备于我。即各有其专司，孔子系《易传》，自造文字，以至于造衣裳、造弓矢、造舟楫、造宫室，皆称之为圣人者，谓其皆有用于世也。今也不然，闭门键户，无开无见，而自以为廉士。夫捧土揭木而供之庙廊之上，古人以为大耻；若捧土揭木而供之山林之中，其可以为有道之士乎哉？夫廉，美德也，万事之萌柢也。然于义有当严辨者。苟其廉而出于自然，出于真，出于正，则其人必归于有用。有用者，圣贤之徒，能任天下之事者也。若其廉而出于矫饰，出于伪，出于偏，则其人必归于无用。无用者，坚僻迂谬之徒，败坏天下之事者也。凡事真者通而伪者塞，正者通而偏者塞，真者有用而伪者无用，正者有用而偏者无用，此天演之公理，人道之当然。故愚尝谓廉者，士人立以为有用之基，非庸人借以为盗名之具也。孟子之斥仲子，为其偏而不通也，为其伪而不义也，为其迂谬而无用也。是故能通而后谓之士，能义而后谓之廉，能有用而后谓之人；不通而不得谓之士，不义而不得谓之廉，无用而不得谓之人。

　　然而更有进焉者。盖孟子学圣人者也，吾辈未能学圣人，则当学贤人以为标准。统观《孟子》全书之例，此义甚为详备。即如此篇段干木逾垣而避，泄柳闭门不纳，孟子称为"已甚"，特引孔子之见阳货以为中道，而末节即载曾子之言曰"胁肩谄笑，病于夏畦"、子路之言曰"未同而言,观其色,赧赧然,非由之所知也"。据此,可见孟子愿学孔子,而尤欲学者之讲明气节,以曾子、子路为标准。又如《万章》篇问"君馈之粟则受之乎",孟子曰"受之",而下文即引子思之于缪公,摽使者出诸大门之外,北面再拜稽首而不受之事,可见孟子又欲学者以子思为标准。此章论伯夷、盗跖筑室食粟,特为仲子之矫廉而发。若夫士大夫于取与之间,苟不问其物之所从来,则寡廉鲜耻,靡所顾忌,又岂可谓之义乎?孟子之论交际曰"非其有而取之者,盗也,充类至义之尽也",因以诸侯之礼际为可受。要知此特指间接之盗跖而言,若直接之盗跖,而受之物,又岂可谓之义乎?孟子又曰"可以取,可以无取,取伤廉,无取为廉",乃千古之正义。故愚尝谓廉者,万事之本。天下有廉而无用者矣,未有不廉而有用者也。近世之士,其才未尝无用,而富贵利达溺其心,宫室妻妾易其志,因不廉而遂归于无用,此固未可以仲子为借口也。孟子曰:"于齐国之士,吾必以仲子为巨擘焉。"此二句宜重读。痛乎今世齐国之士之多也!举世泯棼,求一如仲子之刻苦清矫,渺不可得;而借口于仲子以成其不廉者,则连踵皆是。如是而语以穷理精义之学,不亦远乎?愚故更发明孟子全书之例,以为后世人士训。

滕文公篇大义

治国家之道奈何?曰:善审天下之音,屏虚务实,无喜获禽。苟希获禽，则攘鸡之人至，哇鹅之人亦至。或者不达，告之曰：余幼读《滕文公》篇"问为国"章，孟子答以井田、学校之制，中心跃然以喜，以为孟子之道，庶几得行；滕之新国，庶几可建。乃读"许行"章以后，阒然不闻有兴革之事，则又叹文公为异说所惑，而痛恨许行不置，至今犹怏怏不慊也。且夫圣人之治天下，实事求是而已矣。若好虚声而忘实事，国其危矣。许行为神农之言，以为高出于尧、舜；为并耕之说，以为可破君子治野人、野人养君子之论。文公虽贤君，因其持说之高，遂不免为所蛊惑。圣贤豪杰经营一事，数年而不足，而庸夫俗子一二言败坏之而有余。由是而性学晦也，井田废也，学校辍也，先王之大经大法于是而坠地也。平等之说张，而无等之论且日滋也。且夫虚伪之士，未有不谋利者也。虚伪而好诡遇，所谓枉寻直尺是也；虚伪而以顺为正，所谓妾妇之道是也；虚伪而好钻营，所谓钻穴隙相窥、逾墙相从是也；虚伪而好破坏，所谓毁瓦画墁是也。如是而可以行王政乎哉？孟子卓立乎战国策士之中，一齐人之傅，不敌众楚人南蛮之咻。当是时也，胁肩谄笑、未同而言者，皆窃笑其旁也；横征苛敛、竞为非义者，皆挤排之而不息其喙也。于是慨然曰：是盈天下皆禽兽也，是园囿、污池、沛泽多而禽兽至也，是得禽兽若邱陵也，是人近于禽兽而禽兽逼人也。我亦欲正人心，息邪说，距诐行，放淫辞，为此辈而发也。且夫虚伪如陈仲子者，其人可以为廉士乎哉？与蚓争食，其行下同于蚓，哇鹅之肉，而伤天之性，使天下皆若而人者，是相率而为伪者也，是道其民而出于无用者也。此赵威后之所以欲杀之也。且夫物之不齐，物之情也。圣人静居天地之中，观察乎万物形形色色之状，就其中之走者，定其名曰兽，而又别之曰，若虎也，若豹也，若犀也，若象也，若狐狸也，若牛羊也，若豚也；就其中之飞者，定其名曰禽，而又别之曰，一禽也，十禽也，若鸩舌也，若鸡也，若鹅也；就其中之至灵而可贵者，定其名曰人，而又别之曰，若君子也，若野人也，若诸夏也，若蛮夷也，若丈夫也，若女子也，若妾也，若妇也。且夫君子所恶于妾妇之道者，恶其巧言如簧也，畏其舌也。张仪之言曰"吾之舌尚存乎"，是故君子于禽兽之中所深恶而痛疾者曰鸩舌，于人类之中所深恶而痛疾者曰妾妇之道之舌，为其声之恶而乱是非也。且夫意者，心之音也，风之自也，至微也而至显也，至隐也而至彰也。圣人欲察天下之意，必审天下之音，因天下之音，乃可以知天下之意。意之发而为言，曰言必称尧舜，曰为神农之言，曰杨朱墨翟之言，又曰天下之言。天下之言不同，天下之意万殊也。言者，又意之表也。其性善者其音和，其音和者其言明且清，其人可用，其国家可治，此百不失一者也。其志恶者其音嚚，其音嚚者其言浮以杂，其人不可用，其国家必乱，此百不失一者也。其君虽贤，其在王所者，长幼卑尊皆非怀好音者，则虚伪之声得以入，其意皆驰于虚无缥缈之域，其言皆骛于诐淫邪遁之途，而其国必不可以治，此亦百不失一者也。孟子卓立乎战国策士之中，发其正大之音，如凤凰之鸣于岐山，曰"予岂好辩哉？予不得已也"，将以息天下之恶声也。吾故谓治国家者，在善审天下之音，屏虚务实，无喜获禽。且夫获哇鹅之士，隐居井上，下饮黄泉，其害犹可止也；获攘鸡之士，或相倍蓰，或相什伯，或相千万，狼戾以攘夺于民，其害不可言也。然而风会所趋，天下士大夫皆下乔木而入幽谷矣。盖猇猇之音相淆乱，而嘤嘤之音不可闻矣。

卷七 离娄上

第一章

孟子曰："离娄之明，公输子之巧，不以规矩不能成方员；师旷之聪，不以六律不能正五音；尧、舜之道，不以仁政不能平治天下。

赵《注》："公输子，鲁班，鲁之巧人也，或以为鲁昭公之子。虽天下至巧，亦犹须规矩也。师旷，晋平公之乐太师也，其听至聪。不用六律不能正五音，六律，阳律太簇、姑洗、蕤宾、夷则、无射、黄钟也。五音，宫、商、角、徵、羽也。"

今有仁心仁闻，而民不被其泽，不可法于后世者，不行先王之道也。

范氏云："齐宣王不忍一牛之死，以羊易之，可谓有仁心；梁武帝终日一食蔬素，宗庙以面为牺牲，断死刑必为之涕泣，天下知其慈仁，可谓有仁闻。然而宣王之时，齐国不治；武帝之末，江南大乱。其故何哉？有仁心仁闻，而不行先王之道故也。"

愚按：王者徒恃一心之仁，无益也，必措之于事事物物，又悉得其当，而后民被其泽。此学问之所以必须求实，政治之所以必须求实也。先王之道，措施之方也。然而因时变通者，尤宜考之于事实也。

故曰：徒善不足以为政，徒法不能以自行。

愚按：徒善不足以为政，则心未可恃；徒法不能以自行，则法不足恃。必心与法合而为一，而后可以有为，可以能行。此"为"字、"行"字，皆当重读。不能为、不能行，则徒有文告空言而已矣。程子云："有《关雎》《麟趾》之意，然后可以行《周官》之法度。"呜呼！章程条例，岂足以平治天下乎哉？

《诗》云：'不愆不忘，率由旧章。'遵先王之法而过者，未之有也。

愚按：遵先王之法，此"遵"字当善体之。若徒拘守先王之法，即为徒法。法贵因时而变通，所谓遵先王之法者，要在善用先王之法而变通之。世人以"率由旧章"为治道不二法门，至陈腐凋敝而不知改革，此不善读《孟子》者也。

圣人既竭目力焉，继之以规矩准绳，以为方员平直，不可胜用也。既竭耳力焉，继之以六律正五音，不可胜用也。既竭心思焉，继之以不忍人之政，而仁覆天下矣。

张氏云："规矩准绳、六律，圣人竭耳目之力而制之者，故后世之为方员曲直与夫正五声者，皆莫得而违焉。至于不忍人之政，是乃圣人竭心思之所为而仁覆天下者，然则后之为治者，其可舍是而不遵乎？不曰"为之"而曰"继之"者，盖竭其心思，而其理继之，乃天之所为，而非圣人强为之也。其于规矩准绳、六律亦然。"

愚按：有创即有因。《礼》所云"作者之谓圣，述者之谓明"是也。然世界日新，则继之者亦当日新，不独形器日新，心理亦当日新。《礼》又云："善继人之志。"此所云继之者，有通达之道焉。然则因也盖即所以为创也，日师乎古人而日创乎新法也，无日不竭其目力也、耳力也、心思也。若偶有不竭焉，则其机滞而艺术衰，而天下殆。

故曰：为高必因丘陵，为下必因川泽，为政不因先王之道，可谓智乎？

邹氏云："自章首至此，论以仁心、仁闻行先王之道。"

是以惟仁者宜在高位。不仁而在高位，是播其恶于众也。

愚按：播字有二义。一则对己而言，己之恶本未著，逮得高位，作福作威，而其恶始宣播于众；一则对人而言，不仁者在高位，肆为暴虐，复有散播其恶者，而百姓无不受其毒。孟子语意当以后说为近。呜呼！不仁者可以居高位乎哉？然不仁者孰不求高位乎哉？古语有之曰"毒通四海"，即播其恶之谓乎？

上无道揆也，下无法守也，朝不信道，工不信度，君子犯义，小人犯刑，国之所存者，幸也。

朱《注》："道揆，谓以义理度量事物而制其宜。法守，谓以法度自守。由上无道揆，故下无法守。无道揆则朝不信道，而君子犯义；无法守则工不信度，而小人犯刑。有此六者，其国必亡；其不亡者，侥幸而已。"

愚按：不仁而在高位则欺诈，欺诈则民迷惑。"无道揆"六者，专重在第一句，其下则相引而致大乱之兆也。朱《注》云"其不亡者侥幸而已"，夫侥幸而可久乎哉？

故曰：城郭不完，兵甲不多，非国之灾也。田野不辟，货财不聚，非国之害也。上无礼，下无学，贼民兴，丧无日矣！

张氏云："自后世功利之说观之，城郭不完，兵甲不多，田野不辟，货财不聚，宜其甚可惧；而上无礼，下无学，疑若不急。然而孟子之言，乃反以彼为非国之灾害，而以此为不可一日安，何哉？盖三纲五常，人之类所赖以生，而国之所以为国者也。上无礼，则失是理矣；下无学，则不学乎此矣。上失其礼，下废其学，则三纲五常，日以沦弃，国将何所恃以立乎？民将何所恃以生乎？虽有高城深池，谁与守之？虽有坚甲利兵，谁与用之？虽有良田积粟，焉得而食之？然而使礼废于上，而学犹传于下，则庶几斯道未泯，而犹觊其可行也。上既无礼，而下复无学，则邪说暴行并作，而国随丧矣。贼民者，言贼夫仁义者也。"

陈氏兰甫云："'上无道揆也'以下百余言，于战国衰乱，言之痛切，当时竟不知也。若知如此则衰乱；则知不如此，即转衰为盛，拨乱为治矣。上修道揆，下谨法守，朝信道，工信度，以义治君子，以刑威小人。上兴礼，下勤学，事君以义，进退以礼，言必称先王，如此则国存而贼民灭矣。且以贼民兴，由于下无学。然则学问之事，所系岂不重哉？"

《诗》曰：'天之方蹶，无然泄泄。'

朱《注》："《诗》，《大雅·板》之篇。蹶，颠覆之意。泄泄，怠缓悦从之貌。"

愚尝谓千古人君用人，断不可犯沓沓及泄泄之弊。朱子注"沓沓"云"自足其智，不嗜善言之貌"；注"泄泄"云"怠缓悦从之貌"。盖沓沓者，刚恶之徒，压制锄善之祸所由起也；泄泄者，柔恶之徒，敷衍因循之弊所由起也。国家用是二者，乱亡随之，可不痛哉！

泄泄，犹沓沓也。

愚按：泄泄，多言也，又从口。沓沓，亦多言也，又从言。《荀子》云"愚者之言諮諮然而沸"是也。盖庸臣遇事畏葸怠缓，惟多言以乱是非。

事君无义，进退无礼，言则非先王之道者，犹沓沓也。

张氏云："事君无义，则是怀利以事其君也；进退无礼，则是苟得而不顾也；言非先王之道，则是不稽古者而汩于功利也。如是则沓沓然溃乱而已矣。"

故曰：责难于君谓之恭，陈善闭邪谓之敬，吾君不能谓之贼。"

愚按：邹氏曰：自"是以惟仁者，至丧无日矣"，所以责其君；自"《诗》曰'天之方蹶'"至"吾君不能谓之贼"，所以责其臣。窃尝反复此章，而知孟子之意，所以垂戒万世之人臣者，尤痛切也。曰"责难于君"，要必先责难于吾身；曰"陈善闭邪"，要必先求吾心之纯乎善心，而绝无邪念；曰"吾君不能"，要必先求在吾之实有所能。己身不正，而惟责君之正，吾不知之矣；己则泄泄，而惟望君之振作，吾不知之矣。夫吾君不能，在借口者方以为量而后入，或以为程度所不能至。不知日行计道，乃谓之程；天行三百六十，乃谓之度。天下未有至诚无息而不能达我之志者。若借口于不能，即孟子之所谓贼。此"贼"字与上"贼民"相应。无学谓之贼民，泄沓谓之贼臣。贼民妄糜国家之财，贼臣妄耗国家之禄，二者皆虚诳国家者也。举天下而虚诳国家，世事不可问矣。窃愿千古之为人臣者，日三复此章也。

第二章

孟子曰："规矩，方员之至也；圣人，人伦之至也。

愚按：至者，全尽而无以加之谓也，所谓模范是也。规矩为方员之模范，圣人为人伦之模范，故欲尽人道者必学圣人。

欲为君尽君道，欲为臣尽臣道，二者皆法尧舜而已矣。不以舜之所以事尧事君，不敬其君者也；不以尧之所以治民治民，贼其民者也。

张氏云："尧之为君，尽君道者也；舜之为臣，尽臣道者也。非有所增益也，无所亏焉尔。后之人舍尧、舜，其将安所法哉？以尧、舜为不可及者，是自诬其性者也。不以舜之所以事尧事君，则为不敬其君，盖不以厥后为可圣，是诬其君者也；不以尧之所以治民治民，则为贼其民，盖不以斯民为有常性，是暴其民者也。"

愚按：贼其民最为可惧。孔子曰："斯民也，三代之所以直道而行也。"民之性本直也，而贼之以曲；民之性本诚也，而贼之以诈；民之性本公正也，而贼之以颠倒是非。君子之德，风也，而在上者之治民如此，驯致世界晦蒙，人心闭塞，此其国尚能长久乎？此其种类尚能生存乎？贼其民者，贼民之性也，而不啻灭民之种也。

孔子曰：'道二，仁与不仁而已矣。'

愚按：天下之道，未有两可者也。阳货曰："为富不仁矣，为仁不富矣。"天理、人欲，不容并立者也。然愚更有说焉。尧、舜，人也；桀、纣，亦人也。其始不甚相远也。仁与不仁之间也，乃失之毫厘，缪以千里,甚至居不仁之实,而假托乎仁之名,遂至陷溺日深,去仁日远,本心牿亡而不能自拔以出也,岂不痛乎哉?

暴其民甚则身弒国亡,不甚则身危国削。名之曰幽厉,虽孝子慈孙,百世不能改也。

　　愚按:暴痛矣,甚尤惨矣!暴其民甚,其始也,民未尝不强忍痛苦以受之也,不移时而身弒国亡矣。我暴夫亿兆人,而亿兆人反暴我之一身一家,揆诸天理,其惨酷当有千百倍者也。暴其民不甚,民亦未尝不受其暴也,不移时而身危国削矣。危也、削也,弒与亡之兆也。然犹幸其未弒而未亡也,则冀其暴之犹可以止也。然而幽、厉之名则既立矣。幽者,暗也,致天下于幽暗,故名之曰幽也。厉者,戾也,待天下以虐戾,故名之曰厉也。痛乎哉!我有孝子,我有慈孙,既不免于身死国亡之后,而惨罹锋镝,更不丧于身危国削之余而遭遇颠覆,亦云幸矣,而犹望百世之后改其名也,其可得乎?痛乎哉!君之为暴也,当其恣肆横行,欺压黎庶,推其心以为虽居幽、厉之名而不恤也,庸讵知亿万姓之呼号,纵不见闻于耳目之前,而孝子慈孙之呼号,则已宛转于耳目之前也,则其百世绝灭也,谁惜之哉?谁惜之哉?

《诗》云'殷鉴不远,在夏后之世',此之谓也。"

　　愚按:此《大雅·荡》之诗,乃召穆公之刺厉王,而托词于文王之咨殷商也。其辞曰:"虽无老成人,尚有典刑。曾是莫听,大命以倾。"

又曰："枝叶未有害，本实先拨。殷鉴不远，在夏后之世。"所谓本实先拨者，何也？盖先世之患，患在政治；今世之患，患在人心。心术之为害，譬诸毒蛇虺蜴，蟠踞于中，未有能善其后者也。而其所以致此者，由老成人言之莫听也。痛乎哉！幽也、厉也，皆周代之名也，曾不鉴于夏桀、殷纣，而大命以倾也。

第三章

孟子曰："三代之得天下也以仁，其失天下也以不仁。国之所以废兴存亡者亦然。

愚按：国，诸侯之国也。盖仁与不仁二者之程度，均至不齐矣。仁之至者，得天下也；次焉者，其国亦兴也，亦存也。不仁之至者，失天下也；次焉者，其国亦废也，亦亡也。稽之前史，历历不爽者也。然而亡国破家之君，接迹于后世；而不知悔悟者，嗜欲锢蔽，而本心亡也。

天子不仁，不保四海；诸侯不仁，不保社稷；卿大夫不仁，不保宗庙；士庶人不仁，不保四体。

愚按：此孟子传曾子之学也。《孝经》"天子"章云："爱敬尽于事亲，而德教加于百姓，刑于四海"。"诸侯"章云："富贵不离其身，然后能保其社稷。""卿大夫"章云："然后能守其宗庙。""士"章云："然后能保其禄位而守其祭祀。"而孟子则云"天子不仁，不保四海；诸侯不仁，不保社稷；卿大夫不仁，不保宗庙；士庶人不仁，不保四体"，其义实本于《孝经》。夫圣贤无私，而乃规规于保四海、保社稷、保宗庙、保四体者，何哉？盖人惟能保其一身，而后能保宗庙、社稷以及于四海，其心至公，非欲专保其一家一姓也。故《孟子》七篇，首言"未有仁而遗其亲"，而极言利之弊，则谓"万乘之国弑其君者，必千乘之家；千乘之国弑其君者，必百乘之家"。《论语》首篇言"孝弟为仁之本"，推及于不犯上、不作乱。盖犯上作乱，则不保四体，而千乘之家弑其君，百乘之家弑其君，所以不保宗庙、社稷，不保四海也。先王有至德要道，以顺天下，孝而已矣，仁而已矣。此《孝经》之精蕴，而孔子、曾子、孟子相传之微言也。乃若后王之所谓保者，私意胶结，以四海为一身一姓之产业，而保之惟恐其不固。由是专制以作威，杀戮以自恣，穷兵黩武，以图自卫，此正不仁之尤者也，此正不保四海之所繇也。且夫百姓，犹一身也。天子者，以四海为四体者也。孟子曰："人之有是四端也，犹其有四体也。"人而不仁，不啻自贼其四体，故不保四海。夫四体之痿痹，能自知之；四海之痿痹，则不能知之。戕四体之痛楚，能自知之；戕四海之痛楚，则不能知之。惜哉其不读《孟子》之书也！

今恶死亡而乐不仁，是犹恶醉而强酒。"

愚按：乐、恶者，人之大情也。不仁而可乐乎？贪利而已矣。贪利则竭民脂膏，饮茹血肉，而醉生梦死，永无醒时矣。《小宛》之诗曰"彼昏不知，壹醉日富"，（郑《笺》云："童昏无知之人，饮酒一醉，自谓日益富，夸淫自恣，以财骄人。")其是之谓乎？

第四章

孟子曰："爱人不亲，反其仁；治人不治，反其智；礼人不答，反其敬。行有不得者，皆反求诸己，其身正而天下归之。

张氏云："为国者以'反求诸己'为至要。爱人而人不亲，是吾仁有所未至也；治人而人不治，是吾知有所未明也；礼人而人不答，是吾敬有所未笃也。行有不得，不责诸人而反求诸己，岂不至要乎？其身正而天下归之，天地之间，惟感与应而已。在己者无不正，则在彼者无不顺矣。反其仁者，非姑息以求比也，敦吾爱而已；反其智者，非凿智以务术也，明其理而已；反其敬者，非卑巽以苟合也，尽诸己而已。盖仁则人自亲，爱则同也；智则人斯治，理无蔽也；敬则人斯答，志交孚也。反躬则天理明，不能反躬则人欲肆，可不念哉？"

愚按：此孟子传曾子之学也。反躬自省之道，以曾子为最密。"君子所以异于人"章言处世之道，有三自反。此言为治之道，亦有三自反，何也？盖吾儒学问无穷尽，圣贤度量无津涯。常反其仁，则其仁愈厚；常反其智，则其智愈深；常反其敬，则其敬愈密。无底止也。反求诸己者，本身作则之要，有诸己而后求诸人也，修身之彻始而彻终者也。孔子之告颜子曰："克己复礼为仁。"能反求诸己，而后能克己，盖兼圣功王道而言。一日克己复礼，天下归仁焉，所谓其身正而天下归之也。为仁由己,而由人乎哉? 学问、政治进于此,则圣功邃而王道全矣。

《诗》云:'永言配命,自求多福。'"

　　愚按:此承上章而言。能自求福,则能保四海而永配天命也。仁者,福之基也。求福者,求仁也。

第五章

孟子曰:"人有恒言,皆曰天下国家。天下之本在国,国之本在家,家之本在身。"

　　愚按:此孟子传曾子之学也。《大学》曰:"古之欲明明德于天下者,先治其国。欲治其国者,先齐其家。欲齐其家者,先修其身。欲修其身者,先正其心。"而总结之曰:"壹是皆以修身为本。"心者隐而难知,身者显而易见,故性理之学重在心,政治之学重在身。人皆知有心学,而不知有身学。身学者,天下国家之模范也。故孔子曰:"其身不正,虽令不从。"又曰:"苟正其身矣,于从政乎何有?"孟子曰:"身不行道,不行于妻子。"又曰:"君子之守,修其身而天下平。"皆不言心而言身。天下之本在国,积国而成天下也。国之本在家,积家而成国也。家之本在身,本身以作则,而一家从之,一国从之,天下从之也。此所谓身学也。或者曰:子言身学,信而有征矣,请问其目。曰:威仪为定命之则,言语为荣辱之机,二者皆是也。而握其要者,曰恕、曰敬。盖恕者,推一身以治天下之根源也。君子有诸己而后求诸人,无诸己而后非诸人，其所令反其所好，而民不从也。其端要在于慎好恶。民之所好好之，民之所恶恶之。所恶于上，毋以使下；所恶于下，毋以事上。推之前后左右，莫不皆然。絜矩之道，平天下之道也。由是行之而为公，公则天下国家无不服也。由是进之而为仁，仁则天下国家无不宁也。反乎恕而为私，有己而无人，以天下唯我为独尊，灭道德，尚聚敛，恣杀戮，一人横行于天下，而天下亡，而一国亦亡，而一家亦亡，而一身亦与之而俱亡。敬者，千圣百王之法则也。汤之德在"圣敬日跻"，文王之德在"缉熙敬止"。《皋陶谟》曰"无教逸欲有邦，兢兢业业，一日二日万幾"，敬之谓也。《无逸》曰"自朝至于日中昃，不遑暇食，用咸和万民"，敬之谓也。《诗》曰"畏天之威，于时保之"，所以敬天也。《书》曰"天明威，自我民明威"，由敬天以敬民也。人以一身处天下国家之中，所以为天地立心，为生民立命者，唯此身是赖。自古贤君，未有不敬其身以敬其民、以敬天下国家者也。由是推之而为信，敬事而信，民无信不立也。由是履之而为直、为正，敬以直内，义以方外，而邪僻之行无自入也。《孝经》曰："敬亲者不敢慢于人。"反乎敬而为轻、为浮、为伪、为侮慢、为欺诈、为横恣、为淫暴、为作福作威，其视天下之事、天下之人，眇然若无足重轻者，而天下灭，而一国灭，而一家灭，而一身亦与之而俱灭。

第六章

孟子曰："为政不难，不得罪于巨室。巨室之所慕，一国慕之；一国之所慕，天下慕之。故沛然德教溢乎四海。"

　　愚按：巨室，搢绅贤士大夫之家也。慕者，兼爱敬而言，爱则感情厚，敬则信仰深也。古之时户口稀少，最小者为十室之邑，最大者亦不过千室之邑，其中必有贤士大夫焉，为一方之表率，即为一国之所敬慕，其人具有道德而闻望昭著者也。孔子曰："事其大夫之贤者。"大夫而贤，退居乡里，一乡之风俗利弊周知之，历史掌故周知之，一切应兴、应革之事，无不周知之。为政之大难，在每办一事而不通下之情。情隔则疑心生，疑心生则事机滞，虽有德教，亦无由行。《周易》之义，上、下交则为泰，上、下隔则为否，此政治家之消息也。而巨室者，百姓之机括也。为政者诚能联络贤士大夫，敬而事之，贤士大夫亦将爱而慕之。机括既得，则其于百姓也，如一身之使手足，无有不佐我之德，助我之教者，故曰"沛然德教溢乎四海"，言如血脉之流通，无所阻滞，无不充满也。然其云"不得罪"者，何也？人情之大患，曰疑曰忌。搢绅先生而居一乡，为政者虑其侵越事权，或不免疑之忌之，此得罪之端所由起也。所谓不得罪者，至诚相与而已矣。刘向《新序·杂事》篇载麦丘人祝齐桓公曰："愿主君无得罪于群臣、百姓。"公怫然作色曰："吾闻之，子得罪于父，臣得罪于君，未闻君得罪于臣也。"麦丘拜而起曰："子得罪于父，可以因姑姊妹叔父而解之，父能赦之；臣得罪于君，可以因便嬖左右而谢之，君能赦之。昔桀得罪于汤，纣得罪于武王，此则君之得罪于臣者，莫为谢，至今得罪。"公曰："善！"此不得罪之义也。后世为政者，既不为百姓设身处地，其视巨室,若视敌国然,必求所以抵制之术;其代达民隐者,则排之斥之;其为民请命而主公好公恶者,则必百计以去之,使之缄口不得言,以为彼何人斯,而干与吾政?呜呼!此皆忌心之所发,不知天下之为公,故沛然暴德溢乎四海。戒之哉!戒之哉!

第七章

孟子曰:"天下有道,小德役大德,小贤役大贤;天下无道,小役大,弱役强。斯二者,天也。顺天者存,逆天者亡。

　　愚按:公理,天也;强权,亦天也。天下有道,人人皆能循分,皆知公理,故小德役于大德,小贤役于大贤。天下无道,私心胜而公理灭,则强权行焉。强权无道,曷谓亦天也?人生当世,曷为而小,曷为而弱,必有所以致之者。无非自贻伊戚,则不得不听命于大,听命于强,故曰"强权亦天也"。顺天而行者存,逆天而行者亡。小德抗大德,小贤抗大贤,违背公理,亡无论矣。至小弱者不务修德为善,培其本根,乃欲以力取胜,抗彼大强,此所谓不度德,不量力,自速其亡而已矣。

齐景公曰:'既不能令,又不受命,是绝物也。'涕出而女于吴。

　　王氏船山云:"《集注》谓'吴,蛮夷之国。景公羞与为昏',非也。吴,周之伯父,《春秋》以其僭王夷之耳,当时诸侯不以夷贱之也。鲁且越礼为结昏,齐独耻乎? 按:《越绝书》称阖闾胁齐女以为质,后其女悲思,是以有望齐之门,卒以忧死,葬虞山之上,谓之齐女冢。然则景公生视其女充西施、郑旦之列,如之何弗涕?"

愚按:至可痛者,以齐太公泱泱之遗风,而为人臣妾也,皆由子孙之不肖如景公者也。其不肖奈何? 不仁不智,无礼无义,君不君,臣不臣,父不父,子不子。于是乎民心解体,而号令不能出于国门之外;于是乎强国凭陵,不得不俯首受命。

今也小国师大国而耻受命焉,是犹弟子而耻受命于先师也。

愚按:弟子耻受命于先师,盖亦夥矣。其耻也,由于无耻也。然弟子之耻受命,由懵焉不知道德教化,故耻师于人也。而小国之于大国,非特不知道德教化,乃早师其不仁不智、无礼无义、君不君、臣不臣、父不父、子不子,无一而不备,则实受其无形之恶教,而耻受命焉。其耻也,无耻之尤也。

如耻之,莫若师文王。师文王,大国五年,小国七年,必为政于天下矣。

程子云:"五年、七年,圣人度其时则可矣。然凡此类,学者皆当思其作为如何,乃有益耳。"

愚按:如耻之,则能以无耻为耻也。知耻则近乎勇也。能自得师,则可王也。文王,我师也,不特政治之师,道德之师也;不特一时之师,千古之师也;不特小国之师,大国之师也。祸福之幾,在有耻无耻一转念之间。是故能师文王,则大国五年,小国七年,必为政于天下;不能师文王,则小国五年,大国七年,必为人所亡。微乎微乎! 危乎危乎! 政治之家,清夜自思,羞恶之良知,尚有未泯者乎?

《诗》云:'商之孙子,其丽不亿,上帝既命,侯于周服。侯服于周,天命靡常,殷士肤敏,祼将于京。'孔子曰:'仁不可为众也。夫国君好仁,天下无敌。'

朱《注》:"《诗》,《大雅·文王》之篇。丽,数也。十万曰亿。侯,维也。商士,商孙子之臣也。肤,大也。敏,达也。祼,宗庙之祭,以郁鬯之酒灌地而降神也。将,助也。言商之孙子众多,其数不但十万而已。上帝既命周以天下,则凡此商之孙子,皆臣服于周矣。所以然者,以天命不常,归于有德故也。是以商士之肤大而敏达者,皆执祼献之礼,助王祭祀于周之京师也。"

愚按:存亡之数,虽曰天命,岂非人事哉? 读"侯服于周,天命靡常"二语,当可警心动魄,而亟修其政矣。国君好仁,天下无敌,圣贤屡言之,而战国时人君卒不信也,后世之人主亦终不信也。

今也欲无敌于天下而不以仁,是犹执热而不以濯也。《诗》云:'谁能执热,逝不以濯。'"

朱《注》:"《诗》,《大雅·桑柔》之篇。逝,语辞也。言谁能执持热物,而不以水自濯其手乎?此章言不能自强,则听天所命。修德行仁,则天命在我。"

愚按:欲无敌于天下,于是乎壹意养兵,不以仁,于是乎壹意用兵,曷谓犹执热而不以濯?兵,犹火也。弗戢,将自焚也。火之将然也,热气先迫其身;君之将亡也,兵气先加其身。故曰"犹执热而不以濯也"。呜呼!君天下而不以仁者,但知扬汤以止沸,不顾民之烂额而焦头,此无异纵火以自焚其身,并自焚其子孙。圣贤悯焉,故以濯手为喻,而使之自濯其心。

第八章

孟子曰:"不仁者可与言哉?安其危而利其菑,乐其所以亡者。不仁而可与言,则何亡国败家之有?

张氏云:"自幽、厉以来,千余载间,亡国之君,凡其所为,彼岂以为可以至于乱亡哉?类皆欣慕而为之,虽有忠言,亦莫之顾也。孟子所谓安其危、利其菑、乐其所以亡而不可与言者,岂不信哉?惟汉武帝骄淫奢欲,残民以逞,视秦政覆辙而遵之,盖亦乐夫亡者,而晚岁因车千秋之言,有动于中,下轮台哀痛之诏,亟改前日之为,是以克保社稷,则夫所谓'不仁而可与言,则何亡国败家之有',又岂不信哉?"

愚按:此节语绝痛。人君虽至愚不肖,决无有安危而利菑者。而卒至于此者,安危由于喜谀,人情莫不乐安,一闻苟安之言而喜之,而真以为安，则安其危矣；利蓄由于妄取，好利而不顾民力，变乱伏于无形，犹竭民之脂膏而不恤，则利其蓄矣。所以亡，非必荒淫无道，凡事隳坏于冥冥之中，皆为所以亡之根。如是而犹以为乐也，亡国破家，呜呼痛矣！

有孺子歌曰：‘沧浪之水清兮，可以濯我缨。沧浪之水浊兮，可以濯我足。’

王氏船山云："按《禹贡》汉水东为沧浪之水。汉流本清，方水涨时，则沿汉溪涧，自山而溢，推荡泥沙，下入于汉，因而浊耳。沧浪，楚水。其歌，楚人之歌。孔子南游楚，涉汉而闻之。屈原、渔父，亦楚人也，故其歌同。"

孔子曰：‘小子听之，清斯濯缨，浊斯濯足矣。自取之也。’

朱《注》："言水之清浊，有以自取之也。"

夫人必自侮，然后人侮之；家必自毁，而后人毁之；国必自伐，而后人伐之。

张氏云："人之见侮于人，与家之见毁、国之见伐，人徒曰人侮之也、人毁之也、人伐之也，而不知所以侮、所以毁、所以伐者，己实为之也。苟无以召之，则何由至哉？孟子于自反之道，言之不一而足，非惟在当时乃拨乱反正之纲，实万世为治检身者不易之理也。"

太甲曰:'天作孽,犹可违;自作孽,不可活。'此之谓也。"

　　愚按:天下断无有人愿自侮家、愿自毁国、愿自伐者,而所以至于侮、至于毁、至于伐者,皆由于自侮、自毁、自伐有以致之。不仁之人,私欲锢蔽,惟利是图,贿赂公行,苞苴盈室,囊金椟帛,自以为至乐。迨至钟鸣漏罢,兴尽悲来,亡国败家,已随其后。当斯时也,虽欲自投沧溟,勉为洗濯,然而清流皓皓,海水苍苍,不能容此污浊之躯也。悲夫! 殃民误国,自作之孽,夫复何尤。当其笙歌般乐之时,不知有孺子窃笑其旁也。

第九章

孟子曰:"桀、纣之失天下也,失其民也。失其民者,失其心也。得天下有道,得其民,斯得天下矣。得其民有道,得其心,斯得民矣。得其心有道,所欲与之聚之,所恶勿施尔也。

　　愚按:有天下者,首在顺民心;保天下者,首在审民之欲恶。顺民之欲恶,则天下治而国以常存;逆民之欲恶,则天下乱而国不旋踵而亡。综观中外古今历史,莫不皆然。后世昧于此义,是以治日少而乱日多。揆厥所原,皆由于隔膜。隔膜甚而民心日益离,离则民气日益散。《大学》云:"好人之所恶,恶人之所好。"是谓拂人之性,菑必逮夫身。盖天下者,君与民所共者也。自民而言,宜遵上之法令;自君而言,则宜合天下之民,以治天下。而合天下之民以为治,即当因民之欲恶以为欲恶。愚尝谓聚民之道，治天下之方，不外《尚书》"股肱耳目，心腹肾肠"八字。一己之股肱所用有限，则合天下民之股肱以为股肱；一己之耳目所及有限，则合天下民之耳目以为耳目；一己之心思所虑有限，则合天下民之心思以为心思。此所谓聚也。然而《礼运》有言，"欲恶者，心之大端也"。人藏其心，不可测度也。人主非不欲顺民情，而所欲或非民之欲，所恶或非民之恶，卒至颠倒错乱者，将奈何？曰：是在平日之通民情。心诚求之则通，通斯公，公斯聚矣，《礼运》所谓"大同之治，公之至也，聚之至也"。

民之归仁也，犹水之就下，兽之走圹也。

张氏云："水之就下，兽之走圹，性则然也。民之归仁，亦其性然也。"

故为渊殴鱼者，獭也。为丛殴爵者，鹯也。为汤、武殴民者，桀与纣也。

愚按：逆民之欲恶，则民不服。驯至仇视其民，故曰殴。汤、武固欲得民，桀、纣未必欲失民，而卒至民非其民者，逆民情也。昔人有言，民心难得而易失，民情至愚而难欺。抚我则后，其可思已。

今天下之君有好仁者，则诸侯皆为之殴矣。虽欲无王，不可得已。

张氏云："孟子所谓'诸侯皆为之殴'者，非利乎他人之为己殴也，

特言其理之必然者耳。循夫天理，无利天下之心，而天下归之，此三
王之所以王也。假是道而亦以得天下者，汉、唐是也。故秦为汉殴者
也，隋为唐殴者也。季世之君，肆于民上，施施然自以为莫己若也，而
不知其为人殴也，岂不哀哉？”

今之欲王者，犹七年之病求三年之艾也。苟为不畜，终身不得。苟不志于仁，终身忧辱，以陷于死亡。

愚读此节，不禁长太息也。悲夫疾病日深而终身不得艾之苦也，
悲夫终身忧辱以陷于死亡之惨也。如是而犹欲王，岂不悖哉？虽然，
此非不可疗之证也。盖不求艾者，在于讳疾；不志于仁者，在于因循。
讳疾者宜救之以明，因循者宜救之以猛。早一日畜艾，则能早一日病
愈；早一日志仁，则可早一日免于死亡。朱《注》：“自今畜之，犹或可
及。”呜呼！病深矣，国危矣，其犹可玩时而愒日也哉？

《诗》云：‘其何能淑，载胥及溺。’此之谓也。”

愚读此节，不禁再太息也。悲夫载胥及溺之惨也。《大雅·桑
柔》之诗言之矣。胥者，相也。言君与民同溺也。《书》曰：“时日害
丧，予及女偕亡。”民欲与君偕亡也。载胥及溺，民愿与君同溺也。所
谓“水可载舟，亦可覆舟”者也。夫何以至此也？事事拂民之欲恶也，
所恶与之聚之，所欲勿施尔也。

第十章

孟子曰:"自暴者,不可与有言也。自弃者,不可与有为也。言非礼义,谓之自暴也。吾身不能居仁由义,谓之自弃也。

愚按:自暴者曷为不可与有言? 言有法律,而彼则无正言,惟截截善谝言,非圣也,无法也,时而为欺诈,时而为诬罔,时而为觳觫,其所言无非颠倒是非之甚者,故不可与有言。若是者,自贼其天所付之身之口舌齿牙,即自贼其天所付之身之则,故谓之自暴也。自弃者,曷为不可与有为? 尧、舜,人也;我亦人也。乃曰:尧、舜大圣人也,我何能及尧、舜也? 仁也、义也,天性也。乃曰:仁义,圣人之所居所由也,我何能居之而由之也? 厉之而不奋,鞭之而不起,故不可与有为。若是者,自弃其天所赋之身、之心思才力聪明,即自弃其天所赋之身、之性,故谓之自弃也。程子曰:"人苟以善自治,则无不可移者。惟自暴者拒之以不信,自弃者绝之以不为,虽圣人与居,不能化而入也。此所谓下愚之不移也。"盖若斯人者,处国家则亡国家,处社会则坏社会,处乡校党庠则不能容于庠校者也。

仁,人之安宅也;义,人之正路也。

愚按:安者,不危之谓。荡荡广居,如天之宇,充之则覆天下而有余,故曰安宅。正者,不邪之谓。周道如砥,其直如矢,行之而宜,无偏无陂,故曰正路。

旷安宅而弗居,舍正路而不由,哀哉!"

　　愚按:旷安宅,入歆屋也。舍正路,趋邪径也。然而由君子观之,则以为大可哀者,以歆屋、邪径之必不可以久也。既不能久,于是乎失其居,失其路,旁皇而无所措,哀哉其心死矣。上文云:"仁,人之安宅也;义,人之正路也。"不仁不义,则不得为人,而人亦不以人道待之。鸡栖于塓,牛宿于阑,彼其塓、阑之物乎?兽蹄、鸟迹之道,交于中国,彼其类蹄迒之迹乎?岂不哀哉?虽然,彼不知仁义之道而汩没其本心,犹可谅也。若既读孟子之言,知有仁义之道而犹自暴也,而犹自弃也,以致失其居也,以致失其路也,岂不哀之尤可哀哉?

第十一章

孟子曰:"道在迩而求诸远,事在易而求诸难。人人亲其亲,长其长,而天下平。"

　　愚按:此孟子因言政治者求诸远、求诸难,故为是至迩至易之论也。然而曰道曰事,非无为而治也。道在乎推暨,事贵乎实行也。万众芸芸,家庭之间熙熙然,皞皞然,融融然,泄泄然,孰不愿亲其亲、长其长?在上者苟不能亲亲而长长,道天下桀骜之行,滋天下乖戾之气,无形之中戕贼人性,天下固无望其平矣。然在上者虽能亲亲而长长,而不能推之使人人亲其亲、长其长,则天下亦无望其平也。亲亲,仁也;敬长,义也。无他,达之天下也。仁义之道,如何而达之天下?

盖有至大之政治、至实之事业,其中层累曲折,非一蹴可几,故曰"道也、事也,非无为而治也"。行养老之礼,乞言之典,敬其父则子悦,敬其兄则弟悦,推而至于养生送死无憾,是亲其亲、长其长之政治也。五十非帛不暖,七十非肉不饱,文王之民无冻馁之老者,是亲其亲、长其长之事业也。天下平者,平天下之不平而已。人人有不平之心、不平之气,天下乌得而平? 亲其亲,长其长,则爱情结,爱情结而不平之心化;亲其亲,长其长,则和气生,和气生而不平之气消。人人无不平之心,无不平之气,而天下平。

第十二章

孟子曰:"居下位而不获于上,民不可得而治也。获于上有道,不信于友,弗获于上矣。信于友有道,事亲弗悦,弗信于友矣。悦亲有道,反身不诚,不悦于亲矣。诚身有道,不明乎善,不诚其身矣。

愚按:居下位而期获乎上,非媚上也,上下一心,而后民可得而治。《易传》曰:"同声相应,同气相求。"若在上之人,非志同而道合者,则措施阻滞,观听乖方,民不可得而治也。战国时尚行选举之法,故颜阖曰:"士生乎鄙野,推选则禄焉。"朝廷与社会,一以贯之。《易传》曰:"人之所助者信也。"《论语》曰:"民无信不立。"若其人不见信于社会者,必不能见信于朝廷,故曰"不信于友,弗获于上矣"。不爱其亲而爱他人,不敬其亲而敬他人,如是则社会贱之、恶之,家庭与社会亦一以贯之者也。曾子曰:"亲戚不悦,不敢外交。"故曰"事亲弗悦,弗信于友矣"。诈伪之事,起于家庭,而后及于交游朋友。《曲礼》曰:"幼子常视毋诳,所以端其本也。"是故言必有物,行必有恒,处事之诚也;冬温夏清,昏定晨省,侍奉之诚也;喜而不忘,劳而不怨,视于无形,听于无声,立心之诚也。反乎此而为诈伪,则父母恶之矣,故曰"反身不诚,不悦于亲矣"。人生而嗜欲熏心,孳孳为利,则终其身无立诚之一日。明善者,吾心之良知也。家庭、社会之暗塞,由吾心之良知以光明之;世界之晦昧,亦由吾心之良知以光明之。然而此良知者,不免为气质所锢,物欲所蔽,最易于汩没者也,故必居敬、穷理以涵养之,读书、取友以磨砻之,博学、审问、慎思、明辨、笃行以固守之。如是而吾身乃可以诚,反是则为暗塞,为晦昧,故曰"不明乎善,不诚其身矣"。此孟子传孔子、子思子之学说也。《大学》言格物、致知、诚意、正心、修身,以达乎齐家、治国、平天下,此言治天下之本末也。《中庸》言明善、诚身,以达乎悦亲、交友、获上,此言治一身之本末也。

是故诚者,天之道也;思诚者,人之道也。

愚按:诚者天之道。天行健,不息而能久者,诚也。自古有昼而不夜,夜而不昼,日夕愆其候者乎? 无有也,诚也。自古有春而不夏,秋而不冬,四时颠倒其序者乎? 无有也,诚也。潮流之涨缩也,视乎晦朔盈虚,有水行而失其信者乎? 无有也,诚也。周子《通书》曰:"大哉乾元,万物资始,诚之源也。乾道变化,各正性命,诚斯立焉。元亨诚之通,利贞诚之复。"此即所谓天之道也。曷谓思诚者人之道?《中庸》曰:"诚之者,择善而固执之者也。"《中庸》言"诚之",此言"思诚者",何也?思诚者,诚之本也。人当念虑初萌之时,而察其意之诚否,是为思诚。当念虑既萌之后,因其意之诚而固执之,是为诚之。周子《通书》曰:"寂然不动者,诚也;感而遂通者,神也;动而未形、有无之间者,幾也。诚精故明,神应故妙,幾微故幽。诚、神、幾曰圣人,因其幾之微而幽,以造于诚精而明。是孟子所谓思诚之幾,盖在乎诚之之先,而为求诚者最初之工夫。所谓莫见乎隐,莫显乎微,遏人欲于将萌,存天理于将灭者,此也。此时之幾,至微而实至危。"周子又云:"五常百行,非诚非也,邪暗塞也。"偶一不思,即入于邪暗塞,岂不殆哉?盖思诚者,人之所以配天,故曰人之道。人而不能思诚,即失其人之道,而不得为人。

至诚而不动者,未之有也。不诚,未有能动者也。"

愚尝闻诘孟之说者曰:"至诚而不动者,盖有之矣。天下之凶人、恶人、邪人、小人,不可教训,不知话言,纵垂涕泣而道之,亦不能悔而悟,岂能动乎?《易·中孚》之卦曰:'中孚豚鱼吉。'(程《传》:"豚躁鱼冥,物之难感者也。孚信能感于豚鱼,则无不至矣。")《象传》曰:'豚鱼吉,信及豚鱼也。'盖天下固有豚鱼之不若者矣,岂能动乎?"窃谓不然。凡不能动者,必其诚之有未至者也。孟子曰:"爱人不亲反其仁,治人不治反其智，礼人不答反其敬。行有不得者，皆反求诸己。行有不得，不能动也。反求诸己，反求诸己之诚也。其身正而天下归之，至诚而能动者也。"天下之人，形形色色，要各有其至情至性，而审察其气质，总不外刚、柔两端。刚者宜感之以血性，柔者宜感之以至情。故无论桀骜不驯之徒，昏庸自惰之辈，苟闾门而语以良知，未有不面赤汗下而自愿洗心而改过者。以瞽瞍之顽而亦能允若，以象之傲而亦知忸怩，孰谓至诚而不能动乎哉？故孟子不曰"诚而不动"者，而曰"至诚而不动"者，至之为言极也。君子亦反求诸己而已矣。若夫不诚，即上所谓邪暗塞者也。其意曰：我天下之大巧人也。我欲使贪，亦不妨于贪也；我欲使诈，亦不妨于诈也。如是而求其动，所谓适燕而南其辕者也。呜呼！是岂特不能动而已，久之而家庭而社会而朝廷，无论为亲为友，为上为民，无一信我者矣。

第十三章

孟子曰："伯夷辟纣，居北海之滨，闻文王作，兴曰：'盍归乎来，吾闻西伯善养老者。'太公辟纣，居东海之滨，闻文王作，兴曰：'盍归乎来，吾闻西伯善养老者。'

张氏云："人君得仁贤之心，则天下之心归之矣。夫以纣在上，而天下之贤有如伯夷、太公者，乃退避于海滨之不暇，以纣之为虐不可迩故也。文王在岐山之下，而二老者乃不远数千里欲往归之，以文王之行仁政而善养老故也。二老所以归文王之心，是天所以眷顾之心也。"

愚按：伯夷、太公，皆隐居以待天下之清者也。及其既也，伯夷隐而太公显，其政有不同也，一则求乎仁，一则通乎义也。

二老者，天下之大老也。而归之，是天下之父归之也。天下之父归之，其子焉往？

朱《注》："天下之父，言齿德皆尊，如众父然。既得其心，则天下之心不能外矣。萧何所谓养民致贤以图天下者，暗与此合，但其意则有公私之辨，学者又不可以不察也。"

愚按：《孝经》云："敬其父则子悦，敬其兄则弟悦。""敬一人而千万人悦。所敬者寡，而悦者众。"悦者，人心也。天下之父归之，心归之也，其子焉往者？敬一人而千万人悦，而天下之心归之也。皆言得人心之效也。

诸侯有行文王之政者，七年之内，必为政于天下矣。"

朱《注》："七年，以小国而言也。大国五年，在其中矣。"

第十四章

孟子曰："求也为季氏宰，无能改于其德，而赋粟倍他日。孔子曰：'求非我徒也，小子鸣鼓而攻之可也。'

愚按：德有凶有吉，无能改于其德，无能改其恶德也。求也艺，通理财学，世不能用，因为季氏宰而小试焉，然而不仁矣。

由此观之，君不行仁政而富之，皆弃于孔子者也。况于为之强战。争地以战，杀人盈野；争城以战，杀人盈城。此所谓率土地而食人肉，罪不容于死。

愚按：士君子可见弃于王公大人，不可见弃于圣贤，尤不可见弃于孔子。强战者，非民之愿战也，因争地、争城而战也，因争地、争城而杀人盈野、杀人盈城也。彼过屠门而大嚼者，鼋鳖在左，鳝鲤在右，牛羊、鸡豕、八珍杂陈，以为天下之至美也。餍饫而出游于庖厨，则见夫鼋鳖、鳝鲤、牛羊、鸡豕之属，宛转号呼于刀俎之间，然后知食者虽美，被食者甚苦，其心未尝不蹙蹙然哀也。兵者，民之所养也，竭民之脂膏以养兵，而兵乃视民为刀俎之肉，此其宛转哀号，伤心惨目，殆有千百倍于牲畜者。而况夫流离破产、卖男鬻女、折臂析骸、焚溺自经之状，求生不能，求死不得，上之人均不得而见、不得而闻也。悲夫，悲夫！率土地而食人肉，非为民上者之初心也，乃以争地、争城而罪至不容于死。殷鉴不远，其可畏也哉！

故善战者服上刑，连诸侯者次之，辟草莱任土地者次之。"

愚尝作《善战者服上刑论》。其文曰：凡生于天地之间者皆曰命。天命为性，故合而言之，则曰性命。天地之大德曰好生，举凡一切飞潜动植之物,莫不养其命而遂其性。人生于其间,至灵至尊而至贵者也,故其生命为尤重。彼善战者以杀人为乐,不惜人之命,而戕贼其同胞,故上干天怒而刑之。天不能刑人也,则假手于人以刑之,亦惨矣哉!盖夫善战,则寡人之妻,孤人之子,残民以逞,靡所底止;而况善战则必制不仁之器,千灌万辟,日新月异,戈林镞雨,骨碎肉糜,毒气一蒸,六师僵毙;而况善战则必事搜括,剥肤敲骨,磨牙吮血,巧立名目,无微不入,公私上下,扫地赤立,况乃取之尽锱铢,用之如泥沙,曾不顾及一路皆哭,万民怨嗟;而况善战则必事转输,飞刍挽粟,水陆并进,供亿烦苛,四海穷困,奔走逃亡,生命俱尽;而况善战则师行而不止,鸡犬室家,所过如涤,林莽为墟,商贾歇集,百年精华,一炬俱灭;而况善战则兵聚而必散,一溃之后,堤崩河决,豕突狼吞,劫金掠帛,四海骚动,间阎叫号,曾不知所纪极。汉贾捐之曰:"父战死于前,子斗伤于后,老母寡妇,饮泣巷哭。"唐李华《吊古战场文》曰:"吊祭不至,精魂何依?必有凶年,人其流离。"伤心惨目,一至于此。此皆善战者阶之厉也。揆诸善恶之报,祸福之幾,不服上刑,非天演之公理。曰:古不有《司马法》乎?孔子不言足兵乎?则战何罪焉?不知圣人所慎,首在于战。班固《汉书·艺文志》曰:"自春秋至于战国,出奇设伏,变诈之兵并作。"然则变诈之兵,实始于战国。至于后世,则更有不忍言者矣。譬之纵百万虎狼于五都之市,而日以噬人,宛转哀呼,莫能逃避,而驱使之者,犹沾沾自喜也。此何心也?天下有自杀其子者乎?梁惠王是也。以土地之故,糜烂其民而战之,以其所不爱及其所爱，太子申之死，非齐杀之也，惠王自杀之也。而秦始皇之于二世，亦其例也。天下有自杀其妻者乎？项籍是也。百战百胜，坑秦卒，烧咸阳，自以为天下无敌矣。曾不逾时，"虞兮"一歌，名骓不逝，杀虞姬者，非汉也，项籍自杀之也。而明怀宗之夫妇雉经，刲剑爱女，亦非其罪也，明太祖之好杀，贻祸其子孙也。孙子膑其脚；庞涓殒于万弩；吴起为楚贵戚所击，伏悼王尸而死；白起为秦破燕、破韩、破赵，阬赵降卒四十万人，至于自裁之时，始悔悟曰"我固当死"。盖善战者未有令终者也。天网恢恢，岂不大哉？老子曰："杀人众多，以悲哀泣之。战胜，以丧礼处之。"此不忍之极思也。人昧没其不忍之心，于是上干天怒而刑之。天不能刑人，乃假手于人以刑之也。刑不逮其身，乃于其子孙也，愈巧而愈烈也，愈久而愈酷也。《左氏传》曰："夫兵，犹火也，弗戢，将自焚也。"语曰："善水者必溺于水，善兵者必死于兵。"呜呼！自焚自溺，而仅及其身也，幸矣！

又案：连诸侯者次之，辟草莱任土地者次之，曷恶乎尔？盖连结诸侯，合从者也，意主于战，故次之。辟，开垦也。任土地，谓分土授民，使任耕稼之责，如商鞅开阡陌之类，废先王之经制，而专以侵略为主义。故孟子非恶夫开垦者也，恶夫侵略则必出于争，争则必出于战，故亦次于善战者也。

第十五章

孟子曰："存乎人者，莫良于眸子，眸子不能掩其恶。胸中正，则眸子瞭焉。胸中不正，则眸子眊焉。

朱《注》："眸子，目瞳子也。瞭，明也。眊者，蒙蒙目不明之貌。盖人与物接之时，其神在目，故胸中正，则神精而明；不正，则神散而昏。"

愚按：生人五藏之神，皆萃于目，故心官正，则目视正；心官静，则目视静；心官浮而邪，则目视亦浮而邪。存乎人者，此人字指常人而言。胸中之正与不正，视乎平旦之气存与不存。平旦之气存，则其心气清明，故胸中正而眸子瞭；平旦之气亡，则心气昏浊，故胸中不正而眸子眊。

听其言也，观其眸子，人焉廋哉。"

张氏云："人之于言，犹可以伪为。至于眸子之瞭与眊，则不可为也。听其言而又参之以其眸子，则无所遁矣。此与夫子'人焉廋哉'之意同，而为说则有异。盖夫子之言，为全观其人设也；而孟子之言，则一见而欲识其大纲也。参是二者，观人之法，殆无余蕴矣。学者读此章，非独可得观人之法，又当知检身之要也。放心邪气，其可顷刻而有邪，一萌诸中，而昭昭然不可掩者矣，其可不惧乎？"

愚按：观人之法，惟于"浮实"二字辨之。实者正，浮者邪。《礼记·玉藻》云："目容端，口容止。"止，静也。此所谓实也正也。若言则浮嚣，目则浮游，如《左氏传》所云"目动而言肆"者，其人之邪可知也。士君子处世，其可无知人之学乎哉？

第十六章

孟子曰:"恭者不侮人,俭者不夺人。侮夺人之君,惟恐不顺焉,恶得为恭俭? 恭俭岂可以声音笑貌为哉?"

愚按:战国时之人君,固尝亟亟然号于众曰:"我恭也,我俭也,天下人当顺我也,顺我而我当有以取之也。"孟子曰:"贤君必恭俭礼下,取于民有制。"二者相为表里者也。而今之所谓恭者,欺诈也;今之所谓俭者,搜括也。是侮人也,是夺人也。侮人者,人恒侮之;夺人者,人亦夺之。如是而惟恐其不顺,所谓梦寐求之而不可得者也。一人之心,千万人之心也;一二人不顺之,天下未有能顺之者也。然而聆其声音,则恭也,俭也;观其笑貌,则恭也,俭也,如是者为也。为者,伪也。(古"伪""为"二字通用。《荀子》"人之性恶,其善者伪也","伪"即"为"字。)伪为者,以顺则逆,民无则焉,顺之反而为逆,方祸患之不暇,而尚望其顺乎哉? 然则为人君者当奈何? 诚者,天之道也。思诚者,人之道也。至诚而不动者,未之有也。百姓之顺与逆,视人君一心之诚与伪也。若以至诚为迂,天下未有能顺者也。然且亟亟然号于众曰"我恭也,我俭也"。《大学》曰"其所令反其所好,而民不从",我方以一己之伪引发天下人之伪。我以伪待人,人亦以伪待我,而犹惟恐其不顺也。呜呼! 岂特不顺而已也?

第十七章

淳于髡曰:"男女授受不亲,礼与?"孟子曰:"礼也。"曰:"嫂溺,则援之以手乎?"曰:"嫂溺不援,是豺狼也。男女授受不亲,礼也。嫂溺援之以手者,权也。"

张氏云:"所谓权者,事有万变,称其轻重而处之不失其正之谓也。夫衡之有权,其得名以权者,以夫轻重虽不同,而无不得其平故也。自陋儒'反经合道'之论起,而其害有不可胜言。盖既曰反大经矣,而道恶乎合哉?此论一行,而后世窃权之名以自利,甚至于君臣父子之大伦荡弃而不顾,曰'吾用权也',不亦悲夫!淳于髡之问,意以为礼之经,常不可执守于急难之际也。孟子答之以'男女授受不亲,礼也。嫂溺援之以手者,权也'。斯两言也,而经权之义盖可见矣。盖不授受,固礼之经。然嫂溺则遭其变,援之以手者,遭变而处之之道当然也。故先之曰'嫂溺不援,是豺狼也',则可以见其道之在夫援也。若其不援,则失道而陷夫禽兽之域。然则其权也,岂非所以为不失其经也欤?"

曰:"今天下溺矣,夫子之不援,何也?"

张氏云:"髡未识孟子之意,因是而言孟子在今日,亦当少贬其道,用权以救世为急也。"

曰:"天下溺,援之以道;嫂溺,援之以手。子欲手援天下乎?"

张氏云:"孟子谓天下之溺,不可以力援也,当援之以道耳。若道先枉矣,则将何以援之乎? 是犹援嫂之溺,有赖夫手,而先废其手也。然则孟子之不少贬以求济者,是乃援溺之本,岂非天下之大经乎?"

罗氏罗山云:"天下溺,援之以道,必有道而后可援。出处一失其正,是已失其道矣,尚有何道可援天下乎? 天下无道,则天下溺;我失其道,则我溺。以不溺救天下之溺,尚惧其溺之难援;以溺救溺,安见其溺之不日甚哉?"

愚按:道者,援天下之本也。援之以道者,先审夫出处之宜,而后定夫设施之序,惟有守而后能有为也。若夫援之以手者,其视天下之事,苟焉而已,几若无人不可任,无事不可任,则不至于害天下不止。是故后世非无热心救世之士,而其立身制事终无所成就者,皆手援天下之徒也。惜哉,惜哉!

第十八章

公孙丑曰:"君子之不教子,何也?"孟子曰:"势不行也。教者必以正;以正不行,继之以怒;继之以怒,则反夷矣。夫子教我以正,夫子未出于正也,则是父子相夷也。父子相夷,则恶矣。

愚按:人之过多在于怒,怒一发则不可遏,故教者最忌怒,而父子之间为尤甚。愚尝谓,心者,义理为之主,意气为之奴。若一心之中,不任理而任气,则气为之主,譬诸一家之中,奴为之主,心有不伤、家有不败者乎？故曰：怒者，心之奴也。"夫子教我以正，夫子未出于正"，怨怼之词，亦怒使之也。父子相夷则恶，怒盛则恶生，故善教者不怒，以感易怒，而教乃行。

古者易子而教之。父子之间不责善，责善则离，离则不祥莫大焉。"

张氏云："责善云者，谓指其过恶而责之以善道也。在师则当然，为人父者，易子而教之，盖以责善之义望于师也。养恩于父子之际，而以责善望之师，仁之笃而义之行也。"

愚按：孟子曰："责善，朋友之道也。父子责善，贼恩之大者。"父子一体也，一体之分，其心可离乎？是故父子之间，和而已矣。周公之作《周礼》曰："和亲康乐。"其作诗曰："和乐且耽。"孔子之作《孝经》曰："先王有至德要道，以顺天下，民用和睦。"盖和者，一家之祥气也。能不计较，则不责善，不责善则和，和则祥莫大焉。反乎是则戾，气日戾则心日离，始而相夷，终而家且危矣。呜呼！一体之分而至于离，悲矣！

第十九章

孟子曰："事孰为大？事亲为大。守孰为大？守身为大。不失其身而能事其亲者，吾闻之矣。失其身而能事其亲者，吾未之闻也。

愚按：子路有言："伤哉贫也。生无以为养也。"为人子者处贫苦之境，旦夕奔走，求所以事其亲者，无所不至，可不谓孝乎？不知孔子曰："啜菽饮水尽其欢，斯之谓孝。"此菽也水也，取之而廉也，则吾亲之心安，享之而荣也。倘令五鼎陈于前，八珍列于后，宫室之美，轻暖之奉，问其所从来，皆不义之物，则是盗贼之行也。己为盗贼，而累吾亲为盗贼之父母，无论吾亲之心安与否也，辱莫大焉。孟子曰："失其身而能事其亲者，吾未之闻也。"失其身者，失吾亲之志气，即失人子之资格，徒具形骸焉尔。昔者毛义捧檄，因亲在而色喜。然而君子出处，自有大节。介之推不言禄，而奉母偕隐，昔人称为贤孝。后世人子，居恒自省，将使吾亲为圣贤之父母乎？为盗贼之父母乎？讵可以事亲为借口而致失其身也乎？

孰不为事？事亲，事之本也。孰不为守？守身，守之本也。

愚按：此承上节而申言之。凡大、小戴《礼记》所载事亲守身之义，学者皆当熟读而身体之也。

曾子养曾皙，必有酒肉，将彻，必请所与，问有余，必曰有。曾皙死，曾元养曾子，必有酒肉，将彻，不请所与，问有余，曰亡矣，将以复进也。此所谓养口体者也。若曾子，则可谓养志也。

事亲若曾子者可也。"

愚按：父母之寿与不寿，视乎人子之孝与不孝。何言之？人子若能养父母之志，则其心快也，其身康也，夫焉得而不寿？若不能养父母之志，则其心或抑郁也，其身或不宁也，此其年龄之促，虽与人子无关，而为子者，要不得辞其咎也。此事亲之所以先养志也。《礼记》曰："先意承志。"志者何？父母意之所在也。《礼记》又曰："视于无形，听于无声。"父母之志意，有在有形中者，有在无形中者，人子务须曲以体之，顺以承之，而后父母之心得以愉快。孟子引曾子之事：曰"将彻必请所与，问有余必曰有"，特举一端以为例焉尔。

又按：古来之称大孝者，虞舜而外，惟推曾子。盖曾子之为人，天性最为诚笃。天下未有至孝之人，而不发于至诚者也。曾子读《丧礼》，至于泣下沾襟，此其为至诚之极则也。顾吾读史书中孝友传，无一人能与曾子媲美者，何哉？盖有天性挚而学问未成者，亦有学问成而天性未挚者。曾子，天性、学问兼至者。孟子曰："事亲若曾子者可也。"如何而方能若曾子？学者宜取大、小戴《礼记》中曾子所言事亲守身之道，汇辑成编，早夕观省，奉为圭臬。而吾以为《大戴礼记》中《曾子疾病》一篇，尤为精要。倘能执是以为事亲、修身之标准，庶乎去古人不远矣。

第二十章

孟子曰："人不足与适也，政不足间也，惟大人为能格君心之非。君仁莫不仁，君义莫不义，君正莫不正，一正君而国定矣。"

程子云:"天下之治乱,系乎人君之仁与不仁耳。心之非,即害于政,不待乎发之于外也。昔者孟子三见齐王而不言事,门人疑之。孟子曰:'我先攻其邪心。'心既正,而后天下之事可从而理也。夫政事之失,用人之非,知者能更之,直者能谏之。然非心存焉,则事事而更之,后复有其事,将不胜其更矣。人人而去之,后复用其人,将不胜其去矣。是以辅相之职,必在乎格君心之非,然后无所不正。而欲格君心之非者,非有大人之德,则亦莫之能也。"

愚按:適,与摘同。间,指其间隙而议之也。《易纬》曰:"正其本,万事理。"格君心之非,格者,诚至感通之意,所谓正其本者也。人不足与適,非谓用人可使贪而使诈也。政不足间,非谓行政可苟且而因循也。惟用人行政,一切皆以心术为主,君心能大公而无私,则万事自理矣,何言乎国定也?《大学》曰:"知止而后有定,定而后能静,静而后能安。"盖"定"字从正,定者,止于正也。君正斯国定,国定斯能静而安也。虽然,格君心之非,亦赖君之能虚心而见信尔。古之大臣,有悱恻缠绵、痛哭流涕以谏其君而卒不悟者,由其不足与为善也。吾尤愿后世人君,渐仁摩义,自正其心,毋纵其逸欲,以拒谏而饰非,致使贤人君子纷纷远去,国本不定,而终至于危亡也。

第二十一章

孟子曰:"有不虞之誉,有求全之毁。"

愚按：读此章而知人何必营营于毁誉。曰"有不虞之誉"，不虞亦可以得誉；又曰"有求全之毁"，求全或转而得毁。毁、誉者，名也。名者，实之宾也。然则人何必营营于毁誉？孔子曰："吾之于人也，谁毁谁誉？如有所誉者，其有所试矣。斯民也，三代之所以直道而行也。"然则我之对于人也，讵可轻用其毁誉？至于三代以下之毁誉，其果公是乎？其果公非乎？不足以为荣辱久矣。韩子曰："一凡人誉之，则自以为有余；一凡人毁之，则自以为不足。"多见其惑也。日营营于毁誉，而自省之道益疏。然则人何必营营于毁誉，反身修德而已矣。

第二十二章

孟子曰："人之易其言也，无责耳矣。"

愚按：人之轻易其言也，无人责之，而其责将益大，何也？为其无责而愈易其言也。《诗》曰："无易由言，无曰苟矣。莫扪朕舌，言不可逝矣。"（毛《传》："扪，持也。"郑《笺》云："女无轻易于教令，无曰苟且如是。今人无持我舌者，而自轻恣也。教令一往行于下，其过误可得而已之乎？"）言者，逝而不返者也。《诗》曰："斯言之玷，不可为也。"易其言也，大言也。《诗》曰："蛇蛇硕言，出自口矣。"（毛《传》："蛇蛇，浅意也。"）硕言者，大言也。大言不惭，人将责其实。易其言也，巧言也。《诗》曰："巧言如簧，颜之厚矣。"巧言捷给，人将责其诬。《诗》

曰:"无言不雠,无德不报。"(雠,对答也。)雠则其责小,不雠而责益大。

第二十三章

孟子曰:"人之患在好为人师。"

愚尝谓今人有师癖。何言乎师癖?好之甚乃成癖也。孔子曰:"三人行,必有我师焉。"古语曰:"能自得师者王。"凡人于学问之道,常见己之不如人者,其学问必日进;常见己之胜乎人者,其学问必日退。何也?一则谦之甚,一则矜之甚也。然则师也而可好为之乎?愚尝谓《周官·师氏》有应补者三义,一曰师范,二曰师道,三曰师职。何谓师范?法语之言,巽与之言,皆当详审弟子之性情、气质、心理,而分别以施之,其大要尤在本身以作则,有诸己而后求诸弟子,无诸己而后非诸弟子也。何谓师道?禁于未发之谓豫,当其可之谓时,不陵节而施之谓孙,相观而善之谓摩。道而弗牵,强而弗抑,开而弗达。(道,示以道涂。牵,牵引也。强,勉强之。抑,抑其志意也。开,开其端。达,竟其绪也。皆所以养成学者自治之道。)知其心以救其失,则夫或多、或寡、或易、或止之弊,皆当深戒。(以上均见《礼记·学记》篇。易,轻易。止,不问也。)至其所未喻,则勿以语之也。何谓师职?起居之慎护也,寒暖饮食之适宜也,藏修息游之各得其时也,爱人之子弟无异于己之子弟也。有是三者,然后可以为人师;无是三者而为师，误人之子弟，实自误而已。此人之大患，亦世之大患也。

第二十四章

乐正子从于子敖之齐。

朱《注》："子敖，王驩字。"

乐正子见孟子。孟子曰："子亦来见我乎?"曰"先生何为出此言也?"曰："子来几日矣?"曰："昔者。"曰："昔者，则我出此言也，不亦宜乎?"曰："舍馆未定。"曰："子闻之也，舍馆定然后求见长者乎?"

张氏云："子敖，齐之嬖卿。以乐正子之贤，非有趋附其人之意也。然其从之也，于义亦有害矣。故孟子于其初见也，则曰'子亦来见我乎'，盖乐正子既馆于子敖，则亦未免制于子敖，故必待舍馆定而得见其师。孟子责其不亟见，使之自反其从子敖之非也，故以谓子非不闻见长者之义，不待夫舍馆之定也。然则必待舍馆定而求见者，乐正子亦可以知过之所由矣。"

曰："克有罪。"

愚按：乐正子，善人也，故自悟其非而知罪也速。学者欲自拔于小人之归，当以乐正子为法。

第二十五章

孟子谓乐正子曰:"子之从于子敖来,徒铺啜也。我不意子学古之道而以铺啜也。"

愚按:读此二章,见孟子严毅之性,又可见君子之处己,不可以不严,而所与不可以不谨也。呜呼! 昔之学者,以铺啜为主义,而圣贤激切以罪之。今之学者,以衣食为主义,而世人未闻有非之者。孔子曰:"志士不忘在沟壑。"生人有气骨,而后可立于天地之间。若但知铺啜而不问是非,但谋衣食而不顾廉耻,出处交游,罔知所择,惟沾沾焉号于众曰"我为铺啜也,我为衣食也",一若天下事无大于此者,是可鄙之至也! 抑何不学古之道也? 吾亦未见学古之道而在沟壑者也。虽然,学古之道而以铺啜,乐正子亦不至若是之甚也,孟子特恶其流弊而痛切言之尔。然则世之徒铺啜而并不知学古之道者,其见斥于孟子当何如耶?

第二十六章

孟子曰:"不孝有三,无后为大。

赵氏云:"于礼有不孝者三事,谓阿意曲从,陷亲不义,一也;家贫亲老,不为禄仕,二也;不娶无子,绝先祖祀,三也。三者之中,无后为大。"

舜不告而娶,为无后也,君子以为犹告也。"

范氏云:"天下之道,有正有权。正者,万世之常;权者,一时之用。常道人皆可守,权非体道者不能用也。盖权出于不得已者也,若父非瞽瞍,子非大舜,而欲不告而娶,则天下之罪人也。"

第二十七章

孟子曰:"仁之实,事亲是也。义之实,从兄是也。

罗氏罗山云:"仁主于爱,义主于敬。事亲岂有不敬? 兄弟岂有不爱? 夫父母、兄弟,皆至亲也,分之则有等差。己之身即父母之身,更无分别;兄弟则同气而异形矣,如手足本一体之相关也。而足之下终不可为手之上,兄弟虽为同胞,已有长、幼之分,而义即由此而起。故孟子以事亲属仁,从兄属义,一理之中,自有此等分别也。"

愚按:仁义,名词也。凡事必须循名而核实。有子曰:"孝弟也者,其为仁之本与!"本,犹实也。言从此而起也。朱《注》云:"仁义之道,其用至广,而其实不越于事亲、从兄之间。"盖良心之发,最为切近而精实者也。诚能由此而推广之,其用周于天下而不穷矣。

智之实,知斯二者弗去是也。礼之实,节文斯二者是也。乐之实,乐斯二者。乐则生矣,生则恶可已也。恶可已,则不知足之蹈之,手之舞之。"

愚按:《易·系辞传》曰:"天地之大德曰生。"凡人一心之生死,一家之生灭,即判于孝、不孝之间。入其门,父子、兄弟雍雍然,论《诗》《书》,明道德,闺门之内无诟谇之声,此生机也,其家之久长勿替可知也。入其门,父子、兄弟悻悻然,争田宅,讲财贿,闺门之内多勃豀之习,此死机也,其家之荡焉、灭焉亦可知也。故一家之生死兴灭,入其门而即可知之,此其验或在数年、十数年之后,不必在旦夕间也。孟子曰:"乐则生矣,生则恶可已也。恶可已,则不知足之蹈之,手之舞之。"手舞足蹈,何由而生?要皆出于天性。故孝弟者,生理也,生生之谓性。人子之于孝,犹鱼之于水、鸟之于林也,得之则生,不得则死矣。下地而呱者,离母而惧,此爱情也,即生理也。孺子乍见其亲,欢喜踊跃,此爱情也,亦生理也。此性此情,至于老而不容已,则一生之生理也。蒙尝推厥所原,盖人子之于父母,本为一体之所分,故哀乐欣戚,亦一体之相系。惟其一体,故生理所发,委曲缠绵,至于发扬蹈厉而不能自已。《礼记》曰:"孝子之有深爱者,必有和气;有和气者,必有愉色;有愉色者,必有婉容。"深爱、和气、愉色、婉容,一片生机,皆根本于生理也。然则《易》所谓"天地之大德",当于家庭中验之。人而不畏其身之死、心之死、家之死,亦何怪其有不孝、不弟禽兽之行乎?

第二十八章

孟子曰:"天下大悦而将归己,视天下悦而归己,犹草芥也,惟舜为然。不得乎亲,不可以为人。不顺乎亲,不可以为子。

愚按:汉延叔坚曰:"仁人之于孝,犹手足之有腹心,枝叶之有根本也。"腹心伤则手足殆,根本伤则枝叶萎。"父兮生我,母兮鞠我。""欲报之德,昊天罔极。"我而不孝,则父母之涕泪,咽于衷曲,而梦魂因而不宁矣,尚可以为人乎?尚可以为子乎?夫我之身从何而来?我之形骸孰与之?我之心思才力孰畀之?不得乎亲,不顺乎亲,是视其亲无异于路人,而己之行乃无异于禽兽。虞舜处人伦至艰之境,尚能使瞽瞍厎豫。天下人子,居于家庭,皆融融泄泄之地,而犹不得乎亲、不顺乎亲者,是尚可以为人乎?尚可以为子乎?然则若何而能得乎亲?曰:宜善承吾亲之欢。若何而能顺乎亲?曰:宜善体吾亲之志。

舜尽事亲之道而瞽瞍厎豫,瞽瞍厎豫而天下化,瞽瞍厎豫而天下之为父子者定,此之谓大孝。"

愚按:厎者,至也。豫者,悦也。天下之事,莫要于起点,有一人而后有二人,有二人而后有千万人。此"仁"字本义,所以从二人,所谓"己欲立而立人,己欲达而达人"也。瞽瞍厎豫而天下化,瞽瞍厎豫而天下之为父子者定,如此方为尽人子之道,如此方为尽提倡之责。然舜之本心,初非为提倡计也,不过尽我为子之道耳。而天下万世之尽孝道者,必曰法虞舜。颜渊曰:"舜何人也?予何人也?"孟子曰:"舜,人也。我,亦人也。"如何而可以为人?将以何者为起点?孝而已矣。抑舜之所以为大孝者,其根本在于慕。而世俗之慕其亲所以不能专且久者,固由于年龄日长,嗜欲日多,与其父母遂日疏;而亦由于家庭之间,不免存是非之见,于是其慕亲之心乃日益衰。宋陈了翁曰:"天下无不是之父母。"愚亦尝谓家庭之中,非争论是非之地。人惟偶有非其亲之心,积日累月,始则存意见,终则生意气,而大不孝之事,于是起焉。舜遇瞽瞍之顽,能尽事亲之道者,惟其慕之真且专,故无丝毫非其亲之心也。孔子曰:"见志不从,又敬不违,劳而不怨。"敬也,不违也;劳也,不怨也,皆出于慕也。慕者,缠绵之天性也,而何忍断断焉以相争也耶?

卷八　离娄下

第一章

孟子曰："舜生于诸冯,迁于负夏,卒于鸣条,东夷之人也。

王氏船山云:"赵氏《注》及《檀弓》郑《注》俱谓负夏为卫地,非也。舜生于蒲州,负夏盖河东之夏阳,春秋谓之下阳,累代为虞国地,去卫千里,足知言卫地者之妄。河东谓之东夷,河西谓之西夷,自蒲坂抵岐周,适千有余里。孟子去古未远,考证自实。后世传说附会之谬,如卒于鸣条,既有明文,而云死于九疑,以致列之祀典。何博而知要者之世乏其人也。"

文王生于岐周,卒于毕郢,西夷之人也。

赵《注》:"岐周、毕郢,地名也。岐山下周之旧邑。《书》曰:'太子发上祭于毕,下至于盟津。'毕,文王墓,近于丰镐也。"

王氏船山云:"郢,楚都,未闻岐、丰之间别有郢邑。按:此'郢'当作'程'。《竹书》称纣三十三年辛未岁,密人降于周师,遂迁于程。毕在丰东,程在丰西,言毕程者,举两界而言之也。武王既有天下,以程封程伯休父之祖，毕程去岐不远，故统云西夷。以此推之，诸冯、负夏、鸣条，同在河东审矣。"

地之相去也，千有余里；世之相后也，千有余岁，得志行乎中国，若合符节。

张氏云："舜与文王所值之时，周旋于父子、君臣之际者，盖不同矣。孟子谓若合符节者，其何以见之耶？盖道一而已。其所以一者，天之理也，若夫人为则万殊矣。圣人者，纯乎天理者也。纯乎天理，则其云为措置，莫非天之所为，而有二乎哉？"

愚按：此章东夷、西夷、中国，盖皆指区域而言。《记》云："东海有圣人出焉，此心同，此理同也。西海有圣人出焉，此心同，此理同也。"得志行乎中国，则此心同也；若合符节，则此理同也。孟子曰："行一不义、杀一不辜而得天下，皆不为也。"是则同。此言仁义之至，即古圣之志也。而其事固不必尽同，亦不能尽同也。吾又尝推言舜与文王之德，有相合者数端。舜祗载见瞽瞍，夔夔齐栗；而文王为世子，朝于王季日三，食上必视寒暖，食下问所膳，是其孝同也。舜柔远能迩，蛮夷率服；而文王惠鲜鳏寡，怀保小民，无思不服，是其仁同也。舜无为而治，恭己正南面；而《诗》美文王，则曰"穆穆文王，于缉熙敬止"，又曰"文王之德之纯"，是其敬恭同也。舜日宣三德，夙夜浚明，（三德，简、刚、强也。浚，大也。）一日二日万幾；而《书》称文王，则曰"自朝至于日中昃，不遑暇食，用咸和万民"，是其勤劳同也。凡此皆所谓心法也。

先圣后圣,其揆一也。"

愚按:揆,道揆也。上篇首章"上无道揆",朱《注》:"道揆,谓以义理度量事物,而制其宜。"然则此经不言其道一,而言"其揆一",何也?朱《注》:"揆,度也。言度之而其道无不同也。"盖地之相去也,风俗不能不异也;世之相后也,人情不能不变也。故不言道而言揆者,道其体也,揆其用也。揆者所以行其道,而因时以制宜者也。周公于三王之不合者,仰而思之,夜以继日。思,即所谓揆也。然则揆者,先圣后圣之心法,而孟子不言心也;先圣后圣之道统,而孟子不言道也。所以见政治之贵因时以制宜,而实事以求是也。

第二章

子产听郑国之政,以其乘舆济人于溱、洧。

赵《注》:"子产,郑卿。为政,听讼也。溱、洧,水名。见人有冬涉者,仁心不忍,以其乘车度之也。"

孟子曰:"惠而不知为政。

愚按:治民之善不善,公私而已矣。惠者,私也。政者,公也。《论语》曰:"小人怀惠。"孟子曰:"分人以财谓之惠。"惠字从重,专于一二人者也,故曰私也。政则有纲纪法度之施,普及于人人者也,故曰公也。

岁十一月徒杠成，十二月舆梁成，民未病涉也。

朱《注》："杠，方桥也。徒杠，可通徒行者。梁，亦桥也。舆梁，可通车舆者。周十一月，夏九月也。周十二月，夏十月也。《夏令》曰：'十月成梁。'盖农功已毕，可用民力，又时将寒沍，水有桥梁，则民不患于徒涉，亦王政之一事也。"

君子平其政，行辟人可也，焉得人人而济之。

愚按：不言行其政、理其政，而言平其政，何也？君子之为政，贵人人各得其平也。上之视下也，皆为平等，事事思有以平之，而后政可得而平也。《论语》曰："博施济众。"君子日以济人为心者也。焉得人人而济之者，济人以政，而非济人以舆也。

故为政者，每人而悦之，日亦不足矣。"

愚按：为政者每人而悦之，惟其私也。然而后世之为政者，多欲每人而悦之，以其内有不足，故不得不求所以悦之也。然而每人而悦之者，必不可行，行之而亦必不能久者，日亦不足也。然而每人而悦之，君子犹不以为大过者，以其尚有百姓之见存也。然而后世之为政者，既不能平其政，且鳃鳃然曰："我辟人可也，悦人奚为？"

又按：子产在春秋之际，盖名卿也。《传》称其为政，"都鄙有章，上下有服，田有封洫，庐井有伍"，则于舆梁之政，不应不治。据赵

《注》，听政为听讼，或其时子产尚未执政耳。孟子所谓"惠而不知为政"，盖亦泛论之也。

第三章

孟子告齐宣王曰："君之视臣如手足，则臣视君如腹心；君之视臣如犬马，则臣视君如国人；君之视臣如土芥，则臣视君如寇雠。"

朱《注》："手足、腹心，相待一体，恩义之至也。如犬马，则轻贱之，然犹有刍养之恩焉。国人，犹言路人，言无怨无德也。土芥，则（贱）[践]踏之而已矣，斩艾之而已矣，其贱恶之又甚矣，寇雠之报，不亦宜乎！"

愚按：天下之道，感应报施而已矣。外则感于血气，内则通于性情者也。孔子之对定公曰："君使臣以礼，臣事君以忠。"此言君有礼则臣尽忠，即感应报施之道也。《尚书》曰"股肱、耳目、心腹、肾肠"，君与臣本为一体者也。君能视臣为一体，泝合无间，上下交泰，则其感于性情血气也，其应与报当何如？君不能视臣为一体，作福作威，妄自矜肆，至于践踏之而斩艾之，则其感于性情血气也，其应与报又当何如？可不畏哉？后儒疑孟子土芥、寇雠之喻，以为太过。不知孟子此言，乃千古君臣之际感应报施之常道也。

王曰："礼为旧君有服，何如斯可为服矣？"

朱《注》:"《仪礼》曰:'以道去君而未绝者,服齐衰三月。'王疑孟子之言太甚,故以此礼为问。"

曰:"谏行言听,膏泽下于民,有故而去,则君使人导之出疆,又先于其所往,去三年不反,然后收其田里,此之谓三有礼焉。如此则为之服矣。

朱《注》:"导之出疆,防剽掠也。先于其所往,称道其贤,欲其收用之也。三年而后收其田禄里居,前此犹望其归也。"

愚按:臣之所以事君者,志与恩而已。谏行言听,膏泽下于民,是其志得行也;先于其所往,三年然后收其田里,是其恩未绝也。此不得已而去国者也。君有惓惓之余意,故臣亦如之,则有感涕而为之服者矣。

今也为臣,谏则不行,言则不听,膏泽不下于民,有故而去,则君搏执之,又极之于其所往,去之日,遂收其田里,此之谓寇雠。寇雠何服之有?"

朱《注》:"极,穷也。穷之于其所往之国,如晋锢栾盈也。"

愚按:天下之感情,不甚相远也。我之对于其人,感情甚薄,则人之感情,未有能厚者也。我之对于其人,感情甚恶,则人之感情,未有能善者也。谏不行,言不听,膏泽不下于民,是其志不得行也。穷之于其所往,去之日,遂收其田里,是其恩已绝也。况乎终身禁锢,无异幽囚,瞻望故都,欲归不得,茫茫九土,去将焉之? 侧身天地之间,几无托足之所,彼臣何罪而至此也? 则曰谏不行而言不听也,膏泽不下于民也,则怨恨其君为何如? 此之谓寇雠矣。寇雠或且欲甘心焉,而何服之有? 故曰"天下之感情不甚相远也"。

又按:古人有言,"抚我则后,虐我则雠"。又曰:"万姓仇予,予将畴依。"孟子答齐宣王之问卿,又曰:"君有大过则谏,反复之而不听则易位。"古圣人论君臣大义,炳若日星,而必断断于是非之界,何哉? 盖父子以天合者也,天合者,不可以是非较。君臣以人合者也,人合者,不得不以是非较。是非者,即感应报施之所由生也。是故父子之间则曰孝,孝者,对于一人而言者也。君臣之间则曰忠。凡为人谋者皆当忠,忠者,对于朋友、对于社会、对于君、对于国之普通名词也。故忠者,忠于一国,而非忠于一人。其中是非之界,尤凛乎其不可越者也。善乎黄梨洲先生之言曰:"父子一气,子分父之身而为身。故孝子虽异身,而能日近其气,久之无不通矣。不孝之子,分身而后,日远日疏,久之而气不相似矣。君臣之名,从天下而有之者也。吾无天下之责,则吾在君为路人。出而仕于君也,不以天下为事,则君之仆妾也;以天下为事,则君之师友也。夫然谓之臣。"盖古今父子、君臣之义,尽于此矣。后世为人臣者,读《孟子》此章,当知食君之禄,系食天下之禄;受君之职,系受天下之职。当为天下,当为百姓,当致敬而尽礼,更当勤政而爱民,不当为一家一姓效奔走、作仆役也。后世为人君者,读《孟子》此章,当思感应施报之可畏,当知崇高之势之不可恃,当常念君臣一体之义,而遇臣下以礼,待臣下以诚,交臣下以忠信。上下相孚,志同道合,则天下庶几乎见君明臣良之盛治矣。予日望之矣。

第四章

孟子曰:"无罪而杀士,则大夫可以去;无罪而戮民,则士可以徙。"

　　愚按:此殆承上章"视臣如土芥"而言。凡生于天地之间者,皆曰命。天地好生,人心亦好生。故虽动植之物,亦不当轻残其生命,而况于民乎?而况于士乎?人君惟桀骜自恣,土芥其士民,乃专以杀戮为事。其戮民也,非以示威于士乎?其杀士也,非以示威于大夫乎?夫是之谓乱邦,乱邦尚可居乎?夫是之谓乱世,乱世尚可处乎?其犹可以不去乎?当此之时,虽有田里,宁足顾乎?虽有功名,宁足恋乎?转徙流离,背井离乡之苦,宁可避乎?览九州之茫茫,尚何怀乎故都乎?乐土乐土,其爰得我所乎?抑将苟全其性命乎?士也民也,生斯世也,而值斯境也,岂不大可悲乎?朱《注》云:"言君子当见幾而作,祸已迫,则不能去矣。"善哉言乎!自来见幾不敏之士,贪爵禄,恋富贵,徘徊观望而不能以自决。迨祸幾日迫,君心之疑忌益甚,身家性命皆随之而倾覆而澌灭,虽欲牵黄犬过西门,顾语子弟,泣下沾襟,其尚可追乎?蚁之慕膻也,庸讵知为膻所縻乎?蝇之附胶也,庸讵知为胶所结乎?岂不哀乎?嗟乎!斯举者,宣圣之明训;勇退者,老氏之良箴。士乎民乎，盍早悟乎？雉乎雉乎，何为而离于罗乎？兔乎兔乎，何为而萃于网乎？其犹可以不去乎？嗟乎！士也民也，生斯世也，而值斯境也，岂不大可悲乎？后世人君闻斯言也，尚亦哀矜庶戮之不辜，而恻然激发其良知乎？

第五章

孟子曰："君仁莫不仁，君义莫不义。"

张氏云："上篇主言人臣当以正君为急，此章直戒人君，义亦小异耳。"

第六章

孟子曰："非礼之礼，非义之义，大人弗为。"

愚按：非礼之礼，非义之义，盖非礼中之礼，非义中之义也。或者曰"借口于父子异宫，而亲生别居；借口于自由结婚，而羞恶道丧；借口于贫富平均，而龙断罔利；借口于侠士不平，而白日寻仇"是也。不知此皆非礼而贼夫礼，非义而贼夫义者也，宁独大人不为耶？自好者皆痛绝之矣。孟子所谓"非礼之礼，非义之义"者，礼以节性而过乎性也，义以合宜而过乎宜也，恭以行礼而过乎恭也，俭以行义而过乎俭也。可以取可以无取，可以与可以无与，而犹取之与之也。冠、昏、丧、祭之从俗，而遂流于野也；织屦辟纑以易食，而不免于矫也。皆所谓非礼中之礼,非义中之义也。大人者,负人心风俗之责,而俾人自至其中者也。其学之本原安在?曰穷理。

第七章

孟子曰:"中也养不中,才也养不才,故人乐有贤父兄也。如中也弃不中,才也弃不才,则贤不肖之相去,其间不能以寸。"

愚按:孟子此言,岂特为家庭中发哉?夫父子之间不责善,家庭贵有贤父兄矣。顾吾闻道德之要,有父范焉,有兄范焉,又有君范焉,有师范焉。一家有令子弟,国人皆称愿。然试问此令子弟者,谁为造就而成之乎?一乡有恶子弟,好犯上,好作乱,乡人皆恶之。试问此恶子弟者,谁为戕贼而致之乎?固有任其责者矣。且凡人子弟,孰不从家庭中来,而非必为家庭中所成就,则所谓贤父兄者,盖兼君师之义矣。夫三代以上,君与师合。世皆知得贤君难,而不知得良师难,得不弃不中、不弃不才之贤师为尤难。天之生材,性情气质,万有不齐。其刚善者,为义、为直、为断、为严毅、为干固;其刚恶者,为猛、为隘、为强梁;其柔善者,为慈、为顺、为巽;其柔恶者,为懦弱、为无断、为邪佞。《书》曰:"沉潜刚克,高明柔克。"周子曰:"使人自易其恶,自至其中,是必本身作则,涵育薰陶而后成之。"是以此章不言教而言养,养者,兼饮之、食之、教之、诲之而言也。一不得当,沉潜者为迂滞,高明者为桀骜,义直者为强梁,慈顺者为懦弱。然则谈何容易而言养。一乡有恶子弟,社会受其害,国家受其祸,其幾在毫发之间,推原所自,孰尸其咎哉?盱衡历代,纵横神州,患气之所伏,常在于人才。人才所以治天下,而乃为天下之患者,何也?吾有子弟,而常忌其中,忌其才;常疑其不中,疑其不才。弃之如遗,听其自生自灭,或则以用之者弃之,束缚驰骤,牢骚愒息,而一日不能以自安。至于中人之质,或诱以利而导之为阓冗,为不肖。其弃之而不能成材也,常在于无形之间。于是子弟之中焉者、才焉者,乃自甘于不中,自甘于不才,且不得不为不中,不得不为不才。其上焉者颓放以自终,其甚者乃辍耕于垄土,或散处于江湖。呜呼!中也弃不中也,才也弃不才也,岂不痛已乎?大木之凌霄而蔽日也,日有以长养之;弃之于穷山,则拳曲而不中于绳墨矣。良马之逸群而绝伦也,日有以调养之;弃之于凡厩,则跠弛而不可羁勒矣。动植物且然,而况于人乎?昔高阳氏有才子八人,齐圣广渊,明允笃诚,天下之民谓之八恺。高辛氏有才子八人,忠肃共懿,宣慈惠和,天下之民谓之八元。此十六族者,世济其美,盖有养而成之者也。帝鸿氏有不才子曰浑敦,少暤氏有不才子曰穷奇,颛顼氏有不才子曰梼杌,缙云氏有不才子曰饕餮,此四族者,不可教训,不知话言,必如是乃可弃之。且孔子曰:"惟上智与下愚不移。"天之生上知也不数,其生下愚也亦不数,凡芸芸者皆中人也。中人者,皆随风气而铸成者也。《论语》曰:"草上之风必偃。"后生学子,处治世则德行日进,居乱世则德行日退。譬诸洪炉,镕钧万汇,干将、莫邪出其中,生人之气骨亦销铄其中,其经锻炼而仍完固者,能复有几？世界之最可畏者，惟此烈火。《易传》曰："风自火出。"又曰："挠万物者莫疾乎风。"夫风气者谁主之乎？曾涤生先生作《原才》篇曰："彼自尸于高明之地，不能陶铸一世之人才，而谓天下无才，可不可也？"吾为进一解曰：彼自尸于高明之地，不能培养天下之子弟，而辄疑人之子弟为不中，为不才，且忌其中，忌其才，必使举世子弟尽归于不中、不才而后已，则其祸为尤亟，而其罪为不可逭也。以楚灵王之昏且恶，及其死也，良心乍露，曰："人之爱其子也，有如余乎？"《太甲》曰："天作孽，犹可违。自作孽，不可活。"然则世之戕贼子弟，使陷于不中、不才而绝无良心之发见者，所谓"自作之孽"，非降自天者也。《老子》曰："圣人善救人，故无弃人。"吾读孟子之言，则益思古圣人不置。然吾尤愿世之为子弟者，毋嚣张，毋浮薄，毋徒思倚赖其父兄，毋敢责备于其父兄，且毋稍轶乎范围之外，则庶乎循循礼法，而不为人所弃矣。若所以自至其中、自成其才之道，则有余所著之《人格》在，慎勿因吾言而援为口实，乃辄宽而恕之，或且纵而恣之也。

第八章

孟子曰："人有不为也，而后可以有为。"

愚按：孔子曰："狂者进取，狷者有所不为也。"惟有不为，而后能进取。故愚尝谓学者性情宜狂，品行宜狷，取其不屑不洁也。然则有所不为，当自何者始？箪食豆羹，非其道义，不屑取而已。宋苏子瞻曰:"办天下之大事者,立天下之大节者也。箪食豆羹,非其道不取,则一乡之人莫敢以不正犯之矣。一乡之人莫敢以不正犯之,而不能办一乡之事者,未之有也。推此而上,其不取者愈大,则其所办者愈远矣。"伊尹以先知先觉自任,可谓之狂;非道非义,虽一介不取不与,可谓之狷。故惟性情狂而品行狷者,然后可与入道,可与办天下之大事。后世人士,营营扰扰,靡所不为,至于行诣日卑,信用堕落,乡党交羞之,社会厌恶之,遂无一事之能办。人见其如此也,而以为未尝有才焉者,亦足悲已。

第九章

孟子曰:"言人之不善,当如后患何?"

愚读此章,尝作座右铭云:咄!汝何为言人之不善,非欲害人而何? 孔子曰:"君子成人之美,不成人之恶。小人反是。"言人之不善,非成人之恶而何? 咄! 汝何为言人之不善? 并我者我借此以排之,胜我者我借此以倾之。言人之不善,非欲忮人而何? 咄! 汝何为言人之不善? 人各有名誉,人各有生计,汝一发其隐,而人之名誉扫地,生计顿绝,终身之怨不得泄,而冤不得伸。曰:"我非言人之不善也,将直以道之也。"咄! 人非有大恶,而汝委曲以文之;人非有大过,而汝锻炼以成之。截截然言之,娓娓然谈之,浸浸然潜之。讦人之私,徼倖于人之不知,自以为得计,而不知天知之,地知之,鬼神知之,口过所积,上干天怒,其如之何? 咄! 汝何为言人之不善? 人当生死之际,祸福之幾,汝乃揣摩他人之意而巧挤之。刀之杀人也,出于有形;舌之杀人也,出于无形。言人之不善,非欲杀人而何? 咄! 汝何为言人之不善? 其人为君子,闻我言而益疏我;其人为小人,闻我言而益仇我毒我,思所以报我。且人有不善,而我亦有不善;我言人之不善,人即言我之不善。人无不善,而我言人之不善,则我无不善,而人亦言我之不善。且人之言或有什伯倍于我者,其如之何? 咄! 汝何为言人之不善? 其如恕道何? 其如公理何? 其如本心何? 纵使恕道泯、公理晦、本心亡,而世路险巇,人心荆棘,其如之何? 当如后患何?

第十章

孟子曰:"仲尼不为已甚者。"

愚按:圣人之道,中和而已。惟中与和,乃能不为已甚。张氏云:"圣人范围天地之化而不过。故可以仕则仕,可以止则止,可以速则速,可以久则久,皆天之所为也。以至于动容、周旋、应酬、语默之际,毫厘眇忽,何莫非天则之所在乎? 后世之士,不知理义之所在,诎己以丧道,徇情以长恶,而曰'吾不为已甚'也。彼徒以圣人答阳货、见南子为'不为已甚',而独不思夫卫灵公问陈,则明日遂行;季桓子受女乐之归,则不税冕而行;为鲁司寇,七日而诛少正卯;闻田恒之弑君,虽从大夫之后,亦沐浴而请讨,此谓之'已甚',可乎? 不深求乎圣贤之权度,而徒窃语之疑似者,以文其奸,此贼仁义之甚者也。"此说极为精确。要知圣人穷理精义,所以权度天下之事物,而悉得其中者,此诣断非易幾。故吾党学圣人者,必自丰裁严峻始,倘借口于"不为已甚",而遇事圆融,几何而不为随流扬波、哺糟酸醨之辈耶?

第十一章

孟子曰:"大人者,言不必信,行不必果,惟义所在。"

愚按:《论语·里仁》篇曰:"君子之于天下也,无适也,无莫也,义之与比。"当与此章参看。若无适、无莫而不能义之与比,是其人一无所可也。若言不必信,行不必果,而不能惟义所在,是其人不信、不果也。吾尝论圣贤之学,首在辨义,进而为集义,又进而能精义。孔子论士品曰:"言必信,行必果。"此言辨义之始也。辨义、集义之时,不能不期于信、果。至造于精义之域,则能言不必信、行不必果矣。此大贤以上之事也。今日吾人之所以自勉与所以教人者,惟有言必信、行必果而已。而或者曰:言有不可复也,则曷不先谨其言乎?或者曰:行有不可践也,则曷不先慎其行乎?浮伪之徒,嚣嚣然号于众曰:我言不必信也,行不必果也,惟义所在也,则是人人皆大人也。试诘以何者为义?义何所凭?则此心茫无所依据也。如无黍之尺,无星之称也,是小人而无忌惮者也。呜呼!举世皆浮伪之徒,几无一言之信,一行之果,则吾人之所以自勉而教人者,惟有言必信、行必果而已。《易传》曰:"夫大人者,与天地合其德,与日月合其明。"又曰:"精义入神,以致用也。"言不必信,行不必果,所谓神应而妙也。此诣岂易几哉? 此诣岂易几哉?

第十二章

孟子曰:"大人者,不失其赤子之心者也。"

罗氏罗山云:"赤子之心,饥则啼,喜则笑,纯是真机流露,无一毫作为于其间。众人之心,识见既开,便用许多计较,许多委曲,喜怒不由乎中,好恶不由乎正,与赤子之心,判然不同。大人万理洞澈,物来顺应。当喜则喜,喜无所伪;当怒则怒,怒无所私。酬酢万变,无不顺天理之自然,不杂人欲之私。虽其心之无所不知,无所不能,与赤子异,而其纯一无伪,与赤子同。彼众人者,何自戕其天真,上则得罪于大人,下则有愧于赤子也。"

愚按:赤子之心,良心也。曷为不言良心,而言赤子之心? 言赤子之心,尤见真切也。何以见其真切也? 赤子之心诚,诚则专,专故不杂。何以见其不杂也? 盖赤子之心,知有父母而已,昼则慕其父母也,夕则慕其父母也,时时日日而常慕其父母也。虽鞭笞之余,而必依其所也;虽号泣之久,而逾时即复也,皆所谓诚也,专也,不杂也。古之人有虞舜者,唯顺于父母可以解忧,五十而慕其亲。慕者,至诚也。此虞舜之所以为大人也。古之人有周文王者,不识不知,无声无臭，子思子赞之曰"纯亦不已"。纯者，至诚也。此文王之所以为大人也。夫赤子之心，恒性也，人皆有之，而独推舜与文王为大人者，舜与文王能不失是心，而常人则失之也。其失之者何也？外缘扰则失之，嗜欲滋则失之，争竞乖戾、意气盛则失之。而其尤可痛者，则曰诈伪。诈伪起而赤子之心日亡。其对于天下之事，无一真且实者，其本心尚有存焉者耶？《曲礼》曰："幼子常视母诳，所以端其本也。"《诗》曰："明发不寐，有怀二人。"明发有怀之心，即乍见孺子入井，怵惕恻隐之心也。断一木，杀一兽，而有不忍之心，即发政施仁、惠鲜鳏寡之心也。人见圣人之喜怒哀乐刑赏，无一不协于中；尽人性，尽物性，推而至于赞天地之化育，无不悉得其当，而不知皆赤子之心所扩而充焉者也，皆所谓诚也。诚则专，专故不杂也。吾人所以不失是心者，有二道焉。昼而提撕之，夕而提撕之，时时日日而提撕之，吾恻隐之心有存焉者乎，此不失之出于勉强者也。交师友以磨砻之，读《诗》《书》以洗濯之，定静操存以涵养之，久之而人欲净尽，天理流行，此不失之出于自然者也。出于自然者为大人，出于勉强者为君子。若夫壹意诈伪，则为小人、为贼人矣。呜呼！赤子之心，天地之所以与我，父母之所以生我，人之所以为人者在是也，而忍失之耶？

第十三章

孟子曰："养生者不足以当大事，惟送死可以当大事。"

愚按:孟子云:"养生丧死无憾,王道之始。"是养生与送死,并为大事。而此独以送死当大事者,盖养生而有缺憾,犹可以补其过;若送死而有缺憾,则吾亲已矣,不可得而复见矣,虽欲补过而无由矣。曾子曰:"人未有自致者也,必也亲丧乎?"即此章之意。先儒有言,父母生时,视膳尝药;既不可复得矣,即父母死之时,亦不可复得也。此言最为痛切。是故当吾亲始死之时,则疾病祈祷之时不可复得也;小敛之时,则始死之时不可复得也;大敛之时,则小敛之时不可复得也;既葬而虞,则大敛之时不可复得也;期而小祥,则葬之时不可复得也;又期而大祥,则小祥之时不可复得也;禫而除服,则大祥之时不可复得也。人子自免于父母之怀,已与吾亲日疏一日。至于送死,而吾亲之音容,怳乎偬乎,虽梦寐求之,而渺不可追矣。至是而犹不尽其心也,其尚得为人乎?然则送死者,乃吾亲百年之大事,亦即人子尽心于吾亲百年之大事,不可反而复焉者也。故夫送死之时,与夫送死之事,无一刻之可懈,无丝毫之可怠者也。盖人子终身之事,未有大于此者也。抑愚更有说焉。《孟子》此章,盖为俗薄道微,欲人勉所以厚于其终者而发。然吾尝见世之人子,于养生之时,不甚注意,至于送死之时,痛哭追悔而无及者,盖不知凡几矣。曾子曰:"椎牛而祭墓,不如鸡豚之逮存也。"宋欧阳子亦曰:"祭而丰不如养之薄也。"然则啜菽尽欢,服劳奉养,固不得谓非大事也。冬温夏清,昏定晨省,亦不得谓非大事也。视于无形,听于无声,亦不得谓非大事也。盖人子养生之时,去一刻则少一刻;忽忽于一时,异日之饮泣而追悔者,即在此一时。吾愿人子读《孟子》此章，瞿然猛省，知养生之亦为大事，亟亟焉孝顺其父母，毋悠忽于目前，而至痛哭追悔于送死之日也。

第十四章

孟子曰："君子深造之以道，欲其自得之也。自得之则居之安，居之安则资之深，资之深则取之左右逢其原，故君子欲其自得之也。"

　　愚按：此章戒夫学者之强探力索以为功也。强探力索，非无所得也。然而其得之也不熟，则不能以久也。进锐退速，急迫浅躁，其居之不能以安也，如是则其于道也浮而浅，而于天下之理，隔阂而滞，而不足以应用，由其所得之非自然也。自得之者何？得乎道也。居之安，居乎道也。资之深，资乎道也。取之左右，取乎道也。君子之于道也，虚心涵泳，切己体察，藏焉修焉，息焉游焉，以自得之焉，勿忘勿助，康而宁焉，如居天宇，此《大学》所谓"定而后能静，静而后能安"者也。安则味道之腴，挹之而不能尽，充之而其用不穷，至于义精仁熟之境，则何往而不自得乎？故君子欲其自得之也。《易传》曰："利用安身，以崇德也。"居之安也，精义入神，以致用也；资之深也，过此以往，未之或知也。此盖言夫道体而非言夫心体也。孟子曰："君子深造之以道而不言自得之于心。"盖言道则著于事物，言心则恐其沦于虚无也。

第十五章

孟子曰:"博学而详说之,将以反说约也。"

罗氏罗山云:"博学详说,是穷究其分之殊处;反说约,是识其理之一处。理一即是此分殊中之理,非分殊之外别有一个理一也。"

愚按:博学而详说者何?文也。反说约者何?礼也。孔子曰:"君子博学于文,约之以礼。"颜子亦曰:"博我以文,约我以礼。"盖博于文,约以礼,由博而反约,乃孔门之家法也。张氏云:"孟子言详说之,又曰反说约,必以说为言者。盖说也者,所以体察吾进德居业之实,君子于其言,无所苟而已矣。"陈氏兰甫云:"如说约而不博学,则其说将何所以乎?既博学详说,则当进于说约,不然,则博学详说者,将何所以乎?"二家之说,得孔孟之家法者也。盖言不远身,言之主也;言论而不切于身心,是无益之学也。徒求博而不知约,则泛滥而无所归宿也;徒求约而不知博,则简陋而流于空虚也。后世词章之士,当以张氏之说教之;汉、宋两派门户之见,当以陈氏之说救之。

第十六章

孟子曰:"以善服人者,未有能服人者也。以善养人,然后能服天下。天下不心服而王者,未之有也。"

张氏云:"齐桓公会首止,而定王太子之位;晋文公盟践土,率诸侯而朝王。是皆欲以善服人者也。当时服之者,亦岂为悦服哉?其不服者固多矣。比之三王深长久大涵养人心之事,岂不有间乎?"

愚按:惟善可以服人,而孟子言"以善服人,未有能服人者",何也?盖以善而欲以服人,有所为而为,于善之体已有害也,私也。以善养人,非欲以服人也,修己以诚,而天下举在其化育之中,而无不被其泽也,是无所为而为者也,公也。天下之人心皆有善,以善养善,即以心印心,天下之所以心服也,此非可以强而致也。服其大公,服其至诚也。后世人主,欲以善服人而不可得,于是乎以力。迨以力而天下危矣。

第十七章

孟子曰:"言无实不祥,不祥之实,蔽贤者当之。"

张氏云:"所谓福者,大顺之名也。所谓不祥者,逆理而反常者也。理得于己,中正和平,无一不顺也。惟夫逆其常理,则措之于身而不安,以至害于而家,凶于而国,皆由此也,故谓之不祥。凡《诗》《书》所称祸福盖如此。言而不祥,何以知蔽贤之为甚?盖人实有是善,而吾蔽之,是反其常理之甚也。原人所以蔽贤,盖出于媢忌忮疾之私。方其欲蔽人之贤也,私意横起,其不祥之气固已充溢乎中,而发越乎四体矣。况乎天之生贤,以为人也,蔽贤而使民不得被其泽,则其为不祥,又有不可胜言者矣。"

愚按:无实者,诳言也。诳言所以欺人。《春秋穀梁传》曰:"人之于天也,以道受命;于人也,以言受命。不若于道者,天绝之也;不若于言者,人绝之也。"不若者,不顺也。无实故不若,字义言成为诚,人言为信,不诚而不成其为言,不信而不得谓之人也。至于人绝之,不祥莫大也。无实之言,以蔽贤为尤甚,何也? 意在毁人,则必至于造言也。《书》曰:"帝臣不蔽。"贤者天所生也,人之所依赖也。吾忌其贤而蔽之,造言以毁之,是违天命也。所谓"不若于道"者,天绝之也。天绝之,故当不祥之实。彼方以无实为巧,而不知居不祥之实,则愚莫大焉。或曰:天下之言无有实不祥者,惟蔽贤为不祥之实。其说非也。

第十八章

徐子曰:"仲尼亟称于水曰:'水哉水哉!'何取于水也?"孟子曰:"原泉混混,不舍昼夜,盈科而后进,放乎四海。有本者如是,是之取尔。

朱《注》:"原泉,有原之水也。混混,涌出之貌。盈,满也。科,坎也。言其进以渐也。"

愚按:孟子曰:"流水之为物也,不盈科不行;君子之志于道也,不成章不达。"凡有本之学,未有不循序渐进者也。原泉混混,不舍昼夜,此孟子探源星宿海之论也。其次则为江、为河、为湖、为泽,其本源度量,各有不同矣,而其下焉者,则为沟浍。

苟为无本,七、八月之间雨集,沟浍皆盈,其涸也,可立而待也。故声闻过情,君子耻之。"

愚按:君子之教人也,崇实务本,而力戒好名。盖学者一有好名之心,则凡事务外,而其学因以无本。无本则浮,浮则灭;无本则满,满则败。抚诸心,可耻也;揆诸身,危亦甚焉。且吾闻善治天下者,必综核名实。凡无实而得名者,谓之盗。盗名无异于盗利也。天下盗利者多,国之祸也;盗名者多,亦非国之福也。故夫君子耻之者,耻夫学之不足也,耻夫量之如沟浍也,耻夫欺世以盗名而国受其害也。

第十九章

孟子曰:"人之所以异于禽兽者几希,庶民去之,君子存之。

张氏云:"人与万物同乎天,其体一也;禀气赋形,则有分焉。至若禽兽,亦为有情之类,然而隔于形气而不能推也,人则能推矣。其所以能推者,乃人之道,而异乎物者也。故曰'几希',言其分之不远也。人虽有是心,而必贵于能存,能存而后人道立。不然,放而不知求,则与庶物亦奚以异哉? 故庶民之所以为庶民者,以其去之;君子之所以为君子者,则以其能存之耳。曰'去之'者,为其去而不反也;曰'存之'者,为其存而不舍也。去而不返,则无以自别于禽兽;存之之极,虽圣亦可幾也。去与存,其幾本于毫厘之间,可不谨哉?"

愚按:几希,不多也。盖此几希者,微矣微矣。庶民去之,所谓去之者何具？君子存之，所谓存之者何具？良心而已矣。《礼记·曲礼》曰："鹦鹉能言，不离飞鸟；猩猩能言，不离禽兽。今人而无礼，虽能言不亦禽兽之心乎？"夫以能言之人，而有禽兽之心，岂不哀哉？唐韩昌黎《杂说》云："昔之圣者，其首有若牛者，其形有若蛇者，其喙有若鸟者，彼皆貌似而心不同焉，可谓之非人邪？即有平胁曼肤、颜如渥丹、美而很者，貌则人，其心则禽兽，又恶可谓之人耶？"然则人之所以异于禽兽，惟在乎良心而已矣。此良心者，有孩提时存之，少壮时去之；亦有今日存之，明日去之，朝则存之，暮即去之；始念存之，转念即去之。微矣微矣，君子存之之道奈何？曰：惟有体验吾心之善恶，知其为善念，则常盘旋于胸中，不使之须臾或去。当其昏昧之时，则庄敬以涵养之，提醒以警觉之，而又亲贤师益友以磨砻之，讲求学问以清明之，则于禽兽之心，庶几其可远矣。

舜明于庶物，察于人伦，由仁义行，非行仁义也。"

张氏云："舜盖其极致者也。明于庶物者，尽己之性而尽物之性也。察于人伦者，人伦之际处之无不尽其道也。由仁义行，非行仁义者，行仁义犹为二物也。由仁义行，则如目视而耳听，手持而足履，无非是矣。若舜者，可谓全其所以为人者而无亏欠矣。嗟乎！人皆可以为舜，其本在乎存之而已矣。"

愚按：孟子曰："万物皆备于我矣。"明于庶物，明万物之理也。伦，义理之次序也。察于人伦，于君臣、父子、夫妇、宾主、昆季、师友、长幼、尊卑各得其序也。由仁义行者,吾心自有仁义,由之而行,非以仁义为别有一途而行之也。然其本皆在于穷理。舜惟能好问察言,执其两端,用其中于民。有至精至大之学问,故能如此。若恃吾心之自有仁义,而任意以行之,非入于空虚杳渺之途,即不免气质用事矣。

第二十章

孟子曰:"禹恶旨酒,而好善言;

　　愚按:张子《西铭》云:"恶旨酒,崇伯子之顾养。"顾养者,所以事天也。昔人有以饮酒为全其天者,不知恶旨酒,乃所以养其性也。禹闻善言则拜,说见第二篇。

汤执中,立贤无方;

　　愚按:执中者,如舜之执其两端,用其中于民也。乃执乎凡事过不及之中,非执乎心之中也。立贤无方者,方,犹格也。见贤则立之于位,但因其所长而用之,不定以格也。

文王视民如伤,望道而未之见;

　　愚按:如伤者,未伤也。未伤而视之如伤,文王之对于民,常有所歉然也,则夫民之已伤者,视之当何如也?　未见者,已见也。已见而望之如未见,文王之对乎道,此心常有所歉然也,则夫道之未见者,望之当何如也?　朱《注》云:"不自满足,终日乾乾之心也。"此说最精确。

天下大矣,自发政施仁,以至于匹夫匹妇咸被其泽,此不遑暇食之诚
也,道体精矣。自缉熙敬止,以至于无声无臭,万邦作孚,此纯亦不已
之德也,皆乾乾因其时而惕也。

武王不泄迩,不忘远;

愚按:泄之为言狎也。宋苏老泉《衡论·重远》篇云:"近之可忧,
未若远之可忧之深也。近之官吏贤邪?民誉之歌之。不贤邪?讥之
谤之。誉歌讥谤者众,则必传,传则必达于朝廷。是官吏之贤否易知
也。一夫不获其所,诉之刺史;刺史不问,裹粮走京师,缓不过旬月,
挝鼓叫号,而有司不得不省矣。是民有冤易诉也。吏之贤否易知,而
民之冤易诉,乱何从始邪?远方之民虽使盗跖为之郡守,梼杌、饕餮
为之县令,郡县之民群嘲而聚骂者,虽千百为辈,朝廷不知也;白日执
人于市,诬以杀人,虽其兄弟妻子闻之,亦不过诉之刺史,不幸而刺史
又抑之,则死且无告矣。彼见郡守县令,据案执笔,吏卒旁列,箠械满
前,骇然而丧胆矣,则其谓京师天子所居者,当复如何?而又行数千
里,费且百万,富者尚或难之,而贫者又何能乎?故其民常多怨而易
动。"此言远之重于迩也。虽然,《易传》有言:"近而不相得则凶。或
害之,悔且吝。"凶、悔、吝三端,皆伏于近。若易其迩,玩而泄之,则患
生于几席之下矣。宋欧阳子曰:"祸患常积于忽微,智勇多困于所溺,
岂不可畏也哉?"然则远与迩殆未可以偏重,故古之圣王,无有远迩,
一皆以仁育之、以义正之而已。

周公思兼三王,以施四事,其有不合者,仰而思之,夜以继日,幸而得之,坐以待旦。"

张氏云:"周公相成王,欲以立经陈纪,制礼作乐,成一代之法,施之万世。故推本三代四圣之心,而施此四事,达之天下,以为无穷之事业也。凡井田封建,取士建官,礼乐刑政,虽起于上世,而莫备于周。是皆周公心思之所经纬,本诸三王而达之者也。周公之心,《孟子》此章发明之,可谓至矣。"

罗氏罗山云:"古今之理一也。时殊势异,则其事有不可行者,不能不随时而损益。故夏之制有不可行于商,商之制有不可行于周,周公于其事之不合者,则必斟酌尽善,无拂乎人情之宜,亦无悖乎天理之正。事虽不能与三王尽同,其道则未尝或异。后世去三代已远,制度礼乐,无复有存。即生周公于今日,当日制作,亦有不能尽行者。然亦必酌古今之宜,以尽法制之善,使天下生民,得以遂其生,复其性。苟以有所不合,尽从后世苟且之政,举先王之法而尽废之,可乎哉?"

愚按:孔子未生以前,集群圣之大成者,周公也。兼三王,施四事,所谓集大成也。而其尤要者,则在于有不合之处。《礼记·王制》篇云:"广谷大川异制,民生其间者异俗,修其教不易其俗,齐其政不易其宜。"盖以时之有不合也,势之有不合也,历史变迁之有不合也,人心风俗之有不合也,时措咸宜,谈何容易?此周公作《周礼》一书,所以未尽实行者。人谓其时日之不足,吾谓其风土人情之异,亦与有关系者也。仰而思之,夜以继日,思所以因时而制宜也。有宜因乎旧者,有宜作之新者,有宜利用习惯法者,有宜渐用改良法者,有宜骤用开化法者,有宜用保存法者,有宜用荡涤法者,有宜用无形同化法者。宜于此者未必宜于彼,宜于昔者未必宜于今。总之未有弃其固有之精神而能为治者;亦未有守其固有不求进步而能为治者。此千古变法之所以为难,而圣如周公,亦有思而不得者也。陋儒不察,不特欲以古之所宜者,强施之于今;且欲以外人之所宜者,强施之于中国。用是朝三暮四,变故纷纭,偾事之辙,先后相覆;庙堂惟胶柱而鼓瑟,百姓至倾覆而流离,庸讵知为治之道?万绪千条,非有心思至细、学问至邃、经验至富之人,岂足与言变法?孔子曰:"损益之时大矣哉!"损以远害,益以兴利。然而将欲损之者,乃或适以益之;将欲益之者,乃或适以损之。呜呼! 政治学理,精矣微矣,久矣吾不复梦见周公矣!

第二十一章

孟子曰:"王者之迹熄而《诗》亡,《诗》亡然后《春秋》作。

王氏船山云:"迹,辙迹也。王者时巡方岳,太史陈诗以观风。平王东迁,巡狩典废,车辙马迹,绝于天下,列国风诗,不贡于太史,故曰'王者之迹熄而《诗》亡。'若卫朔、郑忽、秦康、陈灵之事,编为歌谣,天子不得而采之。夫子录之于传诵之余,谓之'《诗》亡'可矣。《集注》

云：'黍离降而《诗》亡，于义未尽。'"

愚按：船山先生之说是矣。然王者之迹，亦有作迹象解者。盖凡音之起，由人心生也。声音之道，与政治通。声音发而迹象显，故王者之迹见于《诗》之声音。《商颂》之声，闳大深远，若《长发》、若《殷武》，莫不渊渊乎有金石之音，此汤与伊尹之政迹，识者知其声之远也，故其后生孔子。《周诗》之声，广大纯实，若《大明》、若《绵》、若《皇矣》、若《公刘》、若《时迈》、若《思文》，莫不有忠厚中和之意，此文、武、周公之政迹，识者知其声之远也，故其有天下至八百年。迨其后也，"我车既攻，我马既同"，周宣王之中兴，非不盛也，然而其声平矣，故其政治渐以不振。吴季札聘鲁观乐，所以能知各国之风土人情而借以考察各国之政迹者以此。虽然，《邶》《鄘》而下，多春秋时之诗，又何言乎"《诗》亡"也？盖诗者，志也。《邶》《鄘》以下之诗，其声淫以荡，其志弛以肆，志荒而正大之声亡，故虽有诗而谓之"《诗》亡"可也。是以班固曰"成、康没而《颂》声寝，王泽竭而《诗》不作"也。又何言乎"《诗》亡然后《春秋》作"也？《春秋》始于鲁隐公之元年，实平王之四十九年，适在《诗》亡之后。司马迁曰："周道缺，诗人本之衽席，《关雎》作；仁义陵迟，《鹿鸣》刺焉。"其后或力政，疆乘弱，兴师不请天子。然挟王室之义，以讨伐为会盟主。政由五伯，诸侯恣行，淫侈不轨，贼臣篡子滋起矣。是以孔子明王道，干七十余君莫能用，故西观周室，论史记旧闻，兴于鲁而次《春秋》，上记隐，下至哀之获麟，约其文辞，去其烦重，以制义法，王道备，人事浃。

晋之《乘》、楚之《梼杌》、鲁之《春秋》，一也。

赵《注》："此三大国史记之名异。《乘》者，兴于田赋、乘马之事，因以为名。《梼杌》者，嚚凶之类，兴于记恶之戒，因以为名。《春秋》，以二始举四时，记万事之名。"

愚按：此言未修之《春秋》也。

其事则齐桓、晋文，其文则史。孔子曰：'其义则丘窃取之矣。'"

朱《注》："春秋之时，五霸迭兴，而桓、文为盛。史，史官也。窃取者，谦辞也。盖言断之在己，所谓'笔则笔，削则削，游、夏不能赞一辞'者也。"

陆氏稼书云："此章因前章历叙群圣，而继以孔子，亦是示人存几希之意。孔子有舜之生知安行，而兼禹、汤、文、武之忧勤惕厉。其一生学问，备见《论语》《易》《诗》《书》《礼》《乐》《春秋》。此独以《春秋》言者，总注谓孔子之事，莫大于《春秋》，故特言之，是矣。但要知《春秋》如何存几希，孟子只说一'义'字，亦未言其义之如何，须玩尹《注》所谓'定天下之邪正，为百王之大法'。《春秋》所以存几希，只是定天下之邪正而已。邪正定而人与禽兽别矣。"

愚按：孔子曰："吾志在《春秋》，行在《孝经》。"又曰："我欲载之空言，不如见之于行事之深切著明也。"司马迁曰："《春秋》上明三王之道，下辨人事之纪，别嫌疑，明是非，定犹豫，善善恶恶，贤贤贱不肖，存亡国，继绝世，补敝起废，王道之大者也。"又曰："《春秋》

者,礼义之大宗也。礼禁未然之前,法施已然之后。法之所为用者易见,而礼之所为禁者难知。"按:韩宣子适鲁,见《易象》与鲁《春秋》,曰:"周礼尽在鲁矣。"然则《春秋》之义,在于垂礼典,正名分,俾天下之人心,明是非善恶,然后此几希者存,而人道乃不绝于世。孔子所谓"其义则丘窃取之"者,意在斯乎?史迁之言,颇得圣人之意。晋杜元凯云:"周德既衰,官失其守,上之人不能使春秋昭明,赴告策书,诸所记注,多违旧章。仲尼因鲁史策书成文,考其真伪而志其典礼,上以遵周公之遗制,下以明将来之法。其教之所存,文之所害,则刊而正之,以示劝戒。"其言亦平实而有理。乃《公羊》家学张皇其词,以为黜周而王鲁。后人附会,遂谓孔子自卫反鲁,修《春秋》,立素王,丘明为素臣,开穿凿之门,启嚣陵之渐,其于孔子"窃取"之言,何相悖耶?夫孔子修《春秋》,所以别嫌疑,而乃自蹈于嫌疑耶?有识之士,非之久矣。

第二十二章

孟子曰:"君子之泽,五世而斩;小人之泽,五世而斩。

杨氏云:"四世而缌,服之穷也。五世袒免,杀同姓也。六世亲属竭矣。服穷则遗泽浸微,故五世而斩。"

王氏船山云:"史载伯鱼生子思,子思生子上白,子上生子家求,子家生子京箕。孔子至子家为五世,伯鱼至子京为五世,子京生子高

穿,子高与平原君同时。周赧王五十年丙寅,平原君始相赵,去孟子
谏齐伐燕时五十年,则孟子正与子家、子京同时,适值五世之际,故曰
'五世而斩',忧其坠也。或以三十年为一世。计孔、孟相去之年,自
孟子归而著书时,去孔子作《春秋》,正百七十年也。"

愚按:此君子、小人,指有德、有力者而言。天以气养人,人得其
气而各以异,蕴蒸之而为泽。人之吐气或清淑,或恶浊,必逾一二时
而始散。凡君子、小人之有德、有力者,其善气,其恶气,蕴蒸渐渍于
一家或一国之中,必至五世,亲属既竭而始散。绵属其善气,非易也;
洗荡其恶气,亦非易也。故天下有为恶而不遽灭者,亦有为善而不遽
昌者,皆由其先世之泽未尽斩也。孟子此言,非徒然也,正与上"庶民
去之"二句相应,所以垂万世法,戒者深矣。

予未得为孔子徒也。予私淑诸人也。"

朱《注》:"私,犹窃也。淑,善也。人,谓子思之徒也。此又承上
三章,历叙舜、禹至于周、孔,而以是终之。其辞虽谦,然其所以自任
之重,亦有不得而辞者矣。"

愚按:孔子,修《春秋》以继周公者也。予未得为孔子徒也,而未
得亲承教诲也,是不幸也。然君子之泽未斩,而犹得私淑诸人也,是
其幸也。若夫豪杰之士,虽无周公、孔子犹兴也。自虞舜以下,列圣
遥遥相承,学识递嬗于世,此人道之所以不息也。

第二十三章

孟子曰："可以取，可以无取，取伤廉；可以与，可以无与，与伤惠；可以死，可以无死，死伤勇。"

　　愚按：天下无两可之道。可以取，可以无取，而取焉者，必有曲徇而私者也，贪之根也，故曰伤廉。可以与，可以无与，而与焉者，必有见市于人者也，滥之根也，故曰伤惠。若夫可以死，可以无死，而死焉者，未必其为私也，激烈之过而死也，是小勇也。君子知己身之可贵，不为激烈之行而死，故曰死伤勇，伤大勇也。张氏云："于所不当然者而然，则于其所当然者废矣。"此说是也。天下无两可之道，贵在临时以决之。然决之而误，则奈何？曰：君子平日有辨义之学，能辨义则不惑而不误。

第二十四章

逢蒙学射于羿，尽羿之道，思天下惟羿为愈己，于是杀羿。孟子曰："是亦羿有罪焉。"公明仪曰："宜若无罪焉？"曰："薄乎云尔，恶得无罪？

　　王氏船山云："古之称羿者不一。《庄子》《列子》《山海经》屡言羿者，皆非有穷后羿也。穷羿篡夏，身为天子，势不复与弟子角技。其死也，自以寒浞之奸，更相争夺，而不缘射。且以乱臣贼子假手凶徒，而膺天诛，孟子顾曰'是亦羿有罪焉'，何其舍大憝而摘微愆邪？谓逢蒙为羿之家众,亦臆词也。羿,上古之善射者,后因其名以为氏,故尧时有羿,夏复有羿。穷羿戮而射师始不以羿名矣。"

愚按:逢蒙之杀羿,实羿之自杀也。何言之? 蒙之处心积虑而杀其师也,其人之桀骜凶恶可知也。向使羿而不教蒙射,则蒙何从而杀羿? 向使羿教蒙而不尽其道,则蒙亦何从而杀羿? 向使羿教蒙尽其道,而先幾以远之,则蒙又何从而杀羿? 然则羿之教蒙射,无异于启其杀机也。然则羿之教蒙尽羿之道,又不知其人之桀骜凶恶而亲之近之,无异于自杀其身也。然则孟子责羿之有罪,为天下万世交恶人者戒也。然则逢蒙之罪不胜诛,孟子更无待于言也。

郑人使子濯孺子侵卫,卫使庚公之斯追之。子濯孺子曰:'今日我疾作,不可以执弓,吾死矣夫!'问其仆曰:'追我者谁也?'其仆曰:'庚公之斯也。'曰:'吾生矣。'其仆曰:'庚公之斯,卫之善射者也。夫子曰吾生,何谓也?'曰'庚公之斯学射于尹公之他,尹公之他学射于我。夫尹公之他,端人也,其取友必端矣。'庚公之斯至,曰:'夫子何为不执弓?'曰:'今日我疾作,不可以执弓。'曰:'小人学射于尹公之他,尹公之他学射于夫子,我不忍以夫子之道反害夫子。虽然,今日之事,君事也。我不敢废。'抽矢扣轮去其金,发乘矢而后反。"

愚按:此节言取友端,则不至罹杀身之祸也。向使尹公而非端人,则孺子死;向使庾斯而非端人,则孺子亦死。然则孺子为幸免欤?非也。惟其平日取友必端,故得免于死,非幸免也。然则庾斯为废公欤?非也。孺子病,郑师退,去金发矢,足以返命,非废公也。然则庾斯为报私恩欤?非也。彼此适相值,初无容心也。然则庾斯不为报恩欤?非也。不忍以孺子之道害孺子,爱情之发也。不忍者,为报其师恩也。然则庾斯之念及尹公,私之至也;然则庾斯之不杀孺子,公之至也。然则庾斯之抽矢去金,权也,人情之至也;然则庾斯之发乘矢而反,经也,天理之至也。然则天下之至私,不害其为至公也;然则天下之人情,乃所以为天理也。然则成道义者,友也;然则全性命者,友也。然则人之取友,祸福之先幾也;然则人之取友,生死之关系也。

第二十五章

孟子曰:"西子蒙不洁,则人皆掩鼻而过之。虽有恶人,齐戒沐浴,则可以祀上帝。"

张氏云:"此戒人自弃,而勉人自新也。人固有质美而自恃者矣,一放其心,以陷于小人之归者有焉。人固有平日所为未善者矣,一知悔艾,以进于君子之域者有焉。示之以西子蒙不洁之喻,所以见质美者毋或自恃,兢惧自持而不替也;示之以恶人齐戒沐浴之喻,所以使有过者思所自新,沛然迁善之速也。"

愚按:此章勉人之去恶而为善也。西子蒙不洁,不过一念之恶也,则人皆掩鼻而过之矣。恶人齐戒沐浴,不过一念之善也,则可以祀上帝矣。庶民去此几希,君子存此几希,正在一念间尔。善恶之界,可不懔哉? 可不勉哉?

第二十六章

孟子曰:"天下之言性也,则故而已矣。故者以利为本。

张氏云:"天下之言性,言天下之性也。故者,本然之理,非人之所得而为也。有是理,则有是事,有是物。夫其有是理者,性也。顺其理而不违,则天下之性得矣,故曰'故者以利为本',顺则无往而不利也。"

愚按:此章亦发明性善之旨也。何谓故? 已然之迹也。恻隐、羞恶、辞让、是非,四端之发见,皆所谓故也。何谓利? 自然之理也。求已然之迹者,当知其为自然之理,非有所强为者也。

所恶于智者,为其凿也。如智者若禹之行水也,则无恶于智矣。禹之行水也,行其所无事也。如智者亦行其所无事,则智亦大矣。

张氏云:"凿者,以人为为之也无,是理而强为之,故谓之凿。凿则失其性,失其性则不可推而行,无所利矣,此所以恶夫智也。是盖以其私智为智,而非所谓智也。若禹之行水,则所谓智矣。盖就下者,水之性也。水之性非禹之所得为,禹能知而顺之,非智乎?事事物物,其理之素具者,皆若水之就下然也。智者之于事物,皆若禹之于水,则智不亦大矣乎?所谓'行其所无事'者,非无所事也,谓由其所当然,未尝致纤毫之力也。"

愚按:荀子曰:"人之性恶,其善者伪也。"以自然之性,而谓必矫揉造作以成之,所谓凿也。告子曰:"性无善无不善也。"以万物皆备之性,而求之于杳冥昏默之中,亦所谓凿也。夫善者,人之性也;就下者,水之性也。如智者若禹之行水,因其自然之理而导之,则明乎率性之道,而其智大矣。

天之高也,星辰之远也,苟求其故,千岁之日至,可坐而致也。"

朱《注》云:"言日至者,造历者以上古十一月甲子朔夜半冬至为历元也。"

张氏云:"天虽高,星辰虽远,而其故皆可得而求,盖莫非循自然之理也。求其故,则千岁之日至可坐而致,而况他乎?故夫上世圣人所以建立人纪,裁成万化,其事业为无穷。然在圣人亦何加毫末于此,皆天下之性所当然也。"

愚按:"故"字与首节"故"字相应。日往则月来,寒往则暑来,天之成岁功,无思而无为,皆自然也。言日至者,《易传》曰:"先王以至日闭关。"盖天气一阳初萌,生生之理,实始于此,所谓"复,其见天地

之心"也。天地生生之理,出于自然,故人秉天命之性,其善亦出于自
然也。

第二十七章

**公行子有子之丧,右师往吊,入门,有进而与右师言者,有就
右师之位而与右师言者。**

张氏云:"右师,王驩,齐之嬖卿也。有进而与右师言者,有就右
师之位而与右师言者,盖以其嬖于君而诌之也。"

顾氏亭林云:"礼,父为长子斩衰三年,故公行子有子之丧,而孟
子与右师及齐之诸臣皆往吊。"(钱氏曰:"公行子当是为父后者,其子
盖长子。大夫之適长,在国谓之国子,入学与世子齿焉者也;在家
谓之门子,《春秋传》'大夫门子皆从郑伯'是也。故其丧也,父为之服
斩衰三年,君使人吊,卿大夫咸往会焉。《周礼》,卿大夫士之丧,职丧
以国之丧礼,莅其禁令。孟子所称'不历位''不逾阶'之礼,即职丧之
禁令也。")

**孟子不与右师言。右师不悦,曰:"诸君子皆与驩言,孟子独
不与驩言,是简驩也。"**

张氏云:"右师不悦而以为简己者,盖孟子一时之所尊敬,驩虽小
人,亦以孟子为重也,故欲幸假其辞色,以为己之荣,是以望望于此,

而以其不我顾为简也。"

孟子闻之曰："礼，朝廷不历位而相与言，不逾阶而相揖也。我欲行礼，子敖以我为简，不亦异乎？"

张氏云："君子之动，无非礼也。朝廷不历位而相与言，不逾阶而相揖，此礼也。君子行礼，故常履安地而有余裕；他人不由礼，则自蹈于险艰而已。所谓'远小人，不恶而严'者，岂有他也？亦曰'礼而已矣'。"

愚按：孔子之待阳货，亦不过循礼而已。圣人处忧患之境，陈九卦，以《履》卦为首，履者，礼也。

第二十八章

孟子曰："君子之所以异于人者，以其存心也。君子以仁存心，以礼存心。

愚按：此章隐括《孝经》大义。孟子之学，得自曾子，故七篇中发明曾子微言甚夥，而此章为尤显。"君子之所以异于人者，以其存心也"，此心字即本心。明本心则为人，昧本心则为禽兽。仁者长人之德，礼者嘉会之源，孝之所推也。

仁者爱人，有礼者敬人；爱人者人恒爱之，敬人者人恒敬之。

愚按：此即"爱亲者不敢恶于人，敬亲者不敢慢于人"之义。孝之道，爱、敬而已矣。

有人于此，其待我以横逆，则君子必自反也；我必不仁也，必无礼也，此物奚宜至哉？

愚按：横逆，谓横暴而逆于理也。物，事也。

其自反而仁矣，自反而有礼矣，其横逆由是也，君子必自反也：我必不忠。自反而忠矣，其横逆由是也，君子曰：此亦妄人也已矣！如此则与禽兽奚择哉？于禽兽又何难焉？

愚按：君子非惧横逆也，惧伤其身以伤其亲也。"我必不忠"四字最好。盖窃仁、礼以作伪，最足取祸。忠者行仁、礼之实而绝无虚假也。妄人，昧其本心者也。禽兽，则不可教训，不知话言，故曰"又何难焉"。

是故君子有终身之忧，无一朝之患也。乃若所忧则有之。舜人也，我亦人也。舜为法于天下，可传于后世，我由未免为乡人也。是则可忧也。忧之如何？如舜而已矣。若夫君子所患则亡矣，非仁无为也，非礼无行也。如有一朝之患，则君子不患矣。"

愚按：终身之忧，孝子终身不忘其亲也。一朝之患，以父母之遗体行殆而辱及其亲也。舜为法于天下，可传于后世，所以必以舜为法者，舜大孝之士也。忧之如何？如舜而已矣，所以兢兢业业以保其身者，跬步不敢忘其亲也。由是非仁无为，非礼无行，如曾子所谓"我知免"矣。盖孝之始终，赅于是矣。

第二十九章

禹、稷当平世，三过其门而不入，孔子贤之。

愚按：《易传》曰："同声相应，同气相求。云从龙，风从虎。圣人作而万物睹。"禹、稷生唐、虞之世，尧、舜能用之。君明臣良，志同道合，是以不惜牺牲其身以为天下。孔子贤之者，贤其出之得其时也。

颜子当乱世，居于陋巷，一箪食，一瓢饮，人不堪其忧，颜子不改其乐，孔子贤之。

愚按：《易》曰："潜龙勿用。"又曰："不事王侯，高尚其事。"颜子生春秋之季，世无用我，而又有孔子，一车两马周游列国，以行其道，故可处于陋巷而不出。孔子贤之者，贤其处之得其时也。

孟子曰："禹、稷、颜回同道。

愚按：《易传》曰："尺蠖之屈，以求信也；龙蛇之蛰，以存身也；精义入神，以致用也；利用安身，以崇德也。"此言体、用之相为消息也。圣贤同归而殊涂，故曰"同道"。

禹思天下有溺者，由己溺之也。稷思天下有饥者，由己饥之也。是以如是其急也。

愚按：《易》曰："君子安其身而后动，定其交而后求。危以动，无交而求，则民不与也。"禹、稷之所以如是其急者，非好自表暴也，安其身而后动,定其交而后求也。若因"匹夫有责"之言而强预人事,或借"己溺己饥"之说,而隐以图名,则伤之者至矣。《易》曰:"莫益之,或击之,立心勿恒,凶。"

禹、稷、颜子,易地则皆然。

张氏云:"颜子未见于施为,而遽比之禹、稷,不亦过乎?殊不知禹、稷之事功,果何所自乎?德者,本也;事功者,末也。而本末一致也。故程子曰:'有颜子之德,则有禹、稷之事功。'所谓事功,在圣贤夫何有哉?惟其时而已矣。"

愚按:《易·乾》之九四曰:"或跃在渊。"《象传》曰:"进无咎也。"《坤》之六三曰:"含章可贞。"《象传》曰:"以时发也。"此言乎其当行也。《乾》之上六曰:"亢龙有悔。"《文言传》曰:"亢之为言也,知进而不知退,知存而不知亡,知得而不知丧。"此言乎其当止也。圣人时止则止,时行则行,动静不失其时,其道光明。若处当止之时,而强欲行之,则知得不知丧,必至有悔矣。是以曾子常诵孔子之言曰"君子思不出其位"。

今有同室之人斗者,救之,虽被发缨冠而救之可也。乡邻有斗者,被发缨冠而往救之,则惑也。虽闭户可也。"

张氏云:"墨氏兼爱,似乎禹、稷之忧民;杨氏为我,似乎颜子之在陋巷。惟其不知天理时中,而妄意以守一义。盖墨氏终身被发缨冠以求救天下之斗,而杨氏则坐视同室之斗而不顾者,其贼夫道,岂不甚哉?"

愚按:此章发明"理一分殊"之旨。天下皆同胞也,何所谓同室?何所谓乡邻? 亦视乎其心理与其境遇之异焉尔。《易传》曰:"君子之道,或出或处,或默或语,二人同心,其利断金。"同心之人,谓之同室可也。《易传》曰:"近而不相得,则凶。"不相得,谓之乡邻可也。故君子之出处,视乎道之合与不合。《孟子》一书不言《易》,而其论出处进退之道,则无非《易》理,在善《易》者心通而神会之。

第三十章

公都子曰:"匡章,通国皆称不孝焉。夫子与之游,又从而礼貌之,敢问何也?"

愚按:君子交游必以其道,故公都子疑焉尔。

孟子曰:"世俗所谓不孝者五:惰其四支,不顾父母之养,一不孝也;博弈,好饮酒,不顾父母之养,二不孝也;好货财,私妻子,不顾父母之养,三不孝也;从耳目之欲,以为父母戮,四不孝也;好勇斗很,以危父母,五不孝也。章子有一于是乎?

愚按:人有阳刚之恶,有阴柔之恶。惰其四支,博弈,好饮酒,好货财,私妻子,从耳目之欲,皆阴柔之恶也。好勇斗很,阳刚之恶也。

阴柔之恶,皆使父母失其养,固为不孝。阳刚之恶,负其血气,逞激烈之性,以陷父母于危险之地,其不孝为尤大也。《孝经》孔子言五孝曰:"居则致其敬,养则致其乐,病则致其忧,丧则致其哀,祭则致其严。"而孟子则言五不孝。此五不孝,适与五孝相反,尤世俗之所易犯。有一于此,即为不孝也,天下人子其慎之。

夫章子,子父责善而不相遇也。责善,朋友之道也。父子责善,贼恩之大者。

愚按:孟子曰:"父子之间不责善,责善则离,离则不祥莫大焉。"尝谓家庭之间,非计较是非之地,得孟子之言而益信。

夫章子岂不欲有夫妻子母之属哉?为得罪于父,不得近,出妻屏子,终身不养焉。其设心以为不若是,是则罪之大者。是则章子已矣。"

愚按:人子处家庭之际,观其设心焉尔。如章子处人纪之艰,而设心不负其父,圣贤犹哀其愚而谅之。世俗人子,卑鄙悖逆,或争田宅,或夺货财,设心如此,无异禽兽。人心日下,皆由于此。愚尝谓凡父子、兄弟争财者,其家必不昌。何者?为其所斤斤计算者,皆己之骨肉也,则不祥孰甚焉?

又按:《国策》载秦攻齐,齐威王使章子将而应之,与秦交和而舍。章子为变其徽章,以杂秦军。候者言章子以齐入秦,威王不应。顷间,候者复言章子以齐兵降秦,威王不应。有司请曰:"言章子之败者,异人而同辞,王何不发将而击之?"王曰:"此不叛寡人明矣,曷为而击之?"顷间,言齐兵大胜,秦兵大败。左右曰:"何以知之?"曰:"章子之母启,得罪其父,其父杀之,而埋马栈之下。吾使章子将也,勉之曰:'夫子之强,全兵而还,必更葬将军之母。'对曰:'臣非不能更葬先妾也。臣之母启,得罪臣之父,臣之父未教而死。夫不得父之教而更葬母,是欺死父也,故不敢。'夫为人子而不欺死父,岂为人臣欺生君哉?"据此,是章子之父自杀其妻,父子因而责善,而章子乃出妻屏子,终身不养,迨父死之后,并不敢更葬其母,此其为孝至矣。孟子所以与之游,又从而礼貌之也。通国皆称不孝,末世之是非,尚足凭乎?呜呼!章子处人纪之至艰,而其孝如此,其用心委曲如此。然则处家庭之顺境者,曷为而尚犹拂逆其亲乎?读孟子之言,其亦瞿然自省,憬然以悟乎?

第三十一章

曾子居武城,有越寇。或曰:"寇至,盍去诸?"曰:"无寓人于我室,毁伤其薪木。寇退,则曰:修我墙屋,我将反。"寇退,曾子反。左右曰:"待先生如此其忠且敬也。寇至则先去以为民望,寇退则反,殆于不可。"沈犹行曰:"是非汝所知也。昔沈犹有负刍之祸,从先生者七十人,未有与焉。"子思居于卫，有齐寇。或曰："寇至，盍去诸？"子思曰："如伋去，君谁与守？"

张氏云："君子不避难，亦不入于难，惟当夫理而已。夫于其所不当避而避焉，固私也；而于其所不当预而预，乃勇于就难，是亦私而已矣。故慷慨杀身者易，而从容就义者难。故常人为血气所蔽，是以莫能择义而处，惟君子烛理之明，克己之力，故于事事物物之间，处之而从容也。此曾子、子思之所以同道欤？"

孟子曰："曾子、子思同道。曾子，师也，父兄也。子思，臣也，微也。曾子、子思，易地则皆然。"

张氏云："曾子，师也，父兄也。师之尊与父兄之义同。以师道居，则固非为臣矣。寇至而去之，寇退而反，无与其难，盖在师之义当然也。子思，臣也，微也。为之臣，则固为微矣，委质以服君之事，有难而逃之，可乎？与君同守而不去，则为臣之义当然也。从容乎义之所当然，曾子、子思何有哉？故曰'曾子、子思，易地则皆然'，以其天理时中一而已。嗟乎！知曾子、子思之所处，则知微子、比干、箕子之事矣。《易》之为书，卦者，事也；爻者，事之时也。于其事，当其时，而各有处焉。盖莫非天理之素也，非夫克己穷理者，其孰能与于斯哉？"

愚按：古之学者必尊师。师者，所以传道也，授业也，解惑也。三代而后，为师者不知所以自尊，而失其为父兄之道，学者遂视师为平等，而失其为弟子之礼。汉司马迁过夷门，思信陵君之执辔，傍徨而

不忍去,有以也,为其得尊师之道也。或曰:"昔者鲁穆公无人乎子思
之侧,则不能安子思。然则子思非师欤? 子思自处素高,奚为不去
欤?"曰:"子思居卫,有守土之责,所以寇至而不当去,以其为臣而非
为师也。自古无土地之责者,乃无必死之义。若夫既受人之土地,则
无避难之理。惟子思自处之高,故于守土之义,断断乎其必争也。
《易·否》之《象传》曰:"君子以俭德辟难。"《困》之《象传》曰:"君子以
致命遂志。"其地各殊,故其义各有所当也。此章亦发明"理一分殊"
之旨也。

第三十二章

储子曰:"王使人瞷夫子,果有以异于人乎?"孟子曰:"何以
异于人哉? 尧、舜与人同耳。"

朱《注》:"储子,齐人也。瞷,窃视也。"

愚按:齐王愚甚矣,瞷其所不当瞷也。使王而果敬孟子之品学,
师之可也,举国而从之可也,瞷何为者? 使孟子而果有非常人之行,
亦非黯浅之人所能知也,瞷何为者? 孟子晓之曰"尧、舜与人同耳",
所谓"言必称尧、舜"也,人之性皆善也。庶民去之者,去此善也;君子
存之者,存此善也,不过几希之间也。此尧、舜所以与人同,而人终不
能与尧、舜同也。齐王亦为善而已矣。

第三十三章

齐人有一妻一妾而处室者,其良人出,则必餍酒肉而后反。其妻问所与饮食者,则尽富贵也。其妻告其妾曰:"良人出,则必餍酒肉而后反,问其与饮食者,尽富贵也,而未尝有显者来。吾将瞷良人之所之也。"蚤起,施从良人之所之,遍国中无与立谈者。卒之东郭墦间,之祭者乞其余,不足,又顾而之他。此其为餍足之道也。其妻归,告其妾曰:"良人者,所仰望而终身也,今若此。"与其妾讪其良人,而相泣于中庭。而良人未之知也,施施从外来,骄其妻妾。

愚按:孟子所以恶齐人者,恶其乞焉尔。齐人曰:"天下人皆乞,我何为独不乞? 人皆餍酒肉,我独不得醉饱也? 人皆富贵显者,而我曾不得效颦也? 乞者非我之所倡也,人倡之而我学之也。"呜呼! 惟如是,故天下无人不乞,惟如是,故天下皆齐人。夫天下无人不乞,则乞之途愈穷,而富贵显者必不能得;天下皆齐人,则人人不知自立,而皆至于饿且死。君子曰:"是乞之终不可为也。"

由君子观之,则人之所以求富贵利达者,其妻妾不羞也而不相泣者,几希矣!

愚按:富贵利达之人,未尝不读书谈道,而并不如其妻妾者,妻妾之心尚有良知,富贵人之心全丧其良知也。曷为而全丧其良知? 推原祸始,在于有所求尔。求者,倚赖之性,奴隶之行,而覆宗蠹国之根由也。《易》言"畜臣妾",《论语》言"惟女子与小人为难养",举世滔滔而为奴隶之行,家焉有不破,国焉有不敝者哉?孟子曰:"人之所以求富贵利达者,其妻妾不羞也而不相泣者,几希矣!"是富贵利达人之居心品行,并出于妾妇之下,其推勘为尤深。且人生当世,无不各有其天职。苟人人各安其分,各尽其职,则天下自治。今皆倚赖而出于求,于是在上者不能不徇情,徇情而迁就、依回、敷衍、泄沓之风由此而积。其始不过倚赖,继则诳骗,终则为穿窬盗贼之行。此而不足,又顾之他,举天下至重之政治,至大之事业,尽寄于若辈之手,蔽贤殃民,浸成一泯泯棼棼之世。如是而家焉有不破,国焉有不敝者哉?孟子此章本意,不过戒人之干求。而吾谓在上者苟能斥绝干求之徒,则士大夫奔竞之风不禁而自息。闺门之内,讵复有羞且泣者乎?然世之人惟知有富贵利达,而不知为妻妾地者,盖蚤起之良知,消亡久矣!夫也不良,读《墓门》之诗,或通身汗下乎?顾或者谓相泣于中庭,其风为已古矣。

离娄篇大义

孔子作《易·乾卦·文言传》,曰存诚,曰立诚,以发明自强之义,传之于子思,子思传之孟子,孟子传之周子。大哉,诚也!其天地之奥,国家之所以立乎?圣人既竭目力,既竭耳力,既竭心思,皆诚为之也。不诚而不以尧、舜之道事其君，不诚而不以尧、舜之道治其民。蒙幽、厉之名而不恤，由是而失天下。诚也者，保四海、保宗庙社稷、保一身之根源也。反身而诚，乐莫大焉。反求诸己，本身作则而已矣，故沛然德教行乎四海矣。不诚则不仁，不仁则安其危而利其菑，孟子深薄夫齐人，深恶夫楚咻者也。然而齐景公之语，涕泪浪浪；楚孺子之歌，余音袅袅。皆见采于书中者，为天下万世自伐其国者，垂之法戒也。民生天地之间，所以自乐其生者，欲恶而已矣。君不能待民以诚，所恶与聚，所欲勿施，则民与君载胥及溺而已。不诚则自暴自弃也，不诚则不能亲其亲、长其长也，不诚而不能行文王之政也，不诚而争地争城以杀人也，如是而犹惟恐民之不顺也。呜呼！其声音笑貌可为也，观其眸子，而其诚可掩乎哉？淳于髡，滑稽之徒也，笑之曰："今天下溺矣，奚以诚为？"孟子亦本至诚而告之曰："天下溺，援之以道。"盖道者，平治天下之具，即援天下之本也。先圣后圣，未有外乎道揆者也。

政治之学，其始于家庭乎？父子相夷，则恶矣，君民独可以相夷乎？离则不祥莫大焉。君之于民犹是也，惟有至诚相见而已。《礼记》曰："先意承志。"曾子之养志，诚之至也，能尽其诚于家庭，乃能出而格君心之非，一正君而国定，至诚相感而已。能诚，故不必斤斤于毁誉也，必不轻易其言也，必不自满而好为人师也。乐正子，善人也，信人也。信者，诚之基也。其从于子敖来，孟子惧其不诚也而戒之。千古至诚感神者，其惟虞舜乎？舜尽事亲之道而瞽瞍厎豫，至诚相感而已。大孝终身慕父母，慕之至者诚之至，终其身而至诚无闲时也。惟诚故生机盛，生机盛故不知足之蹈之手之舞之者，诚之至也，此天地之生理、生民之生气也。宇宙之内、家庭之际、政治之设施，无非至诚之精神，则民生其间者，耕田凿井，手舞足蹈，自发于不容已。人人亲其亲、长其长而天下平，至诚而不动者，未之有也。吾尝神游于唐虞之世，呜呼！何其盛也！

凡为天下国家有九经，所以行之者一也。一者，诚也。诚精而明，乃能察知"理一分殊"之道。先圣后圣，其揆一也。目力、耳力、心思，其诚同也，而其分殊也。惠也、政也，其分亦殊也。为政者每人而悦之，其心不诚也。不诚，故视臣如犬马，视臣如寇雠也，无罪而杀士，无罪而戮民也，而千古篡弑之祸，起于此矣。不诚，故不仁而不义也，非礼而非义也。中也弃不中，才也弃不才，无所不为，而不顾后患，此其恶教化之感人，数十年洗濯之而不能尽也。呜呼！其可痛也！于是圣人一意以至诚救之。诚者不勉而中，不思而得，从容中道者也，不为已甚，惟义所在，惟其诚而已矣。天地之性人为贵，何以见其可贵也？贵赤子之心也。赤子之心何心也？纯一无伪者也。纯一无伪者，诚也。养生送死，皆此一心之诚也。本是心以求学，则能深造于道而反说约也。本是心以为治，则能以善养人也。言无实不祥，无实者，不诚也。声闻过情，过情者，不诚也。横览当世，朝廷之上，社会之中，浑浑者无非若而人也。此不中不才之士，所以盈天下也。

孟子用是大声而疾呼曰："人之所以异于禽兽者几希。"庶民去之,君子存之。几希者,至诚之心也。舜、禹、汤、文、武相传之道统,皆是心也。仰而思之,夜以继日;幸而得之,坐以待旦,周公求治之心,何其诚也!此所谓道揆也,所谓其揆一也。圣人既竭心思,至斯而极也。君子之泽,渐渍于礼义之邦,数百年而不斩,其道乃传之于孔子。孔子为鲁司寇,诸侯害之,大夫壅之。孔子知言之不用、道之不行也,是非二百四十二年之中,以为天下仪表,故曰:"其义则某窃取之矣。"而其道乃传之于孟子。孟子闻而知之者也,故曰:"予私淑诸人也。"先圣后圣,其揆一也,其诚同也。且夫圣人之所以救人心者,首在止天下之杀机。《易传》曰:"饮食必有讼。"杀机之起,在乎取与之微。一箪食,一豆羹,匹夫之大欲存焉,而死生性命以之。逢蒙之杀羿,杀机之最烈者,此恶人之尤,上帝所必诛者也。圣人欲止人心之杀机,爰思发明至善之性,而无如天下之智者,纷纷乎其多凿也,则是率天下而出于不诚也。千岁之日至,可坐而致。诚者,天之道也,以仁存心,以礼存心,君子存之者此也,横逆无道,庶民去之者此也。君子有终身之忧,舜何人也?终其身至诚无间者也。颜子当乱世之心,犹禹、稷当平世之心也。子思居于卫之事,犹曾子居武城之事也。其分殊而其理一也,皆诚也。出妻屏子,终身不养,匡章之设心,愚诚也。王使人瞷夫子,齐王之不诚甚矣。以不诚导其国,于是乎遍国中人皆齐人。

尧、舜与人同耳。不以舜之所以事尧事君,贼其君者也;不以尧之所以治民治民,贼其民者也。贼其民者,贼天下之性也。贼天下之性,而齐人出焉。齐人,不诚之尤者也。非人而人之者,痛乎人道之将灭也。公行子有子之丧,右师往吊,齐之臣谄谀逢迎之状,不可以名言。痛乎人道之将亡也! 痛乎人道之将亡,实始于不诚也。齐君之诳其民,齐人之诳其妻妾,其不诚一也。齐君曰:"我有富贵利达,可以吸服人也。"齐人曰:"我有富贵利达,可以骄其妻妾也。"设一大卑鄙龌龊之途,驱天下之人而施从之。小人之泽,绵绵延延,虽百世而未知所斩,痛乎人心之将亡也! 穀梁子曰:"人之于天也,以道受命。不若于道者,(若,顺也。)天绝之也。"庄子曰:"哀莫大于心死。"盖至诚灭则廉耻亡,廉耻亡则人心死。皇矣上帝,鉴观四方,以为人之所以异于禽兽者几希,如此,则与禽兽奚择焉? 于是草除而芟薙之。秦政一出,焚书坑儒,而士大夫之祸至于不忍言。天作孽,犹可为;自作孽,不可活。皆自取之也。禹思天下有溺者,由己溺之也;稷思天下有饥者,由己饥之也。圣贤之所为夜以继日,悲天而悯人者,悲乎此也,悯乎此也。然则何以救之也? 诚者,天之道也。思诚者,人之道也。人之于天也,以道受命,思诚而人道乃不至于灭亡也。

卷九　万章上

第一章

万章问曰:"舜往于田,号泣于旻天,何为其号泣也?"孟子曰:"怨慕也。"

张氏云:"圣人,尽性者也。能尽其性,故为人伦之至。帝舜之怨慕,学者所当深思力体,不可以易而论也。"

愚按:慕者,赤子天性中之所发也。孝者,人之本,而慕者,又孝之本也。

万章曰:"父母爱之,喜而不忘;父母恶之,劳而不怨。然则舜怨乎?"曰:"长息问于公明高曰:'舜往于田,则吾既得闻命矣;号泣于旻天于父母,则吾不知也。'公明高曰:'是非尔所知也。'夫公明高以孝子之心为不若是恝,我竭力耕田,共为子职而已矣。父母之不我爱,于我何哉?

愚按:"夫公明高以孝子之心为不若是恝"句,系倒文法。"我竭力耕田"四句，即所谓恝也；"父母之不我爱，于我何哉"，言何有于我也。朱子以为自责不知己有何罪，其说恐非。孝子之心不若是恝，所以为慕之至也。

帝使其子九男二女，百官牛羊仓廪备，以事舜于畎亩之中。天下之士多就之者，帝将胥天下而迁之焉；为不顺于父母，如穷人无所归。

顾氏亭林云："《虞书》所载帝曰'予闻如何'，岳曰'瞽子，父顽，母嚚，象傲，克谐以孝，烝烝乂，不格奸'。是则帝之举舜，在瞽瞍厎豫之后。今孟子乃谓'九男二女，百官牛羊仓廪备，以事舜于畎亩之中'，犹不顺于父母，而如穷人无所归，此非事实。但其推见圣人之心若此，使天下为人子者，处心积虑，必出乎此而后为大孝耳。"

愚按：亭林先生之说极是。"为不顺于父母，如穷人无所归"二句，椎心之语，乃孟子度舜之心也。惟其设心如是，所以能慕之至。

天下之士悦之，人之所欲也，而不足以解忧。好色，人之所欲，妻帝之二女，而不足以解忧。富，人之所欲，富有天下，而不足以解忧。贵，人之所欲，贵为天子，而不足以解忧。人悦之、好色、富、贵，无足以解忧者，惟顺于父母，可以解忧。

愚按：惟顺于父母可以解忧者，盖天性之专，惟此一事也，慕之至也。

人少则慕父母,知好色则慕少艾,有妻子则慕妻子,仕则慕君,不得于君则热中。大孝终身慕父母,五十而慕者,予于大舜见之矣。"

张氏云:"人莫不有所慕,舜亦有所慕。人之所慕,物欲之诱,而舜之所慕,则天性之不可解者。其于斯世无一毫存于胸中,终身乎父母而已。曰慕,则无须臾而不在乎此,至诚无息者也,此之谓大孝。"

愚按:孝字本义从老省,从子。子者,孺也。孺慕之心为最诚也。人子自少至老,专其心以顺父母,乃谓之孝。人子称父母曰亲,妊胎于母腹,亲之至也;生于膝下,亲之至也。弱冠以后,日疏其亲,歉何如矣!迨父母没,则由疏而远,痛何如矣!古圣人定父母之名曰亲,言终身宜亲之也。此人子之所以终身宜孝其亲,而虞舜之五十而慕,所以为大孝也。人生五十以前,血气未定,嗜欲未清,或有移其慕于他事者。至五十而血性渐定,嗜欲渐清,可以概其终身矣。故读此章书,宜注重一"慕"字。慕者,缠绵悱恻之诚,孺子之性也。人而失其孺子之性,则不顺于父母,而不可以为子矣。

第二章

万章问曰:"《诗》云:'娶妻如之何,必告父母。'信斯言也,宜莫如舜。舜之不告而娶,何也?"孟子曰:"告则不得娶。男女居室,人之大伦也。如告则废人之大伦,以怼父母,是以不告也。"

朱《注》："《诗》，《齐国风·南山》之篇也。信，诚也，诚如此诗之言也。怼，雠怨也。舜父顽母嚚，常欲害舜，告则不听其娶，是废人之大伦，以雠怨于父母也。"

罗氏罗山云："以怼父母，是子之怼父母也。舜岂有怼父母之心？然男女居室，人之大伦，告而废伦，此心终有所不安。其不安，即怼父母也。"

万章曰："舜之不告而娶，则吾既得闻命矣。帝之妻舜而不告，何也？"曰："帝亦知告焉则不得妻也。"

赵《注》："帝尧知舜大孝，父母止之，舜不敢违，则不得妻之，故亦不告。"

万章曰："父母使舜完廪，捐阶，瞽瞍焚廪；使浚井，出，从而掩之。象曰：'谟盖都君咸我绩。牛羊父母，仓廪父母。干戈朕，琴朕，弤朕，二嫂使治朕栖。'象往入舜宫，舜在床琴。象曰：'郁陶思君尔。'忸怩。舜曰：'惟兹臣庶，汝其于予治。'不识舜不知象之将杀己与？"曰："奚而不知也？象忧亦忧，象喜亦喜。"

朱《注》："按《史记》曰：'使舜上涂廪，瞽瞍从下纵火焚廪，舜乃以两笠自捍而下，去，得不死。后又使舜穿井，舜穿井为匿空旁出。舜既入深,瞽瞍与象共下土实井,舜从匿空旁出,去。即其事也。象,舜异母弟也。象素憎舜,不至其宫,故舜见其来而喜也。"

张氏云:"完廪、浚井,事之所无也,故程子曰:'论其理,则尧在上,而百官事舜于畎亩之中,岂容象得以杀兄,而二嫂治其栖乎?'学孟子者,以意逆志可也。故孟子未暇正其事之有无,独答其大意以明舜之心,谓舜非不知象之将杀己也。然象忧亦忧,象喜亦喜。程子曰:'天理人情,于是为至。'盖象忧喜,舜亦忧喜,是其心与之为一,亲之爱之,未尝间也。"

愚按:此节李榕村指为稗官野史。事之有无,盖不足辨,而亦载之者,盖问答之体,宜于博采也。陈氏兰甫云:"《万章》篇所论唐、虞、三代之事,闳远深博,非问答之文不能畅达之。读书岂可不识文章之体乎?"

曰:"然则舜伪喜者与?"曰:"否。昔者有馈生鱼于郑子产,子产使校人畜之池,校人烹之,反命曰:'始舍之,圉圉焉,少则洋洋焉,攸然而逝。'子产曰:'得其所哉,得其所哉!'校人出,曰:'孰谓子产智,予既烹而食之,曰得其所哉得其所哉。'故君子可欺以其方,难罔以非其道。彼以爱兄之道来,故诚信而喜之,奚伪焉?"

愚尝闻某氏之言曰:"舜,大智人也,常欲人处于非而己处于是也。彼象者,盖受其牢笼而不自知也。"呜呼!是专以欺诈之心测圣人，谬之尤谬者也。夫圣贤、庸众之所以异者，诚、伪而已。孟子引子产事为例，子产宁知校人之烹鱼哉？以诚待之而已。舜非不知象之欲杀己。其忧也，忧其何以若斯之傲；而其喜也，则彼以爱兄之道来，幸其或能改过，故喜而与之也，皆诚也。夫兄弟，手足也，岂能猜疑相恶而终绝之乎？此周公作《鸱鸮》《常棣》之诗，所以垂涕而道之也。后人不察，乃以己私度圣人，岂知圣人之所以为圣人者，诚信而已。圣人处事接物，决不容少参以欺诈，而况家庭之间乎？是故上章之怨慕，处父子之变也；此章之诚信，处兄弟之变也。大舜精诚所积，乃足为人伦之极则也。且夫世界之由诚而入伪者，正人心之由厚而浇也。诚不可见，则乾坤或几乎息，人道或几乎亡，故诚伪之幾，尤不可以不辨。吾闻"君子成人之美，不成人之恶，小人反是"。乃考察近世之言论，非特不欲成人之美，且不欲成古人之美。人心之险巇若此，士君子何以挽救之乎？

第三章

万章问曰："象日以杀舜为事，立为天子则放之，何也？"孟子曰："封之也。或曰放焉。"

朱《注》："放，犹置也。置之于此，使不得去也。万章疑舜何不诛之，孟子言舜实封之，而或者误以为放也。"

万章曰："舜流共工于幽州，放驩兜于崇山，杀三苗于三危，殛鲧于羽山,四罪而天下咸服,诛不仁也。象至不仁,封之有庳,有庳之人奚罪焉? 仁人固如是乎? 在他人则诛之,在弟则封之。"曰:"仁人之于弟也,不藏怒焉,不宿怨焉,亲爱之而已矣。亲之欲其贵也,爱之欲其富也。封之有庳,富贵之也。身为天子,弟为匹夫,可谓亲爱之乎?"

朱《注》:"流,徙也。共工,官名。驩兜,人名。二人比周,相与为党。三苗,国名,负固不服。杀,杀其君也。殛,诛也。鲧,禹父名,方命圮族,治水无功。皆不仁之人也。"

顾氏亭林云:"舜都蒲阪,而封象于道州鼻亭,在三苗以南荒服之地,诚为可疑。如孟子所论亲之欲其贵,爱之欲其富,又且欲其源源而来,何以不在中原近畿之处,而置之三千余里之外邪? 盖上古诸侯之封万国,其时中原之地,必无闲土可以封故也。又考太公之于周,其功亦大矣,而仅封营丘。营丘在今昌乐、潍二县界,史言其地泻卤,人民寡,而孟子言其俭于百里,又莱夷逼处而与之争国。夫尊为尚父,亲为后父,功为元臣,而封止于此,岂非中原之地无闲土,故至薄姑氏之灭,而后乃封太公邪? 或曰:禹封在阳翟,稷封在武功,何与? 二臣者有安天下之大功,舜固不得以介弟而先之也。故象之封于远,圣人之不得已也。"

愚按:父子一体之所分,兄弟亦一体之所分,故休戚相共,不藏怒,不宿怨。仁人对于常人,无不如此。惟常人则可疏之远之,而兄弟则惟有亲爱之而已矣。亲爱者,至性之所发也。夫兄之对于弟如此,则天下万世之为人弟者,亲爱其兄当何如乎?

"敢问或曰放者,何谓也?"曰:"象不得有为于其国,天子使吏治其国,而纳其贡税焉,故谓之放。岂得暴彼民哉!虽然,欲常常而见之,故源源而来,不及贡,以政接于有庳,此之谓也。"

张氏云:"象之不道,讵可以君国子民乎?彼使吏治其国,纳其贡税,而不得以暴彼民也。而其亲爱之至,又欲常常而见之,故使不拘夫朝贡之时,源源而来,若天子以政事接于有庳之君然。夫其所以处之曲折详备如此。此仁之至、义之尽,亲亲之心,而大公之体也。"

愚按:仁、义有兼用之道。舜之封象,仁也;使吏治其国,纳其贡税,仁中之义也;不得暴其民,义中之仁也;欲常常而见之,故源源而来,又仁之至也。舜惟至诚,所以处之各得其当也。

第四章

咸丘蒙问曰:"语云:'盛德之士,君不得而臣,父不得而子。舜南面而立,尧帅诸侯北面而朝之,瞽瞍亦北面而朝之。舜见瞽瞍,其容有蹙。孔子曰:于斯时也,天下殆哉岌岌乎!'不识此语诚然乎哉?"孟子曰:"否。此非君子之言,齐东野人之语也。尧老而舜摄也。《尧典》曰:'二十有八载,放勋乃徂落,百姓如丧考妣,三年四海遏密八音。'孔子曰:'天无二日,民无二王。'舜既为天子矣,又帅天下诸侯以为尧三年丧,是二天子矣。"

王氏船山云:"礼,庶人为国君服三月。郑氏曰:'天子畿内之民服天子亦然。'周礼且然,唐、虞质朴之制,愈可知已。但言畿内,则五服之民不服天子矣。王者公天下而私其故封之国,天下者,代易以为之大君,而国其所世守,虽失天下,不亡其国。故畿内之民亲于五服,而恩礼有加焉。礼必度其可行而与情相称。九州编氓,于天子疏远阔绝,而为天子服丧,情既不称,而势亦不可行矣。百姓者,百官也。黄帝始制姓氏,皆天子赐之,有爵者或以官邑,或以字谥;庶人贱,无字谥,无官邑,不得有姓。百姓如丧考妣,诸侯、卿大夫服斩衰也。'三年'连下为句,三年之间,四海之内,冠昏祭虽通,而不作乐,下及乎侯国之大夫、士皆然。士无故不撤琴瑟,于斯撤矣。侯国惟君服斩衰,大夫、士则否,但撤乐耳。故下云'帅天下诸侯为尧三年丧',明侯国臣民之不与也。"

愚按:孟子曰:"舜相尧二十有八载。尧崩,三年之丧毕,舜避尧之子于南河之南,天下诸侯朝觐者不之尧之子而之舜,讼狱者不之尧之子而之舜,讴歌者不讴歌尧之子而讴歌舜,夫然后至中国,践天子位焉。"据此,是尧三年之丧未毕时,舜尚未为天子也。

又按:船山先生之说,极为精确。《书·尧典》"平章百姓""百姓昭明",百姓,百官也。四海遏密八音,尧之仁德如天也。后世君民辽隔,其无德及下者,并无感情之可言,乃陋儒妄定丧礼,强制执行,媚死君而诬生民,开诡诈之风,启饰伪之习,甚至激动人心之不平,欲尊君而适以辱君,其亦无识之尤已。

咸丘蒙曰:"舜之不臣尧,则吾既得闻命矣。《诗》云:'普天之下,莫非王土;率土之滨,莫非王臣。'而舜既为天子矣,敢问瞽瞍之非臣如何?"曰:"是诗也,非是之谓也。劳于王事,而不得养父母也,曰:此莫非王事,我独贤劳也。故说《诗》者不以文害辞,不以辞害志,以意逆志,是为得之。如以辞而已矣,《云汉》之诗曰:'周余黎民,靡有孑遗。'信斯言也,是周无遗民也。

陈氏兰甫云:"《史记·孟子列传》云:'序《诗》《书》,述仲尼之意,作《孟子》七篇。'赵邠卿《孟子题辞》云:'孟子通五经,尤长于《诗》《书》。'澧案:孟子引《诗》者三十,论《诗》者四,引《书》者十八,论《书》者一,又有似引《书》而不言'《书》曰'者,所谓'尤长于《诗》《书》'者,于此可以窥见矣。其引《烝民》之诗以证性善,性理之学也;引'雨我公田'以证周用助法,考据之学也;'《小弁》之怨亲亲,亲亲仁也',此由读经而推求性理,尤理学之圭臬也。盖性理之学,政治之学,皆出于《诗》《书》,是乃孟子之学也。"

愚按:孟子说经,最为精核,不加穿凿,不妄附会,惟虚心以求古人之志,此为经师家法所本。"劳于王事,而不得养父母也,曰:此莫非王事,我独贤劳也",此即后儒之传体也。故"说《诗》者不以文害辞"数句,岂特说《诗》而已,凡解经者皆当如此,论文者亦当如此。"如以辞而已矣"以下,是即后儒释经辩驳体也。盖孟子说《诗》之学,传自子思。子思作《中庸》,引《诗》"衣锦尚纲"数节,皆断章取义,而其触类旁通,精微妙蕴,断非后儒所能及。此其家法,盖又得自曾子。《大学》引《诗》"邦畿千里"以下数节,又"乐只君子"以下三节,亦皆精微奥妙,令人味之不尽。至《孝经》每章末引《诗》,亦多含无穷之意。盖《诗》本贵长言永叹,不当求之字句之间,故孟子章末引《诗》,亦多仿《孝经》之意。圣贤传经之蕴,于此亦略可见。后世说《诗》者,皆当奉此为家法也。

孝子之至,莫大乎尊亲;尊亲之至,莫大乎以天下养。为天子父,尊之至也;以天下养,养之至也。《诗》曰'永言孝思,孝思维则'",此之谓也。

　　愚按:孔子曰"武王、周公,其达孝矣乎!夫孝者,善继人之志,善述人之事者也。春秋修其祖庙,陈其宗器,设其裳衣,荐其时食",以下论郊祀之礼。此所谓莫大乎尊亲也。孔子又曰:"孝莫大于严父,严父莫大于配天,则周公其人也。"此所谓莫大乎尊亲也。盖周家以忠厚开基,读《大明》《绵》《皇矣》诸诗,元气纯懿,浑沦无间,而诗人赞述之旨,不过曰"遹追来孝",又曰"绳其祖武"。夷考文王、武王之孝行,备著于《礼记》。《文王世子》首章"食上视寒暖,食下问所膳,一饭亦一饭,再饭亦再饭",此所谓孝之至也。故其本支下洎百世,国祚绵延至八百载,此所谓尊之至也。周公宗祀文王于明堂以配上帝,而郊祀上溯及于后稷,迄今诵《思文》之诗,知后稷粒民之德,迨周公而始彰,相距十有余世,此所谓孝之至也,亦尊之至也。虽然,论孝者若不求养亲之心,而必以是为衡,则孝子之事亲将有所穷,故吾人之论孝者当以曾子为法。曾子之言曰:"大孝尊亲,其次不辱,其下能养。"立身行道,扬名于后世,以显父母,所谓尊亲也。守身兢兢,不越礼法,身体发肤,不敢毁伤,所谓不辱也。口体之奉,必有酒肉,愉色婉容,曲尽其欢,所谓能养也。严父配天,此力之所不能为者也,而立身行道以下数端,不独力所能为,而尤不可不勉者也。"永言孝思",岂必在天子家哉?

《书》曰:'祗载见瞽瞍,夔夔齐栗,瞽瞍亦允若。'是为父不得而子也。"

朱《注》:"祗,敬也。载,事也。夔夔齐栗,敬谨恐惧之貌。允,信也。若,顺也。言舜敬事瞽瞍,往而见之,敬谨如此,瞽瞍亦信而顺之也。孟子引此而言瞽瞍不能以不善及其子,而反见化于其子,则是所谓父不得而子者,而非如咸丘蒙之说也。"

第五章

万章曰:"尧以天下与舜,有诸?"孟子曰:"否。天子不能以天下与人。"

愚按：尧曰："咨尔舜，天之历数在尔躬。"舜有天下，尧传之者也，而孟子曰"天子不能以天下与人"者，将以发明天人相与之理，至公而不容有丝毫私意者也。朱《注》云："天下者，天下之天下，非一人之私有故也。"愚更为进一解曰："天下者，君与民共有之天下，非一家一姓所得而私者也。"

"然则舜有天下也，孰与之？"曰："天与之。"

愚按：《书》曰："天降下民，作之君，作之师，唯曰其助上帝宠之。"《传》曰："天生民而树之君，使司牧之。"故天子者，天之所命也。天命之，故曰"天与之"。不顺天命者，则天夺之，桀、纣是也。《太甲》曰："顾谓天之明命。"《诗》曰："畏天之威，于时保之。"人君戒谨恐惧之心，其可须臾忽乎？

"天与之者，谆谆然命之乎？"

愚按：后人读万章此问，未有不哑然笑者。不知穷理之学，宜多设问答之辞，浅学者盖未足以知文体也。

曰："否。天不言，以行与事示之而已矣。"

朱《注》："行之于身谓之行，措诸天下谓之事，言但因舜之行事，而示以与之之意耳。"

曰："以行与事示之者,如之何?"曰："天子能荐人于天,不能
使天与之天下;诸侯能荐人于天子,不能使天子与之诸侯;
大夫能荐人于诸侯,不能使诸侯与之大夫。昔者尧荐舜于
天而天受之,暴之于民而民受之,故曰'天不言,以行与事示
之而已矣。'"

愚按:荐人而不能使天与之天下,不能使天子与之诸侯,不能使
诸侯与之大夫者,权限也。上言天与之,此言荐之于天而天受之,暴
之于民而民受之,受之,即所以与之也。是天之与民,其权均也。然
而天虚而难凭者也,民实而可据者也,是其权固专在于民也。

曰："敢问荐之于天而天受之,暴之于民而民受之,如何?"
曰："使之主祭而百神享之,是天受之。使之主事而事治,百
姓安之,是民受之也。天与之,人与之,故曰'天子不能以天
下与人'。"

愚按:使之主祭而百神享之,无形者也;使之主事而事治,百姓安
之,有形者也。是其权固专在于民也。

舜相尧二十有八载,非人之所能为也,天也。尧崩,三年之
丧毕,舜避尧之子于南河之南,天下诸侯朝觐者不之尧之子
而之舜,讼狱者不之尧之子而之舜,讴歌者不讴歌尧之子而
讴歌舜,故曰天也。夫然后之中国,践天子位焉。而居尧之

宫,逼尧之子,是篡也,非天与也。

愚按:《尚书》帝曰:"咨四岳,女能庸命巽朕位。"司马迁曰:"尧将逊位,让于虞舜,舜禹之间,岳牧咸荐。"是荐舜者岳牧也。然荐之者岳牧,而归之者朝觐、讼狱、讴歌者也。向使岳牧荐之,而朝觐者不归之,讼狱下之人不敢自私,不敢自利,以我之大私为天下之公,始而惭焉,久而安焉,视天下为莫大之产业,传之子孙,受享无穷。"此无他,古者以天下为主,君为客。凡君之毕世而经营者,为天下也。今也以君为主,天下为客。凡天下之无地而得安宁者,为君也。"痛哉言乎!盖自后世人君私天下以为产业,绝不顾民之好恶从违而杀夺之,惨生民之祸,乃靡所底止矣。《泰誓》曰:"天视自我民视,天听自我民听。"近世西国之君,有出于选举者,实隐合乎"民视民听"之义,其道为大公,其理为大顺。必如此,争夺篡弑之风乃可以息。而或者曰:此或可行于唐、虞之世,若行之后世,则天下乱。何者?以民之程度卑则适导其争也。此言近似有理,殊不知此后世界日益文明,则天下人君必皆出于选举之途。夫语选君之法归之于民而天下争者,此言乎乱世之民也。如何而进之于治世,则在于教育。教育行而民者不归之,讴歌者不归之,则亦不能以有天下,故曰天也,岂非人事哉?后世史书所载篡窃之徒,不知天命,实不知人心有所由归者也。

《太誓》曰:天视自我民视,天听自我民听,**此之谓也**。

愚按:读孟子引《书》之言,而孟子尊民之心可见,而民权之宜尊益可见。朱《注》云:"天无形,其视听皆从于民之视听。"是朱子亦注重民权也。黄梨洲先生之言曰:"君人者,不以一己之利为利,而使天下受其利;不以一己之害为害,而使天下释其害。"此其人之勤劳必千万倍于天下之人。古之人量而不欲入者,许由、务光是也;入而又去之者,尧、舜是也;初不欲入而不得去者,禹是也。后之为人君者不然,以为天下利害之权皆出于我,我以天下之利尽归于己,以天下之害尽归于人亦无不可。使天之学识进,程度高,其视益明,其听益聪,视明听聪,则以千万人之聪明,萃为一人之聪明,故曰"宣聪明,作元后"。古语曰:"众非元后何戴,后非众罔与守邦。"又曰:"后非民罔使,民非后罔治。"君之与民,可合而不可分者也。君与民之心,可一而不可二者也。此命之于天者也。《易传》曰"先天而天弗违,后天而奉天时",盖谓此也。抑孟子有言曰:"王者之民,皞皞如也。"《洪范》曰:"无偏无党,王道荡荡。无党无偏,王道平平。会其有极,归其有极。"是即皞皞之世也。又曰:"谋及卿士,谋及庶人。卿士从,庶民从,是之谓大同。"此其民之所以皞皞也。反是而以天下为一人之产业,作福作威,好恶乖违,用侧颇僻,于是乎咎征咸集,曰"狂恒雨若,蒙恒风若"是也。而六极之恶与弱随之矣。是故《洪范》《泰誓》二篇,皆应天命、顺人心之书也。此孔子作《易传》,所以往复低徊,曰"箕子之贞,明不可息也",以其言足以垂万世之法戒也。然愚更有进者。民权之所以宜尊,贵乎知识之高尔。唐、虞之世,朝觐、讼狱、讴歌者或归舜,或归禹。民视民听,抑何既公且一,惟其智也。反是而其权归于无知无识之民,或心术不正,或意气嚣陵,则天下大乱而无所底止矣。吾于是知尊民必先教育,而教育之道必轨于正。

第六章

万章问曰:"人有言,至于禹而德衰,不传于贤而传于子,有诸?"孟子曰:"否,不然也。天与贤,则与贤;天与子,则与子。昔者舜荐禹于天,十有七年,舜崩,三年之丧毕,禹避舜之子于阳城,天下之民从之,若尧崩之后,不从尧之子而从舜也。禹荐益于天,七年,禹崩,三年之丧毕,益避禹之子于箕山之阴,朝觐、讼狱者不之益而之启,曰'吾君之子也',讴歌者不讴歌益而讴歌启,曰'吾君之子也'。

张氏云:"禹荐益于天,与尧之荐舜、舜之荐禹,其心一也。益避禹之子,与舜之在南河、禹之在阳城,其心一也。天而与益,则朝觐、讼狱、讴歌者皆归之益,践天子位矣,禹亦岂得而不与之哉? 而天则与子也,禹亦岂得而与之哉?"

王氏船山云:"箕山,在山西平阳,去禹都为近。益当食采其下,则其避启亦应于此。南河之南,偃师也。阳城,雒阳也。尧、舜、禹所都不同,舜、禹、益各有封邑。避者,去而归其国也。《集注》云:'皆嵩山下深谷中。'是二圣同即嵩山,习为退避之常所,二室且为受终之捷径矣。避天子位,自盛德事,固应从容以礼为进退,何至逃之无人之境,如避兵避雠之藏形灭迹也哉?"

　　愚按:禹之心犹舜之心,益之心犹禹之心,固然矣。然而朝觐者归启,讼狱者归启,讴歌者归启,是其权固在于民也。唐韩子云:"禹之传子也,忧后世争之之乱也。"此未知禹大公之心也。诘以尧、舜何以不忧后世,而其说实穷矣。

丹朱之不肖,舜之子亦不肖。舜之相尧、禹之相舜也,历年多,施泽于民久。启贤,能敬承继禹之道。益之相禹也,历年少,施泽于民未久。舜、禹、益相去久远,其子之贤不肖,皆天也,非人之所能为也。莫之为而为者,天也。莫之致而至者,命也。

　　张氏云:"莫之为而为者,天也,莫之致而至者,命也,其发明天人之际深矣。莫之为,言无有为之者,而其为则天也。莫之致,言无有致之者,而其至则命也。言天而又言命,天言其统体,而命言其命乎人者也。丹朱之不肖,舜之子亦不肖,而舜、禹之为相历年多,施泽之久,故天下归之。启贤,能敬承继禹之道,而益相禹未久,故天下归启。此岂有为之者乎? 岂有致之者乎? 而其为也,其至也,则可以曰:天与命也。虽然,人君为不善而天命去之,则是有所为而致也,独不可言天与命欤! 孟子盖亦尝论之矣,曰:'尽其道而死者,正命也;桎梏死者,非正命也。'盖如尧、舜、禹、益之事,理之全而命之正也。若夫为不善以及于乱亡,则是自绝于天以遏其命,不得谓之得其正矣。然而其为是事,则有是应,谓之命则可也。"

愚按:不肖,人事也;贤,人事也;历年之多与少,人事也;施泽于民之久与未久,人事也。然皆莫之为而为,莫之致而至也,故曰天也、命也,其实则皆人也,归于贤而已矣。

匹夫而有天下者,德必若舜、禹,而又有天子荐之者。故仲尼不有天下。

愚按:仲尼之德,非不若舜、禹也,以无天子荐之,故不有天下。

继世以有天下。天之所废,必若桀、纣者也。故益、伊尹、周公不有天下。

张氏云:"孟子因论尧、舜、禹禅继之事,而遂及于匹夫有天下,与继世有天下之理。而论伊、周、孔子之事,所以极乎天命之微也。匹夫而有天下,德必若舜、禹,而又有天子荐之者,仲尼之不有天下,则以无荐之于天者也。此天也。继世以有天下者,必其恶如桀、纣而后为天所废,不然,则其继世固宜,故益、伊尹、周公虽德盛而不有天下也。"

愚按:继世以有天下者,其先世皆有大功德于民,非有桀、纣之主,则不至斩其泽也。故敬承先世者,修德为善,不可稍怠也。

伊尹相汤以王于天下。汤崩,太丁未立,外丙二年,仲壬四年,太甲颠覆汤之典型,伊尹放之于桐。三年,太甲悔过,自

怨自艾,于桐处仁迁义三年,以听伊尹之训己也,复归于亳。

张氏云:"太甲虽不敬于始,伊尹放之于桐,使之改行,及其克终,则奉而归之,皆顺天命也。"

王氏船山云:"赵氏以二年、四年为在位之年。盖殷道立弟,次及嫡长子,则太丁薨而外丙、仲壬踵立,以传太甲,其制然也。程子破其说,以年为岁,汤寿百龄,岂九十有八而生子乎? 若夫太甲宅忧桐宫者,为之后者为之子,太甲嗣仲壬,则为仲壬居丧如嗣子也。汤墓在桐,仲壬之墓亦在桐,古者墓兆以昭穆祔葬,无各为陵邑之制也。"

愚按:伊尹之放太甲也,非其志之高,则篡也。太甲之处仁迁义也,薰伊尹之德而善良也,曰听伊尹之训己也,伊尹为之师也。人君能得圣贤为之师,则无形之中,有以迁善改过,而享国遂得以长久。古语曰:"能自得师者王。"谓人莫己若者亡。

周公之不有天下,犹益之于夏,伊尹之于殷也。

愚按:益之于夏,勤劳而已,其心无所苦也。至伊尹而用心苦矣,至周公而用心尤苦。读《诗》至《鸱鸮》《东山》《常棣》诸篇、《闵予小子》《敬之》《小毖》诸篇,读《书》至《金縢》《无逸》诸篇,周公之用心,惟知为君、为天下,初无丝毫私意于其间也,顺天之至也。

孔子曰:'唐、虞禅,夏后、殷、周继,其义一也。'"

张氏云:"一者,何也? 亦曰奉天命而已矣。而司马君实、苏子由各以其私意立论，愚不得而不辨也。司马氏之论曰：'禹子果贤而禹荐益，使天下自择启而归焉，是饰伪也。益知启之贤，得天下之心，己不足以间，而受天下于禹，是窃位也。禹以天下授益，启以违父之命而为天子，是不孝也，恶有饰伪、窃位、不孝之人而谓之圣贤哉？'此未知禹不得授之于益，益不得受之于禹也。禹以益之贤，使宅百揆，而荐之于天耳。禹崩，益以冢宰率天下行三年丧，丧终，则避位焉。禹之子启贤而天下归之，固其所也。禹也、益也、启也，皆岂能加毫末于此哉？苏氏之论曰：'使舜、禹避之，天下归之，而尧、舜之子不顺，将使天下而废其子钦？将奉其子而违天下钦？而事之至逆，由避致之也。至益不度天命而受命于禹，禹逊之而天下不从，而后不敢为，匹夫犹且耻为之，而谓益为之哉？'此尤不思之甚者也。舜、禹岂有富天下之意乎哉？终其事而避其位，若天下归吾君之子，固其所也。而天下归之，自不舍耳。舜、禹若逆计其利害而遽自立，则是何心哉？益为禹所荐，故终其冢宰之事，三年丧毕，避启箕山，天下归启，益固得其所也。而以私意得失轻重圣贤，何其不之思钦？"

　　愚按：唐、虞禅，人心归舜与禹也。夏后、殷、周继，人心归启与太甲、成王也。其权皆在民也，其义一也。不当禅而思禅者，燕子哙是也。不当继而思继者，秦二世是也。皆不得乎人心也。知人心之趋向，乃知民权之宜重也。是故民以君为天，不得而违法也。君亦以民为天，不得而违法也。法尊而义定，天下无争乱之事矣。

第七章

万章问曰:"人有言伊尹以割烹要汤,有诸?"

愚按:伊尹任天下之事,即不免丛天下之怨,谣诼因之纷起,故古书中毁伊尹处甚多。如《楚词·天问》云"水滨之木,得彼小子。夫何恶之?朕有莘之妇"及此章割烹要汤等皆是。乃知任事者必先任天下之怨,虽蒙天下之毁而弗恤也。

孟子曰:"否,不然。伊尹耕于有莘之野,而乐尧、舜之道焉。非其义也,非其道也,禄之以天下,弗顾也;系马千驷,弗视也。非其义也,非其道也,一介不以与人,一介不以取诸人。

愚按:气节即俗所谓气骨。为人而无气骨,岂能任天下之事?此节"道""义"二字,当与"养气"章"其为气也,配义与道"参看,盖气节之根柢也。禄之以天下,谓尊以天子之禄;系马千驷,谓与以千乘之国。一介不取与,即不受天下、千驷之根本。圣人之视一介,固无异于天下、千驷也。惟一介之取与,必折衷于道义,所以能自任以天下之重。

汤使人以币聘之,嚣嚣然曰:'我何以汤之聘币为哉!我岂若处畎亩之中,由是以乐尧、舜之道哉!'

愚按:两"我"字当注意,所以重视己身,不轻出也。

汤三使往聘之。既而幡然改曰：'与我处畎亩之中，由是以乐尧、舜之道，吾岂若使是君为尧、舜之君哉，吾岂若使是民为尧、舜之民哉，吾岂若于吾身亲见之哉！

罗氏罗山云："处则以其道修于一身，达则以其道行于天下。或出或处，此心原无二致。三聘而后幡然者，平时以道自重，不肯苟进，至此感汤之诚，而又知汤之可与大有为，始起而应之，非前此无尧、舜君民之心，至此始幡然改图也。尧、舜其民，其本领在我，不待择民而后治，尧、舜其君，则必其君之可与有为而后可。三聘后应，亦审于择主之道也。"

愚按：一"我"字、三"吾"字当注意，所以重视己身，当为天下而出也。吾岂若于吾身亲见之，盖于畎亩之中，经画天下之事，已早有成竹矣。

天之生此民也，使先知觉后知，使先觉觉后觉也。予，天民之先觉者也。予将以斯道觉斯民也。非予觉之而谁也？'

愚按：三"予"字当注意。挺然自任，非嘐嘐然为大言也，有豪杰之性质，兼有圣贤之学问也。不言先圣、先哲，而云先知、先觉，见非常之人，务在牖民之知觉。而生民之知觉不齐，奚翅恒河沙数，如何而普及以觉之？如何而分等差以觉之？要必有大经纶、大学问，以统筹分置于其间，非可空言也。

思天下之民匹夫匹妇有不被尧、舜之泽者，若己推而内之沟中。其自任以天下之重如此，故就汤而说之以伐夏救民。

愚按："己"字、"自"字当注意。惟自待高，故自任重；惟不失己，故能救民。"思天下之民"，与"禹思天下有溺""稷思天下有饥"二"思"字正同。此思也，何其大也。圣人之所为先天下之忧而忧也，乃救世之苦心也。读张子《西铭》云"民吾同胞，物吾与也"，又曰"凡天下之疲癃残疾、茕独鳏寡，皆吾兄弟之颠连而无告者也"，亦有此广大之气象。故"就汤而说之以伐夏救民"为一句，俗读分作二句，便无力。

吾未闻枉己而正人者也，况辱己以正天下者乎？圣人之行不同也，或远或近，或去或不去，归洁其身而已矣。

愚按：两"己"字、一"身"字当注意，皆重视己身也，当与"枉尺直寻"节参看。或远或近，或去或不去，圣人之行，令人神往。归洁其身，"洁"字更有味。高尚其事，固洁也；拔茅贞吉，亦所以为洁也。

吾闻其以尧、舜之道要汤，未闻以割烹也。

愚按：尧、舜之道岂可以要君？乃甚言其不要尔。

《伊训》曰：'天诛造攻自牧宫，朕载自亳。'"

赵《注》："牧宫，桀宫也。载，始也。汤曰：我始与伊尹谋之于亳，遂顺天而诛也。”

　　愚按：人生当世，惧不能担任天下之事而已。吾尝谓人者，任也；士者，事也。必能担任天下之事，始不愧为士，不愧为人。此章书专以“我”字、“予”字、“己”字、“自”字作线索，见古圣人于天下事，有挺然自任之志。而末又赞之曰“归洁其身而已矣”，见吾身之在天地间，至为贵重。夫吾身曷为而可贵？为能任天下之事也。若萎苶不任事，何足以为贵？且吾身曷为而可贵？为其学道也。若空疏无学，或虽学而无实用，乌足以任事，又何足以为贵？且吾身曷为而可贵？为其至洁也。若猥琐龌龊，乌足以任事，更何足以为贵？如是而知圣人洁身之行，必先严义利之辨。苏东坡《伊尹论》曰：“天下之大而不足以动其心，则天下之大节有不足立，而大事有不足办者矣。箪食豆羹，非其道不取，则一乡之人莫敢以不正犯之矣。一乡之人莫敢以不正犯之，而不能办一乡之事者，未之有也。推此而上，其不取者愈大，则其所办者愈远矣。”又曰：“天下不能动其心，故其才全。以其全才而制天下，故临大事而不乱。古之君子，必有高世之行，非苟求为异而已。卿相之位，千金之富，有所不屑，将以自广其心，使穷达利害不能为之芥蒂，以全其才而欲有所为耳。”斯虽文章家言，而持义颇精。余尝论修身之要：学问，犹堂屋也；行谊，犹基址也。基址不坚，堂屋圮坏。人生学问纵极邃美，而行谊不完，货财是徇，一旦名誉扫地，无以取信于天下之人，即不能复办天下之事，深可痛也。且人度量相越，各有不同。有操持一介，而失守于数十金、百金者矣;有操持于数十金、百金,而失守于千金、万金者矣。愈勘则愈细,愈大则愈难。惟古之圣人为能精于观人,而尤严于律己。律己之方,首严义利。伊尹凡事折衷于道义,自一介之细,推而极于天下、千驷之重,初无二致,非谓天下、千驷之不足重也。以天下、千驷犹不如吾身之重也,又以吾身之重加乎天下、千驷之上,故吾身之洁,虽以天下、千驷而亦有所不屑也。吾闻洁其身而任天下之事者矣,未闻失其身而能任天下之事者也。是故士而有志于当世之事,先自不屑不洁始,而近世豪杰之士,不知求圣贤学问,徒欲枉道以求人,卒至身败名裂,惜哉,惜哉!

第八章

万章问曰:"或谓孔子于卫主痈疽,于齐主侍人瘠环,有诸乎?"孟子曰:"否,不然也,好事者为之也。

朱《注》:"主,谓舍于其家,以之为主人也。痈疽,疡医也。侍人,奄人也。好事,谓喜造言生事之人也。"

于卫主颜仇由。弥子之妻,与子路之妻,兄弟也。弥子谓子路曰:'孔子主我,卫卿可得也。'子路以告,孔子曰:'有命。'孔子进以礼,退以义,得之不得曰有命,而主痈疽与寺人瘠环,是无义无命也。

　　张氏云:"众人不知有命,故于其无益于求者,强求而不止。若贤者则安于命矣。知命之不可求也,故安之。若夫孔子所谓有命者,则义、命合一者也。故孟子发明之曰:'孔子进以礼,退以义,得之不得曰有命。'非圣人择礼义而为进退,圣人进退无非礼义。礼义之所在,固命之所存也。此所谓义、命之合一者也。"

　　愚按:弥子,卫之幸臣,曾谓孔子而屑主之乎? 进以礼,退以义,其气象何从容也。得之不得曰有命,其言词何委婉而决绝也。夫莫之致而至者命也,命者,迹近于渺茫,而圣贤有时或言命者,盖君子任理,小人任数,言理足以范围君子,言数足以范围小人。若有命之说废,则小人之夤缘奔竞,更将无所忌惮,世道更至于不可救药。而实则得之不得,固非人力之所能为,此孔子所由以有命之说晓弥子也。弥子者,小人也,告之以义,虽千百言而不悟;晓之以命,则憬然悟矣。

孔子不悦于鲁卫,遭宋桓司马将要而杀之,微服而过宋。是时孔子当厄,主司城贞子,为陈侯周臣。

　　朱《注》:"《史记》孔子为鲁司寇,齐人馈女乐以间之,孔子遂行,适卫月余,去卫适宋,司马魋欲杀孔子,孔子去至陈,主于司城贞子。"

　　王氏船山云:"微服而过宋,过者,不留之辞,则未尝信宿而无所主矣。《集注》以贞子为宋大夫,据司城,宋官耳。孔子不得于鲁、卫,在定、哀之际,宋之六卿,未闻有贞子以贤著。宋与陈皆三恪之后,建官略同。宋有司城,陈亦有之。陈有司败,亦有司城。陈地适当宋之南境,一免宋厄,即入陈地。贞子为陈臣无疑也。乃陈自复封以后,唯有惠公吴、怀公柳、闵公越,以迄于亡,无有所谓陈侯周者。周非陈侯之名,乃周之则受之周,其称臣者,所谓公养之仕也。夫子遭厄,至陈而穷,暂为陈侯公养之臣,其不妄进亦见矣。"

愚按:《易》曰:"履道坦坦,幽人贞吉。"《中庸》曰:"素患难行乎患难。"君子之于道也,"造次必于是,颠沛必于是",处患难颠沛之际,而能不失其正者,所性分定故也。非然者,履险而失其道,进退将无所据矣。

吾闻观近臣,以其所为主;观远臣,以其所主。若孔子主痈疽与侍人瘠环,何以为孔子?"

张氏云:"观近臣以其所为主,观远臣以其所主,此泛言观人之法,岂独为人臣者所当知?为人君者尤当明此义也。苟能以其所主观远臣,以其所为主观近臣,则远近交见,而无蔽于耳目之私矣。孟子因论孔子而及于此,实观人之要也。"

愚按:君子观人,观其取友而已。取友不端,其人可知,后世如商鞅之徒,借口变法,而以景监进,无义无命,卑鄙龌龊,非不获一时之荣,而死期已至矣。士君子纵不能学孔、孟,盍以商鞅为前车耶?

第九章

万章问曰:"或曰,百里奚自鬻于秦养牲者,五羊之皮,食牛,以要秦穆公,信乎?"孟子曰:"否,不然,好事者为之也。

张氏云:"战国之际,好为此论以污贤者。此非特疾贤恶善之意,盖其所为类此,而欲借贤以自班耳。"

愚按:《史记》晋献公灭虞、虢,虏虞君与大夫百里奚。既虏百里奚,以为秦穆公夫人媵于秦。百里奚亡秦走宛,楚鄙人执之,穆公闻百里奚贤,欲重赎之,恐楚人不与,乃使人谓楚曰:"吾媵臣百里奚在焉,请以五羖羊皮赎之。"楚人遂许与之。当是时,百里奚年已七十余,缪公释其囚,与语国事三日,缪公大说,授之国政,号曰五羖大夫。万章所言百里奚自鬻于秦养牲者之家,得五羊之皮而为之食牛,疑即因此而传讹也。

百里奚,虞人也。晋人以垂棘之璧与屈产之乘,假道于虞以伐虢,宫之奇谏,百里奚不谏。

愚按:《榖梁传》晋献公欲伐虢,荀息曰:"君何不以屈产之乘、垂棘之璧而借道乎虞也?"公曰:"此晋国之宝也。如受吾币而不借吾道,则如之何?"荀息曰:"此小国之所以事大国也。彼不借吾道,必不敢受吾币。如受吾币而借吾道,则是我取之中府而藏之外府,取之中厩而置之外厩也。"公曰:"宫之奇存焉,必不使受之也。"荀息曰:"宫之奇之为人也,达心而懦,又少长于君。达心则其言略,懦则不能强谏,少长于君则君轻之。且夫玩好在耳目之前,而患在一国之后,此中知以上乃能虑之。臣料虞君中主以下也。"公遂借道而伐虢,宫之奇谏曰："晋国之使者，其辞卑而币重，必不使于虞。"虞公弗听，遂受其币而借之。宫之奇谏曰："语曰'唇亡则齿寒'，其斯之谓与？"挈其妻子以奔曹。

知虞公之不可谏而去之秦，年已七十矣，曾不知以食牛干秦穆公之为污也，可谓智乎？不可谏而不谏，可谓不智乎？知虞公之将亡而先去之，不可谓不智也。时举于秦，知穆公之可与有行也而相之，可谓不智乎？相秦而显其君于天下，可传于后世，不贤而能之乎？自鬻以成其君，乡党自好者不为而谓贤者为之乎？"

张氏云："自鬻以成其君，成之为言求成之成，定交之谓也。自鬻之事，虽乡里知自好者不为也，使奚为之，则其人可见矣，岂复能为前数者哉？虽然，百里奚不谏虞公而去之，可得谓之忠乎？《传》曰：'百里奚愚于虞而智于秦。'盖百里奚不得用于虞，在不必谏之地也，故知其不可谏而不谏，亦不忍坐待其亡，以为仇雠之民，故引而去之，此所以为智也。不然，百里奚在当谏之地而不谏，则是不忠之臣也，而何以为智乎？"

愚按：所贵乎人者，能自好也。不能自好，何以成人？司马迁《货殖传》曰："夫赵女、郑姬设形容，揳鸣琴，揄长袂，蹑利屣，目挑心招，出不远千里，不择老少者，奔富厚也。"此乃所谓自鬻也。稍有良知者而忍为之乎？管子曰："礼义廉耻，国之四维。四维不张，国乃灭亡。"

礼义廉耻,端赖吾人之本身以提倡,乃近世士大夫迫于生计,气节荡然,藜藿难甘,牛衣对泣,遂至自鬻其身而不自顾惜。嗟乎,嗟乎! 岂知士贫而不可贱乎? 骨坚而不可脆乎? 身贵而不可鬻乎? 魏李康《运命论》曰:"道之将废也,命之将贱也,岂独君子耻之而弗为乎?"盖亦知为之而弗得也。李康文学之士,尚能为此言,而况圣贤之徒乎? 吾愿乡党之士,常诵此章,毋丧失其自好之性,并败坏其自好之俗也。

卷十　万章下

第一章

孟子曰："伯夷目不视恶色，耳不听恶声，非其君不事，非其民不使，治则进，乱则退。横政之所出，横民之所止，不忍居也。思与乡人处，如以朝衣朝冠坐于涂炭也。当纣之时，居北海之滨，以待天下之清也。故闻伯夷之风者，顽夫廉，懦夫有立志。

张氏云："伯夷目不视恶色，耳不听恶声。凡色之过乎目，声之接乎耳，固不得而遁也，而所以视、所以听则在我也，于恶色、恶声视听不加焉，则其立心高而守己固矣。"

愚按：横，暴也。横政压其民，横民乱其政。横政所出，皆朘削贪酷之端；横民所止，皆乖戾欺诈之象，是以不忍见而不忍闻也。是惟圣之时者能救之，次焉者避之而已。救之之道奈何？横政当反之以宽仁，横民当化之以教育。伯夷气节之士，能以刚善矫柔恶者也。

伊尹曰:'何事非君,何使非民,治亦进,乱亦进,曰:天之生斯民也,使先知觉后知,使先觉觉后觉。予,天民之先觉者也。予将以此道觉此民也。'思天下之民匹夫匹妇有不与被尧、舜之泽者,若己推而内之沟中。其自任以天下之重也。

愚按:"何事非君"四句,与孟子所云"处畎亩之中,汤三使往聘"之事未合,疑传闻异辞。或此数语在太甲时之言也。

柳下惠不羞污君,不辞小官,进不隐贤,必以其道,遗佚而不怨,厄穷而不悯,与乡人处,由由然不忍去也,尔为尔,我为我,虽袒裼裸裎于我侧,尔焉能浼我哉! 故闻柳下惠之风者,鄙夫宽,薄夫敦。

张氏云:"柳下惠虽事污君而不羞,居小官而不辞,然其进也未尝隐贤焉,未尝不以其道焉,此所以为柳下惠也。不然,则是枉己苟仕而已矣。虽然,以三子而论之,伊尹其最高乎? 故于伯夷之风,则以为闻之者'顽夫廉,懦夫有立志';于柳下惠之风,则以为闻之者'鄙夫宽,薄夫敦';而独不言伊尹之风,所被者广也。亦犹论流弊于二子,有隘与不恭之言,而不及伊尹也。"

陈氏兰甫云:"赵邠卿谓孟子反复差次伯夷、伊尹、柳下惠之德,数章陈之,盖其留意者也。澧案:此亦古书之文,而孟子述之也。盖天下风俗之坏,总不出顽、懦、鄙、薄四者,惟廉立宽敦,可以救之。

夷、惠实百世之师,其曰君子不由者,师其清不由其隘,师其和不由其恭耳。"

愚按:柳下惠,和蔼之士,盖能以柔善矫刚恶者也。张氏、陈氏之说,均极精确。或疑夷、惠为百世之师,而伊尹不与,以为伊尹有放君之事,其行亚于夷、惠。不知伊尹立天下之大节,任天下之大事,乐尧、舜之道,施尧、舜之泽,几几乎为万世之师矣。是以程子门人亦有"伊尹出处合乎孔子"之问,惟非有大过人之德行才识,恐未易学之耳。

孔子之去齐,接淅而行。去鲁,曰:'迟迟吾行也,去父母国之道也。'可以速而速,可以久而久,可以处而处,可以仕而仕,孔子也。"

张氏云:"孔子,天也,其去齐,接淅而行;去鲁,则曰'迟迟吾行也'。盖其速也,其迟也,皆道之所在也。曰'可以速而速,可以久而久,可以处而处,可以仕而仕',比"公孙丑"章所云易一'则'字耳,而尤见从容不迫、与时偕行之意也。"

孟子曰:"伯夷,圣之清者也;伊尹,圣之任者也;柳下惠,圣之和者也;孔子,圣之时者也。

愚按:孔子之圣,生而知之者也;三子之圣,亦生而知之者也。惟生而自然者,乃谓之圣;勉而至焉者,非圣也。然圣人之气质,亦不能无所偏。清者，阳刚之善者也；和者，阴柔之善者也；任者，兼阴阳刚柔之善者也。又曷言乎时也？《易传》曰："与四时合其序。"孔子秉阴阳刚柔之善性，而能以时出之，若太和元气之流行于四时，故谓之时。盖圣人阴阳刚柔之性，既无不得其中，故其喜怒哀乐之发，亦无不得其当，所谓物来而顺应者也。故时措之宜也，非趋时也。《易传》又曰"时义"，曰"时用"。圣人之道，或出或处，或默或语，能以吾心之消息应人心之消息，而即以感天下之消息。时之为义、为用大矣哉！《周易》六十四卦，时而已矣。经礼三百，曲礼三千，时而已矣。无行不与，如雨之化，时而已矣。讲学淑世，非时不通；化民成俗，非时不纯。《易传》有曰："终日乾乾，与时偕行。"时乎时乎，岂诡随者所得假其名乎？

孔子之谓集大成。集大成也者，金声而玉振之也。金声也者，始条理也；玉振之也者，终条理也。始条理者，智之事也；终条理者，圣之事也。

张氏云："所谓集大成者，言集乎道之大成也。金声而玉振之者，乐之始作，以金奏而以玉声终之。言孔子之道，始终纯一，而无不尽者也。因论孔子而遂推言学圣人始终之义，使学者有所驯而进焉。始条理，即《易》所谓'知至至之'；终条理，即《易》所谓'知终终之'。此未及乎圣智也。学者从事于此，固所以为圣智之道也，故曰智之事，圣之事。条理云者，言有序而不紊也。夫所谓终条理者，即终其始条理者也。致知力行，盖互相发。然知常在前，故有始终之异也。"

愚按:《周官》六德,曰"知仁圣义中和,知在圣之先"。而《中庸》之赞舜,亦不过曰"大知"。盖孔子虽系生知之圣,复能穷理尽性,通达万变,故不独为圣之极,尤为智之极,而非三子所能幾也。

智譬则巧也,圣譬则力也。由射于百步之外也,其至,尔力也;其中,非尔力也。"

朱《注》:"此复以射之巧、力,发明'圣''智'二字之义,见孔子巧、力俱全,而圣、智兼备,三子则力有余而巧不足,是以一节虽至于圣,而智不足以及乎时中也。"

张氏云:"夫射而至于百步者,由夫力也,力可勉也。而其中鹄,则非力之可为,由夫巧也。智譬则巧者,言其妙于中也;圣譬则力者,言其能至也。若三子者,其用力可谓至极矣,故于其清任和者,皆以圣名之,以言其于是三者臻其极也。然方之孔子,终有所未及者,非其力之不至也,于圣人大而化之者,犹有所憾。盖其智于是三者之外,未能尽中也。孔子则智、圣俱极者也。论学则智圣有始终之序,语道则圣之极是智之极也。惟孔子为尽之,故三子不能班也。"

第二章

北宫锜问曰:"周室班爵禄也,如之何?"

赵《注》:"北宫锜,卫人。班,列也。"

孟子曰：“其详不可得闻也。诸侯恶其害己也而皆去其籍，然而轲也尝闻其略也。

赵《注》：“详，悉也，不可得备知也。诸侯欲恣行，憎恶其法度妨害己之所为，故灭去典籍。今《周礼》司禄之官无其职，是则诸侯皆去之故，使不复存也。略，粗也，言尝闻其大纲如此。”

张氏云：“战国之时，天王之名号仅存，而其法废也久矣。诸侯僭越常度，恶其害己，并与其籍而去之。虽曰诸侯之罪，而周之失政亦已久矣。故曰‘文、武之政，布在方策。其人存则其政举，其人亡则其政息’，岂不然哉！孟子答北宫锜之问，盖出于师友之所传、故家遗俗之所闻者。虽曰‘其略’，而大纲可得而推矣。”

天子一位，公一位，侯一位，伯一位，子男同一位，凡五等也。君一位，卿一位，大夫一位，上士一位，中士一位，下士一位，凡六等。

赵《注》：“公，谓上公九命及二王后也。自天子以下，列尊卑之位凡五等。诸侯法天子，臣名亦有此六等，从君下至于士也。”

朱《注》：“此班爵之制也。五等通于天下，六等施于国中。”

天子之制，地方千里，公侯皆方百里，伯七十里，子男五十里，凡四等。不能五十里，不达于天子，附于诸侯曰附庸。

朱《注》：“此以下，班禄之制也。不能，犹不足也。小国之地不足五十里者,不能自达于天子。因大国以姓名通,谓之附庸。"

天子之卿受地视侯,大夫受地视伯,元士受地视子男。

赵《注》:"视,比也。天子之卿、大夫、士所受采地之制也。"

大国地方百里,君十卿禄,卿禄四大夫,大夫倍上士,上士倍中士,中士倍下士,下士与庶人在官者同禄,禄足以代其耕也。

赵《注》:"公侯之国为大国。卿禄居于君禄十分之一也,大夫禄居于卿禄四分之一也,上士之禄居于大夫禄二分之一也,中士、下士转相倍,庶人在官者未命为士也,其禄比上农夫。士不得耕,以禄代耕也。"

顾氏亭林云:"为民而立之君,故班爵之意,天子与公、侯、伯、子、男一也,而非绝世之贵代耕而赋之禄。故班禄之意,君、卿、大夫、士与庶人在官一也,而非无事之食。是故知天子一位之义,则不敢肆于民上以自尊;知禄以代耕之义,则不敢厚取于民以自奉。不明乎此,而侮夺人之君,常多于三代之下矣。"

罗氏罗山云:"班爵禄之制,孟子自言未闻其详,其与周先王之法,固有不能尽合者。然而班爵禄之规模,已具其中,惟地之广狭、禄之多寡,或不尽如此耳。公卿、大夫、士之禄,率皆以民为定,从一夫受田百亩起数,等而上之,至于君,至于天子,此是制禄大纲领,若网在纲,有条而不紊。盖立君设官以为民也,上劳心以治下,下即竭力以奉上。其位卑者任民之事少,则受民之供亦少;其位尊者任民之事多,则受民之供亦多。官因民设,禄由田定,或隆或杀,莫不因乎自然之道。观乎此制,不特以见君民之一体,而凡受民之供赋者,尤不可侈然享其厚禄,而不以民事为心也。先王治天下之法,率由井田而推,官禄之多寡以此定,建国之大小以此分。凡夫学校兵赋无不范围其中。故非封建无以维井田,非井田无以定封建。嬴秦暴虐,举先王之良法美意而尽坏之,罪可胜诛哉!”

次国地方七十里,君十卿禄,卿禄三大夫,大夫倍上士,上士倍中士,中士倍下士,下士与庶人在官者同禄,禄足以代其耕也。

赵《注》:“伯为次国,大夫禄居卿禄三分之一也。”

小国地方五十里,君十卿禄,卿禄二大夫,大夫倍上士,上士倍中士,中士倍下士,下士与庶人在官者同禄,禄足以代其耕也。

赵《注》:“子男为小国,大夫禄居卿禄二分之一也。”

耕者之所获,一夫百亩,百亩之粪,上农夫食九人,上次食八人,中食七人,中次食六人,下食五人,庶人在官者,其禄以是为差。”

朱《注》："获，得也。一夫一妇，佃田百亩。加之以粪，粪多而力勤者为上农，其所收可供九人，其次用力不齐，故有此五等。庶人在官者，其受禄不同，亦有此五等也。此章之说与《周礼》《王制》不同，盖不可考，阙之可也。"

王氏船山云："《集注》云：'加之以粪，粪多而力勤者为上农。'其说本之赵《注》，盖以粪为矢秽也。历考古人文字，无有呼矢为粪者。粪之为言除也。故《春秋传》曰'粪除宗庙'，《礼》云'为长者粪'。此言'百亩之粪'系之'耕者之所获'之后，则是从获而计之，而非追论其既往力耕之事。龙子曰：'凶年粪其田而不足。'岂凶年之矢秽亦不足乎？粪者，除也，谓除种谷馈食奇零余剩，而计其整数也。凡食若干人，整数也。古今使字用义，固不相若。呼矢为'粪'者，以矢秽必除去之借用。孟子以除算为'粪'，犹今人言净数扫数，亦借用。执今人之方言以训古文，鲜有不滞者矣。"

第三章

万章问曰："敢问友。"孟子曰："不挟长，不挟贵，不挟兄弟而友。友也者，友其德也，不可以有挟也。

愚按：挟长挟贵，非为求道德而友也。故孟子曰："挟贵而问，挟长而问，皆所不答也。"兄弟，至亲也，挟之以为友，非宜也。友也者，友其德也，此朋友所以居五伦之一也。曾子曰："以友辅仁。"又曰：

"与君子游，如长日加益而不自知也。"愚尝谓学者品谊之贤否，惟在取友、读书两端。交诚正之友，读贤圣之书，则行谊之高，自在无形之际。非然者，人格不自觉其堕落矣。自后世无道德之交，而朋友一伦遂缺，进德无资，实世道之忧也。

孟献子，百乘之家也。有友五人焉，乐正裘、牧仲，其三人则予忘之矣。献子之与此五人者友也，无献子之家者也。此五人者，亦有献子之家，则不与之友矣。

　　愚按：欲交友者，当先学孟献子。献子忘其势者也，故曰"无献子之家"。此五人者亦有献子之家，则不与之友，五人亦能忘献子之势者也。友者，平等也，惟德是视也，无所谓势也。自人心不古，友道沦胥，举凡希世苟合之士，蓬蒢戚施之人，（蓬蒢，观人颜色而为辞，故不能俯。戚施，下人以色，故不能仰。）俛仰尊贵之颜，逡迤势利之间。意无是非，赞之如流；言无可否，应之如响。以窥看为精神，以向背为变通。势之所集，从之如归市；势之所去，弃之如脱屣。一旦临小利害，反眼若不相识，反挤之又下石焉者，皆是也。此昔人作《广绝交论》所以叹息而不置也。孟子首举孟献子，盖有以也。

非惟百乘之家为然也，虽小国之君亦有之。费惠公曰：'吾于子思，则师之矣。吾于颜般，则友之矣。王顺、长息，则事我者也。'

愚按：欲交友者，宜学费惠公。于子思则师之，可谓能自得师矣。颜般、王顺、长息，事无所考，然一则曰友之，一则曰事我，则固能与师友处，而不与徒隶厮役之人处矣。惠公者，鲁季氏之后，僭称公也。费，季氏私邑，而孟子称为小国之君，盖季氏专鲁，而自春秋以后，计必自据其邑，如附庸之国矣。大夫之为诸侯，不待三晋而始然，其来亦渐矣。（说见顾亭林先生《日知录》。）

非惟小国之君为然也，虽大国之君亦有之。晋平公之于亥唐也，入云则入，坐云则坐，食云则食，虽蔬食菜羹，未尝不饱，盖不敢不饱也。然终于此而已矣。弗与共天位也，弗与治天职也，弗与食天禄也，士之尊贤者也，非王公之尊贤也。

愚按：欲交友者，宜学晋平公，然又有当责平公者。入云则入，坐云则坐，食云则食，虽蔬食菜羹不敢不饱，其敬恭可谓至矣。然而弗与共天位，弗与治天职，弗与食天禄，则谓之不能尊贤可也。位曰天位，职曰天职，禄曰天禄，是位也、职也、禄也，皆天之所命，而非一人之所得私也。然而平公不知也，其意欲尊贤人而牢笼之，而奔走之，庸讵知天下之受我牢笼而奔走于我门者，皆非贤者也，是违天则也，故吾谓当责晋平公。

舜尚见帝，帝馆甥于贰室，亦飨舜，迭为宾主，是天子而友匹夫也。

　　愚按：交友之至者，莫如尧、舜。尧之友舜也，友其孝也，友其大智也，友其与人为善也。馆甥贰室，亦飨舜，迭为宾主，岂徒然哉？盖五典百揆之事，时时有以咨询之矣。厥后与共天位，顺天心也。财成天地之道，辅相天地之宜。天地交而万物通也，上下交而其志同也。古今交友之道，未有大于此者也。

用下敬上，谓之贵贵；用上敬下，谓之尊贤。贵贵尊贤，其义一也。"

　　愚按：贵贵，尚德也；尊贤，亦尚德也。故曰其义一也。朱《注》云："当时但知贵贵，而不知尊贤。"其说殊浅。战国时之所谓贵贵者，趋炎而已尔，非尚德也。惟有道之世，上之人皆有德，故下之对于上，皆致其尊敬之诚，而上之对于下，皆为平等，其有德者亦必致其尊敬之实，夫然后成泰交之象焉。吾欲交友，吾益信尧、舜为人伦之至，而益思朋友为五伦之一，其义不可不明于天下。

第四章

万章问曰："敢问交际何心也？"孟子曰："恭也。"

　　愚按：此章万章诸问，备极精至。交际之道，取与、辞受之义，皆当盟之于心，故不曰"问道"也，曰"何心"也。而下文又曰"以心却之"，盟心之学也。人与人相接，礼而已矣。恭敬之心，人皆有之，故孟子曰"恭也"，发于本心也。

曰:"却之却之为不恭,何哉?"曰:"尊者赐之,曰'其所取之者,义乎,不义乎?'而后受之。以是为不恭,故弗却也。"

愚按:此亦盟心之说也。其所取之者义乎不义乎,度之于心也。是其不恭,亦发于本心也。而孟子乃言"弗却"者,盖指尊者之赐,非不义之甚者而言尔。

曰:"请无以辞却之,以心却之,曰'其取诸民之不义也,'而以他辞无受,不可乎?"曰:"其交也以道,其接也以礼,斯孔子受之矣。"

朱《注》:"万章以为,彼既得之不义,则其馈不可受,但无以言语间而却之,直以心度其不义,而托于他辞以却之,如此可否耶?交以道,如馈赆闻戒,周其饥饿之类。接以礼,谓辞命恭敬之节,孔子受之,如受阳货蒸豚之类也。"

愚按:以心却之,尤为盟心慎独之义。交以道,接以礼,斯孔子受之者,受之于心无愧也。虽然,圣人之精义不易学也,当学贤者之廉隅于心可无悔。

万章曰:"今有御人于国门之外者,其交也以道,其馈也以礼,斯可受御与?"曰:"不可。《康诰》曰:'杀越人于货,闵不畏死,凡民罔不憝。'是不待教而诛者也。殷受夏,周受殷,所不辞也。于今为烈,如之何其受之?"

赵《注》："御人以兵，御人而夺之货，如是而以礼道来交接己，斯可受乎？孟子曰：不可受也。《康诰》，《尚书》篇名。杀于人、取于货，闵然不知畏死者。憝，杀也。凡民无不得杀之者也。若此之恶，不待君之教命，遭人则讨之。三代相传以此法，不须辞问，于今为烈。烈，明法，如之何受其馈也。"

王氏船山云："《集注》云：'杀人而颠越之。'人既被杀，则自踣于地，奚待人颠越之乎？按：越者，逾也，行也。越人，越疆而行之商旅也。杀越人于货，律所谓拦路劫杀者是已。附近之人，虽挟重货，盗犹不敢肆其恶，惟越境孤客，杀之者易其灭口，是以凶人敢试其锋刃，而人尤为之饮恨也。"

愚按："殷受夏"三句，朱《注》以为衍文；家大人疑为错简，当在《滕文公》篇"彭更"章"舜受尧之天下"句下，于文义为顺。烈者，盛也，犹言其祸尤烈也。

曰："今之诸侯，取之于民也，犹御也。苟善其礼际矣，斯君子受之，敢问何说也？"曰："子以为有王者作，将比今之诸侯而诛之乎？其教之不改，而后诛之乎？夫谓非其有而取之者，盗也。充类至义之尽也。孔子之仕于鲁也，鲁人猎较，孔子亦猎较。猎较犹可，而况受其赐乎？"

赵《注》："猎较者，田猎相较，夺禽兽得之以祭，时俗所尚，以为吉祥。孔子不违而从之，所以小同于世也。"

愚按：万章之问，穷理之至也。孟子之答辞，不为已甚之旨也。充类至义之尽，犹所谓伯夷之室、盗跖之室也。战国时横政苛税，充类至义之尽，固可谓之盗，而论其罪，究异于道也，则不可竟谓之盗也。猎较犹可，凡事必师法孔子也。

曰："然则孔子之仕也，非事道与？"曰："事道也。""事道奚猎较也？"曰："孔子先簿正祭器，不以四方之食供簿正。"曰："奚不去也？"曰："为之兆也。兆足以行矣而不行，而后去，是以未尝有所终三年淹也。

朱《注》："事道者，以行道为事也。先簿正祭器，徐氏曰：'先以簿书正其祭器，使有定数，不以四方难继之物实之。夫器有常数，实有常品，则其本正矣，彼猎较者，将久而自废矣。'兆，犹卜之兆，盖事之端也。孔子所以不去者，亦欲小试行道之端，以示于人，使知吾道之果可行也。若其端既可行，而人不能遂行之，然后不得已而必去之。盖其去虽不轻，而亦未尝不决，是以未尝终三年留于一国也。"

愚按：兆者，几之微也。有为之兆而即不行者矣，有再为之兆而卒不行者矣，有兆足以行而不行者矣，有兆足以行而遂得行其道者矣。士君子宜辨之于早，勿淹留而失可去之几也。《论语》记山梁雌雉，曰"色斯举矣"，孔子赞之曰"时哉时哉"。

孔子有见行可之仕，有际可之仕，有公养之仕。于季桓子，见行可之仕也。于卫灵公，际可之仕也。于卫孝公，公养之仕也。"

朱《注》："见行可,见其道之可行也。际可,接遇以礼也。公养,国君养贤之礼也。"

愚按:《史记》季桓子用孔子宰中都,为司寇,三月而鲁国大治,兆足以行矣,以齐人归女乐而止。此为见行可之仕。卫灵公能接遇以礼,故孔子亦为之淹留。迨问陈而始行,此为际可之仕。卫孝公事无所考,孟子引此,见孔子之时也。其随遇而处之者,皆盟之于心而无所愧者也。

第五章

孟子曰:"仕非为贫也,而有时乎为贫;娶妻非为养也,而有时乎为养。

愚按:士君子有硕德,有宏才,有经世之学,于是乎仕。仕者,事也,将以有所事也,将以行道而救民也,非为贫也。而有时或因家贫亲老,或道与时违而但为禄仕者,此盖不得已而仕者也。

为贫者,辞尊居卑,辞富居贫。

张氏云:"既曰为贫矣,则不当处夫尊与富,居于卑与贫者可也。若处其尊与富,则是名为为贫而其实窃位也。处其尊与富,则当任其责,此岂为贫之地哉?是则非义矣。"

愚按：为贫而仕者，非上之人能用我也，非下之人能被我泽也，不得已也。不得已而仕，惟有居卑居贫而盟之于心，乃可以自安。然而今之为贫而仕者多矣，曰我惟为贫，所以欲居尊而居富也。此百姓之憔悴疾苦，所以无已时也。

辞尊居卑，辞富居贫，恶乎宜乎，抱关击柝。

抱关击柝，其职易称，而无有损于民之事。此古之君子当无道之世，所以多隐于晨门者也。

孔子尝为委吏矣，曰：'会计当而已矣。'尝为乘田矣，曰：'牛羊茁壮长而已矣。'

赵《注》："委吏，主委积仓庾之吏也。乘田，苑囿之吏也。茁，生长貌。"

愚按：生人之所以安身而立命者，厥有二端，曰性分，曰职分。性分者，吾性中所当守之分，不可逾闲者也。职分者，吾职内所当守之分，不容越限者也。安分而后知足，知足而后无求，无求而后自乐。惟圣人为能乐天。孔子之言曰"会计当而已矣"，"牛羊茁壮长而已矣"，其安分乐天之诚，溢于言表。愚人不安分，终日为营求之事，终身无知足之时，以至损廉耻而不顾，遭刑戮而不悔。哀哉！

位卑而言高，罪也。立乎人之本朝而道不行，耻也。"

张氏云："位卑者，言责不加焉，言高则罪矣，故可以姑守其职，此为贫而仕之法也。若夫立人之本朝,则当以行道为任,道不行而窃其位,君子之所耻也。然则高位厚禄,非所以养贫也。后世不明此义,假为贫之名,安享宠利而已,曾不以为愧,此可胜罪哉!"

愚按:《易传》曰:"君子思不出其位。"位者,人之所当止也。位卑而言高,是不安分也。发激烈至高之论,微特无益于天下,而且有害于天下,故曰罪也。《易传》曰:"德薄而位尊,力小而任重,鲜不及矣。鼎折足,覆公悚,凶,言不胜其任也。"任者,宜与道相称者也。立乎人之本朝而道不行,是不尽职也。阘冗无能,徒辱高位,以速官谤,故曰耻也。尝见当世慷慨激昂之士,大言炎炎,以为天下事如反掌,特权不我属尔。一旦居高位,跻显秩,则惟利禄之是图,曾无功德之可见,是罪与耻兼而有之也。凡此之弊,皆由虚浮,虚浮故张大其无实之言,而饰为无实之道,欺一心以欺其君,欺其君以欺天下。而或者且曰:此救贫之策也。此天下所以日受人才之害,而不能得人才之益也。圣人悯焉,爰发明性分、职分之说,而有以救之。激烈者教之以安分,阘冗者勉之以尽职。昔孔子有言曰:"君子忧道不忧贫。"愚尝闻之师曰:"境遇当时时作退一步思,夫然后不忧贫;道德当时时作进一步思,夫然后能忧道。"君子之学,务在盟心。

第六章

万章曰:"士之不托诸侯,何也?"孟子曰:"不敢也。诸侯失国而后托于诸侯,礼也。士之托于诸侯,非礼也。"

朱《注》:"托,寄也。谓不仕而食其禄也。古者诸侯出奔他国,食其廪饩,谓之寄公。士无爵土,不得比诸侯。不仕而食禄,则非礼也。"

愚按:仕而不受禄,古有之矣。若不仕而受禄,此何礼也? 所谓名不正则言不顺,可耻之尤者也。

万章曰:"君馈之粟,则受之乎?"曰:"受之。""受之何义也?"曰:"君之于氓也,固周之。"

朱《注》:"周,救也。视其空乏,则周恤之无常数,君待民之礼也。"

曰:"周之则受,赐之则不受,何也?"曰:"不敢也。"曰:"敢问其不敢何也?"曰:"抱关击柝者,皆有常职以食于上,无常职而赐于上者,以为不恭也。"

朱《注》:"赐,谓予之禄,有常数,君所以待臣之礼也。"

愚按:臣之与民有分焉。臣者任君之职,故可食于上;民者不任君之职,故不可以受其赐。此礼也,亦义也。

曰:"君馈之则受之,不识可常继乎?"曰:"缪公之于子思也,亟问,亟馈鼎肉,子思不悦,于卒也,摽使者出诸大门之外,北面稽首再拜而不受,曰:'今而后知君之犬马畜伋。'盖自是台无馈也。悦贤不能举,又不能养也,可谓悦贤乎?"

朱《注》:"摽,麾也。犬马畜伋,言不以人礼待己也。台,贱官,主使令者。盖穆公愧悟,自此不复令台来致馈也。"

愚按:摽使者出诸大门之外,北面稽首再拜而不受,凡为士者,礼宜如此也。悦贤不能举,又不能养,在彼既无悦贤之诚,在我即不当行其贵贵之礼。士君子丰裁严峻,气骨凛然,固宜尔也。子思有泰山岩岩之气象,孟子得师传,故述之綦详。或曰:在上位不陵下,在下位不援上,其说如何? 曰:援者,攀援也。惟能如子思、孟子,而后可谓之不援上。

曰:"敢问国君欲养君子,如何斯可谓养矣?"曰:"以君命将之,再拜稽首而受。其后廪人继粟,庖人继肉,不以君命将之。子思以为鼎肉使己仆仆尔亟拜也,非养君子之道也。

朱《注》:"仆仆,烦猥貌。"

愚按:古人席地而坐,其拜甚易,而子思尚以亟拜为非养君子之道。后世臣之于君,动辄行拜跪之礼,以致君日尊而臣日卑,下情不能以上达,非特自轻贱也,抑亦失事君之大道矣。

尧之于舜也,使其子九男事之,二女女焉,百官牛羊仓廪备,以养舜于畎亩之中,后举而加诸上位,故曰王公之尊贤者也。"

张氏云:"上言养之之礼,而未及乎举之之道也。若尧之于舜,则尊贤之极,而养道之尽也。事之以九男,女之以二女,百官、牛羊、仓廪备,而养之于畎亩之中,惟恐不得当其意。一旦举而加诸上位,如是而后可以谓之'王公之尊贤'也。孟子每以尧、舜之事为言者,语道者必稽诸圣人,所以示万世之准的,盖圣人人伦之至故也。嗟乎! 为士者于辞受之际,可不思夫名正而言顺者乎? 为君之待士,又何可不深思所以养之之道乎?"

第七章

万章曰:"敢问不见诸侯,何义也?"孟子曰:"在国曰市井之臣,在野曰草莽之臣,皆谓庶人。庶人不传质为臣,不敢见于诸侯,礼也。"

朱《注》:"传,通也。质者,士执雉,庶人执鹜,相见以自通者也。国内莫非君臣,但未仕者与执贽在位之臣不同,故不敢见也。"

万章曰:"庶人召之役,则往役,君欲见之,召之则不往见之,何也?"曰:"往役,义也。往见,不义也。

愚按:古者不为臣不见,庶人不宜通干谒者也。往役者,庶人之分也。往见者,将以徇私而求名利也。

且君之欲见之也,何为也哉?"曰:"为其多闻也,为其贤也。"曰:"为其多闻也,则天子不召师,而况诸侯乎? 为其贤也,则吾未闻欲见贤而召之也。

　　张氏云："为其多闻，则将资之以成德。天子且不召师，而况下此者乎？为其贤，则当尊之而不可慢。盖在我则当守庶人之分，在彼则当隆事师之礼也。"

　　愚按：师严然后道尊，师也而可召乎？《诗》曰："维师尚父。"又曰："尹氏太师。"周时天子尊师之礼至矣。抑非特天子，以霸佐而言，桓公之于管仲，且不敢召矣。

缪公亟见于子思曰：'古千乘之国以友士，何如?'子思不悦曰：'古之人有言曰，事之云乎，岂曰友之云乎！'子思之不悦也，岂不曰以位，则子君也，我臣也，何敢与君友也。以德，则子事我者也，奚可以与我友？千乘之君，求与之友，而不可得也，而况可召与？

　　张氏云："缪公以千乘之君，而欲以友士，宜亦可取也。而子思不悦，盖曰友之则犹为有所挟，而骄吝之心未尽降也。子思岂尊己而自大乎？盖君、臣之相与，独有贵贵、尊贤二者而已。贵贵，分也；尊贤，德也。分立而德尊，天之理也。夫君欲与之友而不可得，古之人无一毫屑就之心如此。"

　　愚按：事之云乎，岂曰友之云乎，惟有子思之学问、行诣，而后能引此言。盖士而自卑，不可也；然而妄自尊大，亦不可也。吾党之士，贵有子思之气节，先贵有子思之学问、行诣。夫无德之人，可鳃鳃然以师道自居也耶？

齐景公田，招虞人以旌，不至，将杀之。志士不忘在沟壑，勇士不忘丧其元，孔子奚取焉？取非其招不往也。"曰："敢问招虞人何以？"曰："以皮冠。庶人以旃，士以旂，大夫以旌。

朱《注》："皮冠，田猎之冠也。然则皮冠者，虞人之所有事也，故以是招之。庶人，非仕之臣。通帛曰旃。士，谓已仕者。交龙为旂，析羽而注于旂干之首曰旌。"

以大夫之招招虞人，虞人死不敢往；以士之招招庶人，庶人岂敢往哉？况乎以不贤人之招招贤人乎？

愚按：以大夫之招招虞人，虞人死不敢往，礼也，义也。以士之招招庶人，庶人不敢往，礼也，义也。欲见而召之，是不贤人之招也。夫不贤人之招，而可往乎？轻矣，贱矣！且以轻贱而进，其身亦危矣！

欲见贤人而不以其道，犹欲其入而闭之门也。夫义，路也；礼，门也。惟君子能由是路，出入是门也。《诗》云：'周道如底，其直如矢。君子所履，小人所视。'"

朱《注》："《诗》，《小雅·大东》之篇。底，与砥同，砺石也，言其平也。矢，言其直也。视，视以为法也。"

张氏云："义之所以谓之路者，以其宜之可推也；礼之所以谓之门者,以其节之不可越也。二者人性之所有,譬之路与门,有足者皆可以由,可以出入也,而君子独能之者,何哉?众人迷于物欲,而君子存其良心故也。'周道如底,其直如矢,君子所履,小人所视',诗人之意,以为大道坦然,君子则能由之,而小人亦将视以从也。"

愚按:三代而下,礼义廉耻之道不明。士无气骨,其对于君,惟以伺候、奔走为务。而为人君者,亦以伺候我、奔走我者为忠臣也、为贤者也。呜呼!此所谓南针而北指者也,庸讵知伺候我、奔走我者决非贤人,而所贤者必求之于不伺候、不奔走之中。而人君因伺候我、奔走我者待遇之可以任意,乃遂以是待不伺候、不奔走之人,傲慢而不恭,颐指而气使。以是求贤,犹欲其入而闭之门也。夫义,路也;礼,门也。能由是路出入是门者为君子,不能由是路出入是门者为小人。然而孟子犹不遽绝小人也,引《诗》曰"君子所履,小人所视",冀小人视之,而亦由之而出入之也。

万章曰:"孔子君命召,不俟驾而行,然则孔子非与?"曰:"孔子当仕,有官职,而以其官召之也。"

愚按:孔子仕于朝,君以其官职召之,是以不俟驾。不俟驾者,非趋承也,在官之分也。然则不俟驾之义,微孟子孰能明之哉?

又按:《论语》《孟子》每章意义,恒有相间以成文者,而其义理乃愈精密。如《论语》:"子贡方人。子曰:'夫我则不暇。'"似圣门不以观人为重矣,而下章乃即以"抑亦先觉是贤乎"补之。又如"贤者避世,作者七人",似圣人无意于世,而下章乃即以"知其不可而为之"与夫"果哉末之难矣"以补之。此篇"交际"章,言交以道,接以礼,孔子受之,鲁人猎较,孔子亦猎较;"仁非为贫"章,言孔子为委吏乘田,似圣人亦近于圆融矣,而下两章即两引子思之事以补之。盖孔子、子思、孟子,易地则皆然。且士君子固贵中庸,然时中之圣不易学,不若气节严峻,自无非义之干。公孙丑问不见诸侯,孟子引孔子之见阳货,而即引曾子、子路之言,以明君子之所养。圣门尤重气节,于此可见。凡若此类,细绎详玩,触处旁通,意味愈觉无尽。此读书所以须观大义,不当拘拘于章句之末也。综览此篇,论尧、舜、夷、惠、伊、孔,可谓扩之极其大;而论辞受、出处、去就,可谓析之极其精。孔子之赞《易》曰"穷理尽性,以至于命",又曰"探赜索隐,退藏于密",此岂浅学所可窥哉?

第八章

孟子谓万章曰:"一乡之善士斯友一乡之善士,一国之善士斯友一国之善士,天下之善士斯友天下之善士。

愚按:《易传》曰:"君子之道,或出或处,或默或语。二人同心,其利断金。同心之言,其臭如兰。"一乡之善士斯友一乡之善士,推而至于一国、天下皆然者,同心也。《易传》曰:"同声相应,同气相求。"非特语君臣交会之际也,以善士而友善士,皆声相应而气相求也。

《易·豫卦》之《彖辞》曰:"利建侯行师。"其九四爻辞曰:"由豫大有得,勿疑,朋盍簪。"《象传》曰:"由豫大有得,志大行也。"盖以天下之善士,盍簪而聚于上,乃得大行其志,非然,建侯行师不利矣。

以友天下之善士为未足,又尚论古之人,颂其诗,读其书,不知其人可乎? 是以论其世也。是尚友也。"

愚按:取友之道,与其多亲今人,不若多亲古人。古人往矣,其行诣何由知之? 惟尚论乃知之。古人之精神气象、言语文章、性情功业,备载于《诗》《书》。颂其《诗》,读其《书》,乃能知古人之精神气象、言语文章、性情功业也。然而陋儒之论古人也迂,狂士之论古人也诞,或妄出己议以轻訾乎古人,或胶执己见以重诬乎古人,皆由于不知其世也。唐、虞之禅也,夏后、殷、周之继也,不可不论其世也;伊尹之放大甲也,周公之诛管、蔡也,不可不论其世也;禹、稷之三过其门而不入也,颜子之居陋巷而不改其乐也,不可不论其世也。人之相知,贵相知心。论其世,乃可以知其心也。圣之清也,圣之任也,圣之和也,性情之相近者,皆可取以为友也。德行也,言语也,政事也,文学也,学问之相近者,皆可取以为友也。是尚友也,故曰多亲今人,不若多亲古人也。虽然,顾亭林先生有言,有经天纬地之才,而后可以登山临水;有济世安民之略,而后可以考古论今。愚谓惟有经天纬地之才,而后可以读书尚友。彼陋儒、狂士,何尝不上下数千年哉? 而卒之迂且诞者,非特无尚友之学,抑且无尚友之识与才也。昔诸葛武侯抱膝长吟，自比管仲、乐毅。噫！世尚有武侯其人乎哉？

第九章

齐宣王问卿，孟子曰："王何卿之问也？"王曰："卿不同乎？"曰："不同。有贵戚之卿，有异姓之卿。"王曰："请问贵戚之卿。"曰："君有大过则谏，反复之而不听则易位。"

愚按：孟子曰："民为贵，社稷次之，君为轻。"设君所以为民也。君者，经理民事者也。一乡之吏、一邑之长，经理民事而不称职者，则去之；其横恣暴虐者，则加以罪，所以重民事，慎民命也。推而上之至于君，亦犹是也。自中古以来，小儒规规于君臣之义，以为君者至尊，不可侵犯，纵有横恣暴虐、擅作威福、残民以逞之事，亦不敢易之。惧非常之原，而不顾天下之大乱，由是百姓之冤苦，无从而达，而好恶之公理，亦无由而伸。孟子"民贵君轻"之学说，晦蒙二千年，无有敢援引之者。专制之害，至于如此。此何理也？夫一家怨怼，何如一路怨怼，更何如天下怨怼？君有大过则易位，此正君臣之大义也。或曰：置君如弈棋，非以启天下之争乎？不知孟子所谓易位，必择最贤者而立之，而协乎人心之好恶。夫择贤而立，则不至于屡更；协人心之好恶，则不至于争。彼以屡更及争为虑者，不明乎一国为公之大义也。夫民重君轻之义，固非小儒所能知也。

王勃然变乎色。曰："王勿异也！王问臣，臣不敢不以正对。"

愚按：正，正理也，言据正理以对也。

王色定，然后请问异姓之卿。曰："君有过则谏，反复之而不听则去。"

朱《注》："此章言大臣之义。亲疏不同，守经行权，各有其分。贵戚之卿，小过非不谏也，但必大过而不听，乃可易位。异姓之卿，大过非不谏也，虽小过而不听，已可去矣。"

愚按：君臣以义合者也，合则留，不合则去，两言而决尔。乃不合而犹不去者，何也？恋禄位耶？孙富贵耶？夫富贵、禄位而可系恋耶，将何以对君，更何以对己，更何以对民耶？彼庸陋之徒，疾首蹙頞于私家之中，而矜夸导谀于朝廷之上，固无论矣。其达心而懦不敢谏者，以为天下可谅我不得已之苦衷，而不我罪也，则回翔而不遽去，以至于丧行败名者，吾见亦多矣。《易传》曰："介如石焉，宁用终日。"言见几之宜早，而取决之宜速也。后世学者读此章书，当知为人臣者，为民而非为君，为天下而非为一人，则庶乎君臣之大义明，而其进退自合乎礼而不苟矣。

万章篇大义

天下之最苦者，惟民而已矣。士出其学，农出其粟，工商出其器，通有无，以事其上。然而庸闇之君什常得三四，横暴之主什辄得四五，则惴惴焉压制于势力之下而莫敢谁何。至于战国时之人君，则更有不忍言者矣。横政苛税以为常经，作威作福以为乐事。争地以战，杀人盈野；争城以战，杀人盈城。其视百姓之命，曾犬豕牛羊之不若。而策士之从横捭阖者，复导之以贪，教之以诈，黔首烦冤，比沉于九渊而无可控诉。不有明君摧陷而廓清之，则世界之晦幽，几无光明之一日。夫命者，天之所最贵者也。命之所安，视听之所由属也。孟子痛乎民之如草芥也，以为保其命，不可不重其权。故昔者告齐宣王，既以用舍生杀之权授之于国人，至是而复以神器之权归之于天下人心之公。故因论尧、舜之事，而引《泰誓》之言曰："天视自我民视，天听自我民听。"而舜、禹之践位，其权乃于朝觐、讼狱、讴歌者也，曰"天也"，其实皆人心也。且夫士君子明人伦之至，讲进退礼义，考人文、制度、典章，设辞受、取与、出处、去就之节。至于论世尚友，其精神志气，既与古人诉合而无间矣。而孟子复以贵卿易位之谊，缀于篇末，抑独何哉？盖论道德之高下，曰贤曰不肖；而观势力之消息，曰强曰弱。此四者皆民命之所托也。然纵横上下，方策所载，以不肖而易君位者，伊尹、霍光而外，沉然无闻。而三代以来所以易君位者，惟势力之强弱是视。此其大弊，实在继世。继世之子，生于深宫，长于富贵，间阎之疾苦欲恶，诽谤誉歌，懵乎无所见闻，死亡相枕藉，犹曰"何不食肉糜"。明代昏辟，永不见其宰辅。循是政体，天下每数百年而大乱，或百数十年而大乱，甚至数十年、十数年而即大乱，干戈相寻，迄无宁岁，生民憔悴颠连，求如氓隶之无知而不可得，士大夫至于赋诗呼天，垂涕泣而道之。呜呼！天下之最苦者惟民而已矣！此孟子所繇以易位之说，与夫禅继之论，遥遥相承，皆所以为民也，所以为民命也，所以为民权也。得乎丘民而为天子，重其权，所以保其命也。盖权也、命也，息息相通者也。委其权于君，残民之命，而民乃削夺其命也。属其权于民，民各有其权，民乃得自全其命也。命者，天之所最贵者也。《易·革卦》之《象传》曰："君子以治历明时。"明时乃可以治历也，不明乎时，则适以戕民之命也。《鼎卦》之《象传》曰："君子以正位凝命。"凝命乃可以正位也。然惟安民之命，乃能凝己之命也。汤、武革命，应乎天而顺乎人，革一姓之命，所以奠万姓之命。然则天与人归之说，固倡自孔子，而非孟子不能发明之，非万章不能纪述之也。然而民权之说，犹未可以遽兴也，必教育以启发其智，而后民权可得而重也。然而民智之说，未可以泥也，迂儒或抱咫尺之义，而孔、孟之学说晦霾至二千余年也。然而孔、孟之学说，虽久压于专制之世而不得伸，而其道固如日月之经天而不容废也。然则天下万世之学者，固当笃信大昌其学说，而为民祈天永命于无穷也。

卷十一　告子上

第一章

告子曰："性，犹杞柳也。义，犹桮桊也。以人性为仁义，犹以杞柳为桮桊。"

朱《注》："性者，人生所禀之天理也。杞柳，柜柳。（焦礼堂《孟子正义》引陶隐居《本草别录》云："榉树削取里皮，去上甲，煎服之，夏日作饮，去热。此榉树即柜柳，柜即榉也。"）桮桊，屈木所为，若卮匜之属。告子言人性本无仁义，必待矫揉而后成，如荀子性恶之说也。"

愚按：《易传》曰："立人之道，曰仁与义。"仁义者，人性所固有也。仁义，即人性也，而告子乃曰"以人性为仁义"，是以人性为一物，仁义为一物，而强为之也，则其失甚矣。

孟子曰："子能顺杞柳之性而以为桮桊乎？将戕贼杞柳而后以为桮桊也？如将戕贼杞柳而以为桮桊，则亦将戕贼人以为仁义与？率天下之人而祸仁义者，必子之言夫！"

张氏云:"孟子谓,如告子所言,则是以杞柳之质比性。其为栖棬也,固不能顺杞柳之性而为之,必将戕贼而为之也。然则人之为仁义也,亦将戕贼其性而为之乎? 是将使天下以仁义为伪,而迷其本真,其害岂不甚乎? 故以为'祸仁义'之言也。"

愚按:杞柳不能自然为栖棬也,必戕贼而后成之。栖棬成而杞柳之本性失矣。以此而喻性,则人将曰:"吾欲适吾自然之性,宁拳曲臃肿而不中于绳墨也。"此即庄子以仁义易其性之说也。(见《骈拇》篇。)如是则人皆畏仁义,故孟子斥之曰"祸仁义"。

第二章

告子曰:"性,犹湍水也,决诸东方则东流,决诸西方则西流,人性之无分于善、不善也,犹水之无分于东西也。"

朱《注》:"湍,波流潆回之貌也。告子因前说而小变之,近于扬子善恶混之说。"

孟子曰:"水信无分于东西,无分于上下乎? 人性之善也,犹水之就下也。人无有不善,水无有不下。

张氏云:"原人之生,天命之性,纯粹至善,而无恶之可萌者也。孩提之童,莫不知爱其亲;及其长也,莫不知敬其兄。以至于饥食渴饮,其始亦莫非善也,推此则可见矣。盖人得二气之精,五行之秀,其虚明知觉之心有以推之，而万善可备，以不失其天地之全。故性善之名，独归于人，而为天地之心也。"

陆氏桴亭云："天命之初，未落气质，即朱子亦有此言。盖以性之之圣，尧、舜、周、孔而后，不可复得。人性之杂，万有不齐，下不得个'善'字。故须论到天命之初，以为此处浑然至善，不知此只是继之者善，与成之者性，终有分别。读孟子'人无有不善'之言，只就人有生以后看，即下愚浊恶，亦无有不性善者。盖孟子论善，只就四端发见处言。因其四端，即知其有仁义礼智，人人有四端，即人人性善也，不必说到浑然至善未尝有恶，然后谓之性善。"

陈氏兰甫云："温公云：'孟子云人无有不善，此孟子之言失也。丹朱、商均，日所见者尧、舜也，不能移其恶，岂人之性无不善乎？'又云：'孟子以为仁义礼智皆出乎性者也，然不知暴慢贪惑亦出乎性也。'王介甫云：'孟子以恻隐之心人皆有之，因以谓人之性无不仁。如其说，必也怨毒忿戾之心人皆无之，然后可以言人之性无不善。而人果无之乎？'苏子由云：'有恻隐之心而已乎？盖亦有忍人之心矣。有羞恶之心而已乎？盖亦有无耻之心矣。有辞让之心而已乎？盖亦有争夺之心矣。有是非之心而已乎？盖亦有蔽惑之心矣。今孟子则别之曰，此四者性也，彼四者非性也，以告于人，而欲其信之，难矣。'此诸说之意略同，总之疑孟子'人无有不善'之语。然孟子此语，答告子人性无分于善不善之语也。告子言无分，故孟子分之，谓有善无不善。所以谓无不善者，又细分之，虽有不善，而皆有善，乃所谓'人无有不善'也,即《诗》所云'民之秉彝,好是懿德',人无有不好懿德者也。圣人无暴慢贪惑之性,无怨毒忿戾之性,无忍人、无耻、争夺、蔽惑之性。暴慢贪惑之人,怨毒忿戾之人,忍人、无耻、争夺、蔽惑之人,则皆有仁义礼智之性,乃所谓人无有不善也。"

今夫水,搏而跃之,可使过颡;激而行之,可使在山。是岂水之性哉? 其势则然也。人之可使为不善,其性亦犹是也。"

朱《注》:"搏,击也。跃,跳也。颡,额也。水之过额、在山,皆不就下也。然其本性未尝不就下,但为搏激所使,而逆其性耳。此章言性本善,故顺之而无不善;本无恶,故反之而后为恶。非本无定体,而可以无所不为也。"

愚按:水无有不下也,而搏之激之,可使过颡、在山。人无有不善也,而搏之激之,亦可为不善。孰为搏之? 嗜欲是也。孰为激之? 意气是也。社会之感化,习俗之迁移,风气之渐染,教育之不良,久之而安静者为浮躁,循谨者为嚣张,果决者为强梁,聪明者为暗塞,是岂性之本然哉? 孟子曰:"人之可使为不善,其性亦犹是也。"人性至善也,而可使为不善,盖其势亦甚易也。

第三章

告子曰:"生之为性。"

朱《注》:"生,指人物之所以知觉、运动者而言。告子论性,前后四章,语虽不同,然其大指不外乎此,与近世佛氏所谓作用是性者略相似。"

孟子曰:"生之谓性也,犹白之谓白与?"曰:"然。""白羽之白也,犹白雪之白;白雪之白,犹白玉之白与?"曰:"然。"

朱《注》:"白之谓白,犹言凡物之白者,同谓之白,更无差别也。'白羽'以下,孟子再问,而告子曰'然',则是谓凡有生者同是一性矣。"

"然则犬之性犹牛之性,牛之性犹人之性与?"

朱《注》:"孟子又言,若果如此,则犬、牛与人皆有知觉,皆能运动,其性皆无以异矣。又云:性者,人之所得于天之理也;生者,人之所得于天之气也。性,形而上者也;气,形而下者也。人、物之生,莫不有是性,亦莫不有是气。然以气言之,则知觉、运动,人与物若不异也;以理言之,则仁义礼智之禀,岂物之所得而全哉? 此人之性所以无不善,而为万物之灵也。告子不知性之为理,而以所谓气者当之,是以杞柳、湍水之喻,食色、无善无不善之说,纵横缪戾,纷纭舛错,而此章之误,乃其本根。所以然者,盖徒知知觉、运动之蠢然者,人与物同;而不知仁义礼义之粹然者,人与物异也。孟子以是折之,其义精矣。"

陆氏桴亭云:"告子'生之谓性',言气质也。孟子不言'生之谓性'之非,而但与之言人、物之辨。告子以食色为性,亦言气质也。孟子不言食色谓性之非,而但与之言义外之谬。此可以知孟子之言性善,不越气质中矣。"

愚按:太极之元,两仪始分,有沉而奥,有浮而清,浮沉交错,庶类混成。周子云:"五行之生也,各一其性。"人、物之生,莫不禀乎理;亦莫不含乎气。然而各一其性者,则万有不齐者也。生之谓性之说,合理气而言者也,古训也。故程子尝曰:"生之谓性,性即气,气即性,生之谓也。"朱子释之云:"形而上者,一理浑然,无有不善;形而下者,则纷纭杂揉,善恶有所分矣。故人、物既生,则即此所禀以生之气,而天命之性存焉。此程子所以发明告子'生之谓性'之说,而以性即气、气即性者言之也。"又云:"有此气为人,即理具于身,方可谓之性。"据程子、朱子之言,则生之谓性之说,初亦何尝误哉? 特告子不知分类辨别之学,不能察人、物之异,故孟子诘以羽、雪、玉之喻,而即懵乎其莫辨也。朱子云:"告子不知性之为理,而以所谓气者当之。"愚窃尝深论之云:人与物之理固不同也,而气亦何尝不异? 物与物之理固异也,而气亦何尝同? 即以犬、牛言之,犬能守夜,牛能耕犁,犬与牛之性且不同矣,其所以不同者,由其气禀之异也,而谓犬与牛之气禀,可同于人乎? 程子又曰:"人生气禀,有自幼而善,有自幼而恶,是气禀有然也。善固性也,然恶亦不可不谓之性也。"是以人生之气禀言之,智愚、灵蠢、善恶,亦万有不齐矣,而可一概论乎? 然则人与物之性,理异也,气亦异也。即人与人之性、物与物之性,理异也,气亦异也。

告子之学,不得于言,勿求于心,其于穷理,未识径涂,纵使求之于心,不过此块然之知觉,故于人、物之形形色色者,但见其同而不知其异也。既不知同中之异,乃更不知异中之异也。(如犬、牛之性与人异,而犬之性与牛之性亦异,是谓异中之异。)圣人尽己之性,尽人之性,尽物之性,其原端在于穷理。穷理之学安在? 当自分类辨别始。

第四章

告子曰:"食色,性也。仁,内也,非外也。义,外也,非内也。"

张氏云:"食色固出于性,然莫不有则焉。今告子乃举物而遗其则,是固出于性无分于善不善之论也。其说行而天理不明,人欲莫之遏矣。"

陆氏桴亭云:"或言子以善归气质,即告子食色为性之说也。曰:是大不然。告子但知气质,而不知气质中之善。如甘食、悦色,气质也,物之所同也。甘食中有辞让,悦色中有羞恶,此气质中之善也,人之所独也。告子知其同,不知其独,故不肯以善言性。若告子知以善言性,则虽以食色为性,容何伤? 食色非性而何?"

孟子曰:"何以谓仁内义外也?"曰:"彼长而我长之,非有长于我也。犹彼白而我白之,从其白于外也。故谓之外也。"

朱《注》:"我长之,我以彼为长也。我白之,我以彼为白也。"

曰:"异于白马之白也,无以异于白人之白也。不识长马之长也,无以异于长人之长与? 且谓长者义乎? 长之者义乎?"

张氏云:"告子以为长之在人,如白之在彼,曾不知白之为色,一定而不变,而长之所宜,则随事而不同也。若一概而论,则马之长,将亦无以异于人之长而可乎? 夫长虽在彼,而长之者在我。盖长之之理,素具于此,非因彼而有也。有是性,则具是理。其轻重、亲疏、大小、远近之宜,固森然于秉彝之中而不可乱。事物至于前者,虽有万之不同,而有物必有则。泛应曲酬,各得其当,皆吾素有之义,而非外取之,此天所命也。惟夫昧于天命,而以天下之公理为有我之得私,而始有义外之说。孟子告之曰'且谓长者义乎,长之者义乎',使思夫长之之为义,则知义之非外矣。"

愚按:"长者义乎"二语,最为明晰。长者虽在外,而所以长之者,则在于吾心也,是谓内也。或曰:圣人之喜,以物之当喜;圣人之怒,以物之当怒。此说非偏于外乎? 不知当喜当怒,虽在于外物,而所以用我喜、用我怒,处之各得其宜者,固在于心也,是内而非外也。

又按:张子云:"上'异于'二字疑衍。"孔氏广森《经学卮言》云:"赵氏读'异于白'为句,盖谓长人之义,异于白也。"然愚意窃谓未安,阙之可尔。

曰:"吾弟则爱之,秦人之弟则不爱也,是以我为悦者也,故谓之内。长楚人之长，亦长吾之长，是以长为悦者也，故谓之外也。"

朱《注》："言爱主于我，故仁在内；敬主于长，故义在外。"

张氏云："告子谓，爱吾弟而不爱秦人之弟，是以我为悦，故曰仁内也。长吾长而亦长楚人之长，是以长为悦，故曰义外也。曾不知所以长之者，非在我而何出哉？"

曰：耆秦人之炙，无以异于耆吾炙，夫物则亦有然者也。然则耆炙亦有外与？"

张氏云："同为炙也，而所以耆之则在我，然则以其在彼之同，而谓耆炙之为外，可乎？虽然，长吾之长，义也；长楚人之长，亦义也。长则同，而待吾兄与待楚人，固有间矣。其分之殊，岂人之所能为哉？观告子义外之说，固为不知义矣。不知义，则其所谓仁内者，亦乌知仁之所以为仁者哉？彼徒以爱为仁，而不知爱之施有差等，固义之所存也；徒以长为义，而不知所以长之者，固仁之体也。不知仁义，而以论性，宜乎莫适其指归也。"

罗氏罗山云："耆秦人之炙，由吾心耆之也；耆吾炙，亦由吾心耆之也。炙在外，而耆之之心在内；长在外，而长之之心在内，岂仅长长为然哉？夫耆物则亦有然者也。今必以长长为在外，然则耆炙之心亦在外与？孟子于此再申'长之者义乎'之意，欲其认得此心在内耳。"

第五章

孟季子问公都子曰："何以谓义内也？"曰："行吾敬，故谓之内也。"

　　愚按：董子云："宜在我者，而后可以称义。故言义者，合我与宜以为一言，以此操之，义之言我也。"盖言由我处之得其宜也。见所当敬而行其敬者，我也，由内出者也，故谓之内也。

"乡人长于伯兄一岁，则谁敬？"曰："敬兄。""酌则谁先？"曰："先酌乡人。""所敬在此，所长在彼，果在外，非由内也。"

　　愚按：敬兄，先酌乡人，义也。所敬在此，所长在彼，在此在彼，处之得其宜者，我也，故谓之内也。

公都子不能答，以告孟子。孟子曰："敬叔父乎？敬弟乎？彼将曰敬叔父。曰弟为尸则谁敬？彼将曰敬弟。子曰恶在其敬叔父也？彼将曰在位故也。子亦曰在位故也，庸敬在兄，斯须之敬在乡人。"

　　顾氏亭林云："先王治天下之具，五典五礼，五服五刑，其出乎身加乎民者，莫不本之于心，以为之裁制。亲亲之杀，尊贤之等，礼所生也，故孟子答公都子言义，而举酌乡人、敬尸二事，皆礼之用也，而莫非义之所宜。自此道不明，而二氏空虚之教，至于捶提仁义，绝灭礼乐，从此起矣。"

愚按:敬叔父、敬弟,义也。庸敬在兄,斯须之敬在乡人。孰者宜庸敬,孰者宜斯须之敬,所以处之得其宜者,我也,故谓之内也。

季子闻之曰:"敬叔父则敬,敬弟则敬,果在外,非由内也。"公都子曰:"冬日则饮汤,夏日则饮水,然则饮食亦在外也。"

张氏云:"敬以直内,义以方外。敬义立而德不孤。伊川先生曰:'敬立而内直,义形而外方。义形于外,非在外也。'盖主于敬,而义自此形焉。敬与义,体用一源而已矣。"

愚按:冬日饮汤,夏日饮水,义也。何时而宜饮汤,何时而宜饮水,所以饮之得其宜者,我也,故谓之内也。

第六章

公都子曰:"告子曰:'性无善无不善也。'

朱《注》:"此亦'生之谓性''食色性也'之意。近世苏氏东坡、胡氏文定之说盖如此。"

愚按:王阳明先生学派以为"无善无恶心之体",颇近禅宗,更与此说相类。后儒谓告子"无善无恶",近于佛氏心之精神"光明寂照"之义。故朱子注"生之谓性"章,亦比之作用是性。愚意告子未必及此。盖告子论性,实系浑沦不知辨别,故于诸说亦莫衷一是。

或曰:'性可以为善,可以为不善,是故文、武兴则民好善,

幽、厉兴则民好暴。'

朱《注》:"此即湍水之说也。"

或曰:'有性善,有性不善,是故以尧为君而有象,以瞽瞍为父而有舜,以纣为兄之子且以为君而有微子启、王子比干。'

朱《注》:"韩子'性有三品'之说盖如此。(韩子《原性篇》云:"性之品有上、中、下三。上焉者善焉而已矣,中焉者可导而上下也,下焉者恶焉而已矣。")按:此文则微子、比干皆纣之叔父,而《书》微子为商王元子,疑此或有误字。"

顾氏亭林云:"以纣为弟且以为君,而有微子启;以纣为兄之子且以为君,而有王子比干。并言之,则于文有所不便,故举此以该彼,此古人文章之善。且如郊社之礼所以事上帝也,不言后土,地道无成而代有终也。先王居梼杌于四裔,不言浑敦、穷奇、饕餮,后之读书者,不待子贡之明,亦当闻一以知二矣。"

陆氏桴亭云:"或问:以气质论性善,则性中之恶,何以处之?予曰:孟子原止说性中有善,不曾说无恶。盖缘当时之人皆以仁义礼智为圣人缘饰出来,强以教人,非本来之物,如杞柳、栝桮等议论,故孟子特特指上点,以为四端原人性中本有,非谓性中止有善而无恶也。若止有善而无恶,则人人皆圣人矣。故程子曰'恶亦不可不谓之性'。曰:如此,则似有性善、有性不善及善恶混之说,如何?曰:有性善、有性不善及善恶混,与孔子'性相近'之说原相似,但立意主客不同耳。

孔子言'性相近',与《书》言'恒性'相似,原主善一边言,故曰'人之生也直'。盖人之所以为人与禽兽异者,只是这个,故善是个主,恶是个客。若有性善、有性不善及善恶混之说,则主、客无别,故语虽相似,而旨意相去不啻天渊也。"

今日性善,然则彼皆非与?"孟子曰:"乃若其情,则可以为善矣,乃所谓善也。

　　陈氏兰甫云:"公都子曰:'或曰有性不善,以尧为君而有象。'孟子答之曰:'乃若其情,则可以为善矣,乃所谓善也。'此因有性不善之说而解其惑,谓彼性虽不善,而仍有善。何以见之? 以其情可以为善,可知其性仍有善,是乃我所谓性善也。如象之性诚恶矣,乃若见舜而忸怩,则其情可以为善,可见象之性仍有善。是乃孟子所谓性善也。"

若夫为不善,非才之罪也。

　　顾氏亭林云:"人固有为不善之才,而非其性也。性者,天命之;才者,亦天降之。是以禽兽之人,谓之未尝有才。"

　　陈氏兰甫云:"此答公都子所述性可以为不善之说也。为不善,非才之罪,而况性乎? 朱《注》云'才,犹材质,人之能也',是也。譬如金或用为鼎彝,或用为矛戟。矛戟杀人,非金之材质之罪也。可为鼎彝者,碎之而为钉,则不能尽其材质者也。材质之义,引伸之,则材质美者谓之才。人见其禽兽也，以为未尝有美材质也。才也养不才，材质美者养材质不美者也。"

恻隐之心，人皆有之。羞恶之心，人皆有之。恭敬之心，人皆有之。是非之心，人皆有之。恻隐之心，仁也。羞恶之心，义也。恭敬之心，礼也。是非之心，智也。仁义礼智，非由外铄我也，我固有之也，弗思耳矣。故曰求则得之，舍则失之，或相倍蓰而无算者，不能尽其才者也。

朱《注》："铄，以火销金之名，自外以至内也。言四者之心，人所固有，但人自不思而求之耳。前篇言是四者，为仁义礼智之端，而此不言端者，彼欲其扩而充之，此直因用以著其本体，故言有不同耳。"

顾氏亭林云："《中庸》言'能尽其性'，孟子言'不能尽其才'，能尽其才，则能尽其性矣，在乎扩而充之。"

愚按：孟子曰"求则得之，舍则失之"，是求有益于得也，求在我者也。凡"求"字之义，皆不当求之于人，而当求之于我。求之于我者，求尽我之才也。天生我才而不能尽，于是乎性情乖戾，而所用之才，皆非其正，岂不殆哉？岂不惜哉？

《诗》曰：'天生蒸民，有物有则。民之秉夷，好是懿德。'孔子曰：'为此诗者，其知道乎！故有物必有则，民之秉夷也。故好是懿德。'"

张氏云："有物必有则者,莫非物也。视听言动,则有视听言动之则;喜怒哀乐,则有喜怒哀乐之则。何莫不然? 其则盖天所命也,以其至当而不可过,故谓之则。有太极则有物,故性外无物;有物必有则,故物外无性。斯道也,天下之所共有、所共由,非我之得私也。彝者,常也,言本然之常性,人所均有。故好是懿德,以其秉彝故也。而其不知好者,是有以乱其常故也。"

罗氏罗山云："昏明强弱,尽人各殊,论性不论气,无以见其异也;仁义礼智,尽人皆具,论气不论性,又无以见其同。程子所谓二之则不是也。夫有是气而理即具于中,固不可分而为二。然气自气,理自理,亦不可混而为一。孟子曰'夜气不足以存',谓夜气不足以存仁义也。既曰存,则气自气,仁义自仁义矣。又曰'其为气也,配义与道'。既曰配,则道义自道义,气自气矣。其引孔子说《诗》曰'有物必有则'。物者气之所为也,则者理也。有耳目口体之物,必有恭从明哲之理;有君臣、父子、夫妇、昆弟、朋友之物,必有亲义序别信之理。是理虽不离乎气质,而亦不杂乎气质矣。"

愚按:孔子说《诗》,止长言永叹,而本义自显。如"仁则荣"章引《鸱鸮》之诗,而述孔子之言曰:"能治其国家,谁敢侮之?"此篇引《蒸民》之诗,而述孔子之言曰:"故有物必有则,民之秉夷也,故好是懿德。"只加数虚字,涵泳其间,意味更觉无穷。此圣人说《诗》之家法也。然则后世支离穿凿之说,其亦可以已乎。(张氏谓"故有物"以下系孟子之言,焦氏礼堂则谓系孔子说《诗》之语。愚谓从焦说为是。)

第七章

孟子曰："富岁子弟多赖，凶岁子弟多暴，非天之降才尔殊也，其所以陷溺其心者然也。

张氏云："陷溺，言因循沦胥而莫之觉也。人心本无不善，因陷溺之故而不齐也。"

愚按：朱《注》云："丰年衣食饶足，故有所赖藉而为善。"其说未免迂曲。幼时即疑之，后悟此"赖"字当为"嬾"之省文，故下文概云陷溺其心，非天之降才尔殊，言非天降才之不善也。读焦礼堂《孟子正义》，其说适与愚合。焦氏引阮氏元云："赖，即嬾。按《说文·女部》云：'嬾，懈也。'《贝部》云：'赖，赢也。'《礼记·月令》云：'不可以赢。'《注》云：'赢，犹解也。'解，即懈。赢、赖、解同义。然则富岁子弟多赖，谓其粒米狼戾，民多懈怠。《月令》'不可以赢'，即是不可以嬾。而子弟多赖，即是子弟多懈也。赖与暴俱是陷溺其心。若谓丰年多善，凶年多恶，未闻温饱之家皆由礼者矣。"愚尝见东南富庶之地，子弟坐拥膏腴，饱食而嬉，无所事事，因之逸居无教，终身不闻礼义。及遇凶岁，则暴敛横征，刻剥小民，无微不至，子弟之陷溺其心而丧失其业，皆由于依赖田产，为之厉阶。此有识之士所由以均赋、均租之说相提并论，一则以限制苛吏，一则以救人之子弟也。孟子此言，盖为偷惰、横暴之子弟并下针砭也。

今夫麰麦，播种而耰之，其地同，树之时又同，浡然而生，至于日至之时,皆熟矣。虽有不同,则地有肥硗,雨露之养,人事之不齐也。

朱《注》:"麰,大麦也。穮,复种也。日至之时,谓当成熟之期也。硗,瘠薄也。"

罗氏罗山云:"天地之气,万有不齐。和风甘雨,其气清明;阴霾浊雾,其气昏暗;迅雷烈风,其气震荡;愆阳伏阴,其气偏戾。天时有不齐也。西北之地高峻,其气多刚劲;东南之地平衍,其气多柔弱。得山之气者,其人多雄健,其恶者为粗顽;得水之气者,其人多秀丽,其恶者为淫靡。虽数里之间,其气多有不同,地势有不齐也。天地之气各殊,故人之禀之者,其气质亦不相侔矣。且人之生也,又须视其父母所感之气何如。天地之气,流行鼓荡;人之呼吸,息息与之相关。故人之心正者,所感之气亦正;人之心不正者,所感之气亦不正。多忿怒者,其气刚躁;多忧戚者,其气郁结;多淫佚者,其气靡荡;多恐惧者,其气怯弱。父母之气各殊,故其子之禀之者,适与父母相肖。此又人事有不齐也。是必值运会之明盛,萃山川之清淑,而其父母之正气又足以承天地之瑞气,故得哲人笃生,清明纯粹。此外或有清而不纯者,或有纯而不清者,或有清、浊、纯杂相半者,或有浊多而清少者,或有杂多而纯少者,千别万殊,不可胜诘。必欲比而同之,固不可必得之数。惟其天命之本然者,无不至善。孟子特指其本然之善者以示之,欲人明善复初,而不自囿于气质耳。"

故凡同类者,举相似也,何独至于人而疑之,圣人与我同类者。

愚按:张子《西铭》云:"天地之塞吾其体,天地之帅吾其性。"凡人同得天地之气以为气,即同得天地之性以为性,故曰"圣人与我同类"也,非徒以其颅圆而趾方也。况上下数千年,由周而上溯之唐、虞,则皆尧、舜之苗裔也;由唐、虞而上溯之黄、农,则皆黄帝之苗裔也。以此言同类,尤为切近也,而奚为与圣人不相似也。

故龙子曰:'不知足而为屦,我知其不为蒉也。'屦之相似,天下之足同也。

朱《注》:"蒉,草器也。不知人足之大小而为之屦,虽未必适中,然必似足形,不至成蒉也。"

口之于味有同耆也,易牙先得我口之所耆者也。如使口之于味也,其性与人殊,若犬马之与我不同类也,则天下何耆皆从易牙之于味也! 至于味,天下期于易牙,是天下之口相似也。

焦氏礼堂云:"僖十七年《左传》云:'雍巫有宠于卫共姬,因寺人貂以荐羞于公。'《注》云:'雍巫,雍人名巫,即易牙。'《战国策·魏策》云:'齐桓公夜半不嗛,易牙乃煎熬燔炙,和调五味而进之。桓公食之而饱,至旦不觉,曰后世必有以味亡其国者。'此易牙知味之事也。"

愚按:"则天下何耆皆从易牙之于味也",应作一句读。言口之于味,若不相同,则天下何以所耆皆从易牙之于味也。俗读以"何耆"截句,非。

惟耳亦然。至于声,天下期于师旷,是天下之耳相似也。

　　焦氏礼堂云:"襄十八年《左传》云:'晋人闻楚师。师旷曰:不害。
吾骤歌北风,又歌南风,南风不竞,多死声,楚必无功。又齐师夜遁。
师旷告晋侯曰:鸟乌之声乐,齐师其遁。'《吕氏春秋·长见》篇云:'晋
平公铸为大钟,使工听之,皆以为调。师旷曰:不调,请更铸之。'皆其
听至聪之事也。"

惟目亦然。至于子都,天下莫不知其姣也。不知子都之姣
者,无目者也。

　　赵《注》引《诗》"不见子都",焦氏礼堂云:"《山有扶苏》篇毛《传》
云:'子都,世之美好者也。'孔氏《正义》云:'都,谓美好而闲习于礼
法。'然则孔氏不以'子都'为人名。乃孟子深于《诗》,其称子都正本
于《诗》,而与易牙、师旷并举,则子都实有其人矣,赵氏引《诗》以证
是也。"

故曰:口之于味也,有同耆焉;耳之于声也,有同听焉;目之
于色也,有同美焉。至于心,独无所同然乎?心之所同然者
何也?谓理也,义也。圣人先得我心之所同然耳。故理义
之悦我心,犹刍豢之悦我口。"

朱《注》:"然,犹可也。草食曰刍,牛羊是也;谷食曰豢,犬豕是也。"

张氏云:"既曰同然,口、耳、目皆有同也,何独心之不然,此所当深思者也。口、耳、目丽乎气,故有形者皆得其同。而心则宰之者也,形而上者也,故其所同者,反隔于有形,而莫之能通。反躬而去其蔽,则见其大同者矣。其所同然者,理也,义也。曰理而又曰义,在心为理,处物为义,谓体用也。理义者,天下之公也,不为尧、桀而存亡。圣人之先得者,即众人之所有者也,而何有所增益哉?理义之所以悦我心者,以理义者,固心之所以为心者也。得乎理义,则油然而悦矣。以刍豢之悦我口为喻,盖言适其可而有不期然而然者也。"

愚按:程子云:"在物为理,处物为义。""理"字之谊,当知古训。理字从王从里,《说文》云:"治玉也。"盖理之细者如治玉,理之粗者如制里。制里者,乡遂沟洫,经纬纵横,以及原隰高下各得其制是也。治玉者,剖析精微,如琢如磨,必臻细好是也。故曰"在物为理"。理必著于事物而后见,非虚而无凭者也。处物为义,由我处之得其宜,亦当知古训。说已见前章。理也,义也,皆性也。心统性情者也,非即性也。孟子曰"理义之悦我心",可见心之非即理义也。知其性,然后能尽其心也。自后儒误认心即理义,任心而行,遂致气质用事,无所忌惮。或者求之于虚无杳冥之域,返观内照,以为可得乎心之本然,乃至悖理蔑义而不自知。此阳儒阴释之学,所以接迹于天下也。

第八章

孟子曰："牛山之木尝美矣。以其郊于大国也,斧斤伐之,可以为美乎?是其日夜之所息,雨露之所润,非无萌蘖之生焉,牛羊又从而牧之,是以若彼濯濯也。人见其濯濯也,以为未尝有材焉,此岂山之性也哉?

愚按:山木为斧斤所伐,萌蘖为牛羊所牧,自山木、萌蘖而言,其苦为何如?人心为嗜欲所锢蔽,外缘所牵引,财贿所汩没,无异于斧斤之伐、牛羊之牧,自人心而言,其苦更何如?

虽存乎人者,岂无仁义之心哉?其所以放其良心者,亦犹斧斤之于木也。旦旦而伐之,可以为美乎?其日夜之所息,平旦之气,其好恶与人相近也者几希。则其旦昼之所为,有梏亡之矣。梏之反复,则其夜气不足以存。夜气不足以存,则其违禽兽不远矣。人见其禽兽也,而以为未尝有才焉者,是岂人之情也哉?

愚按:先儒谓孟子"夜气"之说为前圣所未发。窃谓孟子此说,实本于《易》之《复卦》。《复卦·象辞》云:"复,亨,出入无疾。"程《传》云:"阳气发生于下,渐亨盛而生育万物。"而孟子则谓为夜气者,盖子、丑之交,微阳发动之会,天地生物之机,即萌于是。人虽至愚极恶,当此之时,良心亦一呈露,此性善之明验也。《复》之《象传》曰:

"复,其见天地之心乎?"程《传》云:"一阳复于下,乃天地生物之心也。先儒皆以静为见天地之心,不知动之端乃天地之心也。"此谊尤精。盖人虽至愚极恶,不能无静时。静极而将动,其中本有生生之机,故良心亦偶一呈露,此尤性善之明验也。惟圣贤之士,知微阳之偶一呈露,未可久恃,故于旦昼之中,常用提撕警觉之法,以保存此生生之机。随时皆善念,则随地皆善事。善气积而夜气日盛,而此本然之良,乃永无汩没之候,此则天地之心之所寄也。孟子曰:"鸡鸣而起,孳孳为善者,舜之徒也。鸡鸣而起,孳孳为利者,跖之徒也。欲知舜与跖之分,无他,利与善之间也。"平旦之气,尽人所同也。鸡鸣而起,亦尽人所同也。利与善有霄壤之分,而所争不过毫末之间,可不惧哉?抑平旦之时,发生之念甚夥,四端并萌,而孟子独赅以好恶者,盖人生至恶之行,莫如拂人之性。好人所恶,恶人所好,久而久之,是非泯昧,而恻隐、羞恶之良,亦遂无存,人见其如禽兽矣。人、禽之分,即判于好、恶之界,可不惧哉?

又按:上节言山之性,此节言人之情。不言性者,盖性必发为情,而后有实用。许叔重《说文》云:"性,人之阳气,性善者也。""情,人之阴气,有欲者也。"后儒遂以性为至善,情为有欲,多尊言性而讳言情。不知孟子释性善,不过曰"乃若其情,则可以为善矣",可见性必发于情,而后为至善。圣人自喜怒哀乐发皆中节,推而至于位天地、育万物,情而已矣。文王之发政施仁,孔子之老安少怀,情而已矣,无情岂可以为人?性是虚,情是实,性之发即为情。故吾人既尊言性,又当尊言情。

故苟得其养,无物不长;苟失其养,无物不消。

愚按:《复·大象传》曰:"雷在地中,复。先王以至日闭关,商旅不行;后不省方。"程《传》云:"在一人之身,当安静以养其阳也。"朱子亦云:"安静以养微阳也。"曷谓养微阳? 养善念之初萌也。自一岁而言,则冬至日为微阳初萌之会;自一日而言,则平旦时为微阳初萌之会。天之微阳初萌,即人之微阳初萌。而所谓微阳初萌者,正是善念初萌。此正天地之心之所寄,而人最当体验者也。曰"无物不长,无物不消",益征上文"平旦之气",实指天地生物之气而言。"尽心"章云:"存其心,养其性,所以事天也。"养其性者,即谓养其善念。所以事天,善承天地生物之心也。消长二字,阴阳之机,尤为《易》中精义。剥者,消之极;复者,长之初。洗心之旨,实在于斯。后之学者,当因天地阴阳之气之消长,以体验吾心善恶之消长。自雨露既濡以至于霜露既降,自昊天曰明以至于向晦入息,无非消长之机,即无非消长之时也。彼夜气不足以存者,弗思耳已矣。

孔子曰:'操则存,舍则亡,出入无时,莫知其乡。'惟心之谓与?"

愚按:孔子不恒言心,而体状人心之灵妙,无有逾于此数言者。朱子释之云:"心而自操,则亡者存;舍而不操,则存者亡。非以彼操此而存之,以彼舍此而亡之也。其说尤为精审。盖操心非硬行把捉之谓,初学之士,必先用提撕警觉之法,久而久之,乃能纯任自然,以幾于复。"《复》之初九曰:"不远复,无祇悔,元吉。"《象传》释之曰:"不远之复,以修身也。"《系辞传》又曰:"颜氏之子,其殆庶几乎?有不善未尝不知,知之未尝复行也。"《易》曰"不远复"云云,盖颜子之好学,惟在于善复。所以"无伐善、无施劳"者,善于复也;所以"不迁怒、不贰过"者,善于复也;所以"三月不违仁"者,亦善于复也。善复则善念常存,而不善之念自渐少,虽出入无时而亦无疾也,故曰《孟子》此章,实本于《易》之《复卦》。读此章书,必须与《复卦》参看。若言之幽渺无凭,则失圣贤之本旨矣。

又按:《朱子语类》云:"某以为《告子》篇诸段,读之可以兴发人善心,故劝人读之。"陆象山先生与邵中孚书亦云:"《告子》一篇,自'牛山之木尝美矣'以下,可常读之。"愚亦尝谓自此以下数章,治心之要,俱备于是。学者日读之而自省焉,庶不至入于下流之归矣。

第九章

孟子曰:"无或乎王之不智也。

赵《注》:"王,齐王也。或,怪也。时人有怪王不智而孟子不辅之,故言此也。"

虽有天下易生之物也,一日暴之,十日寒之,未有能生者也。

吾见亦罕矣，吾退而寒之者至矣，吾如有萌焉何哉？

张氏云："孟子告齐王，未尝不引之以当道，王岂无秉彝之心乎？则其端倪，亦有时而萌动矣。而孟子见之之时寡，他人朝夕在旁，利欲以汩之，谄谀以骄之，顺其意而逢其恶，所以害之者，何可胜既？'吾如有萌焉何哉'，言虽有如萌芽之发，亦即摧折而无以自达，无足怪矣。"

愚按：此承上章山木之萌蘖而言。良心方萌，而寒之者已至，岂不痛哉？虽然，植物之一日暴之十日寒之，此物之无可如何者也，物处于无权也。人心之一日暴之十日寒之，此人有以自致之也，人处于有权也。暴则得生气，寒则得死气，此人之所知也。然而常好寒而恶暴者，何也？好佞而恶贤，好谀而恶直，好闻安乐之言而恶闻忧患之论，此所以寒之者日至，而不觉其心之渐死也。庄子曰："哀莫大于心死。"

今夫弈之为数，小数也。不专心致志，则不得也。弈秋，通国之善弈者也。使弈秋诲二人弈，其一人专心致志，惟弈秋之为听；一人虽听之，一心以为有鸿鹄将至，思援弓缴而射之，虽与之俱学，弗若之矣。为是其智弗若与？曰：非然也。"

张氏云："心不容有二事。虽弈为小技，专心致志者则得之。苟方弈而他思，则莫之得也。是二人者，岂智之相远哉？专与不专故耳。而况于欲治其身，而不专心致志，其可哉？是以古之明君，惧一暴十寒之为害也,则博求贤才,寘诸左右,朝夕与处,而远佞人,所以养德也。岂独人君为然,一暴十寒之病,为士者其可一日而不念乎?"

愚按:孟子以弈列于小数,何哉? 盖弈之运用,主乎巧拙、先后、得失,而其胜败之数,则专系乎一心之知觉。譬诸一人之知觉巧,则拙者败矣;一人之知觉先,则后者败矣;一人之知觉得,则失者败矣。知觉用之于专,则愈速愈灵,而胜数愈多;知觉用之不专,则愈迟愈钝,而败数愈多。是故世界一大弈场也,列国一大弈局也,不专心致志,事事较人拙,事事在人后,未有不大失败其国者也。是以孟子深切言之。"为是其智弗若与? 曰:非然也。"不专心则心放,不致志则志邪,惜乎以天生至聪明之心,至完全之志,而自处于败也。然而其心则既浮矣,其志则既散矣,则固无或乎其败也。愚尝作此章赞云:"鸿鹄高飞,横绝苍茫。是真是幻,倏止倏扬。曷兹学子,心与俱翔。凌风铩羽,弓矢斯张。诲尔谆谆,听我芒芒。失学弃智,呜呼齐王!"

第十章

孟子曰:"鱼,我所欲也。熊掌,亦我所欲也。二者不可得兼,舍鱼而取熊掌者也。生,亦我所欲也。义,亦我所欲也。二者不可得兼,舍生而取义者也。

张氏云:"二者不可得兼,言权其轻重而取舍之也。夫乐生而恶死,人之常情,贤者亦岂与人异哉? 而有至于舍生而取义者,非真知义之重于生,其能然乎? 其舍生而取义,犹饥之食,渴之饮,亦为其所当然者而已。"

罗氏罗山云:"生与义,非两事也。义有时在于生,则不容不生;义有时在于死,则不容不死。轻生非义也,偷生亦非义也。曰舍生取义者,谓人当大节之际,全生则失义,全义则失生,故必舍生取义,而后于心为安。此孟子为中人说法,欲其无贪生而忘义也。君子之心,惟知有义而已,生无待于舍,义亦无待于取,惟义是从,生死皆无与于心也。"

愚按:孔子曰:"志士仁人,无求生以害仁,有杀身以成仁。"宋文文山先生云:"孔曰成仁,孟曰取义。惟其义尽,所以仁至。"盖惟取义而后为全其良心也。《论语·微子》篇,孔子曰:"殷有三仁焉。"朱《注》:"三人之行不同,而同出于至诚恻怛之意,有以全其心之德也。"故此章当与《论语》两章参看。

生亦我所欲,所欲有甚于生者,故不为苟得也。死亦我所恶,所恶有甚于死者,故患有所不辟也。

朱《注》:"得,得生也。欲生恶死者,虽众人利害之常情,而欲恶有甚于生死者,乃秉彝义理之良心。是以欲生而不为苟得,恶死而有所不避也。"

张氏云:"所欲,谓礼义;所恶,谓非礼义也。欲、恶若是,乃为得夫性之正矣。"

如使人之所欲莫甚于生,则凡可以得生者,何不用也! 使人
之所恶莫甚于死者,则凡可以辟患者,何不为也!

朱《注》:"设使人无秉彝之良心,而但有利害之私情,则凡可以偷
生免死者,皆将不顾礼义而为之矣。"

由是则生而有不用也,由是则可以辟患而有不为也。是故
所欲有甚于生者、所恶有甚于死者,非独贤者有是心也,人
皆有之,贤者能勿丧耳。

朱《注》:"羞恶之心,人皆有之,但众人汩于利欲而忘之,惟贤者
能存之而不丧耳。"

愚按:所欲有甚于生、所恶有甚于死,即上章所谓良心是也。贤
者能勿丧,能存其平旦之气也。

一箪食,一豆羹,得之则生,弗得则死。嘑尔而与之,行道之
人弗受。蹴尔而与之,乞人不屑也。

赵《注》:"嘑尔,犹呼尔,咄啐之貌也。行道之人,道中凡人,以其
践己,故不肯受也。蹴,蹋也。以足践蹋与之,乞人不絜之也。"

愚按:《礼记·檀弓》篇:"齐大饥。黔敖为食于路,有饿者贸贸然
来。黔敖曰:'嗟,来食。'扬其目而视之,曰:'予惟不食嗟来之食,以
至于斯也。'从而谢焉。终不食而死。"先师黄元同先生云:"此饿者未
免负黔敖谢过之诚。"然愚谓此饿者尚不失为气节之士,盖其羞恶之

良心，能不为生死所动也。

万钟则不辨礼义而受之，万钟于我何加焉？为宫室之美，妻妾之奉，所识穷乏者得我与？

张氏云："上文不受、不屑者，盖人之困穷，其欲未肆，故其端尚在。至于为万钟所动，则有不复顾者矣。曰'万钟于我何加焉'，人能深味斯言而得其旨，则亦可见外物之无足慕矣。万钟于我何加，而人之所以不辨礼义而受之者，则亦有为而然耳。为宫室之美，妻妾之奉，所识穷乏者得我，其他有所不顾也。此三者，一举其端，其他可类推耳。"

愚按："宫室之美"三者，为最易溺人本心之具，故孟子特举之。至于"所识穷乏者得我"，则人固有非其本心，因受所识穷乏者之累，而不得不受万钟者矣。夫为所识者所累而轻受万钟，与所识者之不能自立而累人之受万钟，二者皆末世之敝俗，贤者尤宜猛省也。

乡为身死而不受，今为宫室之美为之；乡为身死而不受，今为妻妾之奉为之；乡为身死而不受，今为所识穷乏者得我而为之。是亦不可以已乎？此之谓失其本心。"

张氏云："向也箪食、豆羹不得则死，而与之非其道，则有所不受。今也万钟之多，乃不辨礼义之当否而受之。万钟之不受，未至于死也。均是人也，何向者一死之不恤，而今者冒昧若此欤？盖欲有以蔽之，而羞恶之端陷溺而莫之萌也。故曰'此之谓失其本心'。嗟乎！

举世憧憧，以欲为事，于得失之际，盖不能以自择也，而况于死生乎？是故君子遏人欲而存天理，其于斯世何所求哉？惟礼义之是安耳。故穷达死生，举不足以二其心，而人道立矣。"

陆氏桴亭云："'本心'二字，发之孟子。'本'字妙极，此即所谓性善也，即所谓良知、良能也，即所谓明德也。吾所固有，故谓之本心。"

愚按：《孟子》七篇，首辨义利。义利者，天理、人欲之界，亦即人、禽之界也。人之生，其性浑然，四德皆备。洎乎嗜欲锢蔽，于是利心日甚，利心甚而本心日亡矣。而究其所以亡之之繇，则不外乎妄取。有一物焉可以取、可以无取，取之而世之人以为无伤也，我之心遂亦以为无伤也，久之而不可取者亦将取之，而羞恶之良心，于是悉泯矣。尝见世之优于才而富于学者，未尝不矫然自负，一旦利欲薰心，名誉扫地，甚至为乡里所不齿，此其渐皆起于妄取。吁！可痛也，可惧也！圣贤辨析义利之界，首严于取与，惟是妄取与不妄取之辨，不难于箪食、豆羹而难于万钟。盖在我之性分，有能容天下之量，则虽万钟以上，而心不为动；在我之性分，而仅容千钟、百钟之量，则至千钟、百钟而已动其心。舜、禹之有天下所以能不与焉者，所性分定故也。是故圣贤之学，务在定其性分。今世之士，力欲任天下之事，而于取与之义，懵焉不讲。试观孟子论箪食、豆羹以至万钟，皆推而极之于生死，何等深切沉痛！愚窃尝深论之云："人之生死，系乎心而不系乎身。苟其身虽死，而其心不死，虽谓之不死可也；苟其身虽生，而其心已死，则虽宫室之美、妻妾之奉、所识穷乏者得我，谓之已死可也。自来圣贤豪杰之士,浩然常存于天地之间,可不谓之千古常生乎? 至于富贵利达之徒,沉酣醉饱,尚得谓之生乎? 故曰:死生者系乎心,而不系乎身也。"孟子曰:"此之谓失其本心。"人生并其固有之心而失之,哀哉其已死也。

第十一章

孟子曰:"仁,人心也。义,人路也。

朱《注》:"仁者,心之德,程子所谓'心如谷种,仁则其生之性'是也。然但谓之仁,则人不知其切于己,故反而名之曰人心,则可见其为此身酬酢万变之主,而不可须臾失矣。义者,行事之宜,谓之人路,则可以见其为出入往来必由之道,而不可须臾舍矣。"

愚按:程子'谷种'之喻最妙。人者,天地之心,故各得生生之理以为心,仁乃其种子,如桃实、杏实等皆称仁是也。若无此好生之心,即不得谓之人。

舍其路而弗由,放其心而不知求,哀哉!

朱《注》:"'哀哉'二字,最宜详味,令人惕然有深省处。"

愚按:张杨园先生云:"孔子不轻言'难矣哉',而于'言不及义,好行小慧',则曰'难矣哉';'饱食终日,无所用心',则曰'难矣哉'。盖一则戕贼其本心,一则窒塞其本心也。孟子不轻言'哀哉',而于'旷安宅而弗居,舍正路而不由',则曰'哀哉';'舍其路而弗由,放其心而不知求'，则曰'哀哉'。盖一则暴弃其本心，一则放荡其本心也。"学者当随时自省，能不蹈孔子之所谓难，而不为孟子之所哀乎！

人有鸡犬放，则知求之，有放心而不知求。

愚按：上以路与心并言，而以下专言心者，盖"舍其路而弗由者，以放其心而不知求"故也。鸡犬至轻、至贱、至微，而心则至重、至贵、至大。乃鸡犬放则知求之，放其心则不知求。况鸡犬在外者也，曰鸡犬放，非自放之也。心在内者也，曰放其心，自放之也。人生当世，既不明轻重、贵贱、大小之辨，又不明内外之界，必至失其心，而不可以为人。

学问之道无他，求其放心而已矣。"

张氏云："心岂远人哉？知其放而求之则在是矣。所谓放者，其幾间不容息。故君子造次克念，战兢自持，非礼勿视，非礼勿听，非礼勿言，非礼勿动，所以收其放而存之也。存之久则天理浸明，是心之体将周流而无所蔽矣。"

顾氏亭林云："学问之道无他，求其放心而已矣。然则但求放心，可不必于学问乎？与孔子之言'吾尝终日不食、终夜不寝以思，无益，不如学也'者，何其不同邪？他日又曰：'君子以仁存心，以礼存心'，是所存者，非空虚之心也。夫仁与礼，未有不学问而能明者也。孟子之意，盖曰能求放心，然后可以学问。使弈秋诲二人弈，其一人专心致志，惟弈秋之为听；一人虽听之，一心以为有鸿鹄将至，思援弓缴而射之,虽与之俱学,弗若之矣。此放心而不知求者也。然但知求放心,而未尝穷中罫之方,悉雁行之势(原注:马融《围棋赋》),亦必不能从事于弈。"

罗氏罗山云:"心放则仁失,心存则仁存。求其放心者,即求仁也。学问之道,固非一端,无一非所以求放心,即无一非所以求仁。格致所以穷此仁也,诚正修所以体此仁也,齐治平所以推此仁也。一言语无非仁之所在,慎言即所以存仁;一举动无非仁之所在,谨行即所以存仁。是故人欲求仁,不可不从事于学问。学问充,则仁可得而全;学问不充,则仁不可得而尽。孟子曰'学问之道无他,求其放心而已矣',谓学问之道,皆所以求放心也。后人误会此旨,遂谓人不必讲学读书,只要存得本心。吾不知学问之功不深,此心何由而存?几何而不流于异端哉?"

愚按:亭林先生之说至为切实,而罗山先生之说为尤精。窃意孟子所谓学问之道求其放心者,言以学问求放心,而所以学问者,非为骛外,为求其放心也。盖心之为物,至虚至灵,一不自觉,已飞扬驰骛于千里之外。若何而求之?惟有讲明学问以求之。倘谓至道之精,窈窈冥冥,静中有知觉,即诧为独得,是直禅宗而已,岂圣贤之学乎?故曰:孟子所谓求放心者,以学问求其放心也。然则静坐体察,固所以求放心也;诵《诗》读《书》,亦所以求放心也;处事接物,亦所以求放心也。随地皆学问,随时皆求其放心也,幸勿以求心为奇妙之门也。

第十二章

孟子曰："今有无名之指，屈而不信，非疾痛害事也。如有能信之者，则不远秦、楚之路，为指之不若人也。

> 赵《注》："无名之指，手之第四指也。"

指不若人，则知恶之；心不若人，则不知恶。此之谓不知类也。"

> 张氏云："人有鸡犬放，则知求之；无名之指屈而不信，则求信之；拱把之桐梓欲其生，则必养之。此皆事理之易见者。孟子于其易见者举以示之，使之以类而思，则知夫切于吾身，盖有甚于此而不之察也。曰有放心而不知求，曰心不若人则不知恶，曰岂爱身不若桐梓哉，所以示人也至矣。夫人与圣人同类，则其心亦同然耳。有不同焉者，有以陷溺之故也。以类而思，则比之指不若人何啻相千万邪？而反不知恶，故谓之不知类也。人惟不知类，故冥行而不自觉，使其知类而推之，则晨夕之间，其悚然而作者，岂独此哉？虽然，知恶之则必求所以免于恶，盖有须臾不敢遑宁者矣。此古之君子所以'学如不及，犹恐失之'也。"

> 愚按：天下无论何等学问，必以分类为第一要义，而心为尤甚。上章言鸡犬，以动物类喻心也；此章言无名之指，以身体类喻心也；下章言桐梓，以植物类喻身也。能分类而后能穷理，能穷理而后于天下轻重、贵贱、大小之等，处之厘然，各得其当。《易传》曰："爻有等，故曰物；物相杂，故曰文；圣人因其杂也而分之，故曰方以类聚，物以群

分。"此即分类之义也。能知此者,乃可进于洗心之学。

第十三章

孟子曰:"拱把之桐梓,人苟欲生之,皆知所以养之者。至于身而不知所以养之者,岂爱身不若桐梓哉? 弗思甚也。"

朱《注》:"拱,两手所围也。把,一手所握也。桐、梓,二木名。"

张氏云:"爱其身,必思所以养之,然所以养之者,则有道矣。古之人理义以养其心,以至于动作、起居、声音、容色之间,莫不有养之之法焉。所以尊德性而道问学,以成其身也。于桐梓而知所以养,则自拱把至于合抱,可以驯致也。于身而知所以养,则为贤为圣,亦循循可进耳。曰'弗思甚也',盖思之则知身之为贵,而不可以失其养也;弗思则待其身曾一草一木之不若,滔滔皆是矣。《孟子》此篇,大抵多言存养之功,学者尤宜深体也。"

愚按:古人有言,十年树木,百年树人。人何不思自树其身于天地之间也? 天之生物,栽者培之,倾者覆之。雨露之滋培,未有逮于枯槁者也;道德之温润,未有感于缪戾者也。故弗思之甚,而身遂灭矣。

第十四章

孟子曰:"人之于身也兼所爱,兼所爱,则兼所养也。无尺寸之肤不爱焉,则无尺寸之肤不养也。所以考其善不善者,岂有他哉? 于己取之而已矣。

朱《注》:"人于一身,固当兼养,然欲考其所养之善否者,惟在反之于身,以审其轻重而已矣。"

张氏云:"人有是身,则知其皆在所爱。爱之则知其皆在所养,而无尺寸之肤不及也。然人知有口腹之养而已,而莫知其所受于天。盖有所甚重于此者,可不知所以养之乎? 故曰'所以考其善不善者,岂有他哉? 于己取之而已矣',言欲考察善不善之分,则在吾身所取者何如耳。"

体有贵贱,有小大,无以小害大,无以贱害贵,养其小者为小人,养其大者为大人。

张氏云:"于己取之,有二端焉,体有贵贱、有小大是也。以小害大,以贱害贵,则是养其小者,所谓不善也;不以小害大,不以贱害贵,则是养其大者,所谓善也。何以为大且贵,人心是已;小且贱,则血气是已。血气亦禀于天,非可贱也,而心则为宰之者也,不得其宰,则倍天遁情,流为一物,斯可为贱矣。"

愚按:明乎分类之义,而后明乎贵贱、小大之等,而能尽其心。《周易》之例,阳为贵、为大,阴为贱、为小。人禀阴阳、刚柔之理与气以生。自一身而言,血气属于阴者也,故为贱、为小;心志属于阳者也,故为贵、为大。然专就心志而言,又自有阴阳之别。邪而暗且塞者,阴也;正而明且通者,阳也。是非穷理之精者不能辨其萌,养其神明而复其性体,斯为大人。

今有场师,舍其梧槚,养其樲棘,则为贱场师焉。

赵《注》:"场师,治场圃者。场以治谷;圃,园也。梧、桐、槚、梓,皆木名。樲棘,小棘,所谓酸枣也。言此以喻人舍大养小,故曰'贱场师'也。"

养其一指而失其肩背而不知也,则为狼疾人也。

王氏船山云:"《集注》谓狼善顾,疾走则不能。使果有养指失背之人,可谓其急遽而不能顾乎?狼性暴戾,有如狂者。狼疾,狂病也,犹言牛痫、鼠嘻,以兽名疾。"

饮食之人,则人贱之矣,为其养小以失大也。

愚按:为人而专心壹志讲求饮食之奉,则卑陋甚矣,焉得不为人所贱乎?

饮食之人无有失也,则口腹岂适为尺寸之肤哉?"

张氏云:"饮食之人而不失其大者,则口腹岂但为养其尺寸之肤哉?固亦理义之所存也。故失其大者,则役于血气而为人欲;先立乎其大者,则本诸天命而皆至理。人欲流,则口腹之须何有穷极,此人之所以为禽兽不远者也。天理明,则一饮一食之间,亦莫不有则焉,此人之所以成身而通乎天地者也。可不谨其源哉?"

　　愚按字义:适,只也。言所养岂只尺寸之肤也。饮食之人而无有失,是不仅养其口腹,而能存其本心也,不第能卫生,而实能养性也。盖人得天地之气以生,故其气当与天地清明之气相往来;人得天地中正之理以生,故其心当与天地中正之理相浃洽。卫生之家,日吐纳清明之气,其所养不过尺寸之肤耳。然圣贤之士,日研究天地中正之理,涵养天地生生之德,是其所吐纳者,皆为善气,与天地而无际也。兼所爱则兼所养,至普及于天下,故曰:时人者圣贤之身也,岂不大哉? 岂第善卫生而已哉?

第十五章

公都子问曰:"钧是人也,或为大人,或为小人,何也?"孟子曰:"从其大体为大人,从其小体为小人。"

　　朱《注》:"大体,心也;小体,耳目之类也。"

　　愚按:从者,随也,自从之也,所谓惟其所择也。人生天地间,为圣为贤,为愚为不肖,慎其所择而已。

曰:"钧是人也,或从其大体,或从其小体,何也?"曰:"耳目之官,不思而蔽于物。物交物,则引之而已矣。心之官则思,思则得之,不思则不得也。此天之所与我者,先立乎其大者,则其小者不能夺也。此为大人而已矣。"

朱《注》:"官之为言司也。耳司听,目司视,各有所职,而不能思,是以蔽于外物。既不能思而蔽于外物,则亦一物而已。又以外物交于此物,其引之而去不难矣。心则能思,而以思为职。凡事物之来,心得其职,则得其理而物不能蔽;失其职,则不得其理而物来蔽之。此三者皆天之所以与我者,而心为大,若能有以立之,则事无不思,而耳目之欲不能夺之矣。此所以为大人也。"

又引范浚(字茂明)《心箴》曰:"茫茫堪舆,俯仰无垠。人于其间,眇然有身。是身之微,太仓稊米。参为三才,曰惟心尔。往古来今,孰无此心? 心为形役,乃兽乃禽。惟口耳目,手足动静。投间抵隙,为厥心病。一心之微,众欲攻之。其与存者,呜呼几希! 君子存诚,克念克敬。天君泰然,百体从令。"

愚按:孟子"先立乎其大"之说,宋陆象山先生恒举以教人。然有当详辨者。愚尝为说云:陆象山说"先立乎其大",散见于文集、语录者,不可殚举。愚考其说,盖有浅有深,各宜区别。其浅焉者,足以制此心嗜欲之动,与孟子祛耳目之欲同;其深焉者,则欲一空其心之所有,并善念而屏绝之,乃与禅家"净智妙圆,体自空寂"同,而与孟子"思则得之"之旨实背。盖尝论之,人之五性,皆具于心。然心之为物,飞扬驰骛,出入无时,一不自持,即逐物欲于躯壳之外,而不能自存。是以孟子言"立乎其大",而先之曰"思则得之,不思则不得"。夫人心亦岂有不思者哉? 彼愚夫愚妇,朝夕憧憧,何尝不思? 特其所思者,皆耳目之欲,故犹之不思耳。夫耳目之欲,无与于心者也,而心反为之役,则愈思愈昏而愈窒。圣人之思曰睿,睿者,以无欲为先。陆氏曰:"必有大疑大惧,深思痛省,决去世俗之习,如弃秽恶,如避寇仇,乃谓之'先立乎其大'者。"此诚学者入手之要,而治心之先务也。然究其终乃与孟子异者。孟子言先立其大,欲人决去世俗之习,而用其思于礼义之域,以养其心;象山言先立其大,欲人决去世俗之习,而致其心于空荡之乡,并绝其思,此其说之歧乎孟子者也。夫孟子之学,得力于养气,而又归本于集义。集义者,察识四端之发,穷究事物之宜,即《大学》所谓"知止"、《中庸》所谓"明善"、大《易》所谓"穷理",而仁者见之谓之仁,智者见之谓之智。盖吾心之良知,本足以辨善恶之端倪,特不致其体察之功,则不免于认欲作理,而有害于善念。即所念一出于善,而有偏而不中之处,于事亦终至于眊而不行。是以察识、格致之功,由渐而进,则所谓"立乎其大"者,乃亦由渐而精。孟子自言"不动心",而要之以四十。此非四十以前未能自立其心也,盖以积累之至者言也。而象山乃谓"决去世俗之习",则此心之灵,自有其仁,自有其智,自有其勇,吾不知所谓仁、智、勇者,其能无所过乎?且能无不及乎?又能无杂于气质之偏乎?此殆因事物之至,而以知觉笼罩之,非所谓仁也,非所谓智与勇也。夫如是,故专认取夫昭昭灵灵者,以为万象之主,其视事物之理,一切于吾心无与,而其治心也,乃不惟妄念之足为累,即善念亦足为障矣,此岂孟子"思则得之"之旨耶?(案:詹子南之下楼,忽觉此心中立,亦象山之"先立其大也"。杨慈湖之夜坐不寐,忽心中洒然如物脱去,亦象山之"先立其大"也。故曰孟子之"立乎其大",立此心之义理;象山之"立乎其大",立此心之精神知觉。)愚故曰:象山所谓"立乎其大",其浅焉者,固足祛人心妄念之动;其深焉者,则一超而顿悟,直禅氏之秘旨耳。呜呼!学术诚难言矣哉。

第十六章

孟子曰:"有天爵者,有人爵者。仁义忠信,乐善不倦,此天爵也。公卿、大夫,此人爵也。

张氏云:"天爵,谓天之所贵也。仁义又言忠信者,在己为忠,与人为信。忠信者,只是诚实,此二者也。既曰仁义忠信,而又曰乐善不倦,乐善不倦,好懿德之常性也。惟乐善不倦,则于仁义忠信斯源源而进矣。"

愚按:仁义、忠信、乐善不倦者,性分之尊,固有之贵,由天赋者也,故曰天爵。公卿、大夫者,外至之荣,缘饰之美,由人合者也,故曰人爵。

古之人修其天爵,而人爵从之。

愚按:修其天爵,而人爵从之者,非有所求而得之也。古之时,士有德行道艺,升于司徒。凡修明德行之士,未有不被选举者也,故曰人爵从之。

今之人修其天爵，以要人爵；既得人爵，而弃其天爵，则惑之甚者也。终亦必亡而已矣。”

朱《注》："要，求也。修天爵以要人爵，其心固已惑矣；得人爵而弃天爵，则其惑又甚焉。终必并其所得之人爵而亡之也。"

愚按：孟子所谓"今之人"，今世所谓"古之人"也。盖战国之时，用士犹出于推选。降及后世之公卿大夫，几乎莫不与仁义忠信、乐善不倦之诣相背而驰，甚者目为迂阔而无用。卑鄙龌龊之徒，舍公卿大夫而外，别无所求，患得患失，无所不至，浸至人道日乖，岂特亡人爵而已哉？窃尝论之，人者，天之所命也；官者，亦天之所命也，人与官宜合而为一。官箴不外乎人道，故官者当以人为之。若以官与人歧而为二，且以为人之道为迂，相与笑讯而唾侮之，则所谓官者，将俱无为人之资格。生民之憔悴困苦，永无复苏之时；而世界之劫运，更日出而不穷矣。故士生今世，必当发明官之与人宜合而为一，决不可分而为二。而彼之营营扰扰惟官是求者，决当以非人斥绝之，则庶乎世道有转移之机，而人道不至于灭息矣。

第十七章

孟子曰："欲贵者，人之同心也。人人有贵于己者，弗思耳。

张氏云："人皆有欲贵之心，言人莫不欲贵其身也，而不知在己有至贵者焉，德性之谓也。一人之性，万善备焉，不其贵乎？善乎孟子之言曰'人人有贵于己者，弗思耳'。惟夫弗思，故虽素有之而莫之能有也。若真知有贵于己者，则见外诱之不足慕矣。"

愚按：人人有贵于己者，谓贵之在于己者也。"公都子"章曰"弗思耳矣"，"桐梓"章曰"弗思甚也"，此章曰"弗思耳"，三言"弗思"，如呼寐者而使之觉，学者可不瞿然自省耶？

人之所贵者非良贵也，赵孟之所贵，赵孟能贱之。

张氏云："'人之所贵'云者，言资于人而贵者也。'良贵'云者，言己素有之善也。赵孟之所贵，赵孟能贱之，其所贵者资于人，则能贵之者，亦能贱之矣。良贵在我，得于天者也，人何预焉？得于天者公理，而资于人者私欲也。"

王氏船山云："《集注》云：'赵孟，晋卿也。'当孟子时，赵已篡晋，且称王矣，不当复以字称。且赵氏惟赵武称赵孟，武柄晋政，亦未尝以贵人、贱人之权自居。此言赵孟者，亦泛然之辞，不必求人以实之。"

愚按：孟子言心则曰"良心"，言知、能则曰"良知""良能"，言贵则曰"良贵"，"良"字均极有味。盖天所赋者，皆谓之良，舍乎是而求于外，则不良矣。赵孟之所贵、赵孟能贱之者，惟其自贱，故赵孟得而贱之也。至于贱之而祸且及之矣，可不惧乎？

《诗》云：'既醉以酒，既饱以德。'言饱乎仁义也，所以不愿人之膏粱之味也。令闻广誉施于身，所以不愿人之文绣也。"

张氏云："饱乎仁义,而不愿膏粱之饫;闻誉施于身,而不愿文绣之加,为其在我者而不愿乎外也。虽然,令闻广誉,君子非有欲之之心也;饱乎仁义,则令闻广誉自加焉。"

愚按:《诗》,《大雅·既醉》之篇。饱乎仁义,其心之餍饫为何如?令闻广誉,其身之显荣为何如? 苟失此良贵,而驰逐于名利之场,徒取辱耳。故此章之义,要以"自得于己、无求于人"为宗旨。人人有贵于己者,则当求之于己,《中庸》所谓"尊德性"是也。若不知求之于己而求之于人,则为人之所贵,人之膏粱之味,人之文绣,其权皆操之于人,乃不得不乞怜于赵孟矣。夫己有良贵,乃至乞怜于赵孟,呜呼!其可耻也哉!

第十八章

孟子曰:"仁之胜不仁也,犹水胜火。今之为仁者,犹以一杯水救一车薪之火也,不熄,则谓之水不胜火。此又与于不仁之甚者也,亦终必亡而已矣。"

张氏云:"此为有志于仁而未力者言也。仁与不仁,特系乎操舍之间,而天理、人欲分焉。天理存则人欲消,固不两立也,故以水胜火喻之。然用力于仁,贵于久而勿舍,若一暴而十寒,倏得而复失,则暂存之天理,岂能胜无穷之人欲哉? 是犹以杯水救车薪之火也。救之不得,而遂以为仁不可以胜不仁,而不加勉焉,是则同于不仁之甚者,其沦胥以亡也必矣。学者观于此，其可斯须而不存是心乎？天理浸明，则人欲浸消矣。及其至也，人欲消尽，纯是天理，以水胜火，不其然乎？"

愚按：《孟子》此章以水火为喻者。不仁，无形之火也。仁之胜不仁，以无形之水，制无形之火也。无形之火，其祸最烈而最速，甚至自焚其身；无形之水，则宜涵养充沛，庶几有本有源，如原泉之混混而不息，乃足制无形之火而有余。今若以至微之天理，制极盛之人欲，此犹以至微之水，救极炽之火，岂特不熄，适以助无形之火势耳。而此至微之水，且为极盛之火熯干而同化矣，岂不惜哉？是故庸众人之良心偶一呈露，如电光石火然，终不足恃，而君子涵养扩充之功，所以一日不容或息也。

第十九章

孟子曰："五谷者，种之美者也。苟为不熟，不如荑稗。夫仁亦在乎熟之而已矣。"

张氏云："此章勉学者为仁贵于有成也。五谷不熟，不如荑稗，言虽种之美，苟为不熟，亦无益也。仁者，人之所以为人也。然为之而不至，则未可谓成人，况于乍明乍暗，若存若亡，无笃厚悠久之功，则终亦必亡而已矣。熟之奈何？其亦犹善种者乎？勿舍也，亦勿助之长也，深耕易耨而已，而不志于获也。日夜之所息，雨露之所濡，禾易长亩,苗而秀,秀而实,盖有不期然而然者。为仁之方,《论语》一书,所以示后世者至矣。致知力行,久而不息,则存乎其人焉。其浅深次第,亦自知而已矣。要之未至于颜子之地,皆未可语夫熟也。"

愚按:此承上章而言。上章言为仁之道,宜扩充之以极其大。此章言为仁之道,宜力行之以底于成也。上章学者宜体会水不胜火,于心体中如何痛切。此章学者宜体会自心苗之长,以至于成熟,中间如何用灌溉之方,如何用耕耘之力,《礼记》所云"人情以为田,修礼以耕之,陈义以种之,讲学以耨之,本仁以序之"。至于先难后获,心体中又复何等大适。孟子曰"夫仁亦在乎熟之而已矣",盖示人以至易而毋畏难也。

第二十章

孟子曰:"羿之教人射,必志于彀,学者亦必志于彀。大匠诲人,必以规矩,学者亦必以规矩。"

张氏云:"彀者,弩张向的处也。射者,期于中鹄也。然羿之教人,使志于彀。鹄在彼而彀在此,心存乎此,虽不中,不远矣。学者为学,为志乎圣贤也,圣贤曷为而可至哉?求之吾身而已。求之吾身,其则盖不远。心之所同然者,人所固有也,学者亦存此而已。存乎此,则圣贤之门墙可渐而入也。规矩所以为方员也,大匠诲人,使之用规矩而已。至于巧,则非大匠之所能诲,存乎其人焉。然巧固不外乎规矩也。学者之于道,其为有渐,其进有序,自洒扫应对,至于礼仪之三百、威仪之三千,犹木之有规矩也,亦循乎此而已。至于形而上之事,则在其人所得何如。形而上者,固不外乎洒扫应对之间也。舍是以求道,是犹舍规矩以求巧也。此章所举二端,教人者与受教于人者,皆不可以不知。"

愚按:《大学》言"君子无所不用其极"。彀者,射之极则也;规矩,方员之至也;圣人,人伦之至也。此章言教人者,必以天下第一等之人格,与天下第一等之学术,而学者亦必以是为志,以是为法。盖取法乎上,仅得其中。若等而下之,则愈劣矣。后世教人者,贬其志,弃其规矩,而学者遂以圣贤为迂阔,视礼义如弁髦,浸至性情嚣张,志气卑下。以是而言教、言学,呜呼,难矣哉!

卷十二　告子下

第一章

任人有问屋庐子曰："礼与食孰重？"曰："礼重。"

愚按：任，薛同姓之国，在齐、鲁之间。

"色与礼孰重？"

张氏云："食色虽出于性，而其流则以害性，苟无礼以止之，则将何所极哉？礼之重于食色，固不待较而明矣。惟夫沦于人欲而昧夫天性，于是始有礼与食色孰重之疑矣。"

愚按：任人盖专以食色为性，而以礼为后起，故视食色为重，而以礼为性外之物而轻之也。

曰："礼重。"曰："以礼食则饥而死，不以礼食则得食，必以礼乎？亲迎则不得妻，不亲迎则得妻，必亲迎乎？"屋庐子不能对。明日之邹，以告孟子。孟子曰："於！答是也何有？不揣其本而齐其末，方寸之木，可使高于岑楼。

朱《注》："方寸之木,至卑,喻食色;岑楼,楼之高锐似山者,至高,喻礼。若不取其下之平,而升寸木于岑楼之上,则寸木反高,岑楼反卑矣。"

金重于羽者,岂谓一钩金与一舆羽之谓哉?

朱《注》："钩,带钩也。金本重而带钩小,故轻,喻礼有轻于食色者。羽本轻而一舆多,故重,喻食色有重于礼者。"

取食之重者,与礼之轻者而比之,奚翅食重! 取色之重者,与礼之轻者而比之,奚翅色重!

愚按:穷理之学,不外乎本末、轻重而已。明乎本末、轻重之故,则吾性明而万事得其序;不明乎此而倒置焉,则异说朋兴而天下之秩序紊矣。夫吾心曷为而知本末、轻重之数? 由吾心中本有此理也。理之节文为礼,此礼所以为天下之大防也。

往应之曰:'紾兄之臂而夺之食则得食,不紾则不得食,则将紾之乎? 逾东家墙而搂其处子则得妻,不搂则不得妻,则将搂之乎?'"

张氏云:"任人盖徇乎人欲者,其问也,意固以食色为重。若但告之以宁不食而死,必以礼食也;宁不娶妻,必亲迎也,则理不尽而意有窒,非启告之道也。故孟子独循其本而告之,使之反其本而知理之不可易者,则其说将自穷矣。"

愚按:此章言礼之根于天性,而于人道为至重也。《诗》曰:"人而无礼,胡不遄死。"《记》曰:"礼义备而后可以为人。"人苟非有悖逆之行,则绁兄之臂,决不为之,何也? 以其性中有礼也。人苟非有禽兽之行,则逾东家墙,亦必不为之,何也? 以其性中有礼也。可见礼之根于天性,而重莫大焉。夫食色固为人性,而圣人必制礼以节之,此《召诰》之所以言"节性"也。节性者,盖以义理胜气质。所谓气质之性,君子有弗性者也。然则礼之在天下岂不重哉? 异端之说,方纷然而杂陈,惟孟子精于穷理之学,是以辞而辟之,以正万世。

第二章

曹交问曰:"人皆可以为尧、舜,有诸?"孟子曰:"然。"

王氏船山云:"赵《注》云:'曹交,曹君之弟。'《集注》因之。按:曹于鲁哀公八年为宋所灭,至战国时,名其故都为陶。秦东略地,取之以封魏冉。不知赵氏所云曹君者,果何氏之君邪? 按:邾、小邾,皆曹姓,则交或二邾之后。又或曹既灭,而其子孙以国为氏,流寄他邦,而交其后裔,非有介弟之尊也。"

愚按:圣人,人伦之至也。尧、舜者,为人之规范也。学者必学尧、舜,而后及乎人之格。曹交盖尝闻孟子之言,故以为问尔。

"交闻文王十尺,汤九尺,今交九尺四寸以长,食粟而已,如何则可?"曰:"奚有于是?亦为之而已矣。有人于此,力不能胜一匹雏,则为无力人矣。今曰举百钧,则为有力人矣。然则举乌获之任,是亦为乌获而已矣。夫人岂以不胜为患哉?弗为耳。

张氏云:"此节反复明备,所谓诲人不倦者也。曰'奚有于是?亦为之而已矣',盖人皆有是性,故皆可以为尧、舜,而其所以异者,则其不为之故耳。力不能胜一匹雏,则为无力人;能举百钧,则为有力人;能举乌获之任,则是亦乌获。此言人能为尧、舜之事,则亦是尧、舜而已。又曰'人岂以弗胜为患哉?弗为耳',言人皆可以为尧、舜,非其力不胜也,特不为耳。"

愚按:学者读此节,志气自当百倍奋发,亦为之而已矣,学为人而已矣,学为圣贤而已矣。凡人欲作第一等人,即可列入《人表》第一等。有为者亦若是,何多让乎?

徐行后长者谓之弟,疾行先长者谓之不弟。夫徐行者,岂人所不能哉?所不为也。尧、舜之道,孝弟而已矣。

张氏云:"徐行后长者,是乃天理之当然;若疾行先长者,则为不循乎理矣。夫徐行者,岂人所不能哉?以其不为而已。以是而思,则凡天理之存乎人者,初何远哉?特舍之而不为,犹不肯徐行者耳。推徐行不敢先之心,是乃孝弟之端也。尧、舜之道,孝弟而已矣。孝弟足以尽尧、舜之道。盖人性之德,莫大于仁义,仁莫先于爱亲,义莫先于从兄,此孝弟之所由立也。尽得孝弟,则仁义亦无不尽。是则尧、舜之道,岂不可一言蔽之乎?人孰无是心哉?顾体而充之何如耳。"

　　愚按:徐行、疾行,举一事以为例尔。即一步趋之间,而可以验其人之规则,见其人之天性,此《曲礼》一篇,所以当三复也。孝弟者,天性所固有,人道之根本也。作圣之基,实始于此。然则为尧、舜亦奚难哉?

子服尧之服,诵尧之言,行尧之行,是尧而已矣。子服桀之服,诵桀之言,行桀之行,是桀而已矣。"

　　朱《注》:"详曹交之问,浅陋粗率,必其进见之时,礼貌、衣冠、言动之间,多不循理,故孟子告之如此两节云。"

　　愚按:此申言孝弟之道也。《孝经》云:"非先王之法服不敢服,非先王之法言不敢道,非先王之德行不敢行。"盖能如是,则言满天下无口过,行满天下无怨恶,此正所以践孝弟之实也。反是而服桀之服,诵桀之言,行桀之行,其尚得谓之人乎?盖人道所最当注意者,服则不可以奇邪也,言则不可以欺诞也,行则不可以暴戾而虚浮也。若汩没其天性,自暴自弃,不孝不弟,未有可列于人格者也。

曰:"交得见于邹君,可以假馆,愿留而受业于门。"

　　朱《注》:"假馆而后受业,又可见其求道之不笃。"

曰:"夫道,若大路然,岂难知哉?人病不求耳。子归而求之，有余师。”

张氏云：“道者，天下之公，人所共由，初不远于人，谓之为难不可也，故曰‘岂难知哉’；而谓之为易亦不可也，故曰‘人病不求耳’。然求之则有道矣，故曰‘归而求之有余师’，谓诚能归而求之，则其为师也，抑有余矣。盖道无乎不在，贵于求而自得之而已。辞意反复抑扬，学者所宜深味也。”

愚按：“归而求之有余师”者，尽其孝弟之道而已，学问在家庭中也。此章称尧、舜而归本于孝弟，亦发明性善之旨也。夫性善岂待外求哉？

第三章

公孙丑问曰：“高子曰：《小弁》，小人之诗也。”孟子曰：“何以言之？”曰：“怨。”

朱《注》：“高子，齐人也。《小弁》，《小雅》篇名。周幽王娶申后，生太子宜臼；又得褒姒，生伯服，而黜申后，废宜臼。于是宜臼之傅为作此诗，以叙其哀痛迫切之情也。”

曰：“固哉，高叟之为诗也！有人于此，越人关弓而射之，则己谈笑而道之，无他，疏之也。其兄关弓而射之，则己垂涕泣而道之，无他，戚之也。《小弁》之怨，亲亲也。亲亲，仁也。固矣夫,高叟之为诗也!"

张氏云:"《传》曰:'仁人不过乎物,孝子不过乎物。'物者,实然之理也。不以此心事其亲者,不得为孝子。《小弁》之作,家国之念深,故其忧苦;父子之情切,故其辞哀。曰'何辜于天,我罪伊何',此与大舜号泣于旻天同意。故曰'《小弁》之怨,亲亲也。亲亲,仁也'。其怨慕乃所以为亲亲,亲亲,仁之道也。故引关弓之疏戚为喻,以见其为亲亲者焉。"

愚按:凡学者穷理,必明乎理一分殊之旨。谈笑而道,垂涕泣而道,一则曷为疏之,一则曷为戚之,其分殊焉尔。明乎分殊,而亲疏远近别矣。非强为之别也,性也。

曰:"《凯风》何以不怨?"

朱《注》:"《凯风》,《邶风》篇名。卫有七子之母,不能安其室,七子作此以自责也。"

曰:"《凯风》,亲之过小者也。《小弁》,亲之过大者也。亲之过大而不怨,是愈疏也。亲之过小而怨,是不可矶也。愈疏,不孝也。不可矶,亦不孝也。

朱《注》:"矶,水激石也。不可矶,言微激之而遽怒也。"

张氏云:"《凯风》之作,以母氏不安于室而已。七子引罪自责,以为使母之不安,则己之故。其曰'母氏圣善,我无令人',又曰'有子七人，母氏劳苦'，又曰'有子七人，莫慰母心'，辞气不迫，盖与《小弁》异也。其事异，故其情异；其情异，故其辞异。当《小弁》之事，而怨慕不形，则其漠然而不知者也。当《凯风》之事，而遽形于怨，则是激于情而莫遏也。此则皆为失亲亲之义，而贼夫仁矣，故曰'亲之过大而不怨，是愈疏也；亲之过小而怨，是不可矶也'。而皆以不孝断之，盖皆为过乎物，非所以事乎亲者也。"

愚按：亲之过大，曷为当怨？亲之过小，曷为不当怨？其分殊焉尔。凡《诗》之道，根于天性。司马迁《屈原传》曰："劳苦倦极，未尝不呼天也。疾痛惨怛，未尝不呼父母也。"又曰："《小雅》怨诽而不乱。"盖事关乎君臣、父子之间，家国存亡之际，其不免于怨者，天性然也。即《凯风》亦非不怨，乃自怨；家庭琐屑之故，自怨而已，亦天性也，故曰其分殊也。孟子之为《诗》如此，后之治经者，可以悟说《诗》之大义，不在区区字句间矣。

孔子曰：'舜其至孝矣！五十而慕。'"

张氏云："舜以慕事亲者也，终身安乎天理，而无一毫之间。人悦之好色富贵，皆不足以解忧，惟亲之慕而已。曰五十而慕，以见其至诚不息，终身于此，此万世之准的也。"

愚尝疑舜之五十而慕，与《小弁》不类，而孟子引之者，其怨慕同发于天性，分虽殊而理则一也。且夫慕父母而要以五十者曷故？盖星霜寒暑，至五十而其力衰矣；嗜欲名利，至五十而其念淡矣。故以恒人之情言之，有壮年之时，爱慕之心中辍，至五十而追悔涕泣，天真发露者矣。惟舜之慕，五十以前无稍间辍，至五十而愈笃也。且人生上寿不过百年，人子事亲之时，最幸者自六十以至七十。至八十而父母逮存，则大幸矣。故夫人至五十，念事亲之时，为期日短，则其爱慕之情，有至老而弥挚者矣。此舜之大孝，所由以五十为断。盖五十以后，其慕愈加而无已也，愈诚而不贰也，此其所以为至孝也。夫怨慕之性，至《小弁》而极矣。然《小弁》处人伦之至变，而舜实处人伦之至艰，事固有不相谋而相感者，其分殊，而其理一也。曾子曰："孝有不及。"夫不及者，至可痛也。孟子引孔子之言，盖欲天下万世之为人子者，知五十而慕，其境遇为至不易得，而于五十以前，五十以后，其慕皆不可须臾或懈者也。

第四章

宋牼将之楚，孟子遇于石丘，

赵《注》："宋牼，宋人，名牼。石丘，地名也。"

曰："先生将何之?"

赵《注》："学士年长者，故谓之先生。"

曰："吾闻秦、楚构兵，我将见楚王，说而罢之。楚王不悦，我将见秦王，说而罢之。二王我将有所遇焉。"

朱《注》："遇，合也。按《庄子》书有宋钘者，禁攻寝兵，救世之战，上说下教，强聒不舍。《疏》云齐宣王时人。以事考之，疑即此人也。"

曰："轲也请无问其详，愿闻其指，说之将何如？"曰："我将言其不利也。"曰："先生之志则大矣，先生之号则不可。

张氏云："宋轻欲说秦、楚之君，使之罢兵，而孟子以为'志则大矣'，而'号则不可'，其故何哉？盖事一也，而情有异，则所感与其所应皆不同。是以古之谋国者，以理义不以利害，此天理、人欲之所以分，而治忽之所由系，盖不可不谨于其源也。夫说二君而使之罢兵，非不善也，然由宋轻之说而说之以利，使其能从，亦利心耳。罢兵虽息一时之争，而徇利实伤万世之彝。自众人论之，惟欲其说之行，而不睹其害于后；在君子则宁说之不行，不忍失正理而启祸源也。"

先生以利说秦、楚之王，秦、楚之王悦于利，以罢三军之师，是三军之士乐罢而悦于利也。为人臣者怀利以事其君，为人子者怀利以事其父，为人弟者怀利以事其兄，是君臣、父子、兄弟终去仁义怀利以相接，然而不亡者，未之有也。
先生以仁义说秦、楚之王，秦、楚之王悦于仁义，而罢三军之师，是三军之士乐罢而悦于仁义也。为人臣者怀仁义以事其君，为人子者怀仁义以事其父，为人弟者怀仁义以事其兄，是君臣、父子、兄弟去利怀仁义以相接也，然而不王者，

未之有也。何必曰利！"

张氏云："二君悦于利而听从，则三军之士乐罢而悦于利，以至于观听之间，亦莫不动于利焉。上下憧憧，徒知利之为利，则凡私己自便者，无不为也。人欲肆行，君臣、父子、兄弟之大伦，亦且不暇恤矣，则岂非危亡之道乎？由孟子之说而说以仁义，使二君幸而听，则是其心复于正道，三军之士乐罢而悦于仁义，则皆知仁义为重，将于君臣、父子、兄弟之际，无非以是心相与，人心正而治道兴矣。三代之所以王者，用此道也。然则其说则一，而所以说者异，毫厘之间，霄壤之分，可不谨哉！"

愚按：《易·乾卦·彖辞》言"元亨利贞"，孔子释之曰："利者，义之和也。"利物足以和义。又曰："乾，始能以美利利天下。"不言所利，大矣哉！是利者，圣人所亟亟以谋之者也。而《论语》则曰"君子喻于义，小人喻于利"，《孟子》七篇，首辨义利，此章又辨义利。是利又圣人所深恶而痛绝者，何哉？盖圣人所谋者，天下之公利；而所痛恶者，一人之私利。且古人之所谓利者，不必专指财货而言，凡开物成务利于人者皆是。以《孟子》本书言之，禹抑洪水，天下之公利也；后稷教民稼穑，树艺五谷，天下之公利也；周公兼夷狄，驱猛兽，天下之公利也；讴歌讼狱，劳来匡直，亦天下之公利；井田学校，送死养生，所欲与聚，所恶勿施，亦天下之公利。此皆所谓美利也。降及后世，好货无厌之徒出，借口于天下之公利，实乃谋一己之私利。利己之心日甚，则害人之心日深。于是苞苴出入，贿赂公行，黩货官邪，靡所不至。

小者攘夺，大者篡弑；小者亡身，大者亡国。此所谓"放于利而行"，利即为害之源。前史所载，祸不旋踵，深可惜也。汉世董子，创"正谊不谋利，明道不计功"之说。宋元以下诸儒，遂以利为圣人所痛恶，功利为儒者所不道，于是蔽聪塞明，于小民之生计，听其所自为，而开物成务之旨，益不明于天下。不知圣人之辨义利，不在形迹，而在于心之公私。吾心而公，虽日言利而无损；吾心而私，虽讳言利而无益。《大学》"平天下"，戒长国家而务财用，而上文即言生财有大道。《孟子》首章曰："未有仁而遗其亲者也，未有义而后其君者也。"朱子云："此言仁义未尝不利。"然则曾子何尝不言利，孟子何尝不言利，朱子何尝不言利，特视夫利之公与私耳。徒规规然讳言利，所谓"舍曰欲之，而必为之辞"，庸何益乎？此章言以利说秦、楚之王，将使君臣、父子、兄弟怀利以相接，不亡者未之有，此所谓放于利而行，一人之私利也。以仁义说秦、楚之王，将使君臣、父子、兄弟怀仁义以相接，不王者未之有，此所谓利者义之和，天下之公利也。明乎此谊，而后世廉谨之士，慎毋蔽聪塞明，鄙公利为不足道，转使天下万事，隳坏于无形之中，而其有才而多能者，亦慎毋借口于天下之公利，谋一己之私利，以致害及其身，遂害及其家国，此则生民之幸福也。圣贤微言，要在贯通其大义，读书勿为古人所囿，此类是也。

第五章

孟子居邹，季任为任处守，以币交，受之而不报。处于平陆，

储子为相,以币交,受之而不报。

赵《注》:"季任,任君季弟也。任君朝会于邻国,季任为之居守其国也。致币帛之礼以交孟子,受之而未报也。储子,齐相也,亦致礼以交孟子,受而未答也。"

他日,由邹之任见季子,由平陆之齐不见储子。屋庐子喜曰:"连得间矣。"

朱《注》:"屋庐子知孟子之处此,必有义理,故喜得其间隙而问之。"

问曰:"夫子之任见季子,之齐不见储子,为其为相与?"

朱《注》:"言储子但为齐相,不若季子摄守君位,故轻之邪?"

曰:"非也。《书》曰:'享多仪,仪不及物曰不享。惟不役志于享。'

朱《注》:"《书》,《周书·洛诰》之篇。享,奉上也。仪,礼也。物,币也。役,用也。言虽享而礼意不及其币,则是不享矣。以其不用志于享故也。"

为其不成享也。"

朱《注》:"孟子释《书》意如此。"

屋庐子悦。或问之,屋庐子曰:"季子不得之邹,储子得之平陆。"

张氏云:"季任为任处守,守其国而不得越境,遣币以交,仪及物矣。若储子相齐,邹在其境中,则固可得而亲造也,而亦遣币焉,是仪不及物也。或见或不见,皆循乎理之所当然耳。然就世俗之见论之,既受其币,及之齐而不见之,得无使彼不慊于心乎? 在君子则伸公义而绝私情,行吾典章而已,遑恤其他哉? 使储子疑夫不见之义,反己而深思,庶乎亦有得于义矣。"

愚按:古人备仪物以相交际,诚而已矣。《易》曰:"贲于丘园,束帛戋戋,吝终吉。"物虽薄而意则诚也。意之不诚,物于何有? 储子得之平陆而不来见,仅以币交,此所谓世故周旋者也。慕大贤之高名,作无谓之酬应。惟其世故愈深,而诚意乃愈泪,曾谓孟子而随世俗为转移哉? 君子处世,情意不可不周,而门墙不可不峻。张氏之言,最得圣贤之意,乃吾人交际之法则也。

第六章

淳于髡曰:"先名实者,为人也。后名实者,自为也。夫子在三卿之中,名实未加于上下而去之,仁者固如此乎?"

朱《注》:"名,声誉也。实,事功也。言以名实为先而为之者,是有志于救民者也;以名实为后而不为者,是欲独善其身者也。名实未加于上下,言上未能正其君,下未能济其民也。"

孟子曰:"居下位,不以贤事不肖者,伯夷也。五就汤、五就桀者,伊尹也。不恶污君,不辞小官者,柳下惠也。三子者不同道,其趋一也。""一者何也?"曰:"仁也。君子亦仁而已矣,何必同。"

赵《注》:"伊尹为汤见贡于桀,桀不用而归汤,汤复贡之,如此者五。思济民,冀得施行其道也。此三人虽异道,所履者一也。"

张氏云:"伯夷之不以贤事不肖,伊尹之五就,柳下惠之不恶不辞,而皆为趋于仁,以其皆本于天理之正故尔。若徇夫为人之名以为仁,而咈其性之理,则所谓爱之本先亡,而其所以为爱者,特其情之流而已,岂不反害于仁乎?"

愚按:唐柳子厚作《伊尹五就桀赞序》云:"伊尹五就桀,或疑曰:'汤之仁,闻且见矣。桀之不仁,闻且见矣。夫胡去就之亟也?'柳子曰:'恶!是吾所以见伊尹之大者也。彼伊尹,圣人也。圣人出于天下,不夏商其心,心乎生民而已。曰:孰能由吾言,由吾言者为尧、舜,而吾生人尧、舜人矣。退而思曰:汤诚仁,其功迟;桀诚不仁,朝吾从而暮及于天下可也。于是就桀,桀果不可得,反而从汤。既而又思曰:尚可十一乎? 使斯人蚤被其泽也。又往就桀,桀不可,而又从汤。以至于十一千一万一,卒不可,乃相汤伐桀。俾汤为尧、舜,而人为尧、舜之人,是吾所以见伊尹之大者也。仁至于汤矣,四去之;不仁至于桀矣,五就之。大人之欲速其功如此。不然,汤、桀之辨,一恒人尽之矣,又奚以憧憧圣人之足观乎?"此论与汤荐尹于桀之说不同。

曰:"鲁缪公之时,公仪子为政,子柳、子思为臣,鲁之削也滋甚。若是乎贤者之无益于国也。"

　　赵《注》:"髠言鲁缪公时,公仪休为执政之卿,子柳、子思不能救鲁之见削夺,亡其土地者多。若是,贤者无所益于国家,何用贤为。"

曰:"虞不用百里奚而亡,秦穆公用之而霸,不用贤则亡,削何可得与?"

　　赵《注》:"孟子言百里奚所去国亡,所在国霸。无贤国亡,何但得削,岂可不用贤也。"

曰:"昔者王豹处于淇而河西善讴,绵驹处于高唐而齐右善歌,华周、杞梁之妻善哭其夫而变国俗。有诸内必形诸外,为其事而无其功者,髠未尝睹之也。是故无贤者也,有则髠必识之。"

　　赵《注》:"王豹,卫之善讴者。淇,水名。《卫诗·竹竿》之篇曰:'泉源在左,淇水在右。'《硕人》之篇曰:'河水洋洋,北流活活。'卫地滨于淇水,在北流河之西,故曰处淇水而河西善讴,所谓郑、卫之声也。绵驹,善歌者也。高唐,齐西邑。绵驹处之,故曰齐右善歌。华周,华旋也。杞梁,杞殖也。二人齐大夫,死于戎事者。其妻哭之哀,城为之崩,国俗化之,则效其哭。髡曰:'如是歌哭者尚能变俗,有中则见外。为之而无功者,髡不闻也。有功乃为贤者,不见其功,故谓之无贤者也。如有之,则髡必识之。'"

张氏云:"髡以'有诸内必形诸外'为言,大抵髡之意皆徇乎外,以事功为重,而不知理义之所存故也。"

曰:"孔子为鲁司寇,不用,从而祭,燔肉不至,不税冕而行。不知者以为为肉也,其知者以为为无礼也。乃孔子则欲以微罪行,不欲为苟去,君子之所为,众人固不识也。"

朱《注》:"按《史记》,孔子为鲁司寇,摄行相事。齐人闻而惧,于是以女乐遗鲁君。季桓子与鲁君往观之,怠于政事。子路曰:'夫子可以行矣。'孔子曰:'鲁今且郊,如致燔于大夫,则吾犹可以止。'桓子卒受齐女乐,郊又不致燔俎于大夫,孔子遂行。孟子言'以为为肉者',固不足道;'以为为无礼',则亦未为深知孔子者。盖圣人于父母之国,不欲显其君相之失,又不欲为无故而苟去,故不以女乐去,而以燔肉行,其见幾明决,而用意忠厚,固非众人所能识也。然则孟子之所为,岂髡之所能识哉?"

愚按:孟子之去齐,亦必有微意所在,而为众人所不能识者,故以此晓髡也。微罪,朱子意似即指"燔肉不至"而言。按赵《注》云:"燔肉不至,我党从祭之礼不备,有微罪乎。"此义颇微而婉,得圣人之意矣。

第七章

孟子曰："五霸者，三王之罪人也。今之诸侯，五霸之罪人也。今之大夫，今之诸侯之罪人也。

朱《注》："赵氏曰：'五霸，齐桓、晋文、秦穆、宋襄、楚庄也。三王，夏禹，商汤，周文、武也。'丁氏曰（名公著，唐苏州人）：'夏昆吾，商大彭、豕韦，周齐桓、晋文，谓之五霸。'"

天子适诸侯曰巡狩，诸侯朝于天子曰述职。春省耕而补不足，秋省敛而助不给。入其疆，土地辟，田野治，养老尊贤，俊杰在位，则有庆，庆以地。入其疆，土地荒芜，遗老失贤，掊克在位，则有让。一不朝则贬其爵，再不朝则削其地，三不朝则六师移之。是故天子讨而不伐，诸侯伐而不讨。五霸者，搂诸侯以伐诸侯者也。故曰五霸者，三王之罪人也。

张氏云："三王盛时，天子有巡狩之制，诸侯有朝王之礼，而又有省耕、省敛之常焉。天子之巡狩，入诸国之境，首察其土地田野，遂询其老者与其贤者，考其在位者而赏罚之。盖为国之道，莫先于农桑，莫要于人才也。诸侯至于贬爵削地而不悛，则天子声其罪，以六师临之。所谓讨而不伐，诸侯之君，各率其赋，从天子之讨而致伐焉。所谓伐而不讨，未有诸侯得专其讨者也。五霸徇利而弃义，不禀王命，擅率诸侯以伐人之国，虽使有成功，而废制紊纪，启祸兆乱，故以为三王之罪人也。"

罗氏罗山云:"论封建者,无不以强侯违命、尾大不掉为虑。不知先王众建诸侯,有庆有让,有贬爵削地、六师移之之法,可见王者操大柄以赏罚天下,天下臣工,罔敢逾越,若网在纲,有条不紊。是以夏传四百,商传六百,周自春秋以前几五百年,未闻强侯敢有僭制者。厉王王纲不振,天子失德,是以降而为春秋。战国诸侯互争,非封建之不善,无德以御之故也。夫天子有德,封建亦治,郡县亦治;天子无德,封建亦乱,郡县亦乱。后世罢侯置守,寇盗之发,至于长驱中原,莫之敢制,良以州县之权轻,无侯国以屏藩之故也。立一法则有一法之弊,从古无不弊之法者。然则封建与郡县,既皆互有得失矣,而先儒多主封建之说,何也? 曰:以利害论,则封建与郡县同;以治民论,则封建大胜于郡县。王者治天下之法,亦当视其于民何如耳。盖郡县行,则井田不可复,养民之道坏矣。井田坏,学校不可兴,教民之道失矣。教养既失,治道乃乖,欲求世之道一风同,不可得矣。古之圣贤兢兢于封建者,为民计,非专为国家之利害计也。"

愚按:天子有巡狩入疆之事,则三王时天子之制,非高拱不出明矣。入其疆,土地荒芜,生气萧条,是何景象也? 遗老失贤,是孟子所谓"不信仁贤,则国空虚"者也。掊克在位,日食民之脂膏,而犹但以聚敛为事,《大学》所谓"长国家而务财用",菑害并至,百姓之受其荼毒者,不啻一路哭矣。吾民何辜而获此在上者乎? 让也者,讨之先声也。

五霸,桓公为盛,葵丘之会诸侯,束牲载书而不歃血。初命曰:'诛不孝,无易树子,无以妾为妻。'再命曰:'尊贤育才,以彰有德。'三命曰:'敬老慈幼,无忘宾旅。'四命曰:'士无世官,官事无摄;取士必得,无专杀大夫。'五命曰:'无曲防,无遏籴,无有封而不告。'曰:'凡我同盟之人,既盟之后,言归于好。'今之诸侯,皆犯此五禁,故曰今之诸侯,五霸之罪人也。

朱《注》:"按《春秋传》,'僖公九年,葵丘之会,陈牲而不杀。读书加于牲上,壹明天子之禁。'树,立也。已立世子,不得擅易也。取士必得,必得其人也。无专杀大夫,有罪则请命于天子,而后杀之也。无曲防,不得曲为堤防,壅泉激水,以专小利,病邻国也。无遏籴,邻国凶荒,不得闭籴也。无有封而不告者,不得专封国邑而不告天子也。"

罗氏罗山云:"齐桓五命,原是假仁义以号召天下,非真欲尊王室也。然当时犹知假天子之命,使天下共懔此王禁。今之诸侯,则并不知有天子矣。然五霸之所以差胜于今之诸侯者,盖以当时之天下,犹共知有周室,使不假尊周之名,则无以服天下。向使桓、文居战国之时,未始不为今之诸侯,以其无王室之心则一也。伯图一盛,王禁似因之而明,而王道实因之而衰。此五伯所以为功之首、罪之魁也。"

愚按:葵丘初命三端,诚春秋时之诸侯,可谓痛切。然训令之行,必先自镜。无易树子，无以妾为妻，令晋献公辈闻之，能无汗下？然内嬖如夫人者六人，身死之后，五公子争立，何自治之疏也！再命、三命，亦治国之本。世禄之家，鲜克由礼，士而世官，则驵竖秉政，未能操刀而使割，所伤实多，爱之而适以害之也。官事而摄，则营营扰扰，奔走不遑，将无一事之能办，政治废弛于无形之中。取士而不得其人，稂莠滋生，尤为百姓之害。曲防、遏籴，皆不仁之事。专杀大夫，有封不告，有无君之心。故葵丘之五命，不独春秋时诸侯当奉以为法，即后世之居藩服者，皆当以此自镜也。

长君之恶其罪小，逢君之恶其罪大。今之大夫皆逢君之恶，故曰今之大夫，今之诸侯之罪人也。"

张氏云："长君之恶，谓君有恶，从而顺承以长之。逢君之恶，谓逆探其君之意而成之。长君之恶，固为罪矣，而逢君之恶者，其诡秘奸谲为甚，而戕贼蠹害为深。盖人君萌不善之念，其始必有所未安于心，未敢以遽达也。己则迎而安之，安之则其发之也必果。君以为己之意未形于事，而彼能先之，则其爱之也必笃。故长其恶于外者，其罪易见；而逢其恶于中者，其慝难知。易见者其害犹浅，而难知者其蠹为不可言也。自古奸臣之得君，未有不自于逆探其君之意以成其恶。故君臣之相爱不可解，卒至于俱糜而后已。《易》曰'入于左腹，获明夷之心，于出门庭'，此之谓也。'逢君之恶'云者，可谓极小人之情状矣。"

愚按：张氏之言，可为万世法戒。近姚姬传氏《李斯论》云："君子之仕也,进不隐贤。小人之仕也,无论所学识非也,即有学识甚当,见其君国行事,悖谬无义,疾首顣蹙于私家之中,而矜夸导谀于朝廷之上,知其不义而劝为之者,谓天下将谅我之无可奈何于吾君,而不吾罪也。知其将丧国家而为之者,谓当吾身容可以免也。且夫小人虽明知世之将乱,而终不以易目前之富贵,而以富贵之谋贻天下之乱,固有终身安享荣禄,祸遗后人,而彼宴然无与者矣。嗟乎!秦未亡而斯先被五刑、夷三族也。其天之诛恶人,有时而信也邪?"又曰:"人臣善探其君之隐,一以委曲变化从世好者,其为人尤可畏哉!"其言亦极痛切。盖人臣逢君之恶,亦必其君之心先有恶焉,故得而逢之尔。诸葛武侯云:"亲贤臣,远小人,此先汉所以兴隆也。亲小人,远贤臣,此后汉所以倾颓也。"人君操何术以远小人? 亦惟自治其心而已。夫毒蛇猛兽在前,则知避之;甘言悦色以奉承我者,则亲之、狎之。嗟乎!岂不可危矣乎!

第八章

鲁欲使慎子为将军。

愚按:慎子,鲁臣,善用兵者。

孟子曰:"不教民而用之,谓之殃民。殃民者,不容于尧、舜之世。

愚谓不教民,言无训练也。何谓用之? 用之战也。何谓殃民? 以不教民战，残民之性命也。殃民所以自殃也。何谓不容于尧、舜之世？尧、舜之世，惟仁义道德是重，殃民者为尧、舜所必诛也。后世之用兵者，当知多招一兵，闾阎即多受一累；少养一兵，百姓即多受一福。

一战胜齐，遂有南阳，然且不可。"

赵《注》："山南曰阳。岱山之南，谓之南阳也。"

慎子勃然不悦曰："此则滑厘所不识也。"

赵《注》："滑厘，慎子名。"

曰："吾明告子：天子之地方千里，不千里，不足以待诸侯。诸侯之地方百里，不百里，不足以守宗庙之典籍。

赵《注》："孟子见慎子不悦，故曰明告子，天子、诸侯地制如是。诸侯当来朝聘，故言守宗庙典籍，谓先祖常籍法度之文也。"

周公之封于鲁，为方百里也，地非不足，而俭于百里。太公之封于齐也，亦为方百里也，地非不足也，而俭于百里。

朱《注》："二公有大勋劳于天下，而其封国不过百里。俭，止而不过之意也。"

今鲁方百里者五，子以为有王者作，则鲁在所损乎，在所益乎？

赵《注》："后世兼侵小国，今鲁乃五百里矣。有王者作，若文王、武王者。子以为鲁在所损之中邪？在所益之中邪？言其必见损也。"

徒取诸彼以与此，然且仁者不为，况于杀人以求之乎？

愚按：徒取徒与，仁者何以不为？以其非所当取而取之，非所当与而与之，而受之者，即非所当有而有之也。人道以民命为最重，性命为天地间之最贵者，而可轻杀人乎？而可妄杀人以冀遂所求乎？而况虽杀人并所求而不得乎？

君子之事君也，务引其君以当道，志于仁而已。"

张氏云："当道，谓志于仁也。志于仁者，存不忍人之心也。存不忍人之心，则其忍为当时诸侯之所为乎？然而引君以当道，古之人所以尽其心于事君之际者，其志盖深矣。程子所谓'至诚以感动之，尽力以维持之，明义理以致其知，杜蔽惑以诚其意'者，其引之以当道之方欤？"

愚按：君子之事君也，正一人之身，可以立千万人之法则，故务引其君以当道；养一人之心，可以救千万人之生命，故务引其君以志于仁。读此节当注重一"务"字。务者，以是为惟一之宗旨，必至于是而后已也。非然者，君不乡道，不志于仁，惟有奉身而退焉尔。

第九章

孟子曰："今之事君者曰，我能为君辟土地，充府库。今之所

谓良臣,古之所谓民贼也。君不乡道,不志于仁,而求富之,
是富桀也。

愚按:辟土地、充府库,何以谓之民贼? 盖其所辟所充者,皆民之
脂膏也。君不乡道,以为于我无与也,君自不乡道也。不志于仁,以
为于我无与也,君自不志于仁也。而求富之者,非真求富君也,求富
己也。竭亿万众之汗血,以肥一二人之身家,充其心以为君国虽灭,
我犹可坐拥厚资而无恙。呜呼! 此天地之所必诛,人人欲得而甘心
者也。

我能为君约与国,战必克。今之所谓良臣,古之所谓民贼
也。君不乡道,不志于仁,而求为之强战,是辅桀也。

愚按:约与国、战必克,何以谓之民贼? 盖其所以约所以战者,皆
所以残民之性命也。君不乡道,不志于仁,以为君固不必乡道,不必
志于仁也,道与仁皆迂阔而无当者也。而求为之强战者,战而不已,
而犹为之强战;民不欲战,而犹为之强战;民命俱尽,而犹为之强战。
呜呼! 此亦天地之所必诛,人人欲得而甘心者也。

由今之道,无变今之俗,虽与之天下,不能一朝居也。”

张氏云:“此章大抵与前章意同。战国之臣,所以事君者,徒以能
富国强兵为忠,而其君亦固以此为臣之忠于我也。而孟子以为民贼,
何哉? 盖君不乡道,不志于仁,而但为之为富强之计,则君益以骄肆,

而民益以憔悴。是上成君之恶，而下绝民之命也。当时诸侯，乃以民贼为良臣，岂不痛哉？孟子之言曰：'为今之道，无变今之俗，虽与之天下，不能一朝居也。'此圣贤拔本塞源之意。今之道，功利之道也；今之俗，功利之俗也。由是而不变其俗，本源既差，纵使其间节目之善，亦终无以相远也，故必以不由其道为先。不由其道，则由仁义之道矣。由仁义之道，变而为仁义之俗，然后名正言顺，而事可成也。所谓'不能一朝居'者，功利既胜，人纪隳丧，虽得天下，何以维持主守之乎？故功愈就而害愈深，利愈大而祸愈速。富国强兵之说，至于秦可谓获其利矣，然自始皇初并天下，固已在绝灭之中。人心内离，岂复为秦之臣也哉？孟子谓'虽与天下，不能一朝居'者，宁不信乎？知此义而后可以谋人之国矣。"

愚按：今之道，今世之人所倡之道也；今之俗，今世之人所成之俗也。且夫富也、强也，治国之要图也。然必君能乡道，能志于仁，乃可以致富强。且得富强之后，乃可以安且久。今乃不乡道，不志于仁，而犹亟亟焉日图富强者，欲得天下而居之也。夫诚得天下而居之，未尝不享一日之尊荣也，乃无何而患生几席之下矣，无何而祸起萧墙之内矣，无何而斩木揭竿者至矣，无何而应人革命者兴矣，无何而身死国灭、为天下笑矣。'虽与之天下，不能一朝居也'，何其言之痛也！上篇曰"夜气不足以存，则其违禽兽不远"，此章曰"我能为君辟土地，充府库，约与国，战必克"，则是率兽而食人者也。率兽食人，则人将得而食之也。然而桀也，虽死而不悟也。

第十章

白圭曰："吾欲二十而取一，何如？"

> 愚按：《史记·货殖传》："白圭，周人也。能薄饮食，忍嗜欲，与童仆同苦乐。乐观时变，人弃我取，人取我与。"欲二十而取一者，盖有鉴于当时什一之外，横征苛敛，无所限制，故欲更定税法，以力矫其弊。

孟子曰："子之道，貉道也。

> 朱《注》："貉，北方夷狄之国名也。"
>
> 愚按：白圭之道，大抵以坚忍茹苦为主。故其趋时也，若猛兽挚鸟之发，而其言曰"虽欲学吾术，终不告之矣"。是其为人，类似北方夷狄之俗，故斥之曰"子之道，貉道也"。

万室之国一人陶，则可乎？"曰："不可，器不足用也。"

> 愚按：天下之事，非一手一足之烈如圭之法；犹万家之国，而以一人陶瓦器，其不能供给也明矣。

曰："夫貉，五谷不生，惟黍生之。无城郭、宫室、宗庙、祭祀之礼，无诸侯、币帛、饔飧，无百官有司，故二十取一而足也。

> 朱《注》："北方地寒，不生五谷。黍早熟，故生之。饔飧，以饮食馈客之礼也。"

今居中国，去人伦，无君子，如之何其可也?

朱《注》："无君臣、祭祀、交际之礼，是去人伦；无百官有司，是无君子。"

陶以寡，且不可以为国，况无君子乎?

愚按：立国以养贤为最重，故于无君子，特重言之。

欲轻之于尧、舜之道者，大貉、小貉也。欲重之于尧、舜之道者，大桀、小桀也。"

赵《注》："尧、舜以来，什一而税，足以行礼，故以此为道。今欲轻之，二十税一者，夷貉为大貉，子为小貉也。欲重之过什一，则夏桀为大桀，子为小桀也。"

罗氏罗山云："许行欲矫世之病民者，创为并耕之说；白圭欲矫世之重敛者，创为二十取一之说。非惟不知道，亦不识世务者也。天子治天下，诸侯治一国，原自有极多事业。有极多事，又必需极多人理之。有极多人，必得多数财用以济之。何能二十而取一？此固于事势有不能行者。圣人立教，定为尊卑之分，劳心者治人，治于人者食人。又酌为什一之税，使济天下家国之用，非好为尊大、广自封殖也，其事有不能不然者，此天理自然之准也。孟子于世之害民者，力以道辟之，所以遏其私欲也；于许行、白圭，力以道辟之，所以息其邪说也。"

愚按:轻之于尧、舜之道者,其等不一,故曰大貉、小貉;重之于尧、舜之道者,其等亦不一,故曰大桀、小桀。孟子意以小貉目圭,盖原圭之心,未尝不善,特循其道,则弊必至去人伦、无君子而后已。若科其罪,则大桀、小桀,固尤浮于大貉、小貉也。后之人慎毋借孟子之言,借口以苛敛吾民也。

第十一章

白圭曰:"丹之治水也,愈于禹。"

赵《注》:"丹,名;圭,字也。当时诸侯有小水,白圭为治除之,因自谓过禹也。"

孟子曰:"子过矣。禹之治水,水之道也。

愚按:禹之治水,乃循上古时水之故道而疏浚之,故曰"水之道"。说见《滕文公》篇"好辩"章。

是故禹以四海为壑。今吾子以邻国为壑。

张氏云:"顺下者,水之道也。禹之治水,未尝用己私智也,因水之所以为水者耳,故以四海为壑,顺其性而纳之。今白圭欲免其国之害,而以邻国为壑,天理、私意之广狭如此。"

水逆行谓之洚水,洚水者,洪水也,仁人之所恶也,吾子过矣!"

朱《注》："水逆行者，下流壅塞，故水逆流。今乃壅水以害人，则与洪水之灾无异矣。"

愚按：逆之为泽，犹逆之为逢。"泽""洪"古叠韵字，均"大"字义。

第十二章

孟子曰："君子不亮，恶乎执？"

赵《注》："亮，信也。《易》曰：'君子履信思顺。'若为君子之道，舍信将安执之？"

朱《注》："亮，信也，与谅同。恶乎执，言凡事苟且，无所执持也。"

愚按：《易·系辞传》曰："天之所助者，顺也。人之所助者，信也。"信者，人道也。故赵《注》谓"君子之道，舍信将安执之"，其说是也。然则孔子曷为言"君子贞而不谅"？

谨按：《易·文言传》曰："贞固足以干事。"君子有贞固之德，乃可以不谅。孔子之言君子，指已成德之君子也。孟子之言君子，指未成德之君子也。未成德之君子，不谅则不信。朱子谓"凡事苟且，无所执持"，其说亦是也。执，如择善固执之执。焦氏礼堂引"所恶执一者"解之，谓"君子所以不谅者，恶乎执也"，与赵《注》违异，其说非也。孔子又尝曰"友谅"，又曰"民无信不立"。盖君子惟能谅，然后能执；能执，然后能贞；能贞，然后能不谅。谅在执之先，不谅在贞之后。孟子言"大人言不必信"，而孔子论士品，则曰"言必信"，与此互相发明。

子张曰:"执德不宏,信道不笃,焉能为有,焉能为亡。"吾人之求执德者,必自谅始。

第十三章

鲁欲使乐正子为政。孟子曰:"吾闻之,喜而不寐。"

朱《注》:"喜其道之得行。"

公孙丑曰:"乐正子强乎?"曰:"否。""有知虑乎?"曰:"否。""多闻识乎?"曰:"否。"

朱《注》:"此三者,皆当世之所尚,而乐正子之所短,故丑疑而历问之。"

愚按:好善之人,性质多偏于柔,故乐正子不能强;忠厚胜,则逆亿之念少,故智虑短;多闻识者,亦指谙练世故而言,非谓读书稽古也。

"然则奚为喜而不寐?"曰:"其为人也好善。"

愚按:好者,笃之至也。人之一生,常具好善之心足矣,乃生生之机也。

"好善,足乎?"

愚按:丑盖疑仅好善一端,未足以为政也。"好善"应作读,下节同。

曰:"好善,优于天下,而况鲁国乎?

愚按:"优"字最有味。《记》曰:"优优大哉。"言充好善之量,则能优美于天下也。好善,有原于天资者,有出于学力者。原于天资者,有若无,实若虚,求贤若渴,其情固结而不可解者也。出于学力者,能克其私,能克其私则中虚。譬诸器皿然,苟虚其中,则宝浆珍液,惟其所盛,无所不受,其器乃益显其优美;反是而以泥滓实之,则终于污浊而为废器矣。夫在物为废器,不可用;在人为废人,尤不可用。

夫苟好善,则四海之内,皆将轻千里而来告之以善。

愚按:《易传》曰:"云从龙,风从虎。同心之言,其臭如兰。"韩子曰:"世有伯乐,然后有千里马。"凡人之性情,多以气类相感,故上有善者,则四海之善人,不求而自至,于是集天下之善以为善,私心悉泯,公理昭彰,而国乃大治矣。

夫苟不好善,则人将曰,訑訑予既已知之矣。訑訑之声音颜色,距人于千里之外。士止于千里之外,则谗谄面谀之人至矣。与谗谄面谀之人居,国欲治,可得乎?"

张氏云:"善者,天下之公也。苟自以为是,则专己而绝天下之公理,其蔽孰甚焉?与谗谄面谀之人居,则志气日以骄肆,祸至而不自知。原其始,起于予既已知之之意萌于中而已。然则可不畏乎?使斯人而虽强也,有智虑也,多闻识也,而一己之智识其与几何? 终亦必亡而已矣。秦穆之誓曰:'如有一介臣,断断猗,无他技,其心休休焉,其如有容。人之有技,若己有之。人之彦圣,其心好之。不啻若自其口出,是能容之,以保我子孙黎民。'信斯言也,然则亦异乎后世之论人才者矣。"

　　愚按:自古国家之亡,多亡于泄泄及詍詍之人。何谓泄泄? 怠缓而盲从也。何谓詍詍? 自足其智而不嗜善言也。一为阴柔之恶,一为阳刚之恶。纣之不善,不过智足以拒谏,言足以饰非,人人皆非而我独是,故詍詍之亡,更速于泄泄。

第十四章

陈子曰:"古之君子,何如则仕?"孟子曰:"所就三,所去三。"

　　顾氏亭林云:"免死而已矣,则亦不久而去矣,故曰'所去三'。"

迎之致敬以有礼,言将行其言也,则就之。礼貌未衰,言弗行也,则去之。

　　朱《注》:"所谓'见行可之仕',若孔子于季桓子是也,受女乐而不朝,则去之矣。"

　　愚按:君子之仕也,欲以行其道也。言弗行,即道不行也,则可以去,义也。

其次，虽未行其言也，迎之致敬以有礼，则就之。礼貌衰，则去之。

朱《注》："所谓'际可之仕'，若孔子于卫灵公是也，故与公游于圃，公仰视蜚雁，而后去之。"

愚按：致敬有礼，非为虚拘也，亦冀得行其道也。礼貌既衰，是慢贤也，则岂有不去之义？

其下，朝不食，夕不食，饥饿不能出门户，君闻之曰：'吾大者不能行其道，又不能从其言也，使饥饿于我土地，吾耻之。'周之，亦可受也，免死而已矣。"

朱《注》："所谓'公养之仕'也。君之于民，固有周之之义，况此又有悔过之言，所以可受。然未至于饥饿不能出门户，则犹不受也。其曰'免死而已'，则其所受亦有节矣。"

愚按：吾大者不能行其道，又不能从其言也，是尚能知人也。使饥饿于我土地，吾耻之，是尚有良心也。此周之所以可受，曰免死而已。其所受之节，曷裁之？裁之于义而已。君子曰：去就，人之大节也，不可苟也。所就三，所去三，皆义也，尤当盟诸心也。

第十五章

孟子曰："舜发于畎亩之中，傅说举于版筑之间，胶鬲举于鱼盐之中，管夷吾举于士，孙叔敖举于海，百里奚举于市。

朱《注》："舜耕历山，三十登庸；说筑傅岩，武丁举之；胶鬲遭乱，鬻贩鱼盐，文王举之；管仲囚于士官，桓公举以相国；孙叔敖隐处海滨，楚庄王举之为令尹。百里奚事见前篇。"

王氏船山云："胶鬲为殷之老臣，观孟子言辅相之与微、箕并列可知已。《记》称武王甲子遇雨，恐纣以胶鬲视师之言不实而杀贤臣，则鬲之归周，与商容同在灭殷之后矣。或谓文王遣鬲为间于殷，说尤诡诬。胶鬲之举，当在纣父帝乙之世，未尝一日立于文王之廷。《集注》谓文王举之，误已。"

愚按：士生今世，不为圣贤，即为豪杰。圣贤具盛德大业，豪杰有奇才异能。舜，大圣人也；傅说以下，皆豪杰也。若而人者，半由天资，半由学力，如下节"苦其心志"云云，即学力也，中人以上，俱可企之。

故天将降大任于是人也，必先苦其心志，劳其筋骨，饿其体肤，空乏其身，行拂乱其所为，所以动心忍性，曾益其所不能。

罗氏罗山云："凡人当富贵时，其欲易遂，人亦皆顺其意，所以于世事之艰难险阻，多有不知。惟当困苦时，行事皆不如意，险阻艰难，尝之殆尽，是以于人情世故，无不备悉其曲折。大凡人之真情，晏安之时易泯，急迫之际常发。心有所不忍为之事，境遇迫之以必为，则恻隐之心,不禁油然以生。心有所不能受之事,境遇驱之以必受,则羞恶之心,不禁愧然以动。耳目口体之欲,亦气禀之性所不能无者,命实不犹,只得忍耐。他如躁暴难制,到几经顿挫,气自能平。由是而动心,则本然之量日充;由是而忍性,则物欲之私日窒。前日之所不能,今则增益其所不能,可以当大任而不难矣。贫贱忧戚,玉汝于成,岂虚语哉?"

愚按:孟子之学,最重心性,而心性要在磨炼。有学问中之磨炼,有境遇中之磨炼,有世故中之磨炼。苦其心志,磨炼其心思;劳其筋骨,饿其体肤,磨炼其体骨。空乏其身,经济中之磨炼;行拂乱其所为,处事中之磨炼。心必动,性必忍,然后能增益其所不能。若不动不忍,则不能者终于不能而已矣。降大任,特孟子之借词。天不言,在人之自任耳。

人恒过,然后能改;困于心,衡于虑,而后作;征于色,发于声,而后喻。

愚按:人与万物竞争,即日处于悔吝荣辱之境,而万物皆有与我以悔吝荣辱之权,所恃者吾心性之机警耳。机警失而随处皆阻碍矣。困于心,衡于虑,而后作,尚不过吾心之悔吝。征于色,发于声,而后喻,则辱及其身矣。何苦而至于斯极乎?此节"人"字与上节"人"字不同。上节"人"字是圣贤、豪杰,此节"人"字指中人以下而言。然恒过而后能改,犹不失为凡人。若恒过而不能改,则羞恶之心绝,而不得为人矣。

入则无法家拂士，出则无敌国外患者，国恒亡。

愚按：此节仍重在一心。凡国之所以存者，在一心之戒慎恐惧而已。法家拂士，敌国外患，皆所以动吾心之戒慎恐惧者也。若不知戒慎，不知恐惧，国安有不亡者乎？然所谓戒慎恐惧者，亦非徒托诸空言，要在力行。有法家拂士，而后知当务之急；有敌国外患，而后知戒备之方。二者皆力行之事也。故有国者知耻、力行，尤宜并进。

然后知生于忧患而死于安乐也。"

愚按：此节尤重在一心。士生当世，本无所谓忧患安乐，惟视吾心之生与死耳。处忧患之境，则吾心自然清明。清明者，生机也。处安乐之境，则吾心自然昏浊。昏浊者，死机也。吾心清明，于是进德修业，开物成务，而生机日益畅。吾心昏浊，于是好货嗜利，作福作威，而死机日益迫。故谓有国家者只宜有忧患之时，不宜有安乐之时。此尚是皮傅之论。要知圣贤处境，本无所谓忧患，本无所谓安乐，惟体验吾心之生与死耳。茫茫宇宙，谁欤喻此谊者？

第十六章

孟子曰："教亦多术矣。予不屑之教诲也者，是亦教诲之而已矣！"

愚按：教人之法，不容不严。严则或有所穷，然而不穷者，惟其教思无穷，故其教术亦无穷也。老子曰："圣人善救人，故无弃人；善救物，故无弃物。"善救人者，善教人也。圣贤所不屑教诲者，或因其桀骜，或厌其浮夸，或恶其无意识而无信用，然而其心未尝不怜之也，以为若人者，何乃为天地间之弃才也。于是或征于色，或发于辞，或拒之无形之际，无非欲裁抑其意气，而激动其良心，实于严厉之中，隐寓玉成之意。其所以拒之而绝之者，正所以爱之也。若人者傥或反而憬然悟焉，痛自改焉，以奉教于圣贤，则圣贤未尝终绝之也。然后知天下无弃人，要在自悟而自改，而圣贤之教术，于是为无穷也。《传》曰："天有四时，雨露雷风，无非教也。"呜呼！广矣大矣！

告子篇大义

《易·系辞传》言性，《论语》亦言性，其说皆浑沦。至《孟子》而性学始大阐。《告子》首六章发明性善，后数章发明本心。本心何以失，由于陷溺，由于失其养，由于不专心致志，由于不辨礼义，由于放心，故特示人以求放心之学。心之官则思，思则得之。先立乎其大，则能作圣矣。求也、养也，皆所以为立之之基也。曷为继以天爵良贵之说？盖要人爵欲贵之念憧憧往来，心性之所以迷惑也。然而持一杯水，无济也，不如荑稗，亦无益也。学者必志于彀，必以规矩。彀与规矩者何？尧、舜是也，道性善必称尧、舜也。礼与食孰重？色与礼孰重？亦食色为性之谊。知气质而不知义理，不揣其本而齐其末者也。夫道若大路然，性善之证也。尧、舜之道，孝弟而已矣。舜其至孝矣，五十而慕，孝弟之极则也。仁义明而性善显，利欲炽而本心亡。首篇大义，于兹复明。而以下乃杂记交际出处之节与政治之大纲，何哉？邹衍之言曰：中国名曰赤县神州。赤县神州内自有九州，禹之序九州是也。不得为州数，中国外如赤县神州者九，乃所谓九州也。于是有裨海环之，人民禽兽莫能相通者，如一区中者，乃为一州，如此者九。乃有大瀛海环其外，天地之际焉。（见《史记·孟子荀卿列传》。）孟子而不见衍，傥遇衍，必笑之曰：子之道，貉道也，庸讵知二千载后，貉不变其道乎？且夫貉五谷不生，惟黍生之，而今则天产殷盛，万物棣通矣；无城郭、宫室、宗庙、祭祀之礼，而今则闳规大启，礼乐彬彬矣；无诸侯币帛、饔飧，无百官有司，而今则会盟约信，廊庙济跄矣；去人伦无君子，而今则哲学醲粹，道德精刚矣；向之人民、禽兽莫能相通者，今则懋迁化居，冠裳辐辏。何昔之野而今之文也？何昔之暗而今之昌也？何昔之闭儸而今之大同也？人皆可以为尧、舜，东海有圣人出焉，此心同，此理同也；西海有圣人出焉，此心同，此理同也。人事有不齐，人性无不善也。性理晦，杀机开，大九州之劫运，潮涌云兴，越裨海以迄禹甸之赤县神州，于是事君者曰"我能为君辟土地，充府库；我能为君约与国，战必克"，长君之恶，逢君之恶，专务杀人以求之。由是君不乡道，不志于仁，入其疆，土地荒芜，遗老失贤，掊克在位，曲防遏籴，邻国为壑。其子弟则多赖多暴，放其良心；其上之人则宫室之美,妻妾之奉。所识穷乏者得我,醉生梦死而不自觉。呜呼!是富桀也,是辅桀也,是服桀之服、诵桀之言、行桀之行,大桀小桀而盈天下皆桀也。向使复有孟子者出,其痛心疾首当复何如?故垂涕泣而道之曰:"由今之道,无变今之俗;虽与之天下,不能一朝居也。是惟有好善之人,优于天下,鉴拒谏饰非之祸,戒苟合阿世之为,苦其心志,劳其筋骨,饿其体肤,动心忍性,先天下之忧患而忧患,后天下之安乐而安乐,教育之术,被于一世,可以生天下而不至于死一国矣。"然则大九州之人,岂孟子所不屑教诲者哉?天将降大任于是人,圣贤豪杰,禀山川之灵气以生,何地而无之乎?夫苟好善,则四海之内皆将轻千里而来告之以善矣,乃所谓性善也。而或者曰:大九州之人以信,赤县神州之民,其言其事,多不以谅,故性善之学说,人鲜有信之者。庸讵知孔子曰"民无信不立",孟子曰"君子不谅恶乎执",信也、谅也,皆性善之实也。"天生烝民,有物有则。民之秉彝,好是懿德。"然则孔孟之学派,纵见厄于一时,百世而下,其将盛行于大九州以讫天地之际乎!

卷十三　尽心上

第一章

孟子曰："尽其心者,知其性也。知其性,则知天矣。

张子云："大其心,则能体天下之物。物有未体,则心为有外。世人之心,止于见闻之狭。圣人尽性,不以见闻梏其心,其视天下无一物非我。孟子谓'尽心则知性知天'以此。天大无外,故有外之心,不足以合天心。"

朱《注》："心者,人之神明,所以具众理而应万事者也。性则心之所具之理,而天又理之所从以出者也。人有是心,莫非全体。然不穷理,则有所蔽,而无以尽乎此心之量,故能极其心之全体而无不尽者,必其能穷夫理而无不知者也。既知其理,则其所从出亦不外是矣。以《大学》之序言之,知性,则格物之谓;尽心,则知至之谓也。"

张氏云："尽其心者,格物致知,积习之久,私意脱落,万理贯通,尽得此生生无穷之体也。尽得此体,则知性之禀于天者,盖无不具也。知性之所素具于我者,则知天之所以为天者矣。"

愚幼时读先儒语录云"学问之道,必先尽其心,能尽心,然后能知性",因谓尽心在知性之先。及读本节朱《注》云"知性则格物之谓,尽心则知至之谓",则尽心又当在知性之后。蓄疑者二年,后质之于业师王紫翔先生。先生云:"知性即穷理。"玩朱《注》云"不穷理则有所蔽,而无以尽乎此心之量",是惟知性然后能尽心。又云:"释氏先尽心,后知性。吾儒先知性,后尽心。"愚乃恍然于尽心者,尽其万物皆备之体也。知性、知天,皆吾心之所包也,皆吾心之知也。《易传》曰:"穷理尽性,以至于命。"此节只是此义。知天者,《论语》所谓"知天命"也。五十以学《易》,故五十而知天命也。《中庸》自能尽其性,以至尽人性,尽物性,赞天地之化育,所谓自诚而明者,无非吾心中固有之体也。然则心之为用微矣哉! 亦广矣哉!

存其心,养其性,所以事天也。

张氏云:"人虽能尽心之体以知性之理,而存养之未至,则于事事物物之间,其用有未能尽者,则心之体未能周流而无所滞,性之理亦为有所未完也。故必贵于存心养性焉。存者,颠沛造次必于是也。养者,全之而弗害也。存之养之,是乃所以事天者也。程子云:'事天者,奉顺之也。'若是而久焉,则有以尽其心之用,而无咈其性之理,而天之道亦备于是矣。"

罗氏罗山云:"不知天,固无以尽事天之功;不事天,虽知之,亦奚以为? 君子之学,所以贵乎知、行并进也。"

愚按：张子《西铭》云："不愧屋漏为无忝，存心养性为匪懈。"存心养性，当自内省不疚始。张子又云："于时保之，子之翼也。（翼，敬也。）乐且不忧，纯乎孝者也。"朱子注此节云："存，谓操而不舍。养，谓顺而不害。"盖存其心者，操持功夫多，所谓'于时保之'是也。养其性者，涵养功夫多，所谓'乐且不忧'是也。仁人者，事亲如事天也。《易传》曰："后天而奉天时。"斯善事天者也。若徇欲以放其心，害物以戕其性，则获罪于天矣。孟子曰："平旦之气，其好恶与人相近也者几希。苟得其养，无物不长。"孔子曰："操则存，舍则亡。"当与此节参看。学者用存养之功，当始于平旦之际。《诗》云："昊天曰明。"又云："明发不寐。"喜怒哀乐未发之中，斯时最为纯粹，天地生物之心，具在于是。及是时而存养之，俨乎其若思，蔼然而无不善矣。张子以为即"夙夜匪懈"之旨，洵有味哉！洵有味哉！

夭寿不贰，修身以俟之，所以立命也。"

朱《注》："夭寿，命之短长也。贰，疑也。不贰者，知天之至。修身以俟死，则事天以终身也。立命，谓全其天之所付，不以人为害之。"

张氏云："夭寿不贰，修身以俟之，言死生不以贰其心，惟知修身以听天命而已。修身之事，即其尽心知性、存心养性之见于躬行者也。所谓立命者，所遇系于天，而修德在乎己。系乎天者，不可以人力加焉；修其在己者，以听天之所为，则无往不得其正，所谓立命也。"

罗氏罗山云："妖寿不贰者,知得天下之理,具足吾心,虽妖而此理未尝缺,虽寿而此理未尝加,或妖或寿,皆当有以尽其道,而后无愧此生,此知天之至者也。修身以俟之者,非徒俟死而已,吾身一日未死,吾身即有一日当尽之道。吾尽吾道,不使此生之理稍亏,或生或死,一听于天,此事天以终身者也。妖寿不贰,修身以俟,此即其所以立命处。盖既知得此理,毫无疑似,而在贫贱,则尽处贫贱之道,以自立于贫贱;在富贵,则尽处富贵之道,以自立于富贵。在患难,则尽处患难之道;在安乐,则尽处安乐之道,以自立于患难、安乐。虽至死生之际,绝不以之易其操,任他位置,皆能有以自立,撑持名教,扶维纲常,此正君子立命之学,以义理为主,气数不得而限之也。观乎此,可以知圣学之全功矣。"

愚按:张子《西铭》云:"体其受而归全者参乎?"立命之学,当法曾子。如临深渊,如履薄冰,十目所视,十手所指,所以修身也。仁以为己任,死而后已,亦所以修身也。妖与寿不贰,不贰其志也,所谓一息尚存,此志不容稍懈也。人不能与天争,而有时不能不与天争。不与天争者,安命也,立乎命之后者也;不能不与天争者,欲以造命也,立乎命之先者也。

又按:心、性之辨,至不易明。愚幼时读陆清献《学术辨》,觉其剖析最为分明。其言曰:"人之生也,气聚而成形,而气之精英,又聚而为心。是心也,神明不测,变化无方,要之亦气也。其中所具之理则性也。故程子曰:'性即理也。'邵子曰:'心者性之郛郭。'朱子曰:'灵处是心不是性。'是心也者，性之所寓，而非即性也。性也者，寓于心而非即心也。先儒辨之亦至明矣。若夫禅者，则以知觉为性，而以知觉之发动者为心。故彼之所谓性，则吾之所谓心也；彼之所谓心，则吾之所谓意也。其所以灭彝伦，离仁义，张皇诡怪，而自放于准绳之外者，皆由其不知性，而以知觉当之耳。"盖清献本意，在于辟阳明之学，而吾人因此则可以辨心、性之同异，而究其精微也。

第二章

孟子曰："莫非命也，顺受其正。

朱《注》："此章与上章，盖一时之言，所以发其末句未尽之意。"

罗氏罗山云："吉凶祸福，皆有正命，居心立身，准乎义理。无求吉与福之心，而吉福自降，此莫之致而至者，正命也。持身处世，不悖法度，无召凶与祸之端，而凶祸适与相值，此莫之致而至者，亦正命也。顺受其正，不特凶祸当顺受，即吉福亦当顺受。吾尽吾道，虽患难、贫贱、死丧，皆能有以自立，此顺受乎凶祸也。幸值乎吉与福，当思所以承其吉福。盖富有富之道，安处善，乐循理，制节谨度，不自满溢，是为顺受乎富。贵则有贵之道，立政教，维风化，靖共尔位，惟恐失坠，是为顺受乎贵。寿则有寿之道，在世一日，尽一日之职，在世百年，尽百年之理，一息尚存，此志不懈，是为顺受乎寿。不然，虽富贵亦为幸致，寿考亦徒不死，天之所以厚吾生者，皆虚掷矣，尚得谓之顺受哉？此章恐人以凶吉祸福一切委之于天，而不尽人事以听之，故孟子亹亹言之，欲人尽修身之功也。”

是故知命者不立乎岩墙之下。

朱《注》："命，谓正命。岩墙，墙之将覆者。知正命，则不处危地，以取覆压之祸。"

愚按：立岩墙之下者，约有二等。一为毫无意识者，一为自贾其勇者，而其为徼幸尝试则一也。天下希图徼幸之事，皆谓之不知命，孟子特举岩墙以为例焉尔。近人倚赖富贵，自蹈危机，冰山一倒，己身随之而糜者，何可胜道，皆立岩墙下之类也。

尽其道而死者，正命也。

愚按：曾子曰"启予足，启予手，战战兢兢，如临深渊，如履薄冰"，可谓尽其道而死矣。然又曰"战陈无勇，非孝也"，可见尽道者，尤视乎义之所宜。体其受而全归，道也；杀其身以成仁，亦道也。周、孔、颜、曾，尽其道者也；夷、齐、龙、比、睢阳、文山，亦尽其道者也，皆正命也。

桎梏死者，非正命也。"

愚按：《孝经》曰："身体发肤，受之父母，不敢毁伤，孝之始也。"人分父母之遗体以生，何至干犯法纪，竟有桎梏而死者？《传》曰："人之于天也，以道受命。"不若于道者，不孝之至，弃天之命者也。近世青年之士，未能闻道，或择交不慎，或素性乖张，意气纷呶，自蹈刑辟；而在上者无哀矜之心,惟以罗织为事,以致罹桎梏而死者联踵矣。此可痛之甚者也!吾惟勖学者以读《孟子》。

第三章

孟子曰:"求则得之,舍则失之,是求有益于得也,求在我者也。

　　愚按:求之一字,只可自求于我,而不当有求于人。学问行谊,在我者也;富贵利达,在外者也。求则得之,舍则失之,求与舍在一心而已矣。

求之有道,得之有命,是求无益于得也,求在外者也。"

　　张氏云:"所谓'求之有道,得之有命'者,富贵利达之谓也。富贵利达,众人谓己有求之之道,然不知其有命焉,固有求而得之者矣。是亦有命,而非求之能有益也,盖亦有巧求之而不得者多矣。以此可见其无益于得也,然则亦可以已矣。"

　　愚按:此章即"先立乎其大"之说,亦即"天爵、人爵"之说也。求在我者,先立乎其大,修其天爵也。求在外者,修其天爵以要人爵也。近世之人,不知安命之学,自鸡鸣而起,以至向晦宴息,营营扰扰,终日为无益之事,即终身为无益之人。老子曰:"载营魄抱一,能无离乎?"营魄,魂魄也。求在外之心胜,则魂魄离矣,宁不大可痛乎?愚尝立二言以自勖云:"身不为无益之事,心不为无益之思。"夫不为无益,消极之说也。吾身心性命之中,最为有益者安在? 求仁义道德而已矣。

第四章

孟子曰:"万物皆备于我矣。

愚按:人之知,良知也。人之能,良能也。良知者,无所不知者
也。良能者,无所不能者也。惟人之灵明,无所不知,无所不能,此儒
者之道,所以至于参天地,赞化育,极其功用之全,皆为性分之所固
有,而非有所加于内也。然而知、能常有窒焉者,则气质锢之,嗜欲塞
之也。孟子于人之知、能既锢既塞之后,特唤醒之曰"万物皆备于我
矣"。人欲复其万物皆备之体,莫要于穷理,穷则能尽己之性,尽己之
性则能尽人之性,尽人之性则能尽物之性,由是充周不穷,开物成务,
乃能使之各得其所。《孝经》曰:"天地之性人为贵。"《易传》曰:"曲成
万物而不遗。"

反身而诚,乐莫大焉。

愚按:周子曰:"诚,五常之本,百行之源也。"《中庸》经纶天下之
大经,立天下之大本,不归之至圣,而必归之至诚。盖诚者,天之道
也。天以生生为心,实以至诚为心。(说见《离娄》篇。)故凡人之能诚
者,天必爱之护之;不能诚者,天必恶之灭之。栽者培之,栽者诚也;
倾者覆之,倾者不诚也。凡天所爱之护之者,人亦爱之护之;天所恶
之灭之者,人亦恶之灭之。不独一人之性然也,千万人之性皆然也;

不独人之性然也,国之性亦然也。揆之毫发而不爽者也。《春秋穀梁传》曰:"人之于人也,以言受命。不若于言者,人绝之也。"又曰:"人之所以为人者,言也。言之所以为言者,信也。"诚者,不欺而已矣。反身之事非一端,而必自无妄言始。无妄言,则世无诈伪,而天下和而治。凡不欺之人在,天下人未有欺之者也。然则反身而诚者,不独诚于一身,而且推及于天下。自戒惧慎独,以至于不动而敬,不言而信,则乐莫大焉。《中庸》曰:"诚者,非自成己而已也,所以成物也。"成己,仁也;成物,智也。性之德也,合外、内之道也,故时措之宜也。

强恕而行,求仁莫近焉。"

愚按:恕者,如心之谓也。仁者,相人偶也。(见《说文》。犹言人相偶。)一人之心,千万人之心也。因一人而推及于二人,因二人而推及于千万人,其心无不同也,故曰仁也。《论语》曰:"能近取譬,可谓仁之方也已。"何谓譬?譬诸所恶于上,毋以使下;所恶于下,毋以事上;所恶于前,毋以先后;所恶于后,毋以从前是也。孟子曰:"强恕而行,求仁莫近焉。"何谓强?强者,勉行之谓,亦有强制之义,如毋以使下,毋以事上,毋以先后,毋以从前是也。为仁之方,即求仁之道也。生人之大患,在乎有己而无人。有己无人,则事事隔阂而争杀起。推厥所原,由有形骸则有血气,有血气则有尔我,有尔我则有争夺,此不仁之人,所以不绝于天下者,皆有己无人之见致之也。孟子知恕之难行也,故曰"强恕";又欲明仁之非远也,故曰"求仁莫近焉"。盖恕者,

仁之基也，有立人、达人之愿，则民胞物与，老安少怀之道在是焉。子
贡曰："有一言而可以终身行之者乎?"子曰："其恕乎?"仲弓问仁，子
曰："己所不欲，勿施于人。"

第五章

孟子曰："行之而不著焉，习矣而不察焉，终身由之而不知其
道者，众也。"

　　愚按:《大学》之道，以致知格物为先，故凡事之所当然，与其所以
然，皆当穷之以至乎其极。孔子曰："知之者不如好之者，好之者不如
乐之者。"此皆谓道也，而不知者尤可怜也。自其精者言之，爱亲敬
长，交朋慈幼，未尝不由之也，然而莫知其道也。自其粗者言之，冬裘
夏葛，渴饮饥食，未尝不由之也，然而莫知其道也。《易传》曰："百姓
日用而不知。"此所谓凡民也，此所谓庸众也，盖甚可怜也。且夫人生
世界之内，智愚之分，在知觉、运动而已。禽兽之最蠢者，有运动而无
知觉；其稍灵者，则有知觉焉；其最灵者，则知觉之分数愈多焉。惟人
亦然。其至愚者，知觉最少；其稍智者，知觉渐多焉；其圣者，则得完
全之知觉焉。彼其知觉，有出于天者，有由于人者，有禀质清而利欲
窒塞之者，有禀质浊而学问开通之者，在人之自勉耳。自世衰道微，
人皆昏昏然，闷闷然，有运动而无知觉，求一知道者而不可得，几何不
胥而为禽兽也。

第六章

孟子曰:"人不可以无耻,无耻之耻,无耻矣。"

愚按:孟子曰:"无羞恶之心,非人也。"羞恶之心,愧耻之本心也。人生当世,孝弟、忠信、礼义,以廉耻为归宿。管子云:"礼义廉耻,国之四维。四维不张,国乃灭亡。"人道之以有耻为重,犹日用之以衣食为重也。人乎人乎,何为而无耻乎?吾思人虽至愚至不肖,至猛至悍,然苟阖户而诏以廉耻之道,或令其清夜自思,未有不面赤汗下憬然悟者。然而此良心发现之时,何其少也。以父母生我清白之躯,甘下同于乞墦之齐人,富贵功名之所在,货利之所萃,不恤屈吾心、磨吾骨以奔竞之,虽为人厌,为人恶,受人呵叱,祸害及身,犹恋恋而不舍,或则伺候于公卿之门,奔走于形势之途,足将进而趑趄,口将言而嗫嚅,作种种之丑态,以徼幸于万一。呜呼!可耻矣!可耻矣!平居意气扬扬,自命不凡,见无志节之士,痛詈之不遗余力,一旦入要津,其卑鄙龌龊,更有什伯倍于他人者。呜呼!尤可耻矣!学者于此等无耻之事,痛引为大耻,庶几不至为无耻之徒,而羞恶之良,尚不泯于世界乎!

第七章

孟子曰:"耻之于人大矣!

朱《注》:"耻者,吾所固有羞恶之心也。存之则进于圣贤,失之则入于禽兽，故所系为甚大。"

为机变之巧者，无所用耻焉。

张氏云："此章亦表里前章之意，而谓'为机变之巧者，无所用耻焉'，则极小人之情状者也。小人用机变之巧，饰其小慧，矜其私智，不本于诚意，而务为掩覆。机变愈巧，而良心愈斫丧。故其为善也，则务窃其名，而无善之实；其有过也，非惟顺之，又从而为之辞，安于自欺而不恤，是无所用夫耻也。"

愚按：机变之巧，非指形器而言，乃指心思而言。人之心思，惟务取巧，必至于欺诈阴险穿窬害人而后已，故曰"无所用耻焉"。近时曾涤生先生有言云："吝召杀，忮召杀，巧召杀。"故凡人之一味取巧者，未有能善终者也。

不耻不若人，何若人有。"

张氏云："既不以己之不若人为耻，则终不若人而已矣。夫舜何人也？予何人也？舜为法于天下，可传于后世，我犹未免为乡人，此古人之所耻也。今人乃环视其身，无一可耻；闻古者圣人之言行，顾己不能，而无所动其心焉，则亦未如之何也已矣。"

愚按：张氏之言，至为深切，然以较乎古人而言也。若推其意而衡之于今，则学问之不若人也，材智之不若人也，行诣之不若人也，推而至于文化之不若人也，武力之不若人也，风俗之不若人也，国势之不若人也,皆可耻之尤者也。《中庸》云:"知耻近乎勇。"惟知耻而后能愧奋,愧奋而后能自强。故欲求所以免耻之实,当知卧薪尝胆之道矣。呜呼! 不耻不若人,则何有若人之一日乎?(朱子云:"但无耻一事不如人,则事事不如人矣。"此说稍晦,宜纠正之。)

第八章

孟子曰:"古之贤王,好善而忘势。古之贤士,何独不然,乐其道而忘人之势。故王公不致敬尽礼,则不得亟见之。见且犹不得亟,而况得而臣之乎?"

张氏云:"在上者每自谦损,不以势自居,固为贤矣,而未若好善而忘势之为善也。在下者安其贫贱,无慕于人之有势者,亦为贤矣,而未若乐其道而忘人之势者为深也。在上者忘其势,而惟恐不得天下之善;在下者忘人之势,而惟义是从。此为俱得其道。使二者一旦而相合,则上下交而为泰矣。'故王公不致敬尽礼于贤士,虽欲数见之且不得,况可得而臣之乎?'盖士非以此自高也,其道固当尔也。"

愚按:《易》曰:"不事王侯,高尚其事。"《记》曰:"儒有上不臣天子,下不(臣)[事]诸侯。"不事、不臣者,非不愿为世用也,所以尊其道也。夫无其道而妄自骄,是谓之傲;无其道而甘心屈己,是谓之鄙。故儒者必先乐道,乃可以尊己。

第九章

孟子谓宋句践曰："子好游乎？吾语子游。

张氏云："宋句践之好游，谓游于世，如历聘之类。意句践之为人，徇名而外求者，孟子语之以游，使求之于吾身而已。"

人知之亦嚣嚣，人不知亦嚣嚣。"

赵氏云："嚣嚣，自得无欲之貌。"

愚按：《易传》曰："遯世无闷，不见是而无闷。"无闷者，所谓嚣嚣也。若人知之而得意自鸣，人不知而意气颓丧，则其鄙甚矣。

曰："何如斯可以嚣嚣矣？"曰："尊德乐义，则可以嚣嚣矣。

朱《注》："德，谓所得之善。尊之，则有以自重，而不慕乎人爵之荣。义，谓所守之正。乐之，则有以自安，而不徇乎外物之诱矣。"

故士穷不失义，达不离道。

愚按：此八字，吾人所当遵守。穷与达，与吾性分无关也，吾惟知有道义而已。失义离道，不得谓士。或者曰：处穷难于处达。此说不然。达所不离之道，即穷所不失之义也。不失义，其体也；不离道，其用也，无二致也。夫士人处穷困之境，失其所守者固多。然一入仕途，名利引诱之，谗谄面谀之人蒙蔽之，其能不离道者，千百中无一二矣。此百姓之所以憔悴，而世界之所以多乱也。

穷不失义,故士得己焉;达不离道,故民不失望焉。

愚按:得己,谓不失己。不失望,谓民得遂所望。二者相因,民不失望,正由于得己,未有失己而民不失望者也。

古之人得志泽加于民,不得志修身见于世,穷则独善其身,达则兼善天下。"

愚按:泽加于民者,谓匹夫匹妇咸被其泽也。修身见于世者,谓著作名山,以淑万世也。或者曰:独善其身,非也。士皆独善,如天下何? 故必以兼善为务。此说不然。古之贤士,必先隐居以求其志,洁白乃心,而后可以兼善天下。若以兼善为借口,浅露表暴,钓弋名利,是己身先处于不善之地,遑能兼善天下乎? 故士之能兼善者,必其能独善者也。其不能独善者,皆无兼善之道德学问者也。

第十章

孟子曰:"待文王而后兴者,凡民也。若夫豪杰之士,虽无文王犹兴。"

罗氏罗山云:"义理尽人所同,气禀则豪杰独异,故能不待于教,自能奋发有为。然凡能兴于有文王之时,即可兴于无文王之时。圣贤之书,具在方策,义理昭著,无少蒙蔽。诚使痛自砥砺,奋力向前,致知以扩其识,力行以践其实,人一己百,有志竟成。今日之凡民,自不难为异日之豪杰，又何必待文王而后可兴哉？”

愚按：此章孟子自道也。先儒云：“人当转移风气，不可为风气所转移。”近儒云：“人当为造时世之英雄，不当为时世所造之英雄。”夫豪杰之士，岂天生哉？在乎自为之而已矣。

第十一章

孟子曰：“附之以韩、魏之家，如其自视欿然，则过人远矣。”

朱《注》：“附，益也。韩、魏，晋卿，富家也。欿然，不自满之意。”

顾氏亭林云：“人之为学，不可自小，又不可自大。得百里之地而君之，皆足以朝诸侯有天下，不敢自小也；附之以韩、魏之家，如其自视欿然，则过人远矣，不敢自大也。予将以斯道觉斯民也，思天下之民，匹夫匹妇有不被尧、舜之泽者，若己推而内之沟中，则可谓不自小矣。自耕稼陶渔以至为帝，无非取于人者，则可谓不自大矣。故自小，小也；自大，亦小也。今之学者，非自小则自大，吾见其同为小人之归而已。”

第十二章

孟子曰：“以佚道使民，虽劳不怨。以生道杀民，虽死不怨杀者。”

程子云：“以佚道使民，谓本欲佚之也，播谷、乘屋之类是也。以生道杀民，谓本欲生之也，除害、去恶之类是也。”

愚按：古之王者，非不使民也，非不杀民也。然而不怨劳、不怨杀者，何也？以佚道使民，其所以使民者，为民也；以生道杀民，其所以杀民者，为民也。善为政者，本仁义之心，一举一动，无非为民，则何有于怨？后世人君，因一己之私而使民，因一己之私而杀民，于是乎民多怨。多怨，而天下之乱于是乎起。

第十三章

孟子曰："霸者之民，欢虞如也。王者之民，皞皞如也。

张氏云："霸者之为利，小而近，目前之利，民欣乐之，故曰'欢虞如也'。王者之化，远且大，涵养斯民，富而教之，民安于其化，由于其道，而莫知其所以然也，故曰皞皞如也。"

杀之而不怨，利之而不庸，民日迁善而不知为之者。

张氏云："杀之而不怨者，以生道杀民也。利之而不庸者，以义为利，而莫见其利之用也。民日迁善而不知为之者，薰陶长养之深，有以变其俗，而莫知其然也。"

愚按：读此节令人神往。民日迁善而不知为之者，如长日加益而不自知也，所谓化国之日舒以长也。然而王者经营擘画之心，盖甚苦矣。

夫君子所过者化，所存者神，上下与天地同流，岂曰小补之哉！"

朱《注》："君子,圣人之通称也。所过者化,身所经历之处,即人无不化,如舜之耕历山而田者逊畔,陶河滨而器不苦窳也。所存者神,心所存主处,便神妙不测,如孔子之立斯立、道斯行、绥斯来、动斯和,莫知其所以然而然也。是其德业之盛,乃与天地之化同运并行,举一世而甄陶之,非如霸者但小小补塞其罅漏而已。此则王道之所以为大,而学者所当尽心也。"

愚按:过化、存神,不必言之过高。盖此节实与《中庸》"喜怒哀乐之未发谓之中"二节及"譬如天地之无不持载"二节义相通。圣人大德敦化,使万物各得其所,是谓"所过者化"。涵养喜怒哀乐未发之中,使之发皆中节,是谓"所存者神"。上下与天地同流,即所谓"天地位焉"。譬如天地之无不持载,无不覆帱也。罗氏罗山谓:"天地所不能为者,亦必俟人事以裁成之。如天与民以田里谷粟,使遂其生;而分田制里,则必待乎王制;天与民以仁义礼智以为性,而讲学明伦,则必待乎圣功。"此说极为平实。盖士君子生当世,本有代天行事之责,此《易》所以言"裁成辅相",《书》所以言"天工人代"也。故谓此节为圣人精神之流形,原无不可,然若专言精神,而不言事业,要非实事求是之论也。

第十四章

孟子曰:"仁言,不如仁声之入人深也。

愚按:言而能仁,可谓优美矣,然犹煦煦者所能为也。若夫仁声昭著,必其德行实有以感动人者。曰"入人深",盖在于无形之际也。

善政,不如善教之得民也。

愚按:三代以下尚政,三代以上尚教。法律家尚政,道德家尚教。夫政而能善,亦可谓优美矣,然不过政令之善而已。若夫善教,则涵育薰陶,能令一世皆底于善,故其得民,亦在于无形之际也。

善政民畏之,善教民爱之。善政得民财,善教得民心。"

愚按:夏日可畏,善政似之;冬日可爱,善教似之。然必善政立而后善教行,富、教恒相资也。善政得民财者,政治秩然,百废具举,则财用自足。《易传》曰:"何以聚人曰财。"《大学》曰:"生财有大道。"财者亦先王之所甚重,特贵乎生之理之得其道耳。善教何先?先于庠序。孟子曰:"谨庠序之教,申之以孝弟之义。"又曰:"人伦明于上,小民亲于下。"盖申孝悌、明人伦,则有爱情于家庭,乃有爱情于社会,乃有爱情于国家,其渐摩观感,固非一朝夕之故也。君以民为天,民以心为主。先王之有天下,得其民也。得其民者,得其心也。

第十五章

孟子曰:"人之所不学而能者,其良能也。所不虑而知者,其良知也。

朱《注》:"良者,本然之善也。程子曰:'良知、良能,皆无所由,乃出于天，不系于人。'"

陆氏桴亭云："《中庸》'率性之谓道'，率，循也，由也。今人却看作率意'率'字，动称不学不虑，此释氏'手持足行，无非道妙'之证。而学者不察，辄为所惑，哀哉！"又曰："孟子言不学、不虑，是指出性体与不知性之人看，非谓率性当如是也。故'不学''不虑'四字，即生知安行，圣人亦用不着。"

孩提之童，无不知爱其亲也；及其长也，无不知敬其兄也。

张氏云："人之良能、良知，如饥而食，渴而饮，手执而足履，亦何莫非是乎，何孟子独以爱亲、敬长为言也？盖如饥食渴饮、手持足履之类，固莫非性之自然，形乎气体者也。形乎气体，则有天理，有人欲；循其自然，则固莫非天理也。然毫厘之差，则为人欲乱之矣。若爱敬之所发，乃仁义之渊源，故孟子之所以启告人者，专指夫此，揭天理之粹以示人也。"

愚按：爱敬者，良知之实也。《孝经》曰："爱亲者不敢恶于人，敬亲者不敢慢于人。"孟子曰："仁者爱人，有礼者敬人。"又曰："仁之实，事亲是也；义之实，从兄是也。"而推言之至于'乐则生矣，生则恶可已也'。凡此皆良知之发也。人生当世，所以居心而接物者，爱敬而已。然则爱敬固生生之理，而人道之大本也。乃孟子言'无不知'，而世之人蔽其本性，竟多有不知者，何也？

亲亲，仁也。敬长，义也。无他，达之天下也。"

愚按：达之天下者，所谓推而放诸东海而准，推而放诸西海而准，人人亲其亲、长其长而天下平者也。孟子学问，最重在一"达"字。举斯心加诸彼，所谓达也；扩充四端以保四海，所谓达也；达之于其所忍，达之于其所为，无非达也。此"达"字极有功夫。自亲亲以至仁民，自仁民以至爱物，政治家皆当措之于实事，自有其本末轻重之差，先后缓急之序，非谓我有良知，任其性之自然，即可达之于天下也。自王阳明先生提出良知之说以教人，后代宗风，颇称极盛。然阳明良知之宗旨，实与孟子不同。刘蕺山先生《良知说》、陈定斋先生《良知辨》，论之极详。刘子之言曰："王龙溪所传《天泉问答》曰'无善无恶者心之体，有善有恶者意之动，知善知恶是良知，为善去恶是格物'，实为割裂。知善知恶，与知爱知敬，相似而实不同。知爱知敬，知在爱敬之中；知善知恶，知在善恶之外。知在爱敬中，更无不爱不敬者以参之，是以谓之良知。知在善恶外，第取分别见，谓之良知所发则可，而已落第二义矣。且所谓知善知恶，盖从有善有恶而言者也。因有善有恶，而后知善知恶。是知为意奴也，良在何处？又反无善无恶而言者也。本无善无恶，而又知善知恶，是知为心祟也，良在何处？然则良知何知乎？知爱而已矣，知敬而已矣，知皆扩而充之，达之天下而已矣。"陈氏之言曰："孟子之言良知，本爱敬而言。阳明之言良知，离爱敬而言。是假良知之名，以文其灵觉之知也。且阳明既曰良知即天理，又曰良知所知之天理，是已歧而为二矣。既曰良知即性，又曰佛氏本来面目，即儒门所谓良知。夫佛氏本来面目，其果性耶？

天理耶? 又曰良知一也,以妙用而言谓之神,以流行而言谓之气,以凝聚而言谓之精。朱子曰:'神亦形而下者。'然则神也、气也、精也,果性耶? 果天理耶? 阳明又曰:'良知是是非之心。'夫既以良知为性为心之本体,而又单属之是非,是五常缺其四,而心体有不全矣。先儒以仁统四端,未闻以知统四端也。盖阳明所谓良知者,彻动彻静,彻昼彻夜,彻古彻今,彻死彻生,无所不照,无所不觉,此禅宗所谓'光明寂照,无所不通'者,非此心知觉之灵而何?"是二家者,可谓析之极其精矣。然愚有说焉。儒者修道立教,期于救世而已,期于救人心而已。今之人纵或徇欲害性,靡所不为,然苟阖户而诏以良知,未有不面赤汗下而憬然觉悟者,以其良心之不泯也。阳明之提醒良知,宗旨在此。其为学之近于释氏,无庸讳言。然其自治也,有以明心而见性;其治人也,足以觉世而牖民;而其唤醒迷缪之人心,则尤为切挚。是以陆桴亭先生读《传习录》,亦有心开目明之说。陆清献作《学术辨》三篇以辟阳明,而汤文正终未以为然也。天下有真能为姚江之学,而不流于匪僻之行者,吾则友之矣。

第十六章

孟子曰:"舜之居深山之中,与木石居,与鹿豕游,其所以异于深山之野人者几希! 及其闻一善言,见一善行,若决江河,沛然莫之能御也。"

朱《注》:"居深山,谓耕历山时也。盖圣人之心,至虚至明,浑然之中,万理毕具,一有感触,则其应甚速,而无所不通。非孟子造道之深,不能形容至此也。"

愚按:此章之义,说已见第二篇。《易传》曰:"无思也,无为也,寂然不动,感而遂通天下之故。"非天下之至神,其孰能与于此?舜之取善所以如此其速者,神而已矣。然所谓神者,非别有秘妙也,穷理之至精而至熟也。居深山时,能取众人之善以为善,故为天子时,能集天下之善以为善。近曾涤生先生谓,每日须自检点,取人为善者若干事,与人为善者若干事。愚谓取人为善,谈何容易。虚怀若谷,其先务也。然即有虚心好善之诚,而不能穷理,则有以不善为善者矣。是故好善,天资也;穷理,学力也。二者并进,其庶几于舜乎。

第十七章

孟子曰:"无为其所不为,无欲其所不欲,如此而已矣。"

朱《注》:"李氏曰:'有所不为不欲,人皆有是心也。至于私意一萌,而不能以礼义制之,则为所不为、欲所不欲者多矣。能反是心,则所谓扩充其羞恶之心者,而义不可胜用矣。故曰如此而已矣。'"

愚按:此章与"人皆有所不忍""人皆有所不为"之义相通。不为、不欲,本心也。为其所不为、欲其所不欲,蔽其本心也。无为其所不为,无欲其所不欲,提撕其本心也。由所不为不欲,达之于所为所欲,扩充其本心也。更有进者,孟子此章,特就遏欲而言尔。若自存理言之,人能于终日之间常为所当为,欲所当欲,则于不为不欲之事,自然能拒绝之,此以理胜欲之枢机也。

第十八章

孟子曰:"人之有德慧术知者,恒存乎疢疾。

愚按:孟子此言,欲人之清明其心也。夫德慧术知,岂必皆出于疢疾? 而孟子乃曰"恒存乎疢疾"者,人当安乐之时,则其心昏浊而无所激厉;当忧患之时,其心清明而常有所觉察也。孟子痛乎安乐之徒,其心营营扰扰,其慧其知,皆用之于不正,而自窒其聪明也,故曰"恒存乎疢疾"。

独孤臣孽子,其操心也危,其虑患也深,故达。"

罗氏罗山云:"操心危,是就自己检点所以为子臣之道,惟恐陷于不是,得罪君父。虑患深,是就祸变上深心密虑,思患预防。达,是达忠孝之理,而得处置之宜。君父格而忠孝全,此其所以为达。若止谓保身避祸,不顾君父,则操心虑患,皆出于一己之私矣。盖尽忠尽孝,臣子之所能为者也。至于祸变之来,未可逆料。幸而君父感悟,子臣之心安;不幸而不感悟,亦惟尽人事以听天命而已。新安谓'操心危而卒无危,虑患深而卒免患',此说未当。故朱子止以'达于事理'训之也。"

愚按：古有孤臣而不达者，屈原是也，不能避靳尚之谮。古有孽子而不达者，申生是也，不能逃骊姬之难。然则孤臣孽子，岂必尽达乎哉？孟子痛乎非孤臣非孽子者，晏安鸩毒，般乐怠敖，愚蠢昏蒙，绝无知识，势必至为人孤臣、为人孽子而后已，故言"独孤臣孽子，操心危、虑患深"。见人之不操心、不虑患，必至为孤臣孽子之时，乃不得已而始知操、始知虑也。然世之不为孤臣、不为孽子者，其亦知操心乎？其亦知虑患乎？操心矣，其能危乎？虑患矣，其能深乎？嗟乎！达也者，人事之当然，处世之要道也，而况当战国竞争之局乎？而乃为孤臣孽子所独乎？

第十九章

孟子曰："有事君人者，事是君则为容悦者也。

愚按：事是君则为容悦，是但知有君而不顾其国者也，但知有君而不顾其民者也，但知有君而不顾其良心者也。然亦非真知有君也，知保富贵而已，岂不可畏矣哉？朱《注》云："阿徇以为容，逢迎以为悦，此鄙夫之事，妾妇之道。"谅哉斯言！

有安社稷臣者，以安社稷为悦者也。有天民者，达可行于天下，而后行之者也。

张氏云："以安社稷为悦，则志存乎功业者也，与为容悦者固有间矣，然未及乎道义也。盖志存乎功业，则苟可就其功业而遂其志，则亦所屑为矣。古之人惟守道明义而已，故虽有盖世之功业在前可为，而在我者有一毫未安，则不敢徇也。盖功业一时之事，而良心万世之彝。舍彝常而徇近利，君子不忍为故耳。故所谓天民者，必明见夫达，而其道可行于天下，而后行之。盖其所主在道，而非必于行也。谓之天民者，言能全夫天生此民之理者也。"

有大人者，正己而物正者也。"

张氏云："大人者，即天民之得时、得位者也。若伊尹之在莘野，则为天民；出而佐商，则为大人也。正己而物正者，正己而物自正也。盖一身者，天下之本，若规规然有意于正物，则其道亦狭矣。至正而天下之感无不通焉。固有不言而信，不令而从者，此大人正己而物正之事也。秦汉而下，其间号为贤臣者，不过极于以安社稷为悦而已，语夫天民之事业，则鲜矣。嗟乎！学之不传，亦已久矣。"

愚按：此章与"浩生不害"章相类，所谓《人表》式也。大人为第一等，天民为第二等，安社稷臣为第三等，事君人为第四等，惟人自择而已。天民、大人，非由于天成，乃由于学问；非关于功业，乃由于德行。士苟欲为天民、大人，即为天民、大人矣。安社稷臣，后世史书中尚多有之，而事君人者，则盈天下皆是，容悦而已，甚可羞矣。长君之恶，逢君之恶，正此辈也。孟子称安社稷为臣，而称事君者为人，见其对于国对于民，皆不得谓之臣也。且曰事君人，见其仅仅乎为事君之人，而其对于天下，则不得谓之人也。惟天下皆此等人，而国于是乎危,于是乎亡。虽然,世惟有好事君人之君,而后多事君之人。不然,彼小人者,何不可反而为君子哉?

第二十章

孟子曰:"君子有三乐,而王天下不与存焉。

　　愚按:君子之志,以王天下为乐者也,不得位,则退而求三乐。

父母俱存,兄弟无故,一乐也。

　　愚按:此人生至难得之事,得之而不容忽者也。古人云"树欲静而风欲动,子欲养而亲不在"。父母俱存,其福最大;兄弟无故,譬如手足无所亏损也。此人生至难得之事,得之而不容忽其乐者也。

仰不愧于天,俯不怍于人,二乐也。

　　愚按:事有不可对于天者,于是乎愧;事有不可对于人者,于是乎怍。不可对于天,不可对于人,即其不可对于心者也。故"愧""怍"二字皆从心,皆发于心也。如何而可不愧,在先存其平旦之气。如何而可不怍,在先去其害人、穿窬之心。能不愧则吾浩然之气可以与天地清明之气相接矣。能不怍,则吾至诚之心可以感乎万汇而无所不慊矣。《诗》曰:"尚不愧于屋漏。"又曰:"不忮不求,何用不臧。"其庶几得此乐者乎?

得天下英才而教育之,三乐也。

　　愚按:圣贤之学,善世为先,而善世以教育为本。教育之道,非徒以传吾学说,广吾学派也。所谓“为天地立心,为生民立命,为往圣继绝学,为万世开太平”,俾世道人心,因吾之教而维持焉,而开化焉,而进步焉,此亦乐之大者也。夫教化之行,非可强而致也,有囿于一乡一党者矣,有囿于一邑一国者矣。曰得天下英才,则其为教也大矣,非孔子、孟子,其孰能与于斯?

君子有三乐,而王天下不与存焉。”

　　愚按:父母兄弟,天伦之乐也。不愧不怍,学问之乐也。教育英才,淑身以淑世之乐也。昔者孔子有言曰:“大道之行,与三代之英,丘未之有逮也,而有志焉。”然则圣人与三代之英,将以求大道之行也,吾故曰君子之志,固以王天下为乐也。《易传》曰:“见龙在田,天下文明。”君子而不得位者,其有乐乎斯三乐乎?

第二十一章

孟子曰:“广土众民,君子欲之,所乐不存焉。

　　愚按:孟子论以齐王曰:“地不改辟矣,民不改聚矣。行仁政而王,莫之能御。”广土众民,可以为行仁政之地,故君子欲之。

中天下而立,定四海之民,君子乐之,所性不存焉。

　　愚按：中天下而立,犹《易传》所谓"圣人南面而听天下,向明而治"也。此可见君子之志,以王天下为乐也。后儒薄事功而重性理,以为君子之于王天下,若浮云之过太虚,其说失之过高矣。

君子所性,虽大行不加焉,虽穷居不损焉,分定故也。

　　张氏云："所性,谓与生俱生者也。天赋是性,则有是分。然人之不能尽其分者多矣,惟君子为能全之,故道行乎天下而无所加,独善于一身而无所损,分定故也。"

　　愚按：士有名分,有位分,有性分,而性分为特重。分之有尊卑,犹量之有大小。贩夫贩妇,得一金而莫知其所措者,亦其分也。俗士鄙人,萦情于境遇,终身莫之舍者,亦其分也。君子尊其性,然后能高其分。或问尊性当奈何? 曰：不以富贵利禄动其心,斯可矣。

君子所性,仁义礼智根于心,其生色也,睟然见于面,盎于背,施于四体,四体不言而喻。"

　　朱《注》："上言所性之分,与所欲、所乐不同,此乃言其蕴也。仁义礼智,性之四德也。根,本也。生,发见也。睟然,清和润泽之貌。盎,丰厚盈溢之意。施于四体,谓见于动作威仪之间也。喻,晓也。四体不言而喻,言四体不待吾言,而自能晓吾意也。盖气禀清明,无物欲之累,则性之四德,根本于心,其积之盛,则发而著见于外者,不待言而无不顺也。"

罗氏罗山云："仁义礼智，尽人同具，岂独根于君子之心哉？性，犹果之仁也。根于心，犹果之种于土而根荄深植也。生色，则枝叶发于外矣。众人之理，非不全具，而气拘物蔽，生理为之铲断。如果种之不得其地，人又从而践踏之，或有全不生根者，或有根旋生而旋坏者，故众人谓性具于心则可，谓其根于心则未也。君子气质清明，物欲不得而蔽之，此理具足，无少亏坏。如果种于沃土，根发于内，枝叶自畅于外，是以生色睟然，无所勉强也。然而众人之性，一君子之性也，虽为气拘物蔽，此理究未尝亡，苟能猛下工夫，无自戕贼，则根心生色之效，亦可以驯致矣。"

愚按：四体不言而喻，犹孔子所谓"从心所欲不逾矩"也。从容中道，不勉而中，此盖孟子晚年自道其所心得也。

第二十二章

孟子曰："伯夷辟纣，居北海之滨，闻文王作，兴曰：'盍归乎来！吾闻西伯善养老者。'太公辟纣，居东海之滨，闻文王作，兴曰：'盍归乎来！吾闻西伯善养老者。'天下有善养老，则仁人以为己归矣。五亩之宅，树墙下以桑，匹妇蚕之，则老者足以衣帛矣。五母鸡，二母彘，无失其时，老者足以无失肉矣。百亩之田，匹夫耕之，八口之家，足以无饥矣。

陈氏兰甫云："'五亩之宅'云云，凡三见，一对梁惠王，一对齐宣王，一言西伯善养老。此亦古书之文而孟子述之也。'西伯善养老'亦两见，一言文王之政，一言'五亩之宅'云云。然则'五亩之宅'云云，必古书所记文王之政也。"

所谓西伯善养老者，制其田里，教之树畜，导其妻子，使养其老。五十非帛不暖，七十非肉不饱，不暖不饱，谓之冻馁。文王之民无冻馁之老者，此之谓也。"

愚按：文王之为世子，朝于王季日三。鸡初鸣而衣服，至于寝门外，问安否；日中又至，亦如之；日莫又至，亦如之。食上，必视寒暖之节；食下，问所膳。大孝之至，虞舜而后，一人而已。养老之政，所以教民孝也。制其田里，教之树畜，为政治中之经画，而其本意，则在于导其妻子使养其老。文王之民无冻馁之老者，可见文王之民，无有不孝者矣。孔子曰："先王有至德要道，以顺天下。民用和睦，上下无怨。"和气积于寰区，而后政治理。政治理，而后国可长久也。明王以孝治天下，惟文王足以当之。《诗》曰："孝子不匮，永锡尔类。"无冻馁之老者，其为锡类也大矣。厥后周公宗祀文王于明堂，以配上帝，所以报之者，夫岂过哉？夫孝，教之所由生也，政治之根源也。后世政治家，但知政、教之并重，而不知教之当寓于政，政之当本于教。人君有能以孝为治，继文王而兴者乎？予日望之矣。

第二十三章

孟子曰："易其田畴，薄其税敛，民可使富也。

赵《注》:"易,治也。畴,一井也。教民治其田畴,薄其税敛,不逾什一,则民富矣。"

愚按:此言开源之法也。易其田畴,为政者非独田畴当易也,惟中国以农立国,故以田畴为本事尔。薄其税敛,非独田地税当薄也,亦举一事以为例尔。凡生利之区,无论何事,皆当薄其税敛,于是民力舒而民日富,财用日足。孟子曰"民可使富也",未尝曰"国可使富也"。盖富民正所以富国也,此理财之要旨也。

食之以时,用之以礼,财不可胜用也。

张氏云:"食之以时,食民之力则以其时,如乐岁寡取;而凶年粪其田而不足,乃取赢焉,则非以时矣。用之以礼,如城郭、宫室、宗庙、祭祀、币帛、饔飧、百官、有司之类,是其用之不可阙者,而莫不有制焉,所谓礼也。孟子之所谓理财盖如此。"

愚按:此言节流之法也。《大学》言:"生财有大道。生之者众,食之者寡。"谓生利者多,分利者寡也。食之以时,则食之者有制矣。用之以礼,则用之者当理矣。此皆言分利之有节制也。《易传》曰:"节以制度,不伤财,不害民。"节之为义,非特可以省财,抑且可以养德。《易传》又曰:"损上益下,民说无疆。"《论语》曰:"百姓足,君孰与不足?"凡此名言,俱系经济原理。后世昧焉,日以搜括吾民为事,而民日贫而国亦日贫,而天下乃日乱。

民非水火不生活,昏暮叩人之门户,求水火,无弗与者,至足

矣。圣人治天下,使有菽粟如水火。菽粟如水火,而民焉有不仁者乎?”

　　愚按:圣人治天下使有菽粟如水火,裁成经制之道尽矣。水火,民之所最贵也,乃转而为贱者,至足故也。菽粟足而民皆兴于仁矣。或谓此盖孟子先富后教之意,愚谓不然。孟子此言,盖谓民有为善之资,皆乐于行仁尔。若夫民不可一日无教,犹不可一日无菽粟也。圣贤于富、教两端,实有兼行并进之道。古人称十年生聚,十年教训,言其期限,大略如此,非谓生聚之时不教训,教训之时不生聚也。倘必俟菽粟如水火,而后教吾民,恐无是理矣。

第二十四章

孟子曰:“孔子登东山而小鲁,登太山而小天下,故观于海者难为水,游于圣人之门者难为言。

　　朱《注》:“此言圣人之道大也。东山,盖鲁城东之高山,而太山则又高矣。此言所处益高,则其视下益小;所见既大,则其小者不足观也。”

　　张氏云:“莫非水也,而海为之至。观于海,则天下之水,皆难以进于前矣。莫非言也,而圣人为之至。游于圣人之门,则天下之言道术者,皆难以进于前矣。以其至而不可有加故也。”

　　愚按:《易传》曰:“修辞立其诚,所以居业也。”圣人之言,广大精微,要以立诚为主。读圣人之书,则诸子百家举不足道,故曰“难为言”。

观水有术,必观其澜。日月有明,容光必照焉。

朱《注》:"此言道之有本也。澜,水之湍急处也。明者,光之体;光者,明之用也。观水之澜,则知其源之有本矣。观日月于容光之隙无不照,则知其明之有本矣。"

流水之为物也,不盈科不行。君子之志于道也,不成章不达。"

张氏云:"此章首言圣道之大,次言其无穷,盖欲知圣道之大,当于其无穷者观之,而末又言志于此道者,以实有诸己为贵,若能有诸己,积之久,而后其无穷者,可循而达也。"

愚按:子贡曰:"夫子之文章,可得而闻也。"孔子曰:"吾党之小子,斐然成章。"圣门之学,成章为贵。成章者,成文章也。孔子曰:"文王既没,文不在兹乎?"不言道而言文者,道必寓于文而始显也。又曰:"形而上者谓之道,形而下者谓之器。"道必丽于器而始见。文章者,气之最华者也,是故君子之志于道也,不成章不达。言之无文章,则行之不远也。"达"字有由近及远之义。达其意,达其理,而后达其道,而后达之天下,达之万世也。然则成章者,圣贤传道之根源也,顾不重哉?若离文章而言道,非失之空虚,即失之鄙俗,终于不达而已矣。或问后世学者如何而可成章?曰:先读《孟子》,次读诸经。

第二十五章

孟子曰:"鸡鸣而起,孳孳为善者,舜之徒也。

愚按：古语云："吉人为善，惟日不足。"孳孳为善者，惟恐不及之意也。吾始以为舜大圣人也，不可几及者也，乃孟子言舜不过曰"孳孳为善"，可见舜不过于终日之间，取人为善、与人为善而已。然则舜亦何难至哉？

鸡鸣而起，孳孳为利者，蹠之徒也。

愚按：古语云："凶人为不善，亦惟日不足。"孳孳为利者，亦惟恐不及之意也。吾始以为蹠大恶人也，千万中不得一二者也，乃孟子言蹠不过曰"孳孳为利"，可见蹠不过于终日之间惟利是图而已。然则天下为蹠者，何其多哉！

欲知舜与蹠之分，无他，利与善之间也。"

朱《注》："程子曰：'言间者，谓相去不远，所争毫末耳。'善与利，公私而已矣，才出于善，便以利言也。"

愚按：此"间"字最深细。吾始以为人皆有良心，利与善之间，至易判决，后乃知此"间"字，正不易判决。盖利、善交战之界，即天、人交战之幾也。或初念为蹠，而继念为舜；或今日为蹠，而明日为舜；或少年为蹠，而晚年为舜。反而言之，或初念为舜，而继念为蹠；或今日为舜，而明日为蹠；或少年为舜，而晚年为蹠。孔子曰："君子喻于义，小人喻于利。"盖至于喻，而利与善之间相去遂如霄壤矣。人禽之判，在此间也，可不惧哉？君子之学舜也，其于好善，无以尚之，其恶不善,如恶恶臭,而又操心以省察之,穷理以精研之,临事剖决,无所系恋,终身于善,锲而不舍。其斯以为舜之徒乎？其斯以为舜乎？

第二十六章

孟子曰:"杨子取为我,拔一毛而利天下,不为也。

朱《注》:"取者,仅足之意。取为我者,仅足于为我而已,不及为人也。列子称其言曰'伯成子高不以一毫利物'是也。"

愚按:杨朱为老氏弟子。老氏之学,务在致虚守静,养神自闿,不肯劳其心以为人。杨子传其学派,故拔一毛利天下而不为,盖自私自利之弊,必至于此。

墨子兼爱,摩顶放踵利天下,为之。

赵《注》:"兼爱他人,摩突其顶,下至于踵,以利天下,己乐为之也。"

焦氏礼堂云:"赵氏以突明摩,谓摩迫其顶,发为之秃也。《文选·江淹〈上建平王书〉》注引《孟子》'墨子兼爱,摩顶致于踵,利天下为之',刘熙曰:'致,至也。'又任昉《奏弹曹景宗》注引《孟子》'墨子兼爱,摩顶致于踵',赵岐曰:'致,至也。'周氏广业《孟子古注考》云:'据此,则赵、刘所有之本注并同矣。'"按:此说极精审。盖古本本作"致于踵",唐宋以后本误以"致于"二字合为一字,遂作"放踵"。

子莫执中,执中为近之。执中无权,犹执一也。

朱《注》:"子莫,鲁之贤人也。知杨、墨之失中也,故度于二者之间而执其中。近,近道也。权,称锤也,所以称物之轻重而取中也。执中而无权,则胶于一定之中而不知变,是亦执一而已矣。"

愚按:"执中"二字,见于古书。此"执"字非固执之"执",乃操执之"执"。言执乎过不及之中也,贵乎有权以审度之。《易传》曰:"巽以行权。"巽为风,言随时随地而迁移也,非穷理之至精者,不足以语此。若执中而无权,则为固执之执矣。

所恶执一者,为其贼道也,举一而废百也。"

朱《注》:"贼,害也。为我害仁,兼爱害义,执中者害于时中,皆举一而废百者也。"又引杨氏云:"禹、稷三过其门而不入,苟不当其可,则与墨子无异。颜子在陋巷不改其乐,苟不当其可,则与杨氏无异。子莫执为我、兼爱之中而无权,乡邻有斗而不知闭户,同室有斗而不知救之,是亦犹执一耳,故孟子以为贼道。禹、稷、颜回易地则皆然,以其有权也;不然,则是亦杨、墨而已矣。"

愚按:张氏谓执一者,知一而不知万。愚谓不然。孔子曰:"一以贯之。"又曰:"推十合一,万本于一。"一推为万,凡知理一者,必先知分殊者也。执一者,执其一偏之一,而不知全体之一,是以举一而废百。吾故谓执一者,非特不知万,并不知一。

第二十七章

孟子曰："饥者甘食，渴者甘饮，是未得饮食之正也，饥渴害之也。岂惟口腹有饥渴之害，人心亦皆有害。

愚按：人不得食则饥，饥则甘食，愈甘食而愈不得食，乃奔走以求食，而不暇择食。人不得饮则渴，渴则甘饮，愈甘饮而愈不得饮，乃奔走以求饮，而不暇择饮。是悖乎生理，而失饮食之正道也，于是乎害及口腹，以伤其生。人心甘富贵，乃奔走以求富贵，而愈不得富贵；甘利禄，乃奔走以求利禄，而愈不得利禄。憧憧尔思，失其天命之正，于是乎害其心，丧其名，以丧其身。

人能无以饥渴之害为心害，则不及人不为忧矣。"

愚尝叹今世之人，扬扬然号于众曰："我为饥而求食也，我为渴而求饮也，不得已也。"苟得饮食，则廉耻不顾也。是以饥渴之害为心害也，失其本心，非人也。且夫天下饥者固多，然饥而死者，百不得一也。天下渴者固多，然渴而死者，百不得一也。能立乎其大，暂忍须臾，则无以饥渴之害为心害矣。圣贤之所以为圣贤者，不过于利害、生死之间，能暂忍焉，则过人远矣。

第二十八章

孟子曰："柳下惠不以三公易其介。"

张氏云:"《易》曰:'介于石。'谓其所守之坚也。孟子斯言,发明柳下惠之心,与夫子谓伯夷、叔齐'不念旧恶'同意。夫以夷、齐之不立于恶人之朝,不与恶人言,其不屑就之风,疑于隘矣。而夫子称其'不念旧恶',其心量之广大如此。然则夷、齐之清,可得而论矣。以柳下惠之不羞污君,不卑小官,其不屑去之风,疑于不恭矣。而孟子称其'不以三公易其介',其所守之不可夺如此。然则柳下惠之和,可得而论矣。盖柳下惠援而止之而止,其心非有所慕也,亦行其天理之当然者耳。故于小官有所不辞,至于为士师,则三黜矣。彼虽三公之贵,无以易其坚守,则其于世果何所求哉?是乃和而不流,而为和之至也。若执老氏'和光同尘'之论,与物胥变,而谓之师柳下惠,是乃贼夫和之理者也。然则欲知柳下惠者,当于孟子斯言玩味之。"

愚按:不以三公易其介,与不卑小官事相因。世之卑小官者,高自位置;及遇大官,则向之所不屑为者,皆不惮屈己以求之,卑鄙龌龊之状态,于是悉露。此无他,当其卑小官时,其歆羡大官之思已隐中于其骨也。人不可以有官骨,有官骨则一日不可不为官。未官之前,钻谋幸进;退官之后,侘傺无聊,而所谓介者,乃扫地尽矣。柳下惠所以为圣之和者,正以其介。介所以立和之体,介以行和,和而后不流也。此其所以为惠也。而后世窃三公之位者,从俗浮沉,与时俯仰,且曰我学和也,我学惠也,无忤于世,庶几保我高位也。噫嘻!和哉和哉,其可以为借口哉?惠乎惠乎,其可以为藏身乎?

第二十九章

孟子曰:"有为者辟若掘井,掘井九轫而不及泉,犹为弃井也。"

赵《注》:"有为,为仁义也。轫,八尺也。虽深而不及泉,喻有为者中道而尽弃前行也。"

张氏云:"天下之事,为之贵于有成,譬之掘井至于九轫,其用力亦劳矣,若不及泉而止,则亦为弃井而已。夫士之为仁义,固当循循不已,以极其至,若用力虽劳,未有所臻而画焉,则亦不得为成人而已。"

愚按:此与《论语》"譬如为山"章义相近。有为者,精神而已矣。凡人作事所以半途中辍者,非必其无恒心,不善用其精神也。大抵学者无论为学办事之次第,约分三层,其始贵有勇猛迈往之精神,其继贵有优游涵养之精神,其终贵有贞固不渝之精神,夫然可以无所不用其极。掘井而不及泉者鲜矣,若心不定,志不坚,气不沉,逞一哄之气习,而欲以有为,吾恐其并九轫而未能掘也。夫以一国之学者,终日为弃井,终年为弃井,终身为弃井,吁! 我心恻矣。天生我有用之精神果何为乎?

第三十章

孟子曰:"尧、舜,性之也。汤、武,身之也。五霸,假之也。

朱《注》:"尧、舜天性浑全,不假修学;汤、武修身体道;以复其性;

五霸则假借仁义之名,以求济其贪欲之私耳。"

张氏云:"尧、舜性之者,自诚而明,率性而安行也。汤、武身之者,自明而诚,体之于身以尽其性也。性之则不假人为,天然纯全;身之则致其践履之功,以极其至也。然而其至则一也。此生知、学知之所以异。尧、舜、汤、武之圣,孟子特以两言明之,而其所以圣者,亦无不尽矣。"

愚按:假之者,假也。固系假借之,实则假窃之也。固系假饰其行为,实则假袭其形貌也。故曰假也。

久假而不归,恶知其非有也?"

朱《注》:"归,还也。有,实有也。言窃其名以终身,而不自知其非真有。或曰盖叹世人莫觉其伪者,亦通。旧说'久假不归,即为真有',则误矣。"

愚按:张氏云:"五霸暂假而暂归者也。五霸桓公为盛,召陵之盟,仗王室之事以责楚,亦可谓义矣,而执陈辕涛涂之举,旋踵而起;葵丘之会,杀牲载书而不歃血,亦可谓信矣,震而矜之,叛者九国。此皆归之遽者也。若使其久假而不归,亦岂不美乎?孟子斯言,开其自新之道也。"盖张氏之意,以"归"为归宿之"归",如其说,恐开人作伪之渐,窃有未安。天下有诚而入伪者矣,未有可作伪以终身者也。张氏以尧、舜为由诚而明,汤、武为由明而诚。夫诚与伪不并立者也。五霸假借仁义之名,正所谓假也、伪也。惟其专以作伪为事,是以春秋时大乱而不治,卒成战国机械变诈之世。盖三代以下,人心世道所以日趋于伪者,实以春秋时为之枢纽,而皆由五霸有以提倡之也。君子论人,观于心术之微,此仲尼之门所以羞称桓、文之事也。愚尝有言,人君所最忌者曰假,士大夫所当深戒者曰假,国民所当深恶而痛绝者曰假。

第三十一章

公孙丑曰:"伊尹曰:'予不狎于不顺,放太甲于桐,民大悦。太甲贤,又反之,民大悦。'

朱《注》:"狎,习见也。不顺,言太甲所为,不顺义理也。"

贤者之为人臣也,其君不贤,则固可放与?"孟子曰:"有伊尹之志则可,无伊尹之志则篡也。"

张氏云:"善乎孟子论伊尹之事也。曰'有伊尹之志则可',志,谓所存主处。伊尹受汤之托,居冢宰之任。而太甲初立,固已颠覆汤之典刑,惟伊尹志存乎宗祀,变而得其中。方是时,太甲在谅阴也,故徙之桐宫,庐先王之墓侧,去国都而处郊野,使之动心忍性而有以深思焉。《书》曰:'王徂桐宫居忧。'是伊尹以冢宰摄政,而太甲居忧于桐耳。太甲在桐,克终允德,则于练除之际,稽首奉而归亳焉。伊尹之心,始终纯一,以宗祀为主,而拳拳乎太甲者也。太甲之克终,虽由其自怨自艾以能改过,而实亦自于伊尹之至诚无息有以感格之也。然则伊尹之志盖可见矣。若无伊尹之志,徒以君不贤而放之,则是篡乱之所为耳。孟子斯言,所以垂训来世者严矣。”

陈氏兰甫云:“不以三公易其介,柳下惠之清也。一介不取,伊尹之清也。故曰:圣人之行不同,归洁其身而已矣。顾亭林云:‘以伊尹之元圣,尧、舜其君其民之盛德大功,而其本乃在乎千驷一介之不视不取。’澧谓伊尹放太甲,霍光、徐羡之等效之,其后皆及于祸。若废而复立,则更无能效之者矣。惟其禄之以天下弗顾,故太甲被放而不疑其篡,盖其才略胆气,固亘万世而无两,而所以不及于祸者,禄之以天下弗顾也。此亭林所谓本也。”

愚按:苏子瞻《伊尹论》云:“太甲之废,天下未尝有是。而伊尹始行之,天下不以为惊;以臣放君,天下不以为僭;既放而复立,太甲不以为专。何则?其素所不屑者,足以取信于天下也。彼其视天下,眇然不足以动其心,而岂忍以废放其君求利也哉?后之君子,蹈常而习故,惴惴焉惧不免于天下,一为希阔之行,则天下群起而诮之。盖非常之事,固非常人所能测其蕴也。孟子曰:‘有伊尹之志则可。’志者,心术之微也。君子之心,亦惟可盟诸天地,可对于天下而已矣。”

第三十二章

公孙丑曰:“《诗》曰:‘不素餐兮。’君子之不耕而食,何也?”
孟子曰:“君子居是国也,其君用之,则安富尊荣;其子弟从之,则孝弟忠信。不素餐兮,孰大于是!"

张氏云:"《伐檀》之刺,盖谓在上者无功德于民而享其奉,故以不稼不穑而得禾,不狩不猎而得兽者为比,非必欲君子稼穑而后食也。公孙丑以君子不耕而食为素餐,其为《诗》也亦固矣,其弊将至于为许行之徒之论矣,故孟子告之以不素餐之大者。夫君子仁义修于身,其居是国也,用之则民被其泽而安富,君由其道而尊荣,如其未用,子弟从之,则亦薰陶乎孝弟忠信之习,而足以善俗。君子之教人,使之由于孝悌忠信为先也。忠、信对言之,忠则存于己者无不实,信则待人者无有欺也。君子有益于人之国若是,其为不素餐孰大焉!"

愚尝有言,祸莫大于素餐,以农工商之脂膏汗血,而士人假虚名安坐而食之,此天道人事所不容者也。君子居是国也,必自考其成绩,其君用之,其杌陧乎? 其贫弱乎? 其子弟从之,其桀骜乎? 其浮诞乎? 则宜奉身而退。若恋恋不去,则愧耻孰甚焉? 夫食者,世之所以济我,而我所以为济世之资者也。倘必如孟子之学问德行,而后谓之不素餐,则天下诚无不素餐之人。然君子处世,必当每日自省其所食与其所事足以相称,而后可以仰不愧而俯不怍。不然,素餐之祸,吾见盖不一而足矣。

第三十三章

王子垫问曰:"士何事?"

顾氏亭林云:"士农工商,谓之四民,其说始于《管子》。三代之时,民之秀者乃收之乡序,升之司徒,而谓之士,固千百之中,不得一焉。太宰以九职任万民,五日百工饬化八材,计亦无多人尔。武王作《酒诰》之书曰'妹土嗣尔股肱,纯其艺黍稷奔走,事厥考厥长',此谓农也。'肇牵车牛,远服贾,用孝养厥父母',此谓商也。又曰'庶士有正,越庶伯君子,其尔典听朕教',则谓之士者。大抵皆有职之人矣。恶有所谓群萃而州处,四民各自为乡之法哉?春秋以后,游士日多。《齐语》言桓公为游士八十人,奉以车马衣裘,多其资币,使周游四方,以号召天下之贤士。而战国之君,遂以士为轻,重文者为儒,武者为侠。呜呼!游士兴而先王之法坏矣。彭更之言,王子垫之问,其犹近古之意与?"

愚按:亭林先生之言,至为深切。许氏《说文》云"士者,事也",将以任天下之事也。乃战国以来,士皆无事而食,甚至游谈不根,析言破律。亭林先生又尝云:"饱食终日,无所用心,北方之学者也。群居终日,言不及义,南方之学者也。"于是游民之外,复有所谓游士者。呜呼耻已!

孟子曰:"尚志。"

张氏云:"尚志者,以立志为先也。主乎仁义,所谓志也;不主乎仁义,则伥伥然何所据乎?谓之志不立可也。"

愚按:吾人求学,以立志为唯一之宗旨。苟立志为千古第一等人，即为第一等人。若因循不振，悠悠忽忽，自甘下流，则吾亦末如之何也已矣。程子谓，学者不立志，直无可造之望。愚亦尝谓，今世学者，若不立志为圣贤，而徒嚣然自命，则亦无可造之理。然尚志而务空言，亦无当也，要在躬行实践而已。

曰：“何谓尚志？”曰：“仁义而已矣。杀一无罪，非仁也。非其有而取之，非义也。居恶在，仁是也。路恶在，义是也。居仁由义，大人之事备矣。”

　　愚按：杀一无罪，非仁也，充不忍之心也。若推勘至精深处，即如曾子所云“断一木、杀一兽，不以其时，非孝也”，皆不忍之心也。如是则国民无负枉者矣，岂有杀人以利一己之事乎？非其有而取之者，盗也。伊尹耕于有莘之野，非道非义，一介不以取诸人，足为千古豪杰之法则。汉杨震却暮夜之金，曰“天知地知，尔知我知，何谓无知者”，更觉大义凛然。士未有不慎于所取，而能成学问事业者也。此节更当与“持志养气”章参看。居恶在，仁是也。路恶在，义是也。居仁由义，而后浩然之气塞于天地之间，若稍有不仁不义，行有不慊于心，则其气馁而不能当大任矣。然则大人之事，皆吾天性中所固有也。《易》曰“利见大人”，君德也。

第三十四章

孟子曰：“仲子，不义与之齐国而弗受，人皆信之，是舍箪食豆羹之义也。人莫大焉亡亲戚君臣上下，以其小者，信其大者，奚可哉？"

张氏云："仲子以兄之禄为不义，避兄离母，处于於陵。齐人高之，以为若斯人者，不义而与之齐国，亦将必不受也。孟子以为是舍箪食豆羹之义也。盖孟子以人伦之际察之，而知其不可信也。人之所以为人者，莫大于人伦，所谓亲戚、君臣、上下是也。今仲子废亲戚、君臣、上下，而欲以洁其身，饰小廉而妨大德，其不知义固已甚矣，又乌能不受不义之齐国乎？古之善观人者，必于人伦之际察之，而其人之得失浅深，可概见矣。四岳之举舜，则曰'克谐以孝'而已；尧之降舜以二女，观其嫔于虞而已。此舜之所以圣也。冀缺与其妻相待如宾，而臼季知其能治民；茅容杀牲先奉其母，而郭林宗知其可以成德。是亦善观人者也。若仲子废天伦而徇私意，以其小廉，信其大节，乌乎可哉？"

愚按：此亲戚，谓父母兄弟也。《左氏传》"亲戚为戮"，《大戴礼记·曾子疾病》篇云"亲戚既殁"，皆指父母而言。读此章，益见人道以人伦为重。

第三十五章

桃应问曰："舜为天子，皋陶为士，瞽瞍杀人，则如之何？"

朱《注》："桃应，孟子弟子也。其意以为舜虽爱父，而不可以私害公；皋陶虽执法，而不可以刑天子之父。故设此问，以观圣贤用心之所极，非以为真有此事也。"

孟子曰："执之而已矣。"

朱《注》："言皋陶之心，知有法而已，不知有天子之父也。"

"然则舜不禁与？"曰："夫舜恶得而禁之？夫有所受之也。"

朱《注》："言皋陶之法，有所传受，非所敢私，虽天子之命，亦不得而废之也。"

"然则舜如之何？"曰："舜视弃天下犹弃敝蹝也。窃负而逃，遵海滨而处，终身诉然，乐而忘天下。"

朱《注》："蹝，草履也。遵，循也。言舜之心，知有父而已，不知有天下也。孟子尝言，舜视天下犹草芥，而惟顺于父母，可以解忧，与此意互相发。"

罗氏罗山云："天下事惟各尽其道而已。事有万难两全者，必欲曲为全之，必至违理而从欲，非圣贤之用心也。瞽瞍杀人，在皋陶之道，惟知有执而已。杀人者死，义本于天，岂以天子之父，遂弃法而不论？斯时若为天子之父计，思欲有以全之，则法必不能全，非士师之道也。在舜之道，则只有逃而已。朝廷之法，必不可违；爱亲之心，讵容稍间？惟有举天下而弃之，窃负逃之海滨，则天下之法已伸，而爱亲之心已全。斯时稍有眷恋神器之意，依回不去，不舍亲以就法，则必弃法以全亲。夫以其父之故,至天下之法不能行,非所以为天子之道;以不肯弃天下之故,致令天下之法为吾父不能行,又非所以为子之道也。曰执曰逃,此是圣贤之各尽其道处,一无所顾虑其间,所以为天理之极,人伦之至也。"

愚按:法者,原于天者也。情者,发于天者也。《书》曰:"象以典刑。"又曰:"天讨有罪,五刑五用。"此皋陶之受于帝,而实受于天者也。是以皋陶之心,但知有法。法不可挠,虽天子之父,亦不容以不执,天子不得而禁之,所谓司法独立也。家庭之间,非计较是非之地,不得乎亲,不可以为人,是以舜之心但知有父,虽天下亦所当弃,终身䜣然而乐者,至情之不容已也。故法也、情也,皆天也,非人之所得而私也。法依于理,皋陶执瞽瞍之论,穷理之至也。情根于性,舜窃负而逃之论,尽性之至也。读《孟子》此章,可以知法、理之所从出,可以知情、性之所由极。自后世有枉法之事,而天下于是无法;自异学有忘情之言,而天下于是无情。呜呼! 无法、无情,而欲求世之大同,吾恐其愈行而愈远也。

第三十六章

孟子自范之齐,望见齐王之子,喟然叹曰:"居移气,养移体,大哉居乎,夫非尽人之子与!"

朱《注》:"范,齐邑。居,谓所处之位。养,奉养也。言人之居处,所系甚大。王子亦人子耳，特以所居不同，故所养不同，而其气体有异也。"

　　愚按：人居高位之地，气象即俨然不同。虽然，此特气体之矜异耳，曷足贵乎？孟子一见王子，而即感叹若斯者，盖德盛仁熟，无往而非道德学问之思也。

孟子曰：

　　张氏云："第一节乃孟子初望见王子之时，而有所叹。以下乃孟子既见王子之后，退与门人讲论者也。"

"王子宫室、车马、衣服多与人同，而王子若彼者，其居使之然也。况居天下之广居者乎？

　　张氏云："王子宫室、车马、衣服，亦多与人同矣，而王子若彼者，以其居是势位，不知所以然而气体为之移也，况于居天下之广居，则其气质所变当如何哉？"

鲁君之宋，呼于垤泽之门，守者曰：'此非吾君也，何其声之似我君也？'此无他，居相似也。"

　　朱《注》："垤泽，宋城门名也。孟子又引此事为证。"

　　愚按：此章注重一"居"字。大人者，与天地合其德，是以天地为广居者也。天地万物，无不归吾之位育，此心坦坦荡荡，广大清明，而何踽踽之有乎？士大夫读此章，既消其鄙吝之思，自无鄙倍之气象矣。

第三十七章

孟子曰："食而弗爱,豕交之也。爱而不敬,兽畜之也。

　　张氏云:"此章言交际之道。夫徒食之而爱心不加焉,徒爱之而敬心不加焉,则与豕交、兽畜何以异? 盖人道之相与以敬为主也。"

　　愚按:战国时养士,并鸡鸣狗盗者而畜之,则其待士之礼可知矣。豕交兽畜,而犹恋恋而不去者,为利禄耳。呜呼! 俨然人面也,而乃甘同于豕与兽乎?

恭敬者,币之未将者也。

　　朱《注》:"将,犹奉也。《诗》曰:'承筐是将。'程子曰:'恭敬虽因威仪币帛而后发见,然币之未将时,已有此恭敬之心,非因币帛而后有也。'"

恭敬而无实,君子不可虚拘。"

　　愚按:恭敬之实,非必共天位、食天禄也,但观其诚意之实耳。朱《注》:"拘,留也。"愚意留者,自留也,拘者,人拘之也。恭敬无实,不过周旋世故,貌合神离而已。是非其本心之自留也,为人所拘也。为利禄所牵,乃为人所虚拘也,曾君子而出此?

第三十八章

孟子曰:"形色,天性也。惟圣人然后可以践形。"

程子曰："此言圣人尽得人道而能充其形也。盖人得天地之正气而生，与万物不同。既为人，须尽得人理，然后称其名。众人有之而不知，贤人践之而未尽，能充其形，惟圣人也。"

张氏云："告子谓'食色，性也'，此为举物遗则，混于人欲，而莫识天理之一源。若孟子谓'形色，天性'，而继之以圣人践形之论，是为物则兼具者矣。惟圣人然后可以践形，践之为言履践之践也。盖二五交运，而赋形万殊，惟人得其秀而最灵。有是性，则具是形以生。人虽有是性，然不能尽其道，则形虽人也，而其实莫之能践矣。惟贤者则求以践之，修其身，所以践形也。非礼勿视，非礼勿听，非礼勿言，非礼勿动，以为不如是，则为隳废天之所命，无以为人之道，而失其赋形之理故也。然践之非圣人莫能尽。盖人之道，至于圣人而后无所亏也。《中庸》曰：'惟天下至诚，为能尽其性。'尽性则可以践形矣。盖形之外无余性也。或以此章首云'形色'，而其后止云'践形'为疑。盖形之有色，亦其自然者耳。能践形，则仁义礼智充于内，而睟然生色于外，盖亦无不尽矣。"

陈氏兰甫云："伪孙《疏》甚有精善处。(孙奭《正义》系宋邵武士人假托，见《朱子语录》。又《四库提要》言之甚详。)如'形色天性'章疏云：'惟圣人能因形以求其性，体性以践其形。故体性以践目之形，而得于性之明；践耳之形，而得于耳之聪；以至践肝之形以为仁，践肺之形以为义，践心之形以通于神明。凡于百骸、九窍、五脏之形，各有所践也。故能以七尺之躯，方寸之微，六通四辟，其运无乎不在，兹其所以为圣与?'如此段精善之至,近人以其伪而蔑弃之,不知其有可取者矣。"

愚按:自程子有义理气质之说,后人言性者,多高谈义理,恶言气质。不知人有耳即有当听之则,有目即有当视之则,有口即有当言之则,以及足容重,手容恭,无非天则也。人若舍形色,岂能为善? 言性者讵可恶言气质乎? 张子《西铭》云:"其践形惟肖者也。"肖者,肖乎天也。曷谓肖乎天? 喜怒哀乐之得其中,犹春夏秋冬之得其时,风雨晦明之得其节也,故曰惟圣者能之。然则欲尽乎为人之道者,正当于形色中求天则,不当于虚无处求灵明也。

第三十九章

齐宣王欲短丧,公孙丑曰:"为期之丧,犹愈于已乎?"

张氏云:"丧服之制,本于人心之不可已者。圣人节文之而为之中制,所谓天理人情之至者也。而宣王乃欲短之,则其良心之陷溺,亦已甚矣。"

孟子曰:"是犹或紾其兄之臂,子谓之姑徐徐云尔。亦教之孝弟而已矣。"

朱《注》:"紾,戾也。教之以孝弟之道,则彼当自知兄之不可戾,而丧之不可短矣。孔子曰:'子生三年,然后免于父母之怀。予也有三年之爱于其父母乎?'所谓教之以孝弟者如此。盖示之以至情之不能已者,非强之也。"

张氏云:"孟子以衿兄之臂为喻者,知衿兄之为非,则勿为可也,而谓之徐徐,是亦衿之而已矣。先王之制,不可不及也。三年之间,贤者视之,如白驹之过隙,特以制礼之中,不敢以有过耳。若于此欲有所损焉,则为废礼而不仁矣,故曰'亦教之孝弟而已矣'。夫使其知孝悌之所以然,则为弟者其忍衿其兄乎? 而为人子者其有不三年者乎? 所谓教之孝悌者,亦即其良心而感发之耳。"

王子有其母死者,其傅为之请数月之丧,公孙丑曰:"若此者,何如也?"

朱《注》:"陈氏曰:'王子所生之母死,厌于嫡母,而不敢终丧。其傅为请于王,欲使得行数月之丧也。'"

曰:"是欲终之而不可得也;虽加一日愈于已,谓夫莫之禁而弗为者也。"

张氏云:"孟子意以为王子有父在,有君母在,王子欲服其母之丧,而禁之使不得伸,故其傅为之请数月之丧,谓虽加一日犹愈于已,以王子之心,欲终之而弗得遂其志故尔。若宣王之服丧,则孰为之禁哉? 莫之禁而弗为,则三年之制,虽一日不可以有损也。"

愚按:三年之丧,称情立文,以为之制,发于人心之所不容已也。"哀哀父母,生我劬劳",所以报之者,不过如斯而已。曾子曰:"君子思其不可复者而先施焉。"三年之丧而短其期,是不可复者也。夫欲终之而不可得,其心可哀也。虽加一日愈于已,其心可原也。莫之禁而弗为,其本心果安在也。

第四十章

孟子曰:"君子之所以教者五:

愚按:教育之术,千变万化,孟子所谓教者五,不过举其大纲耳,非必尽于是也。

有如时雨化之者,

张氏云:"《记》曰:'当其可之谓时。'所谓'有如时雨化之者'也,言如时雨之造化万物也。今夫物之萌者欲发,甲者欲坼,于是时也而雨及之,则皆得以遂矣。盖不先不后,当其可而适与之会,无待于彼之求也。君子之教人,其察之精矣,于其时而告之,得之者如物之被时雨焉,其于欲达未达之间,所赖者深矣。龟山杨氏以为如告曾子以'吾道一以贯之'是也。盖曾子未尝问,而夫子呼以告之,当其可也。"

有成德者,有达财者,

张氏云:"成德者因其有德而成之,如颜、闵、仲弓之徒,其德之所成,虽存乎其人,而成之者圣人也。达财者,因其材而达之,如赐之达、由之果、求之艺,虽其天资所禀,而达之使尽其材,则教之功也。"

愚按:"成"字、"达"字甚有味。"德"字之义,从直从心,直道之人,最为近道,所贵有以成之。"财"字与"材"通,譬之树木,方在生长,虽有凌霄蔽日之资,无由迅发,所贵有以达之。成者,优游涵泳之义;达者,曲畅旁通之义。

有答问者,

张氏云:"成德、达材,答问固在其中,而又有所谓答问者,此则专为凡答其来问者也。虽鄙夫之空空,所以答之者,亦无非竭两端之教也。"

有私淑艾者。

张氏云:"所谓私淑艾者,盖不在于言辞之间,躬行于身而观者化焉。凡动容周旋之间,无非教也。君子之善治其身,非为教人也。身修而教在其中,成己、成物之道也。"

罗氏罗山云:"君子之所以教者五,上四等其品有差,是以及门者定之也。有私淑艾者,其中品谊不一,有窃用其善言、善行而成德者,有因其议论、行事而达才者,有参考、详辨如相答者,有得不传之学于遗经而远接其道统者,是亦教泽有以及之,故皆云'君子之所以教'也。"

此五者,君子之所以教也。"

愚按:此言教人之法。《易·临卦》之《象传》曰:"君子以教思无穷。"《坎卦》之《象传》曰:"君子以习教事。"所以思、所以习者,皆研究教人之法也。自学者而言之,倘轶乎五者范围之外,而敖焉而惰焉,而浮焉而诞焉,而蒙昧不率教焉,则虽圣人亦无如之何矣。

第四十一章

公孙丑曰:"道则高矣美矣,宜若登天然,似不可及也。何不使彼为可几及而日孳孳也?"

愚按:道者,中庸而已,无所谓高也,不必震惊其美也,更无所谓若登天然而不可及也。惟学者不知殚心以求道,而道乃终不可及。

孟子曰:"大匠不为拙工改废绳墨,羿不为拙射变其彀率。

朱《注》:"彀率,弯弓之限也。言教人者皆有不可易之法,不容自贬,以徇学者之不能也。"

愚按:圣贤教人,无枉道自贬之理。若废其绳墨,变其彀率,则不成为教矣。后世教者,因学人之惮于深造,动辄迁就,降格以从之,曰求浅求浅,驯至规矩绳墨荡焉无存。稍课以高深之学理,即茫然而不省,学术日陋,程度日卑。屈子曰"固时俗之工巧兮,偭规矩而改错",自无异于自窒其智识,自就于沦亡也。悲夫!

君子引而不发,跃如也。中道而立,能者从之。"

张氏云:"君子之教人,引而不发,引之使向方,而发则系于彼也。

跃如者,言其自得之,如有所兴起于中也。盖理义素存乎其心,向也陷溺,而今焉兴起耳。道以中为至,中道而立,其能者固从之,其不能者亦莫可如之何也已。亦犹大匠设绳墨,羿为彀率以示人,其能与不能,则存乎其人耳。中道而立,能者从之,此正大之体,而天地之情也。虽然,学者于圣贤之言,当以身体之,以心验之,循其所谓绳墨彀率者而勿舍焉,及其久也,将自有得。不然,而先起求跃之意,则是蕲获助长,为害滋甚矣。”

愚按:是所谓师范也。愚尝谓《礼记·学记》一篇,为后世师范之权舆。其中至精之言曰:“道而弗牵,强而弗抑,开而弗达。”道而弗牵者,谓示以道涂而不牵引之也。强而弗抑者,谓虽勉强之而不抑其志意也。开而弗达者,谓开其端而不竟其绪也。皆所以养其自治自觉之力也。教育之道发之尽,则学者将至于不思,故以开其自治自觉之机为贵,引而不发,即俾其自觉之机也。跃如者,即学者之自觉也,非虚无缥渺之道也。中道而立,不抗不卑之道也,高者可以俯而就,卑者可以仰而企。圣人设教,庸言之信,庸行之谨,善世博化,正在于是。能者从之,天下皆能者也。惟自安于不能,而自弃其能,则终于不能而已矣。上章言教人有因材之道,故天下无弃人;此章言教人无自贬之道,故国民可进化。

第四十二章

孟子曰:“天下有道,以道殉身;天下无道,以身殉道。

张氏云:"天下有道,则身达而道行,所谓以道殉身也。天下无道,则身退而守道,所谓以身殉道也。道之于己,不可离也,故非道殉身,即身殉道。以身殉道者,可见潜龙确乎不可拔之意,盖处无道之世为难也。"

愚按:以道殉身,言以道随乎身而不离,惟恐或失其道也。以身殉道,言以身随乎道而不舍,惟恐或失其身也。乃不曰从曰随而曰殉者,朱《注》谓"殉如殉葬之殉,以死相从而不离也",其说至为切实。孔子曰"守死善道",以死善其道,即以身殉道也。又曰"天下有道则见,无道则隐",与此节亦互相发。

未闻以道殉乎人者也。"

朱《注》:"以道从人,妾妇之道。"

愚按:以道殉乎人者,李斯是也。以身殉富贵,以身殉利禄,乃至以身殉五刑,迨乎将死而始悔,晚矣。嗟乎!以身殉道者,立身行道,扬名于后世;以道殉人者,弃道灭身,遗臭于万年。揆厥所由,特不过一念之差耳,岂不可惧也哉?

第四十三章

公都子曰:"滕更之在门也,若在所礼而不答,何也?"

赵《注》:"滕更,滕君之弟,来学者也。"

孟子曰："挟贵而问,挟贤而问,挟长而问,挟有勋劳而问,挟故而问,皆所不答也。滕更有二焉。"

赵《注》："挟,接也。滕更有二焉,接贵、接贤,故不答矣。按:接,持也,言挟持也。"

张氏云："受道者以虚心为本,虚则受,有所挟,则私意先横于胸中,而可告语乎? 故空空之鄙夫,圣人未尝不竭两端之教,而滕更之在门,若在所礼而不答也。使滕更思其所以不答之故,于其所挟,致力以消弭之,其庶几乎? 然则孟子之不答,是亦诲之而已矣。"

愚按:《中庸》云："有弗学,学之弗能弗措也。有弗问,问之弗知弗措也。"问也者,辅学之不逮,发学之所未明者也,乃所以求学也。若意之不诚,岂求学之道乎? 虽然,后世更有挟意气以凌师长者,则获罪尤大矣。

第四十四章

孟子曰："于不可已而已者,无所不已;于所厚者薄,无所不薄也。

张氏云："此观人之法也。人之秉彝,不可殄灭,故其日用之间,有不可已者焉,有所厚者焉,皆其良心之存者也。不可已者,如哭死而哀之类是也。所厚者,人伦之际是也。若于其不可已而已焉,则之人也,何所不已乎? 若于厚者而薄焉,则之人也,何所不薄乎? 已则生理息,薄则恕道亡,是残贼陷溺其心之甚者矣。"

其进锐者其退速。"

张氏云:"天下之理,进之锐,则退必速,盖不进则退矣。其进之锐者,即其所为退之速者也。《庭燎》之诗,始而夜未央,中而未艾,终而乡晨,君子于其未央也,则知其必至于乡晨也,此三者,虽观人之法,而亦自治之要也。"

愚按:孟子传子思之学,发明中庸之道。此章乃言太过之弊。或谓上节系不及时之弊,非也。不可已而已者,已之太过,拔一毛利天下而不为,杨氏之学也。所厚者薄,薄之太过,墨氏之学,以薄为其道也。进锐退速,吾儒之遵道而行,半涂而废者也。孟子于逃杨、逃墨之徒,皆思有以受之,而于为学之助长躁进者,则更欲引之于中庸之道也。孔子曰:"中庸其至矣乎!民鲜能久矣。"世衰道微,聪明之士,既皆流于异学而忘本,而吾人之为政治学术者,皆以求进太速,其升愈骤,其堕愈深,以至学问事业,皆废于半涂,此尤圣贤之所深悯,而思有以切戒之者也。

第四十五章

孟子曰:"君子之于物也,爱之而弗仁;于民也,仁之而弗亲。亲亲而仁民,仁民而爱物。"

张氏云:"理一而分殊者,圣人之道也。盖究其所本,则固原于一；而循其所推，则不得不殊。明乎此，则知仁义之未尝不相须矣。夫君子之于物，无不爱者，犹人之一身，无尺寸之肤而非其体，则无尺寸之肤不爱也。然曰'爱之而弗仁'，何也？夫爱固亦仁也，然物对人而言，则有分矣。盖人为万物之灵，在天地间为至贵者也。人与人类，则其性同，物则各从其类，而其性不得与吾同矣。不得与吾同，则其分不容不异。仁之者，如老其老、幼其幼之类，所以为交于人之道也。若于物而欲仁之，固无其理。若于人徒爱之而已，则是但以物交，而人之道息矣。故程子曰：'人须仁之，物则爱之。'亲亲而仁民，仁民而爱物，由一本而循其分，惟仁者为能敬而不失也。"

愚按：此所谓等也，平等之说，实始于墨氏之爱无差等。论者因欲以家庭之爱情，移之于社会；社会之爱情，移之于国家。不知家庭自有家庭之爱情，社会自有社会之爱情，国家自有国家之爱情。其说固已浅陋矣。至欲以亲亲之事，行之于仁民；仁民之事，行之于爱物，则尤不通之甚者也。夫亲亲、仁民、爱物，皆发于不忍之心，所谓理一也。然亲亲有亲亲之道，仁民有仁民之道，爱物有爱物之道，各有其等差而不可越，各有其秩序而不容紊，所谓分殊也。夫人道，天地间之最贵者也。然言人道而至于无别，将以施之于父母兄弟者，施之于途人，无论其理之不可也，其事岂可继乎？近世墨氏之学盛行，平等之说尤炽，吾惜其不读《孟子》也。夫孟子之学说，所以维人道于不敝者也。

又按：亲亲仁民之道，第一篇"桓文之事"章、第二篇"不忍人之心"章，言之綦详，而爱物之道，极宜研究。说者曰"启蛰不杀，方长不折"，即爱物之道也。彼动植物惟不能言耳，其痛苦之情，无异于人也，故当有以体之而恤之。此仁人之言也，吾人所当遵守者。然愚尝谓爱物不但爱天然之物，更当爱人工之物。老子曰："圣人善救物，故无弃物。"此"物"字即指人工物而言。人工物有萃数十人、数人之力而成者，有尽数十年、数年之力而成者，即使为一人之事，数日之功，亦必竭其心思手足，辛苦艰难而后成。我能造是物，固当爱是物；我不能造是物，尤不当不爱是物。故夫率意毁坏人工物者，皆养成其残忍之性者也。彼人工物亦惟不能言耳，其所以爱之、护之而补救之，使归于有用者，与动植物一也。是故圣贤之爱物，自有情之物，推而至于无情之物。夫然故天下无弃物，乃可谓之爱物。然则爱情之在天下，何往而不普及乎？

第四十六章

孟子曰："知者无不知也，当务之为急；仁者无不爱也，急亲贤之为务。尧、舜之知，而不遍物，急先务也。尧、舜之仁，不遍爱人，急亲贤也。

张氏云："圣人之道，有纲有目，有本有末，非若诸子异端之漫而无统也。尧、舜之智而不遍物，尧、舜固有所不知者，如百工之事，尧、舜岂能尽知乎？惟能急先务，故其知无不周焉。尧、舜之仁，不遍爱人，如博施济众，尧、舜固以为病矣。惟其急亲贤，故仁无不被焉。皆以急为言者，以言其所当先者也。"

愚按：当务为急，所以为智，不废精神于无用之地也。急亲贤所以为仁，不令小人间之也。尧、舜之急先务，正德利用厚生，执其两端，用其中于民也。尧、舜之急亲贤，尧以不得舜为己忧，舜以不得禹、皋陶为己忧。舜有臣五人而天下治也。若徒泛骛其知，而凡事不能提纲挈领，焉得智？小人进用，好恶乖违，焉得仁？

不能三年之丧而缌小功之察，放饭流歠而问无齿决，是之谓不知务。"

愚按：放饭，或任意大饭而多食也。流歠，谓长饮也。二者皆大有害于生理。齿决，吃断干肉。既放饭流歠矣，而乃讲求细嚼，可谓知卫生之务乎？不能三年之丧，是悖其性理。放饭流歠，是悖其生理。天下不知务者日多，则政治日坏，饥馑之荐臻也。流离之载道也，不察也，乃猥而问牛喘，（见《汉书·丙吉传》。）干谒之接踵也，贿赂之公行也，不察也，乃下而摭琐节，耗数年之心力，研究无益之事，皆可宝之时光也，何其不知务也！竭亿万之赀财，以供给无益之用，皆百姓之脂膏也，何其不知务也！洎乎后世，阘冗浅妄者流，专欲以章程条例治天下，壹意毛举细故，察察为明，文网愈密，饰伪愈甚，而天下益以多故矣。嗟夫！不知务而至于凿其性，泪其性，不仁不智，是人役也。

卷十四 尽心下

第一章

孟子曰:"不仁哉梁惠王也!仁者以其所爱,及其所不爱;不仁者以其所不爱,及其所爱。"

愚按:以其所不爱及其所爱,或谓此气数之当然,天道也;不知此非数也,实理也。天下之理,有感斯应。杀人之父,人亦杀其父;杀人之兄,人亦杀其兄;则杀人之子弟者,人亦杀其子弟。人道贵乎恕,我不以恕待人,人必不以恕待我,则所谓天道者,皆人事也。天不必设一网也,而人自罹之;天不必设一局也,而人自入之。大《易》盈虚消息之数,非造物者安排于其间也,而人自曲折迷惑以赴之。积不善之家,必有余殃;恶不积,不足以灭身,皆感应之理也。然而庸人不悟也,则喻之曰天道云尔。

公孙丑曰:"何谓也?""梁惠王以土地之故,糜烂其民而战之,大败,将复之,恐不能胜,故驱其所爱子弟以殉之,是之谓以其所不爱,及其所爱也。"

愚按:惠王必不忍死其子弟也,至于大败,则亦已矣。而必欲复之者,疑我兵之或不用力,忌我将之或不用命也,于是驱其最亲信之子弟以监督之,而子弟死矣。天下疑忌人者,人亦疑忌之;天下欺罔人者,人亦欺罔之。一人之疑忌,必不敌天下人之疑忌也;一人之欺罔,必不敌天下人之欺罔也。此乃所谓恕也,所谓公理也,所谓天道也。民之子弟皆糜烂,而我所爱之子弟,乃不觉驱而殉之也,此所谓殉者,殉千万人之性命也,惠王送以殉之也。楚灵王篡上自立,作福作威,至于乾溪之难,闻群公子之死也,自投于车下,曰:"人之爱其子也,有如余乎?"其仆曰:"小人老而无子,知挤于沟壑矣。"王曰:"余杀人子多矣,能无及此乎?"灵王至于将死,而其恻隐之心始露,其是非之心始明也。哀哉!而惠王乃曰"愿比死者一洒之",则至死而犹不悟矣。哀哉王之子弟也!哀哉王之民也!

第二章

孟子曰:"春秋无义战,彼善于此,则有之矣。

朱《注》:"《春秋》每书诸侯战伐之事,必加讥贬,以著其擅兴之罪,无有以为合于义而许之者。但就中彼善于此者则有之,如召陵之师之类是也。"

征者,上伐下也。敌国不相征也。"

朱《注》:"征,所以正人也。诸侯有罪,则天子讨而正之。此春秋所以无义战也。"

愚按:《孟子》此章,发明战之必出于义。如其义也,敌国相争,如汤之征葛,西伯之戡黎,皆义师也。如其不义,即上伐下,亦不得为善。春秋时,诸侯皆以私意之喜怒而兴师,无出于义者,故曰"敌国不相征"。

第三章

孟子曰:"尽信《书》则不如无《书》。

赵《注》:"《书》,《尚书》。经有所美,言事或过,岂可案文而皆信之哉?"

吾于《武成》,取二三策而已矣。

赵《注》:"《武成》,逸《书》篇名。言取其二三策可用者而已。"

仁人无敌于天下,以至仁伐至不仁,而何其血之流杵也?"

张氏云:"仁人盖无敌人,以至仁伐至不仁,天人应之,又何待战斗杀伤之多也? 以是知'血流漂杵'之言为不足信者矣。战国之际,日以干戈相寻,糜烂其民而莫之恤。意者血流漂杵之言,未必不为借口耳。虽然,详味当时《武成》之所记,特以形容纣有如林之众,离心离德,前徒倒戈,自攻其后,而有漂杵之势,用以见周之无敌。然而'漂杵'之言,则不无过矣。学者读书,要当默会其理,若执辞以害义,则失之远矣。"

王氏船山云:"《集注》云:'杵,舂杵也。'虽云《书》不足信,然言事亦必有其理而后成文。师行粮食,战则赍糇糒,守则输米以炊,未有挟杵臼以行者。如云居民庐舍中之舂杵,则甲子之师陈于牧野,非捣垒陷城,何至入民庐舍而杀人? 按:'杵'本'橹'字之讹,谓盾也。凡为盾之木,材必轻而制必薄,故有可漂流之理。虽为已甚之辞,然亦后世尉缭、白起之兵所或有也。"(按:贾谊《过秦论》云:"流血漂橹。"橹即盾也,即隐用:"血流漂杵"义。)

愚按:《书》不可尽信,为孟子特创之论,非豪杰之士,不能发此言。在战国时,古书已不可尽信,而况秦火之后乎? 彼拘文牵义、傅会穿凿者,何容复置其喙乎? 虽然,孟子曰"取二三策而已矣";韩子曰"辨古书之真伪",惟能信古书,而后能辨古书。后之学者,要在博学论世,然后能广其见闻,高其学识,亦毋因孟子之言而轻疑载籍也。

第四章

孟子曰:"有人曰'我善为陈,我善为战',大罪也。

愚按:善战者服上刑。孰刑之? 天刑之也。天不能刑人,则人刑之也。我善为陈,我善为战,大罪也。孰罪之? 天罪之也。天不能讨有罪,则人罪之也。且夫古之用兵者,兼形势,包阴阳,用技巧,(《汉书·艺文志》载此三家。)则善为陈、善为战,何尝非兵家之要略? 然而孟子痛恶之者,恶其以教战为本务也。教贪,罪也;教诈,罪也;教战,大罪也。一人教战,则千百人好战;千百人好战,则被其祸害者,千万人而不足;而其流毒之久,至数十年而无穷。彼其以残杀为快心,以战攻为得意,日日言练兵,日日言自卫,少年血气未定之士,靡然从风,侈口高谈,儿戏生命。衅端一开,锋镝交于朝市,骸肉暴于郊原,民吾同胞,呼号满路,而残忍之性,漠然无所见闻。且诩诩自得,以为强国之计在是焉。至是而造物好生之心,澌灭无余,旦夕之间,其性命,其身家,其子孙,皆与之而俱尽。痛矣夫!盖教战者,天道之所深恶,亦人道之所必诛也。三世为将,道家且以为忌矣,曾明哲者而犹不悟乎?

国君好仁,天下无敌焉。

愚按:此二语者,世皆以为迂矣。然而纵观史册,不仁之君,未有能敌人而不败者也;乐杀人之君,未有得志于天下者也。好仁者,好生也。好生则生气翕聚而天与之,好生之德,感于民心,而人归之,则天下未有能敌之者也。然而世且以为迂言也。

南面而征,北狄怨,东面而征,西夷怨,曰:‘奚为后我?’

愚按:此引汤之事以证之也,见其民之和也。

武王之伐殷也,革车三百两,虎贲三千人。

愚按:此引武王之事以证之也,见其兵之少也。革车,兵车也。

三百两,三百乘也。虎贲,武士也。

王曰:'无畏,宁尔也,非敌百姓也。'若崩厥角、稽首。

愚读周武王之言,不禁为之流涕也。呜呼!百姓,我之百姓也,其心皆向我者也。我苟非大不仁,则未有背我者也,而忍敌之也?呜呼!百姓,我之百姓也,皆我之赤子也。其饥其寒,其生其死,皆我之责任也,而忍敌之也?呜呼!百姓,我之百姓也,宅尔宅,田尔田,终岁勤动,纳赋税以尽力于公家者也,何以使之断脰而折足也,而忍敌之也?呜呼!百姓,我之百姓也,家人父子,欢乐嬉嬉,循分善良者也,何以使之肝脑涂地也,而忍敌之也?呜呼!百姓,我之百姓也,至愚者百姓也,至诚者百姓也,一旦有事,至苦者亦百姓也,而忍敌之也?呜呼!百姓,我之百姓也,事我者也,养我者也;我所衣者,百姓之指肤也;我所饮者,百姓之汗血也;我所食者,百姓之脂膏也。然而我之处心积虑者,非为他人,为敌百姓也;我之秣马厉兵者,非为他人,为敌百姓也;我之劳师糜饷、杀人如草芥而所过为墟者,非为他人,为敌百姓也。我食于百姓,而原野食百姓之肉;我饮于百姓,而川谷流百姓之血,皆为敌百姓也。王曰"非敌百姓也",此真仁人之言也,此周武王之有天下所以至八百年也。呜呼!百姓,我之百姓也,世固未有敌百姓者也,然而世常有敌百姓者也。呜呼!我亦百姓也,世固未有敌百姓之人也,然而世之人则常有敌百姓之心也。窃愿以斯言感其良心也。

征之为言正也,各欲正己也,焉用战!"

愚按:征之为言正也,此训故字法。"征"从正字得声也。正己之道奈何? 修德、行仁、为善而已矣。各正己而百姓宁矣。余尝作《善战者服上刑论》,已见《离娄》篇。

第五章

孟子曰:"梓匠轮舆能与人规矩,不能使人巧。"

愚按:圣人既竭目力,继之以规矩,以为方员不可胜用。规矩所以为巧,巧即在规矩之中。《易传》曰:"形而上者谓之道,形而下者谓之器。"器者,规矩也。道寓于器之中,学者即器而深思之,进而悟乎道,乃所以为巧也。《庄子》轮扁之告桓公曰:"不徐不疾,得之于手,而应于心。是以行年七十而老斫轮。"(见《天道》篇)此所谓因器而悟巧道也。大匠与人规矩,即所以使人巧也。而其能巧与不能巧,则存乎其人。学者受规矩而不思不为,或思之而不精,为之而不熟,则终身不能以成巧。自《周官·考工记》而后,艺学竟至中绝。《记》曰:"作者之谓圣,述者之谓明。"深有望于吾国之工业家也。

第六章

孟子曰:"舜之饭糗茹草也,若将终身焉。及其为天子也,被袗衣,鼓琴,二女果,若固有之。"

朱《注》:"饭,食也。糗,干糒也。茹,亦食也。袗,画衣也。二女,尧二女也。果,女侍也。言圣人之心,不以贫贱而有慕于外,不以富贵而有动于中,随遇而安,无预于己,所性分定故也。"

顾氏亭林云:"享天下之大福者,必先天下之大劳;宅天下之至贵者,必执天下之至贱。是以殷王小乙,使其子武丁旧劳于外,知小人之依。而周之后妃,亦必服澣濯之衣,修烦缛之事。及周公遭变,陈后稷先公王业之所由者,则皆农夫、女工衣食之务也。干宝《晋纪》论古先王之教,能事人而后能使人,其心不敢失于一物之细,而后可以胜天下之大。舜之圣也,而饭糗茹草;禹之圣也,而手足胼胝,面目黧黑。此其所以道济天下,而为万世帝王之祖也,况乎其不如舜、禹者乎?"

王氏船山云:"袗,元衣也。王者衮服,上衣元,象天;下裳黄,象地。《集注》云:'画衣,袗衣虽画,而袗不训画。'且公侯之衣亦画,而不得名为袗衣也。"

第七章

孟子曰:"吾今而后知杀人亲之重也。杀人之父,人亦杀其父;杀人之兄,人亦杀其兄。然则非自杀之也,一间耳。"

愚尝引《孟子》此章之义,为辞以警当世云。咄嗟!天下有剚刃以杀其父者乎?无有也。有挥戈以杀其兄者乎?无有也。然而日日自杀其父、自杀其兄者,何也?杀人之父,即以自杀其父;杀人之兄,即以自杀其兄也。咄嗟!吾今而后知者,知之久矣,不忍言也。乃旷观世界,杀其父、杀其兄者,不绝于耳目,至此而不忍不言也。咄嗟!非自杀之者,实自杀之也,一间者,间接也。天下无直接杀其父、杀其兄者,乃皆间接以杀其父、杀其兄者也。咄嗟!好战而敌百姓也。争地以战,杀人盈野;争城以战,杀人盈城。日日杀人之父、杀人之兄,不转瞬而人亦杀其父也,杀其兄也。咄嗟!搜括而敛民财也,剥人之肤,椎人之髓,敲人之骨,吸人之血,日日杀人之父、杀人之兄,不逾时而人亦杀其父、杀其兄也。咄嗟!曾子有言"出乎尔者反乎尔者"也。吾常谓反动力之在天下,如空气然,无隙不入。是故无言不雠,无德不报。人惟嗜杀,而使人之父、人之兄宛转哀号于吾梃刃之下、犴狱之中,庸讵知吾之父、吾之兄亦将宛转哀号于人之梃刃之下、犴狱之中?此乃人道之当然也,此乃天演之公理也,如响之斯应也,如影之随形也,不得免也,无可逃也。咄嗟!《孝经》有言:"敬其父则子悦,敬其兄则弟悦,敬一人而千万人悦。盖孝弟之至,和气所积,通于神明;不孝不弟之至,戾气所积,乃至杀其父、杀其兄者,累轨连踵,举目而皆是。气之感捷,似石吸铁,此非必造物之有省记也。然而无铢两之或差也。此不必如释氏之言因果也,然而无毫发之或爽也。咄嗟!吾今而不知宇宙怨毒之气何日而消,而太和之气何时而方长也。咄嗟,咄嗟!

第八章

孟子曰："古之为关也,将以御暴;今之为关也,将以为暴。"

愚按:此承上章而言。设关为暴,正所以杀人也。小民负贩,所得几何,而忍重税以苦之乎?古者致天下之民,聚天下之货,交易而退,各得其所,故天下之货,贵乎源源而流通,则藏富于商贾,而国用自饶。今乃重重为关,以阻之、遏之,使货不得出,于是乎民日困而国日贫。故夫后世关之为害,譬蝮蛇之伏于心,其毒未有能救者也。关吏之遇商民,叫嚣隳突,似待狱囚,而百姓每至度关,骇然丧胆,或稍稍贿之,不餍其欲,罚且百倍。嗟夫!孔子曰:"苛政猛于虎也。"夫苛政未有甚于重税者也。地方官吏之为暴也,不啻纵百万虎狼于都邑而噬人也;关吏之为暴也,不啻使百万虎狼以当关而噬人也。然而战国时之为关也,虽为暴也,而国犹得获其利也;后世之为关也,虽为暴也,而国并不能享其利也。其利归于一二人之私橐,而民怨乃丛于其君。嗟夫!民怨积而人思夺之矣!

第九章

孟子曰:"身不行道,不行于妻子。使人不以道,不能行于妻子。"

愚按:此孟子述曾子之学说也。《大学》曰:"所藏乎身不恕而能喻诸人者,未之有也。"此即"身不行道,不行于妻子"之说也。孟子所谓道,即恕道也。《大学》曰:"慈者,所以使众也。其所令反其所好,而民不从。"此即"使人不以道,不能行于妻子"之说也。孟子所谓道,即慈道也。《大学》曰:"宜其家人,而后可以教国人。"夫不行于妻子,不能行于妻子,而欲以行于国人,岂不僇哉?

第十章

孟子曰:"周于利者,凶年不能杀;周于德者,邪世不能乱。"

愚按:孟子以利与德并举,盖有深意存焉。且夫人世最可怖者,曰凶曰邪;人生最可惧者,曰杀曰乱。乱者,乱于利也,自乱之也。世之不能周于德者,曰我无利也,将为凶年所杀也,则孳孳以谋利。夫借口于凶年以谋利,是以饥渴害其心也。不知放于利而行多怨,则人人皆欲杀之。故孟子特表之曰"周于利者,凶年不能杀",言但为凶年所不能杀尔。世界一大学校也,故士君子处治世,则德行日进;处乱世,则德行日退。学者受邪世之教育,譬诸受洪炉之镕钧,身销骨化,其不乱者几希。惟周于德者,葆其本心,壁立千仞,能不为世俗所惑,不为世风所挠。《易·履》之初九曰:"素履往,无咎。"《象》曰:"素履之往,独行愿也。"说者曰:此即君子素其位而行,不愿乎其外也。夫素位而行,独行其愿,则往何咎矣。故其九二曰:"履道坦坦,幽人贞吉。"《象》曰:"幽人贞吉,中不自乱也。"夫中不自乱,而不为利所乱,不为世所乱,乃不为邪世之人所杀。

第十一章

孟子曰："好名之人，能让千乘之国；苟非其人，箪食豆羹见于色。"

愚按：此孟子教人以存诚也。存心以立诚为贵，箪食豆羹见于色，卑鄙之情毕露矣，不诚未有不露者也。君子之道，敬于内则慎独，敬于外则戒伪。小人终身作伪，而人之视己如见其肺肝然者，掩覆未有能久者也。苏子瞻曰："人能碎千金之璧，而不能不失声于破釜。"盖碎千金之璧，不难矫饰以为之；若失声破釜之时，则其诚不觉一显焉。所谓"莫显乎微"也。是故君子诚之为贵也。虽然，语有之：三代而下，惟恐不好名。后士之士，则多能让箪食豆羹，而于千乘之国则盗之者。

第十二章

孟子曰："不信仁贤，则国空虚；

愚按：仁贤者，国之宝也，而竟有不信者，何也？刚愎以拒之，柔阇以敷衍之，谗谄以间之，貌敬而神离之。盖彼有所谓仁，有所谓贤。而其所信为仁者，乃正不仁者也；所信为贤者，乃正不贤者也。于是仁贤者乃遂相率肥遁，入山入林，而惟恐其不远。入其疆，土地荒芜，间阎凋敝，若无人者然。邻国睨之曰"嘻，此空虚之国也"，则以为殖民之地矣。呜呼！仁贤者，国之宝也。《诗》曰："诲尔谆谆，听我藐

藐。"又曰:"听用我谋,庶无大悔。"彼仁贤者,方且怀忠爱之诚、缠绵
悱恻之意,冀幸君之一悟,民之一苏。乃为人君者,曾是莫听而大命
以倾也,岂不悲哉!

无礼义,则上下乱。

愚读此节,而知平等之说必不可行于天下也。夫惟盛世,在上者
之对于下,常存平等之念而与之相侪;在下者之对于上,常存不敢平
等之念而与之相抗。夫然后名分定,国家治。《易传》曰:"天尊地卑,
乾坤定矣。卑高以陈,贵贱位矣。"此言《乾》《坤》六十四卦之位,礼义
行乎其中也。礼者,人道之纲;义者,人事之宜也。有礼有义,则尊卑
贵贱,井然厘然,秩序明而万事理;无礼无义,则贼民兴,犯上作乱,秩
序紊而万事淆矣。且夫等者,阶之级也,纵有并之之心,而实无并之
之道者也。洎乎衰世,在上者之对于下,绝无平等之念;而在下者之
对于上,则日持平等之论,以为若何能而居我之上也?于是乎诋之毁
之,攻之击之,思所以驱除之,夫是之谓乱。《易传》曰"履霜,坚冰
至",非一朝夕之故也。而无识之徒,犹欲倡为邪说,以为礼义迂谈,
非所宜于今之世,虽有老成典型,莫之或信。国事乃蜩螗沸羹,驯至
于危亡而不可收拾,岂不悲哉!

无政事,则财用不足。"

愚按:今之治国者,日日忧贫,乃日日言理财,而并不知有政事,

此绝可怜而尤可痛者也。《周易》言"理财正辞"，《大学》言"生财有大道。"理财之本，依乎生财，未有不生财而能理财者。生财之道，备于《周官》《管子》，而莫要于农工商矿四政。四政者修，所谓"生之者众，食之者寡；为之者疾，用之者舒"，则财恒足者也。大同之世，天不爱其道，地不爱其宝，民不爱其力者，政事修于上也。顾或者谓农工商矿，其效非旦夕致，缓不济急，当奈何？曰：自古理财家之枢纽，开源节流，当兼营而并进。譬诸岁用二万万之财，则惟有节省而用之，在支配之得其当而已。节流以待开源，本事足而岁计有余，久之自源源而不竭矣。今乃不知生财而求理财，理之无可理，而惟思贷财；至于贷之无可贷，国且因此亡矣。呜呼！此其故何也？不知有政事也。不知有政事，而国于是无政事。政事愈废，而财用愈匮；财用愈匮，而取于民者愈无制；取民无制，民不能供，而搜括之计愈日出而不穷。于是向之急公奉上者，至是而敲剥无余；向之依赖公家者，至是而穷饿且死。杼柚俱空，上下交困，束手无策，而犹纷纷然曰"贷财贷财"。呜呼！岂不悲哉！

第十三章

孟子曰："不仁而得国者有之矣，不仁而得天下未之有也。"

愚按：不仁岂能得国？然不仁而得国，亦偶有之者，何也？一国之民势弱，团结力薄，犹可以私智牢笼之，以武力压服之，然亦仅有之事耳。若不仁而得天下，则自古以来未之有也。盖天下之人心，咸归于仁，不仁者好人之所恶，恶人之所好，不特非民心所乐归，且为民怨所交集，岂能强致？盖人心难得而易失，民情至愚而难欺，不可以利诱，亦不可以威劫也。虽然，既不仁而得国矣，乃往往欲觊天下，权谋相尚，干戈相争，驯至身死国灭，为天下笑。即偶有幸得之者，亦一再传而失之，犹不得也，而其获祸则尤酷。此前史所载不仁之君常如此者，非一世也。孔子曰："进而不已必困。"老子曰："知足不辱，知止不殆。"吾深愿其鉴于前车，返于迷复，幡然而为仁，斯天下之幸，亦一己之福也。

第十四章

孟子曰："民为贵，社稷次之，君为轻。

愚按：民者，天地之心所寄，与天子共维持天下者。其好恶之心，协于一世之大公，故为贵。君者，天子是也。何以知其为天子？以下文言天子而知之也。为民而设，经理民事，故为轻。虽然，'民贵君轻'之说，孟子发明之已久，而后世鲜称述之者，为民而闇无知识，甚乃嚣然不靖，颠倒是非，则失其为民之资格。而为君者，又辄逞一己之私意，借口于民智之卑劣，倚势作威，以欺民而压民。故轻重倒置，至二千余年。今欲发明'民贵君轻'之义，当注重于民德、民智二者，皆当通于孟子之学说。民德何先？孟子所谓不失其良心是也。民智何先？孟子所谓谨庠序之教是也。

是故得乎丘民而为天子，得乎天子为诸侯，得乎诸侯为大夫。

王氏船山云："小山谓之丘，积物如山，亦谓之丘。《易》'涣有丘'，大也，众也，积之众则大矣。四井为丘，亦取积多之义。丘民者，众民也，所谓天下之民归心也。若偶然获誉于陇首之农夫，而为豪杰之士所不与，亦何足以为天子。"

愚按：战国时未有共和之说，（周厉王时共和行政，与后代共和意异。）而孟子曰"得乎丘民而为天子"者，开共和之学说，自孟子始。盖天子者，民之所推戴，故民为邦本。君以民为天，若不为民所爱戴者，则祸逮夫身而失天下，故曰"得乎丘民而为天子"也。"得乎天子为诸侯，得乎诸侯为大夫"者，任用诸侯、大夫，天子之权，民不得而干预之。其有贪墨庸劣不称职者，纠弹之可也，若民掣君之肘，而侵其用人之权，则事机滞，政将不理，而天下乱。

诸侯危社稷，则变置。

愚按：诸侯以守土地为职者也，不能守其国，将为人所灭，而民亦将陨坠其身家性命，则不得不变置之。其所以变置者，为民也，为民所以安社稷也。

牺牲既成，粢盛既洁，祭祀以时，然而旱干水溢，则变置

社稷。"

愚按:朱子云:"祭祀不失礼。"而土谷之神不能为民御灾捍患,则自当变置之。其所以变置者,亦民之心理也,皆所以为民也。夫诸侯、社稷,皆可变置,若民则万世以来不可得而变置者也。此其轻重,不待通儒阂识而知之也。然而更有进者,旱干水溢,当为治本之策。禹之丰功,在奠大川,而其平生尽力者,则在沟洫。盖治水利,正所以重民食、保民命也。孟子特以社稷与民较轻重,故不及此。

第十五章

孟子曰:"圣人,百世之师也,伯夷、柳下惠是也。故闻伯夷之风者,顽夫廉,懦夫有立志;闻柳下惠之风者,薄夫敦,鄙夫宽奋乎百世之上。百世之下闻者莫不兴起也,非圣人而能若是乎?而况于亲炙之者乎?"

愚按:此章言夷、惠而不及孔子者,天下有"兴起之师,有成德之师",说已见第二篇。韩子《祭田横墓文》曰:"事有旷百世而相感者,余不自知其何心。非今世之所稀,孰为使余歔欷而不可禁?"其所感者深也。若夷、惠二圣,岂直田横氏而已哉?首阳山石,巍巍然矣,穷天地、亘万世而不顾,斯千古气节之大宗也。至于遗佚而不怨,厄穷而不悯,偄乎进于乐天知命之学矣。孟子曰:"百世之下闻者莫不兴起也,非圣人而能若是乎?"望后学者之兴起于无穷也。《诗》有之,

"高山仰止，景行行止"，虽不能至，心向往之。后世亦有闻孟子之风而兴起者乎？夫学圣人者，讵能皆得而亲炙之，则读其书、学其为人也，斯可矣。

第十六章

孟子曰："仁也者，人也；合而言之，道也。"

愚按：仁也者，人也，此解字法也。《说文》"仁"隶《人部》，故得以"人"解"仁"也。造字先有"人"字，后有"仁"字。仁从人从二，言人相偶也。凡事自一人始，而行仁取人相偶者，有己即有人。己欲立而立人，己欲达而达人。一人之心，千万人之心也。《中庸》曰："仁者，人也。"此孟子述师说也。又曰："合而言之，道也。"此孟子特创之解字法也。先儒云："仁者，人之所以为人也。"可见求仁即为人，背仁即非人。《中庸》曰："率性之为道。"可见率其性之仁，则为人之道；失其性之仁，即非人之道。许叔重曰："道，所行道也。"一达谓之道。韩子曰："由是而之焉之谓道。"张子曰："由气化有道之名。"前一者之说拘，后二者之说虚。合二字解一字之法，孟子前无之，孟子后无之，训故家无之，理学家无之。

第十七、十八章

孟子曰："孔子之去鲁，曰'迟迟吾行也'，去父母国之道也；

去齐,接淅而行,去他国之道也。"孟子曰:"君子之厄于陈、蔡之间,无上下之交也。"

愚按:二章言孔子之事,感己之不遇也。女乐啁哳,益牢愁矣。龟山作操,思离忧矣。宗邦之陨,涕浪浪矣。迟迟吾行,侧身傍徨矣。泱泱东海,道不行矣。一变至鲁,既无望矣。接淅而行,不可久留矣。流离陈蔡,更为吾党痛矣。四科十哲,独与二三子共矣。上交不谄,君弗周之矣。下交不渎,臣不我知矣。俯仰天地,几无所容矣。确乎不拔,筮潜龙矣。苞苴干谒,讵肯屈吾节矣。吁嗟乎一身之厄,无人而不自得矣。万姓之厄,悲其无所极矣。弹琴一歌,不怨而不尤矣。世有孔子,吾将从之游矣。

第十九章

貉稽曰:"稽大不理于口。"

赵《注》:"貉,姓;稽,名。仕者也,为众口所讪。"

愚按:赵《注》训理为赖,朱《注》从之,说似迂曲。窃谓"不理于口",言不为众口所理直尔。

孟子曰:"无伤也。士憎兹多口。

赵《注》:"审己之德,口无伤也。离于凡人而为士者益多口。"(据此,则"憎"当从土。惟据下文两"愠"字,自当指士见憎于人而言,作

"增"恐非。）

愚按：韩子有言，"德修而谤兴，道高而毁来"。人生今世，而欲免于众口，岂不难哉？然吾闻三代以上，是非与毁誉常相因；三代而下，是非与毁誉适相反。夫毁誉既不足凭，则多口何伤？且末世风俗浇薄，厌者惟士，忌者惟士，排挤者惟士，笑讥唾侮者惟士。非遭众口之讪，不足以为士。士乎士乎，其惟自修我德乎？

《诗》云'忧心悄悄；愠于群小'，孔子也；'肆不殄厥愠，亦不陨厥问'，文王也。"

朱《注》："《诗》，《邶风·柏舟》及《大雅·绵》之篇也。悄悄，忧貌。愠，怒也。本言卫之仁人，见怒于群小。孟子以为孔子之事，可以当之。肆，发语辞。陨，坠也。问，声问也。本言太王事昆夷，虽不能殄绝其愠怒，亦不自坠其声问之美。孟子以为文王之事，可以当之。"

愚按：文王、孔子，大圣人也。处辞世之末流，既畏谗而畏讥，复跋前而疐后。屈心而抑志兮，忍尤而攘诟；固知道德之为忌兮，忍而不能舍也。孔子系《易》，抚韦编而叹曰："《易》之兴也，其于中古乎？作《易》者，其有忧患乎？"盖谓文王也。然则吾人处忧患之时，惟用九卦以修我德而已。九卦者，《履》《谦》《复》《恒》《损》《益》《困》《井》《巽》是也。而九卦之中，尤以三卦为主。三卦者，《履》《谦》《困》是也。履，德之基也；谦，德之柄也；困，德之辨也。履和而至，谦尊而

光,困穷而通。贤者远祸,哲人知幾,其庶几乎?《困》之《象传》曰:
"困而不失其所亨,其惟圣人乎? 岂惟圣人乎? 士乎士乎,其亦知生
于忧患而增益其所不能乎?

第二十章

孟子曰:"贤者以其昭昭使人昭昭,今以其昏昏使人昭昭。"

朱《注》:"昭昭,明也。昏昏,暗也。"又引尹氏云:"《大学》之道,
在自昭明德,而施于天下国家,其有不顺者寡矣。"

愚按:世界有一线之光明,然后人得循之而行。然世界之光明,
必赖人心之光明,而后世界光明渐以朗澈。以其昭昭使人昭昭,贤者
本心之光明也。若本心蒙蔽,良知阗塞,以是人而司教育之权,诐诐
然放言高论,而欲人之昭昭,是以夜人而欲为昼人之语也。夫人心日
益昏,则世界日益暗,可痛哉! 虽然,既以其昏昏矣,而犹使人昭昭
者,何也? 其本心固尚在也。善教育者,牖其昏昏,明其明德,其庶几
豁然而开朗乎!《传》曰:"《易》不可见,则乾坤或几乎息。"此言天地
之道,不容息也。若以其昏昏使人昭昭,则人心死而乾坤晦矣。

第二十一章

孟子谓高子曰:"山径之蹊间,介然用之而成路。为间不用,
则茅塞之矣。今茅塞子之心矣。"

赵《注》:"高子学于孟子,乡道而未明,去而学于他术。山径,山之领,(领,通作岭。)有微蹊,介然人遂用之不止,则蹊成为路。为间,有间也。谓废而不用,则茅草生而塞之,不复为路。以喻高子学于仁义之道,当遂行之,而反中止,比若山路,故曰'茅塞子之心'也。"

愚按:上章戒人心之昏蒙,此章艾人心之荆棘。所以训高子者至矣。山径之蹊间,至窄境也。介然用之,良知偶露之顷也。成路,居然可由之径也。为间,不用,则茅塞之。本无存养之功,故不移时而莠念蔓滋也。茅塞子之心,今日学者大都如斯也。然则当奈何? 曰:斩其茅,养其苗,随地随时,省察深思,以葆我良知。

第二十二章

高子曰:"禹之声尚文王之声。"

朱《注》引丰氏曰:"言禹之乐,过于文王之乐。"

孟子曰:"何以言之?"曰:"以追蠡。"

朱《注》引丰氏曰:"追,钟纽也,《周礼》所谓旋虫是也。蠡者,啮木虫也。言禹时钟在者,钟纽如虫啮而欲绝,盖用之者多。而文王之钟不然。是以知禹之乐过于文王之乐也。"

曰:"是奚足哉? 城门之轨,两马之力与?"

朱《注》引丰氏曰:"奚足,言此何足以知之也。轨,车辙迹也。两马,一车所驾也。城中之涂容九轨,车可散行,故其辙迹浅。城门惟容一车,车皆由之,故其辙迹深。盖日久车多所致,非一车两马之力能使之然也。言禹在文王前千余年,故钟久而纽绝;文王之钟,则未久而纽全,不可以此而议优劣也。"

　　愚按:学者之患,莫大乎附和流俗人之议论,而自昧其知识。人以为尚,则我亦云尚也;人以为下,则我亦云下也;人以为善,则我亦云善也;人以为否,则我亦云否也。泛泛悠悠,绝不用心以究事实,久之而是非之心失,久之而天下遂无是非。吾尝谓,天下之亡,先亡于人心;人心之亡,先亡于无是非,而皆无意识之议论有以致之。追蠡,细故也。然高子居大贤之门,而随流俗人之论,惜哉!

第二十三章

齐饥,陈臻曰:"国人皆以夫子将复为发棠,殆不可复。"

　　赵《注》:"棠,齐邑也。孟子尝劝王发棠邑之仓以振贫穷,时人赖之。今齐人复饥,陈臻言一国之人,皆以为夫子复若发棠时劝王也,殆不可复言之也。"

孟子曰:"是为冯妇也。晋人有冯妇者善搏虎,卒为善士。则之野,有众逐虎,虎负嵎,莫之敢撄,望见冯妇,趋而迎之。冯妇攘臂下车,众皆悦之,其为士者笑之。"

罗氏罗山云："发棠之不可复，不必论王之听与不听也。即听其言而复发，于义亦不可请。盖孟子之于王，欲行道耳。前此之发棠，以王方信孟子之言，故孟子从而请之。今王既不能用，万民之水火涂炭，已不能行道以拯之，徒欲沾沾发粟，屡快国人之心，尚可谓合于道乎？盖王能用孟子，则齐人之饥，即为同室之斗；不能用孟子，则齐人之饥，已为乡邻之斗矣。孟子非不欲请，义已不可请耳。"

愚按：出处与语默，义常相因，时而宜处也，亦宜默矣。乐岁终身苦，凶年不免于死亡，老弱转乎沟壑，壮者散而四方，齐之饥也，非天时也，人事为之也。向使齐王能用孟子，则国不至于屡饥矣。冯妇之喻，孟子盖无聊之至，行将去齐矣。呜呼！苛政猛于虎也，齐民何罪而常饥哉！

又按：或读"卒为善"句，"士则之"句，"野有众逐虎"句，于义亦通。

第二十四章

孟子曰："口之于味也，目之于色也，耳之于声也，鼻之于臭也，四肢之于安佚也，性也。有命焉，君子不谓性也。

程子曰："五者之欲，性也。然有分，不能皆如其愿，则是命也。不可谓我性之所有，而求必得之也。"

愚按：张子云："形而后有气质之性，善反之，则天地之性存焉。

故气质之性，君子有弗性者焉。口之于味五者，气质之性也。然不知有命以限之，则纵其欲者，正所以害其性。故君子不谓之性，非特可以寡欲，正所以养性也。是能以义理胜气质者也，所谓以天胜人也。君子知命之学盖如此。"

仁之于父子也，义之于君臣也，礼之于宾主也，智之于贤者也，圣人之于天道也，命也。有性焉，君子不谓命也。"

程子曰："仁、义、礼、智、天道，在人则赋于命者，所禀者有厚薄清浊。然而性善可学而尽，故不谓之命也。"

朱《注》："愚闻之师曰：'此二条者，皆性之所有而命于天者也。然世之人以前五者为性，虽有不得，而必欲求之；以后五者为命，一有不至，则不复致力。故孟子各就其重处言之，以伸此而抑彼也。'张子所谓'养则付命于天，道则责成于己'，其言约而尽矣。"

罗氏罗山云："君子不谓命也，'命'字有两说。一以所禀言，如《集注》所谓清而厚、浊而薄者也；一以所值言，如《语类》'仁之于父子，如舜之于瞽瞍；义之于君臣，如文王之于纣而在羑里'是也。舜遇父之不慈，命也，然而不可以父之不慈不尽为子之道；文遇纣之不仁，命也，然而不可以君之不仁不尽为臣之道。舜致厎豫，文勤服事，此舜、文尽性之事。礼之于宾主亦然。虽值人不以礼待我，我不可遂不以礼待人也。但以所值言，于知之于贤否，圣人之于天道说不去。盖知能辨人之贤否，圣人禀天命之性，不关际遇上事，故《集注》只以所禀者言,不以所值者言也。"

　　愚按:仁、义、礼、智、天道五者,皆性之所固有也。然而有命以限之者,一则囿于气禀之厚薄,一则因乎境遇之穷通也。凡人弃其性,适所以隳其命。故君子不谓之命者,是能以义理胜气数也,所谓以人胜天也。是故圣贤躬被道德,有尽性之学,乃有胜天之权。

第二十五章

浩生不害问曰:"乐正子,何人也?"孟子曰:"善人也,信人也。"

　　赵《注》:"浩生,姓;不害,名;齐人也。"

"何谓善? 何谓信?"曰:"可欲之谓善。

　　张氏云:"可欲者,动之端也。盖人具天地之性,仁、义、礼、智之所存,其发见则为恻隐、羞恶、辞逊、是非,所谓可欲也。以其渊源纯粹,故谓之善,盖于此无恶之可萌也。至于为不善者,是则知诱物化,动于血气,有以使之而失其正,非其所可欲者矣。"

有诸己之谓信。

　　张子云:"志仁无恶之谓善,诚善于身之谓信。"

　　愚按:有诸己者,谓实有诸己,非第好善而已也。善而未有诸己,譬诸为他人之物,有诸己而后实为己物也。

充实之谓美。

张氏云:"充实者,充盛笃实也。美者,美在其中,成章之谓也。"

充实而有光辉之谓大。

朱《注》:"和顺积中,而英华发外;美在其中,而畅于四支。发于事业,则德业至盛而不可加矣。"

大而化之之谓圣。

朱《注》:"大而能化,使其大者,泯然无复可见之迹,则不思不勉,从容中道,而非人力之所能为矣。"

圣而不可知之之谓神。

张氏云:"神是圣人之妙,人不可得而测者,不疾而速,不行而至是也。非圣人之外复有所谓神,神即圣人之不可知者也。"

乐正子二之中,四之下也。"

程子云:"士之所难者,在有诸己而已。能有诸己,则居之安、资之深,而美且大可以驯致矣。徒知可欲之善,而若存若亡而已,则能不受变于俗者鲜矣。"

愚按:此即班氏《古今人表》式也。乐正子二之中,四之下,言在第四等之下,第五、六等之中,盖在善、信间也。学者读此可以得学道之方也。士生当世,以好善为惟一之宗旨。譬诸建筑房屋然,好善其基阯也，人心之好善，犹屋之有基也。然虽好善而或信之不笃，则所谓善者，焉能为有，焉能为亡？譬诸建筑房屋然，虽有基础，而无畚筑之功，终归于坍塌而已，故贵继之以信。信之进而为美，譬诸建筑房屋然，基础既坚，造作必须完固，而加以华饰也。美之进而为大，譬诸建筑房屋然，华饰之余，更宜扩充雕琢，俾壮丽而崇闳也。大而化之，不勉而中，不思而得，从心所欲之境也。圣之进而为神，《易传》曰："过此以往，未之或知也。穷神知化，德之盛也。"言其过化存神，为人所不能测尔，非虚无杳渺之道也。非如禅家所谓心之精神，光明寂照，乃谓之神也。然则圣、神之诣，实因"善信"二字，切实精进，造乎其极，更非有灵妙不传之秘，可以一超而顿悟也。故曰"学者读此，可以得学道之方也"。终身勉勉循循于此足矣。或者曰：班氏《人表》列九等，孟子何以仅列六等？曰：尚有小人、邪人、恶人，不列于圣贤之门，故为孟子所不言。

又按：此六等极似《易》卦之六爻。《易》例凡初爻为阳，爻者皆善，此喜怒哀乐之萌芽也，所谓可欲之善也。有诸己之谓信，《易·乾》二爻，庸言之信，庸行之谨也。充实之谓美，《易·乾》三爻，忠信所以进德也。充实而有光辉之谓大，君子以刚健笃实辉光，日新其德，此《大畜》之所以为大也。大而化之之谓圣，《易·乾》五爻之飞龙在天，位乎天德，大人造也。学问之道，以有诸己为主，而必以造于圣人为极功，犹《易》例内卦以二爻为主，外卦以五爻为主也。圣而不可知之之谓神，则是所过者化，所存者神，上下与天地同流矣。此却与

《易》卦之上爻微有不同。盖《易》忌于盈,故上爻每以过为戒,而君子之学道,进而不已,则必造于无以复加之域,犹《中庸》"尚絅"章之六节,其第五节至于"笃恭而天下平",可谓极盛矣,然必极于"上天之载,无声无臭"之妙。其进德之次第,亦与此章相类。先儒谓孟子不明言《易》,而所言无非《易》理,若此等处是也。此说虽似穿凿,然愚自谓颇有心得,爰著之以质夫后世之求道者。

第二十六章

孟子曰:"逃墨必归于杨,逃杨必归于儒,归斯受之而已矣。

赵《注》:"墨翟之道兼爱,无亲疏之别,最为违礼。杨朱之道,为己爱身,虽违礼,尚得不敢毁伤之义。逃者,去也。去邪归正,故曰归。去墨归杨,去杨归儒,则当受而安之也。"

愚按:逃墨必归于杨,非谓杨之学胜于墨也,亦非谓杨之害减于墨也。盖战国时墨氏之学盛行,家庭之爱浸薄,特举其甚者而言,故曰必归于杨。至其必归于儒则一也。归斯受之者,圣贤以救天下为心者也。欲救天下,先救异端。

今之与杨、墨辩者,如追放豚,既入其苙,又从而招之。"

赵《注》:"苙,阑也。招,罥也。今之与杨、墨辩争道者,譬如追放逸之豕豚,追而还之入阑则可,又复从而罥之太甚。以言去杨、墨归儒则可,又复从而罪之,亦云太甚。"

　　张氏云："如追放豚，入其阑苙又从而絷之者，惟恐其复逸也。圣贤之待人，其归也，受之而已，固不保其往也。畔与不畔，盖在彼也。若恐其畔去而必欲坚之，则是私意之所加，而非天之理矣。故夫归而不受，则是逆诈亿不信而拒乎物矣；受而必欲其不去，则是有固有必而滞于物矣。有一于此，皆非圣贤之心。故辨异端之失，以待来者而不固焉，此圣贤之心，乃天地之心也。

第二十七章

孟子曰："有布缕之征，粟米之征，力役之征。君子用其一，缓其二。用其二而民有莩，用其三而父子离。"

　　赵《注》："征，赋也。国有军旅之事，则横兴此三赋也。布，军卒以为衣。缕，紩铠甲之缕也。（紩，缝也。）粟米，军粮也。力役，民负荷斯养之役也。君子为政，虽遭军旅，量其民力，不并此三役，更发异时。急一缓二，民不苦之。若并用二，则路有饿莩；若并用三，则分崩不振，父子离析，忘礼义矣。"

　　愚按：赵氏之说，古说也。盖孟子为穷兵黩武者戒也，曰用其一缓其二。用其一，国有征伐，或出于不得已。若用其二、用其三，是何心也？且夫人世最苦者惟饿，至于民有莩而惨极矣；人生最悲痛者惟别离，至于父子离而惨更极矣。为民上者，好武伤财，竭民膏血，搜括而外，更不知有何事，吾恐其获报更不止莩与离而已也。

第二十八章

孟子曰:"诸侯之宝三,土地、人民、政事。宝珠玉者,殃必及身。"

赵《注》:"诸侯正其封疆,不侵邻国,邻国不犯,宝土地也。使民以时,民不离散,宝人民也。修其德教,布其惠政,宝政事也。若宝珠玉,求索和氏之璧,随侯之珠,与强国争之,强国加害,殃及身也。"

愚按:有土地而后有人民,有人民而后有政事,故诸侯有三宝。然土地所以养人民者也,政事所以治人民者也。然则诸侯之宝皆为人民也。宝珠玉者,儿女子之事也。诸侯舍其人民而效儿女子之嗜好,不旋踵而殃及于人民,揆诸天道、人事,不殃其身何待?

第二十九章

盆成括仕于齐,孟子曰:"死矣盆成括!"盆成括见杀,门人问曰:"夫子何以知其将见杀?"曰:"其为人也小有才,未闻君子之大道也,则足以杀其躯而已矣。"

朱《注》:"盆成,姓;括,名也。恃才妄作,所以取祸。"

张氏云:"才,如辩给敏捷之类。小有才而未闻大道,则必求所以用其才,谓聪明智力之可以有为,而不知理义之顾。若是者,极其才而不知所止,不至于颠覆则不止。故盆成括仕于战国之时,孟子知其必见杀也。道者,非他也,理义之存乎人心者也。于此有闻,则其进退语默之际,皆有所据,而才有所不敢恃矣。故夫人之有才,本不足以为人害,惟其无所本而徒用其才,于是而才始足以病己,甚至于有取死之道也。夫小有才而未闻道者,身且不能保,而为国者乃信而用之,亡国败家,其何日之有。"

愚按:朱《注》"恃才妄作"四字最精核。盖恃才则必骄吝,骄气吝色,足以杀其躯也。恃才则必忮巧,忮志巧机,足以杀其躯也。恃才则必虚诞,虚诞而不实不信,足以杀其躯也。恃才则必贪鄙,贪鄙而予取予求,足以杀其躯也。恃才则必放恣,放恣而作福作威,足以杀其躯也。夫才者,木之未成材者也,君子所欲造就之者也。乃因未闻道而足以杀其躯,惜乎未奉教于君子也。惜乎天下后世盆成括之多也。

第三十章

孟子之滕,馆于上宫。有业屦于牖上,馆人求之弗得。

赵《注》:"馆,舍也。上宫,楼也。屦,屝屦也。(屝屦,草屦也。)业,织之有次业而未成也。"

或问之曰:"若是乎从者之廋也?"曰:"子以是为窃屦来与?"曰:"殆非也。""夫子之设科也,往者不追,来者不拒,苟以是心至,斯受之而已矣。"

赵《注》:"廋,匿也。孟子与门徒相随,从车数十,故曰侍从者所窃匿也。孟子谓馆人曰：子以是众人来随事我，本为欲窃屦故来邪？馆人曰：殆非为是来事夫子也。自知问之过。孟子曰：夫我设教授之科，教人以道德也。其去者亦不追呼，来者亦不逆拒，诚以是学道之心来至，我则斯受之。见馆人言，殆非为是来，亦云不能保知，谦以答之。”

张氏云：“读此章，可见孟子于世俗酬酢，无不曲尽其理也。疑从者之廋屦，其人亦难告语矣。孟子应之，辞气不迫，不曰从者之必不然，但问之曰：‘子以是为窃屦来与？’谓子以彼来从我者，为窃屦而来与？此虽甚愚人，亦知其不然也，故曰‘殆非也’。则告之以予之设科，其往者固不追，而来者亦不拒也，以是心至，则受之矣，固不能保其往，而含洪广大，无固无必，所以酬酢之者，可谓无不尽矣。”

愚按：此章文义多可疑，恐有脱简。“夫子”，或作“夫予”，为孟子之言，细味语气，当以赵氏、张氏说为长。

第三十一章

孟子曰：“人皆有所不忍，达之于其所忍，仁也。人皆有所不为，达之于其所为，义也。

愚按：人皆有所不忍，有所不为，此本心之良知也。达之于其所忍、所为，其工夫非止一层。譬诸不忍于亲而忍于民，不忍于民而忍于物，不忍于动物而忍于植物，如何而达，要在举斯心而加诸彼。譬诸不为于箪食豆羹而为于数十镒、百镒，不为于数十镒、百镒而为于千钟万钟，不为于千钟万钟而为于千驷万乘，如何而达，要在举乎小以进于大，必推勘到极精极深处，充类至尽，方可为仁，方可为义。

人能充无欲害人之心，而仁不可胜用也。人能充无穿窬之心，而义不可胜用也。

愚按：无欲害人之心，无穿窬之心，本心之良知也。有良知而不知所以充之，最易于汩没。今骤责人以害人、穿窬，人决以为必无是心。然试返躬自省，己心果有所忮乎？稍有所忮，是即害人之心也。己心果有所求乎？稍有所求，是即穿窬之心也。亦必推勘到极精极深处，斯仁不可胜用，义不可胜用。明陆桴亭先生释"忌"字义云："忌字上非从己，乃系从巳。巳者，古文'蛇'字。人有一蛇盘踞于心，故被害者最为惨烈。然是蛇也，噬人不已，转而自噬，则其惨烈更百倍于被害之人。"故欲去害人之心，当先去一"忌"字。

又按：孔子曰："色厉而内荏，譬诸小人，其犹穿窬之盗也与？"夫色厉内荏，不过作伪，而孔子即譬之于穿窬者。盖盗利固盗，盗名亦盗，天下之作伪而希冀有所得者，皆盗行也，皆盗心也。故欲去穿窬之心，当先去一"伪"字。

人能充无受尔汝之实，无所往而不为义也。

愚按：尔汝，人所轻贱之称。受尔汝之实，即所谓奴仆性质也。

人生以堂堂七尺之躯，曷为而有奴仆之性？为其好依赖也，好干求也。能充无受尔汝之实，此"充"字亦非易易，须有独立之知识，独立之学问精神，斯能不事干求，生长其浩然之气，而渐进于道义之途，故曰"无所往而不为义也"。

士未可以言而言，是以言餂之也。可以言而不言，是以不言餂之也。是皆穿窬之类也。"

愚按：士生当世，以诳言为第一大戒。而诳言犹不如以言餂人、以不言餂人之尤为可恶。曷为而以言餂人、以不言餂人？为其心之有所求也。人生多一分干求之心，即增一分盗窃之行。故孟子曰"是皆穿窬之类"。穿窬者盗人之物，显于有形；餂人者盗人之意指，藏于无形。然穿窬之人，终必有发觉之时，惟其术浅者发觉速，其术工者发觉迟，而发觉迟者其罪为尤大。餂人之人，亦必有觉察之时，惟其术浅者觉察速，其术工者觉察迟，而觉察迟者，其为人所贱恶鄙弃为尤甚。先儒有言："对人言贫，此是何意？"又云："逢人即有求，所以百事非。"此其人非无聪明机警之资，而卒至于名誉扫地，事业无成，皆为其有所干求也，岂不大可痛惜哉？孟子此节，专为当时游士干谒无耻者而言，后世儒者，可以鉴已。

第三十二章

孟子曰："言近而指远者，善言也。守约而施博者，善道也。

君子之言也，不下带而道存焉。

　　愚按：此孟子传曾子学说也。曾子之言曰："近者不亲，不敢图远。小者不审，不敢言大。"（见《大戴礼记·曾子疾病》篇）君子之学，要在切实。若徒舍近而求远，舍约而务博，虚夸无实，心则驰于外而不定，气则浮于上而不沉，求其进于善也难矣。君子之言也，不下带而道存焉，所以取其近也，将以平其心而敛其气也。

君子之守，修其身而天下平。

　　愚按：此孟子传曾子学说也。曾子之言曰："言不远身，言之主也。行不远身，行之本也。"（见《大戴礼记·曾子疾病》篇）又曰："自天子以至于庶人，壹是皆以修身为本。身修而后家齐，家齐而后国治，国治而后天下平。"修身之学，先在正心。君子之守，守之于心而行之于身也。《书·洪范》言"有猷有为"，必归于有守。有守者，有猷有为之根基也。未有失其所守而能有猷有为者也。

人病舍其田而芸人之田，所求于人者重，而所以自任者轻。"

　　愚按：此孟子传曾子学说也。曾子之言曰："其本乱而末治者否矣，其所厚者薄而其所薄者厚未之有也。"惟所厚者薄，于是舍其田而芸人之田；惟所薄者厚，势不能继，于是转而求于人者无限，而所以自任者，戋戋之事，甚至缥缈而无所凭。盖徒求泛博，则其弊必至于此，既昧乎本末厚薄之理，则轻重亦必倒置。君子观于人心轻重之故，而天下之平与不平,概可知矣。得乎本末、厚薄、轻重之序,天下未有不平者也;失乎本末、厚薄、轻重之序,天下未有不乱者也。孟子知世道之升降,学术之邪正是非,皆原于此,故特正言以揭示之曰"君子之守,修其身而天下平"。修其身者,不过审乎本末、厚薄、轻重之数,其道至实而至约也。夫《中庸》言道体,始于"天命之性",终于"上天之载,无声无臭",可谓广矣,大矣。乃其中特申言之曰"道之不明也""道之不行也""人莫不饮食也""鲜能知味也",又曰"君子之道,譬如行远必自迩,譬如登高必自卑",然则学道者务于日用践履之间切实求之可矣。

第三十三章

孟子曰:"尧、舜,性者也。汤、武,反之也。

张氏云:"前言'尧、舜性之也',今言'性者也',语愈密矣。反之者,复之者也。自明而诚,复其天性之本然者也。"

动容周旋中礼者,盛德之至也。哭死而哀,非为生者也。经德不回,非以干禄也。言语必信,非以正行也。

朱《注》:"细微曲折,无不中礼,乃其盛德之至,自然而中,而非有意于中也。经,常也。回,曲也。"

愚按:此皆无所为而为,出于天性,所谓性者也。

君子行法以俟命而已矣。"

愚按:此言修身之学。所谓反之也,曷以知其为修身之学也?《尽心》篇首章曰:"修身以俟之,所以立命也。"行法者,所以修身,即所以立命也。朱《注》云:"法者,天理之当然也。"理原于心,法亦根于心。苟非出于人心,何能定法?君子行法以俟命,君子终身在法律之中也。《离娄》篇曰"下无法守也",言政治中之法也。此章曰"君子行法",言心理中之法也。天下惟守法之人,乃可以言安命;惟行法之人,乃可以言俟命。或者不达,则又告之曰,子思子尝言"居易以俟命矣",居易者,素位而行,自是不越乎本分之外,是为行法,故曰俟命。

第三十四章

孟子曰:"说大人则藐之,勿视其巍巍然。

张氏云:"大人者,当世尊贵之称。藐,当读为眇。《左氏传》曰:'以是藐诸孤。'藐之云者,小之也。小之者,小其所挟者也。故曰'勿视其巍巍然'。视其巍巍然,则动于中。动于中,则慕夫在彼之势,而诎其在我之义矣。"

堂高数仞,榱题数尺,我得志弗为也。食前方丈,侍妾数百人,我得志弗为也。般乐饮酒,驱骋田猎,后车千乘,我得志弗为也。在彼者,皆我所不为也;在我者,皆古之制也,吾何畏彼哉?"

陈氏兰甫云:"阎百诗云:'说大人章,孟子以己之长方人之短,犹有此等气象,在孔子则无之矣。'此杨龟山语,何苛论孟子?如曾子之'彼以其富,我以吾仁;彼以其爵,我以吾义,吾何慊乎哉',曾子何独不然?澧谓,在彼者皆我所不为,不同流俗也;在我者皆古之制,君子反经也。此后儒不可不恪遵者,而况可苛论乎?"

愚按:此章重在得志后修明先王之制,犹孔子从先进之意也。先王宫室自有其制,饮食侍御自有其制,蒐苗狝狩又各有其制。自后世诸侯奢侈无度,乃皆以建制闳丽、流连荒亡为务。游士卑鄙,伺候趋承之不暇。及一得志,乃一效彼之所为。盖今时之谄媚,即为后日之骄恣也。孟子痛之,故曰"在彼者皆我所不为也,在我者皆古之制也"。此其意欲当时诸侯,纳身于轨物之中,与孔子所言"畏大人"初不相悖。盖诸侯之遵守古制者,固当畏之;其蔑弃古制者,则当藐之也。如以贫贱骄人,则颜斶、苏季子之徒优为之矣。

第三十五章

孟子曰:"养心莫善于寡欲。其为人也寡欲,虽有不存焉者,寡矣。其为人也多欲,虽有存焉者,寡矣。"

愚按:君子治心之功有二,一出于积极,一出于消极。孔子曰:"克己复礼为仁。"克己,消极之事也;复礼,积极之事也。未有不克己而能复礼者也。孟子曰:"养心莫善于寡欲。"养心,积极之事也;寡欲,消极之事也。未有不寡欲而能养心者也。存者何？存理义之心也。寡欲当奈何？泊然而无思乎？淡然而无为乎？《记》曰："清明在躬,志气如神。嗜欲将至,有开必先。"圣贤亦不能无欲,惟于念虑未发之先,庄敬以清明之；念虑已发之后,察识以辨别之,其合于理乎？不合于理乎？合于理者存之,不合于理者去之,则夫理义之心,虽有不存焉者寡矣。多欲则奈何？生人之嗜欲,以声色、货利为大端,而货利之为害尤烈,《传》所谓"专利而不厌,予取予求"是也。惟专利而不厌,计较日益精,机变日益巧,于是其心刻,久之而其心邪,又久之而其本心愈斫愈丧,虽有存焉者寡矣。不存焉者寡,未必即为圣贤也,然而去圣贤一间矣。存焉者寡,未必即为禽兽也,然而为禽兽不远矣。

第三十六章

曾皙嗜羊枣,而曾子不忍食羊枣。

张氏云："曾子不忍食羊枣之意,爱敬之笃,不死其亲者也。亲之所嗜,见之而不忍食焉。推是一端,则凡其日用之间所以感发于其亲者多矣。常人于其亲日远而日忘矣,惟君子则不然。亲虽日远,而其心不可泯也。故虽事事物物之间,亲心之所存者,吾亦存之未尝忘,而况于其言行乎？此之谓'不死于其亲'。"

愚按：孟子言仁,必言不忍。而此言孝,亦言不忍。孝中之不忍,孺慕之诚,痛心之至也。

公孙丑问曰:"脍炙与羊枣孰美?"孟子曰:"脍炙哉!"公孙丑曰:"然则曾子何为食脍炙而不食羊枣?"曰:"脍炙所同也,羊枣所独也。讳名不讳姓,姓所同也,名所独也。"

　　愚按:《小戴礼记》曰:"父没而不能读父之书,手泽存焉尔。母没而不能执母之器,口泽之气存焉尔。"不能者,不忍也。不忍之思充满于中,有触斯应,见所独而感发,见所同而未尝不感发焉。然惟独知之者,其凄怆为尤甚,而不忍为尤深也。不忍,性也。人而无性,非人也。不忍之发,情也。人而无情,非人也。曾子,性情中人也,其孝足为万世法也。

第三十七章

万章问曰:"孔子在陈曰:'盍归乎来!吾党之士狂简,进取,不忘其初。'孔子在陈,何思鲁之狂士?"

　　愚按:此见《论语》第五篇,而其辞略异。狂简,志大而略于事。不忘其初,不能忘其旧也。学业以日新又新为贵,食不新则积,水不新则淤,然而不忘其初者,皆可造之才也。人必不忘其旧时之所学,乃能进于新学也。

孟子曰:"孔子'不得中行而与之,必也狂狷乎!狂者进取,狷者有所不为也。'孔子岂不欲中道哉？不可必得，故思其次也。"

愚按：此见《论语》第十三篇。《易·复》之六四曰："中行独复。"《象》曰："中行独复，以从道也。"言中道而行也。中道而行，既不易得，故思狂狷。狂者，过非中也。然而其志高，高故勇于进取。狷者不及，非中也，然而其志洁，洁则有所不为。

"敢问何如斯可谓狂矣？"

愚按：此问其人也。

曰："如琴张、曾晳、牧皮者，孔子之所谓狂矣。"

朱《注》："琴张，名牢，字子张。子桑户死，琴张临其丧而歌，事见《庄子》。季武子死，曾晳倚其门而歌，事见《檀弓》。又言志'异乎三子者之撰'，事见《论语》。牧皮，未详。"

"何以谓之狂也？"

愚按：此问其行也。

曰："其志嘐嘐然，曰古之人，古之人，夷考其行而不掩焉者也。

愚按：《说文·口部》云："嘐，夸语也。"志大言大，是夸语也。其志嘐嘐然,曰古之人古之人,其心常向往乎古人,而欲则效乎古人也。愚尝谓,学者志气狂而品行狷,即为中行。惟志大言大,而于其行有不检束之处,故偏于狂。不掩者,不自掩藏也。事无不可对人言,所以能进取也。后世之狂者,虚浮而诞,叫嚣而荡,非所谓狂也。

狂者又不可得,欲得不屑不洁之士而与之,是狷也,是又其次也。

陈氏兰甫云:"《后汉书·独行传序》引《论语》而论之曰:'有所不为,亦将有所必为者矣。既云进取,亦将有所不取者矣。'此则通狂、狷而为一。王兰泉云:'狂之志既与古为徒,则岂能阉然媚世之为?势必极于踽踽凉凉不止,故狂狷之异异以迹,其实未尝不同也。'此与范蔚宗之说相发明。"

愚按:不洁者,处污秽而不羞也。士惟不屑不洁如恶恶臭,而后可以入道。然惟仅能不屑不洁而寡于进取,故偏狷。虽然,一介不取,与嚼然泥而不滓者,岂易觏哉?生乎三代以下,浑浑然,汶汶然,吾安得狷者而与之?

孔子曰:'过我门而不入我室,我不憾焉者,其惟乡原乎! 乡原,德之贼也。'"曰:"何如斯可谓之乡原矣?"

朱《注》:"原,与愿同。《荀子》'原悫'字皆读作'愿',谓谨愿之人也。孔子以其似德而非德,故以为'德之贼'。"

曰:"何以是嘐嘐也? 言不顾行,行不顾言,则曰古之人、古

之人，行何为踽踽凉凉？生斯世也，为斯世也善，斯可矣。阉然媚于世也者，是乡原也。"

愚按：狂、狷，皆近道者也。乡原，攻狂者，攻狷者，因以自炫其长，其居心之鄙可知矣。无是无非，惟社会之意向是徇，是为阉然媚于世。阉者，闭藏之至也。媚者，所以为贼也。自古社会风气之坏，皆乡原为之也。"生斯世也，为斯世也善。"确肖乡原语气，即其媚世之辞也。旧读"为斯世也"句，非。

万章曰："一乡皆称原人焉，无所往而不为原人。孔子以为德之贼，何哉？"

愚按："万章"，古本作"万子"。《论语》子贡问"乡人皆好之何如"，而孔子以为未可。无所往而不为原人，天下岂有是理？惟其无所往而不媚耳。盖乡原最善揣摩者也，安得不为德之贼乎？

曰："非之无举也，刺之无刺也，同乎流俗，合乎污世，居之似忠信，行之似廉洁，众皆悦之，自以为是，而不可与入尧、舜之道，故曰德之贼也。

愚按：非之无举，刺之无刺，媚之术也；同乎流俗，合乎污世，媚之骨也；居之似忠信，行之似廉洁，媚之饰也。如是而众皆悦之矣。悦者，悦其媚也。天下岂有媚世之人而可以入尧、舜之道者乎？故曰媚者所以为贼也。

孔子曰：'恶似而非者。恶莠，恐其乱苗也；恶佞，恐其乱义也；恶利口，恐其乱信也；恶郑声，恐其乱乐也；恶紫，恐其乱朱也；恶乡原，恐其乱德也。'

愚按：天下之患，莫大乎是非倒置。然以非为是，有识者犹易辨也。若似是而非，则辨之不易，而辟之尤难。似是而非之情状奈何？论时政则悄然其若忧，论学术则庄然其若正，论事理则常惬人之意向。其正者则必曲词以消沮之，其邪者则必巧辩以附和之。盖乡原未有不兼利口者，鼓其似是而非之辞，模棱两可，壹意阿世之所好，而不顾事实之所安。如是而社会悦之则社会危，邦家悦之则邦家覆。呜呼！观人者其尚慎之哉！

又按：孔子"不得中行而与之"者，末世之所谓"中行"，皆乡原也。乡原之自以为是，自以为中行也。故曰似是而非，言似中行而非中行也。

君子反经而已矣。经正则庶民兴，庶民兴，斯无邪慝矣。"

陈氏兰甫云："《孟子》卒章历序群圣，讲道统者喜言之。澧谓尧、舜、汤、文王、孔子，非后儒所可拟也。其上一章取《论语》'狂简''狂狷''乡原'三章合而论之，乃七篇之大义，故将至终篇而特著之，此学者所宜勉耳。孔子曰'狂者进取'，孟子申之曰'其志嘐嘐然，曰古之人古之人'。孔子曰'狷者有所不为'，孟子申之曰'不屑不洁'。然则狂狷者，古与洁也。孔子曰'乡原德之贼'，孟子申之曰'非之无举，刺

之无刺,居之似忠信,行之似廉洁',其为贼安在哉? 在阉然媚于世之
一言,在'同乎流俗、合乎污世'之两言而已矣。狂狷古洁,不媚世,不
同流合污,则孔子谓之吾党;乡原媚世、同流合污,则孔子谓之贼。不
媚、不同、不合,则可以入尧、舜之道,是谓反经。媚也、同也、合也,则
恐其乱德,是谓邪慝。经者,常道也,即古与洁之道也。乡原非常道
也,故必反之于古洁,而后为君子也。"

　　愚按:经者何? 圣道也。圣道亘古常存,而有赖乎君子之反之
者,盖处士横议,莠言庞杂,以伪乱真,以邪干正,则圣道因之晦蒙。
有以反之,而大经始正于天下也。《易》曰:"反复其道。"《传》曰:"拨
乱世反之正。"世界之由"剥"而为"复",拨乱而为正者,实赖圣道以为
之主,君子则躬行以提倡之。于是经正而学术纯,人心静,淑气溢于
寰区,庶民皆兴起而为善。当斯时也,如日月之经天,障翳全消;如江
河之行地,淤塞尽去,又安有邪慝作于其间哉? 是故君子之救世,反
经而已矣。所谓匹夫"与有责焉"者也。

第三十八章

孟子曰:"由尧、舜至于汤五百有余岁,若禹、皋陶则见而知
之,若汤则闻而知之。

　　赵《注》:"言五百岁圣人一出,天道之常也。亦有迟速,不能正五
百岁,故言有余岁也。"

愚按：见知、闻知，知其道也。尧、舜之道为数千载之主，若《易》之有《乾》《坤》二卦，为六十四卦运行之主也。

由汤至于文王五百有余岁，若伊尹、莱朱则见而知之，若文王则闻而知之。

赵《注》："莱朱，汤贤臣也。一曰仲虺是也。《春秋传》曰：'仲虺居薛，为汤左相'。"

愚按：汤之道为五百余岁之主，若《易》六十四卦每卦之有主爻也。

由文王至于孔子五百有余岁，若太公望、散宜生则见而知之，若孔子则闻而知之。

朱《注》："散，氏；宜生，名，文王贤臣也。"

愚按：《论语》曰："文王既没，文不在兹乎？"孔子学文王之道者也。文王之道为五百余岁之主，亦如《易》六十四卦中之主爻也。

由孔子而来至于今百有余岁，去圣人之世若此其未远也，近圣人之居若此其甚也，然而无有乎尔，则亦无有乎尔！"

愚按：孔子之道为千万世之主，亦如《易》之《乾》《坤》二卦，终古不息。孟子，私淑孔子者也，故曰"去圣人之世若此其未远也，近圣人之居若此其甚也"，其拳拳服膺，低徊不置如此。然而无有乎尔，则亦无有乎尔,天也,亦人也。后世言政治者,非失之杂,即失之浮;言学术者,非失之虚,即失之凿。国家之教育,不足以造人才,斯乃人也。凤鸣于岐,麟见于野,虽谶纬之词,然而纵横亿万里,上下千百年,无复有名世者出于其间,斯乃天也。由孔子而上,上而为君,而天之休徵应;由孔子而下,下而为臣,而天之运会衰。哲人不作,大道晦蒙,于是废孔之卮言,(卮言见《庄子》"卮满则倾,空则仰",比之于言因物随变也。)乃日出而不息,《乾》《坤》正气,浸久浸微。咨!此非贤豪崛起之时乎?

尽心篇大义

悲哉圣贤之处世!幸哉世之尚有圣贤!曷悲乎尔?论性理而世不信,论政治而世不信,又论教育而世亦不信。曷幸乎尔?夫政治原于性理者也,教育亦原于性理者也。政治而不根于性理,无本之政治也;教育而不根于性理,不良之教育也。后世无有知政治、性理之宜合为一,乃有假借性理以为教育者,异学朋兴,莠言杂出,不有圣贤,何以匡救?孟子于晚年,作《尽心》一篇,吾读其书而醰醰乎有味也。

尽性立命之学,其始于有耻乎?无耻而不能顺受其正,无耻而求在外,无耻而反身不诚不愧,无耻而终身行之不知其道。处士横议,机变日深,性学云亡,政治大坏。孟子恫焉,爰流涕而言之曰:"人不可以无耻。"何谓士?乐道而忘势,谓之士;穷不失义,达不离道,谓之士。虽无文王犹兴,谓之豪杰之士。内重外轻,自视欿然者,其性分定也。

性之发为知,良知之在天下,大矣神矣。民虽劳而不怨,虽杀之而不怨,良知之相感也。所过者化,所存者神,良知之相感也。善政得民财,善教得民心。得民心,良知之相感尤深也。无他,达之天下也。闻一善言,见一善行,深山之野人皆有良知也。无为其所不为,无欲其所不欲,天人交战之时,当以良知胜人欲也。操心虑患,动心忍性,所以磨礲其良知也。正己物正,大人者不失其赤子之心,即不失其良知也。君子有三乐,天性中之至乐,良知中之至乐也。仁义礼智根于心,中天下而立,定四海之民,由是达于政治,民无冻馁之老者,菽粟如水火,民无不仁,良知周浃于宇宙,太和之气洋溢充积,何其盛也! 吾乃知周之所以王也,吾乃知政治之必根于性理也。

孔子,万世教育之宗也。教人为善,教人行权,教人治心,教人有为。尧、舜,性之也。汤、武,身之也。柳下惠,圣之和而不易其介者也。伊尹,圣之任而有天下弗顾之志者也。皆教育之模范也。五霸久假而不归,春秋之天下,一变而为战国之天下,谋诈用而纵横短长之说起,游士群萃州处,无事素餐,其志不可问矣。仲子之不义也,皋陶之执法也,舜之大孝也,皆穷理尽性之论也。能穷理尽性,乃能居天下之广居而为大丈夫。彼战国策士,为人豕交兽畜,而虚拘于侯之门,岂不悲哉? 孟子教之曰:"惟圣人然后可以践形。"践形者,所以尽性而符人格也。吾故曰"教育必根于性理也"。齐宣王欲短丧,本心尚有存焉者乎？人心如此，孟子更不得已而言教育。君子之所以教者五，孔子之教也。中道而立，能者从之，孟子之教也。以道殉人，妾妇之道，苏秦、张仪、公孙衍徒之教也。滕更若在所礼而不答，不以道殉人之征也。天下大乱，贤圣不明，道德不一，各执其所学以自为方。孟子知千载以后，墨氏之学必将盛行，于是发明曾子之微言曰"其所厚者薄而其所薄者厚，未之有也"，"亲亲仁民，仁民爱物"，差等不容紊也，"尧舜之知而不遍物"，"尧舜之仁不遍爱人"，"其本乱而末治者否矣"。古之大政治，古之大教育，皆原于性理也。若假性理以为教育，非心也，非性也，非天也。

孟子以性理、教育提倡天下，而不仁之梁惠王，方杀人盈野，杀人盈城，杀人之父，杀人之兄，浸以自杀其子弟，可痛哉！孟子曰，是不善读《春秋》、不善读《书》者也。春秋无义战也。《书》之"血流漂杵"，不足信也。我善为陈，我善为战，大罪也，是敌百姓者也。公输子之巧，不以规矩，不能成方圆；尧、舜之道，不以仁政，不能平治天下。若人者，既不能躬行节俭，尝饭糗茹草之苦，而惟横征为暴，以搜括吾民，此其道岂能使人以乐从哉？《易》曰："天地闭，贤人隐。"又曰："俭德避难。"贤人君子居邪世之中，惟恐为浑浊所乱，出处取与，兢兢自守，惟一箪食一豆羹，必折衷于道义。盖莘野渭滨之间，大有人矣。然而不信仁贤者如故也，无礼义、无政事者如故也。孟子曰，不仁哉！以是而欲得天下，自杀而已矣。不仁之君，横恣如斯。孟子乃发明民贵之说，以救万世。此其说实本诸《周礼·司民》之职，献民数于王，王拜受之。朱子曰:"人惟万物之灵,而王者之所天也。"此其义又本诸孔子。孔子曰:"式负版者。"又曰:"天地之性人为贵也。"而当世忌其说,相与齮龁之,唾侮之,尟有信从之者。徒令百世之下闻风而兴起焉尔。司马迁曰:"执方枘欲纳圆凿,其能入乎?"吁! 人道几何其不息乎! 此孟子困于齐梁,所以与仲尼之菜色陈蔡同悲而共叹者也。忧心悄悄,愠于群小,虽情殷救世,而荆棘满地,谗谤交乘,寰宇昏昏然,求一刻之昭昭而不可得,痛哉痛哉! 不得已,与高子之徒论治心,考古乐,闭户不与世通闻问。不幸饥馑荐臻,流亡载道,国人以所望于孟子之行道者,下而望其振恤。然而苛政猛于虎,则持杯水以救车薪,无益也。乃并振恤而不言,盖圣贤之伤心久矣。

圣贤虽不得志,而尽性立命之学更不容不讲也。美大圣神,则道高无尚矣;归斯受之,则德博而化矣。然而蒿目时艰,民有殍,父子离,珠玉以为宝,政治之中,绝无教育,复辅以盆成括之徒,小有才而未闻君子之大道,天下其能不乱乎哉? 当是时,君子悲悯无穷,设科救世,往者不追,来者不拒。然而害人、穿窬之类,必不容于教育之门也。博施济众,尧、舜犹病;行法俟命,而性理之教育宏矣。修明古制,先在寡欲,性理、教育之纲要也。继志述事,事死如生,思所乐而思所嗜,性理、教育之根基也。或者曰:孔子,大教育家也。孟子何如人乎? 孟子,狂者也,友天下之善士为未足,又尚论古之人也。孟子,狷者也,仕而不受禄,枉尺直寻而不为也。由狂狷而进中行,用是疾恶如仇,而黜媚世之乡原。盖狂狷可与研性理,乡原不可与言教育也。君子反经而已矣,《乾》《坤》消息,一龙一蛇,庶民不兴,则传道而已矣。茫茫神州,莘莘学士,孰为见而知之者乎? 孰为闻而知之者乎? 豪杰之士,虽无文王其犹兴乎? 虽无孔子其犹兴乎? 有能淑政治、传性理、开万世之教育,其在斯人乎? 其在斯人乎?

图书在版编目(CIP)数据

唐文治四书大义.孟子大义/徐炜君整理.—上海：
上海人民出版社,2018
ISBN 978 - 7 - 208 - 15189 - 5

Ⅰ.①唐…　Ⅱ.①徐…　Ⅲ.①儒家②《孟子》-研究
Ⅳ.①B222.15

中国版本图书馆 CIP 数据核字(2018)第 105498 号